AF247022

INVENTAIRE SOMMAIRE

DES

ARCHIVES DÉPARTEMENTALES

ANTÉRIEURES A 1790

GIRONDE

SÉRIE H, — TOME PREMIER (Art. 1 à 1335)

RÉDIGÉ

Par Jean-Auguste BRUTAILS

CORRESPONDANT DE L'INSTITUT
ARCHIVISTE DU DÉPARTEMENT
JUGE AU TRIBUNAL SUPÉRIEUR D'ANDORRE

BORDEAUX

IMPRIMERIES GOUNOUILHOU

11 — RUE GUIRAUDE — 11

1914

COLLECTION

DES

INVENTAIRES SOMMAIRES

DES

ARCHIVES DÉPARTEMENTALES ANTÉRIEURES A 1790

INVENTAIRE SOMMAIRE

DES

ARCHIVES DÉPARTEMENTALES

ANTÉRIEURES A 1790

GIRONDE

SÉRIE H, TOME PREMIER (Nᵒˢ 1 à 1335)

RÉDIGÉ

Par M. Jean-Auguste BRUTAILS

CORRESPONDANT DE L'INSTITUT
ARCHIVISTE DU DÉPARTEMENT

BORDEAUX

IMPRIMERIES GOUNOUILHOU
11 — RUE GUIRAUDE — 11

1914

INTRODUCTION

Le volume qui suit contient l'inventaire des fonds bénédictins gardés aux Archives de la Gironde; c'est assez dire l'intérêt des documents qui sont analysés ci-après. Assurément, ces collections n'ont pas la valeur historique de certaines archives monastiques justement renommées; le diplomatiste n'y découvrira pas de pièces exceptionnellement remarquables : chartes très anciennes, bulles sur papyrus, etc. Il faut savoir le reconnaître, nos plus vieux fonds ont tellement souffert que pour le haut Moyen Age, pour la période antérieure au xiie ou au xiiie siècle, les dépôts girondins offrent bien peu de documents. Je m'empresse d'ajouter qu'à tout prendre, ces 1,335 articles forment un admirable ensemble pour l'histoire de notre région, de son activité économique, juridique, artistique, etc.

Je voudrais en donner une idée par quelques exemples pris au hasard et présentés de même.

Tout d'abord, il n'est pas sans intérêt de signaler parmi les terriers de La Sauve et de Sainte-Croix quelques registres de notaires [1] : l'un, qui remonte à 1390 environ [2], est plus ancien que toutes les minutes qui nous sont venues par la Garde-Note. Les registres de notaires qui sont mêlés aux titres de nos grandes abbayes concernent surtout ces établissements religieux; on y trouve néanmoins des actes relatifs à des tiers, et jusqu'à un formulaire [3]. On sait qu'aucun genre de pièce n'est aussi précieux que les minutes notariales pour connaître le Moyen Age : n'est-ce point, par exemple, une révélation que l'histoire de cette servante qui prend, pour se marier, le consentement de sa maîtresse [4]?

Quelque intéressants qu'ils soient, ces registres ne doivent pas nous faire oublier les cartulaires. Nous avons toute une collection de cartulaires de La Sauve, cartulaires généraux (H 1-4), cartulaire pour le prieuré de Belval, dans l'arrondissement de Reims (H 5), cartulaire pour les possessions en Périgord (H 6), cartulaires pour les possessions en Espagne (H 7-8), et deux cartu-

---

[1] H 734, 738, 743, 752, 1183-1188.
[2] H 89, fol. 105-171.
[3] H 789.
[4] 30 avril 1455. H 734, fol. 71. — 1506. Cfr. une démarche analogue de la part d'un serviteur (H 743, fol. 13).

laires de Sainte-Croix (H 639-640). De ces volumes, les deux premiers et le dernier sont les plus importants. Quand on voudra dépeindre le Bordelais du XIIe siècle, en dénombrer les grandes familles, en retracer les institutions, c'est dans le cartulaire de La Sauve qu'on trouvera les principaux éléments de ce tableau.

Il doit être entendu, d'ailleurs, qu'on aurait tort d'interpréter dans un sens rigoureux les textes dont se composent les cartulaires. Les documents n'y sont pas toujours consignés sous leur forme originelle, mais analysés, résumés en des notices (¹), qui ont été rédigées par des hommes intéressés à présenter les faits sous un certain jour. Si on prenait à la lettre les actes du cartulaire de La Sauve, le fondateur de cette abbaye aurait recueilli des donations sans nombre; à regarder les choses plus attentivement, on s'aperçoit que ces prétendues donations cachent souvent des ventes et des transactions. Saint Gérard a laissé le bel exemple d'une vie une et pleine, puissamment tendue vers un but, qui était l'accroissement du monastère; mais, si je ne me trompe, le prestige du saint fut moins grand et ses contemporains furent moins généreux qu'il ne paraît d'abord.

On a voulu voir (²) dans le cartulaire je ne sais quelle compilation historique et mystique où saint Gérard aurait consigné les événements de la province et de pieux enseignements. En réalité, le cartulaire, très sensiblement postérieur au fondateur de La Sauve, est un recueil de titres pour défendre les droits et servir les intérêts de l'abbaye.

Le cartulaire de La Sauve est gardé à la Bibliothèque municipale. Il ne faut pas oublier à ce propos que la bibliothèque de Bordeaux avait, il y a cent ans, un caractère départemental : elle fut visitée, par exemple, en 1810, par une délégation du Conseil général; en 1814, à la suite d'une visite de ce genre, le Conseil demanda que l'on dressât un catalogue.

*
* *

La guerre de Cent ans fut pour notre région une épreuve dont nos documents portent témoignage en termes émouvants. On sait que l'unité de la division du sol était le *manse;* le manse était l'exploitation rurale, la ferme. Or, au XVe siècle, un manse qui relevait de La Sauve fut vendu pour une barrique de vin (3). La terre, que l'on ne pouvait plus cultiver faute de bras, ni ensemencer faute de grains, avait perdu sa valeur. Même quand cette guerre épouvantable eut pris fin, en 1455, l'abbé dut avancer encore du blé pour les semailles (4).

Des paroisses entières étaient abandonnées. Vers 1439, il n'y avait plus d'habitants dans la paroisse de Dardenac (5); l'église de ce village et plusieurs autres dans les environs étaient détruites (6). Quarante ans plus tard, on parlait d'une paroisse qui avait existé à Guibon (7), du côté de Dardenac et de Daignac.

(¹) La liasse H 182 renferme une de ces notices, que l'on retrouve dans le cartulaire (H 1, p. 28, et H 3, p. 28).

(²) Cirot de La Ville, *Histoire de Notre-Dame de La Grande-Sauve,* t. I, pp. 383-385.

(³) H 221.

(⁴) H 261, fol. 72. — En 1450, un *les* de vigne, une pièce de vigne à Macau est vendue 12 liards (H 738, fol. 30 v°). La valeur absolue de 12 liards est, à cette époque, de 1 fr. 10 environ.

(⁵) H 161, fol. 12 v°.

(⁶) H 161, fol. 12.

(⁷) H 177.

Cependant, la contrée se repeupla. Longtemps avant, la richesse du sol et peut-être la faible densité de la population attiraient chez nous des travailleurs nés en d'autres provinces. Dès le début du XIIe siècle, Godefroy, quatrième abbé de La Sauve, attira des gens de la Saintonge et du Bazadais (¹). Les immigrés étaient assez nombreux à La Sauve, en 1229, pour qu'un règlement fixant les redevances s'occupât de ces « étrangers venus pour cultiver la vigne ou pour s'adonner à d'autres travaux » (²). Çà et là, un Saintongeais tenait un manse (3). Le courant d'immigration s'accentua lorsque la paix fut revenue : la conquête française amena dans nos pays des gens du Nord, comme ce Manceau qui fut nommé bayle de Macau en 1456 (4); toutefois, la masse des colons nous arriva de la Saintonge et du Poitou. On entreprit donc la mise en culture de la province; mais les forêts avaient envahi certaines régions et les troupeaux avaient occupé les forêts. Le repeuplement mit aux prises défricheurs et pasteurs; il entraîna des procès concernant les droits d'usage, à Croignon (5), Curton (6), Dardenac (7), Rauzan (8), Montignac et autres localités (9).

*
* *

L'un des épisodes les plus curieux dont les documents ci-après analysés nous aient gardé le souvenir est assurément la révolte des habitants de La Sauve contre l'abbaye, en 1247(¹⁰). Tout le pays bordelais était alors agité : c'est le temps de ces factions sanglantes qui déchiraient Bordeaux et les villes voisines(¹¹). Les bourgeois de La Sauve, gagnés par le mouvement, préparèrent l'émeute. Elle éclata un jour que l'Archevêque et plusieurs hauts personnages étaient dans le monastère : le peuple éleva des barricades, brisa les vitrages du réfectoire, enfonça des portes, mit des meubles en pièces, tira sur des religieux et sur des domestiques, et adopta un sceau, emblème de la commune. Quelque temps après, il demanda miséricorde.

La rébellion avait été organisée par deux confréries de saint Jacques et du Saint-Esprit; un délégué du Pape, après enquête, prononça la dissolution de l'une et de l'autre. La confrérie était alors la seule forme possible d'association; c'est pourquoi elle a pris dans la vie économique et politique de la contrée une importance que l'on ne soupçonne pas. On s'est trop souvent arrêté, pour l'étude des confréries, à leurs règlements; c'est comme si on s'en tenait aux statuts déposés par les syndicats contemporains pour définir leur rôle social. Le nom et la bannière de la confrérie abritaient les entreprises les plus diverses. La confrérie était devenue un instrument si redoutable entre les mains des mécontents qu'elle fut, dans le Sud-Ouest, l'objet de prohibitions répétées (¹²) : à Bayonne, en 1242 et 1254, on défendit de faire « confédération,

(¹) « Alios quippe de Sanctonensi, alios vero de Vasatensi seu Barzalonensi » (H 1, p. 24). J'hésite à traduire *Barzalonensi*.
(²) H 182.
(3) Saint-Pey-de-Castets, 1368 (H 225).
(4) H 737, fol. 15.
(5) H 158.
(6) H 159.
(7) H 161.
(8) H 242-243.
(9) H 240.
(¹⁰) H 2, pp. 374 et ss.; H 182. — Cfr. Cirot, *op. cit.*, t. II, pp. 197 et ss.
(¹¹) Bémont, *Simon de Montfort, comte de Leicester, passim;* Jullian, *Histoire de Bordeaux,* pp. 142 et ss.
(¹²) Degert, dans la *Société de Borda,* 1898, p. 78.

confrérie ou entreprise » (1), « confrérie ni confédération ni conspiration ni conjuration ni entreprise quelconque » (2); longtemps après, en 1769, le parlement de Bordeaux, dans un règlement pour les compagnons serruriers, leur interdisait de s'assembler, «sous quelque prétexte que ce soit, même de confrairie» (3).

La confrérie servit à d'autres fins qu'à des révolutions; elle répondit maintes fois à des visées très utilitaires. Les abstractions ne tenaient pas jadis dans la vie publique autant de place qu'aujourd'hui; nos pères se souciaient moins qu'on ne pense des thèses philosophiques et des vues de l'esprit, un peu plus des contingences matérielles et des réalités de la vie. A côté des communes bruyantes, existaient nombre de collectivités plus discrètes, qui avaient des droits communs, droits de propriété, droits d'usage, etc. Ici encore, la confrérie, quelquefois la fabrique, qui est une confrérie de la paroisse entière, prêtait sa forme aux groupements (4). Nos textes signalent à maintes reprises des confréries qui sont, à y bien regarder, ce que l'on pourrait appeler des *communes taisibles*, des paroisses organisées spontanément, en dehors de l'intervention des autorités souveraines.

La paroisse, dans la hiérarchie ecclésiastique, est composée d'un pasteur et de fidèles pris individuellement et sans lien entre eux. Mais au regard du droit canon et du droit civil, ces individus participent à certaines charges et jouissent de certains avantages indivis; ils sont propriétaires de l'église et ils ont le devoir de l'entretenir, ils sont propriétaires ou usagers de landes et ils ont le droit d'en écarter les tiers. A ces préoccupations répondait la confrérie paroissiale, qui se confond, je crois, avec la fabrique. *Paroissien* et *confrère* peuvent être synonymes : «les héritaiges des parroyssiens et confffrays de la parroysse de Romanba»(5). De là vient que la confrérie prend parfois le nom de la paroisse, nous dirions aujourd'hui de la commune : la confrérie d'Arsins(6), la confrérie paroissiale de Cursan(7), la confrérie de Capian(8), les confrères de Guillac (9), de Ladaux(10), la confrérie de Macau(11), la confrérie de l'église de Saint-Jean-de-Blaignac(12), etc.

Bien plus, on rencontre des confréries de quartier, desquelles procèdent apparemment certaines de nos sections de communes. Au xive siècle, des particuliers avaient dans la banlieue de Bordeaux une lande indivise avec le syndic et les confrères de La Forêt(13). Du xvie siècle,

---

(1) *Rôles gascons*, éd. Francisque Michel et Bémont, t. I, n° 1214.

(2) *Rôles gascons*, même édition, t. I, n° 4139, et introduction, p. civ.

(3) G 1113.

(4) J'ai réuni un certain nombre de faits relatifs au rôle social des confréries dans une *Note sur les anciennes confréries et l'assistance mutuelle dans le Sud-Ouest*, publiée par la *Revue philomathique de Bordeaux*, 1903, t. VI, pp. 402-409. — A Rions, une confrérie gérait un legs destiné à l'entretien d'une école (Barrère, Durepaire et Videau, *Une filleule de Bordeaux : Rions*. Bordeaux, 1910, p. 74). — A Soulac, la fabrique payait l'entretien d'un canal (1750. E suppl. 3949).

(5) 1483. H 241, fol. 26.

(6) 1455. « La confrayria d'Arsins » (H 375).

(7) 1305. «La confrayria parropianau de Curssan » (H 159). — 1327. « La terra de lad. confrayria de Cursan » (H 82, fol. 8).

(8) 1364. « La coffrayria de la gleisa de Capian ». « La coffrayria de Capian » (H 148).

(9) 1397. « La coffrayria de Gulhac » (H 176). — 1457. Vente au « compte de la... parroisse de Guillac », agissant « pour tous les confraires de lad. parroisse » (analyse dans H 267, fol. 19 v°).

(10) 1481. « La terra deus confrays de Lasdaus » (H 179).

(11) 1259. « Li... cofrayre de la cofrayria de Maquau » (H 639, fol 48 v°).

(12) 1497. « La terre de la comffrayrie de l'église Sainct-Jehan-de-Blaignac » (Analyse dans H 267, fol. 102).

(13) 1345. La charte fait mention de « uu deners de cens qui son degut ab carta per losdeits compte e cofrayres de La Forest » (Archives municipales de Bordeaux. Charte des Dominicains de Bordeaux).

nous possédons les statuts de la confrérie des chefs de famille des quartiers de Caudéran, Le Bouscat et Villeneuve(¹); ces statuts renferment un véritable règlement de police rurale : obligation d'attacher les chiens et d'enfermer la volaille et les porcs à certains moments, défense d'avoir plus d'un porc, défense de louer à des étrangers, obligation de récurer les fossés, etc.

Confréries de paroisse, confréries de quartier, ces groupements restaient ouverts; ils s'agrégeaient les nouveaux venus. Par exception, la confrérie d'Arbanats ayant obtenu des terres en concession le 28 avril 1518, les confrères de cette époque et leurs descendants furent seuls à constituer la confrérie et à jouir de ses avantages : bois mort des terres baillées en 1518, gratuité des funérailles(²). La population d'Arbanats comprenait donc des confrères et de simples habitants non confrères.

La paroisse a fourni à la commune moderne son cadre géographique. Ce que l'on sait moins, c'est que l'administration municipale a été, dans maints endroits, précédée par la confrérie et le maire, par le *compte* ou syndic de cette confrérie. En 1324, l'abbé de La Sauve, voulant notifier une décision aux habitants du bourg, en remit une expédition au *compte* de Saint-Pierre et une autre au *compte* de Saint-Jean(3), c'est-à-dire au syndic de la confrérie de chacune des deux paroisses.

*　*

L'organisation judiciaire du Bordelais n'est pas moins intéressante que son organisation administrative. Nous nous faisons difficilement une idée de la dissémination du pouvoir judiciaire, du pullulement des petites juridictions, de l'enchevêtrement des compétences. On admettait que l'église connût de certaines affaires, non pas seulement à cause de la personne du justiciable, mais aussi à cause de l'objet du procès. Le juge ecclésiatique, l'official, intervenait en matière successorale : un personnage important, Pierre Colomb, voulant conférer à sa femme la tutelle de leurs enfants, comparut devant l'official, qui reçut l'acte(4). Il y avait dans les premières années du xivᵉ siècle un clerc délégué par l'Archevêque à l'exécution de tous les testaments des ville et diocèse de Bordeaux(5).

D'autre part, les actes purement civils entre particuliers pouvaient être appuyés d'un engagement de conscience, d'un serment promissoire; l'acte appartenait à la juridiction civile, mais le serment relevait de l'autorité ecclésiastique (6).

On ne saurait omettre le pouvoir disciplinaire des abbés ou des prieurs sur les religieux, des évêques sur les clercs. « Pouvoir disciplinaire » est insuffisant; il serait plus exact de parler d'autorité judiciaire. Un ordre religieux constituait une société séparée, qui était, comme bien d'autres, armée de droits de justice, moins peut-être par l'effet de ses principes propres que par

---

(¹) 1529. G 1112.

(²) Baurein, *Variétés bourdeloises*, t. V, pp. 136-137. — Le parlement de Bordeaux rendit dans ce sens, à la date du 4 septembre 1608, un curieux arrêt (E suppl. 1545).

(3) H 185.

(4) 1268. H 639, fol. 54 vᵇ.

(5) 1302-1309. « John de Lestason, clers, audidre e executre deputatz de totz los testamentz de las ciptatz e de la dyocesi de Bordeu e Bordales per lo Reverent Paire en Crist Bertran, arcibesque de Bordeu ». (H 470).

(6) « Alors même qu'il s'agissait d'une obligation déclarée nulle par le droit civil, le tribunal ecclésiastique la faisait respecter, si elle avait été contractée sous la foi du serment » (Esmein, *Les contrats dans le très ancien droit français*, p. 35).

une application du droit général : les ordres bénédictins étaient constitués depuis longtemps lorsque la construction des cachots dans les abbayes cisterciennes fut autorisée en 1206 et prescrite en 1239(¹).

Les décisions du chapitre général de Cîteaux posent en principe que les désaccords ou les scandales ne doivent pas sortir de l'Ordre; il faut les régler entre religieux(²). La règle cistercienne édicte diverses pénalités corporelles: jeûner au pain et à l'eau le vendredi est l'une des plus fréquentes: les religieux coupables d'avoir contracté un bail à cheptel devaient jeûner au pain et à l'eau le vendredi aussi longtemps qu'ils n'auraient pas mis fin à cette irrégularité(3); le moine ou le convers convaincu de vol ou de propriété, *in furto vel in proprietate deprehensus*, jeûnait au pain et à l'eau le vendredi pendant un an et mangeait pendant quarante jours du pain grossier(⁴). Bien des fautes entraînaient la privation de vin pour un repas ou une journée(5). La fustigation dans le chapitre était l'un des châtiments réservés au moine voleur ou propriétaire(6); était battu le convers qui lavait la tête à un autre convers(7). La règle de Cîteaux prévoit la prison pour les moniales comme pour les moines(8), et même la prison perpétuelle pour les membres de l'Ordre travaillés de ce vice que l'on ne nomme pas, *indicibilis vitii*(9).

Nos documents donnent à penser que la sévérité monastique était tempérée par l'esprit de confraternité : les sentences prononcées de loin en loin contre les moines n'ont rien d'effrayant. La plus rigoureuse que j'aie notée fut rendue, en 1507, par le chapitre conventuel de Sainte-Croix de Bordeaux contre un moine de Saint-Macaire : le coupable fut condamné à être enfermé pendant vingt-cinq jours, à jeûner au pain et à l'eau pendant ce temps-là deux jours par semaine, enfin à recevoir la discipline ces mêmes jours durant le chant du *Miserere*(¹⁰). Quatre jours après, le chapitre accorda une réduction de peine(¹¹). Le jeûne au pain et à l'eau et les arrêts paraissent avoir été, dans ces juridictions paternelles, la sanction des fautes graves(¹²): un religieux de Soulac, ayant manié négligemment un reliquaire fragile, le laissa tomber et le brisa, puis il l'écrasa du pied par mégarde; le chapitre de Sainte-Croix ordonna que le coupable jeûnerait le vendredi avant la mi-carême « au pain de douleur et à l'eau de tristesse »(¹³).

Les tribunaux séculiers, loin d'ignorer ces tribunaux ecclésiastiques, les reconnaissaient : le bénédictin qui fut jugé en 1507 à Sainte-Croix avait d'abord été incarcéré par les juges de Saint-Macaire, qui le livrèrent à l'abbaye bordelaise sur réclamation de celle-ci(¹⁴). Au xviiiᵉ siècle, un

---

(¹) *Nomasticon cisterciense seu antiquiores ordinis Cisterciencis constitutiones a R. P. D. Juliano Paris collectæ... Editio nova emendata et usque ad tempora nostra deducta a R. P. Hugone Séjalon, sacerdote professo monasterii B. M. de Dumbis.* Solesmes, 1892; in-4°, 816 pages, p. 320, note 1.

(²) *Op. cit.*, p. 270. — En 1240-1256, il est question de juges désignés par le chapitre général (*op. cit.*, p. 309). — Plus tard, en 1666, on restreignit l'effet de ces dispositions aux causes purement régulières, « mere regulares » (*op. cit.*, p. 602). J'ignore ce qu'il faut entendre par là.

(3) 1201. *Op. cit.*, p. 273.

(⁴) 1221. *Op. cit.*, p. 424. — 1215 (?). *Op. cit.*, p. 321.

(5) *Op. cit.*, passim.

(6) Voir ci-dessus, note 4.

(7) *Op. cit.*, p. 241.

(8) 1241. *Op. cit.*, p. 362.

(9) xiiiᵉ siècle. *Op. cit.*, p. 426.

(¹⁰) H 652, fol. 12.

(¹¹) H 652, fol. 13.

(¹²) 1455-1456. H 1185, fol. 8. — 1464. H 1188, fol. 8.

(¹³) H 652, fol. 13.

(¹⁴) H 652, fol. 3 v° et ss.

religieux errant fut appréhendé à la requête de son prieur et remis à Sainte-Croix (¹). Il advint même que des juges civils renvoyèrent des moines à se pourvoir devant leurs chefs spirituels (²) : le Conseil du Roi décida, au début du xviie siècle, contre le même monastère Sainte-Croix que les religieux pouvaient appeler des réformations de vie et mœurs devant le seul chapitre de leur ordre (3). Par contre, on voit des cours civiles s'immiscer dans les causes de discipline monastique : il y eut, sur le tard, des arrêts du parlement de Bordeaux entre le prieur de Sainte-Croix et le syndic de la maison, que ledit prieur empêchait de sortir pour vaquer aux affaires de la communauté (4).

Enfin, les monastères pouvaient avoir des droits de justice seigneuriale, comme les barons laïcs de leur temps. Les dossiers relatifs à l'exercice de ces droits sont nombreux, très nombreux dans les archives du clergé séculier et régulier. Un homme de loi bordelais du xviie siècle, Poictevin, estimait qu'un seigneur ecclésiastique ne devait point paraître dans un appel *in causa sanguinis*(5); cette considération n'empêcha aucunement le prieuré de Soulac et l'abbaye de La Sauve d'avoir des fourches patibulaires dans leur paroisse(6), ni l'abbaye de Sainte-Croix de recevoir du roi d'Angleterre, en 1181, la « justice du sang » à Saint-Macaire (7).

L'histoire épisodique de la justice ne s'enrichit pas sensiblement des notions qu'apporte ce volume. Certains procès prouvent, ce que l'on savait déjà, que les tempéraments étaient autrefois violents et les mœurs trop souvent grossières. Dans certaines affaires il semble que les décisions aient été inspirées par d'autres considérations que le souci de l'équité. Tel habitant de Soulac, « qui passe pour brave homme et pour avoir du bien », est, dit-on, considéré comme une proie par un magistrat, qui l'implique dans des poursuites et « qui en veut tirer parti » (8). Au cours d'une enquête canonique sur Sainte-Croix, le commissaire constate que le P. prieur « sert beaucoup la Congrégation par les amys qu'il s'est acquis et à elle dans le Parlement » (9). Était-ce imaginaire ? Rien n'est moins certain : vers la fin de l'Ancien Régime, un président qui avait des obligations à la même abbaye espérait trouver dans ses fonctions l'occasion de lui exprimer ses remercîments (¹⁰).

* * *

Il est assez souvent question, dans nos documents, de sauvetés : sauvetés de Sainte-Croix, de Saint-André et de Saint-Seurin dans la ville de Bordeaux, sauvetés de La Sauve (¹¹), de

(¹) H 1196.

(²) Une bulle donnée par Innocent IV à Lyon (1244-1251) confirma en faveur des abbés de l'ordre de Cîteaux le pouvoir de terminer les difficultés survenues entre des membres de cet ordre (H 1276).

(3) H 1251. — 1496. Le chambrier et le sous-prieur de Sainte-Croix, étant en procès, avaient fait des actes de procédure devant les maire et jurats quand des religieux, s'interposant, firent observer aux parties qu'il n'était pas convenable de suivre l'affaire devant des juges laïcs avant de la soumettre à leur supérieur (H 368).

(4) 1594. H 334.

(5) 1682. H 1060. — Un statut du chapitre général cistercien, qui remonte au milieu du xiiie siècle, porte : « Nulli liceat judicium sanguinis exercere per monachum vel conversum » (*Nomasticon cisterciense*, p. 334).

(6) H 14, 504-505.

(7) 1181. H 1056.

(8) xviie siècle. H 1050.

(9) 1648. H 1123.

(¹⁰) 1775. H 1068.

(¹¹) 1079. Concession par le comte de Poitiers à La Sauve de « libertatem et, ut vulgariter loquar, salvamentum », (H 1, p. 9). — Définition de ce « salvamentum », lequel comprend l'immunité, le droit d'asile, etc. (H 1, p. 10). — Confirmation par un autre comte de Poitiers, qui précise les droits compris dans cette sauveté (H 1, p. 13).

Macau (¹), de Lormont (²), du Carbon-Blanc (3), etc.(4). La juridiction de Soulac était délimitée par quatre croix (5), ce qui ressemble fort à une sauveté. Saint-Aubin-de-Blaignac avait aussi une sauveté : en 1440, les croix de cette sauveté étaient tombées ; le prieur fit une démarche auprès du prévôt de la seigneurie de Blagnadès, pendant que celui-ci tenait audience, « tenent cort », auprès du capitaine de ladite seigneurie, « deud. poder de Blanhades », et auprès du procureur d'office et il les pria d'assister à la reconstitution desdites « crotz, dex, franquessas et saubetat » (6).

L'origine des sauvetés est diverse. Telle sauveté a été créée pour attirer une population sur un point déterminé ; c'est ce qui se passa vraisemblablement au Carbon-Blanc. Un document de 1528 constate que « plusieurs gens, brigans, guayteurs de chemin, larrons, meurtriers et autres manière de gens coustumières uzer de mauvaise vie et desolation auroint accoustumé s'y retirer pour y faire et commettre plusieurs meurtres » ; on y édifia un hôpital et une chapelle, on y installa des gens de métier et on décida que cet endroit, qui relevait de l'abbaye de Bonlieu, serait « limité par croix et bornes » (7). Ainsi s'explique l'existence de la sauveté du Carbon-Blanc. Quant aux refuges ouverts autour de certaines églises de Bordeaux, il n'est pas aisé d'en démêler les origines. Si une impression se dégage de nos textes, c'est que les monastères et les chapitres bordelais qui bénéficiaient de ces sauvetés auraient eu du mal à produire des titres. On sait que la législation du haut Moyen Age accordait un droit d'asile à des églises et à une bande de terrain entourant ces églises (8). Lorsque, dans la seconde moitié du XII⁰ siècle, le pape Alexandre III confirme les possessions de Saint-Seurin, il comprend dans l'énumération l'emplacement de l'église et la sauveté dudit emplacement, « locum in quo ecclesia sita est, cum salvitate ejusdem loci »(9) ; or, plus tard, la sauveté comprenait le faubourg tout entier. Pour Sainte-Croix, une charte de 1027 environ concède à l'abbaye « salvitatem »(¹⁰) ; il est permis de douter que la sauveté du XI⁰ siècle fût aussi étendue que celle des XVII⁰ et XVIII⁰ siècles. Je suis porté à croire que l'asile se réduisait originairement à une zone de quelques pas autour des églises de Saint-Seurin et de Sainte-Croix ; il fut plus tard élargi en fait, au point d'englober l'un et l'autre quartier.

(¹) 1027 environ. *Archives historiques de la Gironde*, t. XXVII, p. 3. — Cfr. plus bas ce qui est dit d'un damoiseau réfugié dans la sauveté de Macau, en 1452.

(²) 21 juin 1391, 12 septembre 1428, 18 juin 1433. II 1309. — 1517. « La rouilhe qui despart la saulveté de Lormont et la banliefve de Bourdeaulx » (H 1280, fol. 97 v°).

(3) 1517. « En la franchize de Cherbon-Blanc » (H 1280, fol. 23). — « En le franchize et bourg de Cherbon-Blanc » (même registre, fol. 26).

(4) Mention d'une terre sise à Montignac, que l'on a donnée aux moines de La Sauve à condition d'y faire une sauveté (H 1, p. 59). — Mention d'une terre sise « apud salvitatem de Targon » (H 1, p. 61). — Don à saint Gérard d'une terre sise à Saint-Sidoine (?), « ut salvitatem ibidem faceret » (H 1, p. 79). — Don à l'abbé de Sainte-Croix, Andron, vers 1120-1130, d'une terre dans la lande de Corn, près d'Arsac : l'Archevêque « dedit salvitatem in eadem terra et licentiam edificandi ecclesiam » ; le comte de Poitiers et son fils « dederunt salvitatem in supradicta terra ». (Cartulaire de Sainte-Croix, H 640, f° 80). — Nos documents signalent des sauvetés en dehors du Bordelais, par exemple, à Bougue (Landes), où Guillaume d'Aquitaine, en 1116, céda au monastère de La Sauve « jus comitale, salvitatem, quoscumque redditus, omnem meam dominationem » (H 244).

(5) 1694. Affirmation que les prieurs de Soulac ne sont pas seigneurs en dehors du bourg, « qui est limitté par quatre croix » (H 511).

(6) H 513.

(7) H 1306.

(8) Viollet, *Institutions politiques de la France*, t. I, p. 404 — Au XIII⁰ siècle, un vassal de l'archevêque de Bordeaux avait mis des biens en sûreté dans l'église de Cabanac ; le prévôt de Barsac les enleva, « frangendo immunitatem ecclesiæ ejusdem » (1277. G 1111).

(9) Cartulaire de Saint-Seurin, G 1030, fol. 40 v°. — Cfr. mon introduction aud. cartulaire, pp. LIX et ss.

(¹⁰) H 640, fol. 1 v° ; publié dans les *Archives historiques de la Gironde*, t. XXVII, p. 3.

Si les limites de la sauveté sont confuses, sa nature n'est guère mieux connue. Les historiens du droit distinguent de la sauveté l'immunité : celle-ci était simplement une enclave soustraite à la juridiction ambiante; celle-là était un asile. Les anciens documents emploient volontiers les deux termes comme synonymes et nous ne savons pas toujours s'il s'agit d'une sauveté proprement dite ou d'une immunité. De quelques sauvetés il n'a subsisté depuis une époque assez reculée que des juridictions particulières.

Dans le sens d'asile, la sauveté répondait à un besoin de mansuétude des x⁰ et xi⁰ siècles, de cet âge de fer qui, même dans l'exercice de ses fonctions judiciaires, se laissait dominer par ses instincts de violence et de cruauté. Plus tard, dans la société plus normalement organisée, la sauveté était un anachronisme. C'est à ce moment-là que nous pouvons l'étudier, grâce à quelques registres du xv⁰ siècle qui concernent Sainte-Croix.

Les registres dont il s'agit n'indiquent pas toujours en termes précis pour quelle raison le fugitif s'est retiré dans la sauveté : c'est un Béarnais, qui soupçonne les intentions des officiers de la ville, « ave dopte deus officieys » (¹); c'est une femme qui se méfie de la Justice, « era se doptave de la Justicia » (²); c'est un landais d'Arengosse qui éprouve des inquiétudes, « per aucun dopte que dise aver » (³).

Lorsque les documents énoncent les fautes qui ont poussé l'impétrant à se réfugier dans la sauveté, ils le font avec une discrétion parfois bien amusante; ils reproduisent évidemment la version de l'intéressé. Un *charpentier de tonneaux* a une maison à Saint-Remy : des Anglais, après s'être livrés nuitamment à un cambriolage, « certain pilhatori », ont déposé dans cette maison leur butin (⁴). Pour parler plus clairement, le tonnelier dont il s'agit est accusé de recel.

Les délits habituels étaient les rixes : un individu a eu « quelque bruit » en jouant aux cartes avec un Marensin (⁵); un Allemand et un Flamand ont eu « aucun bruyt » avec d'autres matelots, dont l'un appartenant à l'équipage de la caravelle neuve de Monseigneur de Guienne (⁶). Jean de Moson dit le Picard a eu quelque discussion, « aucun debat », avec un boucher de Dessous-le-Mur appelé Mauvaise-Mine, *Malacara* (⁷). On peut penser que si ces braves gens avaient simplement élevé la voix, ils n'auraient pas éprouvé le besoin de franchir les limites de la sauveté.

De fait, quelques-uns reconnaissent avoir usé de violence : un chapelier a donné « un coup de boule » à un autre chapelier (⁸); Thomas le Catalan a blessé grièvement de son épée le domestique d'un clerc (⁹). Les archers jouaient volontiers de la dague : noble Robin Farchar, archer de la garde de Monseigneur, a frappé de sa dague un homme, sur une gabare (¹⁰). Un autre archer, après avoir porté un coup de dague à un homme de la compagnie

---

(¹) 1469. H 738, fol. 236 v°.
(²) 1465. H 1188, fol. 28 v°.
(³) 1464. H 1188, fol. 5.
(⁴) 1453. H 735, fol. 55 v°.
(⁵) 1470. H 738, fol. 247 v°. — 1465. Octroi de sauveté à un individu de Bayonne, « per aucun bruyt que ave agut ab autres companhons davant los Augustins » (H 1188, fol. 28 v°).
(⁶) 1469. H 738, fol. 240.
(⁷) 1468. H 738, fol. 217 v°.
(⁸) 1470. H 738, fol. 248.
(⁹) 1423-1425. H 733, fol. 11.
(¹⁰) 1470. H 738, fol. 247 v°.

du Sénéchal, obtient la sauveté et remet son arme aux moines, en présence de témoins, archers comme lui (¹).

Il n'y avait pas que des violents et des criminels qui se réfugiaient à Sainte-Croix : une nommée Jeanne de La Brosse déclare avoir tué par accident et involontairement, « ignossentment », un enfant du procureur du Roi (²). Des débiteurs échappaient à la contrainte par corps : un marchand de Montpellier gardait les arrêts au château de l'Ombrière, vraisemblablement pour dette ; il se sauve à Sainte-Croix et requiert sauveté (3).

Voici un autre cas qui n'est pas sans analogie avec le précédent : Yvonnet de Grandez, couturier, originaire de Brest, était aux arrêts dans le château de l'Ombrière, « à cause de certains dépens qu'il doit et pour d'autres droits » ; il a rompu les arrêts sans prendre congé du concierge et il transige avec celui-ci (4). Le concierge était créancier à raison de son office ; il est probable que la créance était un droit de geôlage. Car, en effet, un individu qui entrait innocent dans la prison et dont l'innocence était reconnue n'était pas pour cela libérable : du fait de son séjour en prison il était devenu le débiteur du geôlier, qui le maintenait sous les verrous pour assurer le paiement de cette dette.

Quelle que fût la nature de son démêlé avec la Justice, le fugitif se présentait devant le représentant de l'abbé, et là il requérait franchise et sauveté (5). Je n'ai pas trouvé mention d'un refus : dès l'instant que la sauveté était une institution en marge de la justice humaine et de la légalité, il était logique d'en accorder très largement le bénéfice. Toutefois, on faisait exception, aux termes d'un document du xvᵉ siècle, pour « les cas de droit où n'a lieu la franchise et inmunité d'église » (6). Ces derniers mots s'expliquent par une assimilation entre les sauvetés et les églises : les gens réfugiés à Sainte-Croix, dit le document précité, jouissent « du privilège de inmunité et franchise tout ainsi comme s'ilz fussent dens l'égleise ». Non seulement les personnes, mais encore leurs biens participaient, semble-t-il, à ces avantages (7), sans doute les biens meubles transportés dans l'enceinte privilégiée.

Dans les sauvetés dont je m'occupe en ce moment, la justice locale ne remplaçait pas, à l'égard du réfugié, la justice plus générale dont il fuyait les rigueurs ; le coupable réfugié à Sainte-Croix n'était pas justiciable du juge de Sainte-Croix. C'est ce que le bayle de Macau apprit en 1452 : un damoiseau ayant, à la suite d'un crime, cherché un abri dans la sauveté de Macau, le bayle le mit aux fers ; le damoiseau protesta, menaça de recourir à justice et le bayle lui rendit la liberté, « ainsi comme on doit le faire en droit » (8).

(¹) 1457. H 1184, fol. 18. — Cfr. 1408. Sauveté octroyée à un individu « per 1 cop de daga que ave ferit a Charlot lo seryant » (H 738, fol. 219 v°.)

(²) 1468. H 738, fol. 231.

(3) 1457. H 1184, fol. 7 v°. — De même, en 1468, on octroya le bénéfice de la sauveté à un marchand de Toulouse « pro certo debito » (H 738, fol. 219 v°).

(4) 1463. H-738, fol. 155.

(5) 1408. « Cum Johanne de La Brosse requerit sauvetat a Moss. lo vicari deud. monastey per so car per fortuna l'era avingut que ave mort ignossentment I enfant deu procurayre deu Rey, etc., loquau sᵣ vi [cari] li autreyet lad. sauvetat, cum es acostumat »(H 738, fol. 231). — 1470. « Cum Moss. lo prior de claustra autreya saubelat a Johan de Franqueffort, chappellier, demorant a rua deus Pinhadors, par 1 cop de bola que ave donat a Mathelin, ayssimedis chapelier, demorant a rua Boqueyra » (même registre, fol. 248).

(6) xvᵉ siècle. H 281.

(7) 1409. « Cum Moss. Bern. Johan, monge et cambarey de Santa † de Bordeu, autreyet sauvetat acostumada a Johan de Sent-Miqueu, seryant de la ciutat, et a Johana de Lacasa, sa molher, per lor et per lurs bens et causas, en ayssi cum sa enreyre es estat acostumat » (H 738, fol. 239).

(8) H 735, fol. 28.

Il n'en est pas moins vrai que le réfugié ne pouvait quitter la sauveté sans risquer d'être appréhendé. Parfois il renonçait à son immunité : ainsi fit un Anglais qui, de son plein gré, se rendit avec le Sénéchal au château de l'Ombrière (1). Ou bien il désintéressait les plaignants. Les voies de fait, les meurtres donnaient ouverture à une action de la part de la victime ou de sa famille : une femme confia ses pouvoirs à « totz los curiaus de Sent-Ylegi et deu castet », c'est-à-dire, si je ne me trompe, à toute la basoche du tribunal municipal et de l'Ombrière, « à l'effet de poursuivre la mort d'Arnaud de Saint-Martin, son mari, contre Gérard Du Bosc » (2). Il s'agissait pour le responsable d'arrêter ces poursuites; la sauveté lui en laissait le temps.

Un héraut du comte de Longueville, au cours d'une querelle avec un sergent de Bordeaux, avait allongé à celui-ci une estocade, « un pic », dont l'autre était mort; le héraut n'osait plus sortir de la sauveté, par crainte des amis et, notamment, de la femme du défunt : il traita avec la veuve (3). Ce charpentier de tonneaux dont il a été question ci-dessus et qui était accusé de recel, paya une indemnité au volé (4).

Il arrivait que la sauveté fût enfreinte par des particuliers acharnés à la poursuite de leur ennemi ou par des agents judiciaires qui ne pouvaient pas se résigner à voir un accusé leur échapper. Lorsque Thomas le Catalan eut mis à mal le domestique d'un clerc, ce clerc, Aymon de Treulon, se plaignit aux autorités municipales; le lieutenant du maire et les jurats citèrent Thomas, afin qu'il fût fait de lui bonne justice; comme il se refusait à venir, Aymon et ses amis, se disant envoyés par les jurats, le tirèrent de force de la sauveté (5). Une autre fois, les émissaires de la municipalité enlevèrent violemment un nommé Chicot, « nonobstant que ledit Chicot criast aulte voix : Franchise! Franchise » (6)! Dans une autre circonstance encore, la sauveté de Sainte-Croix fut violée par le vicaire de l'Archevêque; le syndic du monastère alla lui demander les *apostols*, les lettres d'appel; mais, le vicaire n'étant pas dans le pays, force fut au syndic de s'adresser au remplaçant du vicaire, qui fit une réponse dilatoire, puis à l'official; celui-ci réclama un exposé des faits; quand le syndic revint, l'official était absent, ayant été dîner en ville : « Era anat sopar en la vila » (7). La suite manque.

Cette affaire fut introduite régulièrement, suivant les prescriptions de la procédure canonique. A propos d'un nommé Chiquet, extrait de la sauveté par le clerc de ville, par le procureur et par deux sergents, le duc de Guienne cita ces personnages devant les Grands Jours (8). Dans certains cas, les violateurs de la sauveté, frappés ou menacés d'excommunication, demandaient pardon et se soumettaient aux conditions qui leur étaient imposées. Le fait se produisit à Sainte-Croix au moins deux fois dans le cours du xive siècle : en 1365, des hommes arrachèrent un individu et le conduisirent à l'Hôtel-de-Ville; ils furent par l'abbé condamnés à faire amende honorable et à défiler processionnellement, nu-pieds, nu-tête, en chemise et braies, portant une torche ardente de trois livres (9). En 1396, une pénitence analogue fut

(1) 1453. H 735, fol. 11.
(2) 1453. H 735, fol. 17.
(3) 1451. H 735, fol. 15.
(4) 1453. H 735, fol. 55 v°.
(5) 1423-1425. H 733, fol. 11.
(6) xve siècle. H 281.
(7) 1457. H 1185, fol. 22-23.
(8) 1472. H 281.
(9) H 641, fol. 52 et H 920.

infligée à ceux qui s'étaient saisis d'un prêtre dans le cimetière pour le traîner à la Mairie[1]. Aymon de Treulon, dont les actes nous sont déjà connus, recourut au Pape afin d'obtenir l'absolution; il dut solliciter des moines son pardon, le genou ployé, tête nue, baiser le maître-autel, en adorer la croix, dire les sept psaumes[2].

J'ignore à quel moment la sauveté de Sainte-Croix et les autres dont il vient d'être question prirent fin. Je n'en ai pas constaté l'existence après 1520 [3]. Aux xvii° et xviii° siècles, la sauveté de Sainte-Croix durait de nom; mais il s'agissait en réalité d'un privilège différent, qui suscita des difficultés d'un nouveau genre. Les corporations avaient, on le sait, leurs règlements, leur police, leur juridiction propres; les ouvriers fixés à Sainte-Croix échappaient aux uns et aux autres. Vainement les maîtres-pâtissiers et les maîtres-cordonniers de Bordeaux voulurent exercer leur surveillance sur les pâtissiers et les cordonniers de Sainte-Croix; on leur opposa que leur droit s'arrêtait aux limites de la sauveté [4]. Au fond, il s'agit d'une immunité et non pas d'une sauveté proprement dite et cette immunité offensait la logique : si l'on admettait que les corporations empêchaient les malfaçons, il fallait y soumettre les gens de métier de Sainte-Croix, comme les autres. Immunité, sauveté n'avaient plus de raison d'être; elles disparurent : après avoir été reconnues par les jurats en 1655 [5], elles furent sacrifiées par les religieux, lesquels y renoncèrent en 1746 [6].

De bien d'autres institutions on pouvait dire qu'elles ne répondaient plus aux besoins et aux aspirations du temps. Ces grands ordres bénédictins, par qui la pensée française avait, aux xi° et xii° siècles, rayonné souverainement dans le monde, Clunistes et Cisterciens, étaient fort déchus. La commende s'était introduite à Sainte-Croix en 1460 [7] et même en 1439 [8]; depuis cette époque, le titre abbatial avait cessé d'être une dignité conférée au chef de la communauté religieuse, pour devenir une pension accordée à un séculier qui ne résidait pas. Pierre de Foix *junior* fut nommé abbé de Sainte-Croix dans sa treizième année [9]. Rien n'est attristant comme le procès-verbal détaillé de l'élection d'un abbé à Saint-Sauveur de Blaye, en 1501 [10] : après les cérémonies rituelles et les prières, le chapitre nomma par acclamation un enfant de neuf ans.

Le relâchement était inévitable : un règlement interdit, en 1578, aux moines de Sainte-Croix d'avoir dans leurs maisons « serviteurs et chambrières scandalleux » [11] et, deux ans plus tard,

---

[1] H 641, fol. 53 et H 920.
[2] 1425. H 733, fol. 11.
[3] 1520. Les jurats remettent un individu aux moines de Sainte-Croix (*Archives municipales de Bordeaux, Inventaire des registres de la Jurade*, t. I, p. 2).
[4] 1662. H 920.
[5] H 920.
[6] H 1127.
[7] H 682, fol. 399.
[8] C'est la date indiquée par M. Chaullac, dans son *Histoire de l'abbaye Sainte-Croix de Bordeaux*, p. 183.
[9] H 738, fol. 150 v°.
[10] H 1233.
[11] H 306.

le Parlement rendit un arrêt dans le même sens[1]. Il était grand temps que l'on avisât lorsque la réforme de Saint-Maur fut accueillie dans ce monastère, en 1627 [2]. On en connaîtra les résultats en compulsant les registres de comptes[3] : l'austérité avait repris son empire dans la maison. Si, en 1634, un religieux couchait en ville, si d'autres étaient irrégulièrement absents depuis plus de quatre ans[4], il s'agit évidemment des anciens religieux et non pas des Bénédictins de Saint-Maur.

Cette Congrégation fameuse eut entre autres mérites celui de s'adapter à son temps : les moines défricheurs étaient moins nécessaires, mais l'érudition historique n'était pas organisée ; les Bénédictins de Saint-Maur se vouèrent à cette tâche.

Le Bordelais a moins largement bénéficié de leurs efforts que d'autres provinces ; Dom Du Laura à La Sauve, Dom Maupel à La Réole nous ont laissé d'estimables chroniques de ces couvents [5] ; mais la Guienne n'a rien qui puisse être comparée, par exemple, à l'œuvre de Dom Vaissete pour le Languedoc. Dom Devienne paraît avoir dépensé en partie les ressources de son esprit à des intrigues qui n'avaient rien de monacal ; il fut un mauvais religieux[6] et un médiocre érudit.

Les moines de Saint-Maur nous offrent, d'ailleurs, le spectacle d'une gestion temporelle remarquable ; ils ont fait chez nous de nobles et belles choses, relevant les finances, édifiant de vastes monastères. Le prieuré de La Réole abrite largement la Sous-Préfecture, le Tribunal et la Mairie ; l'église de ce même prieuré, admirablement complétée à la fin du XVIIe siècle, s'enrichit, au siècle suivant, d'un mobilier qui comprenait des chefs-d'œuvre d'art industriel. Les Bénédictins des XVIIe et XVIIIe siècles furent à cet égard les dignes héritiers de ces moines du Moyen Age qui avaient tant fait, à La Sauve, à Guîtres, à Saint-Ferme, à Blasimon et ailleurs, pour promouvoir l'art de bâtir dans notre région.

Malgré tout, il faut savoir le dire, ces réguliers étaient trop mêlés aux affaires du siècle ; ils défendirent parfois avec âpreté leurs intérêts contre les fidèles et contre le clergé paroissial lui-même, menant avec une ardeur excessive « les guerres sempiternelles avec cette maudite race de curés »[7]. Parmi eux et autour d'eux, on oublia parfois dans ces luttes le mépris des richesses et la charité ; un de leurs hommes d'affaires s'indignait qu'un vicaire perpétuel se fût avisé de mourir au milieu d'un trimestre payé d'avance : « Le chapelain est mort aujourd'huy ; il doit plus d'un mois et demi de service »[8]. Puis les passions politiques entraînèrent dans leur tourbillon ces hommes qui auraient dû être morts au monde : Sainte-Croix décida de manifester pour le rappel du Parlement[9] et le Parlement rendit un arrêt qui autorisait le chapitre de cette abbaye à prendre rang avec les chapitres de Saint-André et de Saint-Seurin pour assister à certaines audiences [10].

[1] Cet arrêt interdisait aux religieux de Sainte-Croix de « se servir d'aucunes femmes, tant jeunes que vieilles ». (H 305 et H 798, fol. 111).

[2] H 313 et H 780, fol. 18.

[3] H 1075.

[4] H 653.

[5] Ces deux chroniques sont conservées dans les archives municipales de La Sauve (E suppl. 1242) et de La Réole (E supp. 2904).

[6] Chauliac, *Histoire de l'abbaye Sainte-Croix de Bordeaux*, p. 248.

[7] 1762. Lettre entre religieux (H 70).

[8] 1757. H 70.

[9] 1788. H 644, fol. 129 v°.

[10] 1788. H 647.

A la veille de la Révolution, on peut dire que la vie s'est retirée, avec l'esprit d'autrefois, de ces rameaux, jadis si vigoureux, du tronc monastique. Avant même les tempêtes, ces branches mortes, l'une après l'autre, tombaient. La sécularisation de l'abbaye Saint-Sauveur de Blaye ([1]) est un simple épisode dans l'histoire de ce dépérissement, de cette disparition progressive des églises régulières.

C'est le sort des institutions, si grandes soient-elles, qui, ne répondant plus au principe de leur statut, perdent, en même temps que la fidélité à leur programme, toute raison d'exister.

([1]) 1773-1774. H 1245.

J.-A. Brutails.

INVENTAIRE SOMMAIRE

DES

ARCHIVES DÉPARTEMENTALES ANTÉRIEURES A 1790.

SÉRIE H.

H, 1 (1). — (Registre.) — 0ᵐ39 × 0ᵐ30, 111 feuillets parchemin, paginés 3-226.

XIᵉ-XIIIᵉ siècles. — « Major cartularius Silvæ-Majoris. » — Acquisition de l'emplacement de La Sauve, dit *Auvillars*, appartenant pour moitié à Augier de Rions, qui avait sur l'ensemble la justice et les dîmes ; différend, réglé par l'entremise du légat Amat, avec Drogon, abbé de Maillezais, dont un moine avait élevé un oratoire de terre et vivait sur un bien appartenant à Ermengarde de Guîtres et faisant partie de l'autre moitié du fonds (p. 3). — Abandon de partie d'Auvillars à Gérard, « a quo monasterium incipiebatur », par Ermengarde et ses deux fils, venus à La Sauve pour une fête de N.-D., « nam aecclesia fiebat in ejus honore » (p. 4). — Abandon à Gérard de partie d'Auvillars par Fort-Guillaume de Tragoniam et ses frères, venus à La Sauve pour une fête de N.-D., « in cujus ibi honore jam ecclesia edificabatur » (p. 4). — Abandon par Bernard d'Escoussans et ses frères, après intervention de Guillaume Amanieu, leur suzerain, et autres nobles personnages réunis à Donzac, des droits que led. Bernard et ses frères revendiquaient sur une partie de la terre donnée par Augier de Rions et au sujet de laquelle le duel avait été ordonné (p. 5). — Acquiescement par Adélaïde, sœur dud. Bernard, à l'abandon susdit (p. 5). — Notice sur la donation consentie par Augier de Rions : « Hoc autem allodium, quoniam multi participes erant, partitus est, cunctis in unum congregatis,

et partem quam sibi retinuit, illis presentibus, nobis in perpetuum allodialiter donavit, divisionibus designatis » ; sur la venue de nombreux habitants et la construction de l'église Sᵗ-Pierre par sᵗ Gérard ; sur la revendication de l'emplacement par Bernard d'Escoussans et l'abandon de ses droits (p. 5). — Jugement au sujet de la réclamation élevée par Ocens de Cursan et ses amis touchant les dîmes de la terre précédemment revendiquée par Bernard d'Escoussans ; discussion devant Guillaume Amanieu et de nombreux nobles du pays et de la Gascogne, assemblés pour un autre procès : « Diffinitum itaque istud judicium ab ipso Guillelmo Amanei et ab omnibus qui secum erant, super ripam fluminis inter Sanctum-Macharium et Lingonem castellum » (p. 6). — Autre notice sur la même affaire (p. 7). — Concession par Gérard à Ocens de Cursan, à la suite de l'abandon desd. dîmes, de « preposituram nostri burgi », pour la tenir durant le plaisir de l'abbé (p. 8). — Abandon par Garsende, femme de Bérard de Cursan, de ses revendications sur partie de la terre de La Sauve (p. 8). — Immunité accordée à La Sauve par Guillaume de Poitiers : « Hanc etiam libertatem et, ut vulgariter loquar, salvamentum concessit prefatus comes territorio quod dicitur Trajectum, quod ab eodem et ceteris possessoribus prefato abbati ac Silve-Majoris ecclesie fuerat donatum » ; le comte ajoute le droit d'amener par la Garonne 10 muids de sel, plus, pour le luminaire de l'église, « quandam curtem Broia nomine », et le viguier de Bordeaux donne une pêcherie au même endroit (1079 ; p. 9). — Confirmation par le concile de Bordeaux (1080 ; p. 8). — Charte de Guillaume, comte de Poitou, créant à La

(1) Les registres H. 1, 2, 3 et 4 sont gardés à la Bibliothèque municipale de Bordeaux.

Sauve une foire le jour des saints Simon et Jude, con-cédant à l'abbaye la faculté de recevoir les biens tenus en fief du comte, l'immunité et l'entretien pour l'abbé et ses compagnons quand il se rendra auprès du comte (p. 10). — Charte de Guillaume Amanieu confirmant le « salvamentum » de La Sauve et précisant en quoi il consiste : immunité du territoire, droit d'asile, sauf-conduit pour les pèlerins ou marchands qui se rendent au monastère ou pour les voyageurs qu'accompagne un moine (p. 10). — Engagement pris par Bernard de Bouville, vicomte, Arnaud de Blanquefort, Guillaume Élie et de nombreux chevaliers non dénommés dans l'acte, qui se constituent de l'abbaye « defensores et advocatos contra ommes homines » ; avantages qui leur sont concédés : participation aux mérites, messes, etc. (p. 11). — Notice sur la sauveté de La Sauve, en parti-culier sur les concessions faites par le comte de Poitiers et duc d'Aquitaine « Guido, dictus in baptismo Wil-lelmus cognomine » : La Sauve était une forêt élevée et très épaisse, où l'abbé Gérald fonda une grande église ; il y avait eu là un château dit Hautvillars, dont la jus-tice appartenait au comte ; l'immunité, accordée à La Sauve, a été étendue au territoire dit « Trajectum », près de Bordeaux, de l'autre côté du fleuve. Confir-mation par le duc Guillaume, fils du précédent, à la requête de saint Gérald, en 1087 (p. 11). — Fonda-tion par l'abbé Gérald en reconnaissance des bien-faits du duc Guillaume (p. 13). — Confirmation par le duc Guillaume des concessions octroyées par son père : tout le monde sera en paix dans la sauveté, « preter fures publicatos et qui latrones vocantur, qui rustici debent naturaliter esse terrasque colere et hoc dimit-tentes arma capiunt et malefactores vel guerrarii effi-ciuntur » ; disposition relative aux « consuetudinarii principum vel militum » réfugiés à La Sauve. Mention de la confirmation par Gaillard, prévôt de Bordeaux, et par « Guillelmus Amanei, ipsius regionis princeps » (p. 13). — Charte de Guillaume, comte de Poitiers, « in puericia mea Aquitanie ducatum, Deo donante, adep-tus », déclarant indépendante du pouvoir comtal la maison des moines de La Sauve à Bordeaux : le servi-teur desd. moines sera justiciable de ceux-ci (« Actum... in capitolio Sancte-Marie Silve-Majoris », devant Gérald, et confirmé ensuite à Bordeaux devant de nombreux nobles, 1089 ; fol. 14). — Concession aux religieux, de la faculté d'acheter librement les poissons « apud Bur-degalam vel Boyas », notamment les seiches « apud Boyas » (p. 15). — Renonciation par Augier de Rions à ses revendications sur partie du don qu'il avait fait au monastère (p. 15). — Don par Amoureuse et par son

fils Guicard de « allodium suum de Sarminiaco, quod jacet juxta stagnum » (p. 15). — Don par les mêmes de partie de leur terre près du domaine du couvent et près du vivier (p. 15). — Don par Vivien, son frère et sa sœur, du quart d'un bois contigu à la terre dite Sermi-gnan, « juxta stagnum nostrum » (p. 16). — Don par Arnaud-Guillaume d'Escoussans de l'église de St-Brice, « cum sanctuario suo », tenu par leur sœur Garsinde, et partie des dîmes, plus une portion de leur terre sise à La Sauve, près de Sermignan (p. 16). — Réclamation par Océns de dîmes sur partie des biens sis près de Sermignan : il est convaincu d'injustice par un témoin qui se déclare prêt à jurer que ni Océan ni personne n'a réservé les dîmes ou d'autres droits, lorsque Ber-nard d'Escoussans a fait devant led. Océan sa donation à La Sauve (Eyquem, abbé ; p. 16). — Don par Guil-laume-Séguin d'Escoussans à son frère Arnaud-Bernard d'une surface de terre où l'on pût faire « xv denerate vince » « in monte Casan qui est juxta Silvam » (p. 17). — Don par Arnaud-Bernard d'Escoussans à La Sauve desd. 15 « deneriatas » de vigne, « ad podium de Cadan » (p. 17). — Don par Guillaume-Séguin d'Es-coussans à G., quatrième abbé de La Sauve, de droits d'usage dans les forêts du donateur (p. 17). — Resti-tution par Guillaume-Seguin d'Escoussans à G., qua-trième abbé, d'une terre qu'il avait donnée à La Sauve et ensuite à un ermite, qui l'avait cultivée (p. 18). — Don par le même au profit du même abbé Godefroid d'un supplément de terre au même lieu (p. 18). — Instance des moines contre le même, qui avait établi à Sermignan un droit de péage sur les gens qui se ren-daient au marché de La Sauve ; procès devant l'arche-vêque et les barons du pays, qui donnent raison aux religieux (p. 18). — Réclamations du même au sujet de terres cédées par ses parents ; confirmation de ces dona-tions par led. Guillaume, sa femme Donzelons et leur fils Bernard (p. 19). — Cession par Augier de Rions de droits d'usage dans des forêts : « Fagos autem virides ad monasterii et domorum nostrarum totiusque atrii nostri quelibet opera... confirmaverunt... ; dum fratres in choro vesperas cantabant, donum denominatum cum nodis alacriter super altare dominicum obtulit » (p. 20). — Confirmation par Foulques, frère dud. Augier, « in manu domni Ruinaldi, V abbatis » (p. 20). — Renonciation par Vigouroux de Benauges et ses frères à une terre qu'ils revendiquaient « ultra rivu-lum, ex parte de Poiporcint » (p. 21). — Réclamation par Itier « de Banals » et ses frères d'une portion des dîmes de Poiporcint ; accord avec l'abbé Gérald (p. 21). — Réclamation par Gaillard de Rions et sa sœur au sujet d'une terre donnée par leur frère Pierre et par led. Gaillard et ensuite défrichée et plantée en vigne; accord en présence de Bertrand, prieur, de Raimond de Carignan, prévôt; nom des « mandatores » désignés par led. Gaillard et sa sœur (p. 21, en marge). — Abandon à Pierre, septième abbé, par Pierre de Rions fils d'Élie, par ses frères et ses oncles, d'une terre sise « super villam Mentum euntibus a Corbelag, ultra vineas » (p. 21). — Perception par Amauvin de Vereïras, à La Sauve, du « vectigal vicecomitis quod vulgo peatgium dicitur »; il y renonce à la demande de Godefroid, abbé, et de Simon, prieur (p. 21). — Confirmation par Guillaume Amanieu, vicomte de Bezaumes, Raimond, vicomte de Turenne, et une foule de barons, de la charte de sauveté, laquelle « fuit recitata in communi audientia », du temps de Godefroid, sixième abbé (p. 22). — Confirmation par le comte Guillaume, fils d'autre Guillaume, duc d'Aquitaine, « qui etiam apud Sanctum-Jacobum obiit », venu à La Sauve la seconde année après la mort de son père (p. 22). — Cession à Godefroid, 6ᵉ abbé, par Raimond, vicomte, fils d'Archambaud, vicomte, de ses droits sur Pierre Viger; paiement par celui-ci de 3o s. à Raimond (p. 22). — Transaction de Pierre, 8ᵉ abbé, concernant une terre sise dans la sauveté près de l'église Sᵗ-Pierre (p. 23). — Décision de Pierre, 7ᵉ abbé, départageant entre l'hôtelier et le cellerier les droits sur La Sauve, sur le faubourg neuf dit de la Croix, sur le vieux faubourg, etc.: le cellerier aura notamment « medietatem preparantiarum »; à l'hôtelier appartient toute la justice, « medietas ex eo quod plus accipitur in venditione quam in emptione datum est »; obligations de l'un et de l'autre, soit pour l'entretien des personnes qui viennent la veille des fêtes, soit pour porter des corps (p. 23). — Engagement de la baylie de Porcint à Guillaume de Biron, prieur, par trois bourgeois qui la tiennent en fief du cellerier (p. 24, ajouté dans la marge supérieure). — Interdiction à l'abbaye par l'Archevêque de faire le service paroissial aux fidèles fixés à Porcint; défense présentée par le prieur Raimond, délégué de Pierre, 7ᵉ abbé: Godefroid, 4ᵉ abbé, et ses prédécesseurs ont attiré « in villa de Porzint, que allodium eorum erat, alios quippe de Sanctonensi, alios vero de Vasatensi seu Barzalonensi », et ils ont dû les transférer dans la sauveté; renvoi de l'affaire par l'Archevêque aux archiprêtres et autres; sentence favorable à La Sauve (p. 24). — Don par Bertrand de Lignan d'une rente de 2 escartes de froment sur sa portion de la dîme de Sadirac (p. 24). — Don par Arnaud Guillaume, « capitalis de Turri Castello », à l'abbé Gérald, d'une terre sise à

Poiporcint (p. 25). — Accord avec les fils de Guillaume Robert de Tartenac et autres, qui réclamaient partie de cette donation (p. 25). — Entente avec Bernard de La Mote, Élie, son frère, et Arnaud Guillaume, captal de La Tour, leur seigneur, touchant la terre sise à Galifont, qu'ils ont donnée à La Sauve: « Unde fecerunt illi tres unum nodum; alterum, Willelmus Raimundi, bastardus », etc. (p. 25). — Contestation avec Bernard de Dardenac, Arnaud Guillaume et leur mère et Élie de La Mote au sujet de la terre par eux donnée à Galifont; accord avec G., 4ᵉ abbé: « Et ut firmius esset, osculum ei dederunt; ... ipsi vero habitatoribus concesserunt paduentiam et ad domos faciendas et camporum clausuras » (p. 26). — Différend avec Élie de Lamothe et autres, relativement à partie de la terre de Garifont, « quia dicebant quod Gaufridus, abbas IIII, habuerat eis conventionem quod ibi faceret villam »; accord, en présence de Garmond, prieur, Adalelm, prévôt, et autres (p. 26). — Difficulté de Pierre, 7ᵉ abbé, au sujet de cette terre: il envoie le prieur R[aimond] et autres, « ad monstrandam guardam.....; hec perculcatio facta est uno die et de Ramafort similiter, inter duas vias per ibi ubi bizane sunt misse » (p. 27). — Bail à cens par Eyquem, abbé, et Geoffroi, prieur, de la terre de Garifont et d'un moulin (p. 27). — Don par Pierre de Rions, qui se fait moine, de la terre de Roired, « sicut est disterminata per bidzanas »; délimitation de cette terre et de 10 « denairatas » de vigne « juxta fontem Tegulatum » (p. 28). — Don par l'archevêque Arnaud à Godefroid, 4ᵉ abbé, des églises de Nérigean et de Camiac, en présence de Raimond, doyen (1107; p. 28). — Don d'une terre sise près de l'église de Calamiac, « que potest capere seminis unum mediale » (p. 29). — « Privilegium » de l'archevêque Amat, confirmant, à la demande d'Eyquem Sanche, 2ᵉ abbé, des donations d'églises précédemment faites à La Sauve: « Avaron » (Baron), « Spinet » (Espiet), etc. (1097; p. 29). — Donation par Itier de Baigneaux et autres de la dîme de Camiac, d'une terre « quantum medialio cumulato seminari potest »; témoins: Simon, prieur; « Willelmus Rotberti, cementarius », etc. (1133; p. 30). — Achat d'une rive de l'étang de Camiac, « ut eam monachi quantum vellent elevarent » (p. 30). — Cession par Pierre de Serpolars, chevalier, à Amauvin, 12ᵉ abbé, de ses biens à Sᵗ-Léon, « super altare majus, toto circumstante conventu »; « Raimundus quoque de Agonac, tunc cementarius, dedit ei in servitium septingentos solidos » (p. 31). — Bail à métayage par des propriétaires de Sᵗ-Léon à l'abbé Gérald (p. 31). — Don d'une terre; le fils du donateur « quicquid clamabat in ipsa terra...

cum uno cultello gurpivit » (p. 32). — « Non multum durat quod nullus scribere curat; Ergo scribamus que scripto digna probamus.» : donation par Armand Raimond de Castet d'une terre à Infernet, « quantum potest seminari viginti medialibus » et concession d'une autre terre moyennant une rente d'un septième des fruits (p. 32). — Abandon de la terre d'Infernet par Aner, fils d'Arnaud Borgonh de Rions, qui la tenait en fief d'Arnaud-Raimond de Castet (p. 32). — Donation par Rathier à saint Gérard de « ecclesiam et altare Sancti-Christofori de Daniaco, que secundum consuetudinem regionis allodialiter possidebamus.» (p. 33). — Acquiescement à cette vente par l'archevêque et le chapitre de Bordeaux, à qui l'église de Daignac avait été donnée par Amauvin de Blanquefort, frère de Rathier (1082; p. 34). — Don de l'emplacement d'un moulin « inter molendinum de Danniaco et molendinum de Talabruga » (p. 35). — Accord entre l'abbé Gérard et Rathier de Daignac au sujet du moulin de Daignac (p. 35). — Cession par le même Rathier au même Gérard d'une terre devant l'église de Daignac, moyennant le septième des fruits (p. 35). — « Ut eorum que fiunt vel dicuntur in longum memoria protendatur, statuimus in cartulis denotari quicquid nostris temporibus sancte Dei ecclesie datur » : don par Rathier à Arsent d'Acienchan d'une terre pouvant recevoir 20 *mediales* de semence, laquelle terre, après la mort de lad. Arsent, passera à l'abbaye, à charge de payer le septième des fruits: « N' Arsent ei solidos v, uxori autem sue duos donavit » (p. 35). — Don par Rathier de Daignac du moulin « de Talabruja », sur lequel il retient le tiers du droit de mouture, la moitié de la dîme et la moitié de la farine restée entre les meules (p. 36). — Plainte en justice du prieur Geoffroi contre Amauvin, fils de Rathier, qui refuse de respecter cette donation; procès « in curia Burdegalensi », qui donne raison à l'abbé Aleran (p. 36). — Accord au sujet du moulin de Daignac entre R., 9e abbé, et Tizon de Daignac (p. 36, dans la marge inférieure). — Accord de l'abbé Geoffroi avec les fils de Rathier pour la construction de l'étang et du canal d'issue du moulin de Daignac (p. 36). — Convention d'Amauvin, l'un d'eux, avec l'abbé Geoffroi : caution, témoins, cautions s'engageant à servir d'otages, etc. (p. 37). — Don à Pierre, 8e abbé, « astante conventu in choro », en présence du prieur Richard (p. 38, dans la marge supérieure). — Convention de l'abbé Geoffroi avec Pierre de Castet pour la construction de la digue du moulin contre la colline qui domine le ruisseau de Daignac (p. 38). — Accord d'Amauvin de Daignac avec Geoffroi, abbé,

Simon, prieur, etc. : il leur promet de ne plus leur faire tort, « tam in donis quam in pignoribus que de eo tenebat; ... de judicii vero asperitate aut injusticia, si injustum factum esset, non abbatem sed ipsos judices quousque se juste judicasse ostenderent, accusaret », etc.; l'abbé l'embrasse et lui donne une tunique de 20 sous (p. 38). — Conflit de Guillaume Arnoulf avec l'abbé G., au sujet d'une rente que l'abbé prétendait lui avoir été cédée : « Ut talis querela cum justicia rumperetur, qui medii inter eos fuerunt hoc judicaverunt quod domnus abbas... hominem ad jusjurandum haberet, qui illam condonationem factam a Guillelmo Arnulfi audisset » (p. 39). — Accord de Geoffroi, quatrième abbé, avec Armand de Bonnasse et ses frères : « Fuit in pacto quod abbas per quemlibet christianum jurare fecerit et postea omnia supradicta dona absolute possidebit » (p. 40). — Accord avec les mêmes, qui s'opposaient à ce qu'on fît passer l'eau par une colline près de l'écluse de l'étang de Daignac, « sectoribus petre expulsis » (p. 40). — Donation de « quindecim denariatas vinee et quatuor rusticos...., quorum duo.., in pignore erant pro XL solidis » (p. 41). — Renonciation par Itier de Baigneaux, mourant, à des droits par lui usurpés; son corps est porté à La Sauve pour être enseveli comme il l'a demandé, « et ibi, posito in medium corpore, in die natalis Domini, astante processione, teste universo populo », ses parents confirment « super textum Evangelii.» (p. 41). — Don d'une terre à La Sauve, « ut monachi medietatem boum mittant et medietatem agrarie et messis habeant » (p. 41). — Don d'une terre « seminaturam ad unum quarterionem », à Pierre, abbé, Pierre, prieur, Artaud, aumônier (p. 44). — Abandon par Guillaume-Amanieu, vicomte de Bezaumes, à Pierre, 7e abbé, d'une terre sise à Dardenac, « quam tenebat censualiter de Carrofensi ecclesia » et dont il avait usurpé la propriété; l'aumônier Artaud lui donne 20 s. « ad confirmandam gurpicionem » (p. 44). — Donation par Guillaume Seguin de Rions, blessé à mort, en présence de Pierre, abbé de St-Émilion, Guillaume Ninet, archiprêtre et curé de Castillon (p. 45). — Jugement contre B. de Rions, oncle de Guillaume Seguin, « ab omni curia..., in presentia Arnaldi Willelmi, tunc prepositi de Inter-duo-Maria, et Helie Vigerii, prepositi de Burdigala » (p. 46). — Donation de « terram ubi stant tres hospites in ipsa villa de Phaleranno, unde semper ipsi aecclesie singulis annis tres solidi reddentur de censu, scilicet de unaquaque statione XII denarii » (p. 47); — d'une terre « justa ulmum de Falairans » (p. 47). — Réclamation par une femme nommée Beleth de partie des terres de l'abbaye à Faleyrans; Beleth y renonce ensuite « trinodamque in testimonium corrigiam sanctissime Marie virginis altari imposuit » (p. 47). — Charte de P. de Gavarret, vicomte de Bezaume, sur la donation faite à La Sauve de la dîme de Faleyrans (1231 ; p. 47, en marge). — Don d'une terre sur laquelle « habebat justiciam et comitale Helias de Blagnac, Helie filius » (p. 49). — Cession d'un pré par Amauvin de Daignac, sur la demande de Gaucher, prieur de Guibon, à Geoffroi, quatrième abbé, lequel donne aud. Amauvin une tunique achetée 24 s. (p. 49). — Donation à s' Gérard par Bernard de Rions, Ratier de Daignac et leurs parents de la terre qu'ils possédaient en alleu à Guibon, savoir « partem..., sicut ipsi diviserunt, ubi foret sanctuarium et mansiones hospitum », plus 24 « denariatas » en toute propriété, plus le reste, « ut quantum suis bestiis monachi Silve Majoris colerent, vu^{am} (sic) partem tantummodo possessoribus redderent » (p. 49). — Donation par Amanieu de Lamothe de « medietatem... tocius territorii quod vocatur Agulac » et de partie de l'autre moitié (p. 50). — Accord avec Bernard de Bouville, vicomte de Bezaume, qui intervenait au sujet de la terre donnée par Amanieu, « eo quod de fevo ejus esset » (p. 51). — Bail à cens par Guillaume Gaucelme, chevalier, d'une terre près de Guillac, à charge de payer 9 muids de froment tous les ans, qu'il y eût ou non récolte, et « si dominus obierit vel dominum terra mutaverit, tres solidos ei qui novus dominus extiterit monachus qui locum detinet, quod sporlam vocant, donabit » (p. 51). — Cession, partie donation et partie vente, d'une terre à « Agulac » : « Postea vero in ipsius terre divisionem et determinatione usuali lege terre donationem ipsam et vendicionem confirmarunt cum quadam corrigia », etc. (p. 52). — Requête par Élie, prévôt de Bergerac, au sujet de la terre d' « Agulac », « et abbas inde placitum posuit cum eo ad portum Brane »; le donateur y vient « et sine malo ingenio ibi voluit garire terram et donum suum... et dare inde obsides in manu Arnaldi Guillelmi de Lalbesc » (p. 52). — Bail à cens par Isambert de Moulon, chevalier, de « fontes et aquas » de Grézillac, pour un moulin que les moines ont construit; garant : Pierre, vicomte de Civrac (p. 53). — Don par Guillaume Seguin d'Escoussans de « feodum suum de Agulhac » en faveur d'A., abbé, Guillaume de Biron, prieur, Raimond d'Agonac, « cementarius », etc. (1221 ; p. 53, addition). — Donation de la dîme de S'-Germain et par les « villani... indigene, de allodiis suis », d'une certaine étendue de terre (p. 53). — Donation par Comtor de Baigneaux, « offerens se in monacham », de ses biens à Guillac, savoir « medieta-

tem tocius boarie que est inter viam Brunichildis et viam que ducit Guibonem et aliam terram inter ecclesiam de Agulac et Pirum Longam », Pierre de Didone, 8' abbé (p. 54). — Achat d'immeubles près de l'église de S'-Germain-de-Campet, moyennant un cheval de 100 sous, par Pierre, 7' abbé, Pierre de Didone, prieur et autres (p. 54). — Cession à Pierre, 7' abbé, Pierre, prieur, Bernard de Vilars, prieur de Bellebat, etc. (p. 55). — Donation par Estartid, chevalier, de ses possessions et droits de justice à Montignac, « quod et ipsi ruricole concesserunt seseque sua sponte sub lege censuali ecclesie Silve Majoris tradiderunt » (p. 56). — Engagement de biens sis à Montignac, par Guillaume, frère dud. Estartid, partant pour la Croisade et procès à ce sujet (p. 56). — Donation d'une terre dont moitié devra revenir à la nièce des donateurs lorsqu'elle sera en âge « ut maritum possit habere et terram tenere » (p. 57). — Abandon de droits sur les biens de Montignac quand les donateurs mourront, l'abbaye enverra pour les obsèques « crucem argenteam, et turibulum et pallium », etc.; « hanc donationem fecerunt prius in manu Vasatensis episcopi apud Castellum Vetus, presente Aquensi pontifice » (p. 58). — Contestation au sujet du bien de Colonges, à Montignac : « Clamore autem facto ad archeepiscopum (sic), constitutus est placiti dies »; on oppose aux moines que ce bien leur a été donné à condition d'y faire une sauveté et de payer l'esporle (p. 59). — Don par Pierre, doyen de S'-André, et les chanoines de l'église S'-Paul de Baigneaux, « cum toto sanctuario et quicquid decime inibi habebant, excepto frumento et avena » (p. 59). — Don de la dîme d' « Auzac » à Geoffroy, 4' abbé, Rumauld, prieur (p. 59). — Donation faite par un clerc de sa part de patrimoine, « et hoc quamdiu viveret, aliter enim non poterat » (p. 60). — Don à Pierre, 8' abbé, d'un paysan nommé Oscan et de sa tenure, à Baigneaux (p. 60). — Don par Raimond Sauvage d'une terre et bois « in qua vicecomes Bezaumensis habebat summam justiciam et per singulos annos censualiter xx^{ti} II denarios et duas concas de civada », et don de ces revenus par le vicomte Guillaume Amanieu (p. 61). — Achat pour 8 sous d'une terre « apud salvitatem de Targon, et sunt tres denariate ibi vinee », à condition « ut nullus eam amplius solveret, sed fratribus Silve Majoris perpetuo remaneret » (p. 61). — Donation de divers paysans et de leur tenure, parmi lesquels « Arnaldum Christiani » (p. 62). — Donation par « Mango de Montepesath, qui ex baptismo dictus est Aimo » (p. 63). — Donation en alleu d'une terre à un particulier, à condition que celui-ci sera justiciable du donateur (?) et cession par celui-ci de cette terre à La Sauve, « tali condicione ut obedienciarius qui eam teneret injuriam a se illatam infra xv dies per se ipsum non illi rectificaret, jam tunc ante portale tantum Sancte-Marie justiciam in manu sua faceret » (p. 63). — Difficulté avec Bertrand de Montpesat, qui avait réclamé l'albergue à un paysan et l'avait saisi, lui, son âne, sa hache, sa doloire, et son porc (p. 64). — Don par Arnaud de Laubesc, « volens ire Jherosolimam »; à Pierre, 7e abbé, qui lui donne une coupe d'argent (p. 65). — Donation par Amanieu de Colonges, chevalier, « ad opus camere » à Geoffroi, sous-prieur, et autre donation par le même à Gombaud, prieur (p. 65). — Plainte des parents dud. donateur sur ce que la donation n'avait pas été approuvée par eux, et accord (p. 65, marge). — Contestation relative à des biens sis à Montignac et abandon de ces droits « super altare beate Marie, sacerdote ibi missam secunda dominica de Adventu in conventu celebrante » (p. 65). — Donation en présence de Pierre, « abbas Sancti-Emiliani » (p. 67). — Imposition de l'habit religieux par st Gérard à une femme nommée Oregunde, qui donne une vigne sise à Glairoles (p. 67).—Donation par Clair de Laubesc de « rusticum quendam cum statione sua omni medietatemque tenentie agriculture ejus ac quinque denariatas vinee juxta Glairolas » (p. 68). — Donation d'une terre « juxta Laulaed, apud vetus Benaujas » à Raimond, 9e abbé, en présence de Gombaud, prieur (p. 68). — Donation du moulin de Vilars, « in Deler », et d'une terre où l'on puisse semer « unum quarteron grande de frumento, secundum seminaria agricolarum » (p. 69). — Donation d'une terre « quam dimiserat mater Constantini de Bordis Sancti-Johanni (sic) de Basats in insula que Coleria dicitur » (p. 70); — d'un bois « quod vocatur la Pradera et attingit a capite luci de Banals usque ad estratam Mileti » (p. 71); — de deux terres sises, l'une au lieu dit « Aurei denarii » et l'autre au lieu dit « Argentarias » (p. 72). — Don à l'abbé Gérard: « Per terram suam viam ad portum de Alturno, decem et octo pedum in lato, ut amplius via sit illic omnibus communis » (p. 73). — Don par deux individus et la femme de l'un d'eux, de leur personne et de leur terre à l'abbé, qui leur rétrocède leur terre, « ut quamdiu ipse et fratres hujus ecclesie permitterent, eam nomine commende haberent » (p. 74). — Don par Guillaume Girard de sa personne et de ses biens, « super altare cum libro » : il donnera des vignes le quart, des terres la moitié « quandiu tenuero ecclesie boves et de alienis cum ecclesie bubus cultis dimidium »; s'il se procure des bœufs, il rendra à l'église les bœufs ou la

valeur; il hébergera l'aumônier; « Quod si defecero, ita ut laborare non possim, sustentabit domus elemosinaria cui ista omnia confero » (p. 74). — Don d'une terre « que est juxta viam benaugesa, ad tres esquartas seminandas » (p. 75). — Achat de 5 s! de cens pour 4 livres de bordelais (p. 75). — Vente de partie d'un moulin « pro xveim solidis burdegalensibus (sic) et una culcitra » (p. 76). — Don de l'église de St-Loubès et d'une terre de 30 muids de semence : « Licebit etiam monacho terram quam traxerit vel artigaverit dare, ita tamen ut domini suam agrariam non perdant » (p. 77). — Confirmation du don d'une terre cédée à l'abbaye par Guillaume Seguin d'Escoussans et accaparée par un ermite étranger (p. 77). — Don de l'église « de Sancto-Sidonio » et de possessions dans cette localité (p. 78). — Don par Robert de Corbelac à l'abbé Girard d'une terre dans la même localité, « ut salvitatem ibidem faceret ab omnibus, secundum posse suum » (p. 79). — Engagement par Bernard Amanieu de Castelmoron de partie « in decima Sancte-Petronille que est juxta castrum Gironda et de terra quam habebat circa ipsam ecclesiam » (p. 81). — Remise à Pierre, 7e abbé, d'un cens, avec une maison « que est in opido Girunda dicto » (p. 82). — Donation par Pierre de Rions, chevalier, malade « apud castrum quod dicitur Molons », lequel demande qu'on le reçoive comme moine et son fils, enfant, avec lui (p. 82). — Difficulté avec Guillaume Seguin de Rions, qui emporte les ferrements d'un moulin (p. 85). — Fin d'une difficulté et délimitation par l'intéressé, par l'aumônier et des témoins : « Omnes iste et alii complures venerunt... in domum helemosine que est apud Logoran, et facta est ibi comestio et potacio panis et vini et ovum et nucum, sicut est consuetudo provincie » (p. 86). — Engagement pour 30 sous bordelais; si la monnaie est changée, l'emprunteur rendra 20 s. « enforzatorum » (p. 86). — Don par une femme « Agnes nomine, leprosa corpore » (p. 87). —Don de « molariam que est juxta molendina Sancti-Hilarii » (p. 87). — Accord avec la sœur de Raimond « de Lasteag », chevalier, lequel avait donné une vigne au moment de partir pour Jérusalem (p. 88). — Début d'une charte d'Élie, archevêque de Bordeaux, qui relate notamment un serment prêté « super sancta Evangelia et super sanctas reliquias sancte et vere Crucis, que ibidem esse credebantur, apud Sanctam-Mariam de Landa » (p. 89). — Vente par Bonefous, qui veut aller à Jérusalem, d'une forêt dite « Torners Sancte-Marie, juxta obedientiam de Madirac », moyennant un âne de 50 sous (p. 92). — Donation à Gérard, premier abbé, par Gaucelme de

Lignan, chevalier, de sa personne et de divers biens : un moulin à Quinsac, une vigne « ad Lupam veterem », etc. (p. 96). — Charte relative à une vigne donnée à La Sauve par Arnaud Raynal : « Tercia pars ipsius vinee est osclum uxoris ejusdem Arnaldi quamdiu ipsa vixerit, postea tota perveniet ad predictam ecclesiam » (p. 97). — Cession d'une terre par Raimond de Lignan, avec l'assentiment de sa femme, « que inde erat dotata », « cum quadam corrigia, in qua usuali lege terre fecit medium nodum » (p. 97). — Pièces relatives au moulin de Buludres, paroisse de Lignan (p. 98). — Don par Gaucelme Arnaud, de Lignan et sa femme de « totum allodium suum » ; il le tiendra de l'abbaye et ne connaîtra pas d'autre seigneur. « pro justicia facienda, comes enim burdegalensis de talibus justiciam suam jam dederat sancte Marie » (p. 99). — Don par Raimond de Cénac à l'abbé Geoffroy de la partie d'un terrain couverte par les eaux, à Buludres, à charge d'y construire dans les quatre ans (p. 100) ; — de terre contiguë à un canal « ad mattam fodiendam et fossatum amplificandum » (p. 101). — Différend touchant un terrain par où passaient les canaux faits par Geoffroy, 6ᵉ abbé, quand il construisit à Lignan les moulins d'Escorgebeuf (p. 101). — Accord avec Gaucem de Lignan : « Totam bailjam et clausum sue domui contiguum dereliquit, preter duas denariatas et obolatam » (p. 102). — Don de terre « ad edificationem totius stagni de Linnano » (p. 103). — Accord de saint Gérard avec Arnaud de Cénac touchant la dîme réclamée par celui-ci sur le moulin que celui-là avait fait construire sur la Garonne, « ante- Burdegalam, super nostram terram que est Trajectum » (p. 109). — Achat fait par un moine « de capitali de Turre, Arnaldo Willelmi » (p. 110). — Don d'un moulin « in aqua de Bonafont, annuentibus Willelmi (sic) Aramunt et matre ejus Ermengarde, comitissa de Albaterra et domina de Genzac, et annuente Arnalt Willem de Turre, captallo, de quorum beneficio illud possidebat » (p. 110). — Don à sᵗ Gérard de la terre de « Trajectum » : « Prefati igitur allodii multi erant participes, illud in commune possidentes, omnes tamen ad unum aliis majorem referentes » (p. 110). — Don par Guillaume, duc d'Aquitaine, à Ayquem Sanche, chanoine de Sᵗ-André, d'une terre sise « in suburbio civitatis Burdegale, a porta Judea usque ad aulam sancti Amandi » et mesurant 24 perches sur 7 (1175 ; p. 111). — Don par l'archevêque Amat à La Sauve de « domos que sunt ante caput matris ecclesie, quas olim hedificaverat Achelmus S., abbas, dum esset archidiaconus ». (p. 112). — Donation par Guillaume-

Élie Vigier ; il est fait trois nœuds à une courroie : « Postea venit in festivitate sancti Martini ante altare sancte Marie et... accepit corrigiam cum supradictis nodis et posuit super altare, dicens : « Donum vinee » et aliorum quod feci offero et affirmo Deo et sancte « Marie pro redemptione anime mee, et insuper me ad » monachum faciendum, si quando monachus efficiar. » Et, accepto flosculo capillorum capitis sui et super imposito, dixit : « Ego deincebs me promitto fidelem » adjutorem et tutorem rerum hujus ecclesie in quan- » tum potero. » (p. 113). — Don par Guillaume d'Aquitaine de « quandam curtem Broja nomine. » (p. 114). — Don par Aymeric de Bourg et son cousin de ce qui leur appartient à Montussan : « Est autem in hoc allodio quoddam nemus grande commune participibus, de quo pa[r]ciuntur inter se quicquid inde exit, scilicet pascherium et quod dant carbonarii ; est etiam in hoc nemore talis condicio quod quicquid de illo extirpabunt homines de dominio alicujus participis, id totum ex integro sit illius cujus fuerint homines » (p. 116). — Don par l'archevêque Amat de « ecclesiolam quandam que est inter duo Maria, constructam in honore sancti Lupi ». (p. 117). — Confirmation d'une donation par la vicomtesse Assalide, veuve du vicomte de Castillon, Pierre (p. 119). — Donation par Amauvin de Bourg de « quicquid habebam in portu de Cavernis, qui est de parte de Balentum » (p. 119). — Cession par trois frères qui vont se rendre en Terre-Sainte, d'une terre à Montussan, moyennant 50 s. bordelais, « tali conditione tamen quod, si redirent, terram illam recuperarent » (p. 120). — Donation à l'abbaye : « Ipse Huguelinus dedit inde fidem et osculum... ; si hoc denegaverit, concessum est quod abbas hoc donum probabit per hominem christianum ». (p. 122). — Engagement de la dîme « de molendinis in rivo nomine Luberto, prope ecclesiolam Sancte-Marie de Castelleto. » (p. 124). — Donation faite en 1185 en présence de Gombaud, prieur de La Sauve, Bertrand de Camarsac, prieur du Castellet (p. 124, addition). — Don de « locum unum in mari apud Vairas in liberum allodium et duos ad agrariam ad manicas ponendas » (p. 124). — Cession en 1150, en présence de Bertrand, prieur du Castellet (p. 125, addition). — Renonciation par Guillaume-Raimond de Gensac à ses droits sur Maurin et ses frères, de la terre de Castellet, et qu'il réclamait comme étant nés sur sa terre (p. 126). — Donation par Eyquem-Andron « de Fregajeisa », chevalier, d'une terre sise à Camarsac près l'église et la maison des moines (p. 127). — Abandon de droits sur le conseil de « Willelmus, clericum (sic) de Lopa, qui justiciam ville de Lopa a preposito Burdegalensi tenebat » (p. 128). — Don à l'abbaye : « In parrochia Sancti-Vincentii de Cronone…, hospitem unum, Aichelmum Ricardi, et omnia sua » (p. 129). — Réclamation par des frères qui « dicebant se habere captamentum in hominibus de Cronon » et renonciation à ces droits (p. 129). — Entreprise d'Hildebert, fils d'Hildebert de Batbou, sur les droits de l'abbaye : « Chatena inmissa collo, reddidit se sancte Marie ad altare et fecit se manulevari a domno Petro, septimo abbate » (p. 129). — Don par Raimond de Cambes, archidiacre de Bordeaux, d'une terre sise à Croignon et des droits de justice sur les hommes de Ramafort (p. 130). — Don par Mathilde, femme de Raimond de Bonnetan, « quando voluit ire Jherusalem » (p. 131). — Don d'une terre « in qua possint seminari quinque mediales burdegalenses » (p. 131); — d'une autre terre « ad dua paria boum estimata » (p. 131); — en présence de Guillaume de Montguyon, prieur de Croignon (p. 131). — Donation par Amanieu de Lamothe pour l'âme de son père, « corpore patris sui defuncti coram posito » (p. 132); — par Martin de Baron, « volens ire Jherusalem », à Raimond de Larue, prieur de Baron (p. 134); — à Raimond, prieur de Baron, par la femme de Beraud de Bunasser d'une terre « juxta molendinum d'Avaron, ex parte turris de Biscaita, quam tenebat prefata mulier de comite Pictavensium » (p. 134). — Mention d'un homme de Soulac qui, pour avoir pendant une maladie laissé son bien à La Sauve, fut égorgé par ses parents dans son lit (p. 137). — Don d'une terre sise à Plassac (?), « in perfectione operis monasterii, in manu Bernardi de Guistris, qui tunc opus monasterii tenebat » (p. 139). — Donation d'une terre qui est rendue au donateur à titre de censive; si quelqu'un attaque cette donation et « si abbas in comitis curia non potuerit legitimum demonstrare », le demandeur paiera 100 sous à l'abbaye (p. 139). — Notice sur une affaire à laquelle sont mêlés Guillaume-Raimond de Gensac, Guillaume Raimond, son fils, la vicomtesse Guiraude, le vicomte Guillaume Amanieu, etc. (p. 139). — Donation par Gaucelm de Genissac du droit de « paduentiam » sur sa terre, plus dans sa forêt « quercum et latam el carrazon » (p. 140). — Notice exposant le bail à cens par Pierre, abbé de St-Martial de Limoges, à Pierre, huitième abbé de La Sauve de l'« ecclesiolam » [de Genissac]; la réclamation élevée par Guillaume-Amanieu, vicomte de Bezaume et sa renonciation (p. 141). — Abandon d'une terre par Guillaume Hugon, « in Burdegali (sic) civitate convictus justo judicio ante prepositum Willelmum » (p. 142). — Dona-

tion de droits de justice par « Arnaldus Willelmi, captal de Turri » (p. 143). — Procès de Simon de Camiac, prêtre, et des siens contre Guillaume, prieur de Caransac, touchant « molendinum de Mediano » : « Post multam controversiam adjudicatum est utrique parti debere probare per duellum et defendere jus…; cumque die statuto ad exercendum certamen vel ad pacem componendam, si fieri posset, ad Silvam uterque convenissent, post presentationes pugilum », transaction (p. 146). — Demande de Thibaud de Lamarque et Amanieu, son frère, après la mort de leur père : « Dicebant namque quod in sporlam debebat eis dare abbas caballum xxx^u solidorum »; excès, plainte à l'archevêque d'Auch, « qui tunc Vasatensem sedem regebat » (p. 150). — Autre plainte « Guillelmo, Auxiensi archiepiscopo, qui tunc episcopium Basatense commendatum tenebat pro episcopo, qui profectus erat in Jherusalem » (abbatiat de Pierre, 7e abbé; p. 150). — Cession d'un domaine « apud Casam Solam, que proprio nomine vocatur Linars, duo scilicet prata et quoddam molendinare » (p. 153). — Donation faite sur l'autel de N.-D., « conventu stante in choro, teste Raimundo Santii, priore, et Nicholao, subpriore », et confirmée « in manu domni Petri, viii abbatis, in camera sua » (p. 155). — Donation à l'abbé Gérard d'un « casale » à St-Donis, « pro quo singulis annis in perpetuum eisdem monachis inhabitans hospes debet solvere censum » (p. 157). — Don des églises de Branne et de Civrac par Etienne, évêque de Bazas, en présence de Garin, doyen, « Herlegii, prioris Silve », etc. (1087; p. 157); — d'un emplacement de moulin à Branne (p. 158); — de l'église de St-Jean-de-Blaignac par Bertrand, évêque de Bazas, en présence de Geoffroy, abbé de Blasimon (1104; p. 158); — par Élie de Blaignac : « Concessit preterea ut quisquis de suis hominibus de fevo suo ipsi ecclesie aliquid conferre vellet, usque ad quinque concatas terre ei facere liceret » (p. 159); — par Élie de Blaignac, lequel accorde aux religieux « libertatem et quietacionem omnis thelonei et omnis forisfactionis sue navis transeuntis per Dordoniam, quantum ad ipsum pertinebat » (p. 159); — par Séguin de Boirac, chevalier, à P., huitième abbé, et à Bertrand de Lignan, prieur, de divers droits, notamment « de redditu navium partem suam et de balantina partem suam » témoin : Vigouroux, prieur de Blaignac (p. 159); — par Élie de Blaignac, Thibaut de Lamarque et autres, de « lo peatge de propriis pannis monachorum quod accipiunt ad portum de Brana, ne umquam in toto Blalazes monachi donent peatge de suis pannis » (p. 160). — Donations faites à l'église de

S¹-Paul-au-Bois le jour de la dédicace (1096; p. 160). — Concession par Pierre, vicomte de Castillon, « volens ire in Jherosolimiticam expedicionem », du droit de libre transit pour un navire sur la Dordogne jusqu'à Civrac, ladite concession faite avec le consentement de ses deux fils, de son frère Élie, de ses barons Guillaume Aiz de Puynormand, Arnaud Robert de Montagne, etc., « condonato precio centum quinquaginta solidorum in quodam mulo » (p. 161). — Confirmation, après la mort dud. vicomte Pierre, par son frère et successeur Élie, lequel concède aux moines le droit de vendre librement leur sel (p. 161). — Don par Estarlic de Doulezon et ses enfants d'une terre dans la paroisse de S¹-Pey-de-Castets, plus « tornum quem habebant in terra parentum suorum » (p. 162). — Don d'une terre aux religieux, à condition qu'ils la cultivent et servent aux donateurs « agrariam..., id est quartum » (p. 162). — Donation par Peyrone, veuve de B. de Lamote, chevalier, « a la massónia de la gleisa de La Seuba » et au « massonei » (22 janvier 1264, n. s.; p. 163). — Donation à Bernard de Montagrier, clerc, conseiller de Pierre, vicomte de Civrac, de « terram de Landa » près Civrac, où led. Bernard fit une église et qu'il céda à La Sauve (p. 164). — Confirmation par l'archevêque Guillaume des droits de La Sauve sur un certain nombre d'églises : Baron, Espiet, Daignac, Guibon, Dardenac, S¹-Léon, Bellebat, Cenon, Guillac, Nérigean, Camiac, S¹-André [de Cubzac], Portets, Madirac, Benauges-Vieille, Casteret, S¹-Nicolas de Génissac, etc. (1184; p. 164). — Donation par Guillaume Garsie, vicomte de Civrac, savoir « extra castellum Sivracum locum ad faciendam mansionem..., motam videlicet que ibi erat » (p. 165). — Donation par Raimond de Gensac, « sancte Dei ecclesie de Silva Majore frater et amicus et in quantum valeo defensor et advocatus », du tiers du port de Pessac, de terres, etc. (p. 165). — Procès au sujet d'un paysan donné à La Sauve : « Monachi de Silva Gaufrido, Basatensi episcopo, querimoniam fecerunt, quo jubente, ante Petrum, vicecomitem de Casted..., convenerunt, narratione vero amborum facta, nichil illi deinceps debere rusticum viri nobiles judicarunt » (p. 166). — Accord avec Raimond de Gensac, touchant les réclamations par lui élevées contre des donations faites par son beau-père Pierre, vicomte de Civrac, et par le père de ce dernier, Guillaume-Garsie (1131; p. 166). — Charte de Bertrand, évêque de Bazas, énumérant les églises concédées par ses prédécesseurs à La Sauve : S¹-Pey-de-Castets, Branne, S¹-Jean-de-Blaignac, Civrac, Ruch, etc. (1115; p. 167). — Notice sur une donation de droits à Coirac par Raimond, évêque de Bazas, et sur un procès qui s'ensuivit : « Dicentes tali pacto ecclesiam et cetera esse data ut quicquid in loci illius sanctuario quoque modo perderent, si del Bec d'Ambes usque ad portum de Agulun posset inveniri; abbatis (sic) et monachus ibi habitans emendaret » (p. 169). — Notice sur un accord intervenu avec divers, lesquels, « confederati cum agricolis de Coirac...; jactabant se obtinuisse a domno abbate G., pro xxx concalis terre, quas illi sine aliqua retenta concesserant, ut, si alicubi aliquid per rapinam perdidissent, hoc eis a monachis de Silva restitueretur » (p. 169). — Cession à l'abbaye de dîmes « infra quatuor cruces ecclesie Sancti-Martini de Curiaco » (p. 170); — de droits « in terra de Igrana en jus » (p. 171). — Don par Étienne, évêque de Bazas : « Apud Sanctum-Leodegarium de Vinazes, de decimis ipsius ecclesie unam plenam tonnam, vini quinque modiorum » (p. 172). — Donation à Néac (Béguey?) par Guillaume, évêque de Bazas, savoir « quendam locum... qui dicitur Fons Martini, ad construendum oratorium », ainsi que par Amanieu d'Albret (1155; p. 172). — Charte de l'évêque de Bazas Geoffroy, prescrivant que les moines de La Sauve construiront l'église de Langon, dédiée à Notre-Dame, qu'ils la posséderont et qu'ils paieront un cens annuel de 12 deniers (1126; p. 173). — Bulle d'Alexandre confirmant la charte précédente et accordant à l'église de Langon la protection apostolique (p. 173). — Don par Pierre de Lamote le vieux, pendant que les moines de La Sauve construisent l'église de Langon en l'honneur de N.-D., d'un jardin contenant « seminaturam ad duas fere concas », de la dîme du moulin de Rapesac, etc., « in manu Raimundi Aquensis », moine, « qui locum Lingonensem edificavit » (p. 174). — Don par Raimond Dupuy et son frère Vivien d'un jardin « inter portam civitatis Basatensis et ecclesiam de Cabozitz », de « terram suam de Veirinas », etc. (p. 175). — Donation d'une terre « inter viam que ducit ad Rocam Talatam e l' brio, tam nemus quam planum » (p. 175). — Donation en présence de divers chevaliers, dont : « Forto, Lingonis tunc prepositus » (p. 175). — Accord entre Raimond, neuvième abbé, et Gautier de Rauzan, lequel réclamait « medietatem molendini de Rogiano, quod est in rivo qui dicitur Biniaga, non longe a castello de Salba-Terra » (p. 176). — Don de « ecclesiam Sancti-Martini de Fescals, cantariam videlicet et cimiterium cum sanctuario et quartam partem decime panis et vini », etc. (p. 176); — de droits « in molendinario prope ecclesiam Sancti-Martini de Fescaus » (p. 176). — Abandon à La Sauve de l'église de S¹-Avit, « que est en Vezalmes, inter Malvezin et Eschazafort »

(p. 178). — « De salvitate de Lagardera » (p. 179). — Don par Bernard Aiz d'Albret de « extra muros Castelli Gelosi, terram de proprio allodio ad faciendam villam necnon et ad fabricandam in eadem villa ecclesiam »; la justice sera rendue en présence d'un moine ou d'un sergent : « Quibuscumque autem ille aliquid dimiserit dimittetur, reliqua vero per medium partiemur » (p. 180). — Donation par Raimond-Guillaume de Mazeroles, chevalier devenu moine, de droits « in ecclesia Sancti-Bartholomei quam ipse apud Bardam, castellum scilicet suum, fundaverat »; confirmation de cette donation en présence de témoins nommés dans l'acte, « cum aliis pluribus circiter usque plus minus septuaginta militibus moribundo adventantibus » (p. 180). — Accord avec l'abbé de S¹-Sever concernant le lieu de Maniort, donné à saint Gérard par Étienne de Caumont, et où on a construit un village et une église (p. 183). — Accord entre deux personnages qui revendiquaient led. lieu « de Manu Forti » donné à l'abbaye par Étienne de Caumont : « Ex qua querela monachi sollicitati in conventu nobilium de re frequenter placitaverunt...; mos est in illa patria ut, si quis aliquid alicui dederit aut datum firmaverit, manus in manus illius mittat et hoc testimonio inviolabilem firmationem faciat »; les moines donnent aux réclamants 100 sous bordelais « et ipsi in manus quatuor monachorum nostrorum ibi presentium... suas manus miserunt et ad esseth, sic quippe eorum vulgari lingua nominatur » (p. 183). — Donation d'un cens d'une escarte de froment sur le moulin de Fontairaud, et, si le cens n'est pas payé au terme, « nuncio monachorum licet esclausam molendini extrahere » (p. 185). — Procès au sujet de l'église de Calezun, donnée à La Sauve par Simon, évêque d'Agen (p. 186). — Procès avec S¹-Sever au sujet de Calezun (p. 188). — Charte de Guillaume, archevêque de Bordeaux, confirmant les droits de La Sauve et énumérant les églises qui dépendent de ce monastère : Espiet, Baron, Daignac, Guibon, Dardenac (transcription moderne; p. 190). — Donation par Simon, évêque d'Agen, de l'église S¹-Antoine d'Agen (p. 191). — Donation par Guillaume de Bouville de sa part de l'église de S¹-Rufine (1093; p. 191). — Donation de S¹-Romain près de Loupiac, par Bernard de Ségur, Du Cros, et autres (p. 192). — Engagement par Maurestel de Donzac, qui offre son fils à La Sauve, « tali... pacto ut, si puer ad monachatum pervenire posset, prefatum pignus ecclesie Silve-Majoris in allodium provenire[t], si vero ante moreretur, pignus sicut prius remaneret » (p. 194). — Mention de la construction de l'église des saints Just et Pastour (1078; p. 195). —

Donation par Gérard de Gavaudun de lad. église de S¹-Pastour, sur le Dropt (p. 195). — Cession par Foulques de Labarthe de « la bordaria quam tenebat Johannes de Falgairac » (p. 196). — Procès au sujet de la dîme de Cadaluy, entre le prieur de S¹-Pastour et « Raimundus de Monte-Incensi et Isardus de eodem monte », lesquels « mandaverunt ei diem in qua daret eis garent de illa » (p. 197). — Liste de cens payables à l'Infirmerie pour la Toussaint (p. 198). — Donation de biens sis à Atenac, savoir « veterem ecclesiam cum sanctuario ejus et quicquid habebant in maso balliorum, data commutacione contravalente balliariis » (p. 199). — Délimitation des dîmaires de S¹-Macaire et de S¹-Croix-Du-Mont (p. 200). — Don par Alaïde de Clarens d'elle-même et d'un manse, « cum assensu et voluntate ipsius mariti sui, dum esset cruce signata et ab ipso marito de conjugio suo absoluta » (p. 202). — Cession de dîmes moyennant « palafredum peroptimum » (p. 203). — Procès avec Guillaume « de Luzac » au sujet de la terre « de Lobchac » : « Oliverius, frater ejus, monachorum boves in ipsa terra pignoravit; tandem... ipse Oliverius gurpivit in manu domni Petri, abbatis, cum missali super altare » (p. 203). — Don par Raimond-Guillaume de Puynormand, pour l'âme de son fils Guillaume de Samonac, inhumé à La Sauve, de « boscum in quo mansio ejus et mota erat » (p. 204). — Difficulté au sujet de la terre « de Boegs »; le moine intéressé dit : « Si vultis, eamus ante barones Dordonie et placitemus, et si per judicium poteritis habere habeatis, sin autem sinite me in pace. Et responderunt : Eamus » (p. 204). — Don aux moines d'un droit de pacage et de « vigeriam... Campi Martini ac Sancti-Petri de Fainaia ». « Predictam vigeriam vel potius villicationem tenebant feodaliter... tres fratres, Giraudus Aimeri, Petrus atque Willermus, cum Petro, cognato illorum »; ils le tiendront de l'abbé, avec cette clause « quatinus tres predicti fratres [et] illorum subsequaces abbatibus Silve Majoris hominium facerent, Petrus vero cognatus eorum, non hominio facto, ab abbate vigeriam acciperet, tantum osculata manu abbatis » (1112; p. 207). — Don par Élie d'Aubeterre d'un bien, afin que les moines puissent le défricher « aut dare mansiones in ea » (p. 207). — Accord entre La Sauve et Saint-Martial [de Limoges] au sujet de l'église de S¹-Aigulin : Saint-Martial tiendra l'église et donnera annuellement à La Sauve « quinque solidos de illa moneta que per honorem Calesii sine violencia mitteretur » (p. 208). — Don de partie « decime Sancti-Ambrosii juxta castellum Ripas », en présence de Raimond, évêque de Périgueux, Raimond de Mauriac, abbé de

Faize, et Pierre de Didone, prieur de La Sauve (p. 208). — Don par Aymard, vicomte de Limoges (p. 209). — Accord avec l'abbesse de Ligueux, laquelle n'ayant jamais eu de sceau, fait apposer sur l'acte le sceau de Jean, évêque de Périgueux (p. 209). — Dons à N.-D. de Ligueux (p. 210). — Approbation d'une donation par Agnès, vicomtesse de Fronsac (p. 212). — Cession d'un bois qui est près de l'église de Puy-Dudon, moyennant « solidos xxx enforzatorum » (p. 213). — Accord par Aicard, prieur de Puy-Dudon, qui donne « undecim solidos enforsatorum » (p. 214). — Don par Pierre, vicomte de Castillon, à l'abbé Gérald de partie des dîmes, « ecclesiarum sancti-Christofori et sancti Severini, que sunt ad Podium Dodonis » (p. 214). — Concession aux moines du passage gratuit par le port de Paracol, en présence de Gérald Constantin et son frère, « qui portum custodimus » (p. 214). — Don par Pierre, vicomte de Gabardan, à l'abbé Gérald, du monastère du Saint-Sépulcre de Gabarret, qu'il a commencé de construire (p. 215). — Don par Pierre, évêque d'Aire, du quart des dîmes et des oblations de Saint-Loubert de Gabarret (p. 215). — Démarche de Pierre, fils d'autre Pierre et vicomte de Gabarret, à l'effet d'être admis au bénéfice des mérites du monastère : on l'introduit dans le chapitre, « atque ibi cum libro, ut moris est, beneficiorum investituram prebuerunt »; il confirme les donations faites par son frère, savoir du monastère de Gabarret (p. 215). — Don par Agnès, mère du vicomte Pierre, quand elle fit le voyage de Jérusalem, d'une vigne qui leur appartient, « ad Quercum episcopalem » (p. 215). — Accord « cum domino W., archidiacono Sociensis sedis » (p. 216). — « Hec sunt que Petrus, nobilissimus vicecomes Gavarreti, qui cognominatus est Soriguers, dedit Deo et sancte Marie et beato Geraldo » (p. 217). — Don par le vicomte Loup Aner et sa femme Garsie du monastère qu'ils veulent faire « in Percherio castro » et dotation de ce monastère (1108; p. 219). — Don par Robert Gombaud de Cosnac, chevalier, à P. de Laubesc, huitième abbé (p. 219). — Don par Gérald de Bonette, chevalier, de son fils Hostinde « in hominem », et d'une terre; Raimond, « cementarius », lui donne 40 s. et rend la terre au fils, moyennant un cens de 2 s. (p. 221). — Remise par Bernard de Lamothe, Bertrand de Mons, son cousin, et Amanieu de Lamothe, chevalier, de droits de dîmes sur des terres qui appartiennent à la maison de Carensac (juin 1226; p. 222).

H. 2. (Registre.) — 0m39 X 0m30. — 233 feuillets parchemin (1).

XIe-XIVe siècles. — Grand cartulaire (suite). — Notice relative à Guillaume Bon et à ses biens : la directe de ces biens avait d'abord été donnée à La Sauve, puis, indûment et à la faveur des guerres, aux chevaliers de Tausinars; ceux-ci, « Villelmum Boni..., erutis occulis, cum genitalium membrorum abscisione, spadonem reddiderunt »; le principal coupable, Bernard de Tausinars, étant mort de la lèpre, les parents remirent à Guillaume « partem suam terre et prep...ram ac justiciam tocius alterius habere permiserunt in pace » et firent don à l'aumônier de La Sauve de « xxti denariatas terre aus Carpes de Corbelac » (p. 227). — Don par Élie de Didone d'un emplacement près du château de Royan, pour construire une église, de l'exemption de la coutume levée sur les navires, de dîmes de moulins à Meschers, d'une terre dans l'île d' « Olearon », etc.; présents « Stephano, abbate et heremita de Cordano insula » (1092; p. 228 et p. 229). — Confirmation, « in concilio Sanctonensi » des droits donnés à La Sauve par Élie, contre l'abbé de Maillezais, qui avait engagé l'une des terres dont s'agit (1097; p. 230). — Mention de la concession par Robert, prieur de St-Nicolas de Royan, de privilèges aux futurs habitants d'une terre achetée par les moines, près de l'église St-Pierre : dispense de l'host, de la chevauchée, de la corvée de charroi, etc. (p. 230). — Don de l'église de l'Ile d'Arvert (p. 231). — Don de « capellam sancti Vincentii martyris, annuente Ramnulfo, Sanctonensi episcopo » (p. 232). — Mention de vignes pour lesquelles on doit le quart de la vendange au prieur de St-Nicolas de Royan : « Cum autem vinee deficient, hi qui tenebant vineas per duas messes sacionales terram exercent et post duas illas messes iterum plantabunt » (p. 232). — Don par Bernard de Ségur, Du Cros, de « terram ubi fuerat antiquitus oratorium Sancti-Romani prope ecclesiam de Lupiag » (p. 233). — Engagement par Raimond de Benauges à Geoffroi, sous-prieur, de « quendam rusticum nomine Willelmum Del Castenet, cum filiis et omnibus pertinentiis suis, in bosco et in plano, pro quinquaginta solidis burdegalentis monete »; il emprunte encore au monastère sur le même gage; il donne à l'abbaye le paysan, qui promet de payer annuellement « x solidos burdegalensium et agreriam tocius tenacie (sic)

<hr>

(1) Le volume est paginé 225-492; les pages 225-226 se trouvent reliées après la page 234. Le cartulaire était autrefois en un seul volume : les feuillets sont numérotés CXII, CXIII, CXIII), etc.

sue » (p. 233). — Don d'emplacements de moulins sur la Virvée, etc., et confirmation à S‑André‑[de‑Cubzac] : « Fecit ergo prior Sancti‑Andree festivum convivium, tam ipsis quam omnibus qui prefate donationi interfuerunt » (p. 225 [sic]). — Chartes relatives aux religieuses de S‑Laurent‑d'Escures (p. 235). — Sentence arbitrale de l'archevêque Élie réglant de nombreuses difficultés entre La Sauve et les Templiers : mention de la maison de Montfaite, paroisse d'Arveyres (1196 ; p. 236). — « De Sede Meri, id est Semeio » (p. 237). — Charte d'Albert, fils de Técelin, « de Semeio » (p. 237). — Don par Galduin, familier du roi Philippe, à son entrée en religion, d'une terre « apud villam nomine Villanam, ante castellum quod dicitur Puzatum », et de vignes « apud Sanctum‑Johannem super Bionam fluvium » (p. 238). — Don par Thierry, d'Orléans, dans des conditions analogues, d'une maison « inter Sancte‑Crucis claustrum et mansiones Judeorum » (p. 239). — Charte du roi Philippe pour La Sauve (1081 ; p. 239). — Autorisations données par les prieurs de S‑Nicolas de Royan de s'établir sur les terres dépendant du prieuré (p. 240). — Concession par Guillaume de Montendre, seigneur de Didone, et les siens, de « duo frustra de baleua qualia ipsi recipiunt in portu de Roiano » ; témoins : « Helias de Fort, Johannes, prior de Gravia, monachi Cluniacenses » (p. 246). — Renonciation par Artaud « de Mirembel » au pillage des navires jetés à la côte de Cosnac (p. 253). — Don par « Guillelmus Fredelanni, de Blavia opido, cupiens ire in Jherusalem, ad sepulchrum Domini » (p. 253). — Concession par Pierre Roger, vicomte de Gavarret, du libre transit de cinq bateaux par an devant Langon (p. 254). — Concessions analogues par Guillaume‑Amanieu devant S‑Maçaire, par Bernard de Taurignac, chevalier, devant Caudrot, par Arnaud‑Bernard de Taurignac « ad Gorzon », par Élie de Blaignac devant Blaignac, par Amauvin de Bourg devant Cavernes (pp. 254‑255) ; — par Pierre, vicomte de Castillon, « volens ire in Hierosolimiticam expedicionem », au profit d'un bateau conduit jusqu'à Civrac : « Laudantibus baronibus suis, Guillelmo Aac de Poinorman et Arnaldo Rotberti de Montana » (p. 256) ; — par Pierre‑Raimond, Raimond‑Pierre, son frère, et Pierre‑Gérard, leur cousin, au profit des moines passant « aquam de Paracol » (p. 256). — Cession par Marquise, sœur de Bertrand et fille d'Amanieu de Baigneaux : « Testes : …. W. de Laubes, prior de Exeia ; …. R. de Laubesc, miles d'Aucala » (p. 257). — Charte d'Alphonse de Castille : il expose l'origine d'une église bâtie dans un faubourg d'Uncastillo et transférée sur un point moins resserré :

l'évêque de Pampelune refusait aux paroissiens « eis dare aquam benedictam ut possint cantare primam missam in illa nova ecclesia… ; propterea ego Bertrannum, venerabilem episcopum Vasatensem, qui tunc temporis mecum erat, feci cantare primam missam et benedicere cimiterium » ; il confirme les concessions faites à La Sauve par son père (mars 1125 ; p. 258). — Charte d'Alphonse d'Aragon concédant à La Sauve les églises de Ruesta, les dîmes « de furno et de balneo et de carnelagio », etc., d'Uncastillo (9 janvier 1162 ; p. 258). — Don par Pierre de Lignan de « decimam de cimiterio Sancti‑Nicholai de Arzesma », confronté par le chemin Brunehaud (p. 259). — Don de droits sur une terre sise à Naujan, « juxta viam qua itur ad Jugazan, in valle inter duas vias » (p. 259). — Procès survenu, au temps de R., neuvième abbé, entre Galard de Balbou, chevalier, et Amanieu, son neveu et héritier, lequel s'opposait à ce que son oncle donnât à La Sauve, un homme résidant à Targon et sa tenure ; débats « coram vicecomite Bernardo de Bovilla et militibus multis apud Sanctum‑Macharium » (p. 260). — Inféodation par l'abbé, à la demande de P. de Benauges et P. de Rions, chanoines de Bellefond (mai 1189 ; p. 260). — Donation « super altare Sancti‑Nicholai de Ardesmas, que est ante portum de Genizac, monachis Sancto‑Marie Silve Majoris ibidem commanentibus » (p. 261). — Donation de terres près du chemin qui monte « ab oppido ad ecclesiam S. Romani », à Mazerac, près de la Garonne (p. 262). — Don d'une terre qui contient en largeur 6 sadons et deux ou 4 règes et en longueur 5 versanes (p. 262). — Don par Pierre‑Rainaud, à S‑Martial, de divers biens sis près du port d'Ardesme, notamment « tantum de silva usque ad profundiorem artigam, hoc est usque ad viam Brunecildis, » et dans sa terre de Génissac, pour les troupeaux, « lo pascheir » (p. 264). — Don par Pierre, abbé de S‑Martial de Limoges, à Pierre, huitième abbé de La Sauve, de « ecclesiolam Sancti‑Nicholai de Genizag » (p. 264). — Accord avec Gérald de Montprimblanc et son frère, chevaliers, touchant des manses dans la paroisse de Lugagnac : lesd. chevaliers percevront 10 s. sur certaines manses ; si on ne les paie pas, ils saisiront des gages, « que per VIII dies sine dampno et guatgio servare tenentur, elapsis vero VIII diebus a receptione pignorum, si X solidi soluti non fuerint, ex tunc habebunt milites super pignoribus sex den. pro guagio singulis diebus quamdiu X sol. non fuerint persoluti » (p. 267). — Enquête au sujet de la dîme de Portets (p. 268). — Don par Bernard de Ladaux, fils de Raimond‑Bernard de Ladaux, celui‑ci chevalier (p. 269).

— Mémoire par Jean de Gaillan, doyen du chapitre S¹-Seurin, pour défendre éventuellement contre l'évêque de Périgueux les droits de La Sauve sur les églises de « Cadalhul » et de S¹-Pastour (p. 270). — Charte[¹] de l'évêque de Comminges, abbé de La Sauve, portant règlement pour les bénéficiers d'Ejea : « Si vero puplice concubinam tenuerit ammoneatur semel et secundo; si non emendaverit, careat prebenda »; défense d'amener des enfants au réfectoire; précisions sur le menu; privation de vin à qui ne s'est pas levé pour les matines (p. 271). — Sentence de l'archevêque Élie entre les Templiers et La Sauve (9 octobre 1196; p. 273). — « Bulle du pape Alexandre 3ᵐᵉ pour les prieurez de France » (Bénévent, 23 décembre 1169; p. 276). — Cens de Terny (p. 279). — Sentence de Guillaume, archevêque de Reims, entre Seguin, prieur de S¹-Paul, et Guichard, comte de Rouci (1178; p. 280). — Concession de terre à Lignan : « De terris ad agrariam possessis, de incultis sed proprii sudoris opere excultis et de fimo stercoratis sextam partem persolvet; de ceteris, sicut mos exigit, quintam » (p. 283). — Don d'une terre sise à S¹-Léon; témoins : Amauvin de La Tresne, Raimond de Carignan, prévôt, Arnaud de Barsac, chevalier (p. 284). — Don par Pons de Branne d'un emplacement pour un moulin : « Si quis de projenie sua questionem moverit super hoc donum, auctor et testis paratus est esse » (p. 284). — Don par Amauvin-Pierre et son frère d'une terre sur laquelle Simon, leur oncle, avait un droit de mutation : « Hoc donum supradicte terre factum est in manu ejusdem Symonis, rogatu Amalvini aliorumque fratrum, et dimiserunt omne jus illius hereditatis, et tradiderunt manum prioris in manu Symonis et suscepit jus illius terre prior ea conditione qua ipsi prefati fratres habuerant » (p. 284). — Don par les mêmes de « condefractum Symonis, eorum avunculi » (p. 285). — « Memoratum memoriale... reliquimus, nam Giraldus de Ginizag et Petrus Rainaldi, nepos ejus, fecerunt Bivernam, matrem prefati Geraldi, monacham in abbatia Sancte-Marie Silvæ Majoris »; donation de terres « circa viam Brunelt » (p. 285). — Engagement par des frères, des biens qu'ils possèdent « in allodio vel in emptione aut in matrimonio sive in fevo », « e l' defrag parentum suorum, si contigerit, et decem solidos de questa annuatim » (p. 286). — Accord au sujet de l'église « de Mukethun », en Angleterre (p. 289). — Bulle d'Alexandre adressée « Gervasio, abbati Sancti-Dyonisii juxta

montes », au diocèse de Cambrai (p. 290). — Don par Arnaud-Aymeric de Bourg et Carbonel, son cousin, de droits à Montussan, notamment sur une forêt dont les associés se partagent les revenus, « scilicet pascherium et quod dant carbonarii »; la donation est faite sur l'autel de S¹-André-du-Nom-de-Dieu (S¹-André-de-Cubzac), en présence d'Ayquem Guillem, prieur de S¹-André, de Raimond de Fronsac, etc.; mention du prévôt des donateurs (p. 292). — Accord avec Guitard de Veyrines touchant les droits de celui-ci sur les biens vendus par Arnaud-Aymeric de Bourg et Carbonel : « Si ministerialis injuriam fecerit de agraria Bernardo, non poterit placitare solus; sed, vocatus a monacho et Bernardo, ponet securitatem in manu utriusque, quasi in manu domini unius, et ita quod justum fuerit exequatur » (Fait « in manu jamdicti G[osleni], clerici, archiepiscopi », dans le cloître de S¹-André, 1148; p. 292). — Don par R. Garcie de Ruch, chevalier (p. 296). — Cession par B. de Gensac, chevalier, et Assalide, sa femme; témoins : G. de La Mothe, évêque de Bazas, P. de Bagerans, chevalier, et autres (1213; p. 296). — Donation de divers biens à la Trinité « de Borewel » (p. 297). — Donation par « Ansgotus de Burewelle », revenant de S¹-Jacques : « Ecclesiam de Burewelle cum capella sua de Hagetorp, et ecclesiam de Karletun et ecclesiam de Muketun et ecclesiam de Walmesgare » (p. 298). — Donation par « Bernelinus et Robertus et filii nostri et uxores nostre et Galterius, qui uxorem Bernelini habeo », des églises de S¹-Pierre et de Mareuil, « cum fevo sacerdotali »; si quelqu'un s'élève contre cette donation, « lege salica convinctus, examine procerum condemnatus, auri libras c, argenteos pondo ccc solvat » (p. 304). — Diplôme de Louis-le-Jeune déplaçant six hôtes dont les maisons étaient trop près de l'église de Semoy et leur conservant leur statut (1145; p. 306). — Charte de M. de Beaugency à son beau-frère Louis, roi de France, exposant qu'il a conclu un accord avec les moines de La Sauve, à propos de certaine terre : « Lancelinus, cum fecisset reditum per Silvam de Sancto-Jachobo, nunciavit mihi quia excommunicassent me monachi pro terra illa » (p. 311). — Bulle d'Alexandre confirmant les possessions de La Sauve dans le Nord (Sens, 11 juin 1164; p. 312). — Bulle d'Alexandre pour le prieuré de Néronville, portant qu'on pourra librement se faire enterrer dans ce monastère (Sens, 11 juin [1164]; p. 314). — Lettres des moines de Broqueroie à P., abbé, et au chapitre de La Sauve, les informant qu'ils ont élu abbé Bertrand, prieur de S¹-Léger (s. d.; p. 314). — Charte d'Élie Rudel, seigneur de Bergerac et de

---

[¹] Les pages 271-384 sont écrites en deux colonnes; elles ont peut-être constitué à l'origine un ou plusieurs recueils séparés.

Gensac, reconnaissant que ses sergents et ses baillis ont eu tort d'enlever violemment du blé aux hommes de La Sauve qui sont « in honore sive in ballia de Roazan et de Pujols » (Gensac, mars 1239-1240; p. 314). — Charte du roi Richard confirmant l'immunité et les divers droits de La Sauve : « Confirmamus imperpetuum eidem monasterio domum de Bellofonte, quam olim canonici possidebant, qui semetipsos et domum ipsam jamdicto monasterio contulerunt » (La Réole, 3 février 1190; vidimé et confirmé par Innocent IV, à Lyon, le 1er février 1246; p. 315). — Cession par Guillaume-Seguin, d'Escoussans, chevalier, de ses droits sur la terre d'Aguillac, donnée par son frère Arnaud-Bernard (1221; p. 317). — Renonciation par Raimond, vicomte de Fronsac, et R. Gombaud de Vayres, à la dîme de Baron, que les moines de La Sauve prétendaient leur avoir été donnée par feu Amanieu Colom, citoyen de Bordeaux (Fait dans le port d'Arveyres, devant Fronsac, 16 juin 1235; p. 317). — Don par P. de Rions, chevalier, d'une redevance de 5 s., « quos habebat super B. Pinsan, in terra de Fontbonis, que est bene xxv zaisonz et amplius...; hoc donum fecit in capella Sancti-Martini, super altare, et devestivit se cum palla altaris » (mai 1227; p. 318). — Charte de l'archevêque Élie aux moines de La Sauve, qui désirent réédifier l'église St-Jean de Campanas, sise dans la paroisse de Rions et ruinée par les guerres (p. 319). — Charte du même relative à une moitié de la dîme de Bruges que Garcie de Veyrines, chevalier, tenait féodalement de G. de Bourg (1196; p. 321). — Charte de Guillaume enregistrant l'arbitrage d'Élie Viger, citoyen de Bordeaux, nommé par les parties pour mettre fin aux différends de l'abbaye avec Bernard d'Escoussans, relativement à certains droits de la succession de Raimond-Bernard de Ladaus et Pierre de Cessac, chevaliers (1208; p. 323). — Cession par Sanche Adil, chevalier, en présence de son cousin P. de Lamote, « Arnaldo Lamberti majore Burdegalensi » (1209; p. 324). — Donation des églises de Nérigean et de Camiac par l'archevêque Arnaud à Geoffroy, quatrième abbé de La Sauve (1107; p. 326); — de l'église de St-Laurent d'Escures, dans la banlieue de Bordeaux, par l'archevêque Bertrand (1165; p. 328). — Confirmation par l'archevêque Amat des cessions faites à l'abbaye par Goscelin et par lui-même d'églises sises dans l'archiprêtré de Bordeaux (1097; p. 328). — Charte de Bernard Dalhan, maire, et des jurats de Bordeaux, relatant qu'à la suite de difficultés survenues entre l'abbaye, d'une part, Guillaume Aymeric, ses enfants et les enfants d'Arnaud Beguey, de l'autre, les parties

ont nommé arbitres Amauvin Dalhan, frère de l'hôpital de Cayac, et Raimond Moneder (p. 329). — Liste de terres : « A la parropia de Sent-Orens de Toras, v pessas de terra », dont l'une confronte à « la Tanefreza » (p. 330). — Cession par Élie, évêque d'Agen, de l'église St-Pierre de Nogaret (1160; p. 331). — Charte du même confirmant La Sauve en la possession de l'église N.-D. de Coutures, près de Casteljaloux (1164; p. 333). — Confirmation par l'évêque d'Agen des acquisitions faites par La Sauve d'églises sises dans son diocèse et énumérées dans l'acte (1142; p. 334). — Don par Audebert, évêque d'Agen, des églises « Sancti-Stephani de Primaco et... Sancti-Aviti » (1125; p. 336). — Confirmation par l'évêque d'Agen du don fait par Audebert, son prédécesseur, des églises de St-Avit, près Ste-Marciane, de Prinac et « Sancti-Symphoriani de Leu » (1130; p. 337). — Donation par Raimond, évêque d'Agen, de l'église St-Étienne de Périllac, près du château de Montastruc (p. 338); — par Élie, évêque d'Agen, de l'église de St-André, « non longe a castello de Pimil sitam, ad cujus etiam parrochiam novella plantatio nostra de Caubeose pertinere dinoscitur » (1169; p. 338); — par Gosbert, évêque d'Agen, de l'église de St-Caprais de Bedissan, près Lavardac; témoin : Gosfred, abbé de Blasimon (1105; p. 338). — Liste de feudataires et de censitaires : Arnaud Malengenhc, chevalier, de Castillon, et Bertrand de Barbane, fils du chevalier Sicard; Aicard Bon, pour une maison Au Branet, « que vocatur Las Salas »; (p. 339). — « Oblaciones domus de Calasun » (1290; p. 340). — Donations par des évêques de Périgueux (pp. 342 et ss.); — par un ou deux archevêques d'Auch (p. 347); — par des évêques de Bazas (pp. 348 et ss.). — Charte de B., évêque de Bazas, relatant les difficultés auxquelles la mauvaise foi des moines de Blasimon a donné lieu : il les a assignés à Bazas, puis « in consilio Engolisme » et de nouveau à Bazas (p. 349). — Cession par Bertrand, évêque de Bazas, de l'église « Beati-Martini-de-Sexquars » (1108; p. 350); — par le même de l'église St-Étienne de Ruch; présent « vicecomite Petro de Castello » (1112; p. 350). — Sentence de l'évêque d'Angoulême, légat du St-Siège, entre Blasimon et La Sauve (p. 351). — Charte de Gaillard, évêque de Bazas, sur le rattachement de Bellefond à La Sauve (p. 352). — Don par l'évêque de Bazas aux chanoines réguliers de Bellefond, des deux églises de Jugazan et de Cazevert (1141; p. 353). — Charte de Bonhomme, évêque d'Aire, donnant à la demande de Guillaume, comte de Poitiers et duc d'Aquitaine, et de Pierre, comte de Bigorre et vicomte de Marsan, l'église de Bougue, « celebrem sanctorum reliquiis » (1135; p. 355). — Bulle de Célestin III, énumérant et confirmant les possessions de La Sauve : à La Sauve, les églises de St-Pierre et de St-Jean, etc. (Latran, 10 mai 1197; p. 356). — Charte de Girard, évêque d'Angoulême et légat, relative au différend survenu entre La Sauve et Guillaume, évêque de Dax, au sujet de l'église St-Vincent de Dax (p. 360). — Sentence d'Henri, archevêque de Bourges, délégué par le St-Siège pour régler un différend entre La Sauve et les religieuses de l'abbaye de Ligueux (p. 360). — Vente par Élie Calart et ses sœurs, « gravati... here alieno quo tenebantur in magna summa, Judeis creditoribus obligati » (p. 365). — Sentence arbitrale de l'archevêque d'Auch entre La Sauve et noble Bernard de Rions (Rions, 10 juin 1227; p. 367). — Vente de la « collectionem sive preposituram » du quart de la dîme de St-Loubès, tenu en fief d'Amanieu de Longuenas; lad. vente est faite du consentement dud. Amanieu et de Hugues Arlan, « de quo idem Amanevus prefatam decimam tenebat sicut de domino [c]aucionario » (juillet 1229; p. 370). — « [A]nno ab incarnatione Domini M° CC°, incepit dominus Ramundus de Laubesc edificare domum de Campania » (p. 371). — Cession d'un emplacement, du consentement d'Arnaud de Curton, chevalier, seigneur foncier; approbation par noble Guillaume-Seguin de Rions, de qui le tenait led. Arnaud, « recepto... cypho argenteo marcham argenti valente » (Rions, 1221; p. 374). — Charte de l'abbé, narrant la révolte violente des bourgeois contre le monastère et imposant auxd. bourgeois une réparation : deux cierges seront entretenus, l'un par le quartier St-Jean, l'autre par le quartier St-Pierre; à cause du mal occasionné sous le couvert des confréries du s{t} Esprit et de s{t} Jacques, les confréries devront être autorisées par l'abbé (5 décembre 1249; p. 374). — « Census monasterii Silve-Majoris apud Sanctum-Emilianum » (p. 379). — Engagement de moitié de la dîme de Tizac : sont garants Pons de Montpesat et Gaillard de Lagardère, chevalier (30 (?) juin 1230; p. 381). — Paiement par l'abbaye d'une somme de 1000 sous à Isaac, juif de Bordeaux, qui avait en gage le huitième de la dîme de St-Loubès, appartenant à B. d'Angludes, chevalier; le gage passe à l'abbaye et le propriétaire s'engage à ne pas le racheter de trois ans (5 septembre 1227; p. 382). — Charte relative à l'engagement par Bernard de Lamote, chevalier, de partie des dîmes de Nérigean et de St-Quentin (1232; p. 383). — Charte incomplète, portant engagement par P. de Lignan, chevalier, des dîmes de Génissac et de Crespiac; caution : Constantin Viger, bourgeois de La Sauve (p. 383). — Don (¹) par Sanche d'Aragon de l'église de Ruesta et d'une église voisine dédiée à s{t} Jacques (p. 385). — Don par Sanche-Ramire de redevances sur St-Pierre de Ruesta et sur Esko (Uncastillo, 1093; p. 385). — Don par Sanche d'Aragon des mosquées d'Ejea (1084; p. 385); — par Sanche d'Aragon des dîmes de diverses villes et des mosquées pour y faire des églises quand on aura reconquis ces villes (1096; p. 387). — Autres chartes pour les prieurés d'Espagne (pp. 387 et ss.). — Assurance donnée à l'abbaye par Sanche d'Aragon que l'on recevra un pauvre pour chacun de ses successeurs comme religieux dans le monastère; réponse du roi à s{t} Gérard, déclarant que les biens de l'abbaye seront « ita libera... quod neque ecclesiastica persona neque secularis audeat inquietare, sicut nostra propria palacia » (p. 390). — Diplôme de Fernand de Castille, donnant à Ejea Alcala et divers autres biens (16 juin 1224; p. 400). — Diplôme [incomplet] de Philippe Ier, portant donation de l'église de St-Léger (s. d.; p. 401). — Bulle d'Innocent [II], confirmant la donation faite par Thomas de Coucy aux moines de St-Léger, « terre sue apud Castrum Faram » (Chalons, 12 novembre [1131]; p. 404). — Notice relatant que Guillaume-Élie de Biazenzac, prévôt de Bordeaux, a exigé le gîte chez les hommes de l'abbaye à Cenon et à Croignon; puis, il a reconnu son tort et un dimanche, après la procession, en présence du peuple, il a promis de ne pas renouveler ces exigences (p. 406). — Diplôme de Philippe Ier donnant à La Sauve la chapelle de St-Léger, « in silva que vulgari nomine vocatur Lesgia » (Senlis, 1083; p. 407). — Diplômes de Louis-le-Gros et de « Ludovicus junior, magni Ludovici filius », accordant aux évêques et aux abbés des provinces échues à ce dernier par la mort de Guillaume de Poitiers « canonicam... libertatem, absque hominii juramenti seu fidei per manum date obligatione » (1137; p. 408). — Charte d'Éléonore confirmant les concessions faites aux archevêques de Bordeaux (p. 408). — Diplôme de Louis, empereur, confirmant l'immunité accordée par son père, Charles, à l'église de Bordeaux, aux monastères de Blaye et de St-Seurin et à leurs dépendances (s. d.; p. 409). — Titres pour les prieurés de France (pp. 410 et ss.). — Charte d'Henri, comte de Troyes,

---

(¹) En tête de la page : « Crux presignatur; cruce nunc opus omne sanatur.» Cette légende et le changement de disposition de la copie, qui est faite à pleines lignes, semblent indiquer que cette page a commencé jadis un recueil.

portant diverses donations au profit de Belval (1167; p. 413). — Charte de Thibaud, comte de Blois, confirmant des donations (1141; p. 414). — Chartes de Philippe-le-Bel nommant défenseur de La Sauve Richard dit Douay de Compiègne (29 octobre 1289 et 1290; p. 418). — Relation de la bataille livrée le 19 septembre 1356, par le prince de Galles, « fultus potentia baronum Vasconie », « in loco vocato *a Beuvoyr*, prope civitatem Pictavensem »; nom des principaux parmi les prisonniers, les tués et les fuyards; arrivée du Prince et du Roi à Bordeaux, le 5 octobre, et du cardinal Taleyrand, le 12, pour traiter de la paix (p. 418). — « In hoc volumine continentur carte de ecclesia Noveii (¹) » (p. 419). — Charte de Samson, archevêque de Reims, confirmant la donation faite par Guitier, comte de Rethel, à Arnaud, prieur de Neuvi, des « braquenses prebendas » (1158; p. 441). — Bulle d'Alexandre [III] confirmant la même donation (Montpellier, 23 juillet [1162]; p. 442). — Charte de Guy, chevalier, seigneur d'Herblencourt, sur le point de partir pour la croisade, réglant notamment l'exercice du droit d'usage qui appartient à lui-même et à ses hommes « in nemore de Cepoi » (1210; p. 444). — Charte par laquelle Bertrand de Vesac, damoiseau, cède au monastère ses terres et ses dîmes et les reprend à charge de payer un cens et une esporle et de ne pouvoir les vendre ni les engager qu'à l'abbaye (mars 1231-1232; p. 445). — Sentence arbitrale de P., pénitentier et ouvrier de St-André de Bordeaux, entre La Sauve et Guillaume, abbé de Bonlieu, au sujet d'un pré sis « subtus molendinum B. de Leiano, militis »; témoin : « Vitalis de Bilars, operarius Sancti-Macharii » (1231; p. 445). — « Transcriptum privilegii quod nos, sicut membrum ecclesie Burdegalensis, sumus in protexione regis Francie » (1137; p. 446). — Arrêt du Parlement sur la plainte portée par l'archevêque de Bordeaux contre le sénéchal de Gascogne, le maire, les jurats et la commune de Bordeaux, pour empiètements violents sur sa juridiction et sur celle que le doyen de St-Seurin tient dud. archevêque : il sera procédé à une enquête et aux réparations dues et défense est faite au Sénéchal de commettre de nouveaux attentats (session de la Chandeleur, 1277, n. s.; p. 446). — « De irruptione Sancte-Probe » : lettres de G., évêque de Laon, à l'occasion des violences commises par « filii majorisse de Derciaco » (p. 448). — Donation par « Arnaldus de Meneida, miles de Monte Inciso » (26 octobre 1208; p. 449). — Donation d'emplacements « in castro de Mussidano, juxta ripam fluvii

Elle, in angulo castri », par « Raimundus de Monte Alto, dominus de Mussidano, assensu et voluntate fratrum meorum, scilicet B. de Monte Inciso et A. de Monte Inciso » (février 1211, n. s.; p. 450). — Donation par Pierre de Blaye, bourgeois de La Sauve, d'une forêt dite « Rivus Frigidus » : le donateur a acheté ce bois de deux individus qui lui en ont assuré la possession; il le reprend à charge de payer cens et esporle à l'abbaye, qui doit lui assurer la possession (1218; p. 450). — Cessions par Hugues, comte de Rethel, de droits divers à Balby et Neuvi (1100; p. 451) et à Rethel (1117; p. 453). — Charte d'Alfonse d'Aragon fixant les limites d'une possession des frères d'Alcala (juin 1194; p. 458). — Charte de Jacques d'Aragon donnant à Bertrand de Born, commandeur d'Alcala, et par lui « ordini sancti Geraldi » « castrum et villam... quod dicitur Abnexixe, situm juxta castrum novum de Segorbio » (au siège de Valence, 1er juillet 1238; p. 459). — Concession par frère Rufat, commandeur d'Alcala, et par frère Bernard de Born à Ferrand Didace, de « castrum et villam quod dicitur de Algimia, situm in regno Valencie » (23 février 1248, n. s.; p. 459). — Titres relatifs aux possessions d'Angleterre (pp. 460-462). — Don de St-Léger par le roi Philippe (s. d.; p. 463). — Don [par Louis le Gros] aux moines de St-Léger du droit de défricher une charrue de terre dans la forêt « quam Brunum Alnetum vocamus » (1117; p. 463). — Bulle d'Innocent [II] aux moines de St-Léger, confirmant une concession de Thomas de Coucy (Châlons, 12 novembre [1131]; p. 466). — Concession par Thomas de Coucy aux moines de St-Léger du droit de conduire et de vendre librement le vin de leurs vignes (1131; p. 470). — Concession par « Drogo de Urselli-Curte » aux moines de St-Léger, de la susdite forêt « quam Brunum Alnetum vocamus »; sa sœur approuve la concession « et posuit super altare Sancti-Leodegarii cum quadam alba » (1115; p. 471). — Charte de Louis-le-Gros confirmant la donation faite au prieuré de Néronville de « terram de Sed... et molendina de Passart » (1117; p. 480). — Charte de Louis-le-Jeune confirmant au profit du même prieuré « decem solidos quos Adam de Calliaco, fidelis noster, in pedagio de Saia... dederat » (1141; p. 481). — Fondation de trois lampes par Arnaud de Gavarret; pour l'une, il donne 300 s. « domui Sancti-Petri-de-Casteto », dont 200 « ad opus exclusæ molendini de Syvraco »; pour les deux autres, il concède des biens, dont les deux tenanciers devront fournir annuellement 80 livres d'huile (p. 487). — Remise par l'abbé Amauvin de la dîme et de l'agrière dues pour deux vignes « que proprie sunt de

---

(¹) Jusqu'à la page 446 le format est plus petit.

mansione leprosorum ville nostre et de infirmis ibidem habitantibus, propter conscientiam, nolentes vindemiam dictorum infirmorum, que creditur esse immunda,... una simul cum nostra in nostris doliis inmisceri »; obligations de « Helias Bocin, christianus, qui erat custos tunc mansionis prefate », et de ses successeurs (24 décembre 1217; p. 488). — Don, dans l'église St-Front de Clermont, de « castellarium de Laverna et aquam que dicitur Caudao del Ga Veil usque Als Fenestrais », plus divers biens « infra lo peirat » (p. 489). — Consécration de l'église Notre-Dame de La Sauve (24 août 1231; p. 490). — Lettres des prélats présents à la consécration portant concession d'indulgences pour cette solennité et pour la fête anniversaire (1231; pp. 490-491). — Lettres de Raimond, comte de Toulouse, du comte d'Angoulême, du seigneur de Bergerac, d'Amanieu d'Albret, d'Hugues, seigneur « de Talliaco », de Pierre de Gabaret, de G. de Ranchon, seigneur de Taillebourg, de Geoffroi Rudel, seigneur de Blaye, du sénéchal de Gascogne et des maire et jurats de Bordeaux, accordant le sauf-conduit aux fidèles qui se rendront à ces fêtes (1231; p. 492). — Lettre d'Henri de Trepleville, sénéchal de Gascogne, « dilecto et fideli suo R. de Solio », lui enjoignant de se rendre à La Sauve pour la st Barthélemy, de se tenir à la disposition de l'archevêque d'Auch et d'assurer le libre voyage des fidèles (Oléron, 16 août 1231; p. 492).

H. 3. (Registre.) — 0m39 × 0m27, 228 pages, parchemin, plus 4 feuillets papier en tête et 21 à la fin(¹).

XIe-XIIIe siècles. — Petit cartulaire. (Ce cartulaire est une reproduction du grand; j'en ai analysé seulement les actes, dont M. Boucherie a dressé la liste, qui ne sont pas transcrits dans le grand cartulaire). — Satisfaction accordée par Ratier de Daignac, lequel « injuste tuleram retinaculum aque de molendino Sancte-Marie Silve-Majoris, quod est in rivulo de Danniaco » (p. 16, col. 2). — Don par Pons de Lamothe de « unum rusticum nomine Arnaldum Christiani..., in loco qui Podium dicitur in parrochia Sancti-Brictii » (p. 40, col. 2). — Renonciation par Élie de Blaignac à

ses droits sur un habitant de La Sauve, qu'il avait réclamé, « dicens illum de dominio suo esse » (p. 49, col. 1). — Renonciation analogue par Robert d'Escoussans, à qui l'intéressé paie 60 s. (p. 49, col. 1). — Titres pour Saint-Pey-de-Castets (pp. 112-117). — Don par Élie de Bossugan, chevalier (p. 112, col. 2); — par Seguin de Boirac et Isabelle, sa femme, « pro anima filii sui Moncet, qui gladio apud Aquensem civitatem interemptus est » (p. 112, col. 2); — par « Donzelos de Tomairagas, leprosa, » de terres « subtus viam del Trilat, de allodio de La Barada » (p. 113, col. 1). — Cession d'une terre par Pierre de Ciran, fils de Raimond et croisé (p. 114, col. 1); — par « Senegons, conversa » (p. 114, col. 1); — d'une terre : le cédant « accepit bovem in caritate pro viginti solidis » (p. 114, col. 1); — par Pierre de Jugazan, chevalier, de biens « juxta domum hospitalis de Bernoil » (p. 114, col. 2). — Engagement de « faciendam terre que est en feuz de Pomers, que est contigua al Mortuorum » (p. 115, col. 1). — Cession des arbres verts et secs de la forêt de Tavarrets, à l'exception des chênes et des frênes vifs (p. 115, col. 1); — par Pierre, vicomte, et Fort de La Salargue de la dîme d'un moulin « juxta motam de Sivrac » : « Et ut firmius teneretur, manus cujusdam monachi, qui Willelmus de Berbezillo vocabatur, pro signo osculati sunt » (p. 115, col. 1); — par Pierre de Casted, vicomte, d'un moulin sis « inter pontem et motam » (p. 115 col. 1). — Don d'une terre « ante fores hospitalis de Bernoil » (p. 115, col. 2). — Mention d'une terre « que est a la mota de Tavarred » (p. 116, col. 1). — Don par Raimond de Vilote, chevalier (p. 116, col. 1). — Notice sur ce que Pierre de Pomiers, chevalier, a engagé « x sol. de caslania, pro vii libris, quod debent Willelmus de Favars et homines de Grossavit », et a retiré son gage sur les conseils d'Amanieu de Pomiers et Thibaud de Gensac, chevaliers (p. 117, col. 1). — Remise par Pierre de Pomiers des repas auxquels il a droit chez les hommes du cellerier domiciliés à St-Pey; le prieur de St-Pey, Raimond de La Cavala, lui paie 60 s. (p. 117, col. 1). — Don par Raimond-Arnaud de Bossugan, chevalier, lequel « dedit se in fratrem Deo et ecclesie Silve-Majoris et domui Sancti-Petri de Castets » (p. 117, col. 2). — Sentence arbitrale entre La Sauve et Broqueroye (30 avril 1242; p. 122). — Plainte adressée au Roi par le clergé séculier et régulier du diocèse touchant les violences, les exactions et les abus de pouvoir commis ou tolérés par les baillis; lettres du Roi, enquête, etc. (1236, n. s. — 1270 (?); pp. 126-135). [Ces documents ont été publiés en gascon dans le t. III

(¹) Les feuillets de tête renferment la copie des premiers actes du cartulaire; les autres, des tables et quelques transcriptions. — Sur le feuillet initial en papier on a collé la note ci-après qui est de Jouannet : « Le manuscrit était déjà gâté quand il était à La Sauve, comme on le voit par les feuillets manuscrits qui sont en tête. Il l'a été depuis, pendant plus de 30 ans qu'il est resté exposé à toutes les injures, dans le grenier d'où je l'ai tiré en 1831. »

des *Archives historiques de la Gironde*]. — Don de biens sis à Bossugan par Guillemine Garçon, laquelle « dedit se Deo et sancte Marie Silve-Majoris et domui de Ruis in monialem et sororem » (p. 199, col. 2). — Cession par Pierre, évêque de Périgueux, de « ecclesiam Sancti-Martini de Cumbis » (1169; p. 217, col. 2).

H. 4. (Registre.) — 0ᵐ20 × 0ᵐ14, 54 feuillets parchemin.

1222-1255. — Cartulaire; sur le plat : « Cartulaire de l'abbaye de Notre-Dame de Sauve-Majeure. Manuscrit du xiiiᵉ siècle, appᵗ à M. Monteil » (¹). — Acte d'engagement, incomplet du commencement; serment de Marquise, femme de P. de Laubesc, sœur d'Élie de Blaignac (15 février 1241, n. s.; fol. 1). — Accord intervenu entre Amanieu de Lamothe et Bernard de Lamothe, à qui Amanieu accorde sa fille Peironère (incomplet; s. d.; fol. 4). — Fondation pour la célébration solennelle de la fête de sᵗ Saturnin, mentionnant l'engagement, par P. de Laubesc, des biens qui ont appartenu à Arnaud-Pons de Branne, chevalier (22 avril 1241; fol. 4 vᵒ). — Cession par Raimond et Fort Guillem de Sᵗ-Vincent, de leurs droits sur la dîme de la paroisse de Sᵗ-Vincent, « que est in hônore de Roazan. » : « Ordeum purum, balhargum, paumeram, espeltam, cicer, geissam, bessam, m[i]lhocam, millium, pannisium, avenam, lenticulam », et partie de « frumento, fabba, siligine, et, si qua sunt, alia blada » (6 mars 1241, n. s.; fol. 6 vᵒ). — Donation par Amauvine de Courpiac, fille de Vigouroux de Courpiac, chevalier, de ses biens « in toto honore de Blanhazes, que omnia possidebam ibere et quiete, tanquam meum proprium allodium militare » (5 mars 1241, n. s.; fol. 8 vᵒ). — Mention d'une terre à Baron, près de « terram de la onor de La Tor » (octobre 1246; fol. 15). — Concession imposant l'obligation de construire à Nérigean une maison de bois couverte de tuiles, assez grande pour que l'on ait à y employer six milliers de tuiles (27 janvier 1247; n. s.; fol. 16). — Même acte : mention d'une redevance d'escartes de blé « ad mensuram Silve Majoris vendibilem ad rasturam » (fol. 19). — Sentence arbitrale entre l'infirmier et Guillaume Constantin, de Nérigean, et ses enfants, « qui monasterii Silve Majoris et infirmarie se esse homines legios profitentur », au sujet d'une terre donnée par « Alaydis,

domiscella, soror Arnaldi, militis, uxor dicti Willelmi Constantini » : affirmation des devoirs réciproques des hommes liges et de l'infirmier (11 février 1249, n. s.; fol. 21 vᵒ). — Vente de droits sur une terre sise dans la paroisse de Sᵗ-Quentin-Entre-deux-Mers, « de sotz Larroca, de sutz lo pugh de Monfaucon », près du moulin du même nom (26 juillet 1255; fol. 25). — Accord entre l'infirmier et Pierre de Lignan, chevalier, au sujet de revenus donnés aud. infirmier; Pierre soutenait que ces revenus étaient engagés au moment de cette donation : « Infirmarius autem requirebas (sic) quod dictum pignus sibi restitueret, ut pote quia tam longo temp[ore] ipsum tenuerat quod videbatur ultra sortem de b[o]nis dicti pignoris percepisse » (1250; fol. 28). — Concession par Élie Joget dit Cavat, « ab [a]utrei d'en Bernart de Siujan, de Sent-Cabrasi, daunzet (sic), e de na Comtor, sa molher, e d'en Bernart, lor filh, » du droit de conduire l'eau d'un moulin sur des terres sises à Sᵗ-Quentin, au pont de Lissart, lesquelles terres Élie « avé en parteis » avec divers (12[50]; p. 29 vᵒ). — Bail à fief par une veuve remariée, laquelle, en vertu du testament de son défunt mari, « tene [en ?] bailisse Helion, son filh, e las suas causas (30 octobre 1245; fol. 32). — Déclaration d'un accord « in presentia Arnaldi Garcie, prepositi de Inter-Duo-Maria, in plena curia » (1252; fol. 34). — Vente par une femme, pour elle « e per totz [s]os hers e per tota sa ventrada » (16 novembre 1253; fol. 36). — Confirmation par Peyrone de Lamothe, fille de feu Amanieu de Lamothe, veuve de Bernard de Lamothe, chevalier, d'un don fait par led. Amanieu sur le moulin de la Tour, sis à Sᵗ-Quentin (19 décembre 1254; fol. 39). — Reconnaissance pour des « terras guarez e hermes » sises à Tizac-[de-Curton] et données à l'infirmier par P. de Rions, chevalier et moine de La Sauve (juin 1255; fol. 40). — Serment d'hommage lige par deux habitants de Saint-Quentin (incomplet de la fin, s. d.; fol. 42). — Cession par divers à La Sauve des droits qu'ils ont « petitorio judicio [et pos]sessorio, contra Villelmum de Monfaucon et Ar[naldum], fratrem ejus, et alios fratres » (31 juillet (?) 1250; fol. 43 vᵒ).

H. 5. (Cahier.) — 0ᵐ20 × 0ᵐ18, 19 feuillets parchemin.

1169-1462. — Cartulaire du prieuré de Belval (¹). — Approbation par Henri, comte de Champagne, de l'échange par lequel Hugues de Chaumel a cédé à

(¹) Ce volume provient de la collection de sir Thomas Phillipps. Il est incomplet du commencement, où il doit manquer 12 feuillets; les derniers feuillets sont rognés et en mauvais état et ils ne se suivent pas, par suite d'interversions et de lacunes.

(¹) Ce cartulaire a été publié dans les *Archives historiques de la Gironde*, t. VIII, pp. 11 et ss.

Étienne, prieur de Belval, le fief que Hugues tenait dud. comte à Cuchery contre les possessions de lad. église à Anthenay (1169). — Pariage entre l'abbé de La Sauve, Amauvin, et la comtesse de Champagne pour la construction d'une ville neuve dans le bois de Larris, près Belval (s. d.; fol. 1 v°-4 v°.). — Sentence arbitrale de l'abbé de S.-Corneille de Compiègne entre Pons, prieur de Belval, et frère Bernier, prévôt de Rumigny (19 octobre 1245; vidimé en 1321 par l'official de Reims; fol. 5-7). — Sentence rendue en la prévôté de Châtillon-sur-Marne pour Jean Guedon, prieur de Belval, « demandeur en cas de saisine et de nouvelleté contre Messire Jehan Gautier », qui s'est emparé de dîmes appartenant au prieuré sur le territoire de Rueil (18 août 1462; fol. 7 v°-9). — Transaction homologuée par le bailli de Crécy entre Guillaume de Balezac, prieur de Belval, et les habitants de Cuchery et de Belval, touchant les obligations desd. habitants envers le prieuré (21 mars 1355, n. s.; vidimé le 5 décembre 1401; fol. 12-19 v°).

H. 6. (Registre.) — 0ᵐ35 × 0ᵐ29, 10 feuillets parchemin.

1117-1477. — « Copie des titres des bénéfices que l'abbaye de La Sauve a dans le Périgort ». Cartulaire du XVᵉ siècle. — Don par Guillaume, évêque de Périgueux, à Geoffroy, 4ᵉ abbé de La Sauve, des églises de Lonchapt et de Lunas (6 décembre 1117; fol. 1); — par le même au même de l'église de Minzac et confirmation en faveur d'un autre Geoffroy (1121; fol. 1). — Collation par l'évêque de Périgueux, Pierre, de l'église de Lonchapt, « et de eadem per mei anuli tradicionem te presentem investimus » (4 janvier 1361, n. s.; fol. 1). — Grande bulle énumérant et confirmant les possessions de La Sauve (21 juillet 1185; fol. 1 v°). — Bulle analogue de Célestin III (Latran, 10 mai 1197; fol. 3). — Bail à ferme au profit de Gilles Tranchard, prieur de Bellefont, de diverses églises, moyennant 4 réaux d'or, valant chacun 30 s. tournois (18 décembre 1466; fol. 4 v°). — Procuration par Marc Coste, curé de Minzac et de Lonchapt, alias de Villefranche (août 1468; fol. 5 v°). — Compromis confiant le règlement d'une affaire à Jacques Gaucelme, prieur de Castillon (19 juin 1471; fol. 7). — Mention de permutation consentie au profit de Bernard Durand, conseiller au Parlement, curé de Sᵗ-Jean-de-Segondignac, près Lesparre [novembre 1476]; fol. 8).

H. 7. (Cahier.) — 0ᵐ29 × 0ᵐ21, 14 feuillets papier.

XIᵉ siècle-1224. — Cartulaire de La Sauve pour ses possessions d'Espagne (¹). — Confirmation par le roi Alfonse, à la suite d'un voyage à La Sauve, des droits et privilèges de l'abbaye (22 mai 1206; fol. 1). — Don par Ramire, roi d'Aragon, d'un bien ayant appartenu à Alfonse, son frère (« Era Mᵃ cᵃ xxxiiiᵃ, in mense maio »; fol. 7). — Bail à loyer de « uno casale heremo in Soteras » (fol. 11). — Don par Ramnulfe « Deo et sancta Maria et sanctorum appostolorum Simonis et Jude et sancto Geraldo de Silva-Majore », des biens du donateur; moitié de ces biens est réservée au gendre, « tali conventu ut ipse det cinc cent soliz arnaldens michi o aut sancta Maria de Silva-Majore » (fol. 11 v°). — Concession par le roi Alphonse à Ramnulfe et Élie du droit de bâtir des moulins à Puente-La-Reina (juin 1123; fol. 12).

H. 8. (Rouleau.) — 4ᵐ95 × 0ᵐ32, parchemin.

996(?)-1312. — Cartulaire de La Sauve pour ses possessions d'Espagne. — Sentence (²) entre Michel Ximénés d'Ayerbe, doyen de Tolède, représentant l'abbaye de La Sauve, d'une part, et Garsie Pérès, chevalier, de l'autre : le juge déclare « decanum et eos quorum est procurator per lapsum anni et diei veros effectos esse possessores castri et ville de Alcala » (27 septembre 1291; n° 1). — Confirmation (³) par Jacques d'Aragon des donations faites à La Sauve par ses ancêtres (4 avril 1226; n° 2). — Relation de la prise d'Ejea (n° 3). — Charte de Pierre, évêque de Pampelune confirmant, à la demande du feu roi Sanche et du roi Pierre, la donation faite par ces souverains à La Sauve, des mosquées d'Ejea, qui seront converties en églises; signature arabe; « S. Bonefacii, Sancte-Fidis monachi, qui hanc cartam scripsit » (1103; n° 4). — Don par le roi Sanche, sa femme Félicie et son fils Pierre Sanche des mosquées, dîmes et prémices d'Ejea (1084; n° 5). — Don par les mêmes des dîmes et prémices d'Ejea et Patrela, pour le jour où Dieu aura rendu ces villes à la chrétienté (1096; n° 6). — Note sur une disposition pour l'entretien à La Sauve d'un pauvre chargé de prier pour le roi Sanche et ses succes-

---

(¹) Ce registre renferme, sous une forme parfois différente, à peu près les mêmes actes que le cartulaire en rouleau coté H. 8.

(²⁻³) Les deux premières pièces sont sur une peau de parchemin qui a été ajoutée après coup en tête du rouleau.

seurs et remercîments dud. roi, avec signature arabe (n° 7). — Don par le roi Alphonse de deux mosquées à Molina et « duas bonas villas in Ilispanna » (1125; n° 8). — Echange entre l'évêque de Pampelune et G., prieur d'Ejea et de Ruesta (1200; n° 9). — Charte du roi Sanche rappelant le don qu'il a fait à des moines envoyés par l'abbé Gérald, d'une église à Ruesta; il y ajoute diverses églises, les dîmes du château royal de Ruesta, etc. (n° 10). — Don par le roi Sanche-Ramire à l'aumônerie de Termas d'une rente de 400 s. de Jacca, du bourg St-Pierre de Ruesta, etc. (Uncastillo, octobre 1093; n° 11). — Lettre du roi Alphonse « vobis, toto conzelio de illos Moros de Eseia, meos fideles », enjoignant aux Maures qui tiennent les immeubles des chrétiens de payer la dîme au prieur de St-Jacques de Ruesia (n° 12). — Lettre du même « ad vos, totos barones de Termas et de Rosta et de Silvagan », etc., sur ce que « illo elemosinario de illa albergaria de Rosta » se plaint qu'on prive ses hommes de l'usage de montagnes, eaux et pacages (1116; n° 13). — Charte de Ramire, roi d'Aragon, donnant à St-Jacques de Ruesta un bien ayant appartenu à son frère (Barbastro, 996 (?); n° 15). — Don par Pierre, évêque de Pampelune, à La Sauve des églises St-Pierre et St-Jacques de Ruesta et de l'église de Termas (1087; fol. 16). — Charte de l'évêque Pierre de Pampelune, lequel, du conseil du roi Sanche, donne à La Sauve « ecclesiam Sancte-Marie de Argilalee, que est in Pintano,... et capellam de Uno Castello, cum ecclesia Sancti-Vincencii »; signature arabe (Uncastillo, octobre 1087; n° 19). — Charte du roi Ramire, frère de Ferdinand et père de Sanche, soumettant Ruesta au monastère d'Argilalée, à l'occasion de la dédicace de ce monastère (1063; n° 20). — Charte du roi Alphonse, fils de Sanche et frère de Pierre, exposant que près d'Uncastillo il a édifié un faubourg et une chapelle, que les moines de La Sauve ont reçu de son père l'église St-Etienne d'Uncastillo et lui ont demandé la chapelle du faubourg, qu'ils ont eu une difficulté avec l'évêque de Pampelune; à la prière de Bertrand, évêque de Bazas, et de divers nobles, Alfonse confirme La Sauve en la possession de cette chapelle, de l'église de Ruesta, etc. (mars 1125; n° 21). — Charte de confirmation délivrée par Alfonse à La Sauve (9 janvier 1162; n° 22). — Charte de Pierre d'Aragon, à W., prieur d'Ejea, et aux moines de La Sauve, dispensant leurs hommes d'Alcala de payer la leude et le péage et confirmant les donations précédemment faites (1200; n° 23). — Charte de Fernand de Castille donnant « monasterio Sancti-Geraldi de Silva-Majori » et à Vital de Langon, prieur d'Ejea « Alcala,

castrum meum et caveas de Garaden »; il s'engage à faire « cortigium in altalaya de Ferruz » (16 juin 1224; n° 24). — Règlement par G[rimoald], abbé de La Sauve et évêque de Commynges, fixant à 16 le nombre des bénéfices d'Ejea : « Si vero publice concubinam tenuerit, ammoneatur semel et secundo; si non emendaverit, careat prebenda » (1er août 1204 (sic pour 1224 ou 1234); n° 25). — Réintégration de Jean de Doay en la possession du prieuré d'Ejea, par ordre de l'évêque de Saragosse Ximenès, qui le lui avait enlevé par une méconnaissance de ses titres (26 août 1315; n° 26). — Bail du prieuré d'Ejea à Juan de Logran, chevalier (septembre 1240; n° 27). — Bail au même de Ste-Marie d'Argilalée (même date; n° 28). — Don d'Alcala et de ses dépendances par le roi Alphonse à N.-D. de La Sauve et à Raimond de Charz, prieur d'Ejea (février 1174; n° 29). — Vidimus du même titre : le prieur d'Ejea est nommé Raimond de Tadis (Bazas, 2 mai 1312; n° 30). — Don par le roi Alphonse à l'abbaye de La Sauve et à Raimond, commandeur d'Alcala, d'un emplacement pour construire des moulins au-dessous des moulins royaux de Turol; don du village de Merla, etc. (avril 1195; n° 31). — Concession par le roi Pierre à Raimond, commandeur d'Alcala, du droit de construire un moulin à Turol, au-dessous des moulins royaux (juillet 1198 (?); n° 32). — Charte du roi Pierre donnant aux frères d'Alcala « ad populandum... locum illum qui dicitur las Covas de Dominico Arquero, que sunt subtus castrum de Linars » (6 mars 1208; n° 33). — Charte du même : « Actendentes... bona que de castro et loco de Alcalano, quem ipsi tenent et custodiunt in servitium et defensione totius Christianitatis, proveniunt die cothidie terre nostre »; il donne à La Sauve et aux frères d'Alcala les dîmes et prémices de ses biens de Salobrea, au territoire de Turol et confirme les précédentes donations faites aux mêmes maisons dans l'étendue de son royaume (Ejea, 28 août 1208; n° 34). — Sauvegarde délivrée par le lieutenant du Roi dans le royaume de Valence aux religieux d'Alcala (s. d.; n° 35).

H. 9. (Registre.) — 0^m 24 × 0^m 17, 137 feuillets papier.

1660-1702. — Registre capitulaire. — Lettres de prieur pour dom Michel Geoffroy (3 juin 1660 et 20 mai 1663). — Délibération pour un emprunt en vue de continuer la construction du dortoir et l'ameublement des chambres (10 décembre). — Acceptation du déguerpissement et nouveau bail à cens du moulin à vent de Bonneau, paroisse de La Sauve (2 janvier 1665). —

Délibération pour un emprunt en vue de réparer les dégâts causés l'avant-veille par le vent sur le clocher, aux toitures de l'église, du dortoir, du réfectoire, etc. (20 février). — Acceptation des offres faites par Pierre Battut, architecte, qui propose de réparer le clocher et de « remettre la galerie dud. clocher..., despuis le plus haut cordon jusques à l'ardoize, moyennant la somme de 150 l. » (28 mars); — des offres du même à l'effet « de bastir la bolangerie, four, escurie, angar, lieux communs, gallerie et murailhe de l'enclos, moyénant 20 sols par brasse, l'une pourtant l'autre, tant pour les voûtes qu'il conviendra faire que pour les murailhes », plus l'herbe d'un pré et 3 boisseaux froment (28 mars). — Délibération sur ce que M. de Goffreteau, curé de La Sauve, refuse d'assister à la procession du St-Sacrement s'il n'y remplit les fonctions de sous-diacre : il sera sommé de respecter les usages (4 juin). — Délibération pour le bail à ferme du moulin de Daïgnac (6 avril 1666). — Lettres de prieur pour dom Gabriel Bellordeau (25 juin). — Délibération pour le bail à ferme du Moulin Neuf (25 juillet). — Renouvellement des pouvoirs de dom Gabriel Bellordeau, prieur (19 juin 1669). — Délibération sur ce « qu'il estoit à propos de faire les recognoissances du prioré de Sainct-Loubès..., qui, par le partage faict avec Mgr l'évesque de Langres, abbé de ce monastère, est tombé dans le lot de la communauté » (20 octobre). — Avis du décès dud. abbé, survenu le 30 janvier (17 février 1670). — Prise de possession de l'abbaye au nom de Charles de Castellan, abbé commendataire (22 septembre). — Nomination de dom Pierre Justes au prieuré, vacant « per translationem D. Gabrielis Bellordeau, nuper prioris, ex ipso monasterio in ipsum Montis-Olivi » (20 mai 1671). — Renouvellement des pouvoirs du même (7 juin 1672). — Acceptation des conditions de l'abbé pour l'afferme des fruits de la mense abbatiale (20 novembre 1674). — Lettres de prieur pour dom Michel Geoffroy (11 juin 1675). — Nomination de dom Étienne Dulaura comme secrétaire du chapitre (1er août); — de Joseph Roberdeau à la vicairie perpétuelle de Nérigean, vacante par le décès du titulaire, puis de Jacques Andraud, à la place de Roberdeau, démissionnaire (10 avril et 16 mai 1677). — Avis du décès de Ch. de Castellan, abbé, mort le 28 novembre (7 décembre). — Nomination de Jean Barbé à la vicairie perpétuelle de Camiac, à la place de Reynier, démissionnaire « attendu sa vieillesse et caducité » (20 décembre). — Procuration pour recevoir les livres et autres objets légués par le dernier abbé (28 décembre). — Renouvellement des pouvoirs de dom Michel Geoffroy, prieur (6 juin 1678). — Pré-

sentation de Jean Taulis, curé de Marion, à la cure de Courpiac (3 octobre 1679). — Délibération pour une transaction avec M. Louis d'Aquin, abbé du monastère, touchant les petites dîmes (3 mai 1680); — pour le bail à cens d'un moulin à St-Loubès, ruiné depuis plus de 100 ans (16 décembre); — pour la cession d'une relique de st Gérard aux Bénédictins de St-Denis en Hainaut (4 février 1681). — Permission du supérieur général pour le bail du moulin de Cant[er]anne, à St-Loubès (10 avril). — Lettres de prieur au nom de dom Guillaume Baratet et de dom Maurice Terrin (28 mai et 31 octobre). — Nomination de Guil. Calvié (?) à la cure de Soussac, vacante par le décès de Pierre Héberard (16 décembre 1682); — de Guillaume Benet à la cure de Camiac, laquelle « vaque par le décès de feu Mre François Dufaure, cy-devant curé d'Ardenac, qui avoit permuté avec Mre Antoine Dufaure, dernier paisible possesseur de ladite cure de Camiac » (12 avril 1683); — de Luc David à la cure de St-Loubès, vacante par le décès de Jean de Crusel (3 septembre). — Lettres de prieur au nom de dom Guil. Baratet (27 mai 1684). — Nomination de Jean de Cazères à la cure de St-Martin-de-Sescas, vacante par le décès de Pierre Puech (9 novembre); — de François Lissorgue à la cure de Camiac, vacante par le décès de Jeantón (23 janvier 1686). — Renouvellement des pouvoirs de dom Guil. Baratet (24 mai 1687). — Lecture d'une lettre du général, en date du 13 juin, relatant une conversation avec le Roi : « Que je lui fairois chose agréable de finir l'affaire de La Seauve avec son premier médecin, jusqu'à dire, ce que je n'ose escrire, qu'il m'en prioit » (25 juin 1687). — Nomination de Gui Jahan à la cure de Baron, vacante par le décès de François de Jahan (8 mai 1688); — de Frère à la cure de Nérigean, vacante par le décès de Reynaud (22 août); — de Jean Ézemard à la cure de St-Martin-de-Sescas, vacante par le décès de François Roberdeau (17 avril 1689). — Lettres de prieur au nom de dom Barthélemy Laprade (20 mai 1690). — Délibération pour le bail à fief du moulin sis sur le ruisseau de Canteranne à St-Loubès (15 août). — Acceptation d'une somme de 250 l. pour la construction d'un autel et retable de st Joseph (29 avril 1691). — Nomination de Bertrand Guion à la vicairie perpétuelle de Ruch, vacante par le décès de François Reges (20 novembre). — Concession du droit de sépulture à Jeanne, autre Jeanne et Cécile de Chastard, sœurs (31 août 1692). — Renouvellement des pouvoirs de dom Barthélemy Laprade (14 mai 1693). — Délibération accordant à Cazères, juge de La Sauve, le droit de sépulture dans l'église et un banc dans la chapelle St-Joseph (28 juillet-11 novembre 1694). — Nomination d'André Cholet à la vicairie perpétuelle de Bellefond et de Cazevert, son annexe (28 avril 1695). — Exposé d'un conflit avec les Feuillants de Bordeaux, qui ont nommé à lad. vicairie (10 juillet). — Nomination d'Antoine Cazalès comme curé de Bellefond à la place d'André Cholet, démissionnaire (9 octobre). — Délibération sur ce « que M. de Faugeras de Rougerie prioit depuis longtemps qu'il pleût au chapitre lui anoblir sa maison et son enclos, transportant la rente que fait lad. maison et enclos sur un autre fonds » (13 juin 1696). — Lettres de prieur pour dom Louis Feuilha (15 juin). — Constatation de diminutions de revenus, « causées partie par la mortalité des ouvriers, par l'abandon des vignes et terres qui demeurent incultes, partie aussy par la cessasion du comerce » (1697). — Nomination de Raimond Dufour à la vicairie perpétuelle de Soussac, vacante par la désertion de Clément Pugeos (29 juin 1697). — Lettres de prieur pour dom Joseph Valbiassy (15 juin 1699). — Nomination de Jean Pouytou à la cure de Dardenac, vacante par la démission de François Nérac de Fisson (14 décembre); — de (en blanc) à la cure de Néronville (5 janvier 1700). — Délibération concluant à prendre parti pour le curé de Bellefond, évincé par les Feuillants (10 mai). — Nomination d'Arnaud Courolle (?) à la cure de Branne, vacante par le décès d'Antoine Grimald (20 mai 1701). — Table (fol. 135-137).

H. 10. (Registre.) — 0ᵐ30 × 0ᵐ18, 93 feuillets papier.

1702-1738. — Registre capitulaire. — Institution, par le Chapitre général de la congrégation de S'-Maur, de dom Charles-Armand de Lavie comme prieur de La Sauve (10 juin 1702). — Procuration au prieur de Souillac pour terminer une affaire avec Mᵐᵉ de Jumillac, « pour une rente obituaire sur la terre de Langoiran » (3 novembre). — Délibération concluant à présenter Jean Pouytou, curé de Dardenac, en remplacement de feu Luc David, curé de S'-Loubès (6 avril 1703). — Procuration pour traiter avec M. de Puynormand, qui offre de rétrocéder les rentes aliénées à la maison de Gaufreteau, « demandant seulement à la communauté de luy laisser la maison de La Mothe avec l'enclos et les tènements de La Clote et de Chauveau » (29 mai). — Procuration pour une transaction avec « le comte Deidie, seigneur en partie de la comté de Benauge, au sujet des fiefs que lad. abbaye prétend avoir dans lad. comté » (5 juin). — Institution de dom Pierre Benoist en qualité de prieur, à la place de dom Ch.-A. de Lavie, transféré à S'-Croix de Bordeaux (15 juin). — Projet d'emprunt,

à cause des mauvaises récoltes et pour diverses dépenses indispensables, comme la réparation du « pignon du vieux réfectoire, qui va par terre » (16 août). — Présentation d'Armand Regès à la vicairie perpétuelle de S'-Étienne de Branne, à la place d'Arnaud Couraule, décédé la nuit précédente (11 mars 1705). — Procuration à dom Pierre Sort, pour traiter avec le comte Daydie (27 mai). — Institution de dom Pierre Benoist comme prieur (5 juin). — Pouvoirs donnés à dom Paul Lacaze à l'effet de régler à l'amiable le procès avec « Mᵐᵉ de Jumillac, héritière de la maison noble de Langoiran » (17 décembre). — Institution de dom Claude Cholet comme prieur (1ᵉʳ juin 1708). — Élection du prieur comme vicaire général, l'évêque de Sées, abbé de La Sauve, étant mort le 17 mai (30 mai 1710). — Conflit avec l'Archevêché au sujet des collations faites par led. vicaire général, *sede vacante* (27 janvier 1711). — Institution de Pierre Dordé comme prieur (29 mai). — Lettres patentes pour la Congrégation (4 mai). — Remise sur l'afferme de S'-Pey-de-Castéts à cause des gelées de janvier 1709 et de l'inondation survenue l'hiver suivant (11 septembre). — Difficulté avec le vicaire perpétuel de Ruch au sujet des novales de la paroisse : on décide de transiger, « attendu le grand nombre des terres qui s'ouvrent tous les jours de no[u]veau dans lad. parroisse, tant en vignes qu'en terres labourables » (20 septembre). — Conflit avec l'abbé Deshalles, abbé de La Sauve, au sujet de réparations à faire au monastère (13 octobre 1711-7 janvier 1712). — Délibération concluant à une transaction avec Gourret de La Caussade, vicaire perpétuel de Créon, au sujet d'une créance sur Gratien Deville, son oncle et prédécesseur (16 février). — Mention d'un différend sur les limites des paroisses de Doulezon et de Boufflagues (25 août). — Procuration pour transiger avec l'abbé (30 décembre 1713). — Institution de dom Paul Maupel comme prieur (25 mai 1714). — Acceptation de l'offre faite par M. de Lalane, président au Parlement, de résigner le bénéfice de Monhurt en se réservant 2,000 livres de revenus (15 juillet 1716). — Nomination de Pierre-Noël Autraigues comme curé de S'-Martin-de-Sescas, à la place de François Azéma, décédé (4 novembre). — Délibération tendant à refuser au sieur Cazères l'autorisation de placer un banc dans la chapelle S'-Joseph de l'église abbatiale et à rembourser les sommes perçues de ce chef (27 décembre); — à la création d'une confrérie du Rosaire dans lad. église (24 janvier 1717). — Institution de dom Bernard Marsan comme prieur (22 mai); — de dom Pierre Auzières, à la place de dom B. Marsan, décédé (27 nоvembre). — Délibération pour la rescision de l'afferme des revenus de la mense abbatiale au prix de 6000 l., « les autres 6500 livres restantes demeurant pour les charges » (28 août 1718). — Nomination de Jean Dabadie, curé de St-Quentin, à la cure de St-Martin-de-Sescas, vacante par le décès de P.-N. Antraigues (23 septembre). — Nomination de J.-J. Lermiterie, curé de Montarrouch, à la cure de Camiac, vacante par le décès de J.-F. Lissorgues (7 janvier 1719). — Mention de la saisie des revenus du monastère à la requête de M. de Turgot, évêque de Sées, en paiement de sommes dues aux héritiers de M. d'Acquin, son prédécesseur (25 mars). — Nomination de Jean Sainctavits à la cure de St-Martin-de-Sescas, vacante par le décès de J. Dabadie (17 février 1720). — Délibération pour un emprunt à 2 pour cent (22 mars). — Institution de dom Guillaume Laparre comme prieur (29 juillet). — Mention d'un accord au sujet du prieuré de St-André-de-Cubzac, que se disputaient trois titulaires (3 décembre 1721). — Acceptation d'un prêt consenti par le duc de La Feuillade (28 février 1723). — Institution de dom Pierre Benoist comme prieur (6 juin). — Avis de la démission de Henri de Charpin Des Halles, abbé de La Sauve, et de la nomination par le Roi de M. de Charpin de St-Romain, et nomination d'un vicaire général pour gérer l'abbaye jusqu'à la prise de possession du nouveau titulaire (28 octobre). — Lettres de prieur pour dom Dominique Lacoste (14 juin 1726). — Délibération pour un emprunt en vue des réparations à faire (27 août-13 septembre 1728). — Nomination de Laurent Laglère à la cure de St-Martin-de-Sescas, vacante par le décès de M. Sainctavits (28 décembre). — Lettres de prieur pour dom P. Maupel (7 juin 1729). — Nomination de J.-P. de La Porte, puis de M. Sève à la cure de Soussac, vacante par le décès de M. Mauvoisin (27 mai-28 juin 1730). — Lettres de prieur pour dom Jean Bouan, à la place de dom Maupel transféré (12 juin). — Refus par les religieux de sortir pour faire la levée du corps d'Anselme, fils du sieur Cazères, juge, à quoi les parents du défunt menaçaient de les contraindre par acte (3 août 1731). — Déclaration contre la canonicité du dernier chapitre général tenu à Marmoutiers (3 septembre 1733). — Nomination d'un vicaire général, M. Charpin de St-Romain, abbé, étant décédé le 21 août (8 septembre). — Institution de dom Antoine Bonnet comme prieur (3 août 1733). — Mention de M. de Soujeroles (?), abbé du monastère, frère du précédent abbé (20 novembre 1734). — Prorogation des pouvoirs d'Antoine Bonnet (27 mai 1736). — Mention de Dominique de Larochefoucauld,

acolyte du diocèse de Mende, pourvu de l'abbaye (26 octobre).

H. 11. (Recueil factice.) — 16 pièces parchemin.

1197-1307. — Bullaire de La Sauve. — Bulle d'Innocent [III] confirmant en faveur de La Sauve « ecclesiam Sancte-Marie de Insula et proventus capellanie ejusdem ecclesie vobis ab episcopo diocesano (?) concessos et a venerabili fratre nostro ... Burdegalensi archiepiscopo confirmatos » (Anagni, 8 décembre [1203]). — Lettre d'Innocent [IV] aux évêques de France, leur défendant, à la requête de son chapelain, Guillaume, abbé de La Sauve, de mettre en possession des revenus de lad. abbaye (Assise, 3 août [1251]). — Autre du même, enjoignant à l'abbé de La Sauve de faire observer la règle du pape G[régoire] pour les monastères bénédictins (Pérouse, 12 mai [1252]). — Bulle d'Innocent [IV], autorisant le monastère à recevoir les biens qui auraient appartenu aux religieux si ces derniers étaient restés dans le monde, les fiefs exceptés (Lyon, 18 décembre [1246]). — Confirmation par Grégoire [X] des privilèges du monastère (Lyon, 5 juin [1274]). — Bulle d'Innocent [IV] défendant que l'on force le monastère à vendre ses biens (Lyon, 18 décembre [1246]). — Bulle de Clément [IV] dispensant le monastère de payer le droit de gîte pour les visites des granges et autres établissements soustraits à la visite (Pérouse, 30 juin [1265]). — Bulle d'Innocent [IV] dispensant l'abbé de La Sauve « ne de causis que tibi a Sede Apostolica committuntur cognoscere tenearis invitus, nisi obtente ad te littere de indulgentia hujusmodi expressam fecerint mentionem » (Lyon, 13 février [1246]). — Bulle de Célestin [III] annonçant la canonisation de st Gérard (Latran, 27 avril [1197]). — Bulle d'Innocent (¹) autorisant les évêques à donner l'absolution ou la dispense aux Frères Prêcheurs qui ont encouru l'excommunication et « notam irregularitatis » (Latran, 23 mars de l'an premier du pontificat). — Bulle de Grégoire [IX] portant confirmation de tous les privilèges et exemptions accordés à La Sauve par les autorités ecclésiastiques ou civiles (Latran, 30 avril [1240]). — Bulle d'Innocent [IV] pour son chapelain

---

(¹) Le recueil factice des bulles pour La Sauve a fait partie de la collection de sir Thomas Phillipps. Il a été formé, semble-t-il, par Alexis Monteil fils; dans tous les cas, la reliure paraît bien avoir été faite pour lui. Or, Alexis Monteil fils avait acquis aussi des documents provenant des Dominicains de Bordeaux. Ainsi s'explique la présence de la bulle pour les Dominicains dans ce recueil de bulles pour La Sauve.

Guillaume, abbé de La Sauve, portant que ni lui ni les prieurs placés dans sa dépendance ne pourront être contraints à disposer des pensions et revenus ecclésiastiques (Anagni, 28 août [1254]). — Bulle analogue (Lyon, février [1250]). — Bulle de Clément [IV] dispensant le monastère de payer le droit de gîte pour les visites de l'ordinaire, « nisi ad loca ipsa a quibus procurationes hujusmodi exiguntur visitatores accedant et visitationis officium personaliter impenderint in eisdem » (Pérouse, 30 juin [1265]). — Bulle d'Alexandre [IV] confirmant les privilèges et exemptions de La Sauve (Viterbe, 25 octobre [1257]). — Bulle de Clément [V] accordant une indulgence aux fidèles qui célèbreront les fêtes de saint Gérard dans l'église abbatiale (Poitiers, 31 décembre [1307]).

H. 12. (Liasse.) — 1 cahier de 11 feuillets papier, 5 pièces
parchemin, 14 pièces papier.

1127 (?)-1282. — Privilèges et indulgences. — Privilèges accordés à l'abbaye par le roi d'Angleterre (vidimé; 13 décembre 1156). — Bulle extraite en 1551, « d'un grand libre en parchemin écrit en grosse lettre ancienne et enluminé de lettre et écriture rouge, qui est cousu avec corroye de cuir et n'est aucunement couvert, nommé vulgairement le libre de la Pencarte de l'abbeye de La Seuve Majour » (10 mai 1197). — Privilèges archiépiscopaux et bulles pour La Sauve (copie; 1183-1229). — Charte de l'archevêque Gérard accordant des indulgences à l'occasion de la consécration de l'église (24 août 1231). — Charte de l'évêque de Tarbes accordant des indulgences à l'occasion de la dédicace de l'église de La Sauve, célébrée le jour de la s' Barthélemy 1231 (octobre 1231). — Mandement de Martin IV à l'archidiacre de Cernès et à un chanoine d'Agen, sur le refus opposé aud. archidiacre par Pierre Amanieu, prieur d'Artolée, de le recevoir et de l'héberger (vidimus; Montefiascone, 15 juillet 1282). — Charte d'Alard (sic), évêque de Bazas, confirmant la cession faite à La Sauve de la maison de Bellefond, « olim, tempore tranquillitatis et hominum pietate vigente, a canonicis regularibus constructa », et des maisons « de Artholea, de Monte Lauri, in Burdigalensi dicecesi » (vidimée en 1662; s. d.)

H. 13. (Liasse.) — 7 pièces parchemin, 2 pièces papier.

1364-1628. — Privilèges et indulgences. — Bulle d'Urbain portant commission aux abbés de St-Geneviève de Paris et de Figeac et au doyen de St-Seurin pour faire rentrer l'abbaye de La Sauve en possession des biens usurpés à son détriment (Avignon, 2 novembre 1364). — Confirmation par Louis XI des privilèges de l'abbaye (St-Macaire, avril 1462). — Arrêt de la cour du Sénéchal pour l'enregistrement des privilèges obtenus du Roi (24 février 1464, n. s.). — Indulgence accordée par divers cardinaux à l'église de La Sauve, dans laquelle est érigée une confrérie de la sainte Lance, afin que lad. église « in suis structuris et edificiis debite reparetur, conservetur et manuteneatur » (13 mars 1493). — Lettre du vicaire général de l'Archevêque énumérant les reliques de La Sauve : la sainte Lance, le corps de s' Gérard, « de pilis et vestimentis beatissime Marie », un bras de s' Laurent, un de s' Bertrand, évêque, « de tabula Moysi », etc., enjoignant d'organiser des fêtes et processions à la requête des porteurs de ces reliques et des quêtes « ad opus et reparationem ipsius monasterii », enfin concédant des indulgences (1er mars 1510, n. s).

H. 14. (Liasse.) — Rouleau de 0m85, 1 pièce parchemin.

XIVe siècle. — Privilèges. — Articles présentés par le procureur de l'abbé contre le roi d'Angleterre « ad istum finem quod cognicio remaneat in ista curia peticionum et requestarum quas facit eorum procurator contra ipsum et ejus gentes et quod dicta cognicio seu curia predictorum dicto regi et duci seu ejus gentibus non reddatur »(1). « Quod dicta ecclesia Burdegale et dicte ecclesie dicte dyocesis eidem ecclesie subjecte fuerunt et sunt de gardia domini regis Francie. » « Quod specialiter dominus rex Francie per suas gentes dictum monasterium et ejus personas atque bona deffendit contra gentes dicti ducis. » « Quod quando contingebat aliquando judicium judicum monasterii predicti contradici vel pravum dici, appellabatur ad abbatem vel ad priorem claustralem. Item, quod aliquando dicti judices dicti monasterii ad consilium alterius persone iterato judicabant judicium contradictum. » « Quod fuerunt et sunt in possessione recurrendi in suis questionibus, tam agendo quam defendendo, ad dominum regem Francie. » « Quod et cum jure communi quando aliqua pars est fulcita jure communi, altera nititur ex sola consuetudine, consuetudo non obtinet nisi in casu usitato per consuetudinem istius curie. » Il est inexact que les gens du roi d'Angleterre puissent forcer les habitants de La Sauve à recevoir les monnaies anglaises. « Ad illud autem quod dicit Rex et Dux quod utitur

---

(1) Ce titre a été cousu après coup en tête du rouleau.

in villa Silve Majoris consuetudinibus, etc., respondet et offert probare procurator dictorum religiosorum quod utitur inibi aliquando ratione et jure, aliquando similibus consuetudinibus Burdegale, aliquando eciam aliis contrariis Burdegale, et est terra eorum divisa et totaliter extranea a Burdegala et a jurisdictione ejusdem ». « Quod si aliqua domus destructa fuit per judicium in dicta villa, hoc fuit per dictos religiosos seu per gentes suas ». « Actum in Pallamento ». — Griefs du monastère contre les gens du roi d'Angleterre: le prévôt d'Entre-deux-Mers a fait briser les fourches patibulaires où l'abbaye était en possession de pendre les criminels : les moines demandent que le sénéchal de Périgord termine son enquête sur ce point. Led. prévôt a exercé une saisie sur des gens de l'abbaye dans le bois de Carmarsac, bien que l'abbaye et ses hommes soient sous la sauvegarde spéciale du roi de France, et il a refusé de rendre les gages, malgré les sommations du garde donné à l'abbaye par led. roi de France. Le même prévôt s'est saisi d'un voleur enfermé par les gens de l'abbaye, et mis en état d'arrestation par le garde susdit, « contra dictum gardiatorem una cum multitudine armatorum violenter et crudeliter ruit, eidem gardiatori plures violencias et enormes injurias eidem inferendo. » Ils ont tendu des embûches à des religieux et les ont enlevés. L'abbé ayant par mesure de précaution quitté le monastère, les gens du roi d'Angleterre forcèrent et pillèrent le prieuré de Guillac, où ils croyaient le trouver, et enlevèrent le vin gardé à Lugagnac et à Branne, de sorte que l'abbaye est à peu près abandonnée. Mention de lettres de sauvegarde obtenues par les hommes de La Sauve « a domino Johanne de Sancto-Johanne, tenente locum in ducatu Aquitanie predicti regis Anglie», et ce au préjudice du roi de France, protecteur de l'abbaye et de ses vassaux.

H. 15. (Liasse.) — 1 pièce parchemin, 10 pièces papier.

1477-XVIII° siècle. — Privilèges: entrée des vins à Bordeaux. — Accord entre l'abbé et la ville de Bordeaux touchant l'entrée des vins de l'abbaye et de ses dépendances (20 août 1477).

H. 16. (Liasse.) — 6 pièces parchemin, 15 pièces papier.

1312-1710. — Organisation, discipline et personnel. — Bulle de Clément V à l'abbé Gaillard, interdisant aux abbés de La Sauve de distraire les revenus de leur mense (24-25 février 1312). — Bulle pour la réunion des prieurés de S¹-Loubès à la mense abbatiale et de Ruch

à la mense conventuelle, et ordonnance de l'official, commis à l'exécution de cette décision (Rome, 23 octobre 1455 et Bordeaux, 14 juillet 1458). — Bulle de Pie II à Gaillard, chanoine de Bordeaux: il a été exposé à Calixte III que le monastère de La Sauve, qui a compté 60 à 70 religieux, a été à ce point ruiné par les guerres que l'abbé ne pouvait pas y vivre avec 8 religieux, restaurer les bâtiments et les entretenir, et led. pape a prescrit de réunir le prieuré de S¹-Loubès à la mense abbatiale et celui de Ruch à la mense conventuelle; Pie II enjoint d'effectuer la réunion desd. prieurés de S¹-Loubès, vacant par le décès du dernier prieur Jean Michel, et de Ruch (Viterbe, 10 juin 1462). — Lettres de l'archevêque Henri de Sourdis, abbé commendataire de La Sauve, conférant à Christophe Thibaut, chanoine et sacriste de la collégiale de S¹-Émilion, le titre de vicaire général dans lad. abbaye de La Sauve (23 mars 1645). — Accord entre l'abbé de La Sauve et un assistant du général de la congrégation de S¹-Maur, réglant l'union du monastère à lad. congrégation (8 mars 1660). — Commandement à Jean de Cazères, notaire royal, de délivrer copie du concordat passé entre les anciens religieux et la congrégation de S¹-Maur (28 juin 1667). — Sommation de dom Henri-Charles Darpailban et dom Jean Pédesclaux, anciens religieux, aux religieux réformés d'avoir à les laisser officier, conformément au concordat de 1660 (28 mai 1671). — Nomination par Dominique Lacoste, prieur, de frère Nicolas Hondrat comme scribe du monastère (8 avril 1710). — Conseils pour le relèvement de l'abbaye: l'abbé résidera; pour réduire le nombre des moines, on suspendra les réceptions durant sept ans ou plus longtemps; on attribuera à l'abbé certains offices; on lèvera une taxe sur les maisons dépendant du monastère: Saint-Pasteur, au diocèse de Périgueux, 18 escartes de froment; Teriac, 10; pour les prieurés des provinces de Bordeaux et d'Auch, les pensions seront augmentées de moitié; indications sur la valeur de divers prieurés, le nombre de leurs religieux, la pension à exiger d'eux: la France paiera 1,060 livres parisis, au lieu de 424; la Gascogne paiera de plus qu'avant environ 93 escartes; la Gascogne, l'Angleterre et l'Aragon, environ 75 livres tournois (s. d.; vidimé en 1621). — Liste de bénéfices dépendant ou ayant dépendu de La Sauve (s. d.).

H. 17. (Liasse.) — 1 cahier de 32 feuillets et 2 pièces papier.

1605-1608. — Organisation, discipline et personnel. — Ordonnances à la suite de la visite par Jean Darnal, chambrier de Ste-Croix de Bordeaux et visiteur provincial : on dressera un tabernacle sur le grand autel et on retirera le Saint-Sacrement de l'armoire où il est; on changera pour quatre chandeliers les trois seuls chandeliers que le visiteur a trouvés; on redressera les portes de fer au bout du chœur; on réparera l'horloge « quy est dans une haulte et belle cage de boys du costé du chœur de l'abbé »; « les portes de la grand nef, à douze belles et espaisses arcades à la mosayque, vont cheoir à terre, sousteneues par deux butte[s] ou pièces de boys »; on y pourvoira « et sera couvert de tuylle crochet »; on ouvrira et garnira de verrières l'une des deux grandes fenêtres de la chapelle St-Nicolas, qui sert de sacristie; le sacristain « pourvoyra d'un instrument de boys pour sonner à la porte de l'église pendant que les cloches ne sonnent pas »; pour permettre la vie en commun, l'abbé fera transporter ses pressoirs, cuves et barriques, hors du réfectoire voûté et le fera carreler, vitrer et garnir de tables et de bancs; il livrera la cave des religieux qui est au bout du réfectoire voûté, « et au bout d'icelle cave sont les prisons ordinaires et à l'autre bout le *vade in pace* ou l'infernet sans jour ny ouverture, sont des pièces... nécessaires à la régulière observance.»; l'abbé remettra les clefs « du chauffoir ou cuysine, quy est au fontz dudit reffectoir, laquelle cuisine est ample et spatieuse, haute de cerveau et voultée de pierre de taille, où il y a sept à huict tuyeaux ronds sortant au-dessus de la couverture à guise de tauryons, par lesquelz la fumée s'exhalle »; on affectera au logement des hôtes et des infirmes une salle sise au premier, « nommée la sale des douze Apostres, où ilz sont peintz »; l'abbé entretiendra un maître de grammaire et de chant et deux religieux étudieront aux Universités; « pour la conservation et entretènement de ce beau et grand cloistre voulté de pierre, les petis pilastres quy manquent seront remplacés et les grandes ouvertures de ces vitraux, que le vent du couchant mine et gaste, seront accommodés à la guise des autres pilastres des autres costés »; on finira de carreler le cloistre, « et l'entrée sera interdicte tant aux hommes qu'aux femmes suspectes de vile et abjecte condition »; on mettra les dortoirs en état « et la grande fenestre quy est au bout vers le midy sera ouverte et garnie de fenestre et vitrés,... et pour la conservation des voultes du chapitre et cloistre quy sont soubz le dortoir, la galerie ou corroir du dortoir, tant de celuy des anciens que des jeunes, sera carrellé »; « attandeu que les voultes de l'église sont crevassées et entreouvertes, menaçant une grande et inivitable ruyne, est ordonné, suyvant l'advis des architectes,

qu'il y sera remédié dans l'an »; on prendra plus de soin des archives; on démolira dans les six mois « les chays et celliers quy sont au fontz de l'église, soubs les arcades des tours et clochers, dont les pilliers sont consacrés »; on fera « remplacer les pilliers ou pilastres quy manquent au cloistre et racommoder ces troys grandz arcades dont les montans sont tombés »; l'abbé fera réparer le « petit hospital entre l'abbaye et église parroissialle, sur la grand ruhe ou chemin » (23 (?) janvier 1608). — Procès-verbal de visite par frère Jean de Nolibois, religieux de La Sauve, prieur de St-André-de-Cubzac et provincial d'Aquitaine : assemblée des religieux, savoir frère Germain Dada, prieur claustral, et six autres. Visite du « sacraire » : « custode d'arain dorée par dedans et azurée par dehors », reliques, mitres, crosse, etc.; « deux mezures d'arain et deux poix de plomb, qu'on dict estre la mezure du vin et le poix du pain que chasque religieux a besoing chascun jour »; cilice de poil et laine, passant pour avoir appartenu à s^t Gérard. Visite du maître-autel : « croix de boys couverte de platine d'argent, fort uzée..., avec un cruciffix estain »; sur l'autel, tabernacle « couvert de cuyvre azuré, doré et figuré, au-devant duquel y a une ymage de Nostre-Dame en bosse ». Autel de s^t Gérard : « le devant duquel est de cuyvre azuré et figuré, où sont contenus les douze Appostres, la saincte Trinitté et les quatre Évangélistes, semé de plusieurs pierreries »; au-dessus, « une quaisse grande, couverte de cuyvre azuré et figuré..., où repoze le corps dud. s^t Girauld ». Sacristie. Chœur, « garny à l'entour de siéges de boys faictz à l'antienne, les aulcungs rompeuz ». Autel de s^t Benoît. Chapelle de N.-D., « dessoubz la chambre du trézor ». Autels de s^t Antoine, de s^t Jean, de s^t Michel. « Chapelle ardante ». Chapelle de s^t André, de s^{te} Madeleine. Ouverture de « deux grandz coffres entiens », placés au fond et hors du chœur et contenant 34 pluviaulx, une chapelle de velours noir, etc. Ouverture d'un coffre « au-devant la porte par laquelle on entre d'icelle églize aux cloistres ». Horloge : « Au cousté dextre du cœur de lad. église et dans ung pavilhon faict de boys, eslevé sur la murailhe dud. cœur, la caige de l'orloge qui est au hault du clochier ». Visite des voûtes de l'église, dont partie sont crevassées. Visite des archives, qui sont, pour une portion, en un coffre gardé dans l'église et, pour le reste, « au hault et entrée du... dortoir et dans la chambre qui est appellé le trésor de la dicte abbaye, où estant aurions dans icelle troffvé (?) six coffres et ung bahut antien et rompeu et iceux plains de vieux papiers et tiltres..., le tout en fort pouvre estat ». Enquête sur le nombre des religieux : 6 prêtres et

2 novices, lesquels religieux déclarent ne pas vivre en commun, à cause de l'état des lieux réguliers. Ordonnance : les matines commenceront, jusqu'à ce qu'il en soit ordonné autrement, à quatre heures ; on refondra les cloches cassées ; défense est faite aux religieux de « confabuller, lire lettres, escripre ou s'occupper à autre action pendant la psalmodie », d'aller aux foires déguisés, de jouer aux jeux de hasard, de fréquenter les personnes mal famées ; ils vivront en commun ; ils s'abstiendront de viande le mercredi, l'Avent, etc. ; l'abbé fera réparer les lieux réguliers ; il sera dressé inventaire des documents gardés dans un coffre de l'église (12-16 juin 1605).

H. 18. (Liasse.) — 1 pièce parchemin, 3 cahiers de 76 feuillets papier, 45 pièces papier.

1632-1698. — Organisation, discipline et personnel. Rapports des religieux avec les abbés. — Lettre renfermant des propositions d'accommodement et mentionnant « le degré qui descent au cloistre et qui nous est absolument nescessaire pour descendre du cloistre haut au cloistre bas » (27 février 1632). — Bail à ferme, par l'économe de l'abbaye, des revenus dud. monastère moyennant 11,000 l. tourn. par an (15 avril 1646). — Reçu par Antoine Tisso, scieur de long, de St-Clément, en Auvergne, de 223 l. 5 s., pour avoir travaillé des bois de haute futaie provenant de la forêt sise près du village de Maillou et destinés aux réparations de l'abbaye (20 décembre 1661). — Règlement de comptes entre dom Michel Geoffroi, prieur, et Pierre Battu, maître architecte, pour travaux faits par celui-ci : voûtés de l'abbaye, pour 4,000 l. ; « pillier voustant qui est dans la chapelle Nostre-Dame » ; « dortoir de laditte abbaye... et réparé et faict le pignon du dortoir » ; « faict et réparé le débris qui auroit esté faict au clocher de laditte abbaye le jour des Cendres de l'année dernière », etc. (8 juin 1666). — Contrat avec Augustin Dujardin et Odet Meyreau, maîtres architectes à Bordeaux, pour « faire et parfaire le coing du grand réfectoir de laditte abbaye, en rachaptant l'angle en son carré et faisant un pillier boutant par derrière, de dix piedz de long de saillie sur l'alignement du deshors » (22 mars 1661). — Quittance de 49 l. 15 s. payées à Léonard Lagate et Michel Montaigner, maçons du Limousin, pour divers travaux faits notamment aux « arboutans qui sont à l'antrée de l'église de ladite abbaye » (15 août 1661). — Extrait du registre des dépenses faites pour réparations en 1664 : 10 livres de soudure à 9 s. ; 1 quintal de vergettes de fer pour les

vitres de l'église, 9 l. ; 1 millier de plomb pour les vitres, 1 l. 2 s. ; portes, fenêtres, etc. ; 7 bouches, 7 « osatoires » et 7 tables pour garnir 7 chambres, à 27 l. par chambre, etc. (19 mars 1670). — Addition d'inventaire des pièces produites au Conseil du Roi contre l'héritier de l'abbé Louis Barbier de La Rivière, pour le contraindre à payer des réparations faites en divers lieux aux bâtiments dépendant de l'abbaye : analyse d'une quittance, du 10 décembre 1661, de 95 l. 16 s. 6 d. payés à des forgerons pour « remettre les croix et girouettes des clochers et tours de laditte abbaye » et divers autres travaux ; inventaire d'un marché conclu le 16 octobre 1662 avec Barthélemy Couperie, charpentier à Bordeaux, « pour faire et parfaire tout ce quy se trouveroit de son mestier de charpentier en l'église, clocher, chappelle, nefe, croisées, dortoir, cloistres, réfectoire, logis abbatiaux, escuries », etc., moyennant 750 l., et de la quittance de lad. somme (9 septembre 1672). — Contrat avec Léonard et Raimond Thomas, maîtres charpentiers, pour « reffaire et remettre en bon estat les charpantes qui sont seur la chapelle St-Nicollas, scize en lad. abbaye de La Seauve et à costé du grand autel », suivi du reçu desd. entrepreneurs (6 mai-14 août 1674). — Contrat avec Jean Peschauy et Guill. Cousirac, maîtres tailleurs de pierre, habitants de la paroisse, pour « bastir à neuf les murailhes qu'il est nécessaire de faire puis l'entablement de la nef de l'esglize jusques et joignant les charpantes d'icelle », du côté du cloître et du côté du jardin, avec « pilliers pour le support desd. charpantes » de 2 en 2 toises ; les entrepreneurs devront refaire à neuf, suivant le même dessin, un arc-boutant « du costé du grand autel, tirant vers le midi » et un autre petit arc-boutant au clocher, « changer les pierres du soumet de la pointe du clocher..., abbatre le pignon qui est au-dessus de la grande porte de l'esglize de lad. abbaye menassant ruyne et iscelluy remettre en mesme forme ». Quittance des 2,350 l., prix du contrat (18 février-15 octobre 1674).

H. 19. (Liasse.) — 3 cahiers de 100 feuillets papier, 14 pièces papier.

1660-1718. — Rapports des religieux avec les abbés. — Dossier d'un différend avec les héritiers de l'abbé Dacquin, contenant le concordat intervenu, le 8 mars 1660, entre l'abbé et la congrégation de St-Maur pour l'établissement de religieux de lad. congrégation à La Sauve (1660-1711).

H. 20. (Liasse.) — 1 cahier de 12 feuillets parchemin, 3 cahiers de 78 feuillets papier, 1 pièce parchemin, 19 pièces papier.

1727-1773. — Organisation, discipline et personnel. Rapports des religieux avec les abbés. — Lettre écrite de Montmajour par f. Pierre Benoist et donnant des renseignements sur la propriété des lieux réguliers : « D. Laprade, fesant le cloître haut, pratiqua sur les encoules du cloître le petit coridor avec les lieux communs ». « La chapelle de Carensac est [tombée] de vétustée depuis plus de 150 ans ;... l'église de Creisse, en Périgort, a été démolie par les Huguenots ;... la chapelle de St-Anne dans Capian a été réparée par le R. P. prieur de La Réolle : il luy en coûta de 6 à 7 cens livres » (23 septembre 1727). — Inventaire de productions dans le procès contre Henri de Charpin de St-Romain, abbé commendataire, concernant les réparations : l'abbaye avait jadis « une infinité de bâtimens », qui furent détruits « soit par les guerres, soit parce qu'ils ont été abandonnés » ; mention d'une déclaration de Pierre Allary, maître architecte de Bordeaux, en date du 30 juillet 1729, suivant laquelle on a spécifié par surprise dans une expertise que des réparations devaient être faites en chêne, « parce qu'il n'y en a point sur les lieux, mais seulement du sapin » ; mention de Jacques Robelin, architecte ordinaire du Roi, Raimond Labat et Julien Sougeret, architectes, en date du 3 janvier 1673 ; mention d'une expertise de 1728 signalant certaines réparations à faire aux charpentes, notamment aux charpentes de l'église abbatiale : il manque un poinçon avec ses liens, « un entrait qui fait une des diagonnalles sur la croix de laditte église » est cassé et doit être remplacé par un autre de 28 pieds, le « montant qui suporte la croix de laditte charpente » doit être également remplacé par un autre de 15 pieds, etc. (10 septembre 1731). — Requête pour le syndic des religieux, traitant notamment de la fontaine de st Gérard, « en façon de grande citerne voûtée, et au haut de la voûte il y a une ouverture par où on puise de l'eau », de « la brûlerie ou endroit où on fait l'eau-de-vie », etc. (28 mai 1732).

H. 21. — (Liasse.) — 14 pièces parchemin, 44 pièces papier.

1369-1656. — Organisation, discipline et personnel. Prieuré de Bellefond. — Installation de Gilles Tranchard, nommé prieur à la place de Raimond de Montbel, décédé (18 décembre 1463). — Reconnaissance par Gilles Tranchard, prieur de Bellefont, des obligations auxquelles il est tenu envers l'abbé (copie ; 23 mars 1470, n. s.) — Collation par Pierre Jaubert, prieur claustral, à frère Arnaud Métal, du prieuré de Bellefond et de Cazevert, son annexe, vacants par le décès de Léonard Bojou (?) ; mention d'une réquisition de frère Ber[trand] de Landrau[die] (en mauvais état ; 1er décembre (?) 1560). — Petite bulle destinée à faire attribuer à Arnaud Métal, moine de St-Laumer de Blois, un bénéfice appartenant à La Sauve (10 février 1559). — Acte d'un fondé de pouvoir d'André Métal requérant du vicaire général de l'abbé de La Sauve, la collation du prieuré de Bellefond, vacant par le décès de Léonard Boyol (Paris, 12 décembre 1560). — Collation à frère Bertrand Andral (?), alias de Landraudie, du prieuré de Bellefond et de Cazevert, son annexe, vacant par la résignation de Gérard de Canhac (?) (10 septembre 1563). — Désignation de Jean Chatard, prieur de Bellefont et de Cazevert, son annexe (20 mai 1580). — Collation à Jean de Nolibois, religieux de La Sauve, du prieuré de Bellefond, vacant par la résignation qu'en a faite le jour même Jean Chatard (20 mai 1580). — Collation à frère Jean Chatard, religieux de La Sauve, du prieuré de Bellefond, vacant par la résignation de Jean Noliboys (30 juin 1581). — Enquête sur le décès de Geoffroy Dubois, écuyer, religieux de La Sauve, survenu le 8 du même mois, en la maison noble de Lagrèze, juridiction de Cussac, chez son frère, François, seigneur de lad. maison noble (14 août 1610). — Prise de possession du prieuré au nom de Bernard de Nougaret, religieux de St-Vincent de Metz (10 décembre 1626). — Envoi en possession du prieuré par Joseph de Nolibois, curé d'Espiet, au profit d'Aymeric Guyon de Favas, religieux de La Sauve, pourvu de ce bénéfice (26 juin 1651). — Documents relatifs au prieuré de Bellefond : installation d'Aymeric Guion de Fabas, prieur, par Joseph de Nolibois, curé d'Espiet (26 juin 1651) ; acte du même contre Dominique de Perissault, qui lui a fait signifier un arrêt du parlement de Paris, du 18 mai 1649, maintenant led. Perissault (7 juillet 1651) ; arrêté susmentionné, daté du 18 mai 1646 ; arrêt du parlement de Bordeaux à la requête de Bernard de Nougaret, prieur (22 décembre 1651) ; insinuation de Jean Fisson, religieux de La Sauve, qui demande le prieuré vacant depuis janvier par la mort de Bernard de Nougaret (12 février 1653) ; (1646-1653). — Demande du prieuré, « qui a vacqué au mois de janvier dernier... par le décex de feu sieur Bernard de Nogaret » (16 mars 1653). — Procuration de l'abbé de La Sauve pour l'union du prieuré de

Bellefond à la mense conventuelle des Feuillants de Bordeaux (13 décembre 1653). — Ordonnance sur requête de frère Antoine Exalteau, bénédictin, pourvu par le Pape du prieuré de Bellefond et dont l'évêque de Bazas refuse de viser le titre, sous prétexte que led. prieuré ne vaque pas (26 janvier 1656). — Requête au duc de Candale par frère Aymeric Guion de Favas, religieux de La Sauve et prieur de Bellefond, contre Farineau, religieux de S*-Ferme, et autres, qui le troublent en la possession dud. prieuré ; accompagné d'une sentence de la cour présidiale de Bazas, en date du 16 novembre 1651, en faveur du requérant (s. d.).

H. 22. (Liasse.) — 2 pièces parchemin, 16 pièces papier.

1496-1721. — Organisation, discipline et personnel. Prieurés de S*-André-de-Cubzac, S*-Catherine-du-Désert (à Paillet) et S*-Pey-de-Castets. — *S*-Catherine-du-Désert*. — Collation du prieuré à frère Guillaume Mestayer (12 septembre 1496). — Collation par Jean Boyresse, vicaire général de l'abbé, à François Boyresse, prêtre du diocèse de Bordeaux, du prieuré de S*-Catherine, vacant par le décès de Jean de Fontebride (1er juin 1573). — Protestation d'un religieux qui s'était présenté, au nom du prieur de S*-Catherine, afin de célébrer la messe et qui a été repoussé par Jean Dufau, soi-disant prieur, « avec plusieurs autres personnages, les uns habillés de noir, l'un desquelz avoit une espée au costé » (31 mai 1665). — Réclamation de Jean Dufau, soi-disant prieur (7 octobre 1665). — Collation à frère Antoine Fabre du prieuré de S*-Catherine-du-Désert, dans la paroisse de Paillet, vacant par le décès de Bordier (30 mars 1697). — Envoi en possession de dom Antoine Fabry, religieux de La Sauve (22 avril 1697). — Note sur ce prieuré, dont jouit l'abbé Berger, vicaire général de l'abbé de La Sauve ; depuis la mort du s* Bordier, le bénéfice a été notamment demandé par le curé de Paillet, « dans la parroisse duquel est situé ce petit prieuré » (1721 ?). — Note informe mentionnant, à la date du 1er juin 1573, une collation au profit de Boiville, à la suite de la mort de Jean de Fontebride, précédent prieur ; à la date du 18 juin 1573, la présence de Charles Lemire à la tête du prieuré, sur démission de Boiville ; à la date du 12 septembre 1496, collation à Guil. Mestayer (s. d.). — *S*-Pey-de-Castets*. Inventaire de pièces remises par François de Fayolles, abbé, contre Pierre Milhard, soi-disant religieux de s* Benoît, « demandeur en prétendue complainte pour raison du pocessoire du prieuré de Saint-Pey-de-Castetz » ;

acquisition, en date du 27 septembre 1443, de la dîme de S*-Pey, vendue par Guil. Cossot, damoiseau, Agnès, sa femme, et Bernard, leur fils ; accord sur moitié de la dîme de S*-Florence, « entre le visconte de Vazalmon, du fief duquel elle relevoit, et Guillelm Amaniu de Lolan [et] Hugonom *(sic)*, fratrem suum, milites » ; etc. (s. d.).

H. 23. (Liasse.) — 9 pièces parchemin, 11 pièces papier.

1135-1725. — Organisation, personnel et discipline. Prieurés de Bougue, Chentry, Creysse et Escassefort. — *Bougue*. Charte, scellée sur double queue, de Bonhomme, évêque d'Aire, donnant Bougue à Pierre, abbé de La Sauve, sur la demande de Guillaume, comte de Poitiers et duc d'Aquitaine, de Pierre, comte de Bigorre et vicomte de Marsan, etc. (1135). — Charte d'A[manieu], archevêque d'Auch, constatant que l'évêque d'Aire a été agrégé à l'abbaye de La Sauve, qu'il a reçu en jouissance viagère le prieuré de Bougue et qu'il a promis de l'augmenter (avril 1234). — *Chentry*. Collation à Guillaume Mestayer, prieur claustral de La Sauve, du prieuré de Chentry (?), diocèse de Châlons, vacant par le décès de Pierre Rohardin ([4 mai] 1501). — Reconnaissance par frère Geoffroy Auger, prieur de Saint-Nicolas de « Chintery », des droits de l'abbé de La Sauve sur son prieuré (24 septembre 1536). — *Escassefort*. Procuration par Michel Geoffroy, prieur de La Sauve, François Laroche, sous-prieur, et autres religieux pour eux et au nom de Jean-François de Lachèze, prieur d'Escassefort, à l'effet d'affermer led. prieuré (20 mai 1665).

H. 24. (Liasse.) — 5 cahiers de 65 feuillets papier, 11 pièces parchemin, 30 pièces papier.

1459-1498. — Organisation, discipline et personnel. Prieuré de Gabarret. — Reconnaissance par Jean Borgonh, prieur de Gabarret, pour la rente qu'il doit à La Sauve, de 13 escartes et demie, « pro triginta novem boyssellis et tribus quartibus *(sic)*, frumenti, mensure Burdegale » (vidimus, 12 février 1471, n. s.). — Sentence réglant que la rente due pour le prieuré de Gabarret et s'élevant à 13 escartes et demie de froment équivaut à 39 boisseaux trois quarts, mesure de Bordeaux (21 août 1482). — Procuration par Pierre de Ferraigues, prieur claustral de S*-Croix de Bordeaux, prieur de Gabarret, à l'effet de se faire relever à Rome du serment d'observer les accords conclus avec François de Béarn et que le Saint-Siège refuse d'admettre (148....)

H. 25. (Cahier.) — o" 29 × o" 21, 4o feuillets papier.

1498. — Organisation, discipline et personnel. Prieuré de Gabarret. Enquête sur ce que l'entrée du prieuré a été refusée à l'abbé de La Sauve, venu pour exercer son droit de visite. — Lettre de « Pierres de Bearn, çabaler, senyor de Miucentz, conselher deus serenissims senyor et dame los rey et regine de Nabare et lor senescal de Marsan et de Guavardan, baronnie de Capsius et terre de Cursan » (3o juin; fol. 10 v°.). — — Déposition d'un prêtre de Gabarret, lequel se souvient « quod sexdecim anni labi possunt quod dominus Johannes Borgoing, prior dicti prioratus, obiit » (fol. 29). — Autre déposition d'un habitant de Gabarret : « A quadraginta annis citra ipse loquens vidit quatuor priores in prioratu Guavareti, videlicet dominum Johannem Durandi, Borgoinh et Banquet et ipsum modernum » (fol. 3o).

H. 26. (Liasse.) — 2 cahiers de 110 feuillets papier, 3 pièces parchemin, 6 pièces papier.

1498-1500. — Organisation, discipline et personnel. Prieuré de Gabarret. Procédure entre l'abbé de La Sauve et le prieur.

H. 27. (Liasse.) — 1 cahier de 16 feuillets papier, 14 pièces parchemin, 33 pièces papier.

1516-1640. — Organisation, discipline et personnel. Prieuré de Gabarret. — Collation à frère Antoine de Ferrières du prieuré de Gabarret, vacant par le décès de Georges de Marsan, conseiller au parlement de Toulouse (29 juillet 1516). — Lettres royaux visant le droit de l'abbé sur les dépouilles des prieurs dépendant de l'abbaye et spécialement relatives à la dépouille de Georges de Marsan, prieur de Gabarret, récemment décédé (31 juillet 1516). — Collation à Martin de Corrège, religieux de La Sauve, du prieuré de Gabarret, vacant par la mort de François de Pardailhan (28 décembre 1567). — Arrêt du Parlement au sujet de l'invasion en armes du prieuré par Bernard de Pardailhan, seigneur de La Mothe-Gondrin, et par un nommé Des Vignes, soi-disant prieur, et notification à eux faites par un huissier dans led. prieuré (1568). — Collation à Jean Solvignes du prieuré de Gabarret, vacant par le décès d'Antoine Blanchis (29 janvier 1573). — Procuration par Julien Rebleys, religieux de La Sauve, à son frère Jean de Rebleys, habitant de la

paroisse de Neyrac, juridiction de Rions, à l'effet de prendre possession du prieuré de Gabarret, qui lui a été conféré le 4 du même mois (10 avril 1603). — Arrêt entre l'abbé de La Sauve et Pierre Broussier, prieur de Gabarret, visant un contrat de Jean Bourgoin, prieur dud. prieuré, du 12 février 1471, n. s., une sentence du 21 août 1482 adjugeant à l'abbé une rente de 13 escartes et demie de froment valant 39 boisseaux trois quarts, etc. (28 juin 1614). — Accord avec Pierre Broussier, prieur de Gabarret, réglant la pension due pour led. prieuré (4 février 1618). — Procès-verbal d'une visite du prieuré : « Avons trouvé les lieux réguliers tous desmolis au ras du sol, le monastaire par terre, sans qu'il y ait aucun religieux, et ayant demandé la cause de leur absence à certains habitans qui estoyent là présents, ils nous auroyent dit que le s^r de Brossier, sous le nom de prieur, avoit pris depuis trente ans le revenu tant dudit prieuré que des portions deues pour la nourriture des religieux » (6 décembre 1629). — Homologation par le chapitre général des Bénédictins exempts, tenu dans l'abbaye de La Sauve, de la sentence du général de la Congrégation entre dom François de Baradot, provincial en Guienne, et Pierre Brossier, prieur de Gabarret (3 septembre 1630). — Signature en cour de Rome conférant le prieuré à Joseph de Nolibois, curé d'Espiet (26 janvier 1640).

H. 28. (Liasse.) — 1 cahier de 12 feuillets papier, 4 pièces parchemin, 19 pièces papier.

1673-1789. — Organisation, discipline et personnel. Prieuré de Gabarret. — Note sur la pension due par le prieuré de Gabarret, mentionnant François Menager, prieur le 21 janvier 1693 ; Joseph Bourgoin, prieur le 28 juin 1614 ; Louis Ménager, prieur le 23 avril 1705 ; Gérard, abbé de Vertheuil et prieur de Gabarret en 1651-53 (s. d.).

H. 29. (Liasse.) — 1 cahier de 14 feuillets papier, 11 pièces parchemin, 24 pièces papier.

1317-1789. — Organisation, discipline et personnel. Prieurés de Gizy, La Sauvetat, Lavergne, L'Isle-d'Arvert. — *Gizy.* Lettre du cardinal Louis de Bourbon à l'abbé de La Sauve l'informant qu'Adrien Gémeau (?), prieur de St-Remy de Gizy, archidiacre et vicaire général, est son familier et le priant de le tenir pour dispensé de se rendre au chapitre général de l'octave de la st Martin (7 novembre 1518). — *La Sauvetat.* Collation par l'abbé de La Sauve à sœur Jeanne Bellet, du prieuré de La Sauvelat, diocèse d'Agen, vacant par le décès d'Élisabeth Daston (15 décembre 1682).— *Lavergne*. Charte de Jacques-Benoît de Subsol, seigneur de St-Martin, Clermont, St-Florent, Fouleix, etc., « olim in castro de Brignols prorex et nunc in castro suo de Serolla », d'accord avec César, son frère, curé de St-Martin : « Prochodochium et monasterium jam fundata, contructa et ædificata a majores suis *(sic)* ab anno octingentesimo et nunc desolata, destructa et omnino derelicta defectu aquarum, prochodochium restaurare in eodem primo loco et monasterium transmutatum et translatum de loco suo de Fleytieras ad Vergnam, in eadem parrochia Sancti-Martini.... dotare denuo, aliasque fundationes in ecclezia sua parrochiali dicti Sancti-Convallium-Martini facere », etc. (copie; 17 octobre 1323). — Assignation de la part de dom Pierre Andriette, exposant que l'abbé de La Sauve a, au décès de Boissonnade, pourvu du prieuré dom Gaspard-Dominique de Chavaignac, religieux de St-Victor de Marseille, que ce dernier s'est démis le 14 décembre 1715 et que l'abbé a nommé à sa place led. dom Pierre Andriette (28 janvier 1716). — Lettre relative à des procès : « La Garlope a eu commerce *cum homine signato* dont je vous ay parlé autrefois, que le Seigneur nous a osté depuis deux mois; ce misérable faisoit huit différans caractères, avoit le seing de plus de cent notaires; l'antiquité estoit son fort » (5 juillet 1732). — Procuration par Gérard-Marius Landelle, prieur de St-Jacques de Lavergne (6 mai 1789). — « Mémoire des titres qui prouvent que le prieuré de La Vergne dans le diocèze de Périgort » *(sic)*: prise de possession par fr. Raimond Linier, religieux de La Sauve, du 6 septembre 1463; collation à fr. Jean de Garron, religieux de La Sauve, du 29 novembre 1570; donation par l'évêque de Périgueux, de 1169; etc. (s. d.).— *L'Isle-d'Arvert*. Lettre de l'abbé de La Sauve, datée de Paris, chargeant Sicard Gallebrun, prieur de Royan, de saisir le prieuré de L'Isle, pour lequel la pension n'a pas été payée depuis longtemps, et bail à fief d'un manse par led. séquestre (4 juillet 1351-12 octobre 1352). — Requête de frère Jean Boulières, religieux de La Sauve, pourvu du prieuré de L'Isle par l'abbé, contre Jean Bellin, soi-disant pourvu du même prieuré; le requérant offre de prouver que le sr de La Vigerie jouit des revenus du bénéfice et Bellin « est confidentié dud. sr de La Vigerie » (1er juin 1613). — *Néronville*. Reconnaissance par frère Seguin Estevart, prieur (18 mai 1356). — Reconnaissance de dette par frère François Gaillard, prieur de Néronville (29 juin 1470). — Reconnaissance par frère Jean Potage, prieur, d'une dette envers La Sauve, pour « pensions... du temps

passé » (12 février 1473, n. s.). — Reconnaissance par frère François Gaillard, prieur (29 juin 1475). — Reconnaissance par François Gaillard, prieur de Néronville (29 juin 1485) et collation à Raoul Gauduyn du prieuré de St-Paul-au-Bois, vacant par la résignation de Jacques de Wues [?] (copie; 22 septembre 1475). — Excommunication de frère Jean Potage, qui n'a pas acquitté les rentes dues par le prieuré (5 novembre 1490). — Lettre de frère Jean Potaige, demandant à l'abbé de confirmer la collation du prieuré de Néronville à lui faite par Arnaud de La Caussade, « prieur de Castelet et vicaire général en France », et exposant ses difficultés avec frère Jean de Fontenay, prieur de St-Léger (xve siècle). — Collation à Jérôme de Mesnil, protonotaire, du prieuré de Néronville, vacant par le décès de Christophe de Longuejouc (10 octobre 1558).

H. 30. (Liasse.) — 6 pièces parchemin, 15 pièces papier.

1288-XVIIIe siècle. — Organisation, discipline et personnel. Prieuré de Pomarède. — Acte par lequel la prieure fait à l'abbaye « hobedienciam et reverenciam » (27 février 1289, n. s.). — Collation à Seguine « de Feleno » du prieuré, vacant par résignation de Jeanne « de Feleno »; profession de foi et installation de la titulaire (9 octobre 1527-25 mai 1529). — Présentation par le fondé de pouvoir d'E. de Roquefeuil au vicaire général de l'abbé, de bulles portant collation du prieuré de Pomarède en faveur de lad. dame (20 mai 1539). — Collation par Jean de Chambellan, vicaire général de l'abbé de La Sauve, à sœur Michelle de Chambellan, sœur professe de st Benoît, du prieuré de Pomarède, vacant par le décès de sœur Hélène de Roquefeuil (copie; 3 décembre 1564). — Lettre de sœur A. de Lartigue, prieure, sur l'histoire du prieuré depuis la mort de Jeanne de Gontaut, prieure, en 1616 : « Son neveu, qui étét le ségnieur de Cuzol, jantilhome fort acrédité et fort riche, voïant sa tante morte, fit prendre l'abit à sa fame de chambre; luy et Madame sa fame, qui étét huguenote, et presque tous lur domestiques restèrent dans le prioré et jouiret des revenus jusqu'à l'année 1633 »; relèvement de la maison en 1657 par sœur Antoinette de Bonet de Latuque, prieure (12 mai 1678). — Consultation sur le cas des religieuses : ce prieuré a été conféré en cour de Rome, « apprès avoir esté tenu abusivement pandant plus d'un siècle par diverses filles qui ne faisoint pas mesme résidence »; le couvent voudrait se replacer sous l'autorité de l'abbé de La Sauve. Le conseil estime que cela est impossible, l'abbaye étant en commende (8 décembre 1681). — « Extrait de l'istoire manescritte de l'abbéïe de La Seuve Majour », exposant les rapports de sujétion des prieurés de Pomarède avec La Sauve (s. d.).

H. 31. (Liasse.) — 6 pièces parchemin, 1 pièce papier.

1083-1472. — Organisation, discipline et personnel. Prieuré de St-Léger-au-Bois. — Donation de St-Léger par Philippe Ier et confirmation par Louis-le-Jeune (vidimus délivrés à Avignon [en 1374], en très mauvais état; 1083 [et 1154]). — Bail à ferme du prieuré par Auger de Brane, prieur, en son nom et au nom de l'abbé; mention de Gérard de Bourg, prieur de Novy (27 mars 1326). — Procuration par l'abbé Gérard à Thomas Bilhon, prieur au diocèse de Laon, à l'effet de conférer à Jean Potatge le prieuré de St-Léger, vacant par la mort de Sponse Cotinhon (14 juin 1463). — Ordre de faire payer par Jean Volpilhère, prieur de St-Léger, des sommes qu'il doit à l'abbaye (10 novembre 1466?). — Collation à Jean de Fontenay du prieuré de St-Léger, vacant par la résignation de Jean de Hautgrelh, *alias* de La Volpilhère (11 août 1471). — Lettre close du garde des sceaux de Chauny demandant pour un religieux, « porteur de ces présentes », le prieuré de St-Léger, « lequel va à ruyne et perdicion » (22 août [1472]).

H. 32. (Liasse.) — 1 cahier de 14 feuillets papier,
7 pièces parchemin, 22 pièces papier.

1519-1727. — Organisation, discipline et personnel. Prieuré de St-Léger-au-Bois. — Procès contre Louis Doreille, conseiller au parlement de Paris, prieur commendataire de St-Léger, appelant de dommages à lui causés par l'abbé de La Sauve (1519-1521). — Inventaire des productions de l'abbé : mention d'un vidimus fait à la requête de fr. Raimond Hugon, prieur de St-Léger, le 17 mars 1374 (a. s.); d'extraits d'un volume relié en veau, commençant : « Quomodo dominus Geraldus cum suis in Silva venerit et eos. Augerius, etc. », comptant 243 feuillets et finissant : « Actum apud Silvam Majorem, anno Domini millesimo ccmo quadragentesimo *(sic)*, mense mayo »; d'une transaction conclue, le 6 novembre 1396, par fr. Jean Macquereau, prieur de St-Léger; d'autre transaction du 7 mai 1457 par fr. Jean Barroys, prieur du même prieuré; d'autre transaction de 1466 par fr. Jean de La Volpilière, prieur dud. prieuré; etc. (s. d.). — Articulations de l'abbé Jean de Larmondie contre le prieur de

St-Léger : on célèbre à l'abbaye, le jour des sts Simon et Jude, un chapitre général auquel assistent les religieux du monastère et, au moins tous les trois ans, les titulaires de prieurés relevant de lad. abbaye (1521 environ). — Citation à témoin à frères Amanieu de Leyre, Jean de Suris et Arnaud de Serval, prieur du Casterel, de Ruch et de L'Isle-d'Arvert (8-11 janvier 1522, n. s.). — Afferme du prieuré par Louis Doreille, évêque de Comminges, abbé d'Issoire et prieur commendataire de St-Léger (10 avril 1523). — Collation par Guillaume Goudoyn, prieur de Belleval, au diocèse de Soissons, vicaire général de l'abbé de La Sauve, à frère Robert de Noeufves, du prieuré de St-Léger, vacant par le décès de Louis Doreille (6 décembre 1523). — Procuration par frère Robert de Neufve, prieur de St-Léger (13 mai 1524). — Collation du prieuré à Bertrand Andral, *alias* de Landaudrie, à la suite de la mort de X. « de Selva » (?), précédent prieur (copie; 5 août 1569). — Collation à Bertrand Andral, *alias* de Landaudrie, du prieuré de St-Léger, vacant par la mort de Pierre Pichenar (?). (22 décembre 1572). — Arrêt du Conseil dans la procédure suivie à la requête de Jacques Odot, soi-disant prieur de St-Léger, contre Bertrand Andrail, *alias* de Landraudye, également soi-disant prieur dud. prieuré, accusé de faux : l'instance de faux est jointe à l'instance au possessoire et Bertrand Andrail est provisoirement élargi (17 janvier 1578).

H. 33. (Liasse.) — 6 pièces parchemin, 15 pièces papier.

1459-XVIII siècle. — Organisation, discipline et personnel. Prieurés de St-Paul-au-Bois et Ste-Preuve. — *St-Paul-au-Bois.* Lettre de « Jacques du Wes, prieur de Saint-Pol-ou-Bos » : « Nagaires de tamps ai prins la priorée de Saint-Pol-ou-Bos à penssion de noble homme sr Guillaume de Franscières, jadis prieur dud. Saint-Pol » (24 août 1467). — Autre lettre du même prieur (29 mai 1470). — Enquête par Thomas Billon, prieur de Ste-Preuve, sur la gestion du prieuré de St-Paul (s. d.). — Lettre missive de Raoul Gauduin, prieur, exposant qu'il est parti pour se rendre à La Sauve, est arrivé jusqu'à Paris et a dû rebrousser chemin dans la crainte que son prieuré ne fût pillé par des hommes d'armes (xve siècle). — Collation du [prieuré à Jean Arnal, *alias* de La Faye, prêtre du diocèse de Périgueux ([25] avril 1571). — Collation à Jean de Noliboys (27 novembre 1590). — Résignation du prieuré par Jean de Noliboys (1er mai 1595). — *Ste-Preuve.* Lettre signée Thomas Billon, exposant « l'estat de la religion » : le signataire a dû faire excommunier un prieur qui méconnaissait le droit de présentation de l'abbé à certaines cures ; ce prieur n'a que deux religieux, « irréguliers et appostas », il refuse d'obéir aux injonctions et « s'arme de gens de guerre » (28 juillet 1469). — Lettre de Thomas Billon, exprimant le regret que l'abbé n'ait pas donné à son envoyé une procuration pour délivrer quittance : « Je luy eusse bail[hé] plus grant somme, non pas moy doubtant de sa personne, mays pour péril des larons » (Bresse (?), 28 mai 1470). — Procuration par Thomas Billon, prieur de St-Preuve, à Raoul Gondum, prieur de St-Paul-Au-Bois (28 septembre 1489).

H. 34. (Liasse.) — 5 pièces parchemin, 8 pièces papier.

1449-1583. — Organisation, discipline et personnel. Prieuré de Semoy. — Inventaire des meubles de frère Jean de Bourges, prieur, décédé le jour même (24 mars 1449, n. s.). — Reconnaissance par frère Étienne de Laville, prieur commendataire de Semoy (24 juillet 1466). — Réponse de frère Étienne (?) de Laville, prieur, à une lettre de l'abbé l'invitant à la résidence (17 décembre 1480). — Collation du prieuré à frère Raoul Mortier (31 mars [1521]). — Collation par l'abbé de La Sauve à frère Pierre Olivier du prieuré de Semoy, vacant par la mort de Guillaume Levasseur (16 août 1521). — Petite bulle prescrivant une enquête à la demande de Raoul Mortier, prieur de Semoy, sur ce qu'en mars précédent, le prieur Claude Levasseur étant mort, des inconnus ont dissimulé le lieu de la sépulture, « et quod cadaver ejusdem Claudii fuerit appositum in quadam capsa vel libitina fingendo et dictam capsam ac si in ea dictum cadaver esset appositum, et in rei veritate cadaver illic non esset, ad civitatem Aurelianensem autem deportando », ont diverti des meubles, etc. (12 novembre 1521). — Monitoire de l'official d'Orléans en vertu de la petite bulle du 12 novembre, y insérée (1521, « more galicano computando, indictione nona, mensis vero decembris die penultima »). — Procuration de frère Bertrand Andral *alias* de Landraudie, pour prendre possession du prieuré de Semoy, dont il a été pourvu par l'abbé de La Sauve (21 juin 1576). — Procurations de frère Bertrand Andral pour résigner le prieuré de Semoy (15 juillet 1576-4 septembre 1583).

H. 35. (Liasse.) — 7 pièces parchemin, 2 pièces papier.

XIIIe siècle-1693. — Organisation, discipline et personnel. Prieurés d'Espagne. — *Prieurés divers.* Charte à peu près illisible (« V^e die exitus octobris,

VIe kalendas novembris », XIVe siècle). — Extrait de quatorze titres relatifs aux prieurés d'Espagne (1675). — *Alcala.* Réponses de Jean Grant, commandeur d'Alcala, contre frère Hugues, prieur d'Ejea (?), qui avait appelé en matière de corruption ([15 mars 1338, n. s.]).

H. 36. (Cahier.) — 0^m29 × 0^m19, 26 feuillets papier.

1096-1563. — « Extraits des titres qui font voir la dépendance du prieuré d'Exea de l'abbaye de La Sauve. » — État des titres remis à Dominique Aznarez, prieur d'Ejea (fol. 1). — Mention desd. titres, au nombre de seize, « in eodem numero comprehenso cartulario seu cartario membraneo ad calculum redacto per nos et secretarium præfati R^{mi} domini Archiepiscopi signato et sigillo ejusdem domini munito, continenti 117 folia membranea scripta » (31 août 1563 ; fol. 2). — Compromis entre l'abbé de La Sauve, Raimond, et frère Aymeric « de Tozacio », prieur d'Ejea, touchant la dépendance du prieuré vis-à-vis de l'abbaye (Avignon, 11 novembre 1373 ; fol. 4). — Décision donnant raison à l'abbé (fol. 6). — Nomination par l'abbé de frère Arnaud « de Calciata » au prieuré d'Ejea, vacant par le décès de frère Jacques de La Cavalaria (9 août 1479 ; fol. 8 v°). — Ordre de l'évêque de Saragosse à l'archiprêtre lui enjoignant de mettre Jean de Doay en possession du prieuré (18 août 1315) et accomplissement de cet ordre (26 août 1315 ; fol. 10). — Visite du prieuré d'Ejea par frère Guillaume Mestayer, prieur claustral de La Sauve, délégué par l'abbé (29 juin 1498 ; fol. 12). — Charte de Jean, légat, évêque de la Sabine, confirmant diverses concessions faites à Barthélemy, prêtre, fils de Michel d'Uncastillo (10 mai 1227 ; fol. 14 v°). — Copie de titres divers tirés du cartulaire (fol. 17-26). — Formule du *vidimus*, par deux notaires royaux, des titres contenus dans le cahier (1675 ; fol. 26 v°).

H. 37. — (Liasse.) — 22 pièces parchemin, 14 pièces papier.

1207-XVe siècle. — Organisation, discipline et personnel. Prieurés d'Espagne : Ejea. — Charte d'Amauvin, abbé de La Sauve, lequel, en considération des services rendus par Michel d'Uncastillo aux prieurés d'Aragon, accorde à Barthélemy, fils dud. Michel et condona[t] au prieuré d'Uncastillo, une portion à prendre dans l'église d'Uncastillo ; le prieur d'Ejea devra réunir les frères et moines de l'Aragon et avec leur assentiment remett^{ra} à Barthélemy sa portion. Dans la seconde partie de l'acte, Pierre Garsia, prieur d'Ejea, déclare avoir rempli ces instructions, avec l'assentiment de

Guillaume Raimond, commandeur d'Alcala, Pierre-Bernard, prieur de S'-Étienne, Cerebrun, prieur de Rosta, et Jean de Logran, commandeur d'Argilalée (octobre 1207). — Charte [suspecte] par laquelle Pierre Garsia, prieur d'Ejea, sur l'ordre de Pierre, abbé de La Sauve, à lui porté par Gombaud, grand prieur, donne à Barthélemy, sous-diacre, fils de Michel d'Uncastillo, une portion dans l'église d'Ejea; la charte porte, apposés par Pierre Garsia, le *signum* de l'abbé (croix pattée et fichée) et celui de l'abbaye; témoins : Aznar, abbé d'Oliva; Guillaume Garsia, prieur de S'-Christine; Guillaume Raimond et Jean de Logran, commandeurs d'Alcala et d'Argilalée (mai 1210). — Convention avec Jean de Logran, chevalier, à qui le temporel d'Ejea est concédé à vie : il entretiendra des moines, des convers et des converses, hébergera pendant trois jours les religieux de S'-Benoît de passage à Ejea, paiera 130 morabotins ou « auréos » par an, etc.; il donne des cautions à Élie, prieur d'Ejea, représentant de l'abbé (septembre 1240). — Approbation du bail du prieuré d'Ejea consenti au profit de Michel Ximenès d'Ayerbe, archidiacre (22 mai 1279). — Attestation de Pierre Logran de Menetas, chevalier, qui a reçu en dépôt trois chartes et les gardera, « ata que la abbadia de Exea sea cobrada con sus pertinent[i]as de Per'(?) de Montagut » (25 septembre 1288). — [Cession de créance?] par « fray Johan de Doay, prior de la abadía de Exéa » (15 novembre 1317). — Accord intervenu, à la demande des habitants, sur le procès intenté au prieur Jean « de Doay » par les bénéficiers, qui demandent qu'on augmente leurs portions, à cause du renchérissement de la vie, « propter augmentum monete de novo cudita (*sic*) in regno Aragonie » (12 juin 1318). — Reçu par l'abbé de La Sauve de 120 florins d'Aragon, pour trois annuités de la pension payée par Jacques de La Cavalaria, en raison du prieuré d'Ejea (16 mars 1452, n. s.). — Ordre de convoquer les prieurs d'Ejea et de Rosta, qui négligent de se rendre aux chapitres (23 mai 1455). — Lettre à Jean Bergonh, prieur Du Casteret, touchant les difficultés qu'éprouve l'abbé à recouvrer la pension due par le prieur d'Ejea (10 juin 1455). — Lettre de Jacques de La Cavalleria : il est prieur depuis 33 ans et n'a pas assisté aux chapitres; il doit 35 florins de rente, payables à raison de 4 francs pour 5 florins, suivant décision rendue à Avignon par des cardinaux et à lui envoyée par l'abbé Gérard (14 novembre 1465). — Reçu au prieuré d'Ejea de 56 francs d'or, du coin de France, valant chacun 30 s. tournois, pour deux termes de la rente due en raison dud. prieuré (8 septembre 1471). — Quittance à Jác-

ques de La Cavalleria de 80 florins d'Aragon valant 35 « florins de cramba de Pape, de bon aur et de bon pes, comptant los sincq florins de cramba de Papa per quatre franxs d'aur de France »; serment prêté par l'abbé, « frappat de sa main dextre nude sus l'estomac » (8 septembre 1471). — Attestation notariée de l'usage où est Jacques de La Cavalleria, prieur d'Ejea, de payer à La Sauve 35 florins, à raison de 4 francs de France par 5 florins (4 décembre 1474). — Lettre signée « de La Caussada », rendant compte d'un voyage en Espagne pour régler la question de la rente due par le prieur d'Ejea : « Los ey mostrat II fr. a pe; no los bolen conoysse, mes disen que no y a franc en Fransa, mes I qui bau XIII soutz et IIII jaqués.....; etz disen que lo franc de Fransa nó bau mes IIII^m arditz; jo los ey mostrat la estima deus florinx que vos me abetz balhat, etz no bolen entendre » ([1476]). — Testament de Jacques de La Cavalleria, prieur d'Ejea (7 octobre 1478). — Collation par Benoît de Guiton, « decretorum doctor, actum regens alme Universitatis Burdegale ac conservator previlegiorum per Sanctam Sedem Apostolicam eidem Universitati concessorum », abbé de La Sauve, à Arnaud de La Caussade, religieux dud. monastère, du prieuré d'Ejea, vacant par le décès de Jacques de La Cavalleria (9 août 1479). — Ordre de l'official de Saragosse de convoquer des exécuteurs testamentaires de feu Jacques de La Cavalleria (7 septembre 1479). — Lettre au prieur qui a obtenu le bénéfice en commende le 28 juillet 1479, en remplacement de Jacques de La Cavalaria, pour lui rappeler ses obligations envers l'abbaye de La Sauve (minute(?); octobre 1483). — Renseignements sur la valeur des monnaies, pour le paiement des rentes dues par les prieurés d'Espagne : le florin d'Avignon a valu 24 sous au maximum, et il ne les vaut pas actuellement; le franc de France vaut 24 doubles du Roi; le franc d'or est dit à pied ou à cheval, il vaut un réal d'or, et on ignore quand il a été fabriqué. Le prieur d'Ejea doit 35 florins d'or, soit 28 francs de France, pour lesquels il paye 42 florins d'Aragon, comme l'a déclaré Jacques de La Cavalleria; les 35 florins sont des florins du Pape « que nos apperam ducatz » et valent 28 francs à pied d'or; lesd. 35 « florins de cambra de Papa, que son ducatz », valent 81 francs bordelais 40 liards (1488). — Mandement de l'abbé d'avoir à faire payer par le prieur d'Ejea les arrérages échus de la rente de 35 florins d'or, du coin d'Aragon (8 juin 1489). — Mémoire tendant à prouver que les restes de Jacques de La Cabalaria, prieur d'Ejea, doivent être exhumés de l'église de S'-Sauveur et transférés dans l'église du prieuré (xv⁰ siècle). — « Memorialia pro domino Johanne Seguin, presbytero, super facto prioratus de Exea », après la mort de Jacques de La Cavalaria (xv⁰ siècle).

H. 38. (Liasse.) — 4 cahiers de 57 feuillets papier,
1 pièce parchemin, 36 pièces papier.

1529-XVII⁰ siècle. — Organisation, discipline et personnel. Prieurés d'Espagne : Ejea. — Bref unissant à S¹ᵉ-Engrace de Saragosse le prieuré d'Ejea, résigné par Pompeio, cardinal du titre de S¹-Laurent *in Damaso* (29 septembre 1529). — Remise à Dominique Aznarez et autres, de titres concernant les prieurés d'Espagne : collation du prieuré d'Ejea à frère Arnaud de La Caussade, de 1479 ; donation à Jean de Longran, de 1240 ; un cartulaire de l'abbaye comprenant 117 feuillets, « au commansement duquel cartulaire est escript en lectre rouge et asur : *Incipit cartarius monasteri Silve Majoris*, et finissant : *sigilli dicti episcopi que tunc temporis domini archiepiscopi Burdegalensis* ». Au dos : « Ces actes, qui étoient les originaux, ont été rapportez à l'abbaye » (31 août 1563). — Copie d'une lettre [du roi d'Espagne à son ambassadeur à Rome ?] exposant « que despues de la muerte de Jáyme de La Cavalleria y Arnaldo de La Calciata, qué fueron proveydos *in titulum* como religiosos de la misma orden por el abbad de La Selva, ha algunos años que la collacion se les ha impedido, assi por las guerras como porque la Sede Apostolica lo ha proveydo *in comendam* a clerigos seglares, y que teniendole ultimamente el cardinal Pompejo Colona, por su resignacion en tiempo de Clemente VII⁰, fue unido, e incorporado al monasterio de Sancta-Engracia, de la ciudad de Çaragoça, de la orden de sanct Hieronymo » (1568 ?). — Collation par l'abbé de La Sauve à Charles Le Mire, religieux dud. monastère, du prieuré d'Ejea, vacant par la mort de Dominique Aznarès (31 octobre 1572-17 septembre 1573). — Liste des membres de la confrérie de s¹ Gérald : Guillaume Despiasat, prieur d'Ejea ; Jacques de Anyessa, vicaire de S¹-Sauveur ; Pierre de Vaylo, vicaire de S¹ᵉ-Marie ; frères Bernard Grimoart et Bernard Bret, moines, 23 clercs. Relation [anonyme] de la prise d'Ejea (xvi⁰ siècle ?).

H. 39. (Liasse.) — 11 pièces parchemin, 2 pièces papier.

1183-XVII⁰ siècle. — Organisation, discipline et personnel. Prieurés d'Espagne (Rosta) et d'Angleterre (Beroelle), abbaye de Broqueroy et prieurés divers. — *Rosta*. Projet, dépourvu de date, de sceau et de signes de validation, portant collation du prieuré de Rosta au profit de Michel de Bal ([1463-1485]). — *Beroelle*. Grande bulle portant confirmation des droits du prieuré de Beroelle (26 avril 1183). — *Broqueroy*. Cassation de l'élection de Marcel comme abbé de Broqueroy, laquelle élection est soumise à l'approbation de l'abbaye de La Sauve par des envoyés de l'abbaye de Broqueroy ; ceux-ci, munis des pouvoirs nécessaires, réélisent led. Marcel, dont la nomination est approuvée et qui prête serment (16 avril 1207). — Charte de l'archevêque Gérard : P., prieur, et Jean, moine de Broqueroy, « in quadam domo Grandimontensis ordinis prope villam Sancti-Emiliani », ont exposé que l'abbaye a élu abbé un moine du nom de Jean ; Guillaume, prieur, et les moines de La Sauve ont cassé l'élection parce que la mort du précédent abbé ne leur avait pas été notifiée et parce que l'élu n'était pas de leur maison ; lesd. envoyés de Broqueroy ont réélu le même Jean ; le prieur de La Sauve, « B., cementarius, » Guillaume, prieur de Campagne, et autres lui accordent le bâton pastoral et il fait profession dans lad. abbaye ; témoins : Guillaume, abbé de Guîtres ; A., abbé de S¹-Emilion, etc. (22 décembre 1235). — Sentence des juges délégués par le Saint-Siège, réglant les rapports entre La Sauve et l'abbaye de S¹-Denis-en-Broqueroy, au diocèse de Cambrai (« in vigilia beatorum apostolorum Philippi et Jacobi », 1242). — *Prieurés divers.* Nomination par l'abbé, de frère Pierre Pichonat, prieur de S¹-Léger, et de frère Mathieu Longuejoue, prieur de S¹-Paul-Au-Bois, comme délégués pour la visite et la réformation de prieurés dépendant de La Sauve (1ᵉʳ septembre 1573).

H. 40. (Liasse.) — 5 cahiers de 133 feuillets papier,
4 pièces parchemin, 11 pièces papier.

1482-XVIII⁰ siècle. — Droits sur les églises : Arveyres, Baron. — *Baron*. Enquête sur les limites de Baron : un individu a vu *aux Treylins*, 12 ou 13 ans auparavant, « fer la fusta per la gleysa de Nérigan », avec la permission de l'abbé (fol. 2) ; déposition sur la propriété de « las muralhas qui son au cap de la grant plassa de Brian » (fol. 3) ; mention des « maderes de Brian » (fol. 4) ; déposition d'un témoin qui, 15 à 16 ans auparavant, vit « fer la fusta de la caperanie de Nerigan » (fol. 7 v⁰) ; etc. (1482). — Dépositions sur un conflit entre l'abbaye et le vicaire perpétuel : les témoins disent que ce dernier est « ung homme rusticque, travalhant es œuvres manuelles presque journellement, comme ung homme de laboeur », ignorant et incapable de prêcher (22-23 avril 1562). — Arrêt entre La Sauve et Arnaud Cabat, vicaire perpétuel (18 avril 1564); cet arrêt est cousu sur un fragment d'acte du 9 septembre 1334, où figure comme témoin Pierre Pradel, curé de Camiac. — Arrêt du Parlement adjugeant par provision 25 écus à Arnaud Cabat, vicaire perpétuel depuis 48 ans et devenu sourd et aveugle (4 septembre 1600). — Accord entre Guillaume Chabardin, vicaire perpétuel, et les religieux de La Sauve, savoir Amanieu de Leyre, prieur de Casteret; Arnaud de Serval, prieur de Lafosse, Pierre Joubert, « rétour de Sainct-Léon »; Lucide Dumas, « réteur de Guilhotz et Guabarret », etc. (copie authentique; 24 avril 1527).

H. 41. (Liasse.) — 2 cahiers de 40 feuillets papier,
5 pièces parchemin, 88 pièces papier.

1606-1768. — Droits sur les églises : Baron. — Requête de Geoffroi de Pontac, « conseiller du Roy en son conseil privé, m^{re} des requestes de son hostel », de qui l'abbé de La Sauve réclame l'hommage « pour rayson de certaynes dismes inféudées apartenans au s^r supliant comme seigneur de Bisqueytan » (15 février 1612). — Sommation par un propriétaire qui désire vendanger le lendemain, au syndic de La Sauve, de faire prendre sur les lieux « la tréziesme baste, à mezure qu'elle escherra » (22 octobre 1721). — État des novales, dressé par Bertrand Séverat, curé (1727). — Mémoire pour les religieux : le curé demande, entre autres, « qu'ils soient condamnés à luy payer les 12 boisseaux bled froment, mesure du sol, qui est de donner quelque secousse à la mesure avant de raser » (1730).

H. 42. (Liasse.) — 1 pièce parchemin, 18 pièces papier.

XVIe-XVIIIe siècles. — Droits sur les églises : Bellefond, Camiac, Capian. — *Bellefond.* « Salvacions pour f. Nicolas Richer, prieur de Bellefon, touchant la chapelle de La Goilarie » (xvie siècle). — *Capian.* Conflit avec Jean de Lagoute, vicaire, au sujet de la célébration des offices dans la chapelle Ste-Anne, le jour de la fête patronale (26 juillet 1648). — Délimitation des paroisses de Capian et de Cardan (14 mai 1714). — Requête du curé exposant que les religieux de La Sauve ont laissé tomber la chapelle Ste-Anne, qu'ils l'ont relevée l'année précédente et qu'ils y ont administré les sacrements (11 mai 1717). — Mémoire au Conseil, exposant que le prieuré d'Artolée a d'abord appartenu aux Augustins, lesquels « se donnèrent avec leurs maisons de Bellefont et d'Artoulée à lad. abbaye » de La Sauve (s. d.).

H. 43. (Liasse.) — 2 cahiers de 36 feuillets papier,
5 pièces parchemin, 25 pièces papier.

1471-1709. — Droits sur les églises : Cardan, Coirac, Courpiac, Créon. — *Cardan.* Sentence arbitrale entre l'abbaye et Bernard de Lanau, capitaine de Cadillac, bourgeois de Bordeaux, attribuant aux religieux le dîmon de Cardan (27 mars 1471). — Procès contre André Duvigneau, curé (1676-1677). — *Courpiac.* Arrêts entre Bernard de Mérigot, curé de Courpiac, René Chabault de Tourètes, commandeur de Montescur (sic pour Montarrouch) et Louis de La Valette, abbé de La Sauve (2 mai 1612). — Inventaire de productions contre Bernard Mérigot, vicaire de Courpiac, dans l'instance suivie à la requête de René de Chabault, commandeur d'Arcins : mention d'un bail à ferme du 6 février 1477, n. s., au profit de Bertrand de Poumède, archiprêtre de Jugazan (1608-1639). — Accord avec Jean Cayron, curé, visant un arrêt rendu le 2 mai 1612 contre Bernard Mérigot, son prédécesseur (4 mai 1662). — *Créon.* Arrêt du Parlement interdisant à Gratian de Ville, vicaire perpétuel de Créon, de porter l'étole en présence des religieux venus à certaines fêtes pour officier, etc. (4 mars 1692). — Arrêt du Conseil : il y est fait une distinction entre « l'église de la nouvelle bastide de Créon, laquelle est presque tombée en ruine », et « l'église de l'ancienne bastide » (2 juin 1692).

H. 44. (Liasse.) — 3 pièces parchemin, 46 pièces papier.

1475-1731. — Droits sur les églises : Daignac, Dardenac. — *Daignac.* Enquête : déposition de Jean Seguin, curé de La Sauve, de Jean Rat, curé de Daignac une douzaine d'années auparavant, etc. (20-29 novembre 1475). — *Dardenac.* Installation de Jean Botières, curé de la paroisse de St-Clément de Dardenac et de St-Nicolas de Guibon, son annexe, à la place d'Aymeric Rousseau, qui a résigné (28 février 1563, n. s.).

H. 45. (Liasse.) — 1 cahier de 24 feuillets papier,
1 pièce parchemin, 26 pièces papier.

1669-1774. — Droits sur les églises : Espiet, Faleyras. — *Espiet.* Lettres de vicariat pour des Récollets de Créon, portant, au dos, la liste des cas réservés (29 avril 1769 et 27 juillet 1770). — *Faleyras.* Collation de la cure de Faleyras par l'abbé Charles de Broglie, fils du feu maréchal, « à présent retenu en cette ville pour y prendre les eaux à cause de ses infirmités » (« Aix en Savoye », 5 septembre 1774).

H. 46. (Liasse.) — 1 cahier de 10 feuillets papier,
5 pièces parchemin, 29 pièces papier.

1304-1769. — Droits sur les églises : Génissac, Gré-zillac, Guillac, Ladaux, La Sauve, Lignan. — *Génissac.* Inventaire de productions : mention d'un exploit, du 2 mai 1764, de Mouraise, curé de Génissac, archiprêtre d'Entre-deux-Mers (1769?). — *Grézillac.* Arbitrage entre Raimond de Lacave, réfectorier de La Sauve, et Gaillard de Laubèze, religieux du monastère de S' Jean-d'Angely, prieur de Boisset, au sujet de moitié de la dîme du lieu dit Boisset, paroisse de Grézillac (traduc-tion ; 1304?). — *Guillac.* Procès-verbal de citation ordonné par le sénéchal de Guienne, « comme commis-saire, gardien et conservateur général des previlèges royaulx donnez aux maistres, docteurs, régens et escol-liers estudians en l'Université de Bourdeaulx », à la requête de l'abbé Benoît de Guiton, régent en lad. Uni-versité, contre Guillaume de Mouschac, écuyer ; l'huis-sier, ne le trouvant pas, le cite « par certaine cédulle par moy escripte en papier et signée de mon seing manuel, par moy atachée contre la porte de la maison ou hostel noble de Mouschac » (1478). — Vente par noble Isabelle Chaleton, veuve, domiciliée à Grézillac, à l'abbé de La Sauve, d'un dîmon à Guillac ; suivie d'un acte par lequel l'abbé accorde « terme de recors », délai de rachat, de trois ans (19 juin 1480). — *Ladaux.* Accord avec Jean Muzotte, vicaire perpétuel (17 février 1691). — État des novales de la paroisse de Ladaux (23 juin 1770). — *La Sauve.* Accord avec le père d'un enfant mort, affirmant le droit de l'abbaye sur les dépouilles des enfants décédés (14 septembre 1707).

H. 47. (Liasse.) — 3 cahiers de 37 feuillets papier,
3 pièces parchemin, 32 pièces papier.

1290?-1758. — Droits sur les églises : Loupiac. — « Anno Domini millesimo CC nonagesimo, quinto nonas julii, dominus Gualhardus de Scopiano, tunc archi-presbyter Benaugensis, fecit consecrari magnum altare istius ecclesie de Lopiaco, scilicet altare beati Petri, per dominum Egidium, episcopum Turtubarensem, quem episcopum reberendus pater dominus H., Dei gratia Burdegualensis archiepiscopus tunc degens in Romana curia, tenebat Burdigale in palatio suo ad episcopalia in Burdigalensi diocesi celebranda. Quorum archiepi-scopi, episcopi et archipresbyteri anime requiescant in pace » (1290?; copie du xıvᵉ siècle). — Bulle de Sixte IV commettant les abbés de Vertheuil et de Bourg pour connaître de l'appel interjeté par les abbés de La Sauve et de Sᵗᵉ-Croix de Bordeaux contre une sentence du vicaire général de l'Archevêque, attribuant partie des dîmes de Loupiac à l'archiprêtre de Benauges (28 avril 1483). — Ordonnance de Jacques de Sᵗ-Martin, abbé de Vertheuil, juge avec l'abbé de Bourg, dans le procès d'Amanieu de Lacroix, archiprêtre de Benauges et à ce titre curé de Loupiac, contre les abbés de La Sauve et de Sᵗᵉ-Croix (7 septembre 1483). — Acte conclu avec Pierre Du Temps, archiprêtre de Benauges, curé de Loupiac (copie ; 20 juin 1634). — Signification à Domi-nique Barnada, curé de Sᵗ-Romain de Loupiac (13 octo-bre 1698). — Intervention de l'abbé de La Sauve dans l'instance entre Louis Lascous, curé de Loupiac, et Gratien de Ville, vicaire perpétuel de Créon (19 juin 1700). — « L'églize ou chapèle de Sᵗ-Romain de Lou-piac se trouve estre un véritable prieuré sous le nom de prieuré de Loupiac, suivant la bulle du pape Lucien 3ᵉ, de l'an 1185 ; l'on y voit encore les mazures et les fon-demens de la chapelle et de la maison priorale, d'une grande étendue » (1700?). — Lettre de l'archiprêtre Lascous : il s'est rendu « à Cenon, pour y prendre les eaux de Carensac » (19 juin 1715).

H. 48. (Liasse.) — 1 cahier de 18 feuillets papier,
42 pièces papier.

1477-XVIIIᵉ siècle. — Droits sur les églises : Loupiac. — Accord entre les abbés de Sᵗᵉ-Croix et de La Sauve, Pierre de Ferranhas, prieur de La Sauve et de Loupiac, et Amanieu de Lacrots, archiprêtre de Benauges, curé de Loupiac (copie ; 6 septembre 1477).

H. 49. (Liasse.) — 5 cahiers de 133 feuillets, 4 pièces parchemin,
3 pièces papier.

1727-1731. — Droits sur les églises : Lugagnac. — — Requête des religieux dans leur procès contre Antoine Bruel, curé de Lugagnac, visant un bail à ferme du 22 avril 1684, consenti par l'abbaye à Élie Dujus, curé de la même paroisse (21 mars 1729).

H. 50. (Liasse.) — 3 cahiers de 72 feuillets papier,
4 pièces parchemin, 32 pièces papier.

1488-1784. — Droits sur les églises : Mauriac, Néri-gean et Portets. — *Portets.* Bail à ferme des dîmes pour trois ans, moyennant 35 l. par an et paiement de la première annuité « en ung noble a la roze, ung réau d'or, ung escu de Flandres » et autres monnaies (21 avril 1568). — Arrêt du Conseil pour un règlement de juges entre le Grand Conseil et le Parlement dans le procès contre Jean La Saubaudine, vicaire perpétuel de Portets (18 mai 1661).

H. 51. (Liasse.) — 8 pièces papier.

1649-1651. — Droits sur les églises : Portets. Pièces diverses relatives aux dîmes de Portets, que les fermiers ne peuvent pas recueillir à cause des courses des gens de guerre. — Les gens de guerre qui sont à Podensac font prisonniers tous les individus qu'ils rencontrent, « de sorte que la plus part des habitans sont constraintz de se cacher tout le jour et faire leur travail la nuit, mesmes les vandanges »; les fermiers ont fait annoncer au prône qu'ils lèveraient la dîme sur le pied de 1/16ᵉ au lieu de 1/13ᵉ (22 octobre 1649). — Les gens de guerre ont endommagé blé, prés, vignes, bétail et forcé la majeure partie des habitants à fuir (27 juin 1650). — « Les gens de guerre passent aud. Portetz et mesmes sont campés à Castres et ont gasté et gastent la plus part du vin » (5 octobre 1650). — Un parti a forcé le fermier, qui s'était rendu à Portets, à se cacher dans les bois (17 novembre 1650).

H. 52. (Liasse.) — 7 pièces parchemin, 30 pièces papier.

1320-1765. — Droits sur les églises : Pressac, Rions, Ruch, Sadirac, Sᵗ-André-de-Cubzac, Sᵗᵉ-Florence. — *Ruch.* Installation par Arnaud Delpy et Jean de Mont-Maleyssac, curés de Juillac et de Flaujagues, délégués par le vicaire général de Guillaume, évêque élu et confirmé de Bazas, de Bernard, de Brive (?), qui est nommé à la cure de Ruch, vacante par la résignation de Vivien de Rumors (15 juin 1320). — Collation de l'église de Ruch par Raimond, évêque de Bazas, à Pierre Prunhaud, présenté par l'abbé de La Sauve à ce bénéfice, « vaccantem per mortem domini Arnaldi de Gurgo » (23 avril 1460). — *Sᵗ-André-de-Cubzac.* Saisie-arrêt, entre les mains des fermiers, des revenus du prieur, en garantie des réparations à faire « au sanctuaire, retable, ornemans et autres réparations dans l'églize parrossiale..., lesquelles réparations sont en souffrance depuis plus d'un siècle » (28 janvier 1756). — Procès intenté par les Bénédictins à l'occasion de travaux entrepris sur ordre de l'Intendant pour l'agran-

dissement du cimetière, qui a été réduit par la construction de la route (1764-1765).

H. 53. (Liasse. — 1 cahier de 22 feuillets papier,
5 pièces parchemin, 19 pièces papier.

1543-1770. — Droits sur les églises: Sᵗ-Jean-de-Blaignac, Sᵗ-Léon, Sᵗ-Pey-de-Castets, Sᵗ-Pierre-de-Bat. — *Sᵗ-Pey-de-Castets.* Procès-verbaux de sommations d'huissier pour le paiement de la dîme des oignons (4-12 août 1611). — Lettre du curé de Sᵗ-Pey et Civrac: le chevalier de Civrac refuse de payer la dîme pour une terre labourable de 10 journaux : « C'est une affaire... qui nous porte préjudice de dix boisseaux de dixme tous les ans »; il existe 1470 journaux « de bien » à Sᵗ-Pey et 260 à Civrac (12 décembre 1721).

H. 54. (Liasse.) — 1 cahier de 10 feuillets papier,
15 pièces parchemin, 30 pièces papier.

1232-1700. — Droits sur les églises : Sᵗ-Quentin-de-Baron. — Engagement par Amanieu de Lamote, chevalier, qui tient en fief de l'abbé « duas partes in omni decima tocius parrochie Sancti-Quintini », de « duas partes sue partis », pour 3,000 sous, « tali videlicet conditione quod dictam decimam post trinam collectionem poterit solvere pro se et non pro alio aliquo nisi pro heredibus suis vel pro propria mensa sua »; l'engagement est fait aux mains de Guillaume de Montignac, prieur de La Sauve, en présence de Guillaume, prieur de Campagne (novembre 1232). — Legs par Amanieu de Lamothe, chevalier, d'une rente de « C sols de peitavins e de bordales » sur le quart de la dîme qu'il tient en fief de l'abbé à Sᵗ-Quentin, et ce en présence de « B. Forton, caperans de Sent-Quentin » (13 janvier 1241, n. s.). — Charte de Pétronille de Lamote, fille de feu Amanieu de Lamote, chevalier, attestant le legs de 100 s. de rente fait par son père et ajoutant que Bertrand de Montignac, infirmier, l'a autorisée à se libérer annuellement en trois fois; annonce du sceau de Pierre Castagnol, archiprêtre d'Entre-deux-Mers (7 décembre 1254). — Charte de Boson, archidiacre de Médoc, et Pierre Vigier, archiprêtre d'Entre-deux-Mers, constatant la remise faite par Pierre Bergonh, fils de Guillaume, de tous ses droits sur la dîme de Sᵗ-Quentin à Florent, abbé, et à Bernard Prodome, prieur et infirmier de La Sauve; présents « Johanne Delapiun, priore Sancti-Lupi, » et autres témoins (31 décembre 1281). — Série d'actes copiés sur une même pièce de parchemin et relatifs à l'engagement de la dîme de Saint-Quentin-de-Baron : autorisation donnée par le chapitre de la cathédrale à Boson, archidiacre du Médoc, d'acquérir des dîmes dans l'étendue du diocèse (29 décembre 1284); autorisation analogue donnée par Bertrand, curé de St-Quentin, en ce qui concerne sa paroisse (4 janvier 1285, n. s.); reconnaissance par Arnaud-Guillaume Aymeric, citoyen de Bordeaux, à l'archidiacre Bos d'une dette de 6,000 sous, pour laquelle il engage les dîmes que ledit Arnaud-Guillaume lève à St-Quentin (8 janvier 1285, n. s.); reconnaissance par led. Arnaud-Guillaume pour lesd. dîmes qu'il tient en fief de l'abbé de La Sauve; en présence de Gaillard de Bladin, prieur de l'hôpital St-James de Bordeaux (7 juin 1281). — Engagement par Guillaume Aymeric, citoyen de Bordeaux, de partie des mêmes dîmes de St-Quentin : l'abbaye la lui « dara a soube totas horas que soube la volha » (27 septembre 1303). — Prise de possession de la dîme possédée à St-Quentin par Guillaume Aymeric, qui, la tenant de l'abbaye, l'a sous-acensée : les fondés de pouvoir de l'abbé « monstreren aqui a las gens qui eran presentz deudeit loc Adam Tribolet, qui culhis e leves ladeita deima per lodeit senhor abat, e aqui medis li avandeit procurador requiroren Jaufre de Ferreyras, sirvent de nostre senhor lo rey de Fransa, dat e autreiat guardian per lodeit nostre senhor lo Rey a l'avandeit senhor abat e au combent deudeit moster, que la possession los guardes » (5 juillet 1312). — Ensaisinement de Arnaud Calhau, à qui Guilhaume Aymeric a baillé à arrière-cens, moyennant 32,000 s. d'entrée et 1 d. de cens partie de la dîme de St-Quentin et qu'il a ensuite autorisé à traiter directement avec le seigneur de qui relève cette dîme : l'abbé refuse d'abord « per so quar eus feus deudeit mosteir no deve hom metre acazat ni sotz-acazat » et aussi parce que la cession fait erreur sur la redevance; puis, à la prière d'Arnaud-Bernard de Preyssac, chevalier, après avoir reçu 200 livres de lods, il ensaisine Arnaud Calhau, « ab homenage, so es assaber juntas mans e de genbolhons, en gonetz, sens coutet e sens coffa », en présence d'Élie Aymeric, prieur de St-Pey-de-Castets, Bertrand de Sescas, chevalier, « 'n Arnaut de Ssent-Daumes, prior de Puchdans », etc. (28 juin 1314). — Hommage à l'abbé Aicard par « 'n Ayquem W. d'Orta, daudetz, senhor de la tor de Bisqueytan », pour les dîmes appartenant aud. Ayquem dans la paroisse de St-Quentin : « Per que lodeitz 'n Ayquem W., en gonetz, sens costet e sens yssinta, de genolhons e mans junctas, per davant lodeit senhor abat n'esporlet », en présence de « Arn.-Bern. de Sent-Daunes, prior de Puydeon, Archambaud de Gontaud,

daudet », etc. (4 juin 1318). — Reconnaissance par Jean de Castetja, seigneur de Bisqueytan, pour partie des dîmes de St-Quentin (copie; 28 février 1453, n. s.). — Hommage par Barthélemy de Pys, écuyer, seigneur de Bisqueytan, pour partie des dîmes de St-Quentin (28 octobre 1507). — Procès contre Geoffroy de Pontac, sieur de Salles et de Bisqueytan, à raison de dîmes inféodées (1610-1614).

H. 55. (Liasse.) — 3 pièces parchemin, 27 pièces papier.

1283-1778. — Droits sur les églises : Vayres, Villenave-de-Rions, églises diverses. — *Villenave.* Charte de l'official enregistrant et homologuant un accord entre l'abbé et Pierre de Léglise, curé de Villenave : l'abbé percevra les dîmes et donnera annuellement au curé 3 escartes de blé à la mesure de Rimons (?). (Cet acte était muni de trois sceaux : il reste un fragment de celui de l'abbé, qui le représente nu-tête, la crosse à la main, sous un édicule gothique; sur le contre-sceau on voit la partie supérieure d'une crosse et une étoile) (18 décembre 1283). — Collation par le vicaire général de l'Archevêque à Mathieu Valée de l'église de Villenave, résignée « per dominum Johannem Probitatis, ultimi predicte ecclesie rectoris *(sic)* » (4 février 1491, n. s.). — Présentation de Pierre Bolengier à la cure de Villenave, vacante (9 juillet 1571). — Présentation de Louis Faucheron à la cure de Villenave, vacante par la résignation de Pierre Bolengier (4 juin 1572). — Présentation par le vicaire général de l'abbaye, « abbatiali sede vacante », de Bertrand Danglades à la cure de Villenave, vacante par le décès de Louis Faucheron (27 septembre 1574). — Bail à ferme par Arnaud Beytaud, « économe pourveu par le Roy du gouvernemant des fruits, revenus et émollumans de l'abbaye de La Sauve » (11 juin 1609). — Actes où figure Pierre Brossard, curé (3 juillet 1671 et 15 mars 1689). — *Églises diverses.* État de réparations à faire et d'objets à fournir : « Chapelle de Génissac. Il ne s'y fait pas de service » (s. d.).

H. 56. (Liasse.) — 2 cahiers de 60 feuillets papier, 8 pièces papier.

1730-1733. — Droits sur les églises : Bergerac. — Procès entre Louis Froydefon, curé, touchant les dîmes du tènement de La Salvette.

H. 57. (Liasse.) — 16 pièces papier.

1355-1664. — Droits sur les églises : Bougue.

H. 58. (Liasse.) — 1 cahier de 10 feuillets papier,
8 pièces papier.

1481 (?)-1603. — Droits sur les églises : Bougue. — Requête de Benoît de Guiton, abbé de La Sauve, « regens in Facultate canonum » en l'Université de Bordeaux, à Pierre de Birembits (?), chanoine de S-'André, « subconservatore et judice suppositorum, causarum, jurium, rerum, privilegiorum et libertatum Universitatis et venerabilis studii Burdegalensis et doctorum et studencium in eadem per Sanctam Sedem Apostolicam auctoritate apostolica specialiter deputatus » (1481 ?).

H. 59. (Liasse.) — 28 pièces papier.

1661-1757. — Droits sur les églises : Bougue.

H. 60. (Liasse.) — 56 pièces papier.

1647-1765. — *Idem.*

H. 61. (Liasse.) — 20 pièces papier.

1477-1735. — Droits sur les églises : Bougue. — Présentation de Jean de Luchardès à la cure de Bougue, vacante par le décès de Raimond Sausède (16 avril 1477). — Refus de l'ordinaire d'Aire d'admettre la présentation faite par l'abbé : « Est enim materia illa in jure satis intricata, quid competat monasteriis ex donatione prelatorum in ecclesiis sic donatis » (1477). — Appel à l'archevêque d'Auch à la suite de ce refus (13 mai 1477). — Nomination à la cure de Bougue par Pierre, cardinal de Foix (30 septembre 1477). — Présentation par l'abbé de Jacques de Lamarque à la cure de Bougue, vacante par le décès de Bernard de Loulom (26 juin 1568).

H. 62. (Liasse.) — 27 pièces papier.

1476-1788. — Droits sur les églises : Buzet, Cadelet, Calezun. — *Buzet.* Devis de réparations et fournitures à faire pour l'église de Buzet (14 septembre 1788). — *Calezun.* Requête de l'abbé de La Sauve au sénéchal de Guienne : il expose qu'étant régent en la Faculté de droit canon, il s'adresse aud. sénéchal, en sa qualité de conservateur des privilèges de l'Université; description des limites de Calezun, lesquelles passent « à une chaussade qui est auprès dudit lieu de Thoars, laquelle chaussade est faicte de chaut et de sable et s'en va la chaussade à une autre charrière qui est de la partie de Fogucrolles »; les guerres et « pestilences » ont ruiné et dépeuplé nombre de localités, entre autres Calezun, autrefois de 4 à 500 feux, « tellement que led. lieu est tourné tout inhabitable et en boys »; depuis 10 à 12 ans, la paroisse commence à se peupler, d'« aulcuns foriens, tant de Béarn que d'Armaignac et d'autres lieux », qui sont attirés par les abbés (1476). — Opposition du président au présidial de Nérac, au nom du duc de Bouillon, à l'installation de Gratiollet, nommé par l'abbé juge de Calezun et Montgaillard (27 février 1713). — Différend au sujet du taux de la dîme du blé d'Espagne, que l'on veut lever au onzième et que les habitants prétendent ne payer qu'au quinzième (20 septembre 1713).

H. 63. (Liasse.) — 15 pièces papier.

1666-1710. — Droits sur les églises : Creysse.

H. 64. (Liasse.) — 31 pièces papier.

1593-1712. — Droits sur les églises : Creysse.

H. 65. (Liasse.) — 5 pièces parchemin, 16 pièces papier.

1731-1732. — Droits sur les églises : Creysse. — Difficulté et accord avec Pierre Gontier de Biran, curé, au sujet de la dîme.

H. 66. (Liasse.) — 41 pièces papier.

1687-1759. — Droits sur les églises : Creysse.

H. 67. (Liasse). — 18 pièces papier.

1690-1758. — Droits sur les églises : Creysse. — Ordonnance de l'évêque de Périgueux pour les réparations; avec un cachet aux armes dud. évêque (29 janvier 1734).

H. 68. (Liasse.) — 3 cahiers de 32 feuillets papier,
2 pièces parchemin, 14 pièces papier.

1190-1769. — Droits sur les églises: Escassefort et « Fuert ». — *Escassefort.* Accord relatif aux dîmes d'Escassefort, dont le territoire a été longtemps abandonné et inhabité, «donec a paucis citra temporibus, quibus cepit locus predictus per aliquos inhabitari et aliqua loca, prius nemorosa et omnium *(sic)* inutilia,... ceperunt ad culturam reddigi» (copie authentique; 29 octobre 1489). — Traité pour la construction d'un lambris «dans le sentuère de l'église dudit Escassefort, où il n'y en a jamais eu » (26 novembre 1748). — « *Fuert* ». Approbation par R., abbé de La Sauve, et A., abbesse de « Legurs», de la sentence arbitrale intervenue entre La Sauve et la prieure de « Senaus », au sujet de conflits «super oratorio Sancti-Andree, quod est in parrochia de Fuhert», qui avaient été d'abord renvoyés par Clément III à Henri, primat, et à Eudes, chantre de Bourges, et analyse de lad. sentence, rendue par Élie de La Faye, chanoine de St-Front de Périgueux (1190).

H. 69. (Liasse.) — 3 cahiers de 38 feuillets papier,
47 pièces papier.

XIIe siècle-1774. — Droits sur les églises : Gabarret. — Analyse d'actes concernant Gabarret et mentionnant Raimond Arnal, prieur en 1159, Gérard d'Imbrède, prieur en 1210, Guillaume de Monbrède, prieur avant mai 1228, Dominique de La Tour, prieur le 23 mars 1308 (1309, n. s.?), Gaillard de Somessac, prieur le 19 mai 1326 et le 10 juin 1341, Michel Girard, abbé de Vertheuil et prieur de Gabarret le 24 janvier 1648, François André, prieur commendataire en 1685, Louis Ménager, prieur commendataire le 20 mars 1713 (s. d.). — Lettre signée: Parrens: «Les annales de la grande famine, avant les neiges de 1709, il mourut beaucoup de monde ; cela fit qu'on laissa plusieurs bois, champs et vignes en friche, n'i aient pas assez de monde pour les travailler» (s. d.).

H. 70. (Liasse.) — 170 pièces papier.

1655-1788. — Droits sur les églises: Gabarret. — Lettre de vicaires généraux d'Auch, cachetée aux armes de l'Archevêque (9 mars 1753). — Lettre de l'évêque d'Aire, cachetée à ses armes (10 avril 1757). — Lettre du fermier de Gabarret: «Le chapelain est mort aujourd'huy ; il doit plus d'un mois et demi de service et, malgré mon opposition, on doit l'enseyelir avec une de vos aubes» (8 novembre 1757). — Lettre signée: fr. J.-Fr. Sancené, M. B., adressée au syndic de La Sauve : «Vous sçavés, mon cher ami, combien les guerres sempiternelles avec cette maudite race de curés me déplaisoit; jugés combien je dois vous plaindre à pré-

sent de voir une nuée de ces gens se liguer contre vous» (15 juillet 1762).

H. 71. (Liasse.) — 1 cahier de 10 feuillets, 22 pièces papier.

1517-1774. — Droits sur les églises: Gabarret. — Dotation d'une chapellenie fondée dans la chapelle construite dans l'église de Gabarret par feu Antoine Lasserre (25 mai 1517). — Bail à ferme des fruits du prieuré, par dom Jean Meyssounie, prieur de Gabarret, demeurant dans l'abbaye d'Aniane, moyennant 3,700l.: Gabarret, dîme au dixième; Losse, part de dîme au huitième sur le seigle, au seizième sur les autres fruits; Estigarde, part de dîme au dixième sur le seigle, au seizième sur les autres fruits; Betbezer, part de dîme au dixième sur les grains, au treizième sur les vins; Mauvezin, part de dîme au dixième sur le froment, la méture et le seigle, au douzième sur le millet, au quinzième sur le vin, etc. (6 février 1774). — Note sur les dîmes affermées pour le prieuré de Gabarret : dans la paroisse de Gabarret, le taux est de dix un. «Cependant l'on ne perçoit le vin que de 16 ou 18 un ; il se commet sur cet article beaucoup de fraude : tout le vin en général de ce païs sert à faire de l'eau-de-vie ; lorsque le bourgeois n'enploye, pour faire une pièce d'eau-de-vie, que 9 ou 10 barriques de vin, il en faut de celuy de la dîme 14 ou 15 barriques » (s. d.).

H. 72. (Liasse.) — 8 pièces parchemin, 24 pièces papier.

1197-1787. — Droits sur les églises : Lahitte, Lavardac, Lavergne, L'Ile-en-Arvert, Loupchat. — *L'Ile-en-Arvert*. Charte d'Henri, évêque de Saintes, au sujet d'un conflit contre l'abbé de La Sauve, « eo quod A., in eadem ecclesia capellanus institutus, ejusdem ecclesie jura cum illa integrigate quam B., decessor ejus, possederat, minime percepisset »; sur la requête de l'archevêque de Bordeaux, H[élie], et de l'abbé de La Sauve, P[ierre], l'évêque acquiesce à la sentence rendue par son prédécesseur A[dhémar] (1200 environ). — Charte de l'évêque de Saintes, Hugues, au sujet d'un différend survenu entre Foulques, seigneur de Mornac, et Pierre Éliot, prieur de L'Ile, touchant les dîmes de L'Ile (7 mai 1253).

H. 73. (Liasse.) — 1 cahier de 11 feuillets papier,
17 pièces parchemin, 4 pièces papier.

1117-1742. — Droits sur les églises: Lunas. — Vidimus délivré par Arnaud de Braquessat, lieutenant de l'Official, avec la nomination dud. lieutenant, rédigée le 17 juillet 1480, en présence d'Arnaud Labroue, vicaire perpétuel de S¹-Paul de Bordeaux, et de Jean Despinay, maître d'œuvre de S¹-André (1460-1481). — Dossier d'un procès entre deux titulaires, l'un nommé par l'ordinaire, l'autre pourvu par l'abbé: mémoire tendant à prouver la fausseté de la donation de 1117 (1117-1725).

H. 74. (Liasse.) — 18 pièces parchemin, 54 pièces papier.

1154-1752. — Droits sur les églises : Minsac, Montgaillard, Pomarède, Queyssel, S¹-Sylvestre, Semoy, Siorac. — *Queyssel.* Prise de possession de la cure, en vertu d'une nomination par frère Jean Bouan, prieur de La Sauve (30 janvier 1732). — *S¹-Sylvestre.* Lettre signée « Jules, é. c. d'Agen », avec un cachet armorié (1688?). — *Semoy.* Charte de l'évêque d'Orléans, Manassés, confirmant la renonciation de divers personnages à des droits usurpés dans les paroisses de Combleux et S¹-Jean-de-Braye (1154). — *Siorac.* Charte d'A[dhémar], évêque de Périgueux, donnant à La Sauve l'église S¹-Pierre de Siorac avec droit de présentation (1194-1195).

H. 75. (Registre.) — 0ᵐ30 × 0ᵐ22, 61 feuillets papier.

1467-1480. — Droits sur les églises: Siorac. Différend entre l'abbé de La Sauve, administrateur perpétuel du prieuré de S¹-Pierre de Siorac, diocèse de Sarlat, d'une part, et le curé de Marnac, de l'autre, sur les limites des deux paroisses.

H. 76. (Liasse.) — 1 pièce parchemin, 45 pièces papier.

1134-1790. — Droits sur les églises : Terny, Thénac, Vianne. — *Terny.* Charte de l'évêque de Soissons, relative aux droits du prieuré sur l'église de Terny (sceau pendant; 1134). — *Vianne.* Contrat pour la confection d'une balustrade en chêne (2 juillet 1753). — Lettre du chevalier de Bonnami, « membre de la communauté de Vianne », à dom Bonniol, procureur de La Sauve : « Le ton que nous prenons avec dom Barthélemi aurait de quoi vous surprendre, si nous ne vous faisions part de la cause de notre indignation: nous avons su qu'il est le sul dessimateur qui n'ait rien fait pour les pauvres dans une année aussi mauvaise » (22 octobre 1789). — Lettre signée: « l'abbé de Taillefer », informant le prieur de La Sauve que les revenus du signataire vont être saisis au cas où l'ab-

baye ne fournirait pas les ornements prescrits en cours de visite par un grand vicaire de Condom : « Nous ne sommes pas dans un tems où l'on doive faire des difficultés » (cachet armorié; Périgueux, 23 décembre 1789).

H. 77. (Liasse.) — 8 pièces parchemin, 15 pièces papier.

1117-XVᵉ siècle. — Droits sur les églises: églises d'Espagne et églises diverses. — *Ejea.* Acte de l'évêque de Pampelune constatant l'abandon de dîmes et de prémices, consenti par P. Garcie, prieur d'Ejea, avec l'autorisation d'Amauvin, abbé de La Sauve, en présence de Guillaume Raimond, commandeur d'Alcala, de Pierre Bernard, prieur d'Uncastillo, de Serebrun, prieur de Rosta, de Michel de Granon, « milite domini episcopi jam prefati » (février 1214; cette pièce est cousue à un parchemin qui lui sert de couverture et qui est découpé dans un acte du 31 juillet 1431, portant concession de pêches dans le territoire de Civrac par Jeanne de Latrau et Jean de Grailly, son fils). — Commission par Hugues, prieur d'Ejea, à Arnaud, prieur de Sᵗᵉ-Christine, et à ses successeurs, de droits sur les dîmes de Biota (1220). — Charte-partie portant règlement par l'archevêque de Saragosse du service des églises d'Ejea: le prieuré devra entretenir 12 prêtres, 5 diacres et 3 sous-diacres (20 novembre 1234). — Inventaire des ornements: une tête renfermant des reliques de « santa Alburgia », 2 calices d'argent, un « sobre-altar de banova con obras moriscas », etc. (XVᵉ siècle). — *Églises diverses.* Devis de réparations à exécuter dans diverses églises: Vianne, 3,000 l.; Lavardac, 300 l.; etc. (17 septembre 1671). — Lettre de l'évêque de Périgueux : « Le principe de s¹ Thomas, qui n'est qu'une déclaration du sentiment des Pères, juge indigne *ipso facto* d'un bénéfice celui qui le demande; je me suis toujours, par la grâce de Dieu, arrêté à ces... règles » (cachet armorié; 5 août 1710).

H. 78. (Liasse.) — 2 cahiers de 20 feuillets papier, 2 pièces parchemin, 34 pièces papier.

1506-1790. — Droits et revenus: généralités. — Bail à ferme par l'abbé des revenus de la mense et des prieurés de France, dénommés dans l'acte (copie; 12 juillet 1506). — Bail à ferme aux enchères des revenus de l'abbé par Garcie de Castanhède, écuyer, habitant de La Sauve, commissaire député au régime et gouvernement des revenus de l'abbaye, avec le texte de la commission dud. G. de Castanhède (10-14 juin

1574). — Dénombrement des fiefs tenus noblement par l'abbé de La Sauve à Lavardac, Vianne et Calezun (extrait du trésor de Nérac ; 11 juillet 1597). — Mainlevée des revenus de l'abbaye saisis par le président de Gourgues, marquis de Vayres, parce que l'abbé n'avait envoyé personne, le jour des Rameaux, pour le représenter en l'église dud. Vayres (17 juin 1662). — Bail à ferme des revenus de la mense abbatiale aux religieux de La Sauve moyennant 12,500 l. par an, suivi d'un état des fermes de la mense (10 janvier 1715). — Déclaration par les prieurs et religieux de La Sauve : ils sont généralement au nombre de 12 et se sont réservé partie des revenus, « suivant le concordat d'introduction de la réforme passé entre eux et M' de La Rivière, abbé de lad. abbaye,... le 8 mars 1660, reçu par Thomas et Lemoine, notaires au Châtelet ». Total, après déduction de 1,152 l. de charges : 3,344 l. 18 s. 2 d. « Messieurs du Bureau sont humblement priés d'avoir égard aux cas fortuits, qui sont si fréquens entre deux Mers...; on ne fait pas état des lods, parce qu'ils sont si rares et de si petite conséquence qu'on n'en tire pas une pistole de dix en dix ans ». (1730?). — « Déclaration des revenus et des charges des religieux de La Sauve, présentée au bureau du diocèse » : revenus provenant de la mense conventuelle, du petit couvent, des biens fonds, du casuel, savoir « les rentes foncières », montant à 173 l. 7 s. 9 d., et les lods et ventes ; charges normales, « charges particulières », résultant de ce que l'abbé a mis à la charge des religieux les réparations, qui montent en moyenne à 1000 l. (22 février 1759). — Copie de lettre au sujet du féodiste de l'abbé et de ses associés : « En plein jour, pendant que nous étions à l'office, ils ont introduit des filles dans nos sales et dans nos dortoirs, ce que j'ay trouvé très indécent ; il n'y a encore que quatre jours qu'ils sont ici, ils doivent à différents cabarets une vainctaine de pistoles » (La Sauve, 29 novembre 1780). — Affirmation de Jean Fayet fils, pour lui et pour Pierre Demptos fils, certifiant, à la requête de l'Archevêque, que les deux sus-nommés ont affermé les revenus et fruits de l'abbaye moyennant 1,800 l. par an (29 septembre 1790).

H. 79. (Cahier.) — 0"33 × 0"22, 19 feuillets papier.

XVIII° siècle. — Revenus divers : tableau, par localités, des revenus de l'abbaye et des fermages.

H. 80. (Registre.) — 0"36 × 0"25, 42, 270 et 93 feuillets papier.

1655-1730. — Droits temporels divers : contrats. — Accord avec Louis de La Roche, écuyer, s° de Beller, habitant à Bordeaux (1" mai 1690 ; fol. 1 v°). — Bail à ferme à Michel Beau, curé de S'-Pierre-de-Bat (22 décembre 1690 ; fol. 4 v°). — Convention avec Charles Monjoy, vicaire perpétuel de S'-Léon (30 janvier 1691 ; fol. 6) ; — avec Jean Muzotte, vicaire perpétuel de Ladaux (17 février 1691 ; fol. 7 v°). — Accord avec Bertrand Roy, curé de « S'-Jean-lès-Blaignac », en présence de Jean Lardière, curé de S'-Aubin (2 mai 1691 ; fol. 13). — Cession à Pierre Brossard, curé de Villenave-de-Rions (16 mai 1691 ; fol. 17 v°). — Bail à ferme à André Cadiot, curé de Paillet (22 septembre 1691 ; fol. 28). — Caution de Louis de Villepreux, écuyer, sieur d'Artigues, habitant de Doulezon (7 octobre 1691 ; fol. 29 v°). — Accord avec Isaac Foraignan, curé de Doulezon, en présence de Hugues Ardouin, chirurgien, habitant de S'-Pey-de-Castets (8 novembre 1691 ; fol. 31). — Bail à ferme à Pierre Batut, architecte, domicilié à La Sauve (21 avril 1664 ; fol. 1) ; — à Jean Lignac, chirurgien, habitant de S'-Loubès (7 juin 1667 ; fol. 15) ; — à Arnaud Reynaud, chirurgien, habitant de la paroisse de Lugagnac (19 juin 1673 ; fol. 19) ; — au nom de François de Lacheize, prieur d'Escassefort (29 mai 1665 ; fol. 19 v°) ; — par « dom Henry Chartres-Darpailhan, religieux entien en lad. abbaye,... faisant tant pour luy que pour R. P. dom Jean de Fisson, aussi religieux entien en lad. abbaye » (9 mai 1671 ; fol. 24 v°). — Caution par Jean Deno[ug]uey, écuyer, capitaine major au régiment de cavalerie du Roi, seigneur de la maison noble de Beauséjour, dans la paroisse de S'°-Pétronille, près la Réole, en présence de Denis Fortionque, curé de lad. paroisse (26 octobre 1674 ; fol. 45 v°). — Bail à ferme à Gérard Dubernard, chirurgien, habitant de la paroisse de Nérigean (7 juin 1675 ; fol. 46 v°) ; — par dom Michel Geoffroy, prieur, dom Étienne Dulaura et autres (10 mai 1676 ; fol. 51 v°). — Accord au nom de Pierre Guerry, vicaire perpétuel de S'-Vincent-de-Pertignas, et avec Bertrand Roy, vicaire perpétuel de S'-Jean-de-Blaignac (20 novembre 1670 ; fol. 63 v°) ; — avec Pierre Puech, curé de S'-Martin-de-Sescas (27 juin 1671 ; fol. 64 v°). — Arrêt contre Jean Delcrusel, vicaire perpétuel de S'-Loubès (4 mars 1673 ; fol. 66). — Long arrêt concernant les dîmes de Génissac (22 mai 1666 ; fol. 67 v°-81 v°). — Accord avec Jean Queyron, curé de Courpiac (4 mai 1662 ; fol. 82). — Vente par François Demande (?), écuyer, sieur de Marcon, habitant de la paroisse de La Sauve (1" juillet 1667 ; fol. 86 v°). — Bail à ferme, du consentement de François Lardière, chirurgien, de Branne, précédent fermier (11 juin 1680 ; fol. 102) ; — à un habitant de la paroisse de Doulezon, domicilié en la métairie de Samuel de St-Gassies, écuyer, sieur de Laniet (23 juin 1681; fol. 109); — à François Jahan, vicaire perpétuel de Baron (3 juin 1682; fol. 117 v°). — Contrat d'apprentissage de tailleur (4 mars 1683; fol. 131). — Bail à ferme à François de Règes, vicaire perpétuel de Ruch, de la maison prieurale, contiguë à l'église (27 avril 1683; fol. 132); — à Élie Du Juge, « curé de Lugaignac et prieur de Mongauze » (22 avril 1684; fol. 133 v°). — Arrêt sur le fait des dîmes entre Pierre Depuch, curé de St-Martin-de-Sescas, Jean de Gères, sieur de Gaxus, et autres habitants et bientenants de la paroisse, ordonnant de percevoir lad. dîme dans la paroisse, savoir au treizième dans la juridiction de St-Macaire et au quinzième dans la juridiction de Caudrot (20 mars 1660; fol. 140); — entre François Lespinasse, curé de St-Martin-de-Lerm, et les paroissiens, concernant la maison presbytérale et l'étendue maxima des jardins, lesquels sont exempts de dîme (2 juin 1661; fol. 141). — Bail à ferme par l'abbé aux religieux, moyennant 10,000 l. par an (8 mars 1660; fol. 146). — Acceptation par le chapitre, réuni sous la présidence de dom Bernard Audebert, prieur (10 mars 1660; fol. 147 v°). — Arrêt condamnant les religieux de St-Père de Chartres, de Lagrasse et de La Sauve à payer à l'Hôtel-Dieu de Paris 20,000 l., à lui léguées par le défunt évêque de Langres sur les prix des fermes que lui devaient ces monastères (8 mai 1673; fol. 149). — Accord avec led. prélat, abbé commendataire, au sujet de sa participation aux dépenses causées par la foudre, qui, en 1665, étant tombée sur l'église, « en auroit abbatu une bonne partie et entre autres la plèche (sic) et clocher d'icelle, frappé un des religieux..., qui estoit dans le chœur et qui en seroit décédé le landemain, fait autre désordre et démolitions, pour la réparation desquelz lesd. religieux de La Seauve ont employé plus de 5000 l. » (28 décembre 1668; fol. 152). — Transaction entre l'héritier du même prélat et les abbayes de Lagrasse et de La Sauve (12 septembre 1672; fol. 153). — Contrat avec Blaise Sauzet, maçon, Joseph Bergeyron et Jean Gibouin, charpentiers et recouvreurs : le premier s'engage, moyennant 1,800 l., à fermer la brèche causée par la foudre en haut de la face sud du clocher, « puis le bas des dernières fenestrés jusques proche l'ardoize et piramide » et à « relever les clefz et ogives des deux vouttes du cloistre jouignant led. clocher, que les pierres et débris ont comme enfonssées »; les seconds s'engagent, moyennant 700 l., à refaire la charpente sur lesd. voûtes (2 mars 1667; fol. 155). — Bail à ferme par Charles de Castelan, abbé commendataire, aux religieux, moyen-

nant 8,000 l. (13 juillet 1675; fol. 157). — Arrêté de comptes après le décès dud. abbé avec François de Castellan, son cousin et légataire universel (27 juin 1678; fol. 160). — Quittance par noble Thomas de Maniban de Rams, écuyer, seigneur de Livran et Du Dézert (15 février 1686; fol. 174 v°). — Abandon de droits sur le moulin d'Escorgebœuf, par Jean de Gères, seigneur de Lamothe, habitant de la paroisse de Lignan, adhérant à la sentence rendue, le 9 juin précédent, par le lieutenant général au siège de Guienne entre Jean de Gères, son père, Samuel de Jouglens de Durfort, marquis de Civrac, et l'abbaye (11 mars 1686; fol. 176). — Acte pour la liquidation des lods et ventes dus par M. de La Roche, écuyer, sieur de Beller, habitant de Bordeaux (1er mai 1690; fol. 191). — Accord avec Charles Monjoy, vicaire perpétuel de St-Léon (30 (sic) février 1691; fol. 192). — Bail à ferme des revenus de Doulezon et Mouliets, sous la caution de Louis de Villepreux, écuyer, s^r d'Artigues (27 mai 1691; fol. 198 v°). — Commission d'expert à Blaise Faurie, chirurgien, habitant de la paroisse de St-Jean-de-Blaignac (7 juin 1691; fol. 204). — Bail à ferme à Raimond Payssot, vicaire perpétuel de St-Léon (26 mai 1696; fol. 216). — Accord avec Gilles Deziers, curé de St-Pey-de-Castets et de Civrac, son annexe (5 novembre 1696; fol. 218 v°). — Vente aux religieux par le représentant de Jean Garnier, bourgeois de Paris, « propriétère des droitz d'eschange de la généralitté de Bourdeaux et autres », « des droits des lotz et vantes des eschanges et contréchanges, priviléges, prééminences y joints et atribués dans l'estandue de la paroisse de La Seauve » (2 juil. 1700; fol. 225 v°). — Vente analogue pour les lods des fiefs de l'abbaye dans certaines localités énumérées dans l'acte (14 août 1700; fol. 227 v°). — Bail à fief à Jean Masquère, vicaire perpétuel de Guillac, en présence de Guillaume Lespaud, hôte dud. lieu (4 juillet 1695; fol. 231). — Accord avec J.-Fr. Lissorgues, vicaire perpétuel de Camiac (6 novembre 1695; fol. 231 v°). — Bail à ferme à Pierre de Guilhem, sieur de Latailhade, habitant de Ruch, et autres (29 mai 1708; fol. 234); — à Bertrand Guyon, vicaire perpétuel de Ruch (16 mai 1707; fol. 236). — Contrat avec Angélique-Marie Dubourdel, veuve de Charles Durfort, marquis de Civrac, comte de Blaignac, sénéchal de Bazas, habitant d'ordinaire « son chateau dudit Blaignac, parroisse de Cabara-sur-Dourdoigne » (août 1694; fol. 237). — Hommage par Thérèse de Pontac, veuve du premier président Daulède, « estant en estat de vassal » (8 mai 1700; fol. 244 v°). — Notification à Hardouin de Gaufreteau, baron de Puynormand, Francs

Bonnemaison, Lamothe et autres places, colonel d'un régiment d'infanterie, représenté par son oncle Jacques-Philippe de Gaufreteau, chevalier de S¹-Jean (20 novembre 1703; fol. 246). — Bail à ferme à Jean Alaux, curé de S¹-Léon (30 octobre 1709; fol. 252); — à André Dufourq, « entien lieutenant de la ville de S¹-Maquaire » (1ᵉʳ juin 1716; fol. 262); — par dom Pierre-Joseph Gautier, prieur de S¹-André-de-Cubzac, à Corneille O'Cahan, curé dud. lieu (1ᵉʳ juin 1718; fol. 266 v°). — Transaction avec Gabriel Jaumard, curé de Ruch (19 juin 1730; fol. 269). — Bail à ferme en présence de Jean Desairés, curé de Camiac (4 mai 1664; fol. 2); — à Jean Saubadine, curé de Portets (21 mai 1664; fol. 3 v°); — du prieuré de Carensac, dans la paroisse de S¹-Quentin-de-Baron (31 mai 1667; fol. 17); — à Bertrand Meyreau, maître maçon, et à Jean Bouneau, charpentier de moulins, habitants, le premier de la paroisse de Daignac et le second de la paroisse d'Espiet (4 juin 1676; fol. 32). — Transaction avec Olive de Briet, veuve de Jacques de Ferron, sieur de Carbonnieux (9 septembre 1681; fol. 33 v°); — avec dom Pierre de S¹ᵗᵉ-Élisabeth, prieur des Feuillants de Bordeaux (20 juin 1682; fol. 36). — Bail à ferme à André Cadeot, curé de Paillet (3 septembre 1688; fol. 48 v°). — Compromis avec Pierre Brossard, curé de Villenave-de-Rions, en présence de François Mingelousaulx, curé de Haux (7 mai 1689; fol. 50 v°). — Bail d'un pré dans la paroisse de La Sauve : le fermier devra « laisser pour les cavailliers prépozés à la lepvée des fruictz dessimaux de ladicte parroisse de La Seauve l'erbage d'un journal et demy » (11 mars 1689; fol. 53). — Accord avec Jean Muzotte, vicaire perpétuel de Ladaux (7 février 1691; fol. 60 v°); — avec Michel Beau, vicaire perpétuel de S¹-Pierre-de-Bat (31 mars 1691; fol. 62 v°); — avec Bertrand Dalbin, vicaire perpétuel d'Espiet et Daignac, son annexe (29 novembre 1682; fol. 81 v°). — Rachat des rentes du prieuré de S¹-Sylvestre, vendues en 1584 à Étienne de Gontaud de S¹-Giniès, chevalier, seigneur de Cuzor, et possédées par Judith de Jaquinet, veuve de M. Pierre Du Costan, seigneur de La Canavère, juridiction d'Eymet (20 août 1699; fol. 90).

H. 81. (Registre.) — 0ᵐ23 × 0ᵐ32, de 67 feuillets,
plus 5 feuillets de tables, papier.

1400 et 1368. — Propriétés et seigneuries foncières. Terrier. — Reconnaissance par Isabelle de Senta-Coloma, femme de Guillaume de Calhau, damoiseau, paroissien de S¹ᵉ-Eulalie de Bordeaux (1400; fol. 1); —

pour des biens sis [à La Sauve?], *rue de La Fauga*, reçue par Gaillard Faure, prieur de S¹-Loubès, fondé de pouvoir de l'abbé de La Sauve, Gérard (17 août 1400; fol. 2 v°). — Bail à fief à Assaric de Garsac, damoiseau, de S¹ᵉ-Florence (22 août 1400; fol. 3). — Accord avec Gérard de Moissac, damoiseau, concernant un pré qu'il a baillé à Pierre Froment, de La Sauve, damoiseau, et qui relevait de l'abbaye (3 octobre 1400; fol. 3). — Bail à fief par Bernard de Benac, prieur Du Casteret, de fonds [sis à Caillau?], entre les fiefs du seigneur de Rauzan et du seigneur de La Mothe (23 novembre 1400; fol. 4); — d'une terre sise à Caillau, près de « l'issida deu molin qui ba en Cabayres » (23 novembre 1400; fol. 4 v°); — d'un « trens de binha deserta e bossonar » à La Sauve, *au plantey deü Prior*, où les preneurs « deuen far la meytat terra et l'autra binha » (20 décembre 1400; fol. 5). — Acte incomplet de la fin : Guillemine de Maderas a apporté en mariage à son mari tous ses biens, notamment 20 livres « en maridatge », et le mari lui a donné hypothèque sur ses meubles et ses immeubles; elle est veuve, et elle a « acquisit et gadanhat lodeit maridatge, ayssi cum fores et costuma en Bordales »; elle l'a réclamé à l'héritier du mari, lequel héritier, considérant que cette dot est de valeur supérieure à l'héritage, fait abandon de l'hérédité au profit de Guillemine; l'abbé de La Sauve, de qui relève partie de la succession, invite lad. Guillemine à lui faire connaître « lo dreit et l'accion que era ave sobre los bens et causas » de son défunt mari; il recherche si d'autres en offriront plus que lad. veuve, soit 40 livres (s. d.; fol. 5 v°). — « Aquest es lo paper de Guassias Sans de S¹-Johan, clerc et notari public deu principat », « domino... Anglie primogenito principatus Aquitanie principe » (fol. 8). — Information sur un bien sis dans la paroisse de Saint-Jean-de-Blaignac, *a La Guaffereyra* (fol. 9). — Début d'une charte de Vergnes, abbé de La Sauve (fol. 9 v°). — Défense par R. Delatour, chanoine de Montsalvy, au diocèse de S¹-Flour, vicaire de l'abbé [de La Sauve], à Guillaume de Labarte, prieur de S¹-Pey-de-Castets, de recevoir, sans l'autorisation de l'abbé, les reconnaissances pour les censives dépendant de son prieuré (fol. 10). — Bail à cens par Bertrand de Belpuchs, prieur de Bellefond, du consentement de l'abbé Hugues, à un paroissien « de Joguadan, el poder d'Arroazan », d'un pré [sis à Bellefond?], « al molin de Tuyusan » (fol. 10). — Reconnaissance pour une terre à Bellefond, lieu dit *a Peyra Levada* (fol. 11). — Reconnaissance pour un pré dans la paroisse de Romagne, confrontant à autre pré de Pierre de Puchs, damoiseau (fol. 12). — Bail *a ffazenduras* d'une *eslatga* et de divers biens à Bellefond, pour quatre ans (fol. 13). — Bail à fief par Guillaume de Laubesc, damoiseau, paroissien de Postiac (fol. 14). — Mariage de Guillemine Laigua, fille de feu Arnaud Larc, du consentement d'Élie Larc, son oncle; elle apporte en « maridatge » 15 liv. à son mari, qui lui constitue un gain de survie de 45 l. (fol. 15). — Reconnaissance pour un manse dans la paroisse de Lugasson, confrontant à une censive relevant des héritiers de Guillaume de Monpesat, damoiseau (fol. 15 v°); — pour une terre dans la paroisse de Lugasson, confrontant à des biens de Pierre de Puchs et de Gérard de Boliac, damoiseau, de Gaillard de Grésinhac, chevalier, et du seigneur de Rauzan (fol. 16 v°); — pour un pré dans la paroisse de Naujan, confrontant « lo riu del molin d'Escornat » (18 janvier 1368(1), n. s.; fol. 17). — Bail d'un manse « a ffazandura et a ffar et a coytivar », à un prêtre, pour une durée de 5 ans (fol. 18 v°). — Reconnaissance par Raimond Del Trenchs, fils de feu Guillaume, damoiseau, pour une terre confrontant « la causa de Moss. Guaylhart de Laubesc, cavoyr » (fol. 22 v°); — pour un pré sis à Mérignac, lieu dit *a Gorc Eyraut*, près du ruisseau qui descend du moulin de Jean de Ségur, damoiseau (fol. 25). — Bail à fief d'un bois dans la paroisse de S¹-Vincent, près des biens d'Arnaud de Boirac, damoiseau (fol. 26). — Ensaisinement par l'abbé de La Sauve, « tenent a ssa man la aministracion de la arrefectoria de Posteac ». (folio 34 v°). — Bail à fief d'une vigne abandonnée, qui sera durant 3 ans exempte de redevances, pendant 3 ou 6 ans sujette au paiement d'un sixième de la récolte, puis au paiement d'un quart (14 février 1368, n. s.; fol. 37). — Acte [en partie effacé] pour le paiement de « seyssanta liuras de guianes petitz negres deud. cunh de Bordeu », dues à Hugues de Marcenac, abbé de La Sauve, par Gaillarde Barrau, femme d'Audran de Lugaignac, damoiseau, et Raimonde de Barrau, femme de Pierre Bermont, damoiseau, « demorant en la parropia de Santa-Euladia, de la diocesis de Peyregort » (28 mars 1368; fol. 38). — Reconnaissance par « Maria Sentongeyra, filha que fo de Pey Sentonger », mariée à S¹-Pey-de-Castets (fol. 39 v°); — par Michel Bossart, clerc, et sa femme, en présence d'Arnaud Ardit, vicaire perpétuel de

S¹-Pey-de-Castets (fol. 40); — pour une terre dans la paroisse de S¹-Pey, sise près d'une possession de Guil.-Pierre de Puchs, damoiseau, et relevant de Guillaume de La Barta, prieur dud. S¹-Pey (fol. 40 v°); — pour une vigne dans la paroisse de S¹-Pey, lieu dit *Al Mealhon*, confrontant « lo puchs de La Mota » (fol. 64 v°); — — pour un pré dans la paroisse de Bossugan, lieu dit *al prat de La Mota* (fol. 45); — pour un manse « en la parropia de S¹-Pey-a-Castet, al loc aperat *sotz la Mota* », moyennant 4 s. 6 d. et 3 corvées, savoir « 1 bian a fudir la vinha deud. prior, l'autre bian a vercynhar lad. vinha et l'autre au prat deud. prior » (fol. 46); — pour un manse dans la même paroisse, lieu dit *al Perer del Rey*, et pour des terres dont une confronte Jean de Ségur, damoiseau, moyennant un cens et 3 corvées analogues à celles de la charte précédente (fol. 46); — pour une terre dans les paroisses de S¹-Florence et de S¹-Pey, « en la terssania », pour un manse et divers biens, moyennant des conditions analogues (fol. 47); — pour une terre dans la paroisse de S¹-Florence, lieu dit *Al Buguat*, près « lo camin communau per ont hom ba a la mota del Vimeney » (fol. 48); — pour une terre et un pré dans la paroisse de Ruch, « en la maytadaria » (fol. 48 v°); — pour un manse dans la paroisse de S¹-Pey, lieu dit *al Claus*, tenu moyennant un cens et 3 corvées (fol. 50 v°); — pour une terre dans les paroisses de S¹-Pey et de S¹-Florence, « a la terssanya » (fol. 53 v°); — pour une terre et pour une vigne dans la paroisse de S¹-Pey, « a la terssania » (fol. 54); — pour une vigne confrontant a « la causa que la coffrayria de S¹-Pey-de-Castet ten del... prior de S¹-Pey-de-Castet » (fol. 63).

H. 82. (Cahier.) — 0ᵐ22 × 0ᵐ15, 11 feuillets papier.

1261-1449. — Propriétés et seigneuries foncières. Terrier. — Bail à fief par André de Lugaignac, damoiseau, agissant au nom de Barraud, sa femme (28 juin 1390; fol. 1); — de « terras gadanhadas e hermas, bosc e plans,... qui son en l'afar d'Escosan, pres de La Seuba » (19 juillet 1261, « Pey arcibesque de Bordeu »; fol. 1 v°). — Bail à fief par Comtor, femme d'Arnaud de Jales, damoiseau, paroissien de S¹-Médard (12 juillet 1363; fol. 6 v°). — Vente par Élie de Las Tastes, damoiseau, fils d'Élie, chevalier, à Arnaud Barraud, damoiseau, de cens dû pour un manse sis dans la paroisse de Cursan, lieu dit *a Castet* (12 décembre 1327; fol. 8). — Bail à façon, en présence de « Robbert Deu Freysse, pignado » (3 avril 1449; fol. 9). — Bail à fief (« viiiᵃ die exitus februarii, anno

---

(1) Les actes précédents depuis le folio 8 et les suivants paraissent être du même mois; la dernière date du folio 37 est 14 février 1368, n. s.; et la première date du folio 38, 28 mars 1368.

Domini ᴍᵉ ᴄᴄᵉ nonagesimo [nono]..., la ssea de Bordeu vacant, en Johan Viguer, cavoir, major »; fol. 9 v°).

H. 83. (Registre.) — 0ᵐ26 × 0ᵐ34, 46 feuillets parchemin.

1470-1473. — Propriétés et seigneuries foncières. Terrier. — Reconnaissance pour un manse désert sis [à Baigneaux?], lieu dit *a Peyralevada* (15 mars [1470, n. s.]; fol. 1); — pour d'autres « muralhes et estatge deserta » (16 mars 1470, n. s.; fol. 1 v°); — pour une maison « en las barreyras de Brana », près d'un bien de Jean Dempychac, damoiseau, et pour une terre sise dans la même paroisse, lieu dit *a La Gaferreyra* ([mars 1470, n. s.]; fol. 1 v°); — pour une terre sise à Sᵗ-Pey-de-Castets, confrontant à des biens d'Amanieu Torney et Amanieu d'Amarrabeu, damoiseaux, de la dame de Labarde, du seigneur de Pujols, et ensaisinement par Jean Seguin, curé de La Sauve, fondé de pouvoir de l'abbé Benoît (28 novembre [1471? (¹)]; fol. 2); — pour une terre sise à Pujols, lieu dit *Au Bedat*, près d'un bien mouvant d'Archambaud de Puch, damoiseau (27 avril 1473; fol. 5); — pour des biens sis à Branne, aux lieux dits *Au Casterar* et *La Miletaria* (19 novembre 1471; fol. 6); — pour une terre sise à Lugaignac, lieu dit *au Pas Brostereyra*, « entre l'estanc deu molin de Guillem Joubert, donzet, de l'un costat, et la causa de Margarida de Ramafort, vepda, donzella, de l'autre costat » (19 novembre 1471; fol. 6 v°); — pour un manse à Lugaignac, lieu dit *a Peyralevada* (18 novembre 1472; fol. 7). — Bail à cens d'un pré sis à Bellefond, près « l'estanc deu molinar de Gayet » (21 mai 1472; fol. 7 v°). — Reconnaissance pour un jardin sis « en las barreyras de Brana », près « lo fossat del estanc » (21 mai 1472; fol. 9); — pour une terre sise à Sᵗ-Pey, près « lo tist de Fontenaud » (19 mai 1472; fol. 10 v°); — pour un « trens de terra et mota... au loc à la Font de Heliarman », à Sᵗ-Florence (28 novembre 1471; fol. 12 v°). — Bail à cens d'un « trens de bosc et desert qui es en ladeyta parropia de Brana, apperat la mota deu Casterar, lo fossat estant a l'entorn », confrontant « lo tist deu Puch » (17 novembre 1473; fol. 13 v°); — pour une terre confrontant « lo camin qui ba au Lugan » et pour d'autres sises *Au Petit Lugan* et *Au Gran Lugan* (14 mars 1470, n. s.; fol. 22 v°). — pour une terre sise à Branne, *Au Casterar*, près « lo fossat de la motha Deu Casterar » (15 mars 1470, n. s.; fol. 29 v°). — Bail à cens par Arnaud de La Caussade, prieur Du Casteret, fondé de pouvoir de l'abbé de La Sauve (13 décembre 1470; fol. 33). — Reconnaissance pour un manse abandonné, à Lugaignac, lieu dit *a Peyralevada* (15 mars 1470, n. s.; fol. 34 v°); — pour un autre manse désert sis devant l'église de Branne (16 mars 1470, n. s.; fol. 36); — pour un immeuble sis à Branne, près « lo feu de la mota de Montremblant » (16 mars 1470, n. s.; fol. 37 v°); — par Robert Dufreyche, de Branne, « tant per sin que cum a compte de la medissa parropia et per totz los parropiantz confrays et confrayressas de lad. parropia », pour des « murralhes desertes... qui son en las barreyras de Brana, ayssi cum son entre la gleysa, de l'un costat, et la causa deus *(sic)* de mossen Ramon de Longar, cavoir » (16 mars 1470, n. s.; fol. 43). — Bail à cens d'une terre [sise à Branne], lieu dit *a Las Salas* (16 mars 1470, n. s.; fol. 44). — Reconnaissance pour une terre sise *Au Casterar*, entre « lo camin de la mar..., et l'estey, de l'un cap, et la mota Deu Casterar, de l'autre cap » (18 novembre 1470; fol. 45); — pour des jardins sis à Branne et confrontant « la causa de Johan de Lamota, donzet » (s. d.; fol. 46).

H. 84. (Registre.) — 0ᵐ30 × 0ᵐ39, 30 feuillets parchemin.

1465 et **1478-1479.** — Propriétés et seigneuries foncières. Terrier. — Bail à cens au profit de Mathelin Miqueu et Noël Biguet, « de la parropie de Sent-Esteve de Mortanha, o diocese de Xanctas », de terre et bois dans la paroisse de La Sauve (8 mars 1479; n. s.; fol. 6); — d'une terre et bois dans la paroisse de Sᵗ-Léon, *Aux Clauxs Sent-Geraut* (27 mars 1479; fol. 15 v°); — à Jean Xantongey, de Guillac, par le fondé de pouvoir de l'abbé, « per raison de l'amministracion deu priorat d'Agulhac », de « vint journaus de terra et bosc desert per far mayne », dans lad. paroisse *Au Fogueras d'Agulhac*, près « lo feu deud. monastey, la combe entre mech » et « la justicia pinada (?), la ont es la bidana plantada ont l'on dit l'Evangille » (2 mars 1479, n. s.; fol. 16 v°); — à Jean Raymbaud, du diocèse de Poitiers, d'un « mayne de terra, landas et bosc » à La Sauve (6 mars 1479, n. s.; fol. 17 v°); — de terre à Espiet, près « lo camin Molones », près « lo camin comunau qui va au Molin neuf », etc. (10 décembre 1478; fol. 24); — d'autres biens dans la même paroisse, confrontant au « camin Molones » (10 décembre 1478; fol. 25 v°); — d'un emplacement à Sᵗ-Émilion, « au loc apperat en Ville Neba », près « la carreyra de lad. Villa Neba » (8 mars 1479, n. s.; fol. 26 v°). — Reconnaissance pour une vigne sise à Sᵗ-Émilion, *a Saragona*, près des fossés du moulin (8 mars 1479, n. s.; fol. 29).

(¹) L'acte est daté de 1461; mais il vise un acte de 1465.

— Bail à cens au profit d'un paroissien de « Romanha, en la honor et senhoria de Blanhades » (11 juin 1479; fol. 3o).

H. 85. (Registre.) — 0ᵐ33 × 0ᵐ28, 75 feuillets papier.

1467-1484. — Propriétés et seigneuries foncières. Terrier. — Bail à cens d'un pré sis à Bellefond, « entre l'estanc deu molinar de Gayet, de l'un costat et deus dos caps, et lo prat velh de la Mota » (21 mai 1472; fol. 5 v°); — d'un manse désert à Sᵗ-Pey-de-Castets (28 décembre 1472; fol. 6). — Reconnaissance pour une vigne à Sᵗ-Laurent, lieu dit *en La Barda* (16 novembre 1472; fol. 21 v°); — pour une autre vigne « en lo poder et ballega de Sent-Melion, en la parropia de Sent-Laurens » (16 novembre 1472; fol. 22); — pour un jardin près de Sᵗ-Émilion, lieu dit *a Seragona*, confrontant « lo riu qui part deus molins » (3o août 1467; fol. 32 v°); — pour une vigne sise à Sᵗ-Laurent, pour laquelle il est dû le quart des fruits, livrable à Sᵗ-Émilion, plus « dos deneys... de dolhatge inquartador per cascun jorn que triguera a vendemiha » (3o août 1467; fol. 34 v°); — pour une maison à Sᵗ-Émilion, *au Puyau Sⁱᵃ-Maria*, près de la rue *Franqua* (3o août 1467; fol. 37); — par un paroissien de Sᵗ-Pey-de-Castets, « en la senhoria de Puyous », pour divers biens, dont l'un « sus lo font deu Toron, sus lo puch de Sent-Pey », près la propriété de Jean de Ségur, damoiseau (25 avril 1467; fol. 38 v°); — pour une vigne à Sᵗ-Pey, *a la Mota Migarda* (3o juillet 1467; fol. 40 v°); — pour une manse confrontant à la propriété d'Élie Johan, damoiseau (1ᵉʳ mai 1467; fol. 43 v°); — pour une terre à Sᵗ-Pey, *a Motha Cabiron* (23 juillet 1467; fol. 47 v°); — pour une vigne dans la même paroisse, *a la Mota Mal Migarda*, près d'une propriété de Bernard Gosso, damoiseau (25 août 1467; fol. 54 v°); — pour une terre dans la même paroisse, « au poder de Sivrac, au loc apperat a la Yla » (23 juillet 1467; fol. 55); — par un paroissien de « Meyrinhac, en la senhoria de Rausan » (23 décembre 1467; fol. 65 v°); — pous un « trens de terra qui es en terssenaria de Sent-Pey et de Sⁱᵃ-Florenssa » et pour une autre terre « qui es en lad. terssenaria » (23 décembre 1467; fol. 71 v°); — pour une vigne à Branne, lieu dit *a La Dauderia* (1o mars 1483, n. s.; fol. 73); — pour des biens sis à Naujan, par « Pey Moureu, de la parropia de Sᵗ-Johan de Borc-Charanta, dioc. de Xanctes » (29 mars 1484; fol. 74 v°).

H. 86. (Registre.) — 0ᵐ29 × 0ᵐ21, 96 feuillets papier.

1483-1494. — Propriétés et seigneuries foncières. Terrier et registre de notaire. — Reconnaissance pour une terre confrontant à « la terra de la motha d'Angladas de Genissac » (14 octobre 1490; fol. 3 v°). — Bail à fief d'un emplacement de moulin dans la paroisse de Guillac : le preneur devra « far lo molin a blat, a olly o a drap, aissi com bon ly semblera » (11 décembre 1490; fol. 11 v°). — Reconnaissance à nobles demoiselles Agnès et Trenquine Dages, sœurs, dames de Junqueyres (17 décembre 1485; fol. 13 v°). — Vente par un homme et sa femme à noble Michelet de Chassaignes des droits leur revenant du chef de la mère de lad. femme sur les biens d'un oncle de cette dernière (12 octobre 1490; fol. 16). — Revente des mêmes droits par led. Michelet (2 juillet 1491; fol. 16 v°). — Bail à fief d'une terre et bois sis à La Sauve : « Lousd. affevatz deuran anar en los bestiars gros et menu [t] per lous padueus et vacquans deud. monastey » (s. d.; fol. 18). — Vente en présence d'Aymeric Blanchet, curé de Montarrouch (13 juillet 1489; fol. 19 v°). — Fiançailles et contrat de mariage (13 avril 1488; fol. 20). — Acte analogue en présence de Nicolas Richier, prieur de Bellefond (10 août 1488; fol. 23 v°). — Vente d'une maison et d'un jardin sis à La Sauve, « au loc apperat a la Bladeyre, pres du grant Lavaduy..., entre lo camin qui va au grant Lavaduy, de l'un costat, et lo fossat de la villa, de l'autre costat » (16 juin 1492; fol. 24). — Hommage par Gaillard et Guillaume de Virales, celui-ci tant pour lui que pour Jean de Casaux, mari de Marie de Virales, tous de Vérac, à Michelet de Chassaignes, pour la maison noble de Virales, sise à Vérac, en la vicomté de Fronsadais, et relevant de Génissac (2 juillet 1492; fol. 26). — Vente d'une terre « a Amenyon deux Saignous, crestian du pays de Bearn, demorantz a present en la parropia de Sent-Pey de La Sauva » (s. d.; fol. 35 v°). — Vente par Martial Girault, maçon, sa femme, Arnaud Colin, Léonard Beaugars, tous de La Sauve, et Jean Beaugars, absent, d'une terre de sept journaux (7 février 1492, n. s.; fol. 38 v°). — Reconnaissance à Jean de Ségur, « captau de Puchagut, sᵣ de Seches, de Pardelhan et deu noble hostau de Pressac », pour un emplacement à Sauveterre, rue de Sᵗ-Romain (16 janvier 1492, n. s.; fol. 39). — Bail « a ffayzenduyras » d'un bois dans la paroisse de Montarrouch (2o décembre 1491; fol. 40 v°). — Reconnaissance par Martial Girault, maçon, et Marguerite Hostesse, sa femme, pour la moitié indivise d'une maison avec 31 journaux de terre et bois (2 novembre 1490; fol. 42). — Bail à ferme de l'église St-Jean de Libourne par le fondé de pouvoir de l'abbé de La Sauve, curé primitif, à Pierre Bayard, chanoine de St-Émilion, pour quatre ans, moyennant 506 écus d'or (25 avril 1493; fol. 44). — Quittance à Guillaume de Lafont, « bayle et recebedor » préposé à la recette des redevances dues à Michel de Chassaignes « en tota la prevostat de Entre-deux-Mars et en las juridictions et senhorias de La Selva, de Curton, de Benauges, de St-Macary, de Puyoles, de Rozan, de Genissac, de Cyvrac, de Blanhac, de Liborne, de Seinct-Melion, de Cadilhac et de Rions, de la villa de Bourdeaulx et de la banlegue » (11 décembre 1490; fol. 55). — Reconnaissance par Arnaud Carreyra, notaire de Sadirac, pour une terre sise dans lad. paroisse confrontant à « la riu qui descent de la font d'Aubeterra, qui part las parropias de Linhan [et] de Sadirac, apperat lou riou Martin », entre « lo... camin bordales » et le fief de Charles de Curton, damoiseau (13 décembre 1492; fol. 60). — Reconnaissance par « Pierre Chauveau, damorant en la parropia d'Espiet, en la senhoria de Curton » (23 janvier 1483, n. s.; fol. 62 v°). — Homologation par Guillaume Mestayn (?), prieur claustral, et autres religieux, de l'afferme d'une métairie consentie pour 59 ans par Étienne Delaville, prieur de Semoy (13 novembre 1494; fol. 70 v°). — Bail à ferme du moulin dit « lo mollin du blé de Génissac » (25 juillet 1491; fol. 71 v°). — Reconnaissance pour une maison dans la paroisse de Nérigean, confrontant à une vigne de « noble homme Jehan de Segur, sr de Forenh » (14 janvier 1494, n. s.; fol. 87 v°).

H. 87. (Registre.) — 0m33 × 0m41, 55 feuillets parchemin.

1492-1494. — Propriétés et seigneuries foncières. Terrier. — Reconnaissance aux mains d'Arnaud de Lacaussade, prieur Du Casteret, Entre-deux-Mers, dépendant de La Sauve, lequel prieur représente Jean de Chassanhes, licencié en l'un et l'autre droit, protonotaire apostolique, abbé de La Sauve : les biens pour lesquels la reconnaissance est passée relèvent de l'abbaye « per rason deu priorat de Senon, unit et anexat a la taula deu senhor abbat » (17 janvier 1493, n. s.; fol. 1). — pour deux maisons sises à Cenon, lieu dit au Priorat de Senon, près de « la plassa et velhas muralhas on sole estar l'ostau velh et lo casau deud. priorat » (Cenon, die xxix° et penultima mensis januarii 1495, n. s.; fol. 7); — pour un manse à Lormont, lieu dit a Tersan (31 janvier 1493, n. s.;

fol. 7 v°); — pour un domaine à Nérigean, lieu dit au Bernart Vidau, près « la riu molandey » (6 février 1493, n. s.; fol. 9 v°); — pour une maison, avec jardin et terre, entourée de fossés, à Floirac (9 février 1493, n. s.; fol. 12); — par Jean Seguin, vicaire perpétuel de Cenon (9 février 1493, n. s.; fol. 12 v°); — pour un moulin à vent entouré d'une terre de 90 pas de large (13 décembre 1493; fol. 15); — pour des biens relevant de l'abbaye « per rason deu priorat de Senct-Laurens d'Escuras, unit a la taula abbaciau » (1er mars 1494, n. s.; fol. 18); — pour une maison sise dans la paroisse Ste-Eulalie de Bordeaux, « en la rua aperada de Segur, autrament aus Cazaletz » (12 décembre 1493; fol. 19); — pour une terre et bois de 26 journaux, à Espiet : les tenanciers promettent d'y bâtir « ung hostau de dus trapeson » (15 février 1494, n. s.; fol. 20); — au monastère, « per rason deu priorat de Carensac, unit a la taula abbaciau deud. monestey », pour des biens sis à Nérigean, notamment pour un pré au lieu dit au Pont Deu Gravey, près « lo riu molinan » (17 février 1494, n. s.; fol. 21 v°); — pour une terre dans la même paroisse, Au Puch, près « l'intrada comunau » et « la riu molendiney » (17 février 1494, n. s.; fol. 22 v°); — pour une maison et jardin à La Sauve, « davant la halla » (20 février 1494, n. s.; fol. 24 v°); — pour une terre à Nérigean, lieu dit a la Fossa Reynaud, près « l'estang deu molin de l'Espitau » (28 février 1495, n. s.; fol. 30 v°); — par le « comte de la gleysa de Neriyan, » pour une maison avec vigne, servant à l'habitation du vicaire perpétuel (4 mars 1494, n. s.; fol. 34 v°); — pour une terre à Nérigean, Au Sablon, près « l'estanc deu molin de Capdarsac » 1er mars 1494, n. s.; fol. 35); — pour une terre dans la paroisse de La Sauve, a la Motha de Carinhan (22 février 1494, n. s.; fol. 37 v°); — pour divers biens dans la paroisse de Nérigean, a la capera de Sanct-Aromedi, Au Bros, a L'Androneyra, etc. (15 mars 1494, n. s.; fol. 39). — Ensaisinement par noble Michel de Chassaignes, écuyer, seigneur de Génissac et de « Gayhac », frère et procureur de l'abbé de La Sauve (26 avril 1494; fol. 41 v°). — Reconnaissance pour un bien sis paroisse de Rions, « en l'isla de Camperedan », allant « de la roulha de la May Acrusa, de l'un cap, entro au clausan qui passa davant Rions » (12 mai 1494; fol. 44 v°). — Bail à cens par noble « Michellet de Chassaignes, escudey, senhor de Gayac en Sarlades et de Genissac entre dos Mars », agissant au nom de son frère, abbé de La Sauve, d'un bois sis à Salleboeuf, borné par « ung casse, loquau a plusors mercas », par le bois de Camarsac, par le grand chemin de Bordeaux à Camarsac, un autre « casse... loquau a estat mercat », etc. (10 septembre 1492; fol. 47 v°); — d'un emplacement sis à La Sauve, grand'rue St-Jean (juillet 1494; fol. 48). — Reconnaissance pour un pré qui est sis dans l'île de Rions (12 mai 1494; fol. 49); — pour un emplacement « au bourg de Sanct-Johan », rue Endressa (19 mai 1494; fol. 51); — pour des biens dans la paroisse de Croignon, *Au Puyau, a la Baysse deu Puch de L'Eule*, etc. (20 mai 1494; fol. 51 v°); — pour une terre sise à Cardan, près « la terra de la confrayria de Sanct-Martin de Villanova » (1er septembre 1494; fol. 53 v°).

H. 88. (Cahier.) — 0^m31 × 0^m22, 42 feuillets papier.

1493-1497. — Propriétés et seigneuries foncières. Terrier. — Reconnaissance par Jean Seguyn, vicaire perpétuel de Cenon (9 février 1493 (?); fol. 5 v°); — pour le moulin de Pucheyrém, dans la paroisse de Lignan, et pour un bois près du moulin de Bertran, le tout dans la paroisse de Lignan (8 août 1493; fol. 6 v°); — pour un moulin à vent dans la paroisse de Cenon, « au loc aperat au Molin deu vent » (13 août 1493; fol. 8); — pour une vigne dans les graves de Bordeaux, « davant lo portau deu castet deu Ha » (26 février 1493, n. s.; fol. 15 v°); — pour des terres dans la paroisse de St-Quentin, l'une confrontant à « la terre deus parropiantz de la gleysa de Senct-Quintin », l'autre sise *à la Caussade* (24 août 1496; fol. 23); — par un laboureur « de la parropia de Senct-Lubert-de-Couglas » (fol. 24 v°). — Bail à fief d'une terre dans la paroisse de Cardan, *Au Bonneau*, confrontant à « la terra de Benauges, lo riu entre mech » (30 juillet 1495; fol. 26). — Reconnaissance pour une terre sise « en la meytaderie de Sainct-[Johan] et de Sainct-Vincent » (11 mai 1497; fol. 42 v°).

H. 89. (Registre.) — 0^m30 sur 0^m20, 171 feuillets papier,
plus 2 feuillets de tables.

1224-XVe siècle. — Propriétés et seigneuries foncières. — Terrier et registre de notaire. — *Terrier*. Reconnaissance au profit de l'abbé Gérard (22 mars 1463, n. s.; fol. 1). — Charte de « G[rimoaldus], permissione divina Convenarum episcopus et ecclesie Silve Majoris rector humilis », relatant une donation faite à l'aumônerie de La Sauve par Guillaume Arnal de Font-Arnal (1)

(27 octobre 1224; fol. 2). — Charte de l'archevêque de Bordeaux Gérard, sur le bail à fief d'un moulin sis à Haux et de divers droits, consenti par l'abbé Guillaume et les religieux, « sicut in eorum licteris apertis plene vidimus contineri » (mai 1250; fol. 4). — Bail à cens d'un pré sis à Haux, lieu dit *a Papons*, près du « riu molinau », et d'un autre pré « en la parropia de Lobaud » (6 janvier 1398, n. s.; fol. 5 v°). — Reconnaissance par des paroissiens de Lestiac, « en lo poder et senyoria de Logoyran » (17 décembre [1440]; fol. 7 v°). — Reconnaissance reçue par Gaillard Fau, prieur de St-Loubès, procureur de Gérard, abbé (10 mars 1412, n. s.; fol. 13); — reçue par Raimond Dupin, « monge de La Seuba, adonc tenent lo loc d'Ortolea » (4 avril 1329; fol. 14). — Bail à cens par Gaillard Faure, prieur de St-Loubès, au nom de Gérard, abbé (17 février 1397, n. s.; fol. 16). — Reconnaissance en présence d'Arnaud Dupin, curé de Langoiran, et de B. de Bouliac, damoiseau (29 décembre 1413; fol. 26 v°). — Mentions de Guillaume, abbé, aux dates du 25 décembre 1327 et du 4 juin 1329 (fol. 36). — Mention d'une procuration consentie par Gérard, abbé, le 15 juin 1434 (26 février 1440, n. s.; fol. 57). — Bail *a fazenduyras* de vignes sises à Langoiran, pour 6 ans, moyennant le huitième la première année et le quart les années suivantes (31 mars 1305; fol. 61). — Reconnaissance au profit de l'aumônerie de La Sauve pour une terre sise à Langoiran, lieu dit *a l'Aumoney* (23 juillet 1393; f° 64 v°). — Reconnaissance en présence de Pierre Chabrol, « vicari de las gleysas de Sent-Pey et de Sent-Johan de La Seuba » (12 juin 1364; fol. 83). — Reconnaissance au profit de Gérard, abbé de La Sauve, en présence d'Arnaud de Vira, vicaire perpétuel de St-Pierre de lad. ville (22 mars 1463, n. s.; f° 86). — Bail à cens d'un pré « en la parropia de Fau et de Lobaut..., près du molin de Lubert » (xive siècle; fol. 87). — *Registre de notaire* (1). Ensaisinement d'une maison sise à La Sauve, grand'rue St-Pierre, d'un emplacement à la rue de l'Étang, etc. (1390 (?); fol. 125 v°). — Baux à cheptel d'un bœuf (1391 (?); fol. 133 v° et 134). — Bail à cens d'un emplacement sis à La Sauve et confrontant « lo fossat de ladita abadia » (f° 137 v°). — Reçu par un mari à sa femme de 20 l. par elle données « en reparación e amelhorament de totz sons béns e causas » (fol. 143). — Quittance par Arnaud Rampnol, commandeur de Montarrouch (f° 143 v°). — Bail à loyer

<hr>

(1) Cet acte et le suivant se présentent sous une forme suspecte, qui résulte peut-être d'erreurs de transcription.

(1) Les feuillets 91-104 sont en blanc. Les feuillets 105-171 forment un registre de notaire de 1390 environ, en très mauvais état et qui intéresse surtout l'abbaye de La Sauve.

d'une terre pour neuf ans (29 avril [1391?]; f° 144). — Retrait par le vendeur, d'un jardin sis à La Sauve entre les rues *del Ort* et *Marquesa* et légué depuis la vente à la confrérie S¹-Pierre de La Sauve (fol. 144 v°). — Vente par Lombard de Leon, damoiseau, et Trenque Achard, sa femme, paroissiens de S¹-Mexant de Bordeaux, de cens sur des biens sis à Camiac, l'un *Au Claus*, l'autre *Au Santoari*, près de « la may de la riu molenduy » (10 mai [1391?]; fol. 145). — Contrat de mariage (14 mai; fol. 145 v°). — Déguerpissement (fol. 146). — Bail à cens par Pierre-Froment, damoiseau de La Sauve, fils de feu Pierre Froment, d'une « estadge... sarrada de fossatz », confrontant à autre bien de B. de Curton, chevalier (15 mai; fol. 146). — Bail à cens au profit d'Arnaud de Lugagnac, de La Sauve, d'un pré, sis « la una partida dins la saubetat de La Seuba et l'autra partida dins lo poder deu Rey, au loc aperat sotz la Pereyra » (16 mai; fol. 146 v°). — Vente d'un manse par « Guillem Bediat, de la parropia de Tidac, filh qui fo de Peyrona de Labatut e home questau de mossen Arnaut Veguer, cavoy, loquau l'a dat e autreyat planer e liberau poder de ffar e aufreyar las causas en la present carta con[ten]gudas, per assi cum appar... en una letra scriuta en paper, sagerada ab cera bermelha deu signet deudit moss. Galhard *(sic)* Veguey », et texte de lad. autorisation (20 et 12 mai 1391; fol. 146 v°). — Reconnaissance pour un manse sis à Lignan, lieu dit *a Puch Seguin* et *au Poyau de Labarqua*, et des terres qui ont été données « a moss. Guillem de Labarca per son appanament quant entret monge de La Seuba » (3 juin; fol. 147). — Quittance par un « cordurey deu loc de La Seuba » (4 juin; fol. 147 v°). — Vente d'un « ostau, fuste e teula, de terra en sus, qui es en lo borc de Sant-Johan, au loc aperat a la Gran carrera » (8 juin; fol. 147 v°). — Déguerpissement de biens relevant de Jean et Bertrande, fils d'Élie Mas, notaire à La Sauve, vu que le tenancier ne peut plus les cultiver « e per so que los reyradges montavan plus que lasditas terras e prat no balen » (fol. 148 v°). — Bail à cens de biens sis à Ladaux, lieu dit *a Julian*, près « de las palanquas deu borc neu » (11 novembre; fol. 148 v°). — Vente par Jean Mas, fils de feu Élie, notaire à La Sauve, des chartes, « memoriaus e totz autras encartamentz, treytas e treyra qui son en los papeys e en las cedulas qui foren deudit meste Helias Mas, pay deudit Johan Mas, e de meste Guillem Mas, papon deud. Johan Mas » (15 juin; fol. 149). — Bail à loyer pour 9 ans d'une terre au sixième des fruits (5 août; fol. 151 v°); — d'une maison à La Sauve, rue *Endressa* (13 août;

fol. 151 v°). — Vente à Bernard de Langoiran, veuf de Catherine Esteven, lequel possède les biens de sa femme, « a luy obliguatz per son maridatge, si cum dischon, per la soma de vint liuras » : l'héritier de la femme, n'ayant pas de quoi dégager ces biens, consent une vente aud. Bernard pour le prix de 20 l. (15 août; fol. 152). — Déguerpissement d'un manse pour lequel il est dû des cens d'une valeur supérieure à la valeur de la censive (15 septembre; fol. 154). — Bail à cens d'un manse à Sallebeuf, confrontant « la causa deus hers de moss. Pey de Lamota, cavoy, de Sant-Andres » (15 septembre; fol. 154 v°). — Vente par Guillaume de Laubesc, damoiseau de la paroisse de Bellefond; renonciations « a l'autantique *Presente utroque* et a l'autantique *Hoc itaque* » (16 septembre; fol. 156 v°). — Bail d'une terre sise dans la sauveté de La Sauve, confrontant « la carrua de la Guaffereyra » (17 septembre; fol. 158). — Bail à fief de biens dans les confronts desquels sont cités un moulin à vent et le fossé de La Sauve (19 septembre; f° 158 v°). — Quittance par Gaillard, fils de feu Fort Moliney, notaire de Créon (24 septembre; fol. 159). — Vente d'un emplacement sis à La Sauve, « en lo borc de Sant-Pey, a rua Bretesqua » (fol. 161 v°). — Vente d'une terre qui est tenue pour le roi d'Angleterre moyennant 1 denier de « comptau » par an (22 octobre; fol. 162). — Ensaisinement à la suite de la vente par Arnaud Marian, curé de Camiac, à Aicard Alem, damoiseau de La Sauve, d'une maison « qui es dins la bassa-cort de La Seuba..., enter lo mur de ladeyta bassa-cort, de l'un cap, e la carrera cominau » (24 octobre; fol. 162 v°). — Promesse de constituer un cens de 5 s. au profit de Guillaume Dubosc, vicaire perpétuel de N.-D. d'Espiet, ou de ses successeurs ou de payer 100 s. (25 octobre; fol. 163). — Contrat de mariage de Jeanne, petite-fille d'Arnaud Daurelhac, de la paroisse de Lugagnac (9 novembre; fol. 163 v°). — Engagement pris par led. Arnaud, sa petite-fille et le mari de celle-ci de vivre ensemble (même jour; fol. 164.) — Vente par Jean Achard de Cordelon, damoiseau de Camiac, d'une terre sise dans lad. paroisse au lieu dit *a Flaujaguas*, près « lo riu molenduy » (fol. 165 v°). — Contrat avec un charpentier de Lesparre, lequel s'engage à faire et bâtir pour Pierre Froment une maison, qu'il doit « rende tot bastit de fuste, saup de teula, de ferradure e de bardis », moyennant 15 guiennois du coin de Bordeaux, 2 boisseaux de froment et seigle et un quartier de chair (?) salée, plus, par jour de travail, 1 carton de vin rouge (f° 170 v°).

H. 90. (Registre.) — 0"21 × 0"30, 309 feuillets papier.

XV° siècle. — Propriétés et seigneuries foncières. Terrier (¹). — Début d'un acte de reconnaissance pour une motte dans la paroisse de St-Denis, dans l'Entre-deux-Mers, dite *la Mota de Beguey* (fol. 6 v°). — Bail à fief (?) d'un emplacement de moulin [dans la paroisse de Camarsac], dit *lo molin deus Monges* (9 novembre 1489; fol. 11). — Bail à ferme par Arnaud de La Caussade, prieur Du Casteret, vicaire général de l'abbé, Guillaume Mestivier, prieur claustral, Nicolas Richier, prieur de Bellefond, et neuf moines (28 octobre 1491; fol. 34 v°). — Vente d'un jardin par Jean de Lomacheu, barbier à La Sauve, à Martial Giraud, maçon, domicilié au même endroit (11 janvier 1494, n. s.; fol. 41 v°). — Tables (fol. 55-59). — Acte concernant le moulin [dit *au Faure*, paroisse de Faleyras] (xv° siècle; fol. 61). — Bail à cens du moulin abandonné *de Mechloc*, paroisse d'Espiet (11 juin 1474; fol. 91 v°). — Reconnaissance pour une terre dans la paroisse de La Sauve, près « lo camin du Peyrat » (fol. 96). — Bail à fief de « muralhas veilhas, mayne, terras et boscz entro a trenta jornaus », dans la paroisse d'Espiet, lieu dit *lo Gran Mayne* (1472 (?); fol. 99 v°); — d'un manse désert « ab las muralhas qui son, ab la terra et bosc..., entro a quaranta jornaus », même paroisse, lieu dit *près de Las Clotas* (4 avril 1470; fol. 101 v°). — Mention de « nobles hommes Pierres d'Ages, s™ de La Mota et d'Ages, et de Galhart de Garros, s' de Bessan, maritz et conjunctas(?) personas de les nobles donas Johanna et Agnota de Junquieras, et deu noble home Johan Dailhaire, curador... de Margarita de Junquieras, sor de lad. Johanna et Agnota » (16 novembre 1475; fol. 152 v°). — Reconnaissance pour une terre sise à Nérigean (?), « au loc apperat *a la Peyra Deu Crustau* », en présence de Pierre Benedeyt, curé de Nérigean (19 novembre 1475; fol. 153 v°). — Bail à fief de murailles sises « au bora St-Johan de La Seuba », plus 30 journaux de terre et bois dans lad. paroisse, lieu dit *debat la Crotz* (11 décembre 1475; fol. 156 v°); — par Arnaud de La Caussade, prieur Du Casteret, procureur de l'abbé de La Sauve, de terres et bois « en la parropia de Sent-Martin-de-Sescas, prop de [la] gleysa, au loc apperat a Sent-Martin », confrontant « au camin comunau qui va au port de Casteret » (janvier 1476, n. s.; fol. 161 v°); — d'un manse dans la paroisse de St-Quentin, près « deu boysson apperat a Liborna » (fol. 166). — Reconnaissance pour le manse dit « la maison de Caransac »; paroisse de St-Quentin, « saup et exceptat per lod. senhor priu, abbat et combent la cambra qui es dessus lo serey et la cappella et lo forneu »; plus, pour des « cazelhons et clausetz » près du « camin comunau qui sole passar a travers lo maresq » et de « la levada deu camin qui s'en va deud. hostau al Molin Neu »; plus, pour un pré au *Molin Deu Meyloc* (janvier 1476, n. s.; fol. 167). — Bail à fief du moulin désert dit *molin de Ran*, paroisse St-Pierre-de-Bat (28 décembre 1475; fol. 171). — Reconnaissance pour les moulins de Villars, paroisse d'Aubiac (6 décembre 1475; fol. 172 v°). — Bail à fief d' « una plassa de terra a ffar et hedifficar ung forn dedintz la vinha dud. senhor, estant la golla deud. forn dedintz l'estaigé dud. affevat » (6 fév. 1476, n. s.; fol. 173); — de terres et bois dans la paroisse de St-Léon, lieu dit *a Peyra Blanqua*, près « la camin peyrat » (21 février 1476, n. s.; fol. 173 v°); — d'un manse avec 200 journaux de terres abandonnées, dans la paroisse de Montignac et de « Blanhas », près de l'étang du moulin *de Haulta Roqua* (17 mars 1476, n. s.; fol. 186); — de terres dans la paroisse de St-Léon, près « lo camin qui va a la caussada du molin de Ponteydon » (27 mars 1475; fol. 187 v°); — d'une maison « en la bassa cort de La Seuba, prop deu portau de lad. bassa cort », d'une vigne dans la rue *Deu Puch*, de biens entre la rue *Bretesca*, la ruette *de Laboria*, les rues *de La Fauga*, *de L'Estanc*, *d'Ornhon*, etc. (6 mars 1476, n. s.; fol. 189); — d'un manse, avec terres et bois, à Pierre Dujou, maçon, paroissien de Daignac (30 mars 1476; fol. 192 v°). — Reconnaissance pour un bien acquis de Pascal de La Villata, vicaire perpétuel de Guillac (25 avril 1476; fol. 194 v°); — d'une « molinache deserta, » sise dans la paroisse de St-Germain-de-Campet, sur *los pratz de La Trompa* (fol. 198); — à Jean de Bussac, du diocèse d'Angoulême, et à Jean Briot, du diocèse de Saintes, d'un moulin dans la paroisse de Romagne (fol. 199). — Accord au sujet de dîmes avec Jean de Ségur, seigneur de Pressac, lequel soutient qu'il est de noble lignée, que la maison noble de Pressac lui appartient « et que en lo present pays de Bordales les nobles poden tenir deymas » (7 juin 1476; fol. 202). — Aveu par Jean de Ségur, seigneur de Puchagut, pour divers biens qu'il tient moyennant une paire de gants blancs d'esporle (juin 1476; fol. 205 v°). — Bail à fief à un paroissien « de l'egleysa Deu Temple, Entre-dos-Mars » (juin 1476; fol. 206 v°); — des biens dans la paroisse « de Ardenatz » à Jean Barrau et à Laurent, son fils, « parropiantz

---

(¹) Ce registre est détérioré par l'humidité, et nombre d'actes sont incomplets ou illisibles.

de l'egleysa de Novaville, en la terra de Botaville »
(13 juillet 1476; fol. 216 v°); — de biens sis dans la
paroisse d'Espiet, près du chemin qui va Du Temple à
La Sauve (1476; fol. 217 v°). — Reconnaissance par des
paroissiens de Lugaignac, « en la honor et senhoria de
Blanhac, en la diócesa [de Basätz] » (fol. 223 v°); — en
présence d'Élie de Bursac, curé de Lugaignac (6 décembre 1476; fol. 224). — Bail à fief à Jeannot de
Ségur, écuyer, du moulin de Monfaucon, paroisse de
S¹-Quentin (27 décembre 1476; fol. 226 v°); — d'un
moulin abandonné, sis à Ladaux (27 décembre 1476;
fol. 227); — du moulin de Ran, paroisse de S¹-Pierre-
de-Bat (26 mai 1475 (?); fol. 237); — du moulin de
Ponteydon, paroisse d'Espiet, en présence de Jean
Seguin, vicaire perpétuel de S¹-Pierre de La Sauve, et
Jean Merlet, curé de Cursan et de Camiac (5 juillet
1477 (?); fol. 244). — Hommage par noble Brunet de
Bédat, paroissien de Langoiran, pour un manse à
Capian, tenu pour 10 s. d'esporle « et per los omatges
que s'en sec, so es assaver que, quant lo[s]tres Estatz
seran mandatz, lod. affevat deura et sera tengut affocar
lod. senhor abbat, senhor de ffeu, tant que dura lo
d[ugat?] de Guiayne; et lod. senhor abbat, senhor de
ffeu, deure et sera tengut mestre lod. affevat en po...,
aissi cum ab luy s..., et las festas anuaus deure et sera
tengut venir ten... a La Seuva ab lod. senhor abbat,
senhor de feu, toutas... vetz que en sera requestat »
(2 août 1477; fol. 246 v°). — Bail à ferme des « profeytz
deus boscz, etc., qui son en la parropia de Targon en
Benauges, apperat lo bosc de Turbelun et lo bosc Sancta-
Maria et aütres boscz vacquans appertenentz aud.
monastey,... reservat a glandatge » (6 janvier 1477,
n. s.; fol. 251 v°). — Bail à fief en présence de Benoît
de Fieusat, curé de Baigneaux (23 janvier 1478, n. s.;
fol. 272). — Reconnaissance pour moitié d'un moulin
dans la paroisse de S¹-Germain-de-Campet, lieu dit
sus los Pratz de La Trompa, pour moitié d'un moulin
dans la paroisse de Romagne, pour moitié de manses,
terres et bois « en la parropia de Sent-Germand-
de-Campet en Benauges et do Romanha en Blanhades,
au loc apperat a Sent-German (?), aissi cum son entré
la partide de Blanhades et de Ben[auges, d'una] part, et
la senhoria de Rausan, d'autra part » (fol. 278 v°). —
Bail à fief en présence de Michel Bahuet, curé de
S¹-Pierre de La Sauve (9 janvier 1478, n. s.; fol. 283);
— à Jean Pinhon, paroissien de Birac, au diocèse d'Angoulême, d'un manse abandonné et de 100 journaux
dans la paroisse de Bellebat (11 janvier 1478, n. s.;
fol. 284); — en présence de Huguet Ritaud, curé de
Blézignac (29 janvier 1478, n. s.; fol. 289); — de biens

dans la paroisse de Cursan, près de « la gotailha qui ven
de Cr[e]on et va a l'ospitau de Laffor » (fol. 290). —
Reconnaissance, « presentibus... fratre Guilhermo
Dailhes, prior de Lyle, fratre Guilhermo Fayet, prior
de Langonio » (1478; fol. 293).

H. 91. (Registre.) — 0ᵐ29 sur 0ᵐ20, 311 feuillets papier,
plus 4 feuillets de table.

1478-1508. — Propriétés et seigneuries foncières.
Terrier. — Accord de Nicolas Richer, prieur de Bellefond, avec Guillaume de Mouchac touchant le moulin
dit de Bertrand de Courpiac, sur lequel un damoiseau
de ce nom a constitué un cens au profit du prieur de
Bellefond et qui est sis sur l'Engranne, dans la paroisse
de Courpiac, entre les moulins de Labarte et de Lau-
bescz : le cens n'ayant pas été payé depuis plus de
100 ans, le tenancier doit 5 s. d'amende par jour de
retard, « cum for et costuma es en Bazades »; il
déguerpit le moulin moyennant 15 écus à lui payés
par le prieur (18 novembre 1482; fol. 6 v°). — Acquiescement d'Isabelle Chalcton, mère dud. Guillaume de
Mouchac, et de Guillaume, frère du même (19 novembre 1482; fol. 9). — Bail à ferme par les paroissiens de
Jugazan au prieur de Bellefond du dîmon appartenant
à la fabrique (20 juin [1482]; fol. 11). — Vente au
prieur de Bellefond d'une terre dans lad. paroisse, a
Peyralevada, près du chemin du moulin de Bellefond
(1486 (?); fol. 14 v°). — Accord entre le prieur de Bellefond et Jean Delbin, natif de Bretagne, domicilié aud.
prieuré : led. Delbin étant âgé et sans enfant, laisse
au prieuré, à charge d'entretien, ses biens : « ung
parelh de beufs doules (?) », valant 20 fr. bordelais;
« ung bros et aray garnit », estimé 2 fr.; un tonneau
à faire le vin; son lit, avec 6 draps, estimé 4 fr., etc.
(26 avril 1484; fol. 16). — Acte relatif au moulin de
Sauvignac, dans la paroisse de Romagne, cédé à titre
d'échange au prieuré de Bellefond (25 mars 1486;
fol. 18). — Quittance de 30 francs 10 liards, payés par
le prieur de Bellefond à Eliot Oudin, maçon, « en
reduccion (?) de l'obra que lod. Heliot Oudin feyt au
mostey de La Seba » (juillet (?) 1490; fol. 19 v°). — Bail
à cens d'une terre sise à Daignac : le preneur pourra
« apaduensar sas bestias en los boscz et paduensatges
dud. monastey et prendre totas fustas, exceptat aulan
et fusta de linha »; il devra bâtir dans la tenure une
maison suffisante, couverte de tuiles (avril 1478; fol. 26).
— Bail à cens de biens à S¹-Quentin, notamment de
bois confrontant au chemin du Moulin Neuf, en
échange d'un manse sis à Espiet et déguerpi par le pre-

neur (18 avril [1478]; fol 26 v°); — d'un « mayne desert, terras, pratz et bosc[z] », contenant 150 journaux, sis à La Sauve, à charge de bâtir une maison, d'y demeurer, de cultiver avant la st Michel ([1478]; fol. 31); — de terres en friche à Madirac, au profit d'Éliot Gautier, charpentier « de Moliders, en la terra et senhoria de Chastauneuf », d'Aymeric, son père, de Jean Duclaux, de la même paroisse, de Pierre Grallot, « de la parropia de Sirenh » (2 juin 1478; fol. 37 v°). — Reconnaissance pour des maisons et jardins sis au bourg St-Jean de La Sauve, *a rua de Prat-Maurin* et *a rua Palhart* (4 juin 1478; fol. 38 v°). — Bail à fief à Guillaume Eygreteau, du diocèse de Saintes, du moulin abandonné de Pont-Eydon, à Espiet, de 60 journaux de terre à St-Léon, de 80 journaux à Espiet, etc. (23 avril 1478; fol. 41); — à Lucas Loryn, habitant de Macqueville, au diocèse de Saintes, d'un manse abandonné à Cursan (26 octobre 1478; fol. 53 v°); — à Jean Cache, barbier du même diocèse, de 27 journaux à La Sauve, etc. (4 décembre 1478; fol. 54 v°); — à Jean Eygreteau, de St-Denis Entre-deux-Mers, de terres abandonnées (16 janvier 1479, n. s.; fol. 60 v°). — Reconnaissance pour une terre sise à Lugagnac, près du moulin de Guil. Joubert (28 janvier 1479, n. s.; fol. 62); — par Guillaume, damoiseau, seigneur de Mouchac (3 mars 1479, n. s.; fol. 69 v°). — Bail à cens par l'abbé de La Sauve, au nom du prieuré de *Campanha*, uni à lad. abbaye, d'une terre sise dans la paroisse de Rions, *a Campanha*, « reservat la capella dud. priorat de Campanha et ung journau de terra à l'entorn de lad. capella » (avril 1479; fol. 71 v°); — du moulin de Maucor, à Langon, par l'abbé, Nicolas Richer, prieur de Bellefond, Guil. Fayget, prieur de Langon, plus quatre moines, assemblés capitulairement (14 avril 1479; fol. 72 v°). — Abandon par Guy Mercader, vicaire perpétuel de Baron, du droit où étaient les vicaires perpétuels de cette église de manger et boire dans l'abbaye. ([1479]; fol. 74). — Reconnaissance pour des maisons sises à La Sauve, l'une « en la bassa cort », l'autre *a rua Ventresque* (25 juin 1479; fol. 75 v°). — Bail à fief de biens situés dans la paroisse de Madirac, à divers habitants de Floirac, seigneurie de Mortagne (26 octobre 1479; fol. 82); — de biens sis à Baron, à Jean Coueyffart, de la paroisse de Chastenet, seigneurie de Coiron, au diocèse de Saintes (24 décembre [1479]; fol. 85 v°); — d'un jardin près de Langon, *au portau de Maubet* (9 juin 1480; fol. 97); — de murailles au bourg N.-D. de Langon, « pres du portau de Brion » (13 juin 1480; fol. 100 v°). — Reconnaissance pour une terre « en lo poder et senhoria deud. loc de Langon,... au loc apperat au Monge », confrontant à « l'ariu deu molin deu Monge » (10 juin 1480; fol. 105 v°); — pour une terre « au cap de la caussada deu molin de Danhac » (12 septembre 1481; fol. 126 v°). — Bail à cens d'un immeuble sis près l'église N.-D. de Langon, entre le clocher et la place sise devant l'église, et d'un emplacement au chevet de lad. église, entre celle-ci et le mur de la ville (1481; fol. 130 v°). — Reconnaissance pour un moulin sis paroisse d'Espiet, dit le moulin de Pont-Eydon (16 octobre 1486; fol. 157 v°). — Reconnaissance pour une mothe, des terres, bois et friches sis à St-Denis Entre-deux-Mers, lieu dit *la Mote de Beguey* (9 février 1487, n. v.; fol. 164). — Bail à cens par Arnaud de Lacausada, prieur Du Casteret, au nom du monastère de La Sauve, « estant lod. monastey et abbadia dejus la man du Roy nostre sire, par arest doné par la noble Court de parlement de Tholöze » (16 avril 1487; fol. 169 v°). — Reconnaissance pour un moulin abandonné à Faleyras, lieu dit *au Faure*, « ab l'estanc et aygues,... gortz, recuraments d'aygues », etc. (21 janvier 1490, n. v.; fol. 201 v°); — par le « compte de la confrairie de Sainct-Pierre de La Selve » (3 août 1507; fol. 246); — par un paroissien « de la parroppia Sainct-Marsault de Cappian Entre-dos-Mars » (8 décembre 1507; fol. 261).

H. 92 (Registre.) — 0m32 sur 0m39, 8 feuillets parchemin.

1489-1511. — Propriétés et seigneuries foncières. Terrier. — Reconnaissance par Arnaud de Lacaussade, religieux de La Sauve, « en son propri et privat nom » (6 juin 1489; fol. 1). — pour un manse dans la paroisse de La Sauve : « Lodeyt heretatge ere en desert quant lo prengo et los camyns barratz » (18 janvier 1496, n. s.; fol. 1 v°); — pour un domaine à Camiac, *a la Mothe de Beguey*, confrontant « lo mayne et heretatge de noble home Berthomyu de Pis, las palissas et camins entre mech » (7 janvier 1497, n. s.; fol. 2); — par Amanieu de Layra, religieux de la Sauve, prieur de la Madeleine Du Casteret, pour des biens du prieuré qui sont mouvants de l'abbaye (30 octobre 1502; fol. 6); — par Guillaume Mesteyer, « prior deus cloystres » de La Sauve (31 août 1504; fol. 7); — aux mains de Jeannot de Pinpoy, prieur de Romagne(?) (28 octobre 1506; fol. 8).

H. 93 (Registre.) — 0m29 ✕ 0m31, 71 feuillets papier.

1506-1514. — Propriétés et seigneuries foncières. Terrier. — Reconnaissance pour un manse dans la paroisse de La Sauve : « Losd. affervatz et sonsd. hers seran tingutz anar mouldre aux molins deusd. senyors de feu, au molin Nou ou de Danhac » (1508; fol. 2); — pour une maison, un moulin, etc., *a la Moliache de Corbilhac*, « en lo riu apperat de Corbilhac, qui despart las senhorias de Benauges et deud. loc de La Seuba » (27 décembre 1509; fol. 9); — par-devant le procureur de François de Larnaudie, prieur de Bellefond (6 mai 1511; fol. 18 v°); — pour partie d'une maison dans la paroisse de Montussan, *au mayne Deus Arcos* (20 août 1511; fol. 19. v°). — Ensaisinement par Amanieu de Leyre, prieur Du Casteret (15 février 1512, n. s.; fol. 30 v°). — Reconnaissance pour un moulin dans la paroisse St-Hilaire [de Paillet] (30 juillet 1512; fol. 35 v°); — entre les mains de Jeannot de Pimpoy, prieur de La Sauve (22 octobre 1512; fol. 38); — pour des biens dans la paroisse de Génissac, *a Las Bredes* (fol. 39 v°); — pour un domaine sis dans les paroisses de Camiac, Espict et La Sauve, « reservatz los camyns qui sont en et au-dedens lasd. confrontacions » (13 juillet 1506; fol. 41); — pour des biens dans la paroisse de St-Hilaire-de-Fargues, *a Croinhon* (9 mai 1513; fol. 57 v°); — pour une terre dans la paroisse de St-Quentin, *à Robert Foron*, confrontant « lo scendey communau qui ven de la veilhe murailhe et tire a grand camyn » (24 janvier 1514, n. v.; fol. 65).

H. 94. (Registre.) — 0^m29 × 0^m20, 107 feuillets papier et 2 feuillets tables.

1517-1534. — Propriétés et seigneuries foncières. Terrier formé de reconnaissances au profit de Gaston de Ségur, captal de Puchagut, soudan de Pressac, seigneur de Théobon, Cantenac, Génissac, Landerrouat, Gayac, Retaille, s^r de la maison noble de Faubornet (fol. 1-52 v°). — Reconnaissance pour un pré à Saint-Genès-de-Lombaud, près du ruisseau du moulin de Lubert (fol. 9 v°); — pour la métairie de la maison noble de Faubornet, dans les paroisses de Langoiran et de St-Martin-de-Haux, « ensemble le molin molant..., avec toutes et chescunes ses eaues allantes et venantes, estanc, esclures *(sic)*, foussez et gectz de palle et aultres préhéminances que tous molins doibvent avoir au pays de Bourdelois » (novembre 1517 (?); fol. 10 v°); — pour une maison sise à Rions, « davant lo castet de lad. ville » (fol. 31 v°); — pour un jardin près de Rions, « au Castel neuf » (fol. 35). — Procuration de Gaston de Ségur pour « lever toutes et chescunes ses rentes et devoirs à Cadilhac » (1517; fol. 37). — Marché [par le même?] avec un maçon de Langoiran pour travaux à Faubornet : faire une demi-croisée dans la salle et une fenêtre carrée au droit de l'escalier, fermer des fenêtres, etc.; au colombier, faire « ung seullée dessoubz la pourte d'icelluy et rabiller tellement que les ratz n'y entrent en aulcune manière » (26 novembre 1517; fol. 37 v°). — Reconnaissance pour la métairie de Faubornet (20 novembre 1517; fol. 43). — Marché avec André Bonnault (?), de Grézillac, pour travaux de charpenterie à Faubornet (17 novembre 1517; fol. 51 v°). — « Esporles de la maison noble de Bergaille, parroisse de Haulx, pour Helliot Laurens », demeurant à Floirac, seigneur de lad. maison noble (1532; fol. 53-62) (¹). — Reconnaissance pour un pré dans la paroisse de St-Genès-de-Lombaud, confrontant au ruisseau qui va du moulin de Lucquereau au moulin d'Éliot de Lubert (9 juin 1532; fol. 59 v°); — pour un pré dans la paroisse de Naujan, près de l'étang du moulin d'Estevène (14 novembre 1534; fol. 75 v°).

H. 95. (Registre.) — 0^m30 × 0^m18, 12 feuillets de tables et 409 feuillets papier.

1500(?)-1530. — Propriétés et seigneuries foncières. Terrier. — Reconnaissance par Benoît de Piis, habitant de St-Caprais, tant en son nom qu'au nom de tiers dénommés dans l'acte, pour un moulin dans la paroisse de Quinsac, plus pour la moitié du moulin d'*Escorgebeu*, sis dans les paroisses de Lignan et de Fargues (17 avril 1515; fol. 1); — pour moitié de ce dernier moulin, par Jeanne de Les Courtz, au nom de Thomas de Lamothe, son mari (17 avril 1515; fol. 3 v°); — par un habitant de Lugagnac, pour une terre sise dans lad. paroisse, près « de l'estang du mollyn de M. de Barrauld » (3 août 1515; fol. 11); — pour une terre et vigne dans la paroisse de St-Quentin, lieu dit *au Garriga*, confrontant au « ryeu et chaussée du moullin de Bisqueytan » (19 juillet 1519; fol. 27 v°); — pour un pré à St-Genès, près du chemin qui va au moulin de Lubert (15 avril 1517; fol. 47); — pour une terre sise à Génissac et dépendant de La Sauve, « pour raison de l'administration du prieuré St-Nycollas au port de Génissac » (10 juin 1518; fol. 54); — pour une terre sise à La Sauve, « au claux Sainct-Gérault » (16 février 1518, n. s.; fol. 60); — pour des biens à Guillac, confrontant à « la ferme de Jehan Xantongey » (25 octobre 1518; fol. 63 v°); — par J.-P. de Pellerin, marchand à Tours, pour des biens sis à Pompignac, qu'il a acquis par

---

(¹) Les documents qui suivent sont, au moins en grande partie des reconnaissances pour La Sauve.

échange (12 novembre 1518; fol. 65 v°); — aux mains de frère Amanieu de Leyre, prieur Du Casteret, procureur de l'abbé de La Sauve (26 juillet 1519; fol. 94); — pour une terre à Nérigean, confrontant « au molyn (*sic*) qui va au molyn de Labrède » (20 janvier 1520, n. s.; fol. 98); — pour un bien à Nérigean, confrontant « au chemyn commun par lequel on va et vient du château de Génissac à Bisqueytan » (7 août 1519; fol. 99 v°); — aux mains de Jeannot de Pinpoy, prieur de Roumegou (?), procureur de l'abbé de La Sauve (2 novembre 1518; fol. 115); — pour partie d'une maison à La Sauve, où « ilz ont acoustumé faire le pain et brulher la cire » (31 décembre 1519; fol. 132 v°); — par Pierre Druc, maître maçon à La Sauve, pour divers morceaux de terre, dont chacun est « merché et divisé par picquetz » (16 novembre 1500(?); fol. 138 v°); — par Pierre Piboteau pour un moulin, l'emplacement d'un autre moulin, une « mote » etc., le tout paroisse de Naujan, sur l'Engranne, lieu dit *au moulin d'Estournet;* témoin noble Jacques de Nycolau, seigneur de Mondinet de Jugazan(?) (18 septembre 1517; fol. 152 v°); — pour une terre dans la paroisse de Romagne, seigneurie de Blaignac, en Bazadais, lieu dit *à Lugaignac* (25 novembre 1521; fol. 155); — par Jean Bergeon, maître chirurgien à La Sauve (16 avril 1523; fol. 168 v°); — à Jeanne de Chassaigne, dame de Génissac, mère et tutrice de Catherine, Isabeau et Marguerite de Ségur, filles de feu Gaston de Ségur, seigneur de Théobon de Puchagut et de la maison noble de Pressac (19 novembre 1522; fol. 181); — à la même, pour un pré sis à Daignac, lieu dit *Au Temple*, près du ruisseau descendant du moulin Du Temple(?) (1522(?); fol. 187). — Contrat de mariage(1) de Bertrand Guillebault, greffier de La Sauve (10 janvier 1535, n. s.; fol. 199). — Transaction entre David et Charles de Montferrand, au sujet de l'héritage de feu Jean, leur père : suivant Charles, « la costume ancienne du pays de Bourdeloix et seneschaussée de Guyenne… estoit que entre nobles, quant le père décedde sans faire testament, le filz aisné luy succédoit entièrement et le puisné ne pouvoit demander que la table, qu'estoit son vivre en la maison entièrement (*sic*) et vestement seullement, ou la légitime »; témoins : Jean Jaubert, chevalier, seigneur de Barrault, Henri(?) de Ségur, seigneur de Sorens, Bertrand de Mandosse, seigneur de Monlau, Jean de Lamothe, seigneur de Fargues (Créon, 9 février 1528, n. s.; fol. 203 v°). — Arbitrage

entre Jeannette de Lafaye et Jean Noël, son curateur, d'une part, et Michel de Lafaye, sur un différend relatif à un retrait lignager, porté devant la cour de la seigneurie de Rauzan, et en appel au siège de Bazas (2 janvier 1539, n. s.; fol. 209). — Contrat de mariage entre Jean de Lacaussade, fils de Jean, notaire royal à S¹-Pey-de-Castets, « seigneurie de Cyvrac », et Isabeau Estabart : « Et se sont associez et affrairez en ensuivant la coustume du présent pays de Bazadoys » (28 janvier 1539, n. s.; fol. 211); — entre Bernard de Biers et Philippe Briaud : Raimond de Biers, frère du marié, promet à celui-ci 200 l. tourn. de « douaire », plus de « fournyr pour luy l'argent que coustera ung office de notaire royal »; témoins : Pierre Sycard, curé de Nérigean, noble Poton de Ségur, etc. (19 janvier 1534, n. s.; fol. 213 v°). — Autre contrat de mariage : les époux « se sont affrairez et associez » (4 mars 1540, n. s.; fol. 216). — Contrat entre Jean de Lacaussade, notaire royal à S¹-Pey-de-Castets, et Auguette de Lafont, veuve d'Arnaud Yvon : la mariée apporte en dot 400 l.; le marié lui donne en gain de survie « le tiers de ladicte somme, lequel tiers ledict de Lacaussade luy en a faict donnation par nopces et pour porter les charges dud. mariage, en ensuyvant la coutume de Bourdeloys »; hypothèque générale pour lesd. sommes, dot et « tiercement », qui valent au total 600 l.; clause par laquelle les mariés se déclarent « affrérez et assocyez moictyé par moictyé » pour tous les acquêts; la femme garde la disposition de ses biens en dehors de la dot, et le mari lui donne l'autorisation nécessaire (16 janvier 1539, n. s.; fol. 218). — Acte par lequel led. Jean de Lacaussade consent à ce que sa femme tienne, le cas échéant, les biens obligés pour le paiement du douaire et jouisse des fruits sans que ceux-ci soient comptés pour led. paiement (24 janvier 1539, n. s.; fol. 220). — Vente de partie d'une maison sise à La Sauve, devant la halle (25 avril 1539; fol. 224). — Bail à ferme du Moulin neuf, à Daignac (3 juin 1533; fol. 232 v°). — Vente par Jérôme Jugé et Guillaume Jugé, « juge et lieutenant de la seigneurie de Rouzan » (30 septembre 1538; fol. 234 v°). — Reconnaissance pour une terre sise dans la paroisse de S¹-Quentin, près le ruisseau du moulin de Pey Froment (1524?; fol. 246); — pour une vigne à Saint-Jean-de-Blaignac, confrontant à celle de noble Bertrand Temple, s¹ de La Mote (15 avril 1524; fol. 255 v°); — pour un moulin à Camarsac, dit *le Molyn dez Monges* (avril 1524; fol. 257); — par Jean Jaubert, chevalier, seigneur de Barrault (16 août 1524; fol. 257 v°); — pour une terre dans la paroisse de S¹-Martin-de-Mazerat, confrontant

« à l'estang du molyn appelé le molyn de Sainct-George »
(1524 ; fol. 260) ; — pour une vigne dans la même
paroisse, sous l'église de la Madeleine (1524 ; fol. 260) ;
— pour une vigne dans la même paroisse, près du
ruisseau du moulin d'Endron (1524 ; fol. 260 v°) ; —
par Jean Gilbebauld, juge de la prévôté royale de
S¹-Émilion, pour une part de maison à *la Porte Bourgeoise* (17 avril 1524 ; fol. 266 v°). — Bail à cens d'un
moulin sis dans les paroisses d'Espiet et de S¹-Léon
et appelé le moulin de Pontedum(?) *alias* de Fougière
(3 mai 1523 ; fol. 278). — Reconnaissance pour partie
d'un pré sis dans la paroisse de Naujan, près du ruisseau du moulin d'Estève (s. d. ; fol. 281 v¹). — Bail à
fief à Pierre Piboteau, laboureur, du moulin d'Estournet, sis paroisse de Nérigean, et de l'emplacement d'un
autre moulin près du premier (18 août 1520 ; fol. 283 v°).
— Reconnaissance pour un bien sis dans Postiac, lieu
dit *à La Mote* (25 avril 1526 ; fol. 286). — pour le
moulin de S¹-Martin-de-Sescas (29 octobre 1514 ;
fol. 299) ; — par Catherine Xantongey, domiciliée à
Guillac (30 octobre 1524 ; fol. 303) ; — par Perrin de
Romefort, de Guillac, comme « conté de la parroisse »,
pour une vigne et une « maison de tère » près du
cimetière (31 octobre 1524 ; fol. 308 v°) ; — pour un
bois sis à S¹-Martin-de-Sescas, lieu dit *au Mayne de La
Mote* (fol. 315 v°) ; — pour des vignes dans la paroisse
de La Sauve, lieu dit *à Font-Gonbauld* (18 janvier 1526,
n. s. ; fol. 328) ; — pour un pré dans la paroisse de
S¹-Quentin-de-Baron, près du moulin de Pey Forment
(2 février 1526, n. s. ; fol. 331) ; — pour une vigne dans
la paroisse de Branne, lieu dit *au Castera* (18 mars
1526, n. s. ; fol. 353 v°) ; — pour un pré dans la
paroisse d'Espiet, près du moulin de Luc (23 décembre
1526 ; fol. 358 v°) ; — pour une terre dans la paroisse
de Romagne, lieu dit *à Lugaïgnac* (18 mars 1528, n. s. ;
fol. 368 v°) ; — pour un bien dans la paroisse de
Lignan, lieu dit *au Puyau de Lédignan*, près du chemin de Loupes au moulin Dailhayre (26 octobre 1528 ;
fol. 375 v°) ; — au profit de Louis Melet, chevalier ;
s¹ de Creins, pour un bien sis dans la paroisse de Nérigean, lieu dit *aux Places de Creins* (fol. 389 v°) ; —
par un habitant d'Espiet, « seigneurie de Moton »
(fol. 403).

H. 96. (Registre.) — 0ᵐ51 × 0ᵐ21, 5 feuillets de tables
et 206 feuillets papier.

1524-1553. — Propriétés et seigneuries foncières.
Terrier. — Reconnaissance aux mains du représentant
de frère Jean de Chambellan, chantre de S¹-Denis en

France, vicaire général spirituel et temporel de l'abbé
de La Sauve (15 avril 1547 ; fol. 18) ; — pour une terre
dans la paroisse de Cadillac, lieu dit *à La Crestienne*,
près du chemin qui va de Cadillac au moulin de François Aubrin (12 avril 1548 ; fol. 37 v°) ; — pour une
terre dans la paroisse de S¹-Quentin, lieu dit *à Pey
Froment*, confrontant au ruisseau qui descend du
moulin de Daignac au moulin de Bourrut (?) (30 avril
1548 ; fol. 43 v°) ; — pour un pré dans la paroisse de
S¹-Loubès, confrontant à autre pré de Sauvat de
Pomiers, président des Enquêtes (10 octobre 1547 ;
fol. 56) ; — pour des maisons, granges, terres, etc.,
« en la parroisse de La Selve, au lieu appellé au mayne
de Pey Joham et à présent appellé au mayne de La
Réolle », confrontant aux chemins de Créon à Camiac
et de Créon à S¹-Quentin (fol. 72 v°) ; — pour une terre
dans la paroisse de Sadirac, à *la font de Louppiac*,
confrontant « au rieu que descend de la font d'Amba-
terre, que faict partaige au[lx] parroissiens de Lignam
et Sadirac » (8 mars 1548, n. s. ; fol. 76 v°) ; — par le
représentant d'Arnaud de Guassies, écuyer, seigneur
dud. lieu, pour des terres dans la paroisse de Lignan,
à Pucheren, confrontant « à l'estey molinant qui despart
de la parroisse de Fargues et de Lignan et de l'ung bout
au moulin de Pucheren, appartenant à Martin Du Bosc,
escuyer, s¹ de Canteloup » (27 mars 1544 ; fol. 80) ; —
pour une terre sise paroisse de S¹-Quentin, *dessus le
Moulin neuf* (9 mai 1547 ; fol. 93). — Procuration par
les chanoines de N.-D. de Consolation de Génissac
(26 décembre 1547) et reconnaissance par les fondés
de pouvoir pour un moulin sis dans la paroisse
d'Espiet, confrontant « à l'héritaige de la Clote de La
Panneterie » (13 février 1548, n. s. ; fol. 94). — Reconnaissance entre les mains de Jean de Melet, prieur de
La Sauve (30 décembre 1548 ; fol. 96 v°) ; — pour une
terre dans la paroisse S¹-Pierre de La Sauve, *à la Mothe
de Carynan* (fol. 104) ; — pour une terre dans la paroisse
de S¹-Quentin, *à La Caussade*, près des chemins de
Bisqueytan à Curton et à Fores (?) (2 janvier 1551, n.
s. ; fol. 105). — « S'ensuyvent les instrumentz qui sont
ou petit coffre : ... l'instrument des unions des bénéfices
qui sont en Condomoys ; ... ung instrument de Novy ;
... la saulvegarde du roy Phelipes ; ... l'instrument du
molin d'Escorgebeuf ; ... le priviliège du roy Octo, roy
d'Engleterre », etc. (fol. 118. v°). — Reconnaissance
pour 1 journal et quart plus 4 lattes de terre, mesure
de Bazadais, dans la paroisse de Romagne, juridiction
de Blagnac, *à Lugagnac* (26 mai 1551 ; fol. 122 v°) ; —
pour un pré dans la paroisse de S¹-Quentin, *au pont de
la Peyre* ou *à Peyfroment*, près du ruisseau qui descend

du moulin de Peyfroment au moulin de Bourrut (fol. 139 v°); — au profit de Jean Targue, chevalier de S¹-Jean-de-Jérusalem, commandeur d'Arcins et de Montarouch (26 janvier 1552, n. s.; fol. 143); — par Jean Jaubert, chevalier, seigneur de Brarault, pour une terre, paroisse de La Sauve, à *Barrault*, en présence de nobles Gilles de Larmandie et Antoine de Labaure, seigneur de Roc (6 août 1524; fol. 147); — pour une maison, terre et pré, le tout fermé de fossés, dans la paroisse de Lignan, lieu dit *au Puch de La Grave*, autrement *près du moulin d'Escorgebeuf* (22 juillet 1553; fol. 203).

H. 97. (Registre dérelié.) — 0ᵐ20 sur 0ᵐ30, 264 feuillets papier.

1488-1561. — Propriétés et seigneuries foncières. Terrier. — Reconnaissance pour une terre dans la paroisse de La Sauve, *au maine des Charbonniers* (13 mars 1557, n. s.; fol. 4 v°); — pour le moulin d'Estournet, sur l'Engranne, paroisse de Naujan (31 décembre 1559; fol. 46). — Caution pour François de La Roche, vicaire de « Blassac, prop de Blayé, » envers l'abbé de La Sauve, curé dud. Plassac, pour 180 francs, montant du fermage de lad. église (23 mai 1493; fol. 71 v°). — Vente à Barthélemy Daydiu, plâtrier, de S¹-Michel de Bordeaux, de 12 boisseaux de froment, à 34 liards le boisseau (25 mai 1493; fol. 71 v°). — Bail à ferme de S¹-Martin-de-Sescas, au profit de François de Léon, écuyer, seigneur de S¹ᵉ-Croix-Du-Mont (« In castro de Cadillaco », 17 juin 1493; fol. 73); — de la cure de Talais en Médoc, au profit d'Amanieu Forthon, prêtre de Lesparre (19 juin 1493; fol. 73 v°). — Vente de froment à 46 liards le boisseau (20 mars 1494, n. s.; fol. 74 v°). — Liste de baux à ferme conclus le 11 juin 1494 (fol. 74 v°). — Contrat entre Michel de Chassaignes, seigneur de Génissac, et Martial Guiraud, maître maçon, pour la construction d'une chapelle carrée à Génissac, près de celle qui existe (5 avril 1496; fol. 78 v°). — Listes de baux à ferme conclus en 1496 (fol. 79 v°-82 v°). — Vente d'un pré sis à Croignon, *aus Bros*, près « de l'ariu molinant » (20 mai 1494; fol. 90 v°). — « Carta de venda cum narrativa » (6 juillet 1494; fol. 99). — « Carta d'esporla en latin » (18 août 1494; fol. 101 v°). — Ensaisinement de la maison noble de Génissac au profit du fondé de pouvoir de noble Catherine d'Anglade et de noble Jean de Berdin, s' de Hauteville, « et ce par prinse et tochement de la main dud. noble de Chassaignes, atochement du barroilh de la porte delad. maison. », etc. (27 juin 1494; fol. 106). — Procuration par Michel de

Chassaignes, seigneur de Génissac, de Gayac et de la maison noble de la mothe de Génissac, à l'effet de prendre possession d'un moulin sis à Romagne, qu'il a acquis en échange de lad. maison noble (27 juin 1494; fol. 106 v°). — Retrait lignager après l'expiration du délai légal (juin (?) 1494; fol. 112 v°). — Contrat de cheptel (11 août 1495; fol. 114). — Bail à fief par Élie Sautegeau, curé de S¹-Denis, dans l'Entre-deux-Mers (s. d.; fol. 116 v°). — Bail à ferme de la dîme de La Sauve à divers, notamment à Martial Guiraud, moyennant 320 boisseaux de grains, les deux tiers de froment et le reste de « seille, fèves et avoyne » (20 juin 1497; fol. 133). — Serment prêté à Guil. de Navailles, officier de Bordeaux, par Benoît Yvon, clerc, « d'estre bon et loyal à mond. s' l'official et de citer par-davant luy, quant en seroit requis par auchune personne, en le païant de son salaire, et de faire deue relaxion de ce qui par luy aura esté fait » (29 avril 1497; fol. 133 v°). — Compromis avec Guillaume Jaubert, seigneur de Barrault, au sujet de certains prés et bois à Cursan (18 avril 1497; fol. 134 v°). — Reconnaissance pour une terre sise à La Sauve, à *Barrault*, bordée par une « goutailhe ou roulha (11 janvier 1498, n. s.; fol. 140). — Quittance de Jean d'Anjou, recouvreur d'ardoises, « deu marché fait entre Mons' de Genissac et Maistre Anthoine, compaignon dud. Jehan d'Anjou,... pour raison de la besoigne de La Selve » (24 janvier 1498, n. s.; fol. 142). — Reconnaissance par un tonnelier pour une maison à La Sauve, « debat la hale », achetée 70 fr. bordelais (26 janvier 1498, n. s.; fol. 142). — Bail à cens d'un moulin sis à S¹-Hilaire, près Rions, au profit de « Guillem Bailhet, valadier, de Loches en Toureines » (15 mars 1497, n. s.; fol. 146 v°). — Assignation de rente par Jean de Maudousse, écuyer, seigneur de Moulau, lequel avait promis d'assigner lad. rente « en la parroisse de Moulon » (23 avril 1498; fol. 148 v°). — Vente d'une maison près de la halle de Branne, pour le prix de 30 fr. bordelais (27 mars 1498; fol. 151). — Reconnaissance pour une terre à Lignan, près du moulin d'Escorgebeu (25 mai 1498; fol. 152). — Reconnaissance par Élie Saultdejault, curé de S¹-Denis, Entre-deux-Mers, pour le moulin des Moines, à Camarsac (6 juin 1498; fol. 154); — pour des biens sis à S¹-Léon, près du chemin qui conduit au moulin *deu Luc* (6 juin 1498; fol. 154 v° et 155); — par Benoît Andron, curé de Cursan (20 octobre 1498; fol. 162); — pour une terre et bois à Sallebœuf, *au boys Deudon*, « comansant à ung casse, loquau a pluseurs mercques » (24 octobre 1498; fol. 163); — pour moitié d'une maison et jardin

« au bourc de Lad. Selve, au loc aperat à la Bladerie, prop deu lavaduy, confrontant entre lo fossat de la basse court, d'une part, et lo camy per loquau l'on va aud. lavadeuy » (10 décembre 1498; fol. 167). — Début, cancellé d'un accord ou d'un compromis entre Honoré Bujart, chanoine de St-Seurin, curé de Jugazan et Courpiac, et Nicolas Richier, prieur de Bellefond (s. d.; fol. 169). — Échange avec Pierre Bouyer, écuyer, seigneur de Layergne (incomplet; fol. 172). — Prêt à Mathurin de Gaulerac (?), seigneur de Lamothe en Blayais (2 octobre 1499; fol. 173). — Recours d'une caution au principal débiteur pour le paiement de l'afferme de la cure de Semoussac, en Saintonge, à Jean de Chassaignes, abbé de La Sauve, « aultresfoiz prieur curé de Cémosac » (4 octobre 1499; fol. 173). — Procuration à François de Chassaigne, chanoine de St-Seurin (12 octobre 1499; fol. 173 v°). — Marché avec Bernard de Magien et Féret de Lafargue, qui s'engagent à livrer avant Pâques 60 pipes de chaux vive, « sur l'astelier où besoigneront les massons à lad. abbaye », moyennant remise de 64 boisseaux de blé dus par lesd. Magien et Lafargue de l'afferme des dîmes (21 novembre 1499; fol. 174 v°). — Condamnation d'André Sarrazin, notaire royal, à une amende de 100 pipes de chaux vive, « à aplicquer à la réparacion de l'église » et livrable la moitié avant la Pentecôte et le reste avant la s^t Michel (21 novembre 1499; fol. 175 v°). — Reconnaissance pour des biens sis à St-Léon, au *Mayne de Luganhat*, près des chemins de La Sauve à St-Léon et à Montarouch (20 janvier 1500, n. s.; fol. 183 v°). — Bail à cens par Pierre Daudé, curé de Pujols, fondé de pouvoir de l'abbé (janvier 1490, n. s.; fol. 188). — Procuration aud. P. Daudé (31 janvier 1489, n. s.; fol. 197 v°). — Reconnaissance pour des terres en friche, bois, prés, etc., à Targon, à *Tasta Mauconseilh*, près de la mothe du Castera (26 juillet 1490; fol. 229 v°); — pour un manse à St-Léon, près de la grande fontaine et du chemin qui va au moulin du Luc (7 juin 1490; fol. 232 v°). — Bail à cens d'un emplacement de maison et jardin dans le bourg St-Jean de La Sauve, à charge de bâtir (juillet 1490; fol. 242); — de terres à St-Léon, *à la Plenole* et *au Mongaudi* (s. d.; fol. 245 v°). — Emprunt par Jean de Ségur, seigneur de Francs, à Pierre Benest, curé de Nérigean (21 juin 1491; fol. 256 v°). — Bail à ferme de la cure de St-Jean de Libourne, au nom de Jean de Chassaignes, abbé de La Sauve, titulaire de cette cure (s. d.; fol. 261 v°).

H. 98. (Cahier.) — 0^m30 × 0^m19, 32 feuillets papier.

1560-1562. — Propriétés et seigneuries foncières. Terrier.

H. 99. (Cahiers.) — 0^m28 × 0^m20, 139 feuillets papier.

1597. — Propriétés et seigneuries foncières. Fragments d'un terrier pour le Cubzagais, au profit de Jean de Nolibois, syndic de l'abbaye et prieur curé de St-André. — *Cahier I*. Reconnaissance pour un pré « contenant trois journaulx ou environ au cordeau dudict Cubzaguès » (15 mai; fol. 14); — pour « une pièce de terre partie en labourage, partie en jardin et le reste en jeune (?) plancte, le tout en ung tenant, contenant la journée de deux pères de beufz et demy journée d'home ou envyron, qui revyen à dix-neuf onces et demye au cordeau dud. Cubzaguès » (15 mai; fol. 16); — par Pierre Andrieu, curé de Lalande, au marquisat de Fronsac (19 mai; fol. 22); — par Élie Allibert, « sonneur de vyellon », domicilié à St-André (19 mai; fol. 24 v°); — par Jean Dupont, armurier à St-André, agissant au nom de sa femme (21 mai; fol. 30). — *Cahier II*. Reconnaissance par Guillaume Landart, chirurgien à St-André (13 novembre; fol. 2 v°); — par Pierre Debayes, juge ordinaire des juridictions de Cubzagais et de Cadillac, pour une vigne dans la paroisse de St-André, au lieu dit *à la Caussade* (14 novembre; fol. 7 v°); — par Pierre Constantin, notaire à St-André (15 novembre; fol. 20 v°). — *Cahier III*. Reconnaissance pour une terre sise à Peujard, « contenant trèze onces et ung tiers d'once, au cordeau dudict Cubzaguès » (fol. 27); — pour une vigne à St-André « contenant ung journault et deux onces, au cordeau et mezure dudict Cubzaguès, et pour labourer lad. vigne y a sept hommes (?) ou environ, comme led. affebat a dict » (fol. 33).

H. 100. (Registre.) — 0^m19 × 0^m21, 580 feuillets papier.

XVIe siècle-1601. — Propriétés et seigneuries foncières. Terrier (¹). — Reconnaissance par Mathieu Chaubinet, écuyer, de Camiac (20 juillet 1590; fol. 55); — par Gérard Robery, « capitayne et mande », de Cambes, et autres (30 juin 1592; fol. 56 v°). — Reconnaissances au profit de Pierre de Gaufreteau le vieux, écuyer, s^r de La Motte-Berine, « comme ayant

_____

(¹) Ce registre est en mauvais état et en partie illisible.

le droict acquis par auctorité royalle et à tiltre d'eschange de Mons' l'abbé de La Seulve » (1584; fol. 167-227); — pour une terre sise à Espiet, lieu dit *au Cheberry* (9 mai 1584; fol. 197). — Reconnaissances au profit de Guillaume Gaufreteau, bourgeois et marchand de Bordeaux, « comme ayant le droict acquis par autoricté royalle... de Monsieur l'abbé de La Seulve » (1581-1583; fol. 239-273); — au profit du capitaine Jean Chatard (1578-1579; fol. 287-312). — Reconnaissance collective par divers pour un village dans la paroisse de La Sauve, dit anciennement *à la Moliasse de Corbilhac* et présentement *le village de Patrouilheau* (11 avril 1598; fol. 333); — pour une terre « confrontant des deulx coustez à Jehan Chatard, monoyeur pour le Roy en la ville de Bourdeaulx » (15 octobre 1598; fol. 467); — par « Gailhard de Lamaignon, fermier(?) de l'estat de maistre clerc créé par le Roy en la prévosté royalle d'Entre-deulx-Mers, habitant en la ville de Créon, prévosté susdicte » (sans date; fol. 488 v°) — pour une vigne sise au mayne de Beaugardz, paroisse de La Sauve, au lieu dit *à la Chapelle* (13 novembre 1599; fol. 507).

H. 101. (Registre.) — 0^m26 × 0^m20, 100 feuillets papier.

1603-1604. — Propriétés et seigneuries foncières. Terrier pour le prieuré de Bellefond. — Reconnaissance pour des maisons « édiffiées de pierre et bardis, couvertes de tieuble creux, sizes en la parroisse de Bélefon, vilage de Platon, autrement de Balesteng » (21 décembre 1603; fol. 13); — pour une terre dans la paroisse de Ste-Florence, « en Gamage, autrement au port Vizoc » (4 février 1604; fol. 62); — par Antoine Ducros, notaire royal de Lugasson (14 février 1604; fol. 69); — pour une terre dans la paroisse de St-Vincent, au lieu dit *l'Hôpital* (17 mars 1604; fol. 85 v°); — par Jean Charruault, charpentier de barriques, et Jean Berthoumieu, « hoste, habitans au bourg et paroisse de Corpiac » (30 avril 1604; fol. 88); — par Raimond Dages, homme d'armes de la compagnie du maréchal de Brissac, demeurant à St-Émilion (la fin et la date manquent; fol. 99).

H. 102. (Cahier.) — 0^m25 × 0^m18, 36 feuillets papier.

1604-1605. — Propriétés et seigneuries foncières. Terrier incomplet du commencement. — Reconnaissance pour un pré sis dans St-Vincent-de-Pertignas, *au pré du Trengeat* autrement *à la Gamage,* et pour un autre pré dans Ste-Florence, *au pré de Gamagé* (15 oc-

tobre 1604; fol. 6 v°); — par « Bertrand Richard, capitaine pour le service du Roy, habitant de la paroisse de Corpiac, jurisdiction [de] Rozan » (10 mars 1605; fol. 32).

H. 103. (Registre.) — 0^m34 × 0^m22, 18 feuillets papier.

1614. — Propriétés et seigneuries foncières. Terrier. — Reconnaissance par une dizaine de tenanciers, pour « tout icelluy village, mayne et hérittage quy est siz et scittué en lad. paroice de St-Vincens-de-Pertignac et au lieu autrement appelé à Fleurey, autrement à Villesèque, » savoir « maisons, partz, courtieux bastis de pierre et couvert de thuible creux, jardrins, » labours, vignes, etc., le tout mesurant 13 journaux, 7 lattes, 8 escats, en un tenant, plus un labour et vigne de 4 journaux 10 lattes (2 mai; fol. 4); — par une dizaine de tenanciers habitant la paroisse de St-Jean-de-Blaignac, pour « toutes icelles maisons, granges, courtieux, parctz et autres bastimens et deffiés de pierre et couvers de tuible creux, eysines, sols, jardins et terre labourable, tout en ung tenent, le chemin *sive* eychide comun desd. maisons entre deux », sis à St-Jean, « au lieu appelé au village du Pin et de Lacomme, autrement à Pinards » (3 mai; fol. 10 v°); — pour une terre « en lad. paroice de S^t-J[ean]-lès-Blaignac, dans le village de Lacomme, près Pinards, et au lieu appellé à l'estatge de Labatut, près l'autel St-Gènebin » (3 mai, fol. 11 v°); — par divers tenanciers, pour « toutes icelles petites maisons et estages basties de pierre et couvertes de tuible crux, yssues, jardrins, terres labourables, vigne et autres apartenances dud. mayne, tout en ung tenent, lieu et fondement, sis et scittué en lad. paroisse de St-Jean et au lieu appelé à les Peyreyres et mayne du Bon Homme, autrement au village de Bichounet » (12 août; fol. 12 v°); — par Jean Du Temple, écuyer, s^r de La Mothe, domicilié à St-Jean-lès-Blaignac (29 octobre; fol. 14 v°).

H. 104. (Registre.) — 0^m28 × 0^m20, 6 et 10 feuillets de tables
et 183 et 325 feuillets papier.

1523-1627. — Propriétés et seigneuries foncières. Terriers : terrier de St-Loubès pour l'abbé, prieur dud. St-Loubès, et terrier pour des localités diverses. — Reconnaissance pour une vigne dans la paroisse de St-Loubès, au lieu dit *à St-Lucques,* confrontant « à ung loppin de terre peloue où souloit estre edifiée la chappelle de Sainct-Lucques » (2 mai 1602; fol. 53); — pour une terre dans la même paroisse, au lieu dit *à Soubretoignan,*

au Gravet ou *à Peyre Callade* (29 juillet 1602; fol. 93 v°);
— en présence de Mathurin Crestien, régent à St-Loubès
(5 mars 1608, fol. 118); — par Jean Gallau, « maistre
violon et joueur d'instrumens » (20 mai 1608; 159 v°);
— au profit d'Arnaud Boytault, « économe pourveu
par le Roy de l'abbaye de La Seulve » (5 octobre 1608;
fol. 176); — par Peyronne de Jarrige, demoiselle, veuve
d'Arnaud Duprat, avocat à la Cour et lieutenant en la
prévôté d'Entre-deux-Mers (16 décembre 1608; fol. 178).
— Tables. — Reconnaissance au profit de Louis de La
Valette, abbé de La Sauve, reçue par le représentant
d'Arnaud Boytault, secrétaire de la maison de Candale
et procureur général de l'abbé (25 mars 1610; fol. 4);
— pour des immeubles confrontant au chemin qui va
de la halle de St-Loubès au village de Mons (31 mars
1610; fol. 13); — pour un pré dans la paroisse de
St-Loubès, près du moulin et du ruisseau de Taillefer
et près du ruisseau de la Laurance (copie; 17 novembre
1523; fol. 23 *bis*); — pour une terre dans la paroisse
de St-Sulpice, près d'un fief de « la confrérie priveyrieu »
(26 avril 1610; fol. 44); — pour une terre dans la
paroisse de St-Loubès, lieu dit *Sobre Toignan*, confrontant à une terre de Jean de Pomiers, « sr et baron Du
Bruilh en Médouc », et pour autre terre sise *aux Grandes vignes*, confrontant à la terre de François-Louis
de Brach, écuyer (28 mai 1610; fol. 105); — au profit
de l'abbé de La Sauve, de Jacques de Pontac, trésorier
général et seigneur de la maison noble d'Anglade, et du
« chapellain de la chappellenie de la confrairie de la
priverieu fondée et instituée en l'église parroissialle
dud. Sainct-Loubès, comme ayant lesd. confraires cy-
devant acquis le droict de Ysave de Cailhau, dame de
Mesuges » (25 octobre 1610; fol. 147); — par Jean
Garrosse, praticien et clerc au greffe du bailliage de
St-Loubès (27 février 1611; fol. 231); — pour un bien
confrontant à une vigne qui relève de la maison noble
de la mothe St-Loubès (4 août 1611; fol. 241); — par
noble Pierre Seurin, seigneur de Labatut et de Lalande-
St-Jean, domicilié au château de Labatut, paroisse de
St-Loubès (30 avril 1611; fol. 247 v°); — par Guillaume
Fonteneau, curé de St-Sulpice-de-Vernac (26 août 1611;
fol. 259 v°). — Bail à fief du moulin ruiné de Canterane,
du bourg de St-Loubès, précédemment baillé à fief le
1er octobre 1533 (2 mars 1612; fol. 280 v°). —
Reconnaissance par Arnaud Andrau, marchand boucher à St-Loubès (17 février 1614; fol. 303 v°).

H. 105. (Registre.) — 0m29 × 0m20. 2 feuillets de tables
et 460 feuillets papier.

1612-1639. — Propriétés et seigneuries foncières.
Terrier. — Reconnaissance pour une maison dans la
paroisse de St-Hilaire, juridiction de Rions, au village
de Ginest, anciennement Castillon (18 mai 1612; fol. 5);
— par Jean Dumas, curé de Villeneuve, juridiction de
Rions (6 juillet 1612; fol. 36 v°); — par un certain
nombre de membres de la famille Fauchey, pour « tout
icelluy village consistant en maisons, appendz, cabanes,
courtilhages, jardrins, terres labourables, vignes, bois,
prés, brandarz, pelloues et autres(?) héritaiges en ung
tenan, sauff qu'il y a ung chemin qui passe par le
mittan, par lequel chemin on va et vien de Benauges à
Saint-Hilaire », dans la paroisse de Villeneuve, au lieu
dit village *du Fourn*, autrement de *Fauchey*, à *l'Estaige*,
à *la Bribeyre* ou à *l'Aulanar*, contenant led. « village »
36 journaux 8 règes (27 mai 1614; fol. 78 v°); — pour
des maisons et biens en un tenant, dans la paroisse de
Langoiran, lieu dit *à Bersou*, autrement *aux maisons de
Sermenan* et *a les Medalles* (11 juillet 1614; fol. 94);
— pour une terre, vigne, bois et pré dans la commune
de Villeneuve, lieu dit *à Bouey* ou *au Castera* (26 octobre 1622; fol. 114); — par les représentants de la
confrérie de l'église St-Martin de Villeneuve (15 février
1622; fol. 130 v°); — au nom de Menaud Du Vignau,
curé de Cardan (15 septembre 1621; fol. 174); — par
divers, pour « tout icelluy maine consistant en une
maison et appans bastie de pierre et couverthe de tible
crœux, eysines, jardrin, terres labourables, vigne,
prés, bois, pelloues et autres héritaiges, le tout en un
tenant », lieu dit *à Seguinat* (10 mars 1622; fol. 206 v°);
— à Rions, « dans la maison commeune de lad. ville,
où réside à présent Me Jehan Bernard, précepteur de
lad. ville » (19 mars 1625; fol. 237); — au profit de
« Louis, cardinal de La Valette, archevesque de Thoulouze, abbé des abbayes de Petitte et Grand Seaulve
Majour Entre-deux-Mers » (21 mars 1625; fol. 240); —
pour un bois, taillis et pré dans la paroisse de Capian,
lieu dit *Artoullée*, près du ruisseau du moulin d'Artoullée, anciennement moulin de la Tastègue (19 mai
1637; fol. 276); — pour une terre dans la paroisse de
Villeneuve, *à Bouey* ou *au Castera*, confrontant vers
le midi au ruisseau de Cardan à St-Hilaire et vers l'est
à Jean Paschal, juge ordinaire de Rions (19 mai 1636;
fol. 296); — pour une vigne dans la paroisse de
Capian, devant l'église du prieuré d'Artoullée (21 août
1636; fol. 326); — pour une terre confrontant à

un fief de « M. de Luxe, seigneur et baron de Cappian, pour l'avoir heu par eschange de M. de Chimbault, jadis conseiller au Parlement, seigneur de la maison noble Du Faubernet en Langoiran » (15 avril 1636; fol. 343); — pour une terre dans la paroisse de Villeneuve, lieu dit *au Castera* ou *au Pichot*, confrontant vers le midi au ruisseau qui descend du village du Hajot au moulin de la Pailhe et qui sépare les paroisses de Villeneuve et de S{-Hilaire (5 avril 1636; fol. 357); — pour une terre sise dans la paroisse de Moulon, près du chemin qui va de la maison noble de Seignan *alias* de Foubolens à la route de Moulon à Grézillac (5 décembre 1613; fol. 398 v°); — pour une terre confrontant à un bien de Pierre Piganeau, juge-sénéchal de Curton, fief de Pressac (15 janvier 1614; fol. 413); — pour une terre dans la paroisse de Mérignas, confrontant à un bien du s{ de Goisson, s{ de Labeillie (17 août 1615; fol. 441 v°); — par un tailleur, paroissien Du Tourne, pour un domaine dans cette paroisse, confrontant à un bien de Pierre Laudar, « joueur d'instrumans » (23 avril 1616; fol. 443 v°).

H. 106. (Registre.) — 0{27 × 0{20, 101 feuillets papier.

1614-1669. — Propriétés et seigneuries foncières. Terrier[1]. — Reconnaissance par Jean Fisson, valet de chambre du Roi, domicilié à S{-Quentin (s. d.; fol. 24); — pour une terre dans la paroisse de S{-Léon, au village de Reychac, *alias* des Perrincaulx, au lieu dit *à la Lagune* (18 mars 1614; fol. 28); — pour un lopin au même village, lieu dit *à Michault* ou *aux Lagunes* (18 juin 1617; fol. 38); — par Jean Gorin, sieur de Boredon et de Lapeyre (Lapeyre, paroisse de Gensac, 5 décembre 1669; fol. 80).

H. 107. (Registre.) — 0{32 × 0{22, 61 feuillets papier
et 1 pièce papier.

1679 (?). — Propriétés et seigneuries foncières. Arpentement pour Targon. — En tête, plan sommaire où figure le ruisseau de la fontaine de Guabaron descendant à Capian, « séparation de Targon et La Seaulve ». — « Apressié du consantement des parties l'avenne à troys l. le boisseau, les gelines à sèze sous le père et dix sous chaque manuvre » (fol. 3). — Mention d'une vigne sise vers Fraychaut, « au lieu de

---

[1] Ce registre est formé d'un terrier pour La Sauve et S{-Léon (1614-1617) et de diverses reconnaissances, cousues ensemble, de 1669, pour des biens sis dans la paroisse de Gensac, village de Lapeyre ou de Tarraich.

Dourdet, autrement a la capere S{-Marguerite » (fol. 7). — Total des tenures de Jacques Fraychaut vieux : 76 journaux 6 lattes et demie, mesure de Benauges, grevés de 53 s. 4 d. de redevances (fol. 8); — des quatre frères Fraychaut : 47 journ. 5 lattes 9 escats, payant 30 s. 3 d. (fol. 12); — des hoirs de Guilhaume Fraychaut : 17 journ. 1 latte 5 escats, payant 12 s. 3 d. (fol. 14); — des hoirs de Jacques Fraychaut : 42 journ. 1 latte 7 escats, payant 29 s. 2 d. (fol. 17); — de Pierre Fraychaut, « brasier » : 41 journ. 6 lattes 7 escats, payant 28 l. 4 d. (fol. 20 v°); — des fils de Bertrand Mimin : 16 journaux, payant 11 s. 5 d. (fol. 22); — de Pierre, Jacques et autre Pierre Gellet : 11 journ. 9 lattes 2 escats, payant 8 s. 2 d. (fol. 23 v°); — de Jean Patroulleau, marchand : 7 journaux 2 lattes 1 escat, payant 11 s. 5 d. (fol. 24 v°); — de Patroulleau, laboureur : 14 journaux 10 lattes, payant 27 s. 2 d. (fol. 38); — de Pierre Cousseau, laboureur : 33 journ. 5 lattes 4 escats, payant 58 s. (fol. 42); — de Patroulleau, « brasier et hoste du v[illage] de Patroulleau, parroisse de La Seaulve » (fol. 43 v°). — Reçu par Dortic de 480 l. pour avoir arpenté pour l'abbé dans la Benauge 2400 journaux, à 4 s. l'un (copie; 2 mars 1679).

H. 108. (Registre.) — 0{32 × 0{22, 69 et 56 feuillets papier.

1665-1699. — Propriétés et seigneuries foncières. Terrier. — Reconnaissance par un paroissien de S{-Jean [-de-Blaignac], « au compté de Rozan en Bazadois, sennéchaussée de Libourne », au profit de Jean Audigier, religieux de La Sauve, prieur dud. S{-Jean-de-Blaignac (27 décembre 1665; fol. 1); — pour un « mayne » dans la paroisse de S{-Jean-de-Blaignac, « appellé le village de la Comme, près et joignoiant l'autel de Sainct-Génebin », confrontant au chemin de service qui conduit du village de Barraud au canton de Meynard, où passe le grand chemin de S{-Jean à Sauveterre (28 décembre 1665; fol. 4 v°); — par divers, pour le village de Papouneau, *alias* de Flichot, « dans la parroisse de Sainct-Aubin, au compté de Blaignac » (1{ décembre (*sic pour* janvier) 1666; fol. 12); — par Étienne Lardière, maître chirurgien de Branne (1{ janvier 1666; fol. 15 v°); — par divers, pour le village de la Peyreyre, *alias* de Bichounet ou du Bonhomme, dans la paroisse de S{-Jean-de-Blaignac, près du chemin qui conduit « du village de Monticq à ladicte pierrière, appellé la Clotte » (15 février 1666; fol. 24); — pour une maison dans la même paroisse, lieu dit *à la Comme*, « proche l'autel Sainct-Génebin » confrontant à une terre « de la tenure de la maizon noble du Lieutenent » (3o octobre 1666; fol. 34); — pour une terre dans la même paroisse, lieu dit à *Maufourat* ou à *l'Estrade*, confrontant vers le midi au grand chemin de Sauveterre à S¹-Jean et vers le nord au chemin de S¹-Jean au village de Lacayne et de Bounoste, et pour une autre terre dans la même paroisse, « au lieu appellé entiennement *au Sainct Suary*, autrement *à Brouquit* », confrontant vers le nord aud. chemin de S¹-Jean à Sauveterre (3 mars 1666; fol. 5o); — pour des vignes dans la même paroisse, dites *les Vignes du quart*, pour lesquelles on paye une redevance du quart (4 mars 1666; fol. 53); — au nom de Courniault, juge du marquisat de Civrac, et autres, pour « le villaye et mayne de Villesèque, » paroisse de S¹-Vincent de Pertignas (14 décembre 1666; fol. 54 v°); — au profit de Jacques Du Rou, religieux de La Sauve, prieur de S¹-Jean-de-Blaignac (27 juin 1675; fol. 62 v°); — par Jean de Lacombe de Ros, écuyer, sieur Du Pin, paroissien de S¹-Vincent, agissant tant pour lui que pour Jean Grenouilheau, juge de la vicomté de Castillon, et pour Pierre Roy, homme d'armes, pour une terre confrontant à autre terre de Jean Destrilles, maître chirurgien (28 juin 1675; fol. 64); — par Bertrand Roy, s¹ de Labarthe, capitaine d'infanterie au régiment de Laroche-Courbon, « habitant à présent de la parroisse de S¹-Jean-lès-Blaignac », pour lui et pour Jean de Lacombe Deros, écuyer, s¹ Du Pin, domicilié dans la paroisse de S¹-Vincent (16 septembre 1699; f° 5 v°); — au nom d'Ézéchiel de Solvignac, écuyer, s¹ de Chaunes (même jour; f° 7 v°); — par Guillaume Dejean, maître chirurgien, et autres habitants de S¹-Jean, au nom de Bertrand Roy, curé de la paroisse (18 septembre 1699; fol. 10 v°); — par Jean Dutruch, agissant au nom de Blaise Faurie, l'un et l'autre chirurgiens dans la même paroisse (même jour; fol. 14 v°); — pour une terre dans la même paroisse, à *l'Estrade*, confrontant du midi au chemin de S¹-Jean à Sauveterre et du nord à un chemin de l'église de S¹-Jean à Sauveterre (22 septembre 1699; fol. 20); — par Gabriel Double, chirurgien de la paroisse de Mérignas, et autres, pour des terres dans la même paroisse, l'une au lieu appelé anciennement *au Queyron* et actuellement *au Roudey*, l'autre à *Villeneuve* (23 septembre 1699; fol. 23); — pour une terre à *l'Estrade*, confrontant du midi au chemin de Sauveterre à S¹-Jean, du nord au chemin de S¹-Jean à *Bon Hoste* (même jour; fol. 26 v°); — par Jean Faurie, procureur au siège de Rauzan, et autres, tant pour eux que pour Pierre Lanauze, greffier en chef de la maréchaussée de Guienne (25 septembre

1699; fol. 28); — pour une vigne dans la paroisse de S¹-Jean, confrontant « au tif du Tertre » (23 septembre 1699; fol. 31); — pour « un mayne où il y a maisons,..., au lieu appellé entiennemant le village de la Comme, autremant à Pinard, ainsy qu'il est près et jouignant l'autel Saint-Gènevin » (27 octobre 1699; fol. 35); — par Pierre Roy, s¹ de Courtebotte, paroissien de S¹-Jean (28 octobre 1699; fol. 37 v°); — par divers, pour eux et pour la marquise de Blaignac, pour le village de *Papouneau* autrement *Flichot* (même jour; fol. 39); — pour une terre dans la paroisse de S¹-Vincent, au lieu appelé précédemment *à Pucli Bonnet* et actuellement *à Olibarde* (même jour; fol. 41); — par Ézéchiel de Solvigniacq, écuyer, s¹ de Chaunes, habitant de la paroisse de S¹-Jean (29 octobre 1699; fol. 42 v°); — par un voiturier de Rauzan (3o octobre 1699; fol. 44 v°); — par Pierre Roy, s¹ de Lanauze, greffier en chef de la maréchaussée de Guienne (1⁷ novembre 1699; fol. 49 v°).

H. 109. (Registre.) — o^32 × o^20, papier.

1703-1704. — Propriétés et seigneuries foncières. Terrier pour le prieuré de S¹-Pey-de-Castet (1).

H. 110. (Registre.) — o^38 × o^26, 229 feuillets papier.

1676-1705. — Propriétés et seigneuries foncières. Terrier. — Reconnaissance pour une terre labourable sise dans la paroisse de Génissac, « au lieu appellé proche la chapelle dudit port de Génissac, confrontant d'un cotté, du couchant, à la ruette appellée de Carcaigni, » pour un barrail dit barrail de Mouchac, dans la paroisse de Génissac et la palu de la Bonne Maison pour le barrail d'Arnaud Chavaud, dans la même palu, confrontant « au grand chemin encien qui souloit conduire du port de Pierre-Fitte aux pleines de la Landette », etc. (s. d.; fol. 1); — par Gabriel de Fisson, s¹ de Latour, et autres, en présence de J.-B. Durand, dit Lacombe, chirurgien, habitant du port de Génissac (20 février 1701; fol. 6 v°); — pour une terre dans la paroisse de Génissac, lieu dit *à Teste Reynaud* (même jour; fol. 8 v°); — par François Lhommeau, chirurgien, de Libourne, pour une terre au port de Génissac, près de la chapelle (même jour; fol. 11); — par Antoine de Gontier, conseiller en la chancellerie près la Cour des Aides de Guienne

---

(1) Ce terrier est en si mauvais état qu'il n'a pas été possible d'en compter les feuillets.

(22 février; fol. 27); — par Antoine de Cazenove, écuyer, sieur de Lerisson (23 février; fol. 28 v°); — par François Planley, ancien greffier au présidial et sénéchal de Libourne, pour divers biens, dont un confronte à Demay, lieutenant particulier aud. présidial (7 septembre 1702; fol. 37); — par Jean Du May, sieur de Caillet, habitant du port de Génissac (même jour; fol. 42); — par Goudicheau, conseiller au présidial de Libourne, au profit de l'abbé de La Sauve, « prieur du prieuré S¹-Nicollas, du port de Génissac » (même jour; fol. 43); — pour un pré confrontant à un « fief du seigneur de la maison noble de Morlau, scittuée dans la paroisse de Moullon » (1ᵉʳ août 1704; fol. 53); — pour un domaine confrontant à une terre de M. de Pontac, dépendant de sa maison noble de Fourens, et à un fief de la maison noble de Bisqueytan (23 septembre 1703; fol. 62); — pour diverses terres dans la paroisse de S¹-Quentin, l'une à la Caussade, « proche et presque au-devant le village Du Vignau », une autre au Guot, près du même village, une autre à Castilhon, etc. (24 septembre 1703; fol. 63); — pour une terre dans « la paroisse de S¹-Donis de Climat », près du « chemin quy conduit de l'églize dudit S¹-Donis à La Seauve entre deux et lequel chemin soulloit estre cidevant vis-à-vis du corps de l'églize dudit S¹-Donis et ce randoit à la mothe de Viguey » (12 juin 1700; fol. 71); — par divers, pour un « grand tènemant » dans la même paroisse (« Dans le château et abbaye de La Seauve », 14 juillet 1700; fol. 73 v°); — par divers, pour un tènement de 34 journaux, confrontant à un « fief de la maison noble de Jonqueyres et aux pelloües du sieur Jean Laville, comme seigneur de la maison noble de Barraud » (21 avril 1702; fol. 79 v°); — par Huguet Fournier, chirurgien, habitant de Tizac (26 octobre 1704; fol. 83 v°); — par Pierre Mercié, chirurgien de la même paroisse (27 octobre 1704; fol. 84 v°); — par Aimond Marlhac, chirurgien, de la paroisse de S¹-Quentin (25 septembre 1703; fol. 88 v°); — pour un pré dans la paroisse de Nérigean, à la Rivière de Labie, près du moulin de Labrède (27 juillet 1704; fol. 98 v°); — par Étienne Fisson, écuyer, habitant de S¹-Quentin (28 juillet 1704; fol. 104); — par Simon Chapeau, chirurgien, habitant de la paroisse de Génissac, pour un bien dans la paroisse de Génissac, à Valentinhan ou à Martouret (1705; fol. 108); — pour une terre qui confronte à autre terre « dépandant du couvent de la moinerie de Génissac » (28 novembre 1704; fol. 118); — pour une vigne dans la paroisse de Croignon, confrontant à un fief de la maison noble de Crain et à une vigne de « Jean-François de S¹-Tout, escuyer, seigneur de la maison noble de Jonqueire et de Languissan » (15 février 1698; fol. 126).

H. 111. (Registre.) — 0ᵐ47 × 0ᵐ34; 113 feuillets papier.

1741-1745. — Propriétés et seigneuries foncières. « Second cayer, le premier estant [en] parchemin, des exporles consanties [en] faveur de Monsieur de La Rochefou[cauld], seigneur abbé commandataire de l'abbay[e] de La Sauve, de la ville et parroisse d[e] Rions, Cardan, Villenave, Saint-Hillai[re] de Paillet, Capian, Loupiac, Tabanac [et] Langoiran. » — Reconnaissance pour un bien confrontant « au ruisseau apellé de la Pudacque, quy fait séparation des parroisses de Villenave et Capian » (22 décembre 1741; fol. 14 v°); — pour une terre, paroisse de Villenave, à Castera, autrement à Pichot (8 février 1742; fol. 18 v°); — par Pierre Roborel, procureur du Roi à Barsac (8 février 1742; fol. 20 v°); — en présence de Joseph Faurès, greffier et jurat de Rions (8 février 1742; fol. 22 v°); — pour un bien, paroisse de Loupiac, à Plapa, confrontant à Duluc, ancien juge de Cadillac (11 avril 1742; fol. 39 v°); — pour une terre renfermant deux carrières, « dans une desquelles il y a une espèce de chambre dessous lad. carrière », paroisse de S¹-Quentin, à la Peyreyre, au-devant du village du Chat (18 juillet 1742; fol. 71); — par Pierre Demptos, « notaire royal et juge de Callamiac, habitant du bourg de La Sauve » (25 juillet 1742; fol. 80); — en présence d'Arnaud Morillon, garde-chasse de La Sauve (5 septembre 1742; fol. 98); — par Fourcade, curé de Baurech, et autres (4 décembre 1742; fol. 101 v°); — par Jean Theuley, curé de Bellebat (8 décembre 1742; fol. 106); — au nom de Jean Taupier, sʳ de Gamage (8 avril 1744; fol. 110 v°); — par Jacques de Mellac, sieur de Larrard, écuyer, mari de Gratienne de Gères, habitant de Bordeaux (20 novembre 1744; fol. 112 v°).

H. 112. (Registre.) — 0ᵐ41 × 0ᵐ28, 139 feuillets papier.

1662-1709. — Propriétés et seigneuries foncières. Terrier. — Reconnaissance par Jean de Gaufreteau, écuyer, magistrat présidial en Guienne (15 mars 1701; fol. 3 v°); — par Joseph de Fisson, écuyer, sʳ de Faugeras (5 septembre 1701; fol. 5 v°); — par Jean Degérard, écuyer, sʳ de la Panéterie, habitant de Bordeaux, et autres, pour le village des petits Artigaux, paroisse de La Sauve (même jour; fol. 6 v°); — par Joseph de Fisson, écuyer, ayant droit d'Étienne de

Laroque, écuyer, et autres, pour le village de Gazenau, anciennement de Huguet, paroisse de Camiac (7 septembre 1791; fol. 8); — par Jean de Cazères, vicaire perpétuel de La Sauve (18 octobre 1701; fol. 10); — pour un tènement dans la paroisse de Camiac, lieu dit à la mothe de Béguey ou à Gasenau (9 novembre 1701; fol. 11 v°); — par Marguerite Aucoin, veuve de noble Jean de Josset, seigneur de la maison noble Du Rajot, domiciliée dans la paroisse de St-Martin-de-Lerme (11 avril 1702; fol. 16 v°); — par Pierre de Gaufreteau, écuyer, habitant dans la paroisse de St-Léon, mari d'Éléonore de Chaubinet (janvier 1702; fol. 19); — par divers, pour un village dans la paroisse de Camiac, « appellé entièrement à l'Estage Vieil, au Bretton, à la Fenestre et à présent à la Monteille » (10 mars 1705; fol. 25 v°); — pour une terre, paroisse de St-Quentin, à la Vergne de Carensac (21 novembre 1699; fol. 27); — par Isabeau de Bonnet, veuve de noble François Duduc, écuyer, sr d'Ausone, domiciliée paroisse d'Espiet, ayant droit de Louis Delaroche, écuyer, sr de Belair, pour divers biens dont certains confrontent à des fiefs de la maison noble de la Mothe (même jour; fol. 28); — par Thérèse de Pontac, veuve de Jean-Denis Daulède, premier président au Parlement, visant une sentence du sénéchal, du 13 mai 1688, entre l'abbé de La Sauve, prenant fait et cause pour Jean de la Rocque, écuyer, sr de La Ferrière, d'une part, et François-Auguste de Pontac, chevalier, comte de Courbon, Bisqueytan et autres lieux, d'autre (8 mai 1700; fol. 31 v°). — Bail à fief d'une terre dans la paroisse de Capian, confrontant du midi à la chapelle du prieuré d'Artoullée; le preneur s'engage à construire une maison contre lad. chapelle, « sans qu'elle puisse ocuper les vitreaux et fenestres de l'autel d'icelle » (15 décembre 1665; fol. 33). — Reconnaissance par divers, pour le village d'Armagnac, sis paroisse de Villeneuve-de-Rions et contenant 38 journaux (12 mars 1672; fol. 37 v°); — au nom des héritiers de Suau, greffier en la Grand Chambre, et autres, pour le village de Les Bories, même paroisse (3 mars 1662; fol. 39 v°); — par divers, pour le village Du Taudin, alias à Damanieu, paroisse de Cardan (1er mars 1672; fol. 42); — pour un autre maine dans la même paroisse, « au lieu apellé entiennement à Marchan, à Lafâge et au Casau Grand, et à présent au maine du Hage[ot] et au Cazellas » (s. d.; fol. 43); — pour un village, paroisse de La Sauve, lieu dit anciennement à Couloumey, actuellement à Marçon, consistant en maisons, tours, fuies, débris de granges, etc., et comprenant 64 journaux, plus 5 autres journaux sur le bord du chemin de servitude

dit Du Guardian (25 septembre 1703; fol. 44); — par Pierre Mercié, chirurgien, habitant de la paroisse de Tizac, marquisat de Curton (25 octobre 1704; fol. 47); — par Antoine Clavier, notaire royal à Bordeaux, mari de Catherine Piganeau, fille de feu Pierre Piganeau, notaire royal et juge du marquisat de Curton (27 octobre 1704; fol. 50 v°); — par Bertrand Plantey, sieur de Guionnet, habitant du port de Génissac (5 septembre 1702; fol. 54 v°); — par Aléxis Teinac, sieur de Gardes, habitant de la paroisse de Moulon (6 septembre 1702; fol. 58); — par Pierre Duprat, chirurgien, habitant de la paroisse de Moulon, pour une terre dans lad. paroisse, confrontant à Jean Breton, chirurgien (21 septembre 1703; fol. 65); — pour une vigne dans la paroisse de Croignon, confrontant à un fief de la maison noble de Craing (15 février 1698; fol. 75); — par François Teinac, prêtre, et son frère Alexis, sieur de Gardes, pour le village de Gardes, anciennement aux Lauriers, paroissse de Moulon, et pour divers biens, dont une terre qui confronte de l'est au grand chemin de Grézillac à Moulon et du midi au chemin qui va du précédent à la maison noble de Seignan (25 octobre 1709; fol. 76); — pour un fief racheté par l'abbaye, le 19 novembre 1703, d'Ardouin de Gaufreteau, baron de Puynormand (31 décembre 1708; fol. 78); — par Joseph de Fisson, écuyer, sieur de Rougerie, et autres, pour « tout icelluy village et tènemant consistant en cinq corps de maison, granges, apend[s], composant le bourg dud. Camiac, aisines, jardins, terres labourables », etc. (15 décembre 1708; fol. 79); — par un chanoine de l'église collégiale de N.-D. de Consolation de Génissac (1705 (?); fol. 87); — par Jean-Luc de Jouglains, écuyer, seigneur de la Tour de Fargues, y domicilié, pour le moulin d'Escorgebœuf, paroisses de Lignan et de Fargues, pour lequel il a été reconnu en 1413, 1515, etc. (22 mars 1694; fol. 89 v°); — par Jean de Gères, sieur de la Mothe et de Pugerein, habitant de la paroisse de Lignan, pour partie de la maison de Pugerein, même paroisse, pour le moulin de même nom, baillé à fief à Arnaud de Quaquenon le 19 juin 1433 (1705; fol. 90 v°); — par Jacques Roberiq, curé de Cursan (28 septembre 1703; fol. 94 v°); — pour une vigne située dans la paroisse Du Pout, près du chemin conduisant au moulin des héritiers de Pierre de Bonneau, écuyer, sieur de Bedat (28 septembre 1703; fol. 98); — par « le métayer du sieur Jean de Minvielle, bourgeois et citoyen de la ville de Bordeaux, seigneur des maisons nobles de Bessan et Camailh » (23 janvier 1705; fol. 100 v°); — au nom de

« noble Jacques de Galleteau, écuyer et médecin juré de la ville de Bourdeaux » (23 janvier 1705; fol. 101 v°); — par Pierre Hébrard, chirurgien, et autres habitants de la paroisse de Camarsac, pour le village des Constantins ou du Noble, paroisse de Nérigean (9 juin 1700; fol. 102); — par Philippe Minvielle, « citoyen et prévost de la Monnoi de la ville de Bourdeaux », et autres, pour la moitié du village Du Gay, paroisse de Nérigean (17 juillet 1700; fol. 104); — pour l'autre moitié du village (même jour; fol. 106); — par Bernard de Bernard, chirurgien, habitant de la paroisse de Nérigean (18 juillet 1700; fol. 107 v°); — par Daris, chirurgien de Libourne (19 août 1700; fol. 109); — pour le village de Crabemaure, *alias* Jean Gassies, paroisse de Nérigean (20 février 1705; fol. 120 v°); — par Simon Chapeau, chirurgien, habitant de la paroisse de Génissac (même jour; fol. 121 v°); — par Messire de Pontac, écuyer, seigneur du château d'Anglades et de la maison noble de Fourens, résidant en lad. maison noble (29 octobre 1705; fol. 136).

H. 113. (Registre.) — 0m42 × 0m26, 63 feuillets papier.

1744-1745. — Propriétés et seigneuries foncières. Terrier. — Note sur le premier verso de la couverture : « Il y [a] 6 terriers chès M. Lucat, notaire à Rions, appartenants à l'abbaye de La Sauve, des années 1617, 1622, 23, 26, 30 et 1632..... Il y en a aussy deux autres dans une autre maison de Rions ». — Reconnaissance par Jacques Courtade, curé de La Sauve (2 juillet 1744; fol. 1); — par Bernard Tilhac, maître chirurgien (16 mai 1744; fol. 2 v°); — par Joseph de Fisson, écuyer, sieur de Rougerie, habitant de la paroisse de Camiac, pour un domaine dans lad. paroisse, *à Rougerie*, anciennement *à la fon de Barbottin* (fait « dans laditte maison de Rougerie, susd. fiefs, paroisse dudit Camiac » (3 septembre 1744; fol. 5 v°); — pour le village de Dravineau, même paroisse, confrontant vers l'est au ruisseau qui sépare cette paroisse de la paroisse d'Espiet (même jour; fol. 9); — par Antoine Chabriail, chirurgien, habitant de la paroisse de Tizac; Jean Escudignan, chirurgien, de Curton, et autres (2 octobre 1744; fol. 15 v°); — par Jean Piganeau, sieur de Bellevue, et autres habitants de la paroisse de Tizac (21 septembre 1744; fol. 23); — pour un village sis paroisse de S.-Léon, *à Mondon*, et comprenant « plusieurs maisons, granges, chay, brûlerie », etc. (21 décembre 1744; fol. 37 v°); — par Étienne Favereau, sieur de Gaseneau et autres habitants de la paroisse de Camiac (28 décembre 1744; fol. 41 v°); — pour des biens pour

lesquels reconnaissance a été passée, le 26 octobre 1704, par Pierre Piganeau, s' de Balleyrac, et le 6 janvier 1614, par autre Pierre Piganeau, juge de Curton (30 décembre 1744; fol. 47); — pour un bien confrontant « au pred de M. de Ségur, seigneur baron de Blésignac » (28 janvier 1745; fol. 52 v°).

H. 114. (Registre.) — 0m47 × 0m30, 115 et 71 feuillets papier.

1737-1790. — Propriétés et seigneuries foncières. Contrats d'afferme. — Bail à ferme par dom Antoine Bonnet, prieur, et les religieux, des dîmes et agrières de Lugaignac, au profit de deux couvreurs qui s'engagent à payer une rente et entretenir les couvertures de l'église, clocher, cloître, dortoir, réfectoire, écuries, greniers, cuviers « et autres offices..., et même la maison qui est au coin du verger..., la maison abbatiale, à prendre depuis les bâtiments neufs jusques à la porte du monastère, la grange, la halle et parquet » (10 janvier 1737; fol. 1). — Bail à ferme en présence de Raimond Caussade, bourgeois et régent de La Sauve (29 mai 1738; fol. 1 v°); — en présence de Raimond Beaubens, curé de S'-Léon (20 avril 1750; fol. 7); — à Jean de Guilhem, sieur de Labarthe et de La Tailbade, et autres (21 avril 1750; fol. 7 v°); — des revenus de Branne, moyennant 800 l., un saumon pesant 20 à 25 livres, une douzaine de serviettes et une nappe de « toille brin » (19 mars 1752; fol. 8 v°); — à Laurent Laglère, curé de S'-Martin-de-Sescas (12 septembre 1754; fol. 12); — de S'-Pey-de-Castets, moyennant 4,415 l., 2 paires draps, 1 boisseau de haricots et 1/2 boisseau de lentilles (25 avril 1756; fol. 14); — à Jean Barreyre, curé de Créon (8 mai 1756; fol. 15); — par l'abbé commendataire aux religieux, des revenus de la mense abbatiale, à condition d'acquitter les charges de lad. mense énumérées dans l'acte, et de payer au bailleur 8,600 l. par an (10 juin 1755; fol. 15 v°); — de droits domaniaux à La Sauve : les bailleurs se réservent les ris de tous les veaux tués à la boucherie (6 janvier 1758; fol. 19 v°); — à Larroque, curé de Ladaux (29 juin 1758; fol. 23); — à Jean de Guilhem, sieur de Labarthe [et] de La Taillade, habitant de la paroisse de Puch (3 septembre 1758; fol. 25); — à Thomas Plunket, curé de Portets (24 avril 1759; fol. 26); — à Louis Doluou, curé de Nérigean (6 juillet 1759; fol. 27); — à Joseph Darhex, curé de S'-Pierre-de-Bat (12 septembre 1760; fol. 28); — à Jean Montaugey, curé de Lugaignac (13 mai 1761; fol. 29). — Arpentement du dixmaire de Lugaignac, en vertu d'un arrêt du Grand Conseil rendu au profit de François de Niozelle, chevalier de S¹-Jean, commandeur d'Arcins et Montarouch, contre Antoine Bruel, curé dud. Lugaignac (17 juin 1740; fol. 29). — Bail à ferme à Robert Sève, curé de Soussac (12 juin 1761; fol. 31 v°); — à Rose de Balias, veuve de Jean Soizeau, premier jurat de La Réole (25 janvier 1762; fol. 32 v°); — à Jean Barbe, maître chirurgien juré de la paroisse de Baron, en présence de Jules-Antoine Lamothe, maître chirurgien, et François Coudroy, garçon chirurgien, de La Sauve (20 février 1762; fol. 34 v°); — à J.-J. Soizeau-S¹-Martin, premier jurat de La Réole (26 septembre 1763; fol. 37); — à Jean Chaigne, curé de S¹-Léon, de la dîme au treizième dans sa paroisse (12 juillet 1766; fol. 40); — à Étienne Lousteau, curé de Ladaux, de la dîme au quatorzième dans sa paroisse (13 août 1766; fol. 40 v°); — à Jean Renard, curé de Villeneuve de Rions, en présence de Philippe Demptos, chirurgien juré, de La Sauve (2 avril 1767; fol. 44 v°); — en présence du même et de Jean Fumeau, chirurgien, de La Sauve (24 avril 1767; fol. 46 v°); — à Pierre Sainsevin, curé de Paillet (22 juin 1767; fol. 47 v°); — à Jacques Nauze, chirurgien (14 juin 1768; fol. 52); — à Pierre Bonnet, lieutenant général de police et notaire royal de Sauveterre (12 juin 1769; fol. 54 v°); — à Mathieu Brunet, curé de Soussac (30 janvier 1770; fol. 55 v°); — à Raimond Sauzeau, « penseur à gros bétail » de La Sauve (13 juin 1772; fol. 58); — à Duzan, curé de S¹ᵉ-Croix-Du-Mont (12 juillet 1772; fol. 58 v°); — au nom de dom J.-B. Borel, prieur de S¹-André-de-Cubzac (18 avril 1774; fol. 63); — à Pierre Bernard, curé de S¹ᵉ-Croix-Du-Mont (29 novembre 1777; fol. 70); — à Pierre Laribaut, curé de S¹-Léon (11 avril 1778; fol. 71 v°); — en présence de Jean Baissac-Labruyère, facteur d'orgues, domicilié à Bordeaux, près de l'église S¹ᵉ-Croix (26 février 1779; fol. 72 v°); — en présence de Jean Couchonneau, féodiste, domicilié rue du Portal, à Bordeaux (7 mai 1780; fol. 76); — à Pierre Trenis, curé de Portets (12 septembre 1780; fol. 79); — en présence de Pierre Mauret, maître d'école de La Sauve (13 mai 1781; fol. 85); — à Mathieu Brunet, curé de Soussac (23 octobre 1784; fol. 89); — à Marc-Antoine Thounac, vicaire perpétuel de Guilhac (29 octobre 1785; fol. 91 v°); — en présence de Jérôme Ducarpe, juge de Pujols et notaire royal (5 mars 1786; fol. 92 v°); — au nom de dom Gérard-Marius Landelle, prieur de « S¹-Jacques d'Avergne ou Lavergne, *aliars (sic)* S¹-Martin-Descombes, diocèse et sénéchaussée de Périg[u]eux » (19 février 1779; fol. 98); — au nom de dom Bernard Capmartin, prieur de S¹-Nicolas de Royan (4 mai 1781; fol. 99); — au nom de dom René

Bourdier, prieur de N.-D. de Monheurt (11 mars 1782; fol. 99 v°); — au nom de dom J.-B. Lorjot, prieur d'Escassefort (16 avril 1784; fol. 100 v°); — en présence de J.-B. Desnoués, jugé de La Sauve (21 janvier 1787; fol. 105); — à Jean Augan, curé de Mauriac (27 juin 1787; fol. 110 v°). — A l'autre bout, le registre renferme des actes de l'administration municipale de Cadillac, pour l'an VIII.

H. 115. (Liasse.) — 4 pièces parchemin.

XIII⁰ siècle. — Propriétés et seigneuries foncières. Feuillets détachés d'une lière. — Mention de Gérard de Lamote, chevalier, et de Rufat Davedac, damoiseau.

H. 116. (Registre.) — 0ᵐ30 $\times$ 0ᵐ11, 33 feuillets papier.

1492-1498. — Propriétés et seigneuries foncières. Lière. — A la fin, un reçu (déchiré) de 4 écus au soleil, délivré par « Jehan de Larmandie, religieux ».

H. 117. (Registre.) — 0ᵐ22 $\times$ 0ᵐ16, 59 feuillets papier.

XV⁰ siècle. — Propriétés et seigneuries foncières. Lière [en grande partie effacée].

H. 118. (Registre.) — 0ᵐ30 $\times$ 0ᵐ20, 42 feuillets papier.

1564 et 1563. — Propriétés et seigneuries foncières. Lière.

H. 119. (Cahier.) — 0ᵐ28 $\times$ 0ᵐ20, 12 feuillets papier.

1576. — Propriétés et seigneuries foncières. Lière.

H. 120. (Cahier.) — 0ᵐ28 $\times$ 0ᵐ20, 14 feuillets papier.

1595. — Propriétés et seigneuries foncières. Lière.

H. 121. (Cahier.) — 0ᵐ29 $\times$ 0ᵐ26, 18 feuillets papier.

1597. — Propriétés et seigneuries foncières. Lière.

H. 122. (Registre.) — 0ᵐ27 $\times$ 0ᵐ20, 33 feuillets papier.

XVI⁰ siècle. — Propriétés et seigneuries foncières. Lière pour Rions, Villeneuve, Cardan, Capian, Paillet, Loupiac, etc.

H. 123. (Cahier.) — 0ᵐ26 $\times$ 0ᵐ19, 33 feuillets papier.

XVII⁰ siècle. — Propriétés et seigneuries foncières. « Lière des renthes et agrières du petit convent et chappittre de l'abbaïe ». — Paroisse de S¹-Quentin : lieu dit *à la Caussade* (fol. 32 v°).

H. 124. (Cahier.) — 0m20 × 0m19, 9 feuillets papier.

XVIIᵉ siècle. — Propriétés et seigneuries foncières. Liève. — Analyse d'une reconnaissance du 19 mai 1366, pour une terre dans la paroisse de Villeneuve, lieu dit *a Boucy* autrement *au Castera* (fol. 4 v°).

H. 125. (Registre.) — 0m25 × 0m17, 45 feuillets papier.

1712. — Propriétés et seigneuries foncières. «Cayer d'arpentement des tènements de Ferchaud, Nadaud et Gabarron et Dourdet, en Benauge, fait par moy, Lamousnerie, à la réquisition de Monseigneur de Hales, abbé et seigneur baron de La Seauve Majour». — Mention d'une terre sise *au mayne de Dourdet*, près du ruisseau qui sépare La Sauve de Targon (fol. 24); — du sieur Monnerie, « lieutenant de Benauges » (fol. 35 v°); — de « Colas Patrouilhaud, laboureur et arpenteur, demeurant au village de Patrouilhaud, en La Seauve » (fol. 38 v°).

H. 126. (Cahier.) — 0m26 × 0m18, 29 feuillets papier.

1525-XVIIIᵉ siècle. — Propriétés et seigneuries foncières. Liève. — Analyse d'une reconnaissance pour un pré situé dans la paroisse de Bossugan, *à la Mothe* (fol. 18).

H. 127. (Registre.) — 0m34 × 0m21, 3 feuillets tables, 92 feuillets papier.

XVIIᵉ et XVIIIᵉ siècles. — Propriétés et seigneuries foncières. Liève. — *Extraits de titres pour des biens sis à S¹-Jean-de-Blaignac, en 1665-1699* (fol. 1-25); — *pour la même paroisse, S¹-Vincent et S¹-Aubin, de 1366 à 1525* (fol. 26-38). — Extrait d'un bail à fief du 31 juillet 1398, du « bourg apellé de *la Capera*» (fol. 27); — d'une reconnaissance du 13 décembre 1367, pour une « pièce de terre dans les paroisses de S¹-Jean-de-Blaignac et de S¹-Vincens, *aux Maytaderies,* lieu appellé *a les Bolbes* » (fol. 28 v°). — *Extraits de titres pour des biens sis dans les paroisses de Jugazan, Rauzan, Lugasson, S¹-Vincent, Mérignas, Bossugan, Mouliets et Civrac* (fol. 48 v°-71). — Extrait d'un bail à fief du 18 janvier 1367, tiré « d'un petit registre en papier, qui contient les notes originales de Gassies S¹-Jean, qui est dans les archives des religieux de lad. abbaye »

(fol. 55); — d'une reconnaissance du même jour, pour un bien sis dans les paroisses de Rauzan et de Cazevert (fol. 56); — d'une reconnaissance du 27 avril 1368, pour un pré dans la paroisse de Bossugan, au lieu dit *al prat de la Mota* (fol. 62); — d'une reconnaissance du 14 octobre 1525, pour un pré dans la même paroisse, *à la Mote* (fol. 63 v°); — d'une reconnaissance du 14 octobre 1525, pour une terre dans la paroisse de Mouliets, au lieu dit *à la croix de Lagarde* (fol. 66 v°); — d'une reconnaissance du 29 mars 1611, pour une terre dans la même paroisse, lieu dit *à Castelvert,* à *Trigoston* et *sur le port de Castillon* (fol. 66 v°); — d'une reconnaissance du 12 avril 1669, pour une terre « quintal », tenue « pour le cinquième de tous les fruits » (fol. 67 v°); — d'une reconnaissance du 7 juin 1459, pour une terre « en lo...poder de Civrac », confrontant à « la terra de Johan de Moychac, donset » (fol. 68); — d'une reconnaissance du 12 mai 1611, pour une terre dans la paroisse de Civrac, *à l'Isle*, confrontant à un « fief quintal » de l'abbaye (fol. 68 v°). — *Extraits de reconnaissances de 1600 et 1601 pour S¹-Jean-de-Blaignac, S¹-Vincent et S¹-Aubin* (fol. 72-92). — Extrait d'une reconnaissance de divers pour le village de Feurey, *alias* de Villesèque, paroisse de S¹-Vincent-de-Pertignas (fol. 77).

H. 128. (Registre.) — 0m39 × 0m27, 74 feuillets papier.

XVIIᵉ-XVIIIᵉ siècles. — Propriétés et seigneuries foncières. « Liève des rentes et agrières du petit convent et chapitre de l'abbaye de La Sauve ». — *Paroisse de La Sauve* (fol. 1-2); — *de S¹-Léon* (fol. 9); — *d'Espiet* (fol. 10-11); — *de Camiac* (fol. 12-15); — *de Tizac* (16-19); — *de S¹-Quentin* (fol. 20-21); — *de S¹-Denis* (fol. 21 v°); — *de Moulon* (fol. 23-37); — *de Loupes* (fol. 38); — *de Génissac* (fol. 42-44); — *de Sallebœuf* (fol. 48-49); — *Du Tourne* (fol. 50-51). Mention d'une tenure confrontant à un fief de la maison noble de la mothe de Haux et au baron d'Arsacq, sieur Du Pic (fol. 50). — *Paroisse de Tabanac* (fol. 52-53). Mention du port « apellé antiennement de la Clide et à présant de Valade » (fol. 52). — *Paroisse de Guillac* (fol. 55). — Mention d'une terre *à Rebuillide*, anciennement *à la Forge*, confrontant à un fief de la maison noble de Rebuillide (fol. 55). — *Paroisses de Fargues et de Lignan* (fol. 56). Mention du moulin d'Escorgebœuf, tenu pour les 7/12 par noble Samuel de Jouglains, sr de La Caye et de la tour de Fargues, et pour 5/12 par noble Jean de Gères, sr de la Mothe et de Pugeren (fol. 56). — *Paroisse de Lignan* (fol. 57); —

de Croignon (fol. 59); — *de Nérigean* (fol. 62-71); — *de St-Germain-de-Puch* (fol. 72-73).

H. 129. (Registre.) — 0m39 × 0m25, 16 feuillets papier.

XVIIIe siècle. — Propriétés et seigneuries foncières. « Livre contenant la recepte des rentes deues à M. l'abbé de La Seauve, depuis le 25 décembre 1690 ».

H. 130. (Registre.) — 0m33 × 0m24, 82 feuillets papier.

XVIIIe siècle. — Propriétés et seigneuries foncières. « Plans des fiefs dépendans du prieuré de St-Jean-de-Blagnac, en Bazadois ». — Table alphabétique des noms des tenanciers (fol. 3-6). — Plans cotés I-XIX, dont chacun est précédé d'une table des noms des tenanciers (fol. 7-82).

H. 131. (Liasse.) — 3 cahiers de 36 feuillets, 9 pièces papier.

XVe-XVIIIe siècles. — Propriétés et seigneuries foncières. Lièves. — Liève fragmentaire mentionnant à Ste-Florence une terre confrontant à Jean de Ségur, conseiller au Parlement, et à Jean Darinde, écuyer, sr de Lacarre, et une autre terre, sise à Civrac, appartenant à Pierre Fieusal (?), maître graveur de Bordeaux (xviie siècle).

H. 132. (Liasse.) — 3 pièces parchemin, 1 pièce papier.

1314-1479. — Propriétés et seigneuries foncières : Arveyres. — Bail à fief d'un pré, « so es assaber dos quarteys e demech », « a Monfaylo », « entre lo fossat de las Artigas, d'una part, e lo fossat aperat lo fossat d'entre los dos fossatz, d'autra part » (13 octobre 1314). — Procès-verbal de la mainmise sur la chapelle de Monfayton et de ses appartenances, « la plus part desquelles appartenances est en boys et désert et l'autre partie est en prez » (3 février 1479, n. s.).

H. 133. (Cahier.) — 0m29 × 0m20, 9 feuillets papier.

XIIe siècle (?)-1368. — Propriétés et seigneuries foncières : Arveyres et Génissac. « Reconnoissances en faveur du cellerier ès paroisses d'Arveires et Génissac, pour raison de sa maison de Monfaiton ». — Notice de la donation par Arnaud Gombaud de Vayres, et autres, au monastère de La Sauve, de « terram de Monfaitol, de termino de Genissac en jus », de six séterées, confrontant à une terre de St-Pierre (sic) de Fronsac, « sex loca

ad perticas in Dordonia ad opus pisquarie e la espleita de plaude e del raus » (xiie siècle (?); fol. 1 v°). — Déguerpissement d'une aubarède et remise au tenancier, à titre de compensation, de redevances dues par lui, notamment pour une terre confrontant à « la mota deù Casterar » et au fleuve (13 février 1314, n. s.; fol. 3 v°). — Vente d'une terre sise *a la gran artigua de Monfaylo* (1305; fol. 5 v°). — Vente d'une terre dans la paroisse de Génissac, *a l'artigua de Monfaylo*, s'étendant « de la mar, de l'un cap, jusques au fossat del priurat de Genissac, de l'autre cap » (1317; fol. 6). — Mention de la vente d'un manse par deux frères, paroissiens de Ste-Marie-Madeleine de St-Émilion (1330; fol. 7). — Bail à ferme par un moine de St-Martial de Limoges, vicaire général d'Ozil, abbé de La Sauve, à Rainaud Estrang, moine dud. monastère, de « la mayson e lo priurat de Genisac e la mayson de Monfayto », pour 60 l. de la monnaie courant à Bordeaux (1325; fol. 9).

H. 134. (Liasse.) — 2 cahiers de 32 feuillets papier,
12 pièces parchemin, 1 pièce papier.

1321-1685 — Propriétés et seigneuries foncières : Baron. — Bail à fief par « mossen W. de Bordas, prior deù priorat de Beraffont », vicaire général de l'abbé (9 novembre 1371). — Vente de fonds, dont un est sis lieu dit *au Casterilhon*, et ensaisinement par Gaillard Faur, prieur de St-Loubès (21 juin 1408). — Bail à cens par Jean de Pimpoix, prieur claustral, d'une terre déserte et bois délimité d'un côté par « las dougas et bidanas » (26 juin 1489). — Échange entre l'abbé et les religieux : le premier donne des droits dans la paroisse de Baron contre des droits dans la paroisse de St-Pey-de-Castets (copie; 1er août 1491). — Enquête dans un procès où sont partie Lancelot de Noailles, écuyer, et Catherine Du Puch, sa femme (xve siècle).

H. 135. (Cahier.) — 0m30 × 0m21, 35 feuillets papier.

1479-1480. — Propriétés et seigneuries foncières : Baron. Enquête relative à certains fonds. — Déposition de Jean Sans de Lalande : il n'a jamais vu « lo senhor de la tour de Bisqueytan, nommat Johan de Castetya » exercer de droit sur le lieu dit *les Treytins* (fol. 2). — Déposition de Jean de Lafont, de Nérigean : « Doze ans a ou environ que fazen de la fusta per la gleyssa de Nerigan, per lo cangeit de l'abadia de La Seuba » (fol. 4 v°). — Déposition de Jean Gassies, de la même paroisse : « Ed y a hist far de la fusta per la capperanie de Nerigan » (fol. 5 v°). — Mention d'un fait survenu vingt ans auparavant sur l'un des terrains en question : « Bertrand de Mendossa, a la betz senhor de Bisqueytan, y tudet ung porc » (fol. 8). — Articles mis à l'enquête sur demande de Jean de Piis, seigneur de Piis et de Bisqueytan (fol. 14 v°). — Déposition de « Bertrand de Mendossa, escudey, senhor de Monlaur, parropiant de Molon Entre-dos-Mars, eagé de quarante ans ou environ » (fol. 30 v°).

H. 136. (Liasse.) — 8 pièces parchemin, 4 pièces papier.

1260-XVIII° siècle. — Propriétés et seigneuries foncières : Baurech, Bellefond, Belvès et Blaignac. — *Baurech*. Bail à fief par Bernard de Lataste, écuyer, domicilié en la paroisse St-Michel de Bordeaux (28 février 1538, n. s.). — Note mentionnant une reconnaissance du 2 janvier 1553, n. s., au profit de « Louis, Clémence et Galliène Josset, frère et sœurs, seigneur et dames de la maison noble de Caillau, autrement Lataste, de Baurech », pour des biens qui passèrent ensuite à Henri de Salignac, écuyer, seigneur de la maison noble de Peyguiraud (s. d.) — *Bellefond*. Achat par P. Demons, prieur de Bellefond (24 avril 1260). — Inventaire des meubles du prieuré, à la suite du décès du frère Geoffroy Dubois, prieur (16 août 1610). — Sauvegarde délivrée par le prince de Condé à l'abbé de La Sauve pour la paroisse de Bellefond, interdisant d'y loger des gens de guerre et d'y fourrager (1er juillet 1651). — Bail du moulin par dom J.-B. de St-Nicolas, prieur des Feuillants de Bordeaux (23 juin 1721).

H. 137. (Liasse.) — 16 pièces parchemin, 1 pièce papier.

1333-1397. — Propriétés et seigneuries foncières : Bordeaux. — Reconnaissance pour une terre grevée d'une esporle de 4 deniers sterling d'Angleterre et d'un cens d'un plat d'argent fin, pesant 1 marc de Bordeaux (décembre 1344). — Investiture par Guillaume Ays, damoiseau, et sa sœur Jeanne de Fronsac (3 avril 1375). — Reconnaissance par « Guilhem Caubet, polalhey » (8 mars 1391, n. s.).

H. 138. (Liasse.) — 13 pièces parchemin.

1403-1437. — Propriétés et seigneuries foncières : Bordeaux. — Reconnaissance par Jean de Labatut, damoiseau, fils de feu Gaillard de Labatut, damoiseau, et de Marie de Lacorreya (?) (13 janvier 1418, n. s.).

H. 139. (Liasse.) — 12 pièces parchemin, 8 pièces papier.

1451-XVIII° siècle. — Propriétés et seigneuries foncières : Bordeaux. — Vente d'une seigneurie foncière acquise de Jeanne de Triulon (?), femme de noble Guillaume Andron, chevalier, seigneur de Lansac et de la maison de Beguey (8 mai 1451). — Procuration pour l'échange de divers cens, dont un sur une maison de la rue des Ayres, près de « la maison des hérittiers de deffunct Baltazar Micqueu, là où est le jeu de la paulme » (20 avril 1510).

H. 140. (Liasse.) — 0 pièces parchemin, 6 pièces papier.

1327-1756. — Propriétés et seigneuries foncières : Bossugan et Bouliac. — *Bossugan*. Reconnaissance pour une terre sise « en la parropia de la capera de Brinhac » et pour un bois dans la même paroisse, lieu dit *a la Roqueta*, près d'un bien d'Amanieu de Puch, chevalier, pour un pré dans la paroisse de Bossugan, *al prat de la Mota*, etc. (1368-1369). — *Bouliac*. Bail à fief par Jean Du Puch, damoiseau, fils de Jean, de biens au lieu dit *a la Ropta* (24 juillet 1430).

H. 141. (Liasse.) — 14 pièces parchemin.

1346-1411. — Propriétés et seigneuries foncières : Bruges. — Reconnaissance pour divers biens, dont une vigne près « la sala deu sr da (sic) Laguoyran » et le « porge de ladeyta gleysa de Bruyas » (23 janvier 1408, n. s.). — Reconnaissances pour diverses terres tenues de l'abbaye, en raison du prieuré de St-Laurent d'Escures, près Bordeaux, annexé à la mense abbatiale (23 janvier 1408, n. s.)

H. 142. (Liasse.) — 10 pièces parchemin.

1413-1427. — Propriétés et seigneuries foncières : Bruges. — Reconnaissance pour des biens tenus moyennant diverses redevances : le quint du grain produit par une terre sise *au Jaugueyron*, « lo ters pancy deu fruit de vin et de vendemiha que vayra et creyssera cascun an en lodeyt trens de vinha qui es aud. loc apperat *a la Terssaria* », etc. (29 novembre 1415).

H. 143. (Liasse.) — 6 pièces parchemin, 1 pièce papier.

1431-1466. — Propriétés et seigneuries foncières : Bruges.

.H. 144. (Liasse.) — 9 pièces papier.

1688-1693. — Propriétés et seigneuries foncières : Bruges. Procès contre Bernard Deynial, avocat, touchant la directité du bourdieu de La Grave.

H. 145. (Liasse.) — 2 pièces parchemin.

1327-1454. — Propriétés et seigneuries foncières : Brugnac. — Bail à fief par Étienne de Mazeroles, prieur de Saint-Pey-de-Castets (21 novembre 1327). — Déguerpissement d'immeubles sis « en la parropia de Sent-Mor de Brunhac », aux lieux dits *a la Fronteyra* et *a la teuleria de Brunhac*, en présence de Pierre Tudeu, prieur de Ruch, Arnaud Itier, vicaire de Ruch, et Guillaume Vert, vicaire de La Sauve (15 octobre 1454).

H. 146. (Liasse.) — 8 pièces parchemin, 6 pièces papier.

1312-1671. — Propriétés et seigneuries foncières : Cadillac, Camarsac, Cambes, Camiac. — *Cadillac.* Bail à fief par un boucher, de partie de deux emplacements sis « a la Bretonaria de Cadilhac »; le preneur y dépensera 5 guiennois d'or, valant chacun 40 guiennois d'argent (6 novembre 1364). — *Cambes.* Bail à fief par Bos de Laroque, chevalier, à Robert Barinhon, paroissien de Lamérac en Saintonge (27 janvier 1312, n. s.).

H. 147. (Liasse.) — 13 pièces parchemin.

1270-1358. — Propriétés et seigneuries foncières. Capian. — Bail à fief d'un manse près des biens de « en P. Descupian, cavoi » (8 février 1277, n. s.). — Bail à fief d'un pré sis près du moulin de Pomars (16 février 1279, n. s.).

H. 148. (Liasse.) — 16 pièces parchemin.

1364. — Propriétés et seigneuries foncières : Capian. — Reconnaissance pour des biens confrontant à des propriétés ou à des fiefs de Guillaume Du Favernet, Gaillard de La Taste, Gérald d'Escopian, damoiseaux (14 mai 1364). — Reconnaissance pour un manse confrontant à une terre qui relève « de la coffrayria de la gleysa de Capian » (6 juin 1364). — Reconnaissance pour un manse confrontant à « la causa de la coffrayria de Capian » et « la causa d'en Bos de La Trena, donzet » (18 juin 1364). — Bail à fief d'un pré

« au loc aperat a la crotz de Senta-Katerina » (« xx° die exitus mensis junii » 1364).

H. 149. (Liasse.) — 9 pièces parchemin.

1367-1398. — Propriétés et seigneuries foncières : Capian. — Ensaisinement par frère Georges « de Meyana Sarra », prieur de S¹-Pey-de-Castets, agissant au nom du monastère de La Sauve, dont il a été nommé vicaire général et syndic le 20 janvier 1385, n. s. (8 mars 1388, n. s.). — Reconnaissance pour une maison tenue moyennant un cens de 12 s. et une corvée « a vinholar » (7 avril 1392). — Accord au sujet d'une « cambra de vinha » (mai 1395, « Guilhermo, Burdeg. archiepiscopo »).

H. 150. (Liasse.) — 7 pièces parchemin, 8 pièces papier.

1414-1768. — Propriétés et seigneuries foncières : Capian. — Reconnaissance par « Jordan de Barssac, de la parropia de Capian, eu poder d'Arrions », pour une terre sise « entre lo bosc franc deudeyt Jordan de Barssac, d'un costat, et la terra et bosc que lodeyt Jordan ten deu priurat de Senta-Katherina ». (1414). — Ensaisinement par Gaillard Fau, prieur de S¹-Loubès, vicaire général de l'abbé Guillaume (15 avril 1415). — Bail à cens d'un manse désert, d'une friche, etc. (30 avril 1455). — Reconnaissance pour une terre « au loc apperat Arbenatz » (7 mars « anno Domini millesimo cccc° Lxxx decimo », 1491, n. s.).

H. 151. (Liasse.) — 13 pièces parchemin.

1309-1399. — Propriétés et seigneuries foncières : Cardan. — Reconnaissance pour un « trens de bosc, ab la fenestra e ab la terra e loc en que es » (18 mai 1364). — Reconnaissance par un habitant de la paroisse pour divers biens, notamment « tota sa part de la lana, ab la terra e loc en que es... au loc aparat a las Sisteyras » (1364).

H. 152. (Liasse.) — 9 pièces parchemin, 7 pièces papier.

1364-1744. — Propriétés et seigneuries foncières : Cardan. — Reconnaissance par « Guilhem Deu Mostey, apperat Bordeu, heraut de la ciutat de Bordeu », passée « in domo abbaciali dicti monasterii, sita in parrochia ecclesie Sancti-Michaelis Burdegalensis » (15 juillet 1455). — Assignation à André Duvignault, curé de Cardan (19 août 1669).

H, 153. (Liasse.) — 10 pièces parchemin.

1296-1515. — Propriétés et seigneuries foncières : Carignan et Castillon. — *Castillon*. Reconnaissances à Pierre de Bonasavenc(?), prieur de Castillon (15 septembre 1410-3 janvier 1428, n. s.). — Acte relatif à une fondation faite en avril 1406, sous le sceau d'Élie Jaucelin, archiprêtre d'Entre-Dordogne, par Éliote Armande, femme de Gaillard de Bourg, damoiseau : après le décès d'Éliote et de son mari, Hélène Lotolh, mère de lad. Éliote, a assigné 20 s. de rente pour doter cette fondation ; Marquise de Bourg, sœur de Gaillard, cède ses droits sur lad. rente à Pierre de Bonasavent, prieur de Castillon (2 octobre 1428). — Reconnaissance à Jacques de Vayrac, prieur de S'-Florent de Castillon, pour un « desert », au lieu dit *au Saplon* (8 septembre 1431). — Reconnaissance à Jacques de Vayrac, abbé de Blasimon et prieur de Castillon (9 novembre 1446). — Bail à fief par Jacques Gaucem (?), prieur de Castillon (17 octobre 1455). — Reconnaissance à Louis Cotet, prieur de La Réole et de Castillon (29 décembre 1496).

H. 154. (Liasse.) — 7 pièces parchemin, 4 pièces papier.

1353-1759. — Propriétés et seigneuries foncières : Cénac, Cenon, Civrac. — *Civrac*. Reconnaissance pour une terre sise « al loc de Sivrac, entre lo porge de Sivrac, d'una part, e lo fossat del loc de Sivrac » (28 avril 1368). — Bail à fief d'une terre confrontant à « la terra de Madona Johana de Latrau et la mota de Johan Guombaud, donzet » (2 février 1436, n. s.).

H. 155. (Liasse.) — 10 pièces parchemin.

1295-1366. — Propriétés et seigneuries foncières : Coirac. — Bail à fief daté de « Guillelmo, episcopo Vasatensi » (3 janvier 1295, n. s.). — Reconnaissance pour un bien placé entre des propriétés de Bernard de Semenx et de Jourdain de Puch, damoiseaux ; témoin : Andron de Luganhac, damoiseau (23 avril 1364).

H. 156. (Liasse.) — 24 pièces parchemin.

1368. — Propriétés et seigneuries foncières : Coirac. — Recounaissance pour un manse au lieu dit *a la Colomia* (12 février 1368, n. s.). — Reconnaissance pour une terre confrontant à Guillaume-Garcie de Juzixs, chevalier (12 février 1368, n. s.). — Ensaisinement en présence d'Étienne de La Claustre, curé de Coirac (15 avril 1368).

H. 157. (Liasse.) — 4 pièces parchemin, 3 pièces papier.

1273-1661. — Propriétés et seigneuries foncières : Courpiac, Créon. — *Courpiac*. Charte [suspecte?] portant cession à G. Guita, prieur de Bellefond, et à l'abbaye, d'une vigne confrontant a « la brostereira de la confratria de Corpiac » (20 mai 1273, « domino Henrico, rege quondam Anglie, defuncto »). — Reconnaissance par Pierre de Cabanac, damoiseau, fils de feu Raimond, chevalier, et de Géralde, pour des biens greyés de 2 sous de cens, et vente de ces mêmes biens, moyennant 3,000 sous, en présence d'Arnaud-Guillaume de Branne, prieur de S'-Loubès, Raimond de Terrefort, prieur de Bellebat, etc., (29 novembre 1296). — *Créon*. Charte de l'abbé, constatant qu'Itier de Laroque, clerc, lieutenant de P. Fulcher, prévôt de Créon, lui a, sur l'ordre du sénéchal de Périgord pour le roi de France, remis le prévôt de La Sauve, deux hommes et deux roncins que led. prévôt de Créon avait fait saisir par ses sergents (26 juin 1317).

H. 158. (Liasse.) — 1 cahier de 24 feuillets papier, 13 pièces parchemin, 4 pièces papier.

1280-1728. — Propriétés et seigneuries foncières : Croignon. — Vente de droits sur une succession ; l'acte porte à la fin, à la suite du *signum* et en très petits caractères, la mention suivante, qui paraît se référer aux honoraires du notaire : « V s., scilicet(?) de parva moneta » (23 mars 1305, n. s.). — Bail à fief que fait « en P. de Trechi, monges e ortolans deu moster de La Seuba, procurador deu senhor en [Ma]lheu de Trechi, massoner deudeit moster » (2 décembre 1309). — Vente d'un fonds, « saups los dreitz e los devers deu moster de La Seuba e especiaument deu massoner deudeit moster » (26 avril 1332, « Arnaldo, Burdeg. archiepiscopo »). — Bail à fief à Jean de Languissen, damoiseau, d'un pré dans la paroisse de Croignon, *au prat de la Voria*, près de « lo riu molinant », d'une rège de vigne dans la même paroisse et d'un pré dans Camarsac, « a l'ilet deu molin deus Monges » (13 janvier 1462, n. s.). — Bail à cens d'un moulin à eau (copie ; 9 avril 1482). — Dépositions faites par divers témoins « en l'ancontre de discret home messire Johan Seguin », curé de Cenon ; déposition de Jean Rivière(?), de Croignon, « âgé de cent ans ou environ » : « Luy-mesmes, luy estant bailhe de La Seuve, en a leuvé le mayran, coudre et glandayge et y a mis a paychon les pors du pays et aussi de Xaintonge » ;

un autre a vu « ceulx de La Seuve... prandre et prugnher (?) les porcs de Mons' Du Peuch au glandayge »; un autre « ha veu à ceulx de La Seuve bailher porcquaux aux majouraulx et porchers pour mestre les porcs au glain par nom de La Seuve » (1488).

H. 159. (Liasse.) — 8 pièces parchemin, 2 pièces papier.

XIIIᵉ-XVIIIᵉ siècles. — Propriétés et seigneuries foncières : Cursan, Curton. — *Cursan.* Bail à fief au nom de Jean Delapion (?), « massoney » de l'abbaye (6 mars 1301, n. s.). — Bail à fief d'une terre confrontant au fief de Gailhard de Vedac, damoiseau, et d'une autre terre confrontant « a la terra de la confrayria parropianau de Curssan » (20 mars 1305, n, s.). — Vente d'une terre et bois confrontant « lo bosc deu bedat d'Escossan » (5 janvier 1332, n. s., Pierre étant archevêque). — Acquisition par Raimond Linier, prieur claustral de La Sauve (copie authentique, 6 avril 1482). — *Curton.* Sentence d'Antoine Saige, assesseur en la cour de la sénéchaussée pour Jean de Chasteaupers, lieutenant général du grand sénéchal, enjoignant à Pierre de Rostain, écuyer, seigneur de Curton, de remettre à l'abbaye des brebis qu'il avait fait « gaiger, pignorer ou carneler » (12 août 1468).

H. 160. (Liasse.) — 12 pièces parchemin, 6 pièces papier.

1273-XVIIIᵉ siècle. — Propriétés et seigneuries foncières ; Daignac, Dardenac. — *Daignac.* Analyse d'une reconnaissance du 20 mars 1525, n. s., par Jean de Gaufreteau, prêtre, à Jean de Chabanes, seigneur de Curton (s. d.). — *Dardenac.* Cession à l'hôtelier par la veuve de Fort Dubosc, de Capian, à qui son mari a « obligat... totas las causas... deudeit Fort per ix libr. x s., per son maridatge, e per x libr., per sa donacion, e per vi cabras », des droits de lad. veuve sur les biens du mari, « especiaument sobre las causas que et aye en la parropia d'Ardenatz, eu feu deudeit hostaler », moyennant 10 l. de bordelais (17 novembre 1303). — Partage entre frères : sont cités notamment, dans un maine à Dardenac, une vigne « au claus Sent-Climens », et une terre « a la boria Sent-Climens »; les co-partageants s'interdisent toute réclamation, « exceptat desfrach de linhatge, si avine » (5 novembre 1318). — Bail à fief d'une terre au lieu dit a Sent-Climens (31 mai 1327). — Vente d'une terre moyennant « vi liuras de tornes petitz negres, deu cunh de Tors » (14 septembre 1321). — Bail à fief par Pierre de Preyssac, damoiseau, de Daignac, d'une terre confrontant

aux biens d'Eudes de Laroque, damoiseau, et à « l'afar de Danhac lo velh, aperat Danhac lo Temple » (18 avril 1335). — Reconnaissance de dette de 60 s. de bordelais : l'emprunteur donne en mort gage une terre, pour laquelle le prêteur s'engage à payer au monastère le cens de 5 sous (3 septembre 1335). — Échange entre Pierre de Benauges, de La Sauve, chevalier, et Eudes de Laroque, damoiseau, de Rions (18 août 1360).

H. 161. (Cahier.) — 0ᵐ30 × 0ᵐ21, 24 feuillets papier.

1479. — Propriétés et seigneuries foncières : Dardenac. Différend entre l'abbé de La Sauve et Jean de Ségur, seigneur de Pardailhan, accusé d'avoir menacé des tenanciers de l'abbaye, d'avoir démoli leur maison, etc. — Déposition d'un paroissien de Sᵗ-Jean du Temple : l'abbé est en possession « de forestar lós boscz ad aqueiz que y volen botar de bestiar » (fol. 10 vᵒ). — Déposition de Jean de Lescure, de Faleyras : « Be a xxii ans o environ que ed a conoyssenssa de lad. gleysa d'Ardenatz, laquau era tota destruicta et es encara de present, et ed crey que aquo a estat per las guerras, car ed n'y a d'autras parropias que son taben destruytas, que son pres d'aquera » (fol. 12). — Déposition de Jeanne Robert, de Faleyras : il y a environ 40 ans qu'elle connaît lad. paroisse de Dardenac, « la quau a vista tota deserta et en aqued temps no y demorava en lad. parropia nulha persona » (fol. 12 vᵒ). — Déposition de Jean de Lorme, d'Espiet : « Be a xvi ans o environ, qued ed vit ung home que se appellava Sent-Seve, loquau portava de la coudra, de l'aulan a la abbadia de La Selva Major, laquau ave aguda de certanas gens que l'avian feyta en los boscz d'Ardenatz deu consentiment deud. senhor abbat » (fol. 13 vᵒ). — Déposition de Guillaume Barrau, de Montarouch : « A audit dire que lod. senhor abbat es senhor de lad. gleysa d'Ardenatz, et es priourat, et vit longtemps que certans capperans vingoren a lad. gleysa d'Ardenatz et la volen impetrar de monsenyor l'archivesque de Bordeu ; mas, quant audiren dire que era priurat, no s'en cureren » (fol. 19 vᵒ). — Inventaire des productions : « Ung belh rolle, loquau es en perguam et la pluspart escriupt en lectra de forma »; « car lad. parropia de Guybon, per las guerras qui son estadas en lo present pays, es vinguda tota inhabitabla et en desert, et a causa de lasd. guerras lod. monastey a pergut la pluspart deus instrumens qui luy son necessaris » (fol. 23).

H. 162. (Liasse.) — 6 pièces parchemin, 1 pièce papier.

1365-1414. — Propriétés et seigneuries foncières : Donzac.

H. 163. (Liasse.) — 2 cahiers de 30 feuillets papier, 11 pièces papier.

1490-XVIIIe **siècle**. — Propriétés et seigneuries foncières : Espiet. — Dossier de la vente de revenus appartenant à l'abbaye dans la paroisse d'Espiet, en vue de payer les 2,000 l. auxquelles a été fixée la part du monastère dans la contribution accordée au Roi. Mise en vente des droits à percevoir « sur les villaiges vulgairement appellés de Chauveau, aultrement à la Mothe Bourrue et de la Clotte » (11 août 1575). État du répartement de la contribution imposée au clergé de Bordeaux. Reçu par Garay de Montrigaud, archidiacre de Cernès, receveur des décimes (23 novembre 1575). Prestation du serment d'hommage par l'acquéreur à l'abbé (19 juin 1576). (1574-1576). — Échange avec « Pierre Gauffreteau, escuyer, seigneur de la Mothe Barrue, demurant aud. lieu, paroisse d'Espiet » (9 octobre 1581). — Analyse d'une reconnaissance de 1536, pour un bien confrontant à l'étang du Moulin neuf (s. d.).

H. 164. (Liasse.) — 27 pièces parchemin.

1227-1336. — Propriétés et seigneuries foncières : Faleyras. — Arbitrage d'A[manieu], archevêque d'Auch, entre Bernard de Rions et l'abbaye de La Sauve, relatif notamment à des droits à Faleyras (sceau équestre de Bernard, avec contre-sceau à ses armes : de..... à quatre fasces de....,, et sceau de l'abbaye (Rions, 11 juin 1227). — Bail à cens par l'abbé Florent d'une « terra e bosc e plan », au lieu dit a Fort Vila (21 mars 1281, n. s.). — Bail à fief d'un manse par le cellerier de La Sauve, du consentement de l'abbé Florent : le preneur s'engage à ne pas donner ce manse « a gleiza, ni a Temple, ni a Espitau, ni a gafetz » (25 janvier 1284, n. s.). — Reconnaissance à laquelle assiste « eu Foucher, caporans de Falayrans » (10 mai 1304). — Déguerpissement en présence de « Foohey, caperan de Falairans » (6 août 1306). — Reconnaissance pour un pré contigu au moulin de *l'Estanc* : les religieux pourront prendre du pré la portion nécessaire pour réparer le moulin, à condition de réduire le cens « a la conoguda de prodomes » (10 mars 1308, n. s.). — Bail à cens, « monasterio Silve Majoris vacante » (1er octobre 1315).

H. 165. (Liasse.) — 15 pièces parchemin.

1363-1468. — Propriétés et seigneuries foncières : Faleyras. — Reconnaissance pour un pré confrontant à celui des hoirs de feu Pierre de Benauges, chevalier (24 juin 1363). — Reconnaissance pour un manse a *Maurechs*, confrontant à « l'ariu molent deu molin de l'Estanc » (6 janvier 1368, n. s.). — Reconnaissance pour divers fonds, dont un confronte « a l'ario qui part Blanhades et Benauges » (6 février 1368, n. s.). — Bail à fief de biens sis a *la Madera* (31 août 1399). — Reconnaissance en présence de Jean Blanc, curé de Faleyras (20 juin 1395).

H. 166. (Liasse.) — 10 pièces parchemin.

1326-1439. — Propriétés et seigneuries foncières : Fargues. — Reconnaissance par, « Guilhem de Fossas, comandayre lo jorn d'uy, que cesta present carta fo feyta e autreyada, de la comandayria d'Arsinx en Medoc, demorant a l'espitau de Fargues » (22 mai 1391). — Reconnaissance pour une terre comprise « entre lo riu deu moulin d'Escoryabeu, d'una part, e la rulha qui salh deud. molin, d'autra part » (30 juillet 1391). — Reconnaissance par Peyrone Guiraud, « de la parropia de l'espitau de Farguas, » pour un manse a *Termes*, confrontant à Jean de la Mote, damoiseau (14 avril 1402).

H. 167. (Liasse.) — 4 pièces parchemin, 2 pièces papier.

1411-1689. — Propriétés et seigneuries foncières : Floirac, Frontenac, Gardegan. — *Floirac*. Ensaisinement, par la cour du prévôt de la banlieue de Bordeaux, au profit du représentant de l'abbé, d'une terre sise près de la vigne de Trenque Brun, femme de Bertrand Dayes, damoiseau, en vertu d'un jugement de l'Officialité prononçant la commise (6 février 1443, n. s.). — Reconnaissance pour « tota aquera plassa de terra aperada la mota de Trageyt,... sobre lo port de Trageit, ayssi cum es entre lo camin communau, per loquau hom va deudeit port de Trageit vert lo Cipressar, d'una part, et l'estey de Trageit, d'autra part » (copie ; 4 février 1452, n. s.). — *Gardegan*. Reconnaissance à Pierre de Bonasabent (?), prieur de St-Florent de Castillon (1er juin 1411).

H. 168. (Liasse.) — 18 pièces parchemin.

1313-1360. — Propriétés et seigneuries foncières : Génissac. — Ensaisinement, par l'abbé, de l'acquéreur d'une terre *a Monfayto* : « E s'en devestiren li avand. frayre vendedor en la man e en la prezenssa de l'avandeit senhor abat, cum en man de senhor, loqual avand. senher, recobrada l'avand. terra a ssa man, n'a vestit lodit P. Vidal, comprador, per lo quart dels fruytz,... portalz a la mayzon de Monfayto » (1ᵉʳ octobre 1316, Gérard Dorgulh étant maire de Libourne). — Vente par « P. Arnaut, sirbent de nostre senyor lo rrey de Franssa e guarda dels senhors religios abas e combent del moster de La Seuba », pour le prix de 18 l. bord., de trois bœufs saisis au détriment de Gaillard Larros, de Génissac; lad. vente est faite d'ordre du sénéchal de Périgord, « per una soma d'argent que lodeitz Galhart Larros deve audeit senhor, et hoc per arradon de la ascenssa deu priorat de Genissac » (25 janvier 1317, n. s.). — Dénonciation, par les fermiers, du bail à ferme des terres, maisons, rentes et autres droits du cellerier à Génissac et à Vayres; témoin : « 'n Arnaut de Belaaygua, arciprestre d'Entre-dos-Mars » (août 1317). — Reconnaissance pour une terre sise entre la rivière, d'un bout, et les terres « de moss. Arnaud d'Angladas, cavoy, e d'en Augey de Montaud, donzet », de l'autre bout (1358). — Ensaisinement pour une terre sise *au Perey deus Guaffetz* (17 décembre 1360).

H. 169. (Liasse.) — 10 pièces parchemin.

1363-1364. — Propriétés et seigneuries foncières : Génissac.

H. 170. (Liasse.) — 29 pièces parchemin, 2 pièces papier.

1368-1448. — Propriétés et seigneuries foncières : Génissac. — Bail à fief par Philippe de Lespinasse, prieur de Sᵗ-Pey-de-Castets, vicaire de l'abbé Guillaume, d'un bois confrontant à celui d'Amanieu Danglades, chevalier; témoin : Élie Faure, curé de Tizac (13 juin 1424). — Bail à fief d'une terre, au lieu dit *en Augost*, confrontant à la terre de Bernard de Lamote, damoiseau, « et lo bosc de l'ostau de Genissac apperat lo paduent de Crespiac » (29 juin 1439). — Bail à fief de « totas aqueras coutz de peyra on sole estar l'ostau deu priurat de Sent-Nicholau de Genissac, lasquaus coutz se toquan ab la cappera de Genissac », et d'una

« terre au perey deu Gaffet » (mai 1445). — Déguerpissement d'une terre sise « au loc apperat a la plassa deu Gaffet, autrament apperada la terra deu Conilh » (4 février 1446, n. s.). — Bail à fief d'une terre abandonnée, touchant à « la terra de la mota d'Angladas de Genissac » (24 février 1446 (?), n. s.). — Bail à fief de 6 journaux de terre abandonnée, « au loc apperat en Bona Mayson » (17 janvier 1448, n. s.).

H. 171. (Liasse.) — 1 cahier parchemin de 12 feuillets, 7 pièces parchemin, 5 pièces papier.

1461-1735. — Propriétés et seigneuries foncières : Génissac. — Bail à fief d'une terre abandonnée près « lo fossat de l'olme de Labidon » (28 mai 1461). — Reconnaissance pour une terre près du port, touchant à « la terra et mota de monss' d'Angladas », et à la rivière (27 novembre 1480). — Bail à fief par Michelet de Chassaignes, seigneur de Génissac, agissant au nom de l'abbé de La Sauve, son frère, d'un bois dans la palu de Génissac, confrontant au bois de noble Bertrand de Mandosse, s' de Monlau (18 juin 1493).

H. 172. (Cahier.) — 0ᵐ26 × 0ᵐ19, 18 feuillets papier.

1545. — Propriétés et seigneuries foncières : Génissac. Terrier : « Minuttes d'esporles et recognoissances faictes au s' abbé de La Seulve par Perrin Achen et aultres tenanciers de la parroisse de Génissac. »

H. 173. (Cahier.) — 0ᵐ29 × 0ᵐ19, 15 feuillets papier.

XVIᵉ siècle. — Propriétés et seigneuries foncières : Génissac. Lième, ou « extrait des reconnoissances... retenues par Bardeau, Bonroy et Alegret ». — Mention d'une terre *a la Mongia*, confrontant « à la mothe d'Anglades de Génissac » (fol. 4 vᵒ); — d'une terre et aubarède, près du port, confrontant à « la terre et mothe du s' d'Anglades » (fol. 6 vᵒ).

H. 174. (Cahier.) — 0ᵐ28 × 0ᵐ20, 13 feuillets papier.

XVIᵉ siècle. — Propriétés et seigneuries foncières : Génissac. Lième. « Extraict des exporles... receuz par Allegret, notaire royal ».

H. 175. (Liasse.) — 25 pièces parchemin, 2 pièces papier.

1266-1710. — Propriétés et seigneuries foncières : Grézillac, Guibon. — *Grézillac.* Bail à fief à Arnaud de Montlaur, damoiseau, par un moine, titulaire de la chapelle fondée à l'abbaye par feu Guillaume-Raimond de Lastastas, chevalier (12 mars 1428, n. s.). — *Guibon.* Échange par Bernard de Pressac, damoiseau, et Garin, prieur de Guibon, de moitié d'une terre confrontant d'un côté à « la clausura deus fossatz de ladeita terra » (4 novembre 1266). — Déguerpissement et cession approuvés par le fondé de pouvoir de Guillaume Debans (?), prieur de Guibon (6 avril 1294). — Vente d'une terre sise *au perey Jaubert*, près du bois de Constantin de Benauges, damoiseau, et ensaisinement par le représentant de Guillaume Debans, cellerier et prieur de Guillac *(sic)* (30 avril 1294). — Bail à fief par Aicard Du Castanhar, prieur de Guibon, du consentement de P[ierre], abbé de La Sauve (31 octobre 1307). — Bail à fief par Aicard Du Castanhar, prieur de Guibon, en présence d'Arnaud de La Fargue, curé de Buzet (28 mai 1312). — Reconnaissance pour des terres tenues moyennant « lo seyzen deu ffruit qui bayra e creyssera cascun an en lasd. terras quant la femaran » (26 janvier 1368, n. s.). — Expédition d'une reconnaissance de 1393 par un notaire, « per vertut de l mandament a min derigit per mestre Pey de Maderan, notari public e guarda deus pappeys deus notaris mortz en tot lo duguat de Guiayna, sagerat en pendent ab cera verda deu saget de la cort del exequtor reyau » (1397).

H. 170. (Liasse.) — 16 pièces parchemin, 1 pièce papier.

1278-1397. — Propriétés et seigneuries foncières : Guillac. — Bail à cens à Arnaud-Guillaume de Lugagnac, damoiseau (18 juin 1278, Florent étant abbé de La Sauve). — Bail à cens en présence d'Élie de Lastastes, de La Sauve, damoiseau (2 juillet 1280). — Reconnaissance pour un manse grevé d'une redevance de 5 sous « ho una lampreda bona e sufficienta » (23 décembre 1375). — Reconnaissance pour une terre confrontant « a la vinha de la coffrayria de Gulhac » (21 septembre 1397).

H. 177. (Registre.) — 0m30 × 0m20, 25 feuillets papier.

1479. — Propriétés et seigneuries foncières : Guibon. Enquête pour éclairer Jean de Cassagnes, président au Parlement, arbitre entre l'abbé de La Sauve et Jean de Ségur, seigneur de Pardaillan. — Texte des propositions de l'abbé : il existait jadis à Guibon une paroisse, desservie par un prieur et dont les habitants tenaient en fief de l'abbaye et du prieur de Guibon leurs manses, terres, vignes, etc. ; « despuis cent ans en sa, per las guerras et mortalitatz qui an estat et durat per loing temps, en lo pays present de Bordales et a l'environ, lad. parropia de Guibon et aissimedis aucunas de las autras circumvicinas son vingudas totaument a depopulation et en desert et es vinguda totaument inhabitabla et es encara de present » ; l'abbé est en possession de bailler à cens les bois, landes, lagunes, moulins et manses déserts sis dans lad. paroisse, le bois de l'Artenac, paroisse de Guillac, « assi cum es entre las parropias de Luganhac, Sent-Aubin et Naugan, d'una part, et lo camin qui ven de Romanha a Brana, et dura deu grant camin merchant de Bordeu, de l'un cap, entro a la parropia et priourat de Guibon, d'autre cap », divers biens à Daignac, Espiet (fol. 1 v°-5 v°). — Déposition d'un paroissien de Guillac : il ne connaît d'autre « possessor » des terres de Guibon que le monastère de La Sauve, « exceptat mech jornau de terra... que lod. qui parla a audit dire aus de l'ostau d'Aragon que meu deud. Johan de Segur » ; le témoin a pris de l'abbé des bois à l'agrière, afin d'avoir « meyrame a ops a far de las pipas et de las bariquas et aissimedis deus aubres a far de la codra per cobrir lasd. pipas et bariquas » (fol. 7-9). — Déposition d'un paroissien d'Espiet : il a pris à l'agrière des bois pour faire du merrain destiné à des barriques et « de la coudra a ligar lasd. pipas » ; il a déguerpi une terre entre les mains du syndic, parce que les bestiaux la dévastaient (fol. 13-14 v°). — Déposition de Jean Ramon, curé de Faleyras (fol. 14 v°-15). — Déposition d'un paroissien de Guillac : il cite deux individus qui ont maison à Guibon et y cultivent (fol. 22 v°-23 v°).

H. 178. (Liasse.) — 8 pièces parchemin.

1256-1578. — Propriétés et seigneuries foncières : Haux. — Bail à fief d'un pré « qui es en la parropia de Fau e de Lobaut, au loc apperat a Papons, pres deu molin de Lubert » (9 mai 1347). — Vente d'un bien mesurant 2 journaux 1 rège et demie, mesure de Bordeaux, « qui a esté merché et cordellé à ladicte mesure » (24 octobre 1578).

H. 179. (Liasse.) — 16 pièces parchemin, 1 pièce papier.

1292-XVIIe siècle. — Propriétés et seigneuries foncières : Ladaux. — Partage entre Dominique de La Tour, chambrier de La Sauve, et Bernard de Semens, damoiseau (mars 1292, n. s.). — Déguerpissement de divers biens, dont deux sis « en la parropia de Ladaus, eu loc appera a Benauges la velha », attendu que la tenancière ne pouvait payer les arrérages du cens « ni los jatges qui eran degutz » (7 avril 1368). — Reconnaissance pour divers biens, dont une terre au lieu dit *a la longua Vessana* (1368). — Reconnaissance entre les mains de Gaillard Faure, prieur de St-Loubès représentant l'abbé; vidimée, en avril 1398, par ordre de « Arn. de Madaran, notari public, garda deus papeis deus notaris mortz en tot lo dugat de Guiayna » (13 février 1398, n. s.). — Reconnaissance passée à La Sauve, « domino Karolo, duce Acquitanie, dominante » (20 avril 1471). — Reconnaissance par Arnaud Guilhem, damoiseau, paroissien de Ladaux, pour divers biens, notamment pour un manse confrontant à un fief de Jean de Castendet, écuyer, pour une « boria de terra », etc. (1er mai 1473). — Reconnaissance pour une terre au lieu dit *au Desert*, confrontant « la terra deus confrays de Lasdaus » et pour un pré « a Benauges la veilha » (24 avril 1481).

H. 180. (Liasse.) — 21 pièces parchemin.

1284-1393. — Propriétés et seigneuries foncières : Langoiran. — Reconnaissance à « B. d'Escossan, senhor de Logoyran » (27 avril 1304). — Accord entre l'abbé et Bernard d'Escoussans, seigneur de Langoiran, touchant les droits d'usages de l'abbaye aux bois *du bedat d'Escossan* et de *Montvert* et sur divers autres points (vidimus; 12 décembre 1305). — Reconnaissance à P. d'Escopian, damoiseau, pour une terre confrontant à celle de Raimond de Cassagnes, damoiseau, pour une vigne confrontant à un fief d'Élie de Laferreyra, femme de Raimond de Laubesc, damoiseau, etc. (16 juin 1310). — Bail à fief d'un manse « au pont de la Rival, per aysi cum es entre lo camin comunau e l'ariou de la Rival, de l'un costat, e l'ariou qui ven deu molin de Labatut au molin n Uc, de l'autre costat » (1er septembre 1322). — Envoi en possession d'une terre confrontant à celle de Bern. de Preyssac, damoiseau, par P. de Sermet, prieur de Montoriol, vicaire général de l'abbé de La Sauve (4 juin 1329). — Bail à fief par Constant de Barbi, sous-prieur de La Sauve (24 août 1332).

H. 181. (Liasso.) — 17 pièces parchemin, 8 pièces papier.

1401-1754. — Propriétés et seigneuries foncières : Langoiran. — Bail à fief en présence de Gaillard Faur, prieur de St-Loubès (23 février 1409, n. s.). — Bail à fief d'une terre sise *a l'Aumoney*, près d'un fief mouvant d'Archambaud de Laroque, damoiseau (29 décembre 1413). — Reconnaissance en présence d'Arnaud Dupin, curé de Langoiran, Bernard (?) de Bouliac, damoiseau, etc. (29 décembre 1413). — Reconnaissance en présence de « mossen Arnaud Deu Pin, prestre, rector de Lagoyran; Bern. de Lagoyran, donzet, » et autres (29 décembre 1413). — Reconnaissance pour un manse au lieu dit *à Mardan*, confrontant « lo dessert de Bernard de Boliac, donzet » (29 décembre 1413). — Reconnaissance par Guillaume « deus Castanhs », damoiseau, de Langoiran, pour une terre sise « a la font de la Torrata » (17 janvier 1414, n. s.).

H. 182. (Liasse.) — 19 pièces parchemin.

XIe siècle-1300. — Propriétés et seigneuries foncières : La Sauve. — Donation par Robert de Corbillac à l'abbé Gérard de « quartam partem silve que est in circuitu Sancti-Sidonii » (XIe siècle). — Petite charte de « G. de Novill., domini regis Anglie camerarius, senescallus Vasconie et Petragoricensis », attestant que, sur la réquisition de l'abbé et des religieux, il a saisi des bourgeois rebelles et promis sous serment de ne pas les relâcher sans le consentement desd. abbé et religieux (1220 ?). — Sentence arbitrale d'A., archevêque d'Auch, P., abbé de Clayrac, A., prieur, et R., hôtelier de La Sauve, et Guillaume, prieur de Royan, entre G., évêque de Comminges, « rector monasterii », et l'abbaye de La Sauve, d'une part, et les hommes de la Sauve, de l'autre, « pro... defragio necnon et furnis » : fixation de redevances dues par les habitants « nisi sint extranei qui ad excolendas vineas vel ad alia opera... advenerint » ; en présence de Guillaume, abbé de Ste-Croix de Bordeaux; annonce du sceau de Guillaume, doyen de Bordeaux (St-André de Bordeaux, 18 août 1229). — Petite bulle d'Innocent, donnant mandat au prieur de St-Vivien de Saintes de ramener sous l'obéissance du monastère les gens de La Sauve, qui projettent de se soustraire à la juridiction de l'abbaye (Lyon, 8 janvier 1245). — Bulle d'Innocent à l'évêque et à l'official de Bazas et au prieur Du Mas d'Agenais, les invitant à dissoudre les confréries et conjurations dénoncées par l'abbé de La Sauve, s'il est exact qu'elles soient dirigées contre le monastère, et décision de l'évêque et de l'official de Bazas prononçant lad. dissolution (13 octobre 1246 et 27 avril 1249). — Partage de succession entre un frère et sa sœur, celle-ci autorisée par son mari (15 août 1289). — Vente d'une terre relevant d'un citoyen de Bordeaux et ensaisinement par le seigneur foncier: « Totas aquesta causas foren feitas e autreyadas en la presencia e per davant 'n Aramon Martin de Genssac, draper, ciptadan de Bordeu, jurat aladonc de la comunia de Bordeu, qui era aqui, si cum disso, en nom e en loc deu major e deus autres juratz de ladeita comunia, loquaus, en nom et en loc deusdeitz major et juratz, a mes e pausat sa auctoritat e sa voluntat en aquestas causas » (14 janvier 1296, n. s.). — Limites de la paroisse de La Sauve (feuillet provenant d'un registre; xiii* siècle ?). — Notice d'une donation faite par Pierre de Rions, « offerens se in monachum » (¹) (xiii* siècle).

H. 183. (Liasse.) — 17 pièces parchemin, 1 pièce papier.

1273-1306. — Propriétés et seigneuries foncières: La Sauve. — Accords entre les abbés de La Sauve et Bernard d'Escoussans, seigneur de Langoiran (copie; 11 juin 1273 et 12 décembre 1305).

H. 184. (Liasse.) — 32 pièces parchemin.

1309. — Propriétés et seigneuries foncières : La Sauve.

H. 185. (Liasse.) — 19 pièces parchemin, 1 pièce papier.

1310-1324. — Propriétés et seigneuries foncières: La Sauve. — Bail à cens d'une vigne, que le preneur s'engage à travailler annuellement « doas veguadas de marra e una de coutet » (5 février 1310, n. s.). — Vente d'étaux dans le marché de La Sauve (21 novembre 1310). — Bail « ad ascensam perpetuam sive ad imperpetuam emphiteosim » du quart dû sur une vigne, avec l'assentiment de frère Jean Blanchard, prieur de Serminhan, de qui ledit revenu est tenu en fief (29 janvier 1311, n. s.). — Approbation d'une vente d'étaux et investiture par l'hôtelier, l'abbatiat étant vacant (3 novembre 1311). — Vente d'une maison avec jardin dans la rue *de la Boria*, par Guillaume de La Porte et sa femme, lesquels « dissoren que id no eran aparelhat de sustentar, de nuyrir e d'ajutar (?) lur mediss ni lurs enfans, e ab voluntat e autrey de moss. en P. Beguer, loctenent de mossenhor Helias Beguer, hostaler de La Seuba, jutge ordenari en la temporalitat deudeit loc » (24 septembre 1316). — Acte constatant que l'hôtelier a baillé à ferme pour 50 l. par an « la venda e

<hr>

(¹) Cette notice se retrouve dans le Cartulaire (H. 1, p. 28, et H. 3, p. 28). Peut-être est-ce un brouillon de cette partie du Grand Cartulaire.

la cridaria de la vila de La Seuba e totz guatges de v s. que vindren eu mercat », mais que le marché de La Sauve est ruiné par celui de [Créon] (1316). — Bail à cens par « en Robhert de Neronvila, monges e armarieys deu moster de La Seuba, tenentz l'aministracion deu pitancer », Guillaume étant abbé (1323). — Requête de bourgeois énumérés dans l'acte à Arnaud Barrau le jeune, prévôt, « cort tenent en loc acostumat, en l'ostalaria deudeit loc, » et entente pour mettre un terme aux violences et pilleries commises par des étrangers ; la charte sera établie en trois expéditions, dont le prévôt aura l'une, « lo compte de Sent-Pey, l'autra e lo compte de Sent-Johan, l'autra » (29 juillet 1324).

H. 186. (Liasse.) — 17 pièces parchemin.

1327-1333. — Propriétés et seigneuries foncières; La Sauve. — Bail à fief d'une terre confrontant « au sendey qui ba a l'ermitage » (25 août 1327).

H. 187. (Liasse.) — 34 pièces parchemin.

1334. — Propriétés et seigneuries foncières : La Sauve. — Reconnaissances au profit d'Élie Béguey, damoiseau, fils de Gérard Béguey (29 septembre 1334).

H. 188. (Liasse.) — 24 pièces parchemin.

1335-1369. — Propriétés et seigneuries foncières: La Sauve. — Partage d'héritage, « excepceptat *(sic)* deffrachs de linatge o torn de borssa, si se endebine en degun temps [o] en deguna maneyra » (8 septembre 1340, « Guido, abbate Silve Majoris »). — Bail à fief d'une vigne « pres de la villa de La Seuba, au loc aperat a Guarifont »; « Guido *(sic)*, Silve Majoris abbate » (6 janvier 1342, n. s.). — Reconnaissance pour une terre sise *a Porcins*, près de « la terra d'en Arnalt Tacon e de sos parcereys », « monasterio Silve Majoris pastore confirmato carente », en présence d'Arnaud Capet, curé de Baron (12 janvier 1342, n. s.). — Bail à cens par Jean, fils de feu Élie Viguer de La Mote, en présence de P. Amanieu de Moissac, chevalier, Guillaume Dubosc, sergent royal du bourg St-Jean de La Sauve, et autres (2 octobre 1357).

H. 189. (Liasse.) — 36 pièces parchemin.

1365-1399. — Propriétés et seigneuries foncières : La Sauve. — Bail à fief d'un emplacement « au loc apperat a la Sala », s'étendant « de la bladeyra, de l'un cap, entrusquas a rua Noba, de l'autre cap » (30 août 1370). — Bail à cens par l'abbé, par Jacques Latacha, prieur, par Guil. de Bordes, prieur de Bellefond, Géraud Voqua, prieur de Casteret, et les moines (30 août 1370). — Bail à cens par « Hux, per la gracia de Deu abat deu mostey de La Seuba Major », « Helia Dei gratia archiepiscopo Burdegalensi, domino Guidone *(sic)* abbate monasterii Silve Majoris » (30 août 1370). — Bail à fief d'un emplacement « pres deud. mostey de La Seuba, au loc apperat a la Ostalaria » (9 décembre 1370). — Bail à fief par Guillaume de Bordas, prieur de Bellefond, vicaire général de l'abbé (4 février 1372, n. s.). — Charte du duc de Lancastre sur les foires de La Sauve, reproduisant une charte du prince de Galles sur le même objet (18 juillet 1365-23 septembre 1389). — Bail à fief d'un emplacement de 30 pieds sur 20, près du « fossat de la bassa-cort, » en présence de Pierre Forment et d'Aicard Alem, damoiseaux (30 janvier 1392, n. s.). — Bail à fief d'un emplacement « qui es dins los murs de l'ospitau, dabant lo portau de la bassa-cort » (2 septembre 1392). — Bail à fief par l'abbé, du consentement de Jacques La[tach]a, prieur claustral, Arnaud Viger, sous-prieur, et six moines (27 juillet 1393). — Approbation de la vente d'une « cambre cuberta de teula..... dins la bassa-cort de La Seuba, debant la sala » (18 décembre 1393). — Bail à loyer d'un manse par Gaillarde, fille de feu Arnaud Barrau, femme d'André de Lugagnac, damoiseau; le bail, conclu pour neuf ans, sera renouvelable pour pareille durée aux mêmes conditions (xive siècle).

H. 190. (Liasse.) — 16 pièces parchemin.

1401-1425. — Propriétés et seigneuries foncières : La Sauve. — Vente d'une terre dans la paroisse St-Pierre, « a rue de la Faugue » (27 mai 1402). — Ensaisinement, par l'abbé, d'un particulier qui a acheté d'un autre une « cambra » sise « dins los murs de l'abbadia de La Seuba, ayssi cum es entre la cambra de Guilhem Bernard, de l'un costat, et la cambra de ladeyta abbadia, de l'autre costat », et confrontant « au mur de la claustra de ladeita abbadia » (26 février 1406, n. s.). — Vente d'une maison près de la porte de la basse-cour : la venderesse demande dans le corps de l'acte que soient apposés les sceaux du garde du scel aux contrats et de l'official; après l'acte vient la mention de l'apposition de l'un et l'autre sceau (21 janvier 1409, n. s.). — Charte relative au douaire de Jeanne de Luganhac : elle a porté en dot à son défunt

mari 30 l. et a reçu en donation 15 livres, garanties par une hypothèque générale ; comme le mari est mort « e ladeyta Johana aya gazanhat lodeyt maridatge per la mort e deces deud. son marit, cum es for e costuma en Bordales », elle a demandé, en vue d'un second mariage, à Pierre Froment, prévôt de La Sauve, de youloir bien, « cum senhor de justicia », lui assigner son douaire sur les biens du défunt mari ; le prévôt assigne au nouveau mari moitié d'une maison « pres deu portau de la bassa-cort », et moitié d'une autre maison dans lad. basse-cour, « pres deu forn de ladeyta abbadia »; reconnaissance par led. nouveau mari, en présence de Bertrand de Lanusse, prieur claustral (26 mars 1411). — Bail *a ffazenduras* par Senebrun de Curton, damoiseau, fils de feu Raimond-Bernard de Curton, chevalier (8 mars 1416, n. s.). — Reconnaissance pour une maison sise en la paroisse St-Jean, « en la bassa-cort de La Seuba », confrontant a « l'ostau de mos. Ramon Deupuy, vicari de las gleisas de Sent-Pey et de Sent-Johan de La Seuba » et « au fossat de la vila » (16 juin 1425).

H. 191. (Liasse.) — 13 pièces parchemin.

1427-1452. — Propriétés et seigneuries foncières : La Sauve. — Bail à fief de « totas aqueras coutz et muralhas qui son au loc apperat a l'Abassiau, aqui on sole estar la sala et la cambra del abat antiquament, et lo casau qui es pres de lasdeytas muralhas,... ayssi cum son entre las muralhas de la gran sala apperada de Franssa et las claustras qui solon *(sic)* estar pres de ladeyta sala et aras es casau, de l'un costat, et la plassa qui es pres deu porge de la gleysa Sent-Johan de La Seuba, de l'autre costat, et la cappera de Sent-Martin et lo porge de Sent-Antoni, de l'un cap, et lo vergey de ladeyta abbadia, de l'autre cap »; témoin : « Ramon Deu Puy, vicari de las gleysas Sent-Pey et Sent-Johan » (6 juin 1429). — Bail « a ffazenduras et a ffar » de diverses pièces de terre et pré, « per lo pretz et gaudenssas de vint soudz », et ce pour une durée de 9 ans, « e de nau ans en ix ans ensiguens » (26 janvier 1436, n. s.). — Bail à fief viager au profit de Pierre de Nicholau du verger du monastère, entre la vigne de l'abbaye, le verger « et lo vergeyron de ladeyta abbadia, loquau ten lodeyt Pey de Nicholau » (23 juin 1438). — Vente par « Gualhard Depuilh, archiprestre de Genissac », d'une maison sise « entre lo mur deu portau de ladeita vila, de l'un costat, et la juba deu monastey de La Seuba, de l'autre » (30 décembre 1444). — Bail à fief en présence de « mossen Esteve de

Arroazel, prestre, vicari de Baron » (10 mars 1445, n. s.). — Bail à fief d'une terre à Élie Dufau, « deuquau avantdeyt trens de terra... l'avantdeyt Helics Deufau dou et es tengut far prat d'aqui a la siga de dus pradeys et aquet segar en bon temps » (10 janvier 1449, n. s.). — Bail à cens par Jean Borgonh, prieur de Casteret, fondé de pouvoir de l'abbé, pour y construire une « cramba », d'une « passa qui es en la bassa-cort deudeit loc de La Seuba, de xii pes de lonc de part de jus et xxiii de part de sus de lonc, ayssi cum es encontre lo mur deu mandat deudeit mostey, de l'un costat, et la carreyra publica, de l'autre costat » (20 janvier 1452, n. s.).

H. 192. (Liasse.) — 17 pièces parchemin.

1454-1479. — Propriétés et seigneuries foncières : La Sauve. — Bail à fief d'une terre au lieu dit *a Barrau*, près de « la causa deu senhor de Barrau » (21 décembre 1461). — Reconnaissance pour une maison « au prison de La Seuba », pour une « trilha... pres deu lavaduy », etc., en présence de Bernard Pinsan, prévôt de Curton (31 décembre 1461). — Reconnaissance pour divers biens : une maison « pres deu brisson (?) de La Seuba, au loc apperat a la Massoneria », un emplacement « en la bayssa-cort de La Seuba, davant la gran porta deu mostey », une terre « en la saubetat de La Seuba, au loc apperat a La Bonas (?), » etc. (21 janvier 1464, n. s.). — Reconnaissance en présence de Jean Seguin, vicaire de St-Pierre de La Sauve (31 décembre 1472). — Bail à fief à deux frères de Sorges, du diocèse de Périgueux, de diverses terres, notamment une « terra deserta, entro a detz jornaus de home, per far vinha..., au loc apperat au puch de Cadan » (10 février 1477, n. s.). — Procès-verbal de dépositions sur les limites des seigneuries de La Sauve et de Curton (en très mauvais état ; avril [147...]).

H. 193. (Liasse.) — 11 pièces parchemin.

1481-1497. — Propriétés et seigneuries foncières : La Sauve. — Vente par Gaston de Monferrand, seigneur de Monferrand et de Langoiran, à l'abbé, moyennant 100 fr. bordelais, de tous les cens qu'il levait dans la paroisse de La Sauve, « et plus, los sivadatges que los parropiantz de La Seuba an acostumat de pagar cascun an audeyt senhor de Montfferrant, so es assaver dos boyssetz de sivada de totz aquetz o aqueras qui tenen baqua o baquas » et généralement tous les droits dud. seigneur « en tota la parropia de La Seuba et de Cor-

belhac (?) o sian dedentz lo circuyt de Creon o deffores, et ayssimedis lo bosc Montverd, tant cum es en la parropia de La Seuba » (Monferrand, 5 mars 1481, n. s.). — Vente par Benoît Andron, vicaire perpétuel de Camiac, à Raimond Liner (?), prieur claustral, d'une vigne *au puch de Cadan*, confrontant « a la vinha deus confrays de Sent-Pey » (13 avril 1482). — Bail à fief par Raimond Linier, prieur claustral (6 février 1486, n. s.). — Acte [rogné] de reconnaissance pour divers fonds, dont un est « pres deu mercadyu velh », un autre « davant lo lavaduy de Sent-Pey » (1488). — Sentence de la sénéchaussée de Guienne pour le syndic de l'abbaye contre le procureur du Roi près lad. sénéchaussée, précédée d'un long exposé des prétentions de l'une et de l'autre partie : limites de la seigneurie de La Sauve et de la juridiction royale de Créon, érection de fourches patibulaires par led. procureur dans la seigneurie de La Sauve, assignation d'habitants de La Sauve, « en hayne et à l'occasion de ce que lesd. habitans adjournés avoient adroisser et lever une halle au meilleur *(sic)* de la place de lad. ville et lieu de La Selve, pour tenir les foires ou nom et proffit desd. religieux » (31 août 1491).

H. 194. (Cahier.) — 0^m30 × 0^m22, 18 feuillets papier.

XVe siècle. — Seigneurie de La Sauve. Enquête testimoniale incomplète sur les limites de La Sauve et de la prévôté royale d'Entre-deux-Mers : « Le bailliage de Créon est ung des anciens bailliages de lad. prévosté ;... lad. prévosté s'extend du cousté devers La Selve jusques [au] pont d'Orguoilh ». « Oyt dire aux habitans dud. lieu, les ungs aux autres, qu'ilz ne passassent point les bestes delà le ruysseau dud. Rapassac, afin que feussent pegnorées. »

H. 195. (Liasse.) — 4 pièces parchemin, 13 pièces papier.

1518-1665. — Propriétés et seigneuries foncières : La Sauve. — Échange entre l'abbé, d'une part, Pierre Jaubert, prieur claustral, et les religieux, de l'autre (30 octobre 1564). — Acquisition, par le monastère, de la terre labourable de Miremonde, « au dernier de l'abbaïe, avec les vieilles mazures de la bastisse qui se seroit bruslée pendant les guerres civiles dernières » (mars-avril 1662). — Bail à ferme du moulin à vent de Bonneau et inventaire d'icelui (5 février 1665).

aux Crestians, au Terre forn, au Luc, a Marges, etc.
(s. d.).

H. 196. (Liasse.) — 1 cahier de 39 feuillets papier,
3 pièces papier.

1667-1668. — Propriétés et seigneuries foncières :
La Sauve. Affaire avec François Demande, écuyer, sieur
de Marcon. — Rôle des dépens présenté par l'abbé,
demandeur en taxe : l'abbé expose qu'il est seigneur
foncier de la paroisse, notamment du tènement *du
Couloumey* actuellement appelé *a Marcon* (16 avril 1668).

H. 197. (Liasse.) — 3 pièces parchemin, 61 pièces papier.

XVe siècle-1771. — Propriétés et seigneuries
foncières : La Sauve. — Ordonnance en vertu du droit
de préemption qui appartient aux religieux sur le
poisson porté à La Sauve (18 avril 1711). — Liève
fragmentaire : analyse de reconnaissances pour des
terres sises *au Posti, à Mouillemorte,* autrement *à
Peyrol Bernard* et *Castel de Potz* (s. d.). — Plan de la
maison abbatiale, du réfectoire, etc. (s. d.).

H. 198. (Liasse.) — 120 pièces papier.

XVIe-XVIIIe siècles. — Propriétés et seigneuries
foncières : La Sauve et paroisses avoisinantes. Arpente-
ments et également pour les tènements ou villages
d'Alegret, Baudin, Beaugards, Les Berous, Bordache,
la Bory, le Bourdieu, le Buisson, Colineau, Coutaut (?),
Fontenilhe, la Forêt, Fouquey, Friquet, Gazenau, Gen-
tileau, les Girauts, la Grave, le Greley, les Grimards,
Lardeau, Lavergne, Mailhau et Marchez, Mallecagne,
Mérigot, la Mothe Ricard, Palanque, Patrouilleau,
Puch-de-Cadan, « le village des Rethores, antiènement de Lavergna, à présent au Ressègaire », Sabariet,
Thieulley *alias* Curron ou Castel-de-Pau, Tifonnet,
Turcaut, etc.

H. 199. (Liasse.) — 11 pièces parchemin, 18 pièces papier.

1311-1781. — Propriétés et seigneuries foncières :
Lestiac, Le Taillan, Lignan, Loupiac, Lugon. —
Lestiac. Vente d'une vigne *au Saubon,* touchant à celle
de Guillaume de Rions, damoiseau, et relevant « d'en
Bos de Latrena e d'en W. de Montreveu, donseiz »
(14 juin 1311). — Cession de droits de seigneurie
foncière sur une vigne sise *a Cabussan* (7 juillet 1312).
— *Loupiac.* Reconnaissance pour une vigne *au Muret,*
autrement *à la Peyreyre* (10 avril 1603). — Liste des
terres mentionnées dans un bail à ferme du xvie siècle :

H. 200. (Liasse.) — 7 pièces parchemin, 15 pièces papier.

1197-XVIIIe siècle. — Propriétés et seigneuries
foncières : Macau, Mérignas, Montussan, Mouliets,
Moulon. — *Mérignas.* Reconnaissance pour des biens
sis à Mérignas et à St-Vincent, notamment dans
Mérignas une terre confrontant « lo riu du moulin de
riu Martin » et « lo riu deu molin deu Temple » et un
bois *a Vila vastor* (copie ; 6 juin 1476). — *Montussan.*
Bulle d'Innocent [III] confirmant et reproduisant une
sentence de septembre 1197, d'Aimeric, abbé de
Cadouin, et A., archidiacre de Périgueux, entre l'abbé
de La Sauve, d'une part, Pierre Gondaumer et Arnaud,
son fils, d'autre part, « super terris et hominibus qui-
busdam in parrochia de Montussan constitutis » ; la
sentence reproduit la bulle de Célestin du 6 mai 1197,
désignant lesd. juges pour connaître de l'affaire
(6 mai 1197-16 mars 1198). — *Mouliets.* Bail à fief
par Jacques de Boyrac, prieur de St-Florent de Castillon, d'un pré sis au lieu dit *sus lo pont de la Peyra*
(18 avril 1430). — Reconnaissance pour une terre sise
a Castetvert, autrement *à Trigouston* ou *au port de
Castillon* (St-Pey-de-Castets, « lieu appellé de la
Caussade », 12 avril 1669). — Reconnaissance par
Anne-Marie de Castaing, veuve de messire Jean Sauvin,
écuyer, seigneur des maisons nobles de Cazalis, Laborie
et Lasalle, domiciliée en sa maison noble de Cazalis,
paroisse de Pujols (21 décembre 1756). — Reconnaissance par Marie Morin, veuve de noble Laurent de
Sauviac, écuyer, sieur de Doucet (21 décembre 1756).
— Mention d'une reconnaissance du 14 octobre 1525,
pour une terre sise *à Lagarde,* près du chemin « de les
peyres Fades de Lagarde » (xviiie siècle).

H. 201. (Liasse.) — 6 pièces parchemin, 2 pièces papier.

1320-1745. — Propriétés et seigneuries foncières :
Naujan. — Lettre de non-préjudice pour Raimond de
Ségur, damoiseau, paroissien de Rauzan, qui vient
de passer aveu au profit d'Osil de Merrelhon, abbé, pour
le moulin d'Estornel : cette reconnaissance ne l'obligera
pas, s'il établit que les conditions de la tenure sont
moins lourdes (14 avril 1320). — Compromis et
sentence arbitrale mentionnant une amende « viginti
librarum turonensium parvorum » et une rente de
« III pumheres de froment bon e merchant a la mesura
de La Selva » (5 et 28 novembre 1333, « Pictavino, epi-

11

scopo Vasatensi »). — Déguerpissement par Raimond de Ségur, « escuyer, seigneur de la Salle, en la seigneurie de Rauzan, » tant pour lui qu'au nom de Jean, curé de Daubèze, et de Jacques, ses frères, des moulins à blé et à drap d'Estournet, paroisse de Naujan, suivi d'un appointement du 4 novembre 1558, condamnant Guillaume Peyrault, « collationnaire des pappiers des notaires mortz » en la sénéchaussée de Guienne, à délivrer expédition de la pièce, quoique la minute portât en marge que l'acte avait été déjà grossoyé (11 juin 1507). — Bail à fief du moulin d'Estournet au profit de Pierre Pibouleau, laboureur (1520). — Bail à loyer du moulin d'Estournet, sur l'Engranne, par Jean Jaubert, écuyer, seigneur de Barrault, l'un des cent gentilshommes de la maison du Roi, en présence de Jean de Camarsac, écuyer, seigneur dud. lieu, et de Jean de Campet, écuyer, seigneur de Campet (30 mai 1541).

H. 202. (Liasse.) — 7 pièces parchemin, 43 pièces papier.

1326-XVIIIe siècle. — Propriétés et seigneuries foncières : Nérigean. — Reconnaissance par Guillaume Costantin, *alias* le Noble, pour des biens *aus Costantins* (copie ; 25 février 1494, n. s.). — Sommation à Arnaud Constantin, au village du Noble (5 juin 1614). — Déclaration de J.-J. de Pontac, sous-diacre, écuyer, seigneur d'Anglade et de Fourens, attestant que ses biens ont été saisis à la requête de Louise de Mosnier, supérieure des Ursulines de Bordeaux (14 octobre 1695).

H. 203. (Registre.) — 0^m29 × 0^m19, 24 feuillets papier.

XVIIe siècle. — Propriétés et seigneuries foncières : Nérigean. Lième.

H. 204. (Cahier.) — 0^m34 × 0^m22, 10 feuillets papier.

XVIIIe siècle. — Propriétés et seigneuries foncières : Nérigean. Lième renfermant des extraits de pièces de 1325 à 1411. — Extraits de la vente, conclue en 1330, d'une terre sise « pres deu molin de Valentinhan » (fol. 1 v°) ; — d'une reconnaissance de 1348 pour une terre *au Priorat* (fol. 2 v°) ; — d'une reconnaissance de 1368 pour un pré *a Labit*, près de « l'ariu molenduy » (fol. 4) ; — pour des immeubles sis *a la Castera (passim)*.

H. 205. (Liasse.) — 20 pièces parchemin.

1300-1393. — Propriétés et seigneuries foncières : Paillet. — Bail à fief par l'hôtelier de La Sauve, en présence d'Élie de Lastastas, damoiseau (27 décembre 1300). — Reconnaissance pour une « terra guadaynhada, vinha e bosc », dans la paroisse St-Hilaire [de Paillet], *a Casau Martin*, près « lo padoent de la parropia de Lesteac » (14 mai 1364). — Reconnaissance par Pierre Barada pour une terre *a la Barada*, près du chemin du moulin *d'Ortoléya* (14 mai 1364). — Reconnaissance pour un manse *a la Barada* (28 juin 1393). — Bail à fief de « tot aquet trens de terra guadanhada ab los nogueys et autres fruyteys, ...au .loc apperat au molin d'Ortoleya, ayssi cum es e se confronta e es environât de fossatz e de anolhas per totas partz, entro a l'esclusa e estanc deud. molin » (20 juillet 1393).

H. 206. (Liasse.) — 15 pièces parchemin.

1402-1729. — Propriétés et seigneuries foncières : Paillet. — Bail a fief d'une ancienne vigne, perdue « per las guerras et per las mors qui son estadas » (1411-1412). — Vente de seigneuries foncières par noble Gaillard de « Grasinhac », chevalier (7 février 1424, n. s.). — Reconnaissance pour un manse touchant « au riu du *(sic)* molin d'Ortholey. », pour une terre « a la crotz de Sancta-Katerina », etc. (29 décembre 1465).

H. 207. (Liasse.) — 3 pièces parchemin, 5 pièces papier.

1416-XVIIIe siècle. — Propriétés et seigneuries foncières : Pompignac. — Mention de divers biens, dont une terre sise en la « mestaderia » de Pompignac et de Sallebeuf, et de Jean Bergonh, prieur Du Casteret, à la date du 5 mars 1455, n. s. (24 mars 1456, n. s., et 26 mai 1504). — Analyse de divers titres, notamment d'un bail à fief du 12 mars 1484, n. s., mentionnant Pierre Dubosq, prieur de St-James (s. d.).

H. 208. (Liasse.) — 20 pièces parchemin, 1 pièce papier.

1235-1400. — Propriétés et seigneuries foncières : Portets. — Charte d'A[manieu], archevêque d'Auch, attestant la concession faite au prieuré de St-Vincent de Portets par Arnaud de Pomarède, Raimond, son frère, chevalier, et le jeune Bernard, leur neveu, de droits d'usage et de dépaissance, en présence de Guillaume de Montinac, prieur, Bernard, « cementarius », Guillaume, prieur de Campagne, etc. (La Sauve, 5 mars 1235, n. s.). — Reconnaissance par Arnaud Liger, curé de Portets (26 juin 1391). — Reconnaissance passée « in... prioratu de Porteto », pour une terre *a Liger*, confrontant « au camin ferrat » et pour une autre terre *au Porge*, « deu camin gleysier, de l'un cap, entro au camin deu ban, de l'autre cap » (26 juin 1391). — Reconnaissance pour une terre sise *au Priorat*, « e aquo per rason deu priorat de Portetz, unit e annexat lodeit priorat a la taula deudeit senhor abat » (18 février 1392, n. s.). — Déguerpisssement par Thibaud d'Arbanats, damoiseau, d'une terre abandonnée (14 mars 1394 (?), n. s.).

H. 209. (Liasse.) — 27 pièces parchemin, 3 pièces papier.

1409-1650. — Propriétés et seigneuries foncières : Portets. — Bail à fief d'une terre confrontant à autre terre « que ten Madona d'Arbenatz » (15 janvier 1414, n. s.). — Echange avec « Guilhem de La Mota, filh de Pey de La Mota, ... compte lo jorn d'uy, que cesta present carta fo feyta et autreyada, de la coffrayria *de Corpore Christi*, instituida en ladeyta gleysa de Portetz » (15 janvier 1414, n. s.). — Bail à fief d'une terre confrontant « lo fius de Helena de Quayes, molher qui fo de Tebbaud d'Arbenatz, donzet » (15 janvier 1414, n. s.). — Réquisition de l'official de Bordeaux au bayle de Portets : quatre monitoires successifs, invitant à déclarer tous droits de propriété, de possession, d'hypothèque ou autre sur un manse, ont provoqué une seule déclaration, que l'official a dûment repoussée par sentence; il a, par jugement du 4 octobre 1441, réuni le domaine direct et le domaine utile dud. manse entre les mains de l'abbé; il prie le bayle d'envoyer en possession led. abbé ou son délégué (9 mai 1442).

H. 210. (Liasse.) — 9 pièces parchemin, 6 pièces papier.

1231-1761. — Propriétés et seigneuries foncières : Postiac, Pujols, Puybarban, Quinsac. — *Postiac.* Accord au sujet des moulins d'Estornet et de Canebières et d'agrières sur des vignes de Postiac, vidimé le 10 février 1416, n. s., à la requête de Gaillard Faure, prieur de St-Loubès (vidimus, 1231). — *Quinsac.* Vente aux exécuteurs testamentaires de Jean Dessechervile, chanoine de St-Seurin (2 janvier 1316, n. s.). — Reconnaissance par nobles dames Trenque de Casaubon, femme de Guillaume-Raimond de Ségur, damoiseau, de la paroisse de St-Vincent, « en lo poder et senhoria de Rausan », et Magense, sa sœur, veuve de Pierre de Tauyan, de Bouliac, pour un moulin sis paroisse de Quinsac, « entre l'ariu belh et l'ariu neu, qui es pres de Camblanas », et pour le quart du moulin de St-Eyraud, « en la parropia de Fau » (Haux) (30 mai 1446).

H. 211. (Liasse.) — 24 pièces parchemin.

1300-1398. — Propriétés et seigneuries foncières : Rions. — Bail à fief « a W. de Sent-Auban, l'angles, qui esta a Rions »; Guillaume Seguin étant seigneur de Rions (13 juillet 1317).

H. 212. (Liasse.) — 23 pièces parchemin, 4 pièces papier.

1411-1744. — Propriétés et seigneuries foncières : Rions. — Reconnaissance pour une maison *au vertelh deu castet de Rions* (7 septembre 1418). — Bail à fief d'une terre au lieu dit *a la Ribau*, « laquau terra sole estar vinha et per la guerra fos estada enguarrada » (19 janvier 1421, n. s.). — Bail à fief à « Thomalin Daysi, angles, demorant en la vila d'Arrions », en présence d'Étienne Montelh, prieur de Loupiac (8 juin 1423). — Vente à l'abbé, à pacte de rachat durable trois ans, de divers biens, notamment d'une vigne sise « près la crotz deus Gaffetz, » moyennant 400 livres de la monnaie ayant cours à Bordeaux; l'abbé paie « tant en marcxs d'argent hobratz et en argent contant ». Ensaisinement par Jean Bergonh, prieur Du Casteret, fondé de pouvoir de la venderesse (2 mai 1441; 4 décembre 1441). — Reconnaissance pour un jardin et une friche « en l'yla de Camperedon » (23 février 1467, n. s.). — Reconnaissance pour des terres abandonnées dans l'île de Rions et dont l'une est au lieu dit *Agolla d'ort* (23 février 1467, n. s.).

H. 213. (Liasse.) — 2 pièces parchemin, 13 pièces papier.

1313-XVIIIe siècle. — Propriétés et seigneuries foncières : Ruch. — Don par Guillaume, évêque de Bazas, à Gérard de La Mote, chevalier, son frère, des biens que led. évêque a achetés de ses deniers à Gaillard de Grésignac, damoiseau, et sis « in loco appellato a le Lane et costa de Gressinhaco »; témoins : « Guillelmo de Serris, archipresbytero de Lontrangio, Petro de Coylare (?), archipresbytero de Rumor..., Arnaldo de Camuno, rectore ecclesie

Sancti-Andree de Cultura, Vasatensis diocesis », etc. (« Apud Bonum Locum, in domo dicti domini episcopi, » 7 février 1313, n. s.). — Reconnaissance pour Nicolas Richer, prieur de Bellefond (22 septembre 1475).

H. 214. (Liasse.) — 13 pièces parchemin.

1264-1422. — Propriétés et seigneuries foncières: Sadirac. — Bail à fief d'une terre confrontant à celle d'Arnaud-Guillaume Brangon (?), chevalier (18 novembre 1264). — Bail à fief en présence de Jean Blanchart, prieur de Serminhan (3 novembre 1319). — Reconnaissance pour une terre sise « costa lo camin bordales » (13 février 1414, n. s.). — Cession par Senebrun de Curton, paroissien de Lignan, à Élie Du Castenha, curé de Sadirac (4 mars 1422, n. s.).

H. 215. (Liasse.) — 22 pièces papier.

1667. — Propriétés et seigneuries foncières : S'-André [-de-Cubzac]. Fragments de terrier sur formules imprimées, en faveur de noble Mathieu Langlois, prieur de S'-André, représenté par Charles Debonnefont, vicaire perpétuel dudit lieu. — Reconnaissance pour un manse sis *au Casteran* (2 août).

H. 216. (Liasse.) — 8 pièces parchemin, 7 pièces papier.

1402-1700. — Propriétés et seigneuries foncières: S'-André-de-Cubzac, S'-Denis, S'-Émilion. — *S'-Denis.* Assignation à Jean de La Roque, écuyer, seigneur de la Mothe-Ferrié, habitant de la paroisse de S'-Denis (7 avril 1684). — *S'-Émilion.* Reconnaissance pour une vigne sise « au Lauraduy Sancta-Maria, près deu colomey deu capitre Sent-Melion » (20 juin 1420). — — Reconnaissance par une habitante de S'-Émilion, pour un jardin sis « près de ladeita villa de Sent-Melion au loc apperat a Sent-Georgi » (20 juin 1420). — Reconnaissance pour une maison qui s'étend « de la... rua Boqueyra, de l'un cap, entro a l'adobaria de Pey Truc, de l'autre cap » (20 juin 1420). — Reconnaissance pour une maison « en rua Franqua », près « lo sou qui meu de la capperania de mossen Galhard de Lamota, cardenau qui ffo d'Arroma » (27 juin 1421).

H. 217. (Liasse.) — 23 pièces parchemin.

1312-1400. — Propriétés et seigneuries foncières: S'-Florence. — Ensaisinement par le représentant

d'Olivier de Granhols, prieur de S'-Pey (23 mai 1323). — Vente d'une terre et vigne « en las parropias de Sent-Peir-a-Castet e de Senta-Florensa », avec ensaisinement par Aimeric de Malengin, prieur de S'-Pey, Poitevin étant évêque de Bazas, Guillaume-Amanieu de Madaillan étant seigneur de Pujols et de Rauzan (22 mars 1332, n. s.). — Vente, Poitevin étant évêque de Bazas (12 avril 1333). — Reconnaissance à Bertrand de Belpuch, prieur [de Bellefond], pour une terre sise près du sentier qui conduit au moulin de Gamage (12 avril 1363). — Ensaisinement par Guillaume de La Barca, prieur de S'-Pey (1368). — Reconnaissance pour une terre sise « en la terssania de Sent-Pey-de-Castet e de Senta-Florensa, el loc aperat a la Barta »; Guillaume étant évêque de Bazas (1er juin 1372). — Ensaisinement par Guillaume de La Barta prieur de S'-Pey-de-Castets, en présence d'Arnaud Ardit, vicaire perpétuel dud. lieu (27 juin 1372). — Bail à cens par Bertrand Devel, prieur de Bellefond (15 mars 1381, n. s.). — Bail à fief, Jean étant évêque de Bazas (10 novembre 1382). — Bail à fief d'une terre confrontant au bien de Guillaume-Raimond de Ségur, damoiseau (31 mai 1400).

H. 218 (Liasse.) — 12 pièces parchemin, 8 pièces papier.

1404-XVIIIe siècle. — Propriétés et seigneuries foncières: S'-Florence. — Bail à fief par Pierre de Baylia, prieur de S'-Pey-de-Castets, à Assaric de Guarzac, damoiseau, habitant de S'-Florence; Jean étant évêque de Bazas et Guillaume-Amanieu étant seigneur de Lesparre, Pujols et Rauzan (14 octobre 1404). — Bail à cens d'une pièce de terre qui s'étend « deu camin cominau qui ba a Ramaffort, de l'un cap, entro au mey flubi de Dordonha, de l'autre cap » (13 novembre 1406). — Reconnaissance pour une vigne et terre *au Toron* (24 janvier 1436, n. s.). — Mémoire au sujet de la directité d'un bien, visant une concession, faite le 13 juin 1440, d'une terre et mothe, au lieu dit *à la Jon d'Élie Armand* (s. d.). — Exposé d'une affaire entre Marie-Antoine, damoiselle, veuve de Charles Platon de Martel, juge de Rauzan, et Aimeric de Durfort de Civrac : mention d'une reconnaissance du 13 octobre 1525 pour une maison et motte *à Libernan* (s. d.).

H. 219. (Liasse.) — 6 pièces parchemin.

1350-XVe siècle. — Propriétés et seigneuries foncières: S'-Genès-de-Lombaud. — Bail à fief d'une terre « en la parropia de Lobaud, eu loc aperat au

Cach » (16 janvier 1350, n. s.). — Bail à fief par Bertrand de Lanussa, prieur claustral, le siège abbatial étant vacant, d'un bois « en la parropia de Lobaut,... au loc apperat au Latey », près de « l'estanc deu molin de Lobaut » (17 mai 1434). — Charte incomplète portant bail à cens d'un pré sis à S¹-Genès-de-Lombaud (?), par Arnaud de Lespinasse, prieur de S¹-Pey-de-Castets, nommé en 1424 vicaire de l'abbé (xv° siècle).

H. 220. (Liasse.) — 1 cahier de 25 feuillets papier, 4 pièces parchemin, 6 pièces papier.

1291-1700. — Propriétés et seigneuries foncières : S¹-Germain-de-Campet, S¹-Germain-de-Puch, S¹-Hilaire-de-Fargues, S¹-Jean-de-Blaignac, S¹-Léon. — *S¹-Germain-de-Puch.* Reconnaissance pour un pré *au Bernet,* près « de l'ariu molenduy » (31 août 1399). — Remise par Pierre Benedeyt, curé de Nérigean, de cens engagés à son profit par « lo noble home mossen Bertran Deu Puch, cavaley, senhor Deu Puch Entre-dos-Mars » (21 août 1467).

H. 221. (Liasse.) — 7 pièces parchemin, 6 pièces papier.

1325-1760. — Propriétés et seigneuries foncières : S¹-Loubès, S¹-Macaire (?), S¹-Martin-de-Mazerat. — *S¹-Loubès.* Vente par Bernard Montet, chevalier, « a Helias Deu Jauguar, demorant ab en Gualhard de La Roqua, donzet, senher Deu Gua, de la parropia Sent-Pey-en-Bares » (28 avril 1398). — Bail à fief par « Galhart de La Roqua, donzet, senhor de l'ostau Deu Ga, de la parropia de Sent-Pey-en-Bares », du « mayne aperat de Montet, lo quau es en la parropia de lad. gleysa de Sent-Pey de Sent-Lop, ayssi cum es environat de fossalz », d'une « boria de terra », etc.; « presentibus ibidem... Galhardo de Rupe, domicello juniore, filio dicti Galhardi, Amanevo de Molon, domicello, parropiano dicte ecclesie Sancti-Petri de Sancto-Lupo, et Helia de Jaugario, burgense Burdegale » (30 novembre 1417). — Vente de seigneurie foncière par Henri de Laroque, damoiseau, seigneur Du Ga, âgé de 22 ans, du consentement de Jeanne de Montferrand, sa mère (19 décembre 1466). — *S¹-Macaire (?).* Lettre close à l'abbé, l'avisant qu'un manse relevant de l'abbaye a été vendu, moyennant une barrique de vin, du prix de 4 fr. bordelais, et le priant de retraire, « car lod. portador vos en feyt III°¹ arditz » (xv° siècle). — *S¹-Martin-de-Mazerat.* Reconnaissance pour une vigne « en la parropia de

Sent-Martin, eu poder de Sent-Melion, au loc apperat a Ssargona » (9 septembre 1411).

H. 222. (Liasse.) — 22 pièces parchemin.

1299-1325. — Propriétés et seigneuries foncières : S¹-Pey-de-Castets. — Bail à cens par Élie Aymeric, prieur ([9 septembre] 1299, « Falqueto episcopo Vasatensi »). — Vente à Élie Aymeric, prieur de S¹-Pey, de partie d'un manse et du mobilier, « es assaber archas, tonet, vachet, dolhs e de toia autra urdilha » (13 juin 1310?). — Déguerpissement entre les mains du prieur Élie Aymeric par un tenancier qui ne peut pas acquitter les arrérages des cens (23 octobre 1312). — Bail à cens d'un manse par frère Élie Aymeric, prieur de S¹-Pey; le preneur s'engage notamment à payer 4 punhères de froment, à la mesure de Pujols, et à « dreitejar per davant lodit senher priol o per davant son loctenent, cum home franc » (6 février 1313, n. s.). — Convention au sujet d'immeubles pour lesquels on ne doit payer « quart ni ters ni graeyra, mas la deyma e la premicia, e deven pagar las hublias en la festa de Nadal » (14 mai 1313). — Exposé d'une difficulté relative à un héritage : « Lideit fraire volguoren que l' deit Ramon Gasc fezes aischi cum promes ac avé e l'uzagie del pays vol e requer, so es a saber [jur] sul cors sents de senta Florenssa » (2 janvier 1314, n. s.). — Vente d'une terre confrontant à un fief d'Augier de Ségur, damoiseau (12 juillet 1316, Guillaume étant évêque de Bazas). — Cession par Olivier de Granhols, [prieur de S¹-Pey] (9 mai 1320, « Willelmo electo episcopo Vasatensi et Willelmo Amanevi domino de Pojolis et de Roazano »). — Vente d'une vigne confrontant à un bien de Vidal Du Puch de Pujols, chevalier (4 juillet 1324, Guillaume-Amanieu de Madailhan, seigneur de Pujols et de Rauzan).

H. 223. (Liasse.) — 24 pièces parchemin.

1326-1350. — Propriétés et seigneuries foncières : S¹-Pey-de-Castets. — Bail à cens d'une terre sise *al Bedat* et de moitié d'une autre terre *a la costa de l'Aubareda,* confrontant au bien de Bertrand Espes, damoiseau (15 janvier 1328, n. s.). — Bail à cens par Étienne de Mazeroles, prieur de S¹-Pey-de-Castets, d'une terre « quartal » sise *a Garosa,* près d'un bien d'Augier de Puch, damoiseau (23 janvier 1328, n. s.). — Vente par Guillaume Arros, chevalier, et Arnaud, son frère, et ensaisinement par Élie Faure, curé de S¹-Pey, au nom de Guillaume-Amanieu de Madaillan, seigneur de

Pujols et de Rauzan, « loqual senhor ave ensensat lodeit loc de l'ondrable, religios, savi e discret senhor del senhor en Seguin de Lespinassa » (5 avril 1330). — Bail à cens par Olivier de Granhols, prieur de St-Pey-de-Castets (16 mai 1330 *(sic)*, « Guilhermo episcopo Vasatensi »). — Reconnaissance par Pierre Sentongei pour diverses terres à St-Pey et à Ste-Florence (10 mai [1331]). — Approbation par Aymeric de Malengin, prieur, de l'accord conclu avec un de ses prédécesseurs par Gérard Aney, curé de Civrac, à qui on a accordé « la sepeltura dins lodit priorat, en la claustra deld. priorat, pres la tot (?) de la gliza » (26 avril 1332). — Bail à cens en présence de « Ponts de Belcayre, donset » (5 novembre 1333). — Ensaisinement par Aymeric de Malengin, prieur de St-Pey (29 mai 1334). — Reconnaissance par Jourdain de Lanausa, damoiseau, fils de Gaillarde Du Breuil, pour des biens sis « a la boria del Brulh » (26 juin [1346], Raimond étant évêque de Bazas). — Bail à cens de divers immeubles « per 1 for e per 1e senhoria e per 1^a mostra de feus », notamment d'un manse, « en laqual estatge e mayzon lo deven tener fuc vio e rezidenssa personal a totz temps, exeptat guerra e ychilh de terra, e aquimedis, passada la guerra, que deven tornar en ladeita causa, far ladeita rezidenssa »; mention de redevances payables le jour de « sent Myquel de verenhas » (22 janvier 1347, n. s.).

H. 224. (Liasse.) — 13 pièces parchemin.

1352-1367. — Propriétés et seigneuries foncières : St-Pey-de-Castets.—Investiture par « lo senher'n Aymeric de Malengin, adonc prior del priorat de Sent-Pey a Castet e en cort sezent » (27 août 1352). — Bail à cens par Aymeric de Malengin, prieur, d'un champ « quartal », d'un pré « terssal », etc., en présence de Pierre de Boffiagues et de Bernard de Labaylie, damoiseaux (4 novembre 1353). — Bail d'une vigne « en fius e al quart, per las costumas de Basades, exceptat reyrefius,... per vi d. bordales de hublies..., e per 1 d. bordales d'esporle a senhor o a fevater mudan e per lo quart del frut » (9 novembre 1361). — Bail à cens par Guillaume de Labarque, prieur, à Guillaume de Peyrefite, de Civrac, suivant les fors de Bazadais, « ssalb reyreffeos », d'une terre confrontant à un fief d'Élie de Pomiers, seigneur de Civrac (29 juin 1367).

H. 225. (Liasse.) — 29 pièces parchemin.

1368. — Propriétés et seigneuries foncières : St-Pey-de-Castets. — Reconnaissance pour un manse par « Bernart d'Arribeyrac, de la dyocesi de Xantonge », domicilié à Civrac (28 avril 1368). — Reconnaissance pour le manse dit *a l'estatge d'Auros* (avril 1368). — Bail à cens en présence de Bernard de Balgodor (?), prieur de Monheurt (15 juin 1368).

H. 226. (Liasse.) — 25 pièces parchemin.

1375-1399. — Propriétés et seigneuries foncières : St-Pey-de-Castets. — Ensaisinement par Guillaume de Labarque, prieur de St-Pey (22 mai 1375, « Vazatensi cede *(sic)* vacante »). — Reconnaissance, « Johanne, episcopo Basatensi » (2 janvier 1377, n. s.). — Bail à fief d'une terre « sot la ffont deu Toron, sus lo puch de Sent-Pey » (copie authentique; 23 janvier 1394, n. s.).

H. 227. (Liasse.) — 21 pièces parchemin.

1406-1433. — Propriétés et seigneuries foncières : St-Pey-de-Castets. — Bail à fief par l'abbé, d'un manse abandonné, « au loc apperat a Lourosia » (18 octobre 1406). — Bail à fief par Philippe de Lespinasse, moine, nommé « guobernador... deu priurat de Sent-Pey-de-Castet » par l'abbé Guiraud, le 18 février précédent, d'une vigne au lieu dit *al Toron* (31 mars 1407). — Bail à cens en présence de « mossen Amaniu de Curton, monge de La Seuba » (3 novembre 1408).— Bail à cens d'une terre abandonnée, à Pierre Costans, vicaire de Saint-Pey, par Gérard, abbé, Bertrand de La Nussa, prieur claustral, et autres moines de l'abbaye, du consentement de « mossen Phelip de Lespinassa, vicari et guobernador a tota sa vita per lodeyt senhor abat et conbent deu priurat de Sent-Pey-de-Castet, en la honor de Puyous, unit et anexat a la taula deudeit senhor abbat » (4 janvier 1409, n. s.). — Réduction du cens dû pour une terre, après enquête établissant « que ladeyta terra era cara et carcada d'arrenda a present, atendut lo temps qui a present era »; témoins : Philippe de Lespinasse, prieur de St-Pey, Gaillard Faur, prieur de St-Loubès, etc. (27 mai 1411). — Concession par Philippe de Lespinasse, prieur de St-Pey et vicaire général de l'abbé, Bertrand de Lanusse, prieur claustral et prieur de Bellefond, Jean de Seraffont, prieur de Langon, Guillaume Veguey, prieur Du Casteret, et autres religieux de La Sauve, à Jean Du Boysson, prêtre, et à un autre homme à son choix, de la faculté de bâtir « una cambra en las coutz et muralhas qui son en lodeyt priurat de Sent-Pey-Castet devert la gleysa »; lad. construction fera retour à l'abbaye après la mort dud. preneur et de celui qu'il aura désigné pour tenir la maison après lui (11 avril 1429).

H. 228. (Liasse.) — 42 pièces parchemin.

1436. — Propriétés et seigneuries foncières : St-Pey-de-Castets. — Reconnaissance pour une terre *a la Codonha* (18 janvier 1436, n. s.). — Reconnaissance pour divers biens sis dans la paroisse de Ste-Florence, lieu dit *au Sahuc*, dans la même paroisse *a Camplanh*, et s'étendant « entro que au mech ayga », etc. (19 janvier 1436, n. s.). — Reconnaissance pour une terre « au loc apperat a Bedát », confrontant à « la terra deu senhör de Puyols » (24 janvier 1436, n. s.). — Reconnaissance pour une terre abandonnée, « au loc apperat a la mota de Malmiguarda » (24 janvier 1436, n. s.). — Reconnaissance pour diverses terres, dont une sise *a la mota Cabirot* (26 janvier 1436, n. s.). — Reconnaissance pour divers immeubles, dont un est sis *a la Pidoza*, entre « la Guamaya… et l'ariu de la Guamaya velha » (26 janvier 1436, n. s.). — Reconnaissance pour diverses tenures sises à St-Pey, lieu dit *a la Bissana*, à Ste-Florence, lieu dit *Artigua Daunor*, etc. (26 janvier 1436, n. s.). — Reconnaissance pour un manse « sotz la mota de Malmiguarda » (28 janvier 1436, n. s.). — Reconnaissance par Bernard Torney, damoiseau (22 février 1436, n. s.).

H. 229. (Liasse.) — 3 pièces parchemin, 63 pièces papier.

1440-1785. — Propriétés et seigneuries foncières : St-Pey-de-Castets. — Reconnaissance par Guillaume-Raimond et Raimond de Ségur, frères, damoiseaux, de la paroisse de St-Vincent, pour divers immeubles, dont l'un est « au marest Sente-Florensa » ; témoins : Raimond de Naujan, Guillaume Cos, Philippe Torney, damoiseaux, etc. (copie ; 3 août 1446, Henri étant évêque de Bazas). — Reconnaissance pour divers biens : un manse *sotz la motha Migarda*, une terre « en la terssenaria de Sent-Pey et de Sancta-Florenssa », etc. (copie ; 24 juillet 1467). — Testament de Jean Durat, prêtre, demeurant à St-Pey ; il lègue à l'œuvre de l'église de St-Pey une vigne sise dans cette localité et mouvant de La Sauve, plus une autre vigne à l'œuvre de la chapelle de N.-D. de Pitié, dans laquelle il veut être enseveli ; il lègue deux bréviaires, dont « lo son grant briviari velh notát » ; il lègue « a Johan Deu Bosc deit Curaborsa, de Civrac », la moitié d'une nasse sur la Dordogne, 15 francs à l'œuvre de l'abbaye de La Sauve et autant à l'œuvre de Blasimon, etc. (10 mars 1491,

n. s.). — Reconnaissance pour divers immeubles, dont un bien au lieu dit anciennement *le puch de St-Pierre*, actuellement *le village des Cardinaux*, moyennant une rente d'argent et 1 picotin 1/3 de froment, mesure de Civrac (23 avril 1669). — Vente en l'étude de Ducarpe, notaire à St-Pey-de-Castets, en présence de Jean Ducarpe et Henri Dumarque, chirurgiens, domiciliés en lad. paroisse (23 mai 1720). — Reçu de 87 l. 10 s., équivalant à la moitié des lods dus par M. de Latour de Calvimon pour les biens de la maison noble de La Guasquerie, acquis de M. de Lamberterie de Montaignacq (1er mars 1732). — Série d'analyses de reconnaissances pour des biens sis à St-Pey et à Ste-Florence, notamment du 15 novembre 1618, pour un domaine à St-Pey, « au lieu anciennement appelé *aux Hormes* et à présent *au village de Nepts* » ; du 6 juin 1669, pour une terre dans la même paroisse, « au lieu anciennement appelé *à Labarthe* et à présent *à les Graves*, autrement *à Brignon* » ; du 4 octobre 1704, pour une terre « au lieu anciennement appellé à Labarthe et à présent aux Graves, autrement à Brigaud » ; etc.

H. 230. (Fragments de registre.) — 0{m}37 × 0{m}25, 119 feuillets papier.

1669. — Propriétés et seigneuries foncières : St-Pey-de-Castets et paroisses voisines. Terrier.

H. 231. (Liasse.) — 22 pièces parchemin.

1277-1486. — Propriétés et seigneuries foncières : St-Pierre-de-Bat. — Concession à Guil. d'Arran de divers cens, dont un dû sur le moulin d'Arran, plus « lo forestage de totz los bocs de la gleisa de La Seuba, so es assaber los simaus (?) e una arauba a cada an e sa prevenda de panc e de vinc a cada jorn, tant cum lodeitz en W. viura » (22 mars 1281, n. s.). — Reconnaissance par Guillaume d'Arran et Arnaude, sa femme, paroissiens de Bat ou de St-Pierre-de-Bat, de la donation faite par led. Guillaume, en 1249, de tous ses biens, notamment des terres près de « la mayson Wilhem d'Arran, homèr d'en Amaniu de Larroqua », une rente de 3 escartes de froment sur le moulin d'Arran, tenu du donateur par Gaillard de Monpezat, chevalier, fils de feu Armand (?), un cens de 12 d. payé par B. d'Escoussans, chevalier, un bois à St-Genès, confrontant à celui de Gaillard de Grésignac, chevalier, etc. (12 mars 1282, n. s.). — Bail à cens d'une terre « au loc aperat a Puhc Sarradin » (21 janvier 1287, n. s.). — Donation reçue pár Pierre « Deu Triugh », notaire à Cadillac et du duché de Guienne, et portant renonciation à la loi « qui dissos o dire poguos que donacions no val si non es de v^e marcs d'argent o de plus » (12 février 1314, n. s.). — Quittance à Bernard de Laffon, chevalier, fils d'autre Bernard, chevalier, de la paroisse de St-Sulpice, et gendre de Bertrand de Monpezet, damoiseau, pour une rente due, en raison du moulin dit « molin d'Arran, en Benauges »; en présence de Guillaume de Bordas, prieur de Bellefond (12 juin 1370). — Délivrance d'une copie authentique d'une reconnaissance notariée, en vertu d'un « judgament de la cort » rendu sur requête de Gaillard Faur, prieur de St-Loubès, procureur de l'abbé, exposant « que et ave pergut en la guerra que passada es » lad. « carta de fiusatge » (1397). — Bail à fief en présence de « mossen Pey Deus Cortius, rector de Sent-Pey-de-Bat » (20 juillet 1408). — Bail à fief d'une terre « entre lo ffeu de Galhardet de Borc, donzet, d'un costat, et la font de Luchs, de l'autre costat », et confrontant « au ffeu deu senher de Lamota » (mars 1411-1412).

H. 232. (Liasse.) — 1 cahier de 12 feuillets papier, 9 pièces parchemin, 7 pièces papier.

1234-1785. — Propriétés et seigneuries foncières : St-Quentin-de-Baron, St-Vincent-de-Pertignas. — *St-Quentin.* Charte de Bernard de La Mote, chevalier, constatant que Guillaume et Arnaud Borgoin ont vendu à Guil. de Montinac, prieur, et à l'abbaye, pour 2,600 s., « molinam d'Angladas et quandam terram que antiquitus pratum fuerat et lo *Bernet* », grevées en faveur dud. Bernard d'un cens de 12 d.; led. Bernard, du consentement de son fils B. de La Mote, renonce, moyennant 10 livres, à ses droits, sans réserver « nullum jus, nullum dominium, nullam advocationem, nullam piscationem », et B[ertrand] de Mons, chevalier, qui avait des prétentions sur ces biens, approuve l'acte (1234). — Acte reçu par l'official, portant vente par Arnaud de St-Quentin et les siens à La Sauve, pour 140 livres de Bordeaux, du moulin d'Anglades, entre le moulin de Méjan et celui d'Andron de St-Denis, plus une terre près la fontaine de Croca Mauron; les vendeurs déclarent avoir remis partie du prix « judeis quibus tenebantur sub gravi usurarum accessione » (4 mai 1235). — Aveu par un homme lige de l'infirmier de La Sauve (1246). — Attestation par « na Peirona de Lamota, filha qui fo 'n Amaneus de Lamota, cavors, e moilher en Bern. de Lamota, cavors, filhs qui fo en Bern. de Lamota au proidome, » touchant le don fait par sond. beau-père d'une rente sur

le tiers du moulin de la Tour; annonce des sceaux de P. de Casteinhou, archiprêtre d'Entre-deux-Mers, Guil. de Carpenet, curé de St-Quentin, P. de Labatut, curé de Camarsac; mention de Raimond de St-Remy, curé de Nérigean (19 décembre 1254). — Enquête, incomplète du commencement et de la fin, dans une instance entre noble Jean de Piis et l'abbaye; déposition de Bertrand de Mandosse, seigneur de Montlau, qui déclare qu'il a eu, comme seigneur de Bisqueytan, des droits sur les lieux contestés (s. d.). — *St-Vincent.* Vente par Augier (?) de Puch, damoiseau, fils de feu Amauvin, à Gaillard Izambert, damoiseau, fils de feu Bertrand, habitant « de la honor de Castilhon, de la prov[i]ncia de Bordeu », avec l'approbation de Pierre de St-Astier, prieur de St-Loubès, en présence d'Aymeric de Malengin, prieur de St-Pey-de-Castets, et de Jean Ramon, « prior de La Yla » (5 mars 1349, n. s.). — Reconnaissance par Raimond et autre Raimond de Ségur, frères, de la paroisse de St-Vincent, seigneurie de Rauzan, pour des terres dans la paroisse de St-Vincent, lieu dit *Au Carost,* dans la paroisse de Mérignas, lieu dit *a Vila Bastor,* etc. (3 août 1446).

H. 233. (Liasse.) — 3 pièces parchemin, 7 pièces papier.

1365-XVIIIe siècle. — Propriétés et seigneuries foncières : Salignac, Sallebeuf, Tabanac, Targon. — *Salignac.* Bail à fief par Pierre-Arnaud de Lamensans, chevalier, châtelain de Benauges et de Cadillac pour Jean de Grailly (8 décembre 1365). — *Tabanac.* Ensaisinement par Raimond de Monbel, prieur claustral (1er août 1455). — *Targon.* Assignation précédée d'une requête de Blaise, comte d'Aydie et partie de Benauge, seigneur baron de Rions, Bernardier et autres lieux : après la mort du duc d'Épernon, ses héritiers plaidèrent 20 ans; enfin, en 1677, intervint un partage « entre Messieurs les comte et vicomte de Ribérac, frères, et M. le duc de Foix »; les premiers eurent 11 paroisses du comté de Benauge et le second eut le reste (15 avril 1699).

H. 234. (Cahier.) — 0^m20 × 0^m19, 46 feuillets papier.

XVIIe siècle. — Propriétés et seigneuries foncières : Targon. Lieve. — Plan sommaire, indiquant près du village de Nadau, à la rencontre du chemin de Cadillac à La Sauve avec la limite de Targon et de Capian, un lieu dit *Peyre Cruzade* (fol. 1). — Mention de lad. Peyre-Cruzade, « qui et sur le bort du grand chemin de Cadillac » (fol. 24 v°).

H. 235. (Liasse.) — 5 pièces parchemin, 3 pièces papier.

1479-XVIIIe siècle. — Propriétés et seigneuries foncières : Tizac, Vayres, Villegouge, Villemartin. — *Tizac.* Reconnaissance au profit de François de Chabanes, représenté par Charles de Mandousse, écuyer, contenant la procuration donnée par le premier au second, notamment à l'effet de rendre hommage au roi de Navarre « et de bailler et conférer les chappelles que ledict seigneur a comme patron, tant en l'abbaye de La Seulve que ailleurs » (Curton, 23 avril 1560). — *Vayres.* — Ordonnance prescrivant de procéder à une enquête testimoniale sur les droits de l'abbaye à Vayres, dont les titres ont disparu dans les guerres (16 mai 1479). — Déclaration de Pierre de Gaufreteau, général des Bénédictins exempts et prieur claustral de La Sauve, touchant la prétention des seigneurs de Vayres d'obliger l'abbé à l'hommage (11 novembre 1647). — *Villegouge.* — Reconnaissance au profit de Julien de Reblais, religieux de La Sauve, prieur de Villegouge, représenté par Regnier(?) de La Fillolie, écuyer, sieur de Lescaderie (20 octobre 1609). — *Villemartin.* Extrait d'un bail à fief de terres abandonnées et bois sis à Villemartin, consenti le 5 février 1479, n. s., par Jean Mercey, commandeur dud. lieu, en faveur de Jean Seurin, de la paroisse de Blansac, diocèse de Saintes (s. d.).

H. 236. (Liasse.) — 33 pièces parchemin, 1 pièce papier.

XIIe siècle-1399. — Propriétés et seigneuries foncières : Villenave-de-Rions. — Reconnaissance en faveur du prieuré d'Ortolée par P. Guasc, lequel s'engage à construire une maison et à y tenir feu vif dans les deux ans qui suivront la Noël (13 décembre 1299). — Sommation à divers « que it lo tenguant d'aissi enant foc bin en l'estatga del Luquat » (28 février 1318, n. s.). — Reconnaissance pour une terre *a la Gran Peyra* (13 mai 1364).

H. 237. (Liasse.) — 13 pièces parchemin.

1409-1491. — Propriétés et seigneuries foncières : Villenave-de-Rions. — Ensaisinement à la suite de vente, en présence de « mossen Estève Montelhs, prior de Lopiac » (10 janvier 1427, n. s.). — Reconnaissance par « Johan Caubet et Guilhecma de Mathan, molher de Bernard de Jacme,... lodeyt Johan Caubet per rason de l'affrayrament a luy feyt per Pey de Mathan et per

lad. G^{me} de Mathan » (30 avril 1432). — Déguerpissement de biens tenus à Villenave et « Carradan » (Cardan) : le tenancier « liuret aud. senhor abbat en nome que dessus dos cartas publicas d'esporle toquantz ausd. heretatges dessus confrontatz et designatz et plus sincq soudz de la moneda corssabla a Bordeu, per melhor reformar lad. gurpidon »; concession, aux mêmes tenanciers, à des conditions plus avantageuses (7 septembre 1447).

H. 238. (Liasse.) — 1 cahier de 52 feuillets papier,
11 pièces papier.

XVIe-XVIIIe siècles. — Propriétés et seigneuries foncières : Villenave-de-Rions.

H. 239. (Liasse.) — 5 pièces parchemin, 14 pièces papier.

1224-1785. — Propriétés et seigneuries foncières : localités diverses. — Donation par Guillaume-Arnaud de Font-Arnaud de sa personne et, s'il n'a pas de fils, de ses biens : il tiendra lesd. biens en payant 5 s. de cens; s'il devient veuf, il ne pourra pas se remarier, etc. (27 octobre 1224). — Bail à ferme par Jean de Nolibois, prieur de St-André-[de-Cubzac], et autres religieux de La Sauve (13 mars 1601). — Quittance de 480 livres pour arpentement de 2,400 journaux de fond en Benauges (2 mars 1679). — Lettre du marquis de Ribérac, assurant le syndic de ses dispositions conciliantes : « Comme je ne dispose point de la terre de Rions ni de Benauges, et que ma mère s'en dit propriétaire, quoyque je n'y consente pas, vous fairez fort bien de la faire assigner; elle ne manquera pas de m'appeller, et c'est ce que je demande » (cachet armorié) ([juin 1716?]). — Lettre d'un fondé de pouvoir de l'abbaye : il vient de faire assigner en reconnaissance d'un tènement pour lequel on n'a pas reconnu depuis 1525 (8 décembre 1727).

H. 240. (Liasse.) — 2 cahiers de 32 feuillets papier,
14 pièces parchemin, 6 pièces papier.

1468-1493. — Propriétés et seigneuries foncières : localités diverses. Procès au sujet des droits de l'abbaye dans diverses paroisses de la Benauge. — Assignation de Jean Le Bascle, capitaine de Curton, et autres (1468). — Lettres royaux au sujet des troubles apportés par Jean de Castendet, capitaine du château de Benauge, au droit de l'abbaye de faire paître dans l'étendue de diverses forêts, notamment « du boys

appellé de La Tamelana, assis en la parroisse de Montignac, des boys de Belabat, de Colonges, de Saincte-Marie, de Lamothe, de Turbelin, de Caudiar, les grans boys qui sont es paroisses de Saint-Médart, de Montignac, de Saint-Paul de Benauges, les boys qui sont es parroisses de Saint-Germain de Campeth », etc. (20 décembre 1473). — Procès-verbal dressé par Guillaume de Ligue, sergent ordinaire en la sénéchaussée de Guienne « et gardien des religieulx, abbé et convent de Nostre-Dame de La Silve Majour, comme appart par les lectres royaulx, contenant saulvegarde gardienne », du 30 juillet 1474, insérées dans l'acte : led. sergent maintient les religieux en la possession de divers bois et il place sur des arbres, en signé de sauvegarde, « les penunceaulx et bastons reaulx » (20 décembre 1474).
— Enquête au sujet de la mainmise par le représentant du sire d'Albret, seigneur de Rions, sur les droits appartenant à l'abbaye à Rions, et dans les paroisses de Villenave, Paillet, Cardan et Capian : frère Nicole Richier déclare qu'il existe à La Sauve 13 religieux plus l'abbé ; déposition de Jean Seguin, curé de La Sauve ; déposition de frère Arnaud de La Caussade, prieur de Casteret : « A leu, luy qui parle, qu'il y souloit avoir nuˣˣ et v religieux en lad. abbaye et depuis qu'il est à lad. abbaye, en y a tous jours veu dix ou douze » (février-mars 1475, n. s.). —
« S'en sec la declaration, rapport et estimation feytas per los homes eslegitz… a visitar et estimar los boscz desertz et vacquans appertenens audeyt monastey de La Seuva en la terre et seigneurie de Benauges » : à S¹-Germain et Bellebat, 1,000 journaux ; les commissaires « aven visitat et seguit totz ensemble las limites deus boscz et desertz de la parropie de Targon desa l'egleysa, cum es lo boscz Sancte-Marie, commansant au Mongaudi entro a la Peyre Crosada et a la Moliache, et totz d'una oppinion an estimat losd. boscz et vacquans appartenens audeyt monastey a mille jornaus ». Production de titres tirés « de la librarie dud. monastey » : Faleyras, 46 chartes ; S¹-Germain et Bellebat, 20 chartes, plus « ung rolle veilh contenent grans rendes, tant blat, argent, gallinas et manobras » ; Solignac, 53 chartes ; S¹-Pierre-de-Bat, 47 chartes ; Coirac, 108 chartes ; Ladaux, 66 chartes ; Targon, 153 chartes, etc.; plus, le rôle des cens et rentes levées par l'abbaye dans la seigneurie de Benauges, montant à 35 fr. bord., 46 liards, 2 deniers. Liste de paroisses à examiner de nouveau : Faleyras donnait 33 l. 6 s. 10 d. ; Solignac, 26 l. 18 s. 1 d.; « en la parropia de Coyrac no hi a res et hi a c et vɪɪɪ cartas et y sole donar de renda sinquante et vɪ l. ɪɪ s. ɪɪɪɪ d.,

xxɪ galina » ; à Martres, les commissaires ne signalent pas de tenure et on a 13 chartes, etc. (avril 1478).
— Dépositions de témoins : à S¹-Pierre-de-Bat, dans un bois de 30 journaux, « y a apparensa que de temps passat y ave mayne » ; un témoin a entendu dire à ses parents « que quant Mossʳ lo captau anaba deforas, que lod. senhor abbat ly balhaba ung home d'armas a lo servir a la guerra », mais led. témoin n'a rien vu de pareil ; confrontation d'un bois de 800 à 900 journaux dans la paroisse de Targon : la borne de S¹-Léon, la fontaine d'*Autafaya*, « las vidanas deu sorbey de Tribelin », le moulin de Corbelhac, « au poder de Rions », « la peyra Crosada », etc. (janvier 1480, n. s.).
— Lettres au sujet des troubles apportés par Jean de Castendet à l'exercice des droits de l'abbaye sur les bois : dans la seigneurie de Benauges l'abbaye possède 2,500 journaux de « boys et désert », dont les laboureurs demandent la concession (3 août 1482). —
— État des « boscz et forestz qui son inhabitatz », appartenant à La Sauve dans la seigneurie de Benauges : le bois de Notre-Dame dans la paroisse de Targon, entre Montarouch, S¹-Léon « et la tasta de Mauconseilh, depertan las senhorias de Benauges et de La Seaube, d'autra part,… et la mota de Turbelin, qui es deud. monesley, d'autra part » ; le bois sis dans la paroisse de Targon, au lieu dit *a-Turbelin* (s. d.). — Exposé sur le droit de dépaissance appartenant à l'abbaye dans diverses paroisses, notamment à Espiet et Daignac (s. d.). — Dires de l'abbé concernant les droits de l'abbaye sur des forêts de l'Entre-deux-Mers : « Item, quod dictum monasterium seu abbas ejusdem monasterii est in possecione et saysina juris venandi et venari faciendi et venatores tenendi, unum seu plures, ad venandum seu capiendum fera animalia, ut sunt servi, sanglars et caprioli et quecumque animalia fera, non solum in omnibus et singulis nemoribus, saltibus, lagunis et terrytoriis spectantibus et pertinentibus ad dictum monasterium, sed eciam in quibuscumque aliis nemoribus, saltibus et terrytoriis, in quibuscumque juridictionibus fuerint, sive in juridictione prepositure regie de Inter-duo-Maria, sive de Lagoirano, sive de Benaugis, sive de Curton, sive de Blahaco, ita quod dicti venatores non tenentur solvere alicui *lo cartey* seu cartam partem animalis…, dum modo dicti venatores iter venacionis sue in mane (?) recipiant a loco dicti monasterii » (fol. 6 vᵉ) ; mention d'une assignation devant le prévôt de Curton (fol. 8), d'un appel à un sénéchal (fol. 9 vᵉ), de la résistance opposée à une décision de la justice ecclésiastique par des gens enfermés dans le château

de Curton (fol. 10), de voies de fait contre l'agent d'exécution (fol. 11-12); observations présentées sur lesd. allégations (fol. 12 v°) (s. d.).

H. 241. (Cahier.) — 0^m29 × 0^m21, 34 feuillets
et 4 feuillets de tables papier.

1483. — Propriétés et seigneuries foncières : localités diverses, Targon, Ladaux, St-Pierre-de-Bat, etc. *Monstrée*, par le syndic de La Sauve, des biens au sujet desquels l'abbaye est en conflit avec le seigneur de Benauges : un pré dans Ladaux, au lieu dit *à Benauges la vieille* (fol. 7 v°) ; — un bois dans Soulignac, *au Sengler* (fol. 13 v°) ; — un moulin dans la paroisse de Faleyras, lieu dit *au Faure* (fol. 16 v°) ; — « maysons, estaiges, terres, vignes cultes et non cultes, prés, aubarèdes, vimeneys, boys, landes, pastenx... en la paroisse de Saint-Pierre de Monpesat en Benauges », près du « feu de Bertrand Dages, héritier de Bertrand de Monpesat » (fol. 17) ; — le moulin de Ran, qui est abandonné, dans la paroisse de St-Pierre-de-Bat (fol. 19 v°) ; — des manses abandonnés à Baigneaux, près d'un chemin « tirant tout droit à unes autres murailhes veilhes » (fol. 20) ; — « désert, boys et murailhes et estanc, qui sont à l'entorn de l'églisse de Banhaus..., réservé lad. églisse de Banhaus avecques le symentière » (fol. 20 v°) ; — un moulin abandonné, dans la paroisse de St-Germain-de-Campet, lieu dit *sur les prés de la Trompa* (fol. 20 v°) ; — manses, terres, prés et bois dans lad. paroisse, « entre la partide Blanhades et de Benauges, d'une part, et la seigneurie de Rouzan, d'autre part » (fol. 20 v°) ; — « maynes désers, terres, boys et prés, qui sont en la paroisse de Balabat,..... out il y a troys cens journaulx » (fol. 21 v°) ; — bois dans Targon [et autres paroisses ?], « repputez par les anciens homes de lad. parroysse de Targon et de Sainct-Pierre de La Selve-Majour... à la some et quantité de mille jornaulx de beuffz, comptant par jornault trente pas de large et soixante pas de long » (fol. 25) ; — la paroisse de Saint-Germain-de-Campet, qui « conffronte avèques les héritaiges des parroyssiens et conffrays de la parroysse de Romanha, de l'un cap, où a une vidana qui despart les seigneuries de Benauges et s'en va à une dougue ou foussé » (fol. 26) ; — paroisse de Baigneaux, confrontant « en l'estanc du moulin de Aute Rocqua » (fol. 26 v°). — Citation, dans le château de Benauges, à noble Jeannot de Castendet, « soy-disant capitayne dud. lieu » (8 novembre 1483; fol. 29 v°).

H. 242. (Rouleau.) — 2^m30 × 0^m29, papier.

1475. — Propriétés et seigneuries foncières : localités diverses. Procès contre Bernard Angevin, seigneur de Rauzan. Commencement d'un rouleau de procédure contre led. Bernard Angevin, accusé par l'abbaye d'« avoir fait plusieurs excès, prendre ses pourceaulx », etc. ; il aurait enlevé 200 porcs et n'en aurait rendu que 30 (mars).

H. 243. (Liasse.) — 1 cahier de 14 feuillets papier,
5 pièces papier.

1475-1481. — Propriétés et seigneuries foncières : localités diverses. Procès contre Bernard Angevin. — Enquête dans led. procès contre Bernard Angevin, « le procureur du Roy joinct avecques luy » : les témoins déclarent, entre autres, que Jacques Angevin, fils de Bernard, a le gouvernement des terres de Pujols et de Rauzan (24 novembre 1477). — Signification à noble Jean Desclamart, seigneur de Pujols en Agenais, tuteur de Charles de Noaillan, seigneur de Buset, et à Odet de Noaillan, seigneur Du Fraisse (copie; 21 février-2 mars 1481, n. s.). — Mémoire pour l'abbaye : « Monasterium predictum habet, tenet et [possi]det bona, tam mobilia quam inmobilia, in d[icto] territorio de Civraco, de Puyolis et de Rausano [us]que ad valorem mille scutorum auri. » (s. d.).

H. 244. (Liasse.) — 4 pièces parchemin, 9 pièces papier.

1116-XVIIIe siècle. — Propriétés et seigneuries foncières : Bougue. — Charte de Guillaume d'Aquitaine donnant à Geoffroy, 4e abbé de La Sauve, « Bogam et quecumque mea sunt vel intus vel foris, que pertinent ad illam, jus comitale, salvitatem, quoscumque redditus, omnem meam dominationem » ; témoins : Raimond, abbé de St-Sever, Guillaume, prieur de [S^{te}-]Radegonde, etc. (Bordeaux, 2 juin « anno M. C. vix », indiction 9, épacte 4, concurrent 6, cycle lunaire 15). — Charte de Bonhomme, évêque d'Aire, constatant que Pierre Darlenx « obtulit in manibus nostris Deo et Raimundo, sacerdoti, in ministerium peregrinorum et pauperum, terram in qua sita est hospitalis domus de [Cahencs]; deditque ibidem eidem domui mansum unum quod dicitur mansum Salicti » (1147). — Mémoire sur les revenus de Bougue : « Je dis que je fairay faire le bail cette année à quinze louis...; mais on n'y a pas voulu toper, ny pas à un sol au-delà de quarante-cinq écus » (s. d.)

H. 245. (Liasse.) — 28 pièces papier, 1 pièce parchemin.

1615-1677. — Propriétés et seigneuries foncières : Bougue.

H. 246. (Liasse.) — 41 pièces papier.

1626-1756. — *Idem.*

H. 247. (Liasse.) — 23 pièces papier.

1678-1761. — *Idem.*

H. 248. (Liasse.) — 5 cahiers de 56 feuillets papier, 3 pièces parchemin, 10 pièces papier.

1473-XVIIIe siècle. — Prieuré de Bougue. — Extraits de reconnaissances consenties en 1548, notamment par « Arnauld de La Fargueta, crestian », et par « Arn. Guilhemet, crestian ». — Ordre du juge de Marsan, à la requête du procureur de l'abbé de La Sauve, d'informer sur les droits de l'abbaye à Bougue, Arthez, etc., et de citer les opposants « per dabant nos o nostre loctenent dintz lo castet major de la biela deu Mont-de-Marsan » (18 décembre 1473), suivi de l'énumération des revenus (4 juillet 1474).

H. 249. (Liasse.) — 7 pièces parchemin, 14 pièces papier.

XIIe siècle-1747. — Propriétés et seigneuries foncières : Bergerac et Creysse, Casteljaloux. — *Casteljaloux.* Charte déchirée et en grande partie illisible : la note, au dos, porte : « Donation faite par Bernard Aiz, seigneur de Castelgelous, à l'abbaye de La Seauve, d'une place en dehors de lad. ville y bâtir une église et un village, duquel la justice, qui devoit être exercée par les officiers de Castelgelous, seroit à moitié entre led. seigneur et lad. abbaye » (xiie s.).

H. 250. (Liasse.) — 12 pièces papier.

1621-1724. — Propriétés et seigneuries foncières : Escassefort.

H. 251. (Liasse.) — 1 cahier de 48 feuillets papier, 9 pièces parchemin, 15 pièces papier.

1500. — Propriétés et seigneuries foncières : Gabarret.

H. 252. (Liasse.) — 2 cahiers de 32 feuillets papier, 7 pièces papier.

1552-1755. — Propriétés et seigneuries foncières : Gabarret. — Enquête sur des droits de justice : comparution, personnellement ou par procureur, d'Antoine de Ferbaux, seigneur Du Tastet et coseigneur de Maignos ; Gaston de Frat, sieur de Baudignan ; Philipe de Barbotan, capitaine ; Jacques Brossier, sr d'Arnaud Tucquat ; Bertrand de Soriac, sr de La Terrade ; Antoine de Melignan, vicomte de Trignan, etc. (1604-1605).

H. 253. (Registre.) — 0m26 × 0m21, 28 feuillets papier.

XVIe-XVIIe siècles. — Propriétés et seigneuries foncières : Gabarret. Lève. — Mention de « noble Guilhaume de Farbaux, sr de Maignos » (fol. 15).

H. 254. (Liasse.) — 7 pièces parchemin, 17 pièces papier.

1207-1613. — Propriétés et seigneuries foncières : L'Isle-en-Arvert, Lunas. — *L'Isle-en-Arvert.* Acte par lequel Geoffroy Martel et les siens confirment au profit de La Sauve la donation faite par Pierre, en présence de G..., prieur de L'Isle, en présence de moines, d'un curé et d'un vicaire, « qui de manu mea susceperunt jamdictum Petrum in monachum, et sororem suam parvam nomine Audiart in monialem et matrem in condonatam », conformément aux dernières dispositions de Guillaume de Royan, père dud. Pierre ; sont compris dans cette donation le tiers d'un moulin devant Mornac, une part dans le moulin « de Longa Faissola », à Mornac, etc. ; parmi les témoins figure « Gilimondus, senescalcus » ; annonce des sceaux de Guillaume, archevêque de Bordeaux, et Henri, évêque de Saintes (copie ; entre 1207 et 1213). — Bail à cens au prieuré par « Robbertus de Sabblolio, dominus Morniaci et Mastacii », avec le consentement de sa femme Mate, du moulin de Perier Jolem, avec cette clause que, si le moulin est abandonné et s'il n'est pas rebâti dans les dix ans, il fera retour au bailleur ; il ajoute la faculté de construire un moulin « a molendino de Nolivola superius versus terram dulcem » et la concession du marais : « totum maresium quantum mare cooperit et discooperit » ; témoins : Guil. Boies, prieur de St-Nicolas de Royan, Gaucelm, prieur de L'Isle, Geoffroi de Dozac, Élie Thibaut, Guillaume Géraud, chevaliers (mai 1235). — *Lunas.* Jugement « in causa... Ramundi Liverni, prioris de Vernhia, scindici monasterii de

Silva Majore », au sujet d'un moulin sis près de l'église de Lunas; approbation par Jean Beaupoil, chevalier, seigneur de Laforse et Mas-Durand (15 octobre 1475).

H. 255. (Liasse.) — 8 pièces parchemin, 2 pièces papier.

1097-1717. — Propriétés et seigneuries foncières: Novy, Penne, Pomarède. — *Novy.* Don par Hugues, comte de Rethel, à La Sauve, de « allodium de Novio » et « villam quæ vocatur Balbe » (1097; vidimus expédié en 1729, d'après le cartulaire). — Accord entre le prieuré de Novy, d'une part, Hugues, comte de Rethel, et Félicité, sa femme, de l'autre (septembre 1205; vidimus, de Gui, archevêque de Reims, reproduit sous forme de supplique au Pape; autre vidimus, sans formule finale, de Guillaume, évêque de Paris). — Diplôme de Philippe Auguste analysant et confirmant l'accord intervenu entre le comte de Rethel et le prieur de Novy (Sens, 1211; vidimé le 4 mars 1247, par les officiaux de Reims). — *Pomarède.* Sentence arbitrale par l'abbé Florent entre Gaillarde de Laroque, prieure de Pomarède, et les habitants de cette localité: l'abbé se réserve et à ses successeurs, à chacun une fois, « accaptamenta... de possessionibus quas tenent a nobis,... nam ita servatur in toto ducatu Aquitanie, in locis et prioratibus monasterii supradicti »; il fixe les obligations des habitants envers la prieure (9 mars 1288). — Accord entre l'évêque de Cahors et Gaillarde de La Roque, prieure, concernant la seigneurie de la ville: la prieure tiendra la justice de l'évêque, moyennant une rente annuelle de 10 livres de Cahors « et sub uno denario marabitino aureo de acaptamento in mutacione priorisse vel episcopi predictorum » (6 juillet 1288).

H. 256. (Liasse.) — 6 pièces parchemin, 4 pièces papier; 1 sceau.

1115-XVII⁰ siècle. — Propriétés et seigneuries foncières: St-Paul-Au-Bois, St-Sylvestre, Semoy, Siorac, Terny. — *St-Paul-Au-Bois.* Paréage entre Geoffroy, prieur de St-Paul, Jean, comte de Roncy, et Robert, seigneur de Pierrepont, « de reparatione ville de Lapion, que per longa tempora fuerat destructa » (1191). — *Semoy.* Charte de l'official du doyen d'Orléans, reproduisant notamment l'acte de mars 1248, n. s., par lequel B., abbé de La Sauve, approuve le compromis de Brun, prieur de Semoy, en conflit avec les hôtes du monastère aud. lieu à propos de corvées; sceau (1248). — *Siorac.* Actes concernant une terre de deux cartonnées, mesure de Siorac, confrontant à la terre de noble

François d'Abzac, seigneur de Montestruc et de Siorac, et « ung jornal de pré a dalhure d'home » (17 mars-9 avril 1560). — *Terny.* Diplôme relatif à Terny (1115).

H. 257. (Liasse.) — 18 pièces parchemin, 5 pièces papier.

XIIᵉ-XVIᵉ siècles. — Propriétés et seigneuries foncières: Espagne et Angleterre. — *Espagne.* Diplôme presque effacé portant au dos: « Don d'un moulin à Turol par Pierre 2, roy d'Aragon, au prieuré d'Alcala » ([1198]). — Charte de Pierre d'Aragon donnant « ad populandum... fratribus de Alcala, presentibus et futuris, locum illum qui dicitur *las Covas de Dominico Arquero,* que sunt subtus castrum de Linars » (6 mars 1208-1209). — Confirmation par Jacques d'Aragon des possessions de La Sauve (1226). — Achat d'une vigne par les chambrier et réfectorier de La Sauve, « procurados e vesitados en las casas que son en Espayna », en présence de P. de Jeneros, prieur d'Ejea, moyennant 100 morabotins alfonsins « e ab la paguada de pan e vin e carne als sobreditz vendedos e als fermes e als testimonis; de la sobredicta compra sunt fermes, al fuer qu'es en lo borc de Sangossa, don Pontz Arnalt e don Johan Lopiz de Guarde » (1263). — Sentence rendue par le représentant de Jean Zapata, « justicia » d'Aragon, entre le doyen de Tolède, représentant l'abbé de La Sauve, d'une part, et Garcie Perès Duesa, chevalier, d'autre: celui-ci arguait de faux le titre de l'abbaye sur Alcala; le juge le déclare contumace et proclame l'abbé et les moines « per lapsum anni et diei veros effectos esse possessores castri et ville de Alcala » (27 septembre 1291). — Don d'une vigne à « don Rulfo, monge e prior d'Exea » (28 novembre 1299). — Reçu par le trésorier de Blanche, reine d'Aragon, pour 12,650 sous de jaccais, dus à lad. reine en paiement de ses droits sur Alcala, conformément à la convention passée le 15 février (?) 1304, n. s., par Guillaume de Ferrières, archiprêtre d'Entre-deux-Mers, et un autre fondé de pouvoir de l'abbé de La Sauve (12 mars 1305, n. s.). — *Angleterre.* Confirmation par Raoul, à son passage pour St-Jacques, de la donation faite à La Sauve par ses ancêtres « apud Boroellam »; il leur fait remise de la seigneurie foncière « de duabus bovatis terre quas ipsi monachi consualiter de me tenuerant », etc. (s. d.). — Copies et notes relatives aux possessions d'Angleterre (xivᵉ-xvᵉ siècles).

H. 258. (Liasse.) — 12 pièces parchemin, 44 pièces papier.

1235-1786. — Propriétés et seigneuries foncières:

localités indéterminées. — Arbitrage entre Bernard d'Escoussan, damoiseau, et Gaillarde Du Solei (?) (23 juin [1267]). — Lettre du curé de S¹-Martin : « Au commencement du règne de M. d'Orléans, il courcut un bruit que le Roy vouloit retirer toutes les terres qui avoint esté aliénées de la couronne depuis le commencement de la monarchie » (20 décembre 1724). — Lettre signé : Ducarpe. « Je travaille avecq assudité *(sic)* à vos reconnoissances ; j'é découvert deux fief quy sont considérables, quy n'avoit pas esté reconneus depeuis 1440 » (5 mars 1727).

H. 259. (Liasse.) — 4 pièces parchemin, 25 pièces papier.

1209-1750. — Droits sur les meubles, rentes, legs, etc., etc. — Lettre de Guillaume Aïs, vicomte de Fronsac, à l'archevêque de Bordeaux Guillaume, l'avisant qu'il a concédé à l'abbé A[mauvin] et aux religieux, qui l'ont associé à leurs prières, « unum sturionem qui vulgariter dicitur *creax* », payable l'avant-veille de la Pentecôte par le percepteur des revenus du vicomte de Fronsac « de quarteriis sturionum » (1209). — Testament de Guillaume de Preyssac : il demande à être inhumé à La Sauve, devant l'autel de N.-D. ; legs de 6 l. « pro faciendo virgas et cande[lon]es... et pro aliis obsequiis suis » ; legs à S¹-Martin de Camiac pour faire un autel de s¹ᵉ Catherine ; mention de Brune de Montravel, sa femme ; legs de 10 s. « luminari Beate-Marie de Ronsabais » ; institution d'héritiers au profit de Pierre et Gérard, ses fils (1348). — Testament [d'Amanieu Du Bedat, chanoine de S¹-Émilion] : il ordonne de restituer 50 léopards d'or « el poder del compte (?) de Peyregort al Puy-de-Chalut, en aqueras gens que major perda feren de bestiar qui fo près en la barbacana del Puy-de-Chalutz, en l'an que lo loc de Bragueyrac fo près per las gens del rey d'Anglaterra, nostre senhor » ; il dispose de rentes à lui vendues par « Johan Audoyn, cavaler, senher de Sinhas » ; il lègue « als paubres de l'ospital de Sent-Melion, près S¹ᵉ-Margarida, tota la drapa » ; il institue exécuteurs testamentaires « Guilhem Del Taudin, rector de la gley *(sic)* de Sadirac,... Grimoard de Junqueyras, rector de Boliac », etc. (20 août 1362, P. Brun étant maire de S¹-Émilion). — Procuration par dom Antoine Maffre, sous-prieur, et autres religieux, à dom Antoine Laprade, bibliothécaire de S¹-Germain-Des-Près, à l'effet d'emprunter sans intérêts 63,000 livres, remboursables en 20 ans ou plus. Prêt par Louis, duc de La Feuillade, de 60,000 l., remboursables en 25 ans, à charge d'en faire emploi « pour ... acquiter les dettes

contratées à constitution par lad. abbaye, » moyennant hypothèque des revenus de l'abbaye « montans environ à quinze mil livres par an », etc. (5 et 15 avril 1720).

H. 260. (Liasse.) — 1 pièce parchemin, 26 pièces papier, 2 cahiers de 21 feuillets.

1606-1698. — Créances. — Notification par Germain Allegret, écuyer, sieur de Roziers, habitant à Cabarra, à Jean Demande, habitant à La Sauve, de la donation faite au premier des biens de François Demande, sieur de Marcon, fils du second, « c'estant retiré chez luy, comme n'ayant moyen de vivre et estant malade » (29 avril 1616). — Contrat de mariage entre François Demande, fils de Jean et de feu Claude Rouault, agissant du consentement de son père, de Henri de Rouault, écuyer, sieur de Longueville, son cousin germain, et de Denis Fourgeyron, son voisin et ami, d'une part, et Jeanne Dallegret, fille de Germain, sieur d'Allegret, et d'Isabeau Dartigués, agissant du consentement de ses parents et de Gaspart Dallegret, écuyer, habitant de Naujan, son oncle, d'autre part ; l'un des témoins est « Estienne Choullet, serviteur à présent dudict Germain Dallegret » (22 février 1617). — Contrat de mariage entre Pierre Queyreau, écuyer, sieur de La Martinière, habitant de la paroisse de Lussac, fils de feu Bertrand, avocat en la Cour, et de feu Guillemette Launault, agissant de l'avis de Raimond, et Élie, ses frères, de Jean Robin, s¹ de La Chicardrie, son beau-frère, et de Pierre Queyreau, son oncle, d'une part, et Isabeau Demande, fille de François et de feu Jeanne Allegret, agissant de l'avis de son père, de Jean, son frère, et de J.-B. de Beauveau, écuyer, son cousin (4 février 1654). — Procuration par Marc-Antoine Queyreau, sieur de La Martinière, à son oncle, Marc-Antoine Demande, sieur de Marcon, pour la conservation de ses biens maternels, étant led. Queyreau « au service de S. M. depuis quelques années et sur son départ pour i retourner » (20 mars 1685).

H. 261. (Cahiers.) — 0ᵐ22 × 0ᵐ15, 91 feuillets papier.

1442-1462. — Comptabilité. Livre de recettes et dépenses de redevances tenu par Jean de Bergonh. — *1442.* « Asso es lo blat que jo Moss. Johan Bergonh ey recebut per nom de Moss¹ l'an mill iii¹ᵉ et xl ii » : boisseaux de seigle à la mesure de Génissac (fol. 4). — Recette « deu boysseratge et primicias de Danhac » (fol. 5) ; — « deu boysseratge de Baron », 2 boisseaux de froment (fol. 5 vᵒ). — Paiement de 2 francs sous forme d'un boisseau et demi de froment (fol. 7 v°). — *1443.* Liste de tenanciers qui doivent l'agrière, indiquant pour un certain nombre de terres, la culture, la superficie, la quotité de la redevance, enfin son produit en gerbes (fol. 8). — *1444* (fol. 47). — *1445* (fol. 23). — *1446* (fol. 28). Etc. — *1455.* « Asso es lo blat que Moss' a prestat per samenar » (fol. 72).

H. 262. (Liasse.) — 2 pièces parchemin, 74 pièces papier.

1472-1778. — Comptabilité. — Compte de recettes et de dépenses : « Plus, trois sols d'enguiles pour mestre dans la fontaine » (1637-28 novembre 1638). — Quittances de sommes dépensées pour le portail de la grange de Puch : fer à 5 s. la livre, plâtre à 18 deniers, journées de maître maçon à 30 s., etc. (3 janvier 1724). — Reçu délivré par les frères Labottière : tomes IV, V et VI de Buffon, à 13 l. 10 s. l'un ; t. V des œuvres de Cochin ; « les journaux des sçavans », etc. (19 janvier 1757). — Paiement de beurre à 14 s. ; de chandelle à 11 s. ; d'huile fine à 13 s. et commune à 10 s. ; d'un quart de poivre, 10 s. ; d'une cuiller sel, 18 s. 6 d., etc. (2 octobre 1758).

H. 263. (Liasse.) — 11 pièces parchemin, 89 pièces papier.

1358-1700. — Procès. — Bulle chargeant l'évêque de Bazas, l'abbé de St-Romain de Blaye et le prieur de Soulac de régler les litiges survenus entre l'Archevêque et l'abbé de La Sauve touchant des dîmes et autres revenus (30 octobre 1445). — Ordonnance en règlement de frais, intéressant Bernard de Mérigot, curé de Courpiac (2 juin 1612). — Lettre d'un procureur près le Parlement : il indique « la véritable et plus courte action féodale du seigneur au tenentier », laquelle consiste à mettre la main sur les biens du tenantier réfractaire par acte de notaire et ensuite, « en vertu du *feaudis,* » nommer un séquestre aux fruits : « Vous estes assuré que presque tous yront à vous pour vous satisfaire, afin d'enpêcher la fontion des sequestres » (Marmande, 19 avril 1676). — Relation d'un interrogatoire subi par des domestiques : « Dissoren que beyletz, los … afretatz per an et los autres deu jorn a l'endeman per fer les besonhes deud. priorat per Moss' de La Seuva » (s. d.).

H. 264. (Liasse.) — 7 pièces parchemin, 1 cahier de 10 feuillets
et 88 pièces papier.

1700-1787. — Procès. — Lettre sur diverses affaires : « Il semble que dans le Parlement on cherche à perpétuer les procès, surtout quand les parties sont grasses » (copie ; [Paris (?), 31 août 1717]). — Procès contre Bertrand Penne, curé de Mauriac (8 mai 1728-12 septembre 1729). — Lettre signée : fr. Loude, exposant que le feu évêque de Lodève et dom Roualdès, apparemment procureur de La Sauve, pour mettre fin à un procès, brûlèrent deux sacs de pièces contenant « quantité d'actes sur le velain » (Toulouse, 24 novembre 1754).

H. 265. (Liasse.) — 1 cahier de 11 feuillets, 6 pièces papier.

1675-1753. — Archives. — Inventaire de titres concernant des biens-fonds situés surtout à Loupiac, *aulx claus de la mote à Fachon (?) au Camplonc, au Plapar, à Sainct-Arroman, à Beirias, à la Mote, au Moliar,* etc.

H. 266. (Registre.) — 0m15 × 0m24 ; 298 feuillets papier.

1272-XVIIe siècle. — Inventaire. — Mention d'une reconnaissance du 1er juillet 1479 au profit de la chapellenie « fundée dans le monastaire neuf de la ville de Sainct-Milion, à l'authel de sainct Jacmes, par en Guirault dePiton, donzet, qui feuct » (fol. 1) ; — d'un bail a fief du 28 janvier 1291, n. s., à Élie Ysambert, damoiseau (fol. 3). — Accord [suspect], « malaisé à lyre à cause de son anticquité et vieillesse », avec Bernard Ugon, curé de Branne, touchant les nouvelins de sa paroisse (29 octobre 1272, fol. 4). — Mention du bail à fief en date du 7 mars 1461, n. s., d'un manse désert devant l'église de Branne, confrontant. « à la cause de Jehan de Moychac, donzet », (fol. 5) ; — d'une reconnaissance du 22 février 1454, n. s., pour une maison « qui est en les barrières de Branne, sur le port de Branne, confrontant… à la cause de Jehan de Lamothe, donzet » (fol. 6) ; — d'une reconnaissance du 6 mars 1461, n. s., pour une terre dans la paroisse de Branne, lieu dit *au Casterar* (fol. 7 v°) ; — d'une reconnaissance du 10 mars 1483, n. s., pour une maison confrontant « à la cause des heoirs feu Jehan de Moyssac, donzet » (fol. 8) ; — d'une reconnaissance du 11 janvier 1368, n. s., pour une maison confrontant à un fief « mouvant de na Marie de Brane, femme de Mossen Ramon de Longar, çavoyr » (fol. 11 v°) ; — d'une reconnaissance du 7 mars 1461, n. s., pour divers biens, dont un bois dans la paroisse de Branne, confrontant « à la mothe du Casterar » (fol. 17) ; — d'une reconnaissance pour une terre dans la même paroisse, lieu dit *à la Dauderia* (fol. 18) ; — d'une reconnaissance du 1ᵉʳ mai 1441 pour des « madères de murailles et coutz de terre » dans les barrières de Branne, confrontant « au fief du seigneur de la mothe de Montremblan » (fol. 20); — d'une reconnaissance du 29 janvier 1450, n. s., par Jean de Ladouble, « compte de ladicte parroisse de Branne et faisant pour luy et pour le compte et pour tous les frères et confréresses de lad. comffrayrie » (fol. 23); — d'une reconnaissance du 23 juin 1366, « par noble dame Marie de Brana, fille qui feut de Raymond de Brana et femme de noble homme messire Raymond de Longuar, cavoyr » (fol. 28 v°); — d'autre reconnaissance du 14 décembre 1367, pour une vigne à l'intérieur des barrières de Branne, lieu dit à *la Guaffareyra* (fol. 28 v°); — d'un bail à fief, en date du 6 janvier 1377, n. s., à Raimond le Chrestian, d'un manse dans la paroisse de Branne, lieu dit à *la Crestianeyra* (fol. 33). — Mention de « la fondation de ladicte abbaye, escripte en ung registre de parchemin cothé 112 feuilletz »: les sept premiers feuillets sont effacés et les feuillets 84 et 85 manquent (fol. 36). — Inventaire d'un cartulaire (¹) (fol. 38); — d'un cahier en parchemin (²) (fol. 5o). — Mention de donations faites par noble Bernard d'Escoussans, en 1223 (fol. 55 v°); — par Guillaume Seguin d'Escoussans, en 1209 (fol. 55 v°); — par Guillaume Aïs, vicomte de Fronsac, en 1209 (fol. 56); — par noble Bernard Aïx et sa femme, de droits à Casteljaloux (fol. 56 v°); — d'une cession du prieuré de Belval au fils du roi d'Angleterre pour 25 ans, à la date du 31 octobre 1261 (fol. 58); — d'une bulle du 11 avril 1504 confirmant les droits de l'abbé sur les paroisses et vicaires perpétuels dépendants de la mense abbatiale (fol. 59); — d'une charte de Richard, duc d'Aquitaine, confirmant les privilèges de l'abbaye, datée de 1176, « estant iceluy tiltre scellé en cire rouge sur quatre lassetz de soye incarnat » (fol. 60 v°); — de confirmations diverses, notamment par Éléonore, le 21 décembre 1156 (fol. 61); — d'une confirmation émanée d'Alphonse de Castille le 22 mai 1244 (fol. 61 v°); — d'un mandement donné par le lieutenant du roi d'Angleterre, en 1270, à l'effet de faire saisir et livrer à la justice de l'abbaye « ung nommé Guilhem de Montrevel, qui avoit commis quelques crymes de meurtre et larrecin » (fol. 62); — d'une autorisation d'acquérir, donnée en octobre 1214 par Pierre, vicomte de Gastillon, seigneur de Puynormand et d'Aubeterre (fol. 62 v°); — d'une confirmation par Éléonore en 1199 (fol. 63); — d'un testament du 5 novembre 1385, par lequel Guillaume-Raimond de Lastastes, chevalier, élit sépulture dans le tombeau de ses parents, sis « dans le monastaire de l'abbaye de La Seulve Majeur et en la chappelle Saincte-Marie-Magdalaine » (fol. 64); — d'une charte du roi Édouard, du 20 mars 1364, n. s., concernant les « foires et marchés de l'abbaye » (fol. 64 v°); — d'une charte de 1231 sur la consécration de l'église (fol. 64 v°); — de « certaine bulle du Sainct-Père le pape Celestinus, par laquelle est contenu la canonization et enroollement de sainct Gérault, premier abbé de l'abbaye de La Seulve Majeur, au nombre des sainctz » (fol. 65); — d'une charte d'Eudes, duc d'Aquitaine et comte de Poitiers, fondant une foire à La Sauve, « en faveur de la canonisation de sainct Gérault, quatre jours avant la sainct Jehan-Baptiste » (fol. 65 v°); — d'une confirmation octroyée en 1181 par le vicomte de Gabarret et de Béarn (fol. 66); — de « trois petitz brevetz attachés ensemble, contenant la sauvegarde donnée par Richard, roy d'Angleterre, duc de Normandie, à … La Seulve Majeur » (fol. 68); — de l'engagement de la moitié de la dîme de Sᵗ-Léon par Amanieu de Curton, en 1233 (?) (fol. 68); — d'une charte de mars 1239-1240, concernant les ordres donnés par le vicomte de Bergerac, seigneur de Gensac, Rauzan et Pujols, sur ce que ses officiers de Rauzan et de Pujols avaient commis des exactions au détriment des officiers de l'abbé (fol. 68 v°); — d'« ung petit brevet contennant mandement » du duc d'Aquitaine de célébrer la fête de sᵗ Gérard « et de visiter icelle abbaye tous les ans le jour de la révellation dud. sᵗ Gérault, quatre jours avant la feste de la Nativité sainct Jehan-Baptiste » (fol. 69 v°); — d'une bulle de Clément II, « contennant indulgences planières et pardons à tous fidelles chrestiens qui, repeus de la sacrée communion, dévotement visiteront et prieront Dieu et ses sainctz en l'église Sainct-Gyrault et qui sollempniseront et cellèbreront la feste dudict sainct Gyrault » (fol. 72); — d'une bulle d'Innocent IV, interdisant aux bourgeois de La Sauve de devenir bourgeois de Bordeaux et réciproquement (fol. 72 v°); — d'une transaction intervenue en février 1229, n. s., entre l'abbé et les habitants de La Sauve touchant le four banal (fol. 73); — d'une « donnation faicte par Guilhaume-Arnault de La Ferrière, gendarme », le 13 décembre 1228 (fol. 73 v°); — d'une sentence rendue en 1300 par l'official de Périgueux, sur délégation de Jean XXII, contre l'Archevêque, le curé de Créon et les habitants, par laquelle sentence il est réglé « que lad. église et ville de Créon et le semyttière d'icelle sont et doibvent estre dans l'estendue et lymyttes

---

(¹) C'est le cartulaire coté H 1.
(²) C'est le cahier coté H 6.

de la parroisse Sainct-Pierre de La Seulve Majeur »
(fol. 74 v°); — d'un accord conclu en 1196 avec les
Templiers, touchant divers biens légués ou donnés à
l'abbaye dans les paroisses de La Sauve, S'-Léon, Bellefond, etc. (fol. 75); — d'un accord conclu en mai 1251
entre l'abbé et les habitants, à la suite de rebellions de
ces derniers (fol. 76 v°); — d'une transaction intervenue en 1224 sur différends entre le prieur de S'-Ca-
prais et les chanoines [d'Agen], touchant la dîme de
S'-Sulpice (fol. 77); — d'une sentence du 28 juin 1372
pour l'abbé contre le commandeur d'Arveyres, concernant, entre autres, la dîme de S'-Pierre-de-Bat (fol. 78);
— d'un accord du 2 juin 1208 portant abandon, par
« le s' évesque de Subiziance » à l'abbé, de divers droits
à S'-Pierre d'Oléron et Royan (fol. 78 v°); — d'une cession faite en juin 1258 par Rudel de Bergerac, seigneur
de Pujols et de Rauzan, à l'abbé (fol. 79); — d'une
sentence arbitrale donnée, le 18 octobre 1240, par
Gérard, archevêque de Bordeaux, et Amanieu, archevêque d'Auch, entre l'abbé, « Pierre de Gabarret, viscomte de Vézelay », Guillemine, sa femme, et Guillaume de Bonneville, son fils (fol. 79 v°); — de la
fondation d'un anniversaire, le 10 avril 1320, par
Pierre de Grailly, vicomte de Benauges et de Cas-
till[on] (fol. 80); — d'un accord du 13 juin 1497 avec
le vicaire perpétuel de La Sauve, déterminant la condition et les droits de celui-ci (fol. 81); — d'une bulle
de confirmation donnée par Lucius III, le 26 avril 1183
(fol. 81 v°); — de la fondation d'une chapellenie pour
l'âme de frère Bernard de Balestens, « qui estoit prieur
du prieuré de Cauberse, au diocèse d'Agen, en datte du
septiesme juing l'an 1345 » (fol. 82 v°); — d'un accord
de 1108 avec l'abbé de Guîtres, touchant l'église de
« Dodoins », celle de S'-Seurin de la Double, etc. (fol. 83
v°); — du vidimus de lettres de l'évêque de Bazas, du
7 juin 1475, portant confirmation des droits de l'abbaye
sur diverses églises du diocèse (fol. 86 v°); — d'un privilège émané de la reine d'Angleterre le 1er juillet
1199 (fol. 91); — de lettres de sauvegarde et confirmation générale octroyée par Philippe, le 13 août 1335
(fol. 92); — d'une charte d'Éléonore, du 21 décembre
1156 (fol. 92 v°); — d'un cahier contenant la transcription de divers privilèges (fol. 93); — d'un privilège donné par Eudes, comte de Poitou et duc d'Aquitaine, en 1198 (sic) (fol. 94); — d'un testament du
16 octobre 1348, par lequel Guillaume de Preyssac,
damoiseau, de la paroisse de Daignac, élit sépulture
dans l'église S'-Gérard de La Sauve, « au-dedans le
cœur et devant l'autel de saincte Marie-Magdelaine »
(fol. 96 v°); — d'une présentation faite le 25 août 1539

à la cure de Portets, vacante par décès de frère Arnaud
de Serval (fol. 97); — de la collation des paroisses de
Camiac et S'-Léon à Jean Durat, le 20 juin 1461
(fol. 99); — de la collation de l'église de S'-Léon à
frère Pierre Jaubert (fol. 99 v°); — de la collation du
prieuré N.-D. de Langon, vacant par résignation de
Jean Melet, à Jean de S'-Genis, le 10 septembre 1528
(fol. 101); — de la résignation du prieuré N.-D. de
Langon par Arnaud Sancin, moine, le 16 octobre 1490
(fol. 104 v°); — de l'autorisation donnée le 10 mars
1490, n. s., à Guillaume de Faget, prieur de N.-D. de
Langon, de permuter avec frère Arnaud Sancin
(fol. 104 v°); — d'une afferme de revenus par l'abbé à
Gaillard Tasson, vicaire de S'-Pierre et de S'-Jean de La
Sauve, en date du 31 mars 1306 (fol. 108 v°); — de la
collation, du 12 juin 1489, en faveur de Jean Ruf, du
prieuré S'-Martin de Camiac, sur résignation de Guy
Mercadet (fol. 110 v°); — de la collation de Camiac et
S'-Denis, en date du 15 mars 1477, n. s., en faveur de
Jean Merlet (fol. 110 v°); — de la collation de S'-Pierre
de La Sauve en faveur de Pierre Chabrol, en date du
18 juin 1358 (fol. 111); — de la collation, en date du
10 décembre 1547, au profit de Claude de Laplace (?),
clerc du diocèse de Soissons, de l'église de Branne,
vacante par la résignation de Laurent Honnoré (fol. 113);
— de la collation du prieuré de S'-André-du-Nom-
de-Dieu, accordée, le 19 juin 1529, à frère Pierre de
Montfriant (fol. 113 v°); — de la collation, du 21 septembre 1507, à Jean de Lana, des églises d'Espiet et
Daignac, vacantes par le décès de Jean Rateau (fol. 114);
— de la collation de S'-Pey-de-Castets à Pierre Monet, le
23 avril 1378 (fol. 114); — de la collation, en date du
31 octobre 1477 et en faveur de frère Guillaume Faget,
du prieuré de N.-D. de Langon et de Niac, vacant
par le décès de frère Étienne de Roziers (fol. 114 v°); —
de la collation de S'-Léger-Au-Bois à frère Robert de
Neufves, le 6 décembre 1523 (fol. 115 v°); — de la
collation de Camiac à Benoît Andron, le 2 juillet 1480
(fol. 115 v°); — de la collation de Branne à François
Labarre, le 28 décembre 1535 (fol. 116 v°); — de la
collation de S'-Pey-de-Castets et Civrac à Guillaume
Rousseau, prêtre du diocèse de Périgueux, le 30 juillet
1565 (fol. 117); — de la collation d'Ejea, vacante par
décès de Jacques de Lacaballerie, à frère Arnaud de
Calciat, le 9 août 1479 (fol. 117 v°); — des collations
de N.-D. de Langon à frère Arnaud de Servat, le 12 juin
1528 (fol. 118 v°); — de S'-Martin-de-Sescas et Caudrot
à Jean Floret, le 4 août 1475 (fol. 118 v°); — de Villenave, dans l'Entre-deux-Mers, à Mathieu Vallée, le
4 février 1491, n. s. (fol. 119); — de Cenon à Rai-

mond de Abbat, le 22 mars 1503, n. s. (fol. 119); — de Dardenac à Jean Boulières, le 2 février 1563, n. s., avec la prise de possession, du 28 du même mois (fol. 119); — de St-Léon à François Prévallet, du 23 mai 1524 (fol. 119 v°); — de Branne à Léger de Bar, du diocèse de Limoges, le 11 octobre 1578 (fol. 119 v°); — de St-André en Cubzagais à Jean Daurinal, le 14 août 1482 (fol. 120); — de Jugazan à Jean de Clarmont, le 11 juin 1492 (fol. 120); — de Créon à Jacques Ogueneilh, le 8 octobre 1481 (fol. 120 v°); — de Bellefond et Cazevert à frère Bertrand Andral, *alias* de Laudraudie, le 10 septembre 1563 (fol. 120 v°); — de Ruch à frère Bernard de Bruges, le 22 avril 1320, avec la prise de possession, du 15 juin (fol. 120 v°); — de Semoy à frère Raoul Mortier, le 31 mars 1521 (fol. 121); — de Branne à Job Moqueron, clerc, le 5 novembre 1548 (fol. 121); — de Semoy à fr. Pierre Olivier, le 16 août 1521 (fol. 121); — de Langon à frère Étienne de Rauzet, le 26 juin 1473 (fol. 121 v°); — de St-Pey-de-Castets à Élie Robert, le 5 décembre 1384 (fol. 121 v°); — de St-André-du-Nom-de-Dieu à François de Chassaignes, le 5 août 1498 (fol. 122 v°); — de Bellefond et Cazevert à Pierre d'Artigue, le 22 août 1369 (fol. 122 v°); — de Ruch à Pierre Prauhauld, le 23 avril 1460 (fol. 122 v°); — de Calen en Bazadais à Jean Ferchault, le 9 mai 1478 (fol. 122 v°); — de Bellefond à frère Guy Lucas, le 8 mars 1532, n. s. (fol. 123); — d'une reconnaissance du 24 septembre 1536, par « frère Geoffroy Dauger, prestre, religieulx de l'abbaye Sainct-Pierre d'Auvillier, ... et prieur du prieuré Sainct-Nicolas de Chintery, au diocèse de Chaalons en Champaigne » (fol. 123 v°); — d'une procuration à Nicolas Richer, prieur de Bellefond, et autres, du 19 décembre 1492 (fol. 124); — d'une procuration donnée à frère Oger de Brana, prieur de St-Léger-Au-Bois, et autres, du 9 avril 1332 (fol. 124 v°); — d'une procuration par frère Robert de Neufve, prieur de St-Léger, du 13 mai 1524 (fol. 125); — d'une procuration donnée le 31 mars 1367, à frères Raimond de Gascq et Arnaud de Lagrelière, prieurs de St-Paul-Au-Bois et de Novy (fol. 125); — d'une sentence d'excommunication, de 1134, par l'évêque de Soissons contre le comte de Soissons, pour avoir violemment troublé l'abbaye dans la jouissance de ses droits sur le prieuré de St-Paul (fol. 126 v°); — de « certaine audition faicte par le seigneur abbé... contre le s^r Doreille, soy-disant prieur du prieuré Sainct-Léger-Au-Boys » (fol. 128); — d'une enquête contre le même, avec l'énumération des pensions dues par divers prieurés, du 10 janvier 1522, n. s. (fol. 128); — d'une reconnaissance du 29 juin 1485 par frère François

Gaillard, prieur de Néronville (fol. 134); — de la collation de Ste-Probe à noble Agnet de Latteran *alias* de Casaulx, du 19 mai 1491 (fol. 137); — de la fondation de St-Denis-en-Broqueroy, de 1115 (fol. 138); — d'une sommation à Jean Potaige, du 14 février 1494, n. s. (fol. 138 v°); — d'une procédure suivie en 1521 contre Louis Doreille, soi-disant prieur de St-Léger-Au-Bois (fol. 140); — de la collation donnée, le 11 août 1471, à frère Jean de Fontaines du prieuré de St-Léger-Au-Bois, vacant par résignation de « frère Jehan de Haltogrelhi *alias* de La Volpilhère » (fol. 140); — d'une donation par le sénéchal de Gascogne et de Périgord, de 10 muids de sel de rente à prendre sur les navires venant d'Angleterre à Bordeaux (fol. 144); — d'une quittance de 12,650 sols jacais, par la reine Blanche d'Aragon à l'abbé, à la suite de l'accord par eux conclu relativement au château d'Alcala (fol. 144); — d'une commission donnée à Guillaume Mestayer, prieur claustral de La Sauve, et Amanieu de Leyre, moine, pour certaines affaires des prieurés d'Espagne, le 12 juin 1498 (fol. 145); — de la donation d'Alcala par Pierre d'Aragon, le 6 mars 1247, n. s. (fol. 146); — d'une donation faite par le Pape au prieur d'Ejea, de « toutes et chacunes les pentions et droitz aud. prieur dud. prieuré d'Exea appartenant sur les dixmes et prémices... de Sainct-Estienne et Sainct-Vincens d'Unecastello » (fol. 147 v°); — d'une quittance donnée le 8 septembre 1471 à Jacques de La Cavallerie, prieur d'Ejea (fol. 148 et 148 v°); — d'une procuration donnée à frère Jean Berjon, prieur de Casteret, le 10 juin 1455 (fol. 149); — d'une donation par Alphonse d'Aragon comprenant le château d'Alcala, de février 1213, n. s. (fol. 151 v°); — de sentences arbitrales entre l'abbé de La Sauve et le prieur d'Ejea, du 19 mars 1493 et du 12 novembre 1373 (fol. 152 et 153); — d'une donation du 16 juin 1235 par nobles Raimond Gombaud de Vayres et Raimond, vicomte de Fronsac (fol. 154); — des actes transcrits sur le rouleau coté H. 8 (fol. 154 v°); — d'une pancarte contenant le vidimus de divers privilèges (fol. 169 v°); — d'une autre pancarte renfermant des privilèges, en date du 3 janvier 1485, n. s. (fol. 171); — du vidimus de privilèges accordés au nom du roi d'Angleterre les 29 décembre 1363 et 23 septembre 1389 (fol. 172); — d'une bulle d'Innocent IV interdisant d'imposer de nouvelles charges à l'abbaye, du 3 août 1254 (fol. 172 v°); — de la provision de l'abbaye au profit du cardinal Louis de Lavalette, du 12 août 1609 (fol. 173); — d'une procuration donnée par led. cardinal à Arnaud Boytault, secrétaire de la maison de Candale, à l'effet de prendre possession de l'abbaye, du

9 octobre 1609 (fol. 174 v°); — du procès-verbal de lad. prise de possession, des 2 novembre, 4 et 5 décembre 1609 (fol. 174 v°); — de lettres d'économat commettant Arnaud Boytault à l'administration de l'abbaye, en attendant que l'abbé nommé par le Roi obtînt ses bulles, des 7 juillet 1608 et 3 mai 1609 (fol. 175); — d'une reconnaissance pour des biens sis dans la paroisse de S‑Martin-de-Mazerat, près « S‑George de Sargonne », confrontant à l'étang du moulin de S‑Georges, du 16 avril 1524 (fol. 176); — d'une reconnaissance pour une vigne dans la même paroisse, « au Colombey, dejus la gleyze de la Magdelaine », près du chemin de S‑Émilion « à la Gaffeleyre », du 16 avril 1524 (fol. 176); — d'une reconnaissance du 16 avril 1524, pour une vigne dans la même paroisse, à Sargonne, près du ruisseau du moulin d'Andron, confrontant aux chemins qui vont de Castillon à l'église S‑Georges et à la Gaffeleyre (fol. 176 v°); — d'une reconnaissance du 17 avril 1524, pour une maison sise dans S‑Émilion, entre la rue Franque et la rue qui monte au Puy S‑Marie (fol. 178); — d'une reconnaissance du 17 avril 1524 pour une maison dans S‑Émilion, à la porte Bourgeoise (fol. 181); — du bail à fief, en date du 8 mars 1479, n. s., d'un emplacement « en ladicte ville de Sainct-Million, au lieu appellé en Villeneba » (fol. 182 v°); — d'une reconnaissance de même date, pour une vigne confrontant à un bien qui relève de l'hôpital de S‑Émilion (fol. 183 v°); — de la donation de l'église de Bougue par l'évêque d'Aire, en 1135 (fol. 185); — de la donation de Bougue par Guillaume, comte de Poitiers, en 1114 (fol. 185 v°); — d'une confirmation des droits de l'abbaye à Bougue par l'archevêque d'Auch, en avril 1234 (fol. 186); — du bail à fief, en date du 3 décembre 1344, d'une terre à Loupes, confrontant au *jaugar* de Guillaume de Lataste, damoiseau (fol. 209); — d'une donation du 28 octobre 1328 par Guillaume de Lataste, damoiseau, à Arnaud, son frère (fol. 211 v°); — d'achats faits par Bertrand Debedat, chevalier, le 10 février 1260, n. s. (fol. 212); — de la vente, en date du 16 janvier 1408, n. s., d'une maison dans la paroisse de Lignan, « au lieu appellé au Treuilh de La Barque, lequel antiennement s'appelloit l'hostau de Bedat » (fol. 218); — d'une reconnaissance du 1er décembre 1451, pour des biens sis dans la paroisse de Lignan, près des moulins de Puchayren et d'Escorgebeuf et dont l'un confronte à un « fief de la paroisse de Carinhan » (fol. 219); — de la prise de possession du « moullin de l'hostau de Bedat », dans la paroisse de Lignan, le 8 mai 1452 (fol. 221 v°); — d'une procuration donnée le 17 février 1447, n. s., à frère Jean

Berjon, prieur de Casteret, à l'effet de prendre possession du moulin de Puchayrem, vendu par Bernard Dailhan, damoiseau de la paroisse de Carignan (fol. 223 v°); — d'une reconnaissance du 26 octobre 1528, pour un domaine dans la paroisse de Lignan, *au Puyau de Ledignan*, près du chemin qui conduit de l'église de Loupes au moulin d'Ailhayre (fol. 226); — de la vente faite par Bernard Dailhan à l'abbé, du moulin de Puchayrem, le 12 décembre 1446 (fol. 228); — d'une reconnaissance du 24 février 1401, n. s., par Arnaud de Compnau, damoiseau de la paroisse de Lignan, fils de Jeanne de Laville, femme de feu Gombaud de Larocque, chevalier, pour le moulin de l'hostau de Bedat (fol. 228 v°); — d'une reconnaissance du 14 janvier 1361, n. s., pour un bois confrontant aux hoirs d'Arnaud de Jales, damoiseau, et aux hoirs de Guiraud Dupuch, chevalier (fol. 231 v°); — d'une reconnaissance, en date du 6 mai 1451, par Jean et Bertrand de Compnau, damoiseaux, frères (fol. 233 v°); — d'un partage entre deux frères, à la date du 1er août 1497, mentionnant un fief de noble Charles de Curton (fol. 233 v°); — d'une reconnaissance du 16 janvier 1401, n. s., pour un pré dans la paroisse de Lignan, confrontant à un fief de Jean de Lamothe, damoiseau (fol. 236 v°); — du legs d'un cens sur le moulin de Pont-Cayran, paroisse de Lignan, en date du 31 mai 1375 (fol. 239 v°); — de la vente par Jean de Rocquers (?), damoiseau de la paroisse de Carignan, d'un pré touchant au ruisseau qui va du moulin d'Escorgebeuf au moulin de Puchayrem, en date du 25 juin 1414 (fol. 240); — d'une reconnaissance du 16 novembre 1413, pour le moulin d'Escorgebeuf, sis dans les paroisses de Lignan et de Fargues, près d'un fief de Pierre Croignon, damoiseau, et d'un jardin de Jean de Lamothe, aussi damoiseau (fol. 240 v°); — d'une reconnaissance du 20 décembre 1305, pour un pré dans la paroisse de Lignan, confrontant au jardin de Rufat de Bedat, damoiseau (fol. 248); — d'autre reconnaissance du 20 mai 1277, pour un jardin confrontant à celui de Pierre-Arnaud de Bedat, chevalier (fol. 248 v°); — d'une reconnaissance du 22 mai 1391, par Guillaume de Fossas, commandeur de la commanderie d'Arcins en Médoc, demeurant à l'hôpital de Fargues (fol. 254); — d'une reconnaissance passée, le 17 avril 1515, pour le moulin Dessous, *alias* de Rusac, par Benoit de Pijs, écuyer, de la paroisse de S‑Caprais, agissant tant pour lui que pour noble Arnaud de Sainctout, de la paroisse S‑Pierre de Bordeaux, et pour noble Étienne de Ramps, de S‑Macaire, père de Jean, Catherine et Jeanne de Ramps, héritiers de feu Hélène de Lacaus-

sade, par Jean Chasaulx, procureur de demoiselle
Jeanne Saige, de la paroisse Ste-Eulalie de Bordeaux,
et par demoiselle Hélène Du Crac, de la paroisse
de Cambes, pour elle et pour Peyronne, sa sœur
(fol. 257 v°); — d'une reconnaissance du même jour
par demoiselle Jeanne de Lescourtz, femme de noble
Thomas de Lamothe (fol. 258 v°); — d'une reconnaissance du 20 janvier 1507, n.-s., pour un bois confrontant « à la garenne du seigneur de Fargues » (fol. 259);
— d'une reconnaissance du 11 février 1368, n. s., pour
une terre dans la paroisse du Lugaignac, confrontant à
celle de Guil. de Laubescq, damoiseau (fol. 261); —
d'une reconnaissance du 10 février 1368, n. s., pour
des biens à Lugaignac, dont une terre « au clauzet de
las Justices » (fol. 271); — d'une reconnaissance du
même jour, pour une terre dans la même paroisse, à
Peyrelevade (fol. 273 v°); — de la donation faite, le
23 septembre 1270, par Guillaume de Montrimblant,
chevalier, pour lui et pour Guillaume de Benauges,
son frère, du manse de Peyrelevade, paroisse de
Lugaignac, et de la terre de Causmota, paroisse de
Branne, « des bydannes en hors vers la motta »
(fol. 283 v°); — d'un échange conclu le 9 octobre 1301
avec « le seigneur en Guilhem de Benauges, cavoy de
la parroisse de Branne, » et Béatrix, sa femme, de divers
droits notamment sur une terre dans la paroisse de
St-Aubin, confrontant à celle de Barrau de Montremblant, damoiseau (fol. 284); — d'un bail à fief du
7 mars 1461, n. s., ayant pour objet un bois que les
tenanciers « ont promis réduire et convertir en terre
labourable dans quatre ans » (fol. 291 v°); — d'une
reconnaissance du 10 février 1368, n. s., pour une
terre dans Lugaignac, *au Bedat*, confrontant « au bosc
qui feut de Naudin de Benauges, donzet » (fol. 292); —
d'une reconnaissance du 29 juillet 1369, pour divers
biens, dont une terre confrontant au pré de Gérard de
Lugaignac, damoiseau (fol. 293).

H. 267. (Registre.) — 0^m 39 × 0^m 25, 411 feuillets papier.

XVIIe siècle. — Inventaire. — Mention d'un
échange du 3 août 1291, conclu avec Arnaud-Guillaume de Lugaignac, chevalier, et Gaillarde, sa femme,
touchant un moulin dans la paroisse de Lugaignac
(fol. 6 v°); — d'une vente du 5 janvier 1457, n. s., en
faveur de Pierre Girault, « compte de lad. parroisse de
Guillac », agissant « pour tous les confraires de lad.
parroisse » (fol. 19 v°); — d'une reconnaissance du
14 novembre 1465, pour un bois confrontant « au chemin
qui despart Blaignadès et le reau » (fol. 23); — d'un

contrat d'octobre 1265, pour la réception de Pierre de
Laubescq, chevalier, comme moine de La Sauve (fol. 26);
— d'un retrait lignager, du 4 mars 1304, n. s., par
Bernard Dupuch, damoiseau, marié à Peyronne de
Junqueyres, fille d'Amauvin de Junqueyres, damoiseau (fol. 34 v°); — du bail à fief, du 9 décembre 1490,
de l'emplacement d'un moulin dans la paroisse de
Guillac, à charge pour le preneur de reconstruire dans
les trois ans led. moulin à farine, à huile ou à drap,
au choix dud. preneur (fol. 56); — d'une reconnaissance du 25 mars 1507, pour un moulin sis dans la
même paroisse, *au Mollynar* (fol. 67 v°); — d'une
reconnaissance du 22 juin 1498, mentionnant le chemin de Branne à Benauges, « qui despart le reyau et
Blaignac »; (fol. 69 v°); — d'une reconnaissance du
même jour, pour une terre dans la paroisse de Guillac,
« près de les Justices de Guillac » (fol. 71 v°); — d'une
reconnaissance du 14 février 1517, n. s., pour le moulin de la Moulinasse, même paroisse (fol. 79 v°); —
d'une reconnaissance du 15 janvier 1318, n. s., relative
à une terre sise à Guibon, pour laquelle il est dû le
sixième ou le cinquième des fruits, suivant qu'elle
sera fumée ou non fumée (fol. 85); — du testament de
Gazen de Las Cases, veuve d'Arnaud de Curthon, damoiseau, de la paroisse de Daignac, laquelle demande à
être inhumée avec son mari « en la chappelle St-Jacmes
de l'abbaye de La Seulve Majeur, au-devant l'autel
Nostre-Dame, » et nomme exécuteurs testamentaires
Arnaud-Bernard de Preyssac, prieur d'Escassefort,
Thibaud de Preyssac, damoiseau, etc. (fol. 91 v°); —
d'une vente consentie le 23 mars 1432, n. s., par [Ama-
nieu], fils et procureur de noble Gaillardet de Grasinhac,
seigneur de Romefort (fol. 97); — d'une donation faite
le 6 mai 1251 par Bertrand de Gujat, damoiseau
(fol. 98 v°); — d'une donation du 3 août 1373, par
Guillaume de Laubescq, damoiseau, de ses droits « sur
le péage de la sel de poyade au port de Sainct-Jehan-
de-Blaignac » (fol. 99); — d'une reconnaissance du
8 mai 1497, pour une terre sise dans la paroisse de
St-Jean-de-Blaignac, lieu dit *à la Lybarde* (fol. 102);
— d'une reconnaissance du 11 mai 1497, pour une
terre dans la même paroisse, confrontant à une tenure
mouvant de Gaston de Ségur, seigneur de Corrost
(fol. 104); — d'une confirmation accordée en 1142, par
l'évêque d'Agen, des donations faites à l'abbaye de
diverses églises dans le diocèse (fol. 107); — de diverses
bulles portant confirmation des possessions de l'église
(fol. 107); — d'une donation faite en 1246 par « Guilhem
de Lagarde, gendarme » (fol. 109 v°); — d'une donation
faite en 1218, « par Messire Guilhem de Talinac, pour

soy et pour dame Almode, sa femme », d'une rente « sur le péaige Sainct-Nycolas de Royan » (fol. 109 v°); — d'autres donations faites en 1211 par noble Élie de Didone et par Seguin, chevalier, seigneur Du Mont, et Chaussebrune, sa femme (fol. 110); — d'autres donations faites en 1211 par noble Élie de Didone et par Esther, sa femme (fol. 110); — par nobles Guillaume de Talinac, Gilbert de Didone, Élie de Chastellars et Renaud de Virac, chevaliers, en 1210, 1218, 1227 et 1271 (fol. 110); — d'une procuration *ad resignandum* par frère Jean Lortet, prieur de St-Nicolas de Royan, en date d'avril 1477 (fol. 110 v°); — d'une donation faite en 1247 par Guillaume de Lamayre, écuyer, de biens sis à L'Isle-en-Arvert (fol. 111); — en 1235, par Robert de Sabloyre, seigneur de Mornac et Mastac (fol. 111 v°); — de la collation du prieuré de L'Isle-en-Arvert au profit de Raoul Mortier, moine de La Sauve, à la suite du décès de frère Élie Corbin, précédent prieur, datée du 11 décembre 1521 (fol. 112); — d'une reconnaissance, passée le 6 février 1491, n. s., pour un jardin sis « au pouvoir de St-Milion, au lieu appellé *a Sargonna*, confrontant d'ung cousté au rieu des moullins de la ville » (fol. 118); — d'une reconnaissance du 25 mai 1364 pour le « mollynar.... scittué au lieu appellé à Salgonne, près la gaffereyre de Sainct-Melion » (fol. 118 v°); — pour une vigne sise au pont de Sarragone, confrontant au chemin de Castillon et au ruisseau du moulin de Sarragone (fol. 119); — du bail à fief, du 8 mars 1479, n. s., d'une vigne sise « en ladicte ville de Sainct-Milion, au lieu appellé en Ville Neba » (fol. 142); — d'un titre de novembre 1241 relatif au moulin de Dardenac (fol. 144); — d'un accord intervenu le 15 août 1360 entre « Mossen Pey de Benauges, de La Seulve, caboy, d'une part, et n Ot de Larocquau, donzet, de la ville de Ryons, d'autre part » (fol. 149); — du testament de Pierre de Benauges, daté de 1360, par lequel le testateur élit sépulture « devant l'autel Sainct-George, au-dedans l'abbaye de La Seulve Majeur », et nomme exécuteurs Arnaud de Gursson, chevalier, Andrevot de Lugaignac et Bernard de Courpiac, damoiseaux (fol. 150); — du bail à fief consenti en avril 1335 par Pierre de Preyssac, damoiseau, d'une terre dans la paroisse de Dardenac, confrontant « a la cause de Danhac le vieilh appellé Danhac le Temple » (fol. 152); — d'un partage entre frères, arrêté le 5 novembre 1318, et portant notamment sur des biens confrontant à autres biens d'Arnaud-Bernard de Preyssac et de Gaillard de Benauges, damoiseaux (fol. 152); — d'une reconnaissance passée en décembre 1480 par Jacquet Gauffretteau, du diocèse de Maillezais (fol. 153); — d'un bail à fief, du 13 juillet 1476, à des paroissiens de Nouaille, « en la terre de Boutteville » (fol. 154); — d'une reconnaissance pour une aubarède confrontant « à l'estang du moullin Du Luc », paroisse de Dardenac, en date du 16 octobre 1553 (fol. 154 v°); — d'une reconnaissance du 14 mai 1516 pour l'emplacement du moulin de Dardenac (fol. 160); — d'une reconnaissance du 17 janvier 1368, n. s., pour une terre confrontant « à la cause de messire Gaillard de Laubescq, cavoir » (fol. 165); — du bail à fief, en date du 11 avril 1304, d'une terre confrontant « à la cause de Pey de Genssac, donzet » (fol. 166); — d'une reconnaissance du 2 avril 1329, pour divers biens sis à Bossugan, dont un pré au lieu dit *à la Mothe* (fol. 180); — de la commise encourue en mars 1394, n. s., « par ung nommé Thibault d'Arbanatz, donzet » (fol. 205 v°); — du bail à fief concédé le 15 janvier 1414, n. s., d'une terre sise à Portets, confrontant « au fief de Hélène de Quaget, vefve de feu Thibault d'Arbenatz, donzet » (fol. 206 v°); — de diverses collations de la « chappelle » de Portets (fol. 217); — d'une reconnaissance de 1540-1549, pour un pré sis en la paroisse St-Genès-de-Lombaud, confrontant « au pred de noble homme Jehan de Lisle, seigneur Du Boscq » (fol. 219); — de diverses reconnaissances de 1347-1533, n. s., pour des biens dans la même paroisse et mentionnant le moulin de Lubert (fol. 219 v°-220); — d'une reconnaissance du 25 mars 1414, pour un bois sis dans la même paroisse, près du « chemin communau qui va au moullin de Lobault » (fol. 220 v°); — d'une reconnaissance de 1250, pour un moullin « sur le ryéu de Quinssac, en la parroisse Sainct-Pierre de Quinssac près Camblanes », et pour le quart du moulin de Fonteyraud, dans la paroisse de Haux (fol. 222 v°); — d'une reconnaissance du 27 avril 1473, pour une terre dans la paroisse de Pujols, lieu dit *au Bedat*, près d'un bien relevant d'Archambaud de Puch, damoiseau (fol. 225 v°); — d'une donation faite, le 30 mars 1261, par Pierre [de Laubescq], chevalier, et Marquise, sa femme; on leur cède en retour, leur vie durant, la chapelle de « Guailanas » et des terres « sur le chemin communau qui passe entre les deux plantiers de Guailanas et s'en va vers la mothe de Corpiac » (fol. 235 v°); — d'une reconnaissance du 9 janvier 1453, n. s., pour un pré à St-Aubin, lieu dit *al Defes*, près du fief de Jean de Lamothe, damoiseau (fol. 236 v°); — d'une vente consentie, le 9 octobre 1301, par Élie de Blaignac, seigneur de Blaignac, à Guillaume de Benauges, chevalier (fol. 238); — d'une reconnaissance du 15 mars 1470, n. s., pour une terre dans la paroisse de Branne, lieu dit *au Casterar* (fol. 238 v°); — d'une reconnaissance du 4 avril 1470, pour un pré dans la paroisse de S¹-Aubin, confrontant à des biens de Bernard de Montremblant, chevalier, et Barrau de Montremblant, damoiseau (fol. 239); — d'une reconnaissance du 5 décembre 1504, pour une terre à Lugaignac, «devant la Chappellanie», et confrontant «à l'estang du moullin» (fol. 240 v°); — du bail à fief concédé, au xiv° siècle, à « Vigoros de Banhaux, daudet », de partie du moulin sis dans la paroisse de Postiac, entre le moulin de Sybille, femme de Jourdain Du Puch, damoiseau, et celui de Bernard de Laubescq (fol. 242); — d'une reconnaissance du 31 mars 1297, par Pierrre de Cabanac, damoiseau, de la paroisse de Naujan, fils de feu Raimond de Cabanac, chevalier, Comptor, sa femme, Raimond, Pierre et Mélissens, leurs fils et fille (fol. 243); — d'une reconnaissance du 2 novembre 1332, pour un manse dans la paroisse de Postiac, confrontant « à la cause de missire Bertrand de Puch, cavoyr » et « aulx terssarias » (fol. 251); — d'une reconnaissance du 29 novembre 1367, pour une terre confrontant à un bien de Pierre de Puch, damoiseau (fol. 253); — d'une vente consentie le 23 mai 1321, par Raimond de Laubescq, damoiseau, fils de Raimond de Laubescq (fol. 256 v°); — d'un achat de dîmes, en daté du 25 novembre 1318, par Gaillard de Ségur, prieur d'Escassefort, à Guillaume de Rions, damoiseau, fils de feu Guillaume, chevalier (fol. 257 v°); — d'une reconnaissance passée en avril 1258 par Guiraude, veuve de Raimond de Cabanac, chevalier (fol. 257 v°); — du bail à fief du 13 mars 1375, n. s., de divers biens dans les paroisses de Postiac et de Bellefond, lieu dit *à Lamothe* (fol. 258 v°); — d'une reconnaissance du 28 mai 1519, pour un pré dans la paroisse de Postiac, près du « ryeu qui part du moullin de Sainct-Quentin, tirant au pont de La Vincenne » (fol. 266 v°); — de reconnaissances pour des terres dans la paroisse de Cadillac, lieu dit *au claux de la Mothe* (fol. 270 v°); — d'une reconnaissance d'avril 1445 (?), pour une terre dans la même paroisse, lieu dit *à la Chrestianne*, confrontant « au chemin commung qui conduict de la ville de Cadillac au moullin de François Aubon » (fol. 271 v°); — d'une reconnaissance du 27 février 1498, n. s., pour une terre dans la paroisse de Loupiac, lieu dit *à la mothe Rousseau* et pour une autre terre dans la même paroisse, *au Chrestian* (fol. 273); — d'une reconnaissance du 10 avril 1535, pour un immeuble sis dans la paroisse de Romagne, confrontant au pré de noble Jean de Castetja (fol. 281); — d'une reconnaissance du 27 août 1525, pour une vigne dans la paroisse « Sainct-Vincen de Partignac », lieu dit *à la Lybarde* autrement *à Puch Bonnet* (fol. 282); — d'une reconnaissance de la même date, pour un manse dans la même paroisse, lieu dit *à Villesèque*, confrontant « au ryeu qui part les parroisses de Sainct-Vincen [et] de Rauzan » (fol. 282 v°); — d'une vente, du 5 mars 1349, n. s., par Ogier Depuch, damoiseau, fils de feu Amauvin, à Gaillard Ysambert, damoiseau, fils de feu Bertrand (fol. 286); — d'une reconnaissance passée le 3 août 1446, par Guillaume-Raimond et Raimond de Ségur, frères, damoiseaux, paroissiens de S¹-Vincent (fol. 286 v°); — d'une reconnaissance passée par les mêmes, le même jour, pour divers biens, notamment pour une terre « confrontant, d'une part, à la cause de Thibault de Genssacq, seigneur qui feuct en sa partie de Cyvrac, d'autre part, à la cause de l'hospital de Vilamartin » (fol. 287); — d'une reconnaissance du 6 juin 1476, par noble Jean de Ségur, seigneur de Puchagut, Pardaillan et Preyssac, pour un manse avec terres, moulins, etc., dans la paroisse de S¹-Vincent, lieu dit *à Carrost*, confrontant à un fief « du Temple de Puchs Sauron » (fol. 288); — de reconnaissances pour des moulins dans la paroisse de Rouergue (fol. 289); — d'une reconnaissance du 8 février 1364, n. s., par « Amanyeu Depuch, cavoy, au nom et comme loyal administrateur de Yzambert et de Bertrand et de Gailhard et de Mata et de Cecilia Depuchs, ses filz et filles, et de noble dame Mata de Luganhac, sa femme qui feuct, et Arnault de Lugaignac, donzet, filz qui feuct de Amanyeu de Lugaignac, cousin germain de Arnault Gassies devers le cousté paternel » (fol. 289 v°); — d'une reconnaissance du 10 avril 1535, pour divers biens, notamment pour une vigne dans la paroisse de Naujan, confrontant « à la vigne de noble homme Jehan Jaubert » (fol. 292); — d'une vente de droits sur une terre dans la paroisse de Romagne, lieu dit *à Lamothe* (fol. 292 v°); — d'un bail à fief, daté du 11 juin 1479, d'un bois dans la paroisse de Romagne, lieu dit *à Lugaignac* (fol. 303); — d'un bail à fief du xiv° siècle, du moulin d'*Estaneva*, sur l'Engranne, paroisse de Naujan (fol. 306); — d'un bail à ferme du même moulin, en date du 1ᵉʳ juin 1280 (fol. 306); — d'un bail à fief, du 17 décembre 1435, de fonds dans la paroisse de Naujan, « à ung nommé Robin..., angloix d'Angleterre, demeurant en la parroisse de Naujan en Blaignac, pour soy et pour Jehan de Londres » fol. 310); — d'une reconnaissance du 5 novembre 1516, pour des moulins, « l'ung à bled et l'autre à drap..., assis et scittués sur la rivière de l'Engranne, au lieu appellé aulx moullins d'Estornet, en ladicte parroisse de

Naujan » et pour « toute icelle mothe et isle qui est près lesditz moullins » (fol. 316 v°); — du bail à fief, de 1349, d'une terre confrontant à celle de Gérard de Bouliac, damoiseau (fol. 318 v°); — d'un échange conclu le 3 mai 1311 avec Raimond de Laubescq, damoiseau, fils (?) de feu Guillaume-Raimond de Laubescq de Cessac (fol. 320 v°); — d'une reconnaissance pour le moulin d'Estornet, passée le 26 février 1507, n. s., par Bernard de Ségur, damoiseau, au nom de son père Amanieu de Ségur, « seigneur de la Salle, en la seigneurie de Rauzan » (fol. 324); — d'une vente, à la date du 9 février 1404, n. s., de divers biens, dont une terre *a las Terssararies*, paroisse de Naujan, près d'un fief de Pierre de Bouliac, damoiseau (fol. 324 v°); — du bail à fief, concédé le 10 mai 1435, d'un pré confrontant au pré de Jean de Puch, damoiseau de Sauveterre (fol. 327 v°); — d'une vente faite le 14 mai 1431 par Raimond, Guillaume, Arnaud et Gérard de Laubescq (fol. 328 v°); — d'un bail à fief, consenti le 5 avril 1390, du manse de Labatut, paroisse de Naujan, confrontant « à la cause de messire Amanyeu Du Puch, cavoy, » et « au ryeu du moullin d'Astaneva » (fol. 338 v°); — d'une reconnaissance passée le 30 avril 1330 par Gaillard de Naujan, damoiseau, pour un manse dans la paroisse de Naujan, confrontant [au ruisseau] qui vient du moulin de Cusquan (fol. 341); — d'une reconnaissance du 10 décembre 1470 par noble Jacques de Labaylia, damoiseau, pour le moulin d'Esteneba, « en la parroisse de Naujan en Blaignac » (fol. 350); — d'une reconnaissance du 19 novembre 1504, pour des biens confrontant à un fief d'Archambaud Depuch, damoiseau (fol. 354); — d'une reconnaissance du 26 décembre 1483 par noble Marguerite de Taris, « de la parroisse et seigneurie de Rauzan » (fol. 372); — d'une reconnaissance du 10 avril 1533, pour un immeuble confrontant « à la vigne et maison de noble Jehan Jaubert, s' de Barrault » (fol. 373 v°); — d'une reconnaissance du 8 août 1554, par « Jehan de S'-Jehan, escuyer, chevalier, seigneur de Taris » (fol. 378); — d'une reconnaissance du 18 septembre 1517, pour le moulin d'Estournet, paroisse de Naujan (fol. 379); — d'un bail à fief, en date de janvier 1245, n. s., du « moullin de Pontayson, qui est au-dessoubz la grange appellée de Mauforat », dans la paroisse de S'-Léon (fol. 382 v°); — de la provision, en date du 21 avril 1544, en faveur de Jean Pontz, de la vicairie de S'-Léon, vacante par la résignation de Pierre Jaubert (fol. 383); — d'un accord du 25 avril 1243 entre La Sauve et le commandeur de Montarouch, portant partage « de certain boys et forest qui est scis et scittué en la parroisse

de Sainct-Léon, au lieu appellé à Sarporas » (fol. 383); — d'un accord du 15 août 1288, portant règlement de limites entre S'-Léon et Montarouch (fol. 383 v°); — du bail à fief, du 13 juin 1312, d'un pré dans la paroisse de S'-Léon, *à Pontaydon*, confrontant, d'une part, au chemin qui va au moulin Du Luc et, d'autre part, « à l'eychac du moullin de Pontaydon » (fol. 385); — d'un échange, du 12 septembre 1328, par Amanieu de Lugaignac, damoiseau (fol. 390 v°); — d'une reconnaissance du 23 janvier 1516, n. s., par noble Menault de Montestruc, pour une terre dans la paroisse de S'-Léon, *à Peyreblancque* (fol. 410 v°).

H. 268. (Registre dérelié.) — 0™33 × 0™23, 76 feuillets papier.

XVII° siècle. — « Inventaire quatriesme des tiltres, esporles et recognoissances.....; commencé à faire par M° Arnault Boytault, secrétaire gennéral de la maison de Candalle, procureur et agent des affaires de... Loys, cardinal de La Vallette, archevesque de Tholouse, s' et abbé d'icelled. abbaye et autres places, ce jourd'huy dix-huictiesme febvrier mil six cens vingt-ung ». — Inventaire d'une reconnaissance du 30 avril 1353, pour une terre confrontant au « paduent mouvant du seigneur en Guilhem-Arramon de Lastastes, cavoir, de la parroisse de Sainct-Germain-Du-Puch » (fol. 1 v°); — du bail à fief d'une demi-maison à Créon, « davant lo marquadyeu », le 2 mai 1372 (fol. 2); — du déguerpissement d'une maison à Créon, « a la carreyre de la gleisa », le 29 décembre 1323 (fol. 7); — d'une reconnaissance du 25 mars 1344, pour une terre confrontant au bois de Raimond-Guillaume de Junqueyres, damoiseau (fol. 7 v°); — d'une reconnaissance du 24 mai 1374, pour une maison à Créon, confrontant à un fief des héritiers de feu Amanieu de Courpiac, damoiseau (fol. 9); — d'une reconnaissance du 5 septembre 1333, pour une terre confrontant à un fief d'Élie de Lastastes, chevalier (fol. 10 v°); — d'un bail à fief du 29 janvier 1478, n. s., à des individus habitant en Périgord, de 200 journaux de terres désertes près de Créon et d'une terre dans cette localité, à charge de construire deux maisons et de défricher les terres dans 12 ans (fol. 11 v°); — d'une reconnaissance du 3 janvier 1359, n. s., pour une vigne à Loupiac, confrontant à un fief de Bernard de Ségur, damoiseau (fol. 15); — d'une reconnaissance du 24 février 1399, n. s., pour une terre dans la paroisse de Cadillac, « au claulx de Lamothe » (fol. 28 v°); — d'une reconnaissance du 28 mai 1391, pour une terre dans la paroisse de Loupiac, *à la Caussade* (fol. 34); — de la présentation de bulles de Sixte IV, du 28 avril 1483, portant excommunication contre l'archiprêtre de Benauges, qui s'est saisi de revenus malgré l'appel interjeté par les abbés de La Sauve et de S⁰ᵗ-Croix (fol. 40 v°); — d'un accord intervenu entre lesd. parties le 6 septembre 1477 (fol. 42); — d'une reconnaissance du 26 août 1441, pour une terre confrontant à un fief du s⁰ Du Cros (fol. 44 v°); — d'une reconnaissance du 6 juin 1394, pour une vigne dans la paroisse de Loupiac, « près Du Plapar » (fol. 47); — d'une reconnaissance du 7 mai 1517, pour une terre dans la même paroisse, *au Chrestian* (fol. 54 v°); — d'une reconnaissance du 2 janvier 1500, n. s., pour une vigne « avecq le pomyer qui est dedans », dans la même paroisse (fol. 55); — d'une reconnaissance du 26 février 1498, n. s., pour des biens dans la même paroisse, *à la Mothe Rousseau, au Crestian*, etc. (fol. 59); — de la donation faite en 1211 par l'archevêque de Bordeaux à l'abbé, des dîmes de S⁰ᵗ-Croix-Du-Mont (fol. 63); — de la donation desd. dîmes faite en 1228 par « Pierre de Gabarret, viscomte de Vézelay », du consentement de sa femme Guillemine, qui a élu sépulture à La Sauve (fol. 63); — d'une reconnaissance du 2 janvier 1359, n. s., pour une vigne dans la paroisse de S⁰ᵗ-Croix-Du-Mont, *à la Caussade* (fol. 64); — d'une reconnaissance du 12 février 1359, n. s., pour une vigne dans la même paroisse, confrontant aux vignes de « Jehan de Lobenx » et de « Thomas de Lebrit », chevaliers (fol. 66 v°); — d'une reconnaissance du 4 février 1499, n. s., par noble Bertrand de S⁰ᵗ-Cricq, de la paroisse de Podensac (fol. 70).

H. 269. (Liasse.) — 45 feuillets papier.

XVIIᵉ siècle. — Fragments de l'inventaire. — Analyse de la donation faite en 1221 par Pierre de Rions, chevalier, avec le consentement de Pierre de Gavarret, d'un homme à Tizac; — du bail à fief du moulin de Tizac, le 1ᵉʳ mai 1250; — d'un contrat relatif au moulin sis *au Pas de Tizac*, en date du 1ᵉʳ mai 1250; — d'un bail à fief du 24 août 1441, pour une terre déserte dans la paroisse de Grézillac, *à la Gourgue*, « confrontant d'ung cousté au chemin communau qui va au moullin de Bonnaffos Guilhem, d'autre cousté au fief de Jehan de Moyssac, donzet »; — d'un bail à fief, du 6 juillet 1349, par Guillaume-Raimond de Lastastes, damoiseau, fils de feu Élie de Lastastes, chevalier, de la paroisse S⁰ᵗ-Germain-Du-Puch, pour un bien confrontant à un fief de Guillaume-Sanche, seigneur de Pomiers; — du testament, en date du 5 mars 1349, n. s., d'Élie de Lastastes, qui demande à être inhumé à La Sauve, devant l'autel Notre-Dame, et nomme son exécuteur testamentaire « noble homme Girault Du Puch, juge de Gascoigne et secrestain de l'église Sainct-André de Bordeaux.... et Amayeu de Baugas, donzet »; — d'un acte du 6 janvier 1501, n. s., modérant la redevance d'une terre dans la paroisse de Grézillac, « parce que ledit trens de terre est à la saillye du moullin de Nyvon et que le fruict d'iceluy se dégastoit de jour en jour, par le bestailh qui vennoit aud. moullin et autrement par la poullaille »; — d'une sentence arbitrale de juin 1304, intéressant « le s⁰ de Laubescq, religieulx du monastaire de Sainct-Jehan d'Angely et prieur du prieuré de Boysset »; — du testament, en date du 15 juillet 1376, de Gérard Viguey, damoiseau, fils d'Élie Viguey, de La Sauve, lequel testateur demande à être inhumé dans l'église de l'abbaye; — d'une sentence du 19 décembre 1449, adjugeant à l'abbaye le moulin sis *au Pas de Tizac*; — d'une reconnaissance du 12 juin 1255, pour des biens confrontant à la terre de Gaillard de Moulon, damoiseau; — d'une reconnaissance du 30 avril 1548, pour un bien dans la paroisse de S⁰ᵗ-Quentin, *à Pey Froment*, sur le ruisseau qui descend du moulin de Daignac au moulin Du Bourrut; — du bail à fief en date du 15 juin 1476, d'une terre dans la paroisse de Tizac, *a las Zaguas*, confrontant à un bien « mouvant du forneau de Saint-Macquaire »; — d'une reconnaissance du 11 octobre 1478, pour un pré dans la même paroisse, confrontant « au fief de la mothe de Rions »; — d'une reconnaissance du 29 novembre 1498, pour des immeubles dans la même paroisse, confrontant à un fief du seigneur de Rignac; — du bail à fief, en date du 16 mars 1470, n. s., d'un pré dans la paroisse de Grézillac, *au moulin de la Borgade*, confrontant « à la cause du seigneur de Montlaur ».

H. 270. (Cahier.) — 0ᵐ30 × 0ᵐ20, 26 feuillets papier.

XVIIᵉ siècle. — Inventaire.

H. 271. (Cahiers.) — 0ᵐ27 × 0ᵐ20, 117 feuillets papier.

XVIIᵉ siècle. — Inventaire. — Analyse d'une reconnaissance du 22 février 1350, n. s., en faveur de Pierre Despelleite, écuyer, de la paroisse de Nérigean (fol. 1); — d'un bail à fief du 2 mai 1307, par Raimond-Bernard de Curton, chevalier (fol. 1 v°); — d'une reconnaissance du 31 décembre 1359, au profit de Bernard Despelette, écuyer, pour une maison à Créon, dans la rue « de Saincte-Fé » (fol. 2); — d'une reconnaissance de septembre 1355, en faveur de Guillaume-Raimond de Lastastes, damoiseau (fol. 2 v°); — d'un bail à fief du 5 janvier 1351, n. s., par Arnaud Élie, damoiseau (fol. 3); — d'une reconnaissance du 7 mars 1345, n. s., en faveur d'Élie de Lastastes, chevalier, de la paroisse de S¹-Germain-de-Puch (fol. 5); — d'une reconnaissance du 12 novembre 1445, « en faveur de Jehanne Gombault, donzelle, vefve, demeurant à Gensac » (fol. 9); — d'une reconnaissance du 6 mai 1368, pour un bien dans la paroisse de Mouliets, à *Condat* (fol. 9); — d'une reconnaissance du 19 janvier 1436, n. s., pour un bien dans la paroisse de Bossugan, *au Prat de Lamothe* (fol. 9 v°); — d'une reconnaissance du 8 février 1401, n. s., pour un bien dans la paroisse de Lugagnac, à *Peyrelevade* (fol. 18); — d'une reconnaissance du 23 août 1530, « par noble homme Rodigue de Rebouillède », pour une « maison à la façon de France », dans la paroisse de Guillac, à *Burssac* (fol. 19 v°); — d'un bail à ferme au profit de Pierre Constans, archiprêtre de Jugazan, le 25 mai 1411 (fol. 26 v°); — d'un bail à fief du 24 février 1484, n. s., de biens dans la paroisse de Jugazan, à *Peyrelongue* (fol. 27); — d'un bail à fief du 31 décembre 1451, au profit d'Arnaud Decombe, vicaire perpétuel de S¹-Pey-de-Castets (fol. 27 v°); — d'une vente d'avril 1293(?) par Guillemine de Lussac, veuve, et Élie de Labarde, damoiseau, son fils (fol. 27 v°); — d'un bail à fief par Jean de Languissen, damoiseau, de la paroisse de Croignon, le 19 janvier 1462, n. s. (fol. 31); — d'un bail à fief « par mossenher Jehan de Lapion, massoney de La Seulve », le 8 juin 1343 (fol. 37); — d'un bail à fief du 13 avril 1361 (?), par Robert de Commes, damoiseau, de la paroisse de Lugaignac, et Guillaume de Lataste, damoiseau, de la paroisse de Loupiac (fol. 43); — d'un bail à fief par Guillaume de S¹-Arremedi, curé de Nérigean, le 8 avril 1317 (fol. 44); — d'un échange conclu, le 6 mars 1345, n. s., par Pierre Andron, curé de Nérigean (fol. 46); — d'une reconnaissance du 9 février 1312, n. s., par Guillaume Seguin, s¹ de Rions (fol. 51); — de la donation faite le 5 février 1283, n. s. (?), d'une mothe et d'un « mollinar » à *Tregeyt*, près du port et du *peyrat* de ce nom (fol. 66); — d'une reconnaissance du 8 janvier 1446, n. s. (?), au profit de Jean Guirauld, prieur de l'hôpital Du Barp (fol. 67); — d'une reconnaissance au profit de Guillaume Fronsac, damoiseau, et Jeanne (?) de Fronsac, sa sœur, en date du 3 avril 1365 (fol. 68 v°); — d'une vente du 10 mai 1481, par Gaston, seigneur de Montferrand et de Langoiran (fol. 78); — d'une reconnaissance en date du 1ᵉʳ mai 1335, au profit de

« Bernard de Libret (?), cavoy, s¹ de Rions » (fol. 110); — du bail à ferme du moulin d'Ortolée, paroisse de S¹-Hilaire [de Paillet], en date du 17 août 1367 (fol. 110 v°).

H. 272. (Cahier.) — 0ᵐ27 × 0ᵐ19, 22 feuillets papier.

XVIIᵉ siècle. — Inventaire.

H. 273. (Cahier.) — 0ᵐ25 × 0ᵐ20, 17 feuillets papier.

XVIIIᵉ siècle. — Table alphabétique incomplète des noms de personnes contenus dans un registre.

H. 274. (Registre.) — 0ᵐ40 × 0ᵐ26, 55 feuillets papier.

XVIIIᵉ siècle. — Table comprenant une énumération de terriers et une énumération de lieux dits par paroisse, avec renvois aux feuillets des terriers.

H. 275. (Liasse.) — 6 pièces parchemin, 26 pièces papier.

1290-1789. — Divers. — Cahier folioté 12-16 : fragment d'un terrier pour la famille Barraud, de La Sauve (1290-1334). — Reconnaissance de dettes par un particulier au profit d'un autre, suivie de la confirmation par l'official et de l'annonce de son sceau (27 février 1407, n. s.). — Plainte au sujet d'un vol de « vingt-quatre couverts et sept grands cuiller[s] à ragoût d'argent », commis dans le réfectoire de l'abbaye (3 août 1771). — Lettre signée : Fr. Vernet, « Voylà bien du bruit dans les tribunaux ; tandis qu'ils sont occupés des affaires publiques, les particulières ne vont point » (Paris, 19 décembre 1787). — État des revenus de l'abbaye de S¹-Mesmin (xviiiᵉ siècle).

H. 276. (Liasse.) — 1 pièce parchemin, 26 pièces papier.

1526 (?)-1789. — Prieurés divers dépendant de La Sauve. [Ces documents et ceux des deux articles suivants ont été retrouvés après l'impression des feuilles précédentes. Ils se rapportent à Bellefond (H. 21), S¹-André-de-Cubzac et Le Désert (H. 22), Escassefort (H. 23) et Gabaret (H. 27-28).]

H. 277. (Liasse.) — 50 pièces papier.

1665-1666. — Propriétés et seigneuries foncières : S¹-André-de-Cubzac. Terrier sur formules imprimées, pour Mathieu Langlois. (Cfr. H. 215.)

H. 278. (Liasse.) — 40 pièces papier.

1668-1673. — *Idem.* (Cfr. H. 215.)

Abbaye Sainte-Croix de Bordeaux

H. 279. (Liasse.) — 2 cahiers de 26 feuillets papier, 14 pièces parchemin, 80 pièces papier. (Armoire A, layette 1 de l'ancien classement.)

1027-1770. — 1-10. Lettres de *committimus* (1657-1770). — 5. Exposé des motifs d'un projet de confirmation du droit de *committimus* en faveur de l'abbaye : « Le roy Henry 3 ayant institué, par édit du mois d'aoust 1580, une chambre des requestes du Palais à Bordeaux, à l'instar de celles de Paris et de Toulouze, les supplians, comme estant de fondation royale et en la protection particulière des Roys, ont esté gratifiez du droit de *committimus* » (1700). — 11. « Mémoire au Conseil... contre MM. les Maire et Jurats » : notes sur l'histoire de la région et du monastère (s. d.). — 13. Donation par Guillaume d'Aquitaine de S¹-Macaire, Macau, Le Taillan, etc. (1027; copie authentique de 1639). — 17. Lettre du roi Richard enjoignant de respecter, après enquête, les privilèges de l'abbaye (13 octobre 1381). — 19. Mandement du Sénéchal à des sergents d'armes et à des sergents royaux : l'abbé de S¹ᵉ-Croix se plaint que Gaillard de Durfort veut pendre un malfaiteur détenu dans le château de Blanquefort, à des fourches dressées sur des terres de l'abbaye; ordre de lui intimer la défense de procéder à cette exécution (6 mai 1423). — 20. Bulle de Lucius III, confirmant les possessions et privilèges de l'abbaye (Vérone, 7 mai [1185]). — 22. Bulle de Célestin III confirmant l'abbaye en ses possessions et privilèges (copie; 1193). — 23. Bulle d'Innocent IV confirmant S¹ᵉ-Croix en ses possessions (copie authentique de 1645; 22 juin 1246, 3ᵉ année (*sic*) du pontificat). — 24. Traduction d'une bulle par laquelle Clément V concède des indulgences, suivie d'une ordonnance des vicaires généraux, qui invitent les fidèles à gagner ces indulgences (placard imprimé; Villandraut, 20 novembre 1308 et 21 août 1645). — 29. Bulle de Martin V exemptant S¹ᵉ-Croix de la juridiction de l'ordinaire (vidimus imprimé; 26 juillet 1419). — 31. Arrêt du Conseil sur le conflit entre l'Archevêque et diverses maisons religieuses de Bordeaux au sujet des confessions, du culte dans les chapelles de ces communautés, etc. (14 octobre 1644). — 32. Ordonnance des vicaires généraux citant le prieur de S¹ᵉ-Croix sur ce que les religieux ne se sont pas rendus aux oraisons prescrites à S¹-André à l'occasion de la peste, et réponse du syndic (11-12 mars 1646). — 33. Défense par les vicaires généraux, *sede vacante*, aux religieux de S¹ᵉ-Croix de se rendre proces-sionnellement à S¹-Michel pour y chanter la messe (22 février 1648). — 34-36. Protestation par-devant notaire contre la visite de l'église par l'Archevêque (3 août 1655-4 juin 1683). — 42. Admission d'un religieux et imposition de l'habit aud. religieux par Jean Gros, sous-prieur, en présence de Jean Foissac, prieur (15 avril 1576). — 43. Ordonnance de l'Archevêque prescrivant que l'on fera les oraisons des quarante heures dans diverses églises séculières et régulières, « à ce qu'il plaise à la divine bonté donner son secours et assistance aux deffenseurs de la ville de Candie » (13 mars 1669). — 46. Bulle d'Honorius [II] confirmant la décision de son prédécesseur Calixte, qui a soumis S¹-Macaire à S¹ᵉ-Croix (copie; s. d.).

H. 280. (Liasse.) — 2 cahiers de 22 feuillets papier, 7 pièces parchemin, 69 pièces papier. (Armoire A, layette 2 de l'ancien classement.)

XIIᵉ siècle (?)-1720. — 1. Charte de..., archevêque de Bordeaux, déclarant que les archevêques n'ont pas droit de gîte à S¹ᵉ-Croix (xiiᵉ siècle ?). — 9-34. Concession d'indulgence par Clément V aux fidèles qui visiteront les églises de S¹ᵉ-Croix, Soulac et S¹-Macaire (traduction imprimée en placard; 20 novembre 1308). — 36. Lettre de l'abbaye de Condom associant à ses prières l'abbaye de S¹ᵉ-Croix (29 juin 1281). — 38-41. Concession d'indulgence aux fidèles qui visiteront la chapelle S¹ᵉ-Madeleine, en l'église S¹ᵉ-Croix (traduction imprimée en placard; 23 octobre 1693). — 46-54. Bulles pour S¹ᵉ-Croix (copies; 1035 (?)-1301). — 61 et 63-78. Recueil de pièces sur le procès relatif à la confrérie de s¹ᵉ Madeleine : autorisation donnée par l'Archevêque en vue de démolir la chapelle S¹ᵉ-Madeleine sise derrière l'église et qui gêne la construction du corps de logis destiné à contenir en bas le réfectoire et l'étude et en haut le dortoir (1664-1688). — 62. Autorisation donnée par les supérieurs aux religieux de S¹ᵉ-Croix de démolir la chapelle S¹ᵉ-Madeleine (8 octobre 1684).

H. 281. (Liasse.) — 1 pièce parchemin, 12 pièces papier. (Armoire A, layette 3 de l'ancien classement.)

1306-1715. — 1. Lettre de Charles, duc de Guienne, concernant une violation de la sauveté de S¹ᵉ-Croix et ordonnance du commissaire « Aymeri Laborie, docteur en l'Université, conseiller de Monseigneur en la Cour de ses grands jours, » enjoignant de citer les coupables et les témoins (copie authentique; 14 et 16 mars

1472, n. s.). — 5. Bail à loyer par l'abbaye d'emplacements sis dans la sauveté et confrontant à l'estey (copie; 6 janvier 1306, n. s.). — 6. Ordonnance du grand sénéchal de Guienne portant nouvelle convocation des États (imprimé en placard; 19 août 1651). — 7. Engagement pris par les abbés de Faize, de S¹-Romain [de Blaye], de Bonlieu et de L'Isle envers les prieurs de S¹ᵉ-Croix, de Guîtres et de la Chartreuse de Bordeaux de ne pas les faire contribuer aux frais de l'abbé de Faize, député aux États généraux, si son élection est annulée (28 août 1651). — 8-10. Dossier d'un conflit concernant la place assignée à S¹ᵉ-Croix dans la cérémonie funèbre pour le Roi (10 novembre 1715). — 11. «S'ensuivent les confrontacions de la immunité et saulveté de Saincte † de Bordeaux» : de l'église «jusqu'à yme mer et à l'escu où sont certaines armes du duc Guillaume et autres princes du temps passé» (xvᵉ siècle). — 13. Articulé de l'abbaye contre les agents de la Ville qui ont violé la sauveté : les limites de la sauveté sont marquées par des croix; les gens réfugiés dans la sauveté y jouissent «du privilège de inmunité et franchise, tout ainsi comme s'ilz fussent dens l'égleise…, excepté les cas de droit où n'a lieu la franchise et inmunité d'église et qu'il est déclairé par justice»; on a pourtant extrait de force de lad. sauveté un nommé Jean Chicot, «nonobstant que led. Chicot criast aulte voix : Franchise! Franchise!» (xvᵉ siècle.)

H. 282. (Liasse.) — 2 cahiers de 22 feuillets papier, 1 pièce parchemin, 43 pièces papier. (Armoire A, layette 4, liasses 1 et 2 de l'ancien classement.)

1302-1768. — 33. Chartes très suspectes relatives à la clôture de la ville et du monastère (7 octobre 1302-6 janvier 1314 (?), n. s.; copie notariée faite en 1673 «sur son… exibé et à l'instant retiré par Dom Jean-Pierre Dabadie, religieux, sindic du monastère»). — 34. Capitulation de la Guienne et confirmations (20 juin 1451- 14 octobre 1563). — 35. Tableau de droits perçus sur les marchandises à l'entrée et à la sortie (s. d.). — 40. «Requête pour l'homolgation du don du duc Guillaume» (1615). — 44. Arrêt du Parlement pour l'enregistrement des lettres royaux qui portent confirmation des privilèges de l'abbaye.

H. 283. (Liasse.) — 51 pièces papier.
(Armoire A, layette 4, liasse 3 de l'ancien classement.)

1564-1772. — 3. Cession d'un droit de retrait féodal à Jean-Henri de Bordes, conseiller au Parlement,

seigneur de Coupet et de la maison noble de Treulon (15 décembre 1679).

H. 284. (Liasse.) — 18 pièces parchemin, 89 pièces papier.
(Armoire A, layette 4, liasse 4 de l'ancien classement.)

1521-1772. — 2. Délibération des religieux, parmi lesquels Étienne Dulaura (avril 1703). — 5. Ordre des commissaires sur le fait des amortissements de donner mainlevée à l'abbé François Daulx des dîmes et autres possessions spirituelles de l'abbaye et de le laisser jouir du temporel de lad. abbaye jusqu'au 1ᵉʳ juillet (7 avril 1521). — 25. Déclaration des revenus et des charges de la communauté : «Il convient entretenir trante relligieux pour faire le service divin de jour et de nuit, qu'est le nombre prescriptt antiennement, que les prieurs faizoient résidance; mais despuis ilz se sont retirés, aveq leurs revenus, comme celluy de Sainct-Machaire, qui vaut plus de dix mille livres» (24 mai 1640). — 31. Déclaration des acquisitions faites par S¹ᵉ-Croix depuis 1641 (1689-1690). — 79. Décision du bureau du Domaine en Guienne ordonnant que, faute d'hommage, les biens nobles, fiefs, cens, rentes, etc., seront remis au Domaine (22 novembre 1679). — 92. Procès-verbal de Jean Dubartier, sieur de Bitry, capitaine au régiment de Rouergue, ingénieur en chef des forts et châteaux de Bordeaux, constatant que des chais de l'abbaye sont élevés sur d'anciennes constructions (20 mars-24 juin 1717). — 96. Délibération des religieux concluant à la construction d'échoppes entre les contreforts de l'église, afin d'éviter les dépôts d'immondices (copie authentique; 22 mai 1640). — 100. Prix fait avec Jean Savoye, dit Lacroix, «maistre masson et architecte de la présente ville, y demeurant, paroice S¹ᵉ-Croix», pour la construction de la sacristie derrière l'église (14 juillet 1683).

H. 285. (Liasse.) — 1 cahier de 29 feuillets papier, 10 pièces parchemin, 32 pièces papier. (Armoire A, layette 4, liasses 6 et 11 de l'ancien classement.)

1451-1767. — 1. Reçu des droits d'amortissement pour Carbonieux (14 juin 1740).

H. 286. (Liasse.) — 9 pièces parchemin, 10 pièces papier. (Armoire A, layette 5, liasse 1 de l'ancien classement.)

1153-1632. — Droits sur diverses églises. — 1. Charte de l'archevêque G[eoffroi], confirmant au profit de l'abbé de Sainte-Croix «jus [prese]ntandi capellanos in ecclesiis vestris » (1153). — 4. Bulle d'Alexandre III aux évêques d'Angoulême et de Bazas, les chargeant de rendre justice à S⁵-Croix, qui se plaint qu'un précédent archevêque lui ait enlevé « oratorium Sancti-Luperculi » et les chapelles S¹-Nicolas de Blanquefort et S¹-Barthélemy de Lamarque (bulle sur cordelette; 1ᵉʳ juin [1166?]). — 5. Bulle d'Alexandre III confirmant les droits et privilèges de S¹ᵃ-Croix (copie; 4 février 1165). — 6. Charte de l'archevêque Guillaume, reconnaissant le droit de présenter aux bénéfices accordé au monastère par Alexandre III (1175). — 8. Bulle de Célestin III destinée à mettre un terme aux abus qui se produisaient pour les vacances des bénéfices dépendant de S¹ᵃ-Croix : l'archevêque différait d'accepter les présentations, afin de percevoir les revenus, et les archidiacres tentent d'installer des prêtres dans ces bénéfices « nomine commende » (bulle sur lacs de soie; 7 avril 1193). — 9. Bulle de Clément V, confirmant les droits de patronage et les dîmes appartenant à l'abbaye (copie; 22 novembre 1305). — 10. Bulle du même, confirmant les droits de l'abbaye sur les prieurés de S¹-Macaire et de Montauriol, possédés par le cardinal Raimond [de Goth] (copie; 22 novembre 1305). — 11. Lettre de l'official et de Guillaume de Benauges, chanoine de Bordeaux, subdélégué par le doyen de S¹-Seurin dans une affaire dont le règlement leur est confié par le Pape (fragment du sceau de l'official, représentant un évêque; 27 mars 1338). — 12-13. Promesse par l'abbé à deux postulants de les recevoir dans l'année qui suivra la conclusion de la paix, les troubles de la guerre ayant amoindri les revenus du couvent et ne permettant pas d'entretenir un grand nombre de novices (29 mai 1340). — 14. Promesse analogue par Élie de Gurson, fils de feu Élie, damoiseau, recommandé par le cardinal Taleyrand (même jour). — 15. Lettre de l'abbé convoquant le prieur de Soulac, l'*ouvrier* de S¹-Macaire, les prieurs de L'Isle, Sadirac, S¹-Aubin, Allemans et Montauriol à venir prendre connaissance des statuts arrêtés au chapitre provincial par les abbés de Nanteuil, S¹-Maixent, S¹-Martial, S¹-Jouin et autres (2 juin 1367). — 16. Transaction entre l'abbé et les religieux pour l'exercice des droits de présentation et de collation (25 octobre 1303).

H. 287. (Cahier.) — 0ᵐ 29 × 0ᵐ 20, 16 feuillets papier. (Armoire A, layette 5, liasse 2, pièce 1 de l'ancien classement.)

1534-1546. — Registres de présentations et de collations par l'abbé Auger Hunaud de Lanta. — Présentation de Gratien de Sponde à la cure de Blan-

quefort, qui va être vacante par la résignation d'Arnaud de Bridon (6 février 1534, n. s.; fol. 1 vᵉ). — Collation à Guy Baynier, clerc, du prieuré de Soulac, vacant par la résignation de Pierre Bat (23 mars 1535; fol. 10); — à Raimond Jammet, clerc, du prieuré de Montauriol, vacant par la résignation de Clément Molle (29 mars 1535; fol. 13); — par Clément Mole, prieur de Soulac, vicaire général de l'abbé, à Pierre de Labessière, vicaire perpétuel de S¹-Romain de Blaye, du prieuré de Sadirac, vacant par résignation de Clivet de Chaumont, procureur de Basque de Commarque (13 août 1538; fol. 13 vᵉ); — par Clément Mole, prieur de Soulac, vicaire général de l'abbé, à Jean Gineste, clerc, du prieuré de Sadirac, vacant par résignation de noble Christophe de Ruffinhac (20 janvier 1544, n. s.; fol. 15 vᵉ).

H. 288. (Liasse.) — 8 pièces papier. (Armoire A, layette 5, liasses 2-6 de l'ancien classement.)

1533-1686. — Bénéfices et offices divers. — 1. Note sur la collation faite le 23 avril 1536 à frère Guillaume Abelle, profès, de l'office d'*ouvrier* de S¹-Macaire, vacant par résignation de frère Arnaud Guerchedieu (s. d.). — 2. Notes sur diverses collations, notamment, sous les dates des 19 et 20 avril 1536, à noble François de Balaguyer, religieux profès, et à Jean de Comet, du même office et du prieuré de S¹-Macaire, vacants par la mort de frère Bernard de Lafargue; sur la résignation de l'office d'*ouvrier* de S¹-Macaire par frère Arnaud de Guerchedieu, admise le 21 avril 1536, et sur la collation, faite le même jour, dudit office à François Ballaguier (s. d.). — 3. Collations diverses : à frère Gaspard d'Orvesan (?); de l'office de prieur claustral, vacant par la résignation de frère Pierre Lacalin (21 septembre 1537). — 4. Documents relatifs à la mort de François d'Aux, abbé, décédé le 17 août 1533, inhumé le lendemain devant l'autel de s¹ Pierre.

H. 289. (Registre.) — 0ᵐ 27 × 0ᵐ 17, 17 feuillets papier. (Armoire A, layette 5, liasse 2, pièce 3 de l'ancien classement.)

1523-1529. — Offices et bénéfices divers. — Mention de l'entrée de François Iᵉʳ à Bordeaux « cum magno exercitu et maxima pompa », le 9 avril 1526, vers 2 heures de l'après-midi. — Tableau des évêchés de la France par provinces : « Bourges, Acquitanie primas » (fol. 1-2). — Collation à André Ballon, clerc, du prieuré de S¹-Macaire, vacant par résignation de René Guerin (16 novembre 1524; fol. 4). — Nomination de frère

François Descazals comme vicaire général de l'abbé (19 décembre 1524; fol. 5 v°). — Ordre à l'*ouvrier* de S¹-Macaire de regagner son monastère et d'y résider; appel par led. *ouvrier* et refus des lettres d'appel par le vicaire général (24 décembre 1524-14 janvier 1525, n. s.; fol. 6-7). — Procuration (en blanc) à l'effet de s'opposer à l'homologation des statuts de réforme du monastère préparés par Clément Cherny, abbé de Gaillac, et Etienne Gentilz, prieur de S¹-Martin-des-Champs (9 janvier 1525, n. s.; fol 8 v°). — Collation à frère Guillaume Bardin, profès, de l'office d'*ouvrier* de S¹-Macaire, vacant par la résignation de frère François de Mareuilh (10 juin 1526; fol. 11).

H. 290. (Liasse.) — 1 cahier de 73 feuillets papier, 1 pièce parchemin, 46 pièces papier. (Armoire A, layette 6, liasse 1 de l'ancien classement.)

1503-XVIIIᵉ siècle. — Droits honorifiques et préséance. — 12. Attestation concernant les préséances aux processions : pour les Rogations, S¹ᵉ-Croix fait porter deux crosses aux côtés de sa croix, comme S¹-André (26 avril 1635). — 28. Exposé pour les prébendiers et chapiers de S¹-André contre les chanoines : le service de l'église est assuré par des legs dont le revenu vaut 12 à 15,000 livres tournois; les chanoines prennent ce revenu et chacun des demandeurs n'a pas 35 l. par an (1543). — 30. Procès-verbal de l'entrée de l'archevêque Jean de Foix : mention de quatre jurats « induti clamidibus et capuciis bispertitis, videlicet rubei et albi coloris, sustinentes et ferentes quendam pavilionem »; devant l'ancienne porte de S¹-André, le prélat adore « imaginem argenteam in modum angeli fabricatam, signum crucis Domini Nostri Jesu-Christi tenentem »; le doyen lui présente un évangéliaire à plats d'argent, renfermant la formule du serment, etc. (copie authentique; 30 avril 1503). — 31. Dossier relatif à l'emprisonnement de Larronde, curé de S¹-Michel : un notaire ayant, de la part du curé, sommé l'huissier Cornac de lui déclarer en vertu de quelle décision il avait procédé à cette arrestation, « ledict Cornac l'auroict saisy soudain des deux coustés de son manteau, proche le collet, et luy dict de le suivre et qu'il avoict charge expresse de M. le Premier Président que, sy on luy vouloict faire quelque acte pour raison dud. affaire, qu'il s'en saizît et qu'il le menât en prison » (19 novembre-16 décembre 1636).

H. 291. (Liasse.) — 4 cahiers de 63 feuillets papier, 9 pièces parchemin, 37 pièces papier. (Armoire A, layette 6, liasse 2 de l'ancien classement.)

1099-1758. — 5-8. Transaction entre S¹ᵉ-Croix et S¹-Michel (copies; 14 mars 1478, n. s.). — 19. Accord entre l'abbé Raimond Bernard, le prieur Hugues de Bès, et les religieux, d'une part, et le vicaire perpétuel de S¹-Michel, de l'autre, en présence de Pierre de Roqueys, chevalier, et Arnaud de Lumensar, prieur de Soulac (copie; 16 août 1376). — 23. Déclaration de « Dom Anthoine Espinasse, prestre, religieux, tenant la place de prieur », sur l'ordre suivi dans la procession générale du même jour: « Les ordres sortirent les premiers, ensuitte les prébandiers des parroisses, après lesquelles marchoient en corps tous les vicaires perpétuelz des parroisses, qui feurent suivis des croix des trois chapitres, au milieu desquelles estoit celle de Sainct-André, et ensuitte les musiques et bas cœurs desdictz chapitres et inmédiatement après marchoient lesdictz religieux réformés, divisés en deux cœurs, et ensuitte marchoient les deux chapitres, celui de Sainct-André tenant la main droite et celui de Sainct-Seurin, la gauche » (10 août 1627). — 27. Arrêt du Parlement qui maintient les religieux de S¹ᵉ-Croix en l'usage de précéder les vicaires perpétuels dans les processions générales (10 février 1637). — 39. Arrêt du Parlement qui maintient l'abbaye en la possession de divers droits dans l'église de S¹-Michel (imprimé; 20 février 1714).

H. 292. (Liasse.) — 2 cahiers de 19 feuillets papier, 6 pièces parchemin, 43 pièces papier. (Armoire A, layette 6, liasse 4 de l'ancien classement.)

1329-1714. — « Actes du procès contre le vicaire et bénéficiers de S¹-Michel en 1713, jugé le 20 février 1714. » — 4. Requête de Jean Dufaur, prieur claustral, et autres religieux (18 juin 1612). — 13. Requête des religieux: le vicaire perpétuel de S¹-Michel et douze à quinze bénéficiers ont envahi l'église S¹ᵉ-Croix avec plus de 150 hommes ou femmes et ont tenté d'empêcher la sommation adressée par le prieur à un prêtre inconnu venu pour publier un monitoire : « Sur quoy led. Laronde, prébandiers et foulle de peuple auroit crié tout hault qu'il faloit thuer toutz ces religieux, les jecter dans la rivière, mettre le feu au monastaire, emporter le corps de sainct Momolin » (1637?). — 17. Enquête sur des désordres survenus dans l'église S¹-Michel à l'occasion du conflit entre Espinasse, et

Montassier (10 septembre 1653). — 19. Relation de J.-J. Dalesme, écuyer, s' de S'-Clément, premier jurat, chargé de maintenir l'ordre : il expose des incidents violents survenus entre Espinasse et Montassier, qui se disputaient la vicairie perpétuelle ; la foule menaçant Espinasse a été arrêtée « par nous, qui, pour cest effect, aurions mis la livrée sur l'espaule » (10 septembre 1655). — 50. Requête des religieux contre les vicaire perpétuel et bénéficiers de S'-Michel, qui ont décidé de porter un capuchon (s. d.).

H. 293. (Liasse.) — 1 cahier de 16 feuillets papier, 1 pièce parchemin, 32 pièces papier. (Armoire A, layette 6, liasses 5 et 6 de l'ancien classement.)

1536-1732. — Rapports avec l'église S'-Michel. — 27. Bulle de Clément V sur la dépendance de S'-Michel envers S'"-Croix (copie ; 1305). — 28. Exposé historique et mémoire touchant les droits de S'"-Croix sur la vicairie perpétuelle de S'-Michel (s. d,).

H. 294. (Liasse.) — 2 cahiers de 59 feuillets papier, 1 pièce parchemin, 24 pièces papier. (Armoire A, layette 6, liasse 7-9 de l'ancien classement.)

1616-XVIII° siècle. — Rapports avec l'église S'-Michel.

H. 295. (Liasse.) — 6 pièces parchemin, 80 pièces papier. (Armoire A, layette 7, liasse 1, pièces 1 à 15 de l'ancien classement.)

XII° siècle-XVIII° siècle. — Rapports avec le vicaire perpétuel de S'"-Croix. — 4. Présentation d'Étienne Forest à la vicairie perpétuelle, vacante par le décès de Pierre Fenis (5 janvier 1731). — 5. Charte de l'archevêque Guillaume enregistrant l'accord intervenu entre les chanoines de S'-André et l'abbé Gérard « super chrismate et oleo » et fixant les limites de la paroisse (copie authentique ; 1170-1178). — 7. Bulle d'Alexandre III confirmant l'abbaye en ses droits (bulle de plomb ; Latran, 31 mai 1160-1180). — 9. Bulle d'Alexandre III au sujet d'une chapellenie de S'"-Croix tenue en commende par un prêtre de S'-Michel (bulle de plomb ; Frascati, 22 septembre 1159-1180). — 11. Présentation de Pierre Gouffier, du diocèse de Clermont, à la vicairie perpétuelle, vacante par le décès de Jean Ruffineau (8 avril 1501). — 12. Collation à Antoine « de Pulcro Rivo » de la vicairie perpétuelle, vacante par le décès de Jean Ruffineau (14 avril 1501). — 15. Notification de la permutation entre Henri

de Forges et André Fouques (3 décembre 1660). — 17-19. Pièces du procès relatif à la vicairie perpétuelle, entre Antoine de Montignac et Jean Gassies (1530). — 20. Requête d'Antoine Carros, en procès avec André Fouques au sujet de la vicairie perpétuelle (23 septembre 1663). — 22. Notification par Léon de Fenis de la résignation consentie en sa faveur par André Fouques, décédé le même jour (15 janvier 1685). — 26. Arbitrage attribuant la cure de S'"-Croix à Léon Fenis, au détriment de Léonard Chapelet ; le premier avait une signature en cour de Rome lui conférant, le 16 janvier, la cure, comme vacante par le décès d'André Fouques, tandis que le second a été nommé par le prieur le 17 dud. mois (12 mai 1685). — 27. Notification par Léon de Fenis, vicaire perpétuel, de son dessein de permuter avec Pierre Fenis (29 août 1687). — 28. Prise de possession de la vicairie perpétuelle par Pierre Fenis (4 septembre 1687).

H. 296. (Registre.) — 0"25 × 0"18, 22 et 34 feuillets papier. (Armoire A, layette 7, liasse 1, pièce 18 de l'ancien classement.)

1623-1665. — Registre de la fabrique. — Inventaire des meubles et ornements (1624 ; fol. 31).

H. 297. (Liasse.) — 1 cahier de 34 feuillets papier, 4 pièces parchemin, 48 pièces papier. (Armoire A, layette 2 de l'ancien classement.)

1027-1771. — Vicaire perpétuel et fabrique de S'"-Croix. — 19. Enquête sur des voies de fait auxquelles s'est livré le vicaire perpétuel Fenis pour empêcher les religieux de sortir en procession par une porte du chœur (15-19 juillet 1692). — 23-24. Conflit avec le vicaire perpétuel au sujet des obsèques du s' de Lalande, baron de Hins, « désédé d'une mors inprévue dans le monastaire » (17 septembre 1698).

H. 298. (Liasse.) — 1 cahier de 16 feuillets parchemin, 14 pièces parchemin, 55 pièces papier. (Armoire A, layette 7, liasse 3 de l'ancien classement.)

1522-1755. — Droits sur l'église S'"-Croix. — 23. Titre de sépulture pour feu Jean Routaud, et autre Jean, son frère, « au-devant le grand autel saincte Catherine, du cousté de la main senextre » (17 août 1620). — 25. Concession d'une sépulture « dans la nef de la paroisse... et au-dessoubs la troiziesme voûte et proche les deux piliers qui sont près l'autel de sainct Maur » (5 juin 1660). — 30. Concession d'une sépulture « dans

la neuf *(sic)* de ladite église de lad. parroisse de St-
Croix, joignant le pillier de la chapelle de sainte *(sic)*
Blaize » (21 novembre 1693).

H. 299. (Liasse.) — 1 cahier de 13 feuillets papier, 10 pièces papier.
(Armoire A, layette 7, liasse 4 de l'ancien classement.)

1632-XVIIIᵉ siècle. — Vicaire perpétuel de
Stᵉ-Croix. — 18. Mémoire pour les religieux contre le
vicaire perpétuel : celui-ci est hostile aux Bénédictins.
« On ne croit pas qu'il ait jamais daigné leur faire une
visite, pas même une honnêteté, lorsqu'il a eu ce bénéfice par voye de résignation »-(xviiiᵉ siècle).

H. 300. (Registre.) — 8 feuillets parchemin. (Armoire A, layette 7,
liasse 5, pièce 1 de l'ancien classement.)

1315-1618. — Statuts de la confrérie de sᵗ Jean-
Baptiste et sᵗ Mommolin, traduits du gascon en français en 1618. — Dispositions pour faire assister les
confrères malades, pour veiller les morts, aux frais de
la confrérie, pour faire chercher durant dix jours les
confrères qui se noieront, etc.

H. 301. (Liasse.) — 1 cahier de 11 feuillets papier, 14 pièces papier.
(Armoire A, layette 7, liasse 5 de l'ancien classement.)

1315-1785. — Confrérie de Sᵗ-Mommolin. —
6. Obligation de 150 livres dues à Guillaume, menuisier « pour l'encoffreure du sépulcre de sᵗ Mom-
moulin, ... laquelle encoffreure il s'est obligé de poser
dans trois jours » (copie, 10 août 1651). — 7. Contrat
avec Arnaud Sarmensan, bourgeois et maître-orfèvre,
domicilié près du Palais, paroisse Sᵗ-Pierre, pour
la façon d'un buste-reliquaire de sᵗ Mommolin, en
argent, de 14 à 15 marcs, à 39 livres l'un, conforme
à un buste en bois doré qui sera remis à Sarmensan,
pour prendre les mesures; témoin : Jacques Biberon,
sculpteur, domicilié rue des Vignes (15 octobre 1688).
— 10. Requête au grand sénéchal à l'effet d'obtenir l'annulation d'une délibération de la confrérie de Sᵗ Mommolin prise en violation d'une délibération antérieure,
qui décidait « la faction d'un buste à l'honneur dud.
sᵗ Mommolin » (4 octobre 1688). — 12. Attestation de
certaines dispositions concernant le service paroissial :
« Dans le collatéral où est l'authel paroissial, il y a trois
mauzollées des abbés de Stᵉ-Croix, chargés d'inscrip-
tions, d'écusson, de figure en relief et divers autres
ornements en sculture » (12 avril 1734).

H. 302. (Liasse.) — 12 pièces papier. (Armoire A, layette 7,
liasses 6 et 7 de l'ancien classement.)

1582-1695. — Droits divers sur l'église. — 1. Fondation d'une confrérie de Notre-Dame, à laquelle on
assigne, d'abord « l'autel et chapèle quy est à l'antrée
de ladicte esglize, à main gauche, dicte de sainct
Blaise », ensuite « l'autel et chapelle Nostre-Dame, quy
est à coùtté droict du grand autel » (avril 1678). —
3. Délibération concernant le vicaire amovible de
Stᵉ-Croix, qui, s'étant rendu à une levée de corps,
se fit payer avant la cérémonie (5 février 1690). —
7. Inventaire des ornements et reliques de la sacristie :
« Une châsse d'argent du bras de sainct Maumolin,
surdoré »; « le grand réliquaire de la joue de sainct
Blays, enchâssée en argent »; « une croix d'argent
double, appuyée sur ung pied de cuyvre »; coffret de
cuivre émaillé, renfermant les reliques de sᵗ Pierre;
un coffre renfermant une boîte d'ivoire « dans laquelle
sont les pierres où Nostre-Seigneur fist la Cène, suyvant
l'escripteau y attaché » (1582-1584).

H. 303. (Liasse.) — 4 pièces parchemin, 13 pièces papier.
(Armoire A, layette 7, liasse 8 de l'ancien classement.)

1244-1691. — Vicairie perpétuelle. — 1. Vente par
« Alais d'Arreissac, molher d'en Esteve d'Arreissac...
a 'n P. Santz, caperan Senta-Crois » (25 avril 1244). —
7. Bail à fief par Clément Mollé, vicaire perpétuel, autorisé par Gaspard de Dornezan, prieur, et autres religieux (copie; 14 septembre 1540).

H. 304. (Registre.) — 0ᵐ24 × 0ᵐ18, 24 feuillets papier.
(Armoire A, layette 7, liasse 10 de l'ancien classement.)

1663-1681. — « Livre pour les ouvriers de l'esglise
parroissialle de Saincte-Croix de Bourdeaux. » — Don
de six chandeliers et d'une croix d'argent par Antoine
Aubespin, bourgeois et marchand de Bordeaux (12 septembre 1666; fol. 8). — Nomination du donateur en
qualité de syndic (1ᵉʳ janvier 1667; fol. 8 vᵒ).

H. 305. (Liasse.) — 2 cahiers de 42 feuillets papier, 2 pièces parchemin, 16 pièces papier. (Armoire A, layette 8, liasses 1 et 2
de l'ancien classement.)

1557-XVIIIᵉ siècle. — Lieux réguliers. — 2. Ordonnance pour la réformation de l'abbaye : les religieux, qui se sont absentés pour rendre vaine cette

réforme, sont sommés de comparaître dans quinzaine devant l'Archevêque. Protestation des religieux, qui soutiennent la nullité de l'ordonnance (10-23 septembre 1583). — 3. Arrêt du Parlement, visant un précédant arrêt du 19 décembre 1580, « par lequel est ordonné que toutes les portes des maisons des religieux de lad. abbaye qui sont du costé des meurs de la présent ville, ensemble les fenestres… qui ne seroit de douze pieds de haulteur seront grillées et néantmoings deffences ausd. religieux se servir d'aulcuns femmes, jeunes ou viellhes, et que lesd. religieux seront tenus entrer par une seule porte » (4 mai 1582). — 7. Procès-verbal détaillé de la visite de l'abbaye par François Rolle, visiteur des abbayes exemptes. Mention de son voyage de Paris à Bordeaux, qui a duré 16 jours; requête du maître de la fabrique paroissiale, tendant à ce qu'on démolisse un mur nouvellement élevé au milieu de l'église, qui empêche de prier devant le maître-autel et devant l'autel de la paroisse; ordre d'inviter l'abbé à garnir de vitres les fenêtres de l'église; de placer une clôture en fer entre le chœur et la chapelle Ste-Catherine; de faire en bois la porte du chœur près du sépulcre de st Mommolin; mention du type de l'hémine de vin (3 chopines et quart) et du poids du pain (32 onces); ordre d'acquérir des cloches, dont une sera placée sur le chœur; etc. (1582-1583). — 12. Dénonciation d'œuvre nouvelle par le syndic des religieux réformés contre un maçon qui démolit un mur : « Et en signe de lad. dénonciation et prohibition a led. Père scindic getté trois petites pierres sur lad. besoigne » (6 mars 1630). — 19. Transaction entre l'abbé et les religieux au sujet de la collation des bénéfices (10 juillet 1651). — 20. Plan partiel de l'abbaye (xviiie siècle).

H. 306. (Liasse.) — 2 cahiers de 68 feuillets papier, 77 pièces papier.
(Armoire A, liasse 1 de l'ancien classement.)

1578-1756. — Affaires diverses. — 3. Sommation à Aymond Estanssan, bourgeois et maître sculpteur de Bordeaux, en vue de terminer le retable de l'église, conformément au bail à prix fait du 23 avril 1665, reçu par Douteau, notaire (4 septembre 1670). — 4. Règlement arrêté en chapitre : obligation pour les religieux de se trouver au chœur pour le *Gloria Patri* « avecques leurs frocz et voyle sur teste »; obligation de se retirer, au coucher du soleil, dans leurs maisons, « dans lesquelles ilz ne pourront tenir serviteurs et chambrières scandalleux » (9 décembre 1578). — 5. Sommation par le syndic au représentant de l'abbé, exposant que les logis sont insuffisants, qu'ils menacent ruine, de même que l'église, qu'un orage récent a brisé les vitres, etc. (21 février-2 mars 1645). — 6. Procès-verbaux de saisie-arrêt entre les mains de La Vignolle, juge de Macau, Jean Durand, juge d'Arès et greffier de Macau, Pierre Dutemps, curé de Loupiac, Pantaléon Coudré, curé de Barsac, Moureau, curé de La Tresne, Hector Guérin, procureur en la Cour et Chambre de l'Édit, et autres, de sommes dues à l'abbé de Ste-Croix, en garantie du paiement par celui-ci de ce qu'il doit aux religieux (21 août-2 septembre 1645). — 10. Quittance par Pierre et Bernard Foisse, père et fils, maçons, à la suite de travaux divers : fermé des arcades du cloître, « dont la taille d'aulcunes estoict minée », « faict une porte et arcade » à l'entrée du monastère, etc. (16 avril 1632). — 12. Quittance par Pierre Aubert, fondeur de cloches à Bordeaux (26 juin 1641). — 15. Quittance par Michelle Dosque, veuve de Guillaume Cureau, maître peintre de Bordeaux, de 150 l. et une barrique de vin, dues aud. feu Cureau pour deux tableaux. Au dos : « Quittance de 150 l. [et] une barrique vin pour deux tableaux de st Maur et st Mommolin, au bas du chœur » (31 juillet 1648). — 16-17. Deux reçus par Aymond Estansan de sommes à valoir sur le prix du retable (3 mai 1665-février 1666). — 18. Entreprise par Jacques de Hergne, charpentier de haute fuste, domicilié paroisse St-Michel, de la charpente du bâtiment neuf du monastère, long de 170 pieds, et large de 35 pieds dans œuvre (1er août 1666). — 19. Contrat pour carreler l'église, notamment pour « pozer toutes les chenettes qu'il faudra pour la décoration du pavé et pour les tumbes » (13 juillet 1677). — 21. « Estat du bois qu'on a employé pour la charpante de nostre église » (15 mars 1680). — 22. Reçu de 11 livres, prix d'un bénitier de marbre pour Ste-Croix de Bordeaux (Caunes, 8 mai 1697). — 23. « Devis pour la boiserie de la sacristie »; armoires avec deux cadres à chaque tiroir, « aveq une pointe de diamen plaquée dans le milieu », etc. (s. d.). — 36. Paiement de frais faits à Macau, notamment pour « le radaux de mérain » (14 mars 1726). — 31-78. Pièces de comptabilité : compte d'un fournisseur de Macau pour pain à 9 s. la livre, bœuf à 10 s., poulets à 10 s. la paire; journées de manœuvre à 10 s., de menuisier à 25 s. (1725-1727). — 79. Contrat avec Éliot dit Camblanes pour les réparations reconnues nécessaires par les experts à l'église Ste-Croix, surtout dans les voûtes de la nef vers l'ouest, dans les voûtes du collatéral sud et de la « croizade » et à un « pilier buttant », qu'il faut reconstruire, du côté du cloître (6 décembre 1756).

H. 307. (Registre.) — 0ᵐ28 × 0ᵐ19, 64 feuillets papier.
(Armoire A, layette 8, liasse 4, pièce 1 de l'ancien classement.)

1584. — « Inventaire des titres et papiers que fr. Ramond Orlic, religieux réfectorier et scyndic de l'abbaye Sᵗᵉ-Croix, avoit laissé à Paris ez mains du sʳ Samson de Broca, secrétaire de la Chambre du Roy, en l'an 1584, retirés par fr. Jean Darnal, provincial d'Aquitaine et chambrier en ladicte abbaye, le 7 août 1608. »

H. 308. (Liasse.) — 3 cahiers de 72 feuillets papier, 2 pièces parchemin, 12 pièces papier. (Armoire A, layette 8, liasse 4, pièces 2-10 de l'ancien classement.)

1576-1754. — Archives de l'abbaye. — 8. Procès-verbal de la recherche des archives par Jean Duduc, conseiller au Parlement : mention de « l'original de la redotation du duc Guilhaume » et de « certain livre couvert de bois et de basane verte biffiée, de la grosseur d'un poulce, contenant pour la première pièce une coppie de la dotation faicte par le duc Guillaume » (1644). — 12. Monitoire enjoignant de dénoncer les détenteurs des terriers, lièves et autres titres de l'abbaye (2 mars 1640). — 15. Mandat à Jean Darnalt, syndic du monastère, de poursuivre le recouvrement des sommes dues pour la réparation des « lieux sainctz et réguliers, qui tombent visiblement et journellement en ruine », la réintégration des titres, etc. (18 juin 1612). — 16-17. Arrêt du Grand Conseil rendu à la requête de l'abbé et commettant le lieutenant général à l'inventaire des archives du monastère (30 mars 1754).

H. 309. (Liasse.) — 5 pièces parchemin, 12 pièces papier. (Armoire A, layette 8, liasse 5, — sauf les pièces cotées 6 — de l'ancien classement.)

1644-1656. — Archives de l'abbaye. — 1. Bref d'Urbain VIII concernant les détournements de titres, sommes de deniers, vases sacrés, etc., commis au préjudice du monastère, accompagné d'une traduction imprimée en placard (7 mai 1644). — 7. Requête du syndic de l'abbaye : les archives étaient jadis gardées dans le sanctuaire, sous trois clefs, dont l'une était remise à l'abbé, la seconde au prieur claustral, la troisième au syndic, « jusqu'au temps de Jules Salviati, abbé commendataire, italien de nation, qui les enleva dud. lieu par force et violence....., puis, après en avoir dissipé la meilleure et plus grande partie avec ses domestiques, aussi estrangers, à l'indiscrétion

desquelz il les abandonnoit, le reste desd. tiltres qui s'est sauvé d'un si mauvais mesnage est depuis tousjours demeuré entre les mains des seulz abbez commendataires, lesquelz en ont laissé pourrir une partie et perdre l'autre » ; le syndic demande qu'il soit loisible aux religieux de faire prendre des copies authentiques (12 mars 1644). — 8. Arrêt prescrivant de faire un inventaire des archives de l'abbaye (23 janvier 1646). — 10. Arrêt du Parlement ordonnant que la serrure des archives sera levée (5 février 1646). — 11. Arrêt du Parlement commettant le premier notaire royal sur ce requis à vidimer les copies que les religieux se proposent de faire faire de leurs titres en des registres de parchemin ou de papier (14 novembre 1647).

H. 310. (Registre.) — 0ᵐ25 × 0ᵐ19, 54 feuillets.
(Armoire A, layette 8, liasse 5, pièce 6 de l'ancien classement.)

1649-1650. — Inventaire des titres du monastère, groupés par localité. — Procès-verbal de la visite des archives, en une « chambre qui est voûtée de pierre, où il y a un petit chaufe-pied ».

H. 311. (Registre.) — 0ᵐ31 × 0ᵐ21, 64 feuillets papier (¹).
(Armoire A, layette 8, liasse 5, pièce 6 de l'ancien classement.)

1649-1650. — Inventaire des titres de l'abbaye, groupés par localité. — Mention de copies d'actes relatifs à l'île qui est devant Roque-de-Tau, baillée à fief, en mars 1596, à Malevergne et Isaudon (fol. 10).

H. 312. (Liasse.) — 5 cahiers de 91 feuillets papier, 2 pièces parchemin, 17 pièces papier. (Armoire A, layette 9, liasse 1 de l'ancien classement.)

1580-1739. — Réformations du monastère. — 2. Arrêt du Parlement à la suite d'une rixe entre religieux, ordonnant que l'abbaye sera réformée par l'Archevêque, assisté de trois réformateurs de l'ordre de sᵗ Benoît (10 décembre 1580). — 6. Union du monastère à la Congrégation des Exempts, à la suite de la présentation de la bulle qui exempte Sᵗᵉ-Croix de l'ordinaire (3 novembre 1584). — 8. Lettre de François Rolle, de la Congrégation des Exempts, aux religieux de Sᵗᵉ-Croix, pour la réformation de l'abbaye (1ᵉʳ avril 1583). — 10. Visite du monastère par Jean Darnal, chambrier de l'abbaye et provincial, et ordonnance consécutive à cette visite ; inventaire des ornements et

____

(¹) Les cinq premiers feuillets sont en partie rongés.

reliquaires; description de l'autel et du sépulcre de s' Mommolin, « de marbre, sousteneu de quatre piliers de mesme matière.»; visite de diverses chapelles; ordre de recouvrir l'église, « car en plusieurs endroits il y pleust au dedans au travers des voultes près le grand autel,.... resarcir les piliers », etc. (1608). — 11. Doléances du syndic des religieux au chapitre général de St-Benoist-sur-Loire : qu'on répare les nefs de l'église, surtout « celle qui est au-dessus les orgues et au-devant la chappelle Nostre-Dame, qui... est proche à tumber »; « il n'y a aulcune sacristie »; qu'on répare à St-Macaire les vitraux « et la voulte qui tombe et est toute ruynée »; etc. (1583). — 17. Envoi en possession de Georges de Laduguye, nommé prieur par l'Archevêque; opposition et appel des religieux (27 février 1584). — 19. Arrêt concernant la réunion des offices de l'abbaye à la mense commune (12 septembre 1590). — 24. Arrêt du Parlement interdisant d'admettre dans les monastères des Exempts des religieux qui n'aient pas fait leur noviciat chez les Pères réformés de St-Maur ou à Guîtres (placard imprimé; 6 septembre 1625).

H. 313. (Liasse.) — 2 pièces parchemin, 30 pièces papier.
(Armoire A, layette 9, liasse 2 de l'ancien classement.)

1516-1641. — Réformes du monastère. — 10. Concordat pour l'introduction de la réforme de St-Maur à Ste-Croix (2 juillet 1627). — 16. Prise de possession de Ste-Croix par D. Antoine Espinasse, nouveau prieur (7 août 1627). — 17. Sommation aux anciens religieux sur des difficultés relatives au partage des attributions (6 juin 1628).

H. 314. (Liasse.) — 1 cahier de 24 feuillets papier, 2 pièces parchemin, 11 pièces papier. (Armoire A, liasses 3 à 9 de l'ancien classement.)

1582-XVIIIe siècle. — Affaires diverses. — 10. Quittance d'une amende de 150 livres à laquelle les religieux ont été condamnés par arrêt du Grand Conseil du 3 août 1602, rendu « au proffit de frère François Rolle » (6 avril 1603). — 11. Confirmation par le cardinal de Sourdis de l'élection de Jean Darnal, comme visiteur des provinces d'Aquitaine et d'Orléans (14 septembre 1606). — 13. Procès-verbal, incomplet du commencement, des séances d'un chapitre général (1626 ?). — 14. Assemblée provinciale des Exempts, convoquée à La Grasse par D. Pierre de Gaufreteau, prieur de La Sauve, général de la Congrégation des Exempts en France (janvier 1649).

H. 315. (Registre.) — 0m20 × 0m15, 54 feuillets papier.
(Armoire A, layette 10, liasse 1, pièce 1 de l'ancien classement.)

XVe siècle. — Statuts du monastère.

H. 316. (Registre.) — 0m18 × 0m14, 59 feuillets papier.
(Armoire A, layette 10, liasse 1, pièce 1 de l'ancien classement.)

XVIe siècle. — Statuts de l'abbaye. — A la fin : « La mort n'y mord. »

H. 317. (Registre sans couverture.) — 0m33 × 0m21, 29 feuillets papier. (Armoire A, layette 10, liasse 1, pièce 1 de l'ancien classement.)

XVIIIe siècle. — Statuts de l'abbaye.

H. 318. (Liasse.) — 1 pièce parchemin, 1 cahier de 51 feuillets papier, 11 pièces papier. (Armoire A, layette 10, liasses 1 et 2 de l'ancien classement.)

1485-1645. — Rapports avec l'abbé. — 4. Arrêt fixant les charges auxquelles l'abbé est tenu envers les religieux (copie; 4 octobre 1521). — 6. Procédure entre l'abbé et les religieux; tableau des cours du blé en 1557-1562 (1560-1563).

H. 319. (Liasse.) — 2 cahiers de 104 feuillets papier, 1 pièce parchemin, 11 pièces papier. (Armoire A, layette 10, liasse 3 de l'ancien classement.)

1435-1705. — Rapports avec l'abbé.

H. 320. (Liasse.) — 1 cahier de 30 feuillets papier, 9 pièces parchemin, 16 pièces papier. (Armoire A, layette 10, liasse 4, pièces 3-17 de l'ancien classement.)

1586-1755. — Rapports avec l'abbé. — 1. Arrêt intéressant Antoine Journet, juge de la juridiction de Macau (18 février 1587). — 26. Requête pour les religieux : « L'esglize de lad. abbaye et lieux réguliers du monastère d'icelle sont en un estat déplorable et menaçant ruine, jusques là que la vouste (?) et le devant de la maistresse porte de l'esglize s'en va par terre » (23 avril 1632). — 28. Réponse des religieux à une requête de l'abbé : « Le revenu de lad. abbaye vault, quelle année que ce soit, huict-mil livres, toutes charges faictes, quelques fois dix et souvent douze » (17 juillet 1632). — 33. Révocation par Jacques Desaigues„ abbé de Ste-Croix, de la procuration par lui donnée à l'effet de résigner son abbaye, à cause de permutation, avec l'archevêque Henri de Sourdis, de l'abbaye de Cadouin (18 juin 1641).

H. 321. (Liasse.) — 4 cahiers de 73 feuillets papier, 3 pièces papier. (Armoire A, layette 10, liasse 4, pièces 18 à 28 de l'ancien classement.)

1619-1752. — Rapports avec l'abbé. — 2. Sentence arbitrale entre l'abbé et les religieux : « Faisant droit de la demande des religieux à ce que led. seigneur abbé soit condamné de leur payer la somme de 3,000 livres pour la construction des archives bâties dans l'intérieur du monastère en l'année 1700....., condamnons led. seigneur de leur payer ou tenir en compte la somme de 1,000 livres pour la construction desd. archives » (2 mai 1710).

H. 322. (Liasse.) — 15 pièces papier, 1 pièce parchemin. (Armoire A, layette 10, liasse 6 de l'ancien classement.)

1487-1670. — Rapports avec l'abbé; bénéfices et emplois divers. — 5. « États du revenu de l'abbaye de Ste-Croix et de ses charges pendant l'œconomat, 1645 »: affermes de la dîme de Macau, 1,270 l., de la dîme Du Taillan, 1,250 l., des agrières en blé de l'île de Macau, 350 l.; vente de vin, moyennant 39 à 54 l. le tonneau, et de blé moyennant 4 l. 12 s. le boisseau (1646). — 12. Réception de « Jean Dufaur, soldat estropié, pourveu de la place de religieux lay en lad. abbaye », au lieu de Jean Dabadie, écuyer, décédé (15 décembre 1650). — 14. Arrêt entre les religieux et Pierre de Lozeray, écuyer, vétéran, qui demande à occuper dans l'abbaye une place de religieux; mention de la dotation de l'abbaye « et sont les lectres de la dotacion datées de l'an mil xxvii » (9 février 1487, n. s.).

H. 323. (Liasse.) — 1 pièce parchemin, 1 cahier de 11 feuillets, 10 pièces papier. (Armoire A, layette 10, liasse 7 de l'ancien classement.)

1586-1695. — Rapports avec l'abbé. — 5. Vente par l'abbé des vins d'agrière de l'île de Macau pour trois récoltes, moyennant 39 l. le tonneau (19 juin 1638).

H. 324. (Liasse.) — 35 pièces papier. (Armoire A, layette 10, liasse 8 de l'ancien classement.)

1569-1685. — Rapports avec l'abbé. — 35. État du personnel de l'abbaye : 12 religieux, 1 vicaire perpétuel, 4 prébendiers, 1 portier et 1 « condonné », 1 jardinier, 1 « fornier » et son serviteur, 1 bouteiller, 1 cuisinier et son garçon, plus au moins 2 personnes pour laver la vaisselle, faire les lits et « purger les immondices » (s. d.).

H. 325. (Liasse.) — 1 cahier de 20 feuillets papier, 7 pièces papier. (Armoire A, layette 10, liasse 9 de l'ancien classement.)

1523-1685. — Rapports avec l'abbé.

H. 326. (Liasse.) — 9 pièces papier. (Armoire A, layette 11, liasse 1, pièce 1 de l'ancien classement.)

1595-1596. — Procès au sujet d'une maison sise rue Ste-Croix.

H. 327. (Liasse.) — 1 pièce parchemin, 19 pièces papier. (Armoire A, layette 11, liasse 1, pièces 3-18 de l'ancien classement.)

1526-1619. — Affaires diverses. — 6, 7 et 8. Ordonnance du cardinal de Sourdis homologuant le règlement des prébendiers, arrêté le 7 du même mois, par les prieurs et religieux; très joli cachet du cardinal : aux 1 et 4, parti de.., et de...; aux 2 et 3, de... à trois pals de...; à la bande de... brochant sur le tout. Texte dud. règlement (22 septembre 1613).

H. 328. (Liasse.) — 5 pièces parchemin, 11 pièces papier. (Armoire A, layette 11, liasses 2-5 de l'ancien classement.)

1164-1663. — Affaires diverses. — 2. Bulle pour Ste-Croix (copie authentique; 4 février 1164). — 3. Accord entre Pierre de Cam[i]ade, abbé, Jean Thomas, prieur claustral, Élie de Lagrave, prieur de Loupiac, et autres religieux de Ste-Croix, d'une part, et le vicaire perpétuel de St-Michel (copie notariée; 10 janvier 1350, n. s.).

H. 329. (Liasse.) — 1 cahier de 12 feuillets, 2 pièces parchemin, 11 pièces papier. (Armoire A, layette 11, liasses 1-3 de l'ancien classement.)

1313-1697. — Droits de l'abbaye à Cambes. — 1. Prise de possession par J. Hugues, nommé à la cure de Cambes, à la place de Jean de Lavialle, démissionnaire (19 juin 1649). — 2. Concession d'une indulgence plénière attachée à la visite de l'église de Cambes le jour de la fête patronale (14 septembre 1643). — 4. Augmentation de la pension au profit de Pierre de Bordenave, vicaire perpétuel à Cambes (copie notariée;

30 mai 1567). — 5. Nomination à la cure de Cambes,
vacante par le décès de Jacques de Hugues, d'Étienne
Saint-Sever, sur présentation faite le jour même (19 janvier 1697). — 9. Accord avec Jacques Hugues, docteur
en théologie, vicaire perpétuel de Cambes : l'abbaye
lui servira une portion congrue de 300 l., savoir 250 l.
en espèces, plus la maison prieurale et son enclos, les
novales sur les terrains défrichés après la présente
option, etc. (8 juillet 1687). — 12. Accord entre Garmond, prieur de Cambes, Raimond Panis, curé dud.
lieu, d'une part, et nobles Boson de Laroque et Jean,
son fils, d'autre part, au sujet des dîmes (copie; 23 juillet 1313). — 14. Enquête sur les pertes subies en 1585
du fait des gens de guerre et par suite de la contagion : le taux ordinaire de la dîme est de treize un ;
la contagion a surtout sévi aux villages de Gaudric
et de La Roquette, dont personne n'osait approcher
(20 février 1587).

H. 330. (Liasse.) — 4 pièces parchemin, 18 pièces papier.
(Armoire A, layette 12, liasse 4, pièces 1-4 bis de l'ancien classement.)

1384-1689. — Droits de l'abbaye à Cambes. —
9. Bail à ferme de la dîme de Cambes par Raimond, archevêque et collecteur apostolique, durant la vacance de
S''-Croix « per privacionem per nos seu officialem nostrum factam in personam Bernardi Salamonis », « causa
redimendi nobilem virum Ricardum Cradoc, scutife-
rum et subdeleguatum apostolicum causa cruciate,...
de captivitate hostium, ...intercedente... domino David
Cradoc, milite, patre ejusdem » (26 mai 1584).

H. 331. (Liasse.) — 8 pièces parchemin, 27 pièces papier.
(Armoire A, layette 12, liasse 4, pièces 5-10 de l'ancien classement.)

1600-1694. — Droits de l'abbaye à Cambes. —
22. Certificat sur ce que la dîme des lins et chanvres est
payée dans la paroisse de La Sauve, « comme des autres
bledz, de douze un, et dans celle d'Espiet de treize
un » (14 avril 1692). — 28. Arrêt condamnant des
propriétaires de Cambes à payer la dîme des lins et
chanvres sur le pied de treize un (24 février 1693).

H. 332. (Liasse.) — 2 cahiers de 41 feuillets, 12 pièces parchemin,
34 pièces papier. (Armoire A, layette 12, liasse 5 de l'ancien classement.)

1124-1734. — Droit de l'abbaye à S'-Caprais. —
1. Convention relative à la dîme de S'-Caprais (copie;
1124). — 2. Afferme de dîmes à Pierre Duvergier,
monnayeur pour le Roi à Bordeaux (12 juin 1571). —

26. Enquête : comparution de « Jehan Yzard, marchant, hostellier, habitant de la parroisse de Sainct-
Caprazy, Entre-deux-Mers » (octobre 1597). — 31.
Arpentement d'un tènement grevé d'une barrique de
vin, « qui a esté prisée pour la présente année 1635 à
13 l. 10 s. » (1635).

H. 333. (Liasse.) — 6 pièces parchemin, 43 pièces papier.
(Armoire A, layette 12, liasses 6 et 7 de l'ancien classement.)

1337-1770. — Droits de l'abbaye à S'-Caprais et à
Cambes. — 11. Compte pour Cambes : vente de
4 tonneaux vin blanc, à 24 écus et demi l'un; vente
de 29 tonneaux, 2 barriques de vin, 1,353 l.; vente de
raspe à 25 s. la barrique; ventes de vin à 66 l., 65 l. et
72 l.; journées de gardes, à 6 s.; etc. (1674). — 45.
États de novales dans la paroisse de Cambes (mai 1744).
— 46. Traité avec Mervy, notaire à Cambes, pour
la confection d'un nouveau terrier (30 mars 1765).

H. 334. (Liasse.) — 18 pièces parchemin, 14 pièces papier.
(Armoire A, layette 13, liasses 1 et 2 de l'ancien classement.)

1244-1697. — Droits de l'abbaye à Cambes. —
1. Arrêt du Parlement sur requête du syndic des
religieux de S'-Croix, exposant que « pour certaine
hayne particulière que frère Gaspard Fretes (?), prieur
de lad. abbeye, a conceue contre luy », led. prieur
refuse de le laisser sortir pour vaquer à ses affaires,
comme il y est autorisé par un précédent arrêt : le
Parlement confirme cette autorisation (23 août 1594).
— 2. Accord entre le vicaire général de l'abbé et le
vicaire fermier du vicaire perpétuel de Cambes, « pour
raison des oblations et offrandes que journellement se
donnent en la chappelle et hermitage dud. Cambes,
fondée par maistre Jacques Peron, seigneur de Fou-
lhoux » (3 avril 1537). — 14. Prise de possession du
prieuré de Cambes par le procureur de Jean alias
Charles Martin, religieux profès de la congrégation de
S'-Maur (13 août 1645). — 24. Reconnaissance en présence de « mossen Guilhem de Sent-Paul, prior de
Cambas » (3 juillet 1337). — 25. Vente, moyennant
4 l. 10 s. « de peit. e de bord. », d'une terre confrontant « a la bia per on hom ba a la teuleira de Cambas »
(13 mars 1244, n. s.).

H. 335. (Liasse.) — 11 pièces parchemin, 26 pièces papier.
(Armoire A, layette 13, liasses 3-6 de l'ancien classement.)

1285-1724. — Droits de l'abbaye à Cambes. —
6. Reconnaissance pour un bien dans la paroisse de

Cambes, « lieu appellé entiennement à Gironville et à présentz à la Petite Bory » (extrait ; 14 novembre 1635). — 5. Citation à exporler au profit de Jacques-Joseph de Gourgues, nommé évêque de Bazas, « seigneur de la maison de Gourgue, paroisse S‑Crapasy » (3 septembre 1689). — 9. Mention de la vente d'une vigne sise dans la paroisse de Cambes, « au puchs de Carquanac, en l'estatja de Fageta » (10 juillet 1322). — 22. Saisie, pour non-paiement de cens, du moulin de La Fayède, à la requête de l'abbé, contre Jacquette de Guilhoche, veuve de François de Lamothe, écuyer, seigneur de Cambes (23 août 1568). — 28. Reconnaissance par noble Gérard de Lamothe d'une dette de 69 livres de Bordeaux, le noble guiennois compté pour 25 sous (vidimus ; 8 avril 1365). — 29. Cession, par le monastère, de droits de seigneurie foncière (4 décembre 1285).

H. 336. (Cahier.) — 0ᵐ25 × 0ᵐ17, 37 feuillets papier.
(Armoire A, layette 13, liasse 7, pièce 12 de l'ancien classement.)

XVIIᵉ siècle. — Droits de l'abbaye à Cambes. « État des exporles et reconnoissances faites en faveur de dame Guione de Lamothe, dame de la maison noble de Cambes, retenu par Lacombe, notaire royal. »

H. 337. (Liasse.) — 1 pièce parchemin, 7 pièces papier.
(Armoire A, layette 13, liasses 8-10 de l'ancien classement.)

1447-1643. — Droits de l'abbaye à Cambes. — 1. Accord au sujet de biens mouvant « de Monseigneur le compte de Barrault, à cauze de sa tour et maison noble de Fargues et de lad. maison noble de la mothe de Cambes » (24 mai 1643).

H. 338. (Liasse.) — 23 pièces parchemin, 1 pièce papier.
(Armoire A, layette 14, liasses 1-7 de l'ancien classement.)

1276-1463 et 1693. — Droits de l'abbaye à Cambes. — 3. Reconnaissance pour « trenta et seys joalas de vinha » (15 juin 1463). — 6. Vente d'un cens de 5 s. 6 d. sur un bien confrontant « lo camin reyau d'entramas partidas e de l'un cap », moyennant 7 léopards d'or et quart, du coin de Bordeaux (20 novembre 1361). — 7. Bail à cens d'un bien confrontant à un fief d'Élie de Jonquières, damoiseau de la paroisse de S‑Germain-Du-Puch, « e lo camin comunau es per entramps caps » (27 mars 1368). — 8. Achat d'un manse en présence de Vital de Lasportes, prieur de Cambes (29 novembre 1284). — 10. Reconnaissance reçue par Bernard de Lataste, prieur claustral (19 mai 1343). — 22. Recon-

naissance de cens légués par Élie de Lagrave, prieur de Loupiac, pour entretenir durant la nuit une lampe « davant lo Crusiffic et davant lo cors sant de mossenhor sent Momolin » (14 mai 1371).

H. 339. (Registre.) — 0ᵐ24 × 0,17, 45 feuillets papier.
(Armoire A, layette 14, liasse 8 de l'ancien classement.)

1572. — Droits de l'abbaye à Cambes et dans les environs. Terrier en minute, incomplet. — En tête on a relié un mémoire du xviiᵉ siècle sur diverses affaires : « pour S‑Nicolas » (détails sur le prieuré de Soulac et l'abbaye de S‑Nicolas, l'envahissement des bâtiments par les sables, « quoy qu'ils fussent au milieu de la parroisse ou environ », le dégagement des édifices, « la mer après longues années s'estant reculée et les sables dissipés en partie », etc.), « pour le prieuré de S‑Aubin », « pour le moulin de S‑Croix », « pour S‑Croix-Du-Mont contre le sᵣ de Tastes ». — Terrier, formé de reconnaissances, dont certaines au profit de Mater Chertany, banquier et bourgeois de Bordeaux. — Reconnaissance pour un manse sis à Tabanac, lieu dit *à Palais* (fol. 40).

H. 340. (Registre.) — 0ᵐ26 × 0ᵐ18, 71 et 3 feuillets papier.
(Armoire A, layette 14, liasse 8 de l'ancien classement.)

XVIIᵉ siècle. — Droits de l'abbaye à Cambes et dans les environs. Liève. — Mention de biens tenus par François de Lamothe, seigneur de Cambes, « seur l'estey de Cambes, près la rivière, apellé à Gironville, autrement à La Thuileyre » (fol. 2) ; — de François de Lhommeau, sᵣ de la maison noble Du Solley (fol. 2) ; — d'Armand Gausem, « faiseur de monoye » (fol. 6 vᵒ) ; — « de 4 coups de pré » à Quinsac (fol. 7) ; — de « Jullien Rochereau, ymageur, demeurant à S‑Seurin » (fol. 9).

H. 341. (Registre.) — 0ᵐ25 × 0ᵐ18, 86 feuillets papier.
(Armoire A, layette 14, liasse 8 de l'ancien classement.)

XVIIᵉ siècle. — Droits de l'abbaye à Cambes et dans les environs. Liève. — Analyse d'une reconnaissance par Philibert Dalesme, écuyer, sᵣ de S‑Clemans du 26 février 1673 (fol. 3 vᵒ) ; — d'une reconnaissance de 1533-1534 pour le moulin de La Fayède (fol. 16) ; — pour un manse au lieu dit *à Brion* (fol. 17) ; — d'une reconnaissance de 1635 par Simon Bellouguet, « marchant, monnoyeur ès monnoyes de Bourdeaux » (fol. 50).

H. 342. (Registre.) — 0ᵐ26 × 0ᵐ18, 86 feuillets papier. (Armoire A, layette 14, liasse 8 de l'ancien classement.)

XVIIᵉ siècle. — Droits de l'abbaye à Cambes et dans les environs. Lière.

H. 343. (Cahier.) — 0ᵐ25 × 0ᵐ18, 44 feuillets papier. (Armoire A, layette 14, liasse 8 de l'ancien classement.)

1639-XVIIIᵉ siècle. — Droits de l'abbaye à Cambes et dans les environs. Lière. — Original d'un accord où est mentionné Jacques de Gourgues, prieur de Sᵗ-Georges-d'Oléron (7 janvier 1639; fol. 11).

H. 344. (Liasse.) — 2 cahiers de 34 feuillets, 9 pièces papier. (Armoire A, layette 15, liasse 1 de l'ancien classement.)

1582-1671. — Rapports avec l'abbé. — Décisions relatives au partage entre les abbés et les religieux.

H. 345. (Liasse.) — 1 petit registre de 8 feuillets, 1 pièce parchemin, 28 pièces papier. (Armoire A, layette 15, liasses 3-4 de l'ancien classement.)

1462-1704. — Droits de l'abbaye à Loupiac et dans les environs. — 2. Contrat entre Raimond Quessy, prieur de Loupiac, et Arnaud de Miramont, béarnais, charpentier de grosse fuste, pour la reconstruction de la maison prieurale de Loupiac (2 août 1462; copie). — 4. Énumération de terres sises à Loupiac, qui sont mentionnées dans un bail à ferme du 20 décembre 1531 : *aux Chrestians, a las Loupeyres, au Luc*, etc. (s. d.). — 28. Collation à Pierre de Roux de l'office de prieur claustral, vacant par le décès de Jean de Siorat, et prise de possession par procureur (copie authentique; 18 et 21 juillet 1559). — 29. Collation à Jean Dufau, du prieuré vacant par le décès de Jean Gros, et prise de possession par le titulaire (16 janvier 1593). — 30. Collation à Archambaud Christut, du prieuré vacant par suite de la résignation de Jean Dufaur (20 janvier 1625).

H. 346. (Liasse.) — 2 cahiers de 30 feuillets, 9 pièces parchemin, 38 pièces papier. (Armoire A, layette 15, liasses 5 et 6 de l'ancien classement.)

1240-XVIIIᵉ siècle. — Droits de l'abbaye en divers lieux. — 6. Testament de Fort de Brinhac : il cite « la festa de la circumcizion,... aperada la festa de capdan » ; il recommande sa femme Jeanne de La Capera à son beau-frère Guillaume Dubourdieu et prie celui-ci de la traiter comme sa mère (5 mai 1401). — 8. Requête

pour Françoise de Lestonnac, veuve de Jean Daulède, écuyer, sieur Du Cros (15 juillet 1613). — 31. Reconnaissance mentionnant « l'estey appellé l'Esteylin, qui fait séparation des paroisses de L'Ile Sᵗ-George et Beautyran » (21 août 1618). — 47. Reconnaissance au profit de Richard Pagan, prieur de Beautiran (25 avril 1436).

H. 347. (Liasse.) — 1 registre de 45 feuillets parchemin, 2 cahiers de 35 feuillets papier, 5 pièces parchemin, 16 pièces papier. (Armoire A, layette 15, liasses 7-9 de l'ancien classement.)

1443-1692. — Affaires diverses et droits à Sᵗ-Caprais. — 8. Reconnaissance à Gaspard de Dornezan, prieur de Sᵗᵉ-Croix (copie authentique; 20 février 1539, n. s.).

H. 348. (Liasse.) — 2 cahiers de 37 feuillets papier, 6 pièces parchemin, 2 pièces papier. (Armoire A, layette 15, liasses 9-10 de l'ancien classement.)

1404-1616. — Droits dans les graves de Bordeaux.

H. 349. (Liasse.) — 6 pièces parchemin, 23 pièces papier. (Armoire A, layette 16, liasses 1-4 de l'ancien classement.)

1342-1668. — Office de sous-prieur et droits de l'abbaye dans la rue du Peyrat. — 21. Reconnaissance pour une « maison, tour, cave, jardin et vigne », sis rue du Peyrat (18 juin 1577). — 29. Don de 1200 livres par Pierre Fauchier, marchand, et Marion Dupuy, sa femme, au monastère, en considération des bons soins donnés à leur fils Léonard, religieux de Sᵗᵉ-Croix, décédé, et « pour estre employé à la faction d'un retable » (Brantôme, 17 février 1663).

H. 350. (Liasse.) — 15 pièces parchemin, 2 pièces papier. (Armoire A, layette 16, liasse 5 de l'ancien classement.)

1391-1634. — Reconnaissances au profit de l'archidiacre de Cernès. — 7. Vente par Pierre Costau, prieur des Carmes, et les autres exécuteurs testamentaires de Marquise de La Porte, veuve de Gérard de La Mothe, chevalier, à Pierre Dubosc, archidiacre de Cernès (27 juin 1391). — 9. Reconnaissance par Pierre Du Chaylar, majeur de quatorze ans (18 janvier 1392, n. s.).

H. 351. (Liasse.) — 1 pièce parchemin, 22 pièces papier. (Armoire A, layette 16, liasses 7-8 de l'ancien classement.)

1532-XVIIᵉ siècle. — Droits de l'abbaye, rue Nérigean. — 4. Vente aux jurats d'une maison sise rue

Nérigean, « pour aysir et pour le service de l'hospital de la peste, et pour aberger et retirer les pauvres malades, quant sortiront guaris hors led. hospital de lad. peste, pour un temps, affin de éviter et obvier que lesd. malades n'aillent par la ville inficier le peuple » (7 mars 1532, n. s.).

H. 352. (Liasse.) — 1 cahier de 14 feuillets, 12 pièces parchemin, 11 pièces papier. (Armoire A, layette 16, liasses 9-10 de l'ancien classement.)

1381-1701. — Droits dans les rues de Nérigean et de la Fusterie. — 20. Vente d'une maison à Pierre Riquart. « E en apres lo Reverent Payre en Christ Moss. Amaneu, abat per la gracia de Diu deud. monastey de Sencta-Crotz de Bordeu..., agos feyt venir lod. Pey Riquart per davant sin e los agos requerut que lo pagues vendas e reyrevendas, lasquaus li eran degudas per causa de lad. venda, per la costuma de Bordales, so es assaber dos soudz e seys deneys per cascuna livra » (9 mai 1393).

H. 353. (Liasse.) — 18 pièces parchemin, 3 pièces papier. (Armoire A, layette 17, liasses 2-5 de l'ancien classement.)

1294-XVIᵉ siècle. — Droits en diverses localités. — 2. Reconnaissance par « Thomas Phelip, angles, » pour une maison confrontant à la femme « de Menaud de Brocars, servent d'armas qui fo » (31 décembre 1377). — 11. Vente à Arnaud Hélie, sous-prieur, agissant pour le monastère, de partie d'une vigne sise dans la paroisse de Tresses, confrontant au fief de Bertrand de Mérignac, damoiseau (29 août 1294). — 13. Sommation à exporler pour le bien appelé *le Cornau de Millac* autrement *Ratebōuc*, paroisse de Tresses (21 juillet 1557).

H. 354. (Liasse.) — 1 cahier de 12 feuillets papier, 14 pièces parchemin, 3 pièces papier. (Armoire A, layette 17, liasses 6-9 de l'ancien classement.)

1348-1700. — Droits en diverses localités. — 5. Reconnaissance en présence de Bernard de Ramade, curé de Langon, et Pierre de Mazères, curé de N.-D, de Fargues (31 mars 1402). — 13. Reconnaissance par Jean Duluc, « de Cestars », en son nom et au nom de son frère, pour une « estatga e hedifficis ab las mayssons qui son dedins e ab totz sos appertenamentz... ab homesc franc, segont los fors e las costumas de Bordales, e ab dos deners... a senhor mudant e per vi deners... que deu ajudar a paguar e a far lo menyar

que P. et Guilhem Deulaumenar deben e son tingut far audeit senhor abat a muda de senhor » (15 mai 1348.) — 14. Cession par Guil. Furt. de Berson, damoiseau, d'un cens de 4 livres sur un manse à Quinsac : il se porte garant du paiement et renonce à la coutume de Bordeaux interdisant « que cotz, messions, detardis o dampnatges que sian feitz, pres o ssuffert en fauta de portar guarentia sian rendutz » ; il renonce « a la franquesa de la bastida de Flaviacort e a totas autras bastidas » (19 octobre 1364).

H. 355. (Liasse.) — 10 pièces parchemin, 8 pièces papier. (Armoire A, layette 18, liasses 1-6 de l'ancien classement.)

1347-1662. — Droits à Macau et divers.

H. 356. (Liasse.) — 12 pièces parchemin, 13 pièces papier. (Armoire A, layette 18, liasse 7 de l'ancien classement.)

1436-1683. — Droits à Bordeaux et à Macau. — 3. Reconnaissance pour une terre et jardin, anciennement en vigne, sis *au Peyrat*, paroisse Stᵉ-Croix, « près les bourriers et murs de la présente ville » (copie authentique, 19 juillet 1614). — 20. Commandement d'avoir à payer des lods et ventes : « J'ay le tout attaché à sa porte avec un clou, suivant l'ordonnance, ayant trouvé sa porte fermée, après avoir adverty Mᵉ Gaillard Jahan, licentier ez lois, et Mᵉ Jean Muraillac, cy-devant procureur en la Chambre, ses proches voisins, quy n'ont vouleu signer le présent exploict » (4 septembre 1677).

H. 357. (Liasse.) — 10 pièces parchemin, 14 pièces papier. (Armoire A, layette 19, liasse 1 de l'ancien classement.)

1542-1649. — Nominations et droits des chambriers. — 15-16. Procès-verbal d'un extrait et extrait du livre des statuts, relatif au chambrier (25 février 1542, n. s.). — 22. Union par le chambrier de son bénéfice à la mense conventuelle (15 avril 1648). — 24. Plan des terrains attenant au mur nord de l'église (s. d.).

H. 358. (Liasse.) — 1 pièce parchemin, 29 pièces papier. (Armoire A, layette 19, liasse 2 de l'ancien classement.)

1460-1730. — Droits de dîme à Bassens. — 10. Bail à ferme d'un dixmon par « frère Jehan de Foyssac, de la maison noble Du Tier en Agennois et prieur de l'abbaye Saincte-Croix..., au nom et comme procureur de frère George de La Duguye, de la maison noble de Marcous, relligieulx et chambrier de ladicte abbaye » (1ᵉʳ mai 1572).

H. 359. (Liasse.) — 2 pièces parchemin, 34 pièces papier.
(Armoire A, layette 19, liasse 3 de l'ancien classement.)

1174-1750. — Droits à Blanquefort. — 1. Reconnaissance réciproque par Guillaume de Listrac, curé de Blanquefort, et par le monastère de S*-Croix, des droits de l'un et de l'autre sur la cure de Blanquefort. (17 février 1279, n. s.; vidimus de 1307, muni d'un sceau à une date plus récente). — 5. Sentence de deux délégués du Saint-Siège sur le droit de présentation à la cure de Blanquefort ([1174?]; extrait, en 1661, d'un « vieux cartullaire couvert de bazane verte, au feuilbet 31 »). — 15. Inventaire d'un procès relatif à la dîme de Blanquefort: mention de lettres d'ajournement obtenues contre Jacquette Andron, fille de Thomas, et Alexandre de S*-Gelais, écuyer, son mari, à l'effet de déclarer s'ils poursuivent le procès dud. Thomas Andron (xvi* siècle). — 16-18. « Escriptures par faitez contraires » pour François Fabri, curé de Blanquefort, mentionnant les moulins de Vinayolan, du Ga et de Cantheret, sur la Jalle. « Escriptures » analogues pour noble Thomas Andron, dit de Lanssac, qui déclare posséder « la maison assise en la ville de Bourdeaulx, nommée de Begey » et être « le chief et universal sucesseur desd. maison[s] de Andron, de Lanssac et Begey » ([1497]). — 23. Bail à ferme du prieuré de Blanquefort par le chancelier de S*-Croix et sentence de la Sénéchaussée condamnant le notaire à en délivrer un extrait; à la fin, scel aux contrats (3 juin 1583 et 25 juin 1586). — 24-32. Baux à ferme de droits à Blanquefort par les chambriers successifs: Pierre Pynet (17 juin 1603), Jean Darnal (13 juin 1608-2 juin 1621), Guillaume Caros (17 juillet 1622) (1603-1622). — 36. Vente d'une maison à Arn.-Guil. de Levinhag, chambrier de S*-Croix (5 avril 1273).

H. 360. (Liasse.) — 2 cahiers de 22 feuillets papier, 5 pièces parchemin, 19 pièces papier. (Armoire A, layette 19, liasses 5-7 de l'ancien classement.)

1556-1788. — Droits à Blanquefort. — 12. Enquête sur les dîmes de Blanquefort; déposition d'un témoin: « Les seigneurs de Lanssac et Mirambeau ont toujours prins les dixmes qui sont en lad. parroisse appellé la grand dixme,.... et ce prend icelle grand dixme devers le bourg dud. Blanquefort, tirant du port de Taralade aud. Tailhan, que autrement l'on nomme la confrairie Du Braug » (8 novembre 1581).

H. 361. (Liasse.) — 1 cahier de 18 feuillets, 11 pièces papier.
(Armoire A, layette 19, liasses 8-9 de l'ancien classement.)

1627-1765. — Droits à Blanquefort. — 5. Arrêt d'évocation exposant les parentés entre les religieuses de l'Annonciade et les membres du parlement de Bordeaux (7 septembre 1660). — 8. Transaction relative ment à la dîme de Blanquefort entre le prieur de S*-Croix, dame Bouchair, supérieure de l'Annonciade, et Isabeau de Phelip, agissant pour M. Phelip, vicaire perpétuel dud. Blanquefort (10 septembre 1661).

H. 362. (Liasse.) — 1 cahier de 17 feuillets, 22 pièces parchemin, 9 pièces papier. (Armoire A, layette 19, liasse 10, pièces 1-5 de l'ancien classement.)

1506-1554. — Droits à Sadirac.

H. 363. (Liasse.) — 1 cahier de 11 feuillets, 5 pièces parchemin, 27 pièces papier. (Armoire A, layette 19, liasse 10, pièces 6-10 de l'ancien classement.)

1603-1693. — Droits à Sadirac. — 18. Bail à ferme par Edorado Potier, curé de Sadirac, des dîmes appartenant à sad. cure, moyennant 1,000 livres par an (4 février 1609).

H. 364. (Liasse.) — 31 pièces parchemin. (Armoire A, layette 19, liasse 11 de l'ancien classement.)

1403-1434. — Reconnaissances au profit de Jean, puis de Pierre Colom Du Mirail, citoyens et bourgeois de Bordeaux, pour des prés sis dans la palu, *a Tastassa*, confrontant à « la Jala velha », à « la Jala corrent », au « bosc de Begueyrau »; etc.

H. 365. (Cahier.) — 0^m25 × 0^m18, 46 feuillets papier. (Armoire A, layette 20, liasse 2 de l'ancien classement.)

1695-1696. — Piquettement d'un tènement dans la palu de Bordeaux, en présence des parties et sur discussion de leurs titres. — Mandat d'expertise à Antoine Leblond de Latour, peintre, et à Labat, arpenteur royal juré, pour faire la *figure* des lieux et les mesurer (septembre 1695; fol. 1 v°-3). — Mention d'un bail à fief consenti par les jurats en faveur de Conrad Gaussens, en 1599 (fol. 3 v°); — d'une « quarte généralle du... dessèchement, faitte de l'année 1639 par M. Mathieu Bouchey, fameux ingéniur » (fol. 14 v°). — Requête d'Ant. Leblond de Latour, peintre ordinaire du Roi, tendant à ce que les parties consignent un supplément de provision, et ordonnance conforme (fol. 21 v°).

H. 366. (Liasse.) — 11 pièces parchemin, 12 pièces papier. (Armoire A, layette 20, liasses 2 et 3 de l'ancien classement.)

1443-XVIII° siècle. — Droits notamment dans la palu de Bordeaux, lieu dit *a la Tastassa*. — 13. Reconnaissance par un paroissien « de l'egleisa de Sent-Vincent de Mérinhac en Medoc » (20 janvier 1498, n. s.). — 14-21. Reconnaissances par divers habitants de Blanquefort, Eysines et Le Taillan, toutes localités sises « en Medouc » (8 décembre 1445).

H. 367. (Liasse.) — 1 cahier de 13 feuillets papier, 1 pièce parchemin, 48 pièces papier. (Armoire A, layette 20, liasse 4, pièces 11-14 de l'ancien classement.)

1524-1684. — Procès relatifs à la Tastasse.

H. 368. (Liasse.) — 10 pièces parchemin, 3 pièces papier. (Armoire A, layette 20, liasses 5 et 6 de l'ancien classement.)

1303-1606. — Droits à Bordeaux. — 1. Sentence arbitrale du chapitre de S¹⁰-Croix entre le chambrier et le sous-prieur : il avait été fait des actes de procédure devant les maire et jurats, quand les religieux firent observer aux parties « que no ere causa honesta, decenta ny convenabla » d'attribuer la connaissance du litige à une juridiction avant de l'avoir soumis au prieur claustral, vicaire général de l'abbé commendataire (17 octobre 1496). — 2. Reconnaissance pour une maison sise sur « la place de la Chambrerie », confrontant à la route qui conduit au moulin de S¹⁰-Croix, etc. (14 septembre 1583). — 5. Sentence arbitrale entre le chambrier de S¹⁰-Croix et Gérard Bertrand, curé de Cameyrac, fixant les obligations réciproques de l'un et de l'autre (20 février 1303, n. s.). — 6. Reconnaissance par Jeanne de Lalande, femme de « Ramon Guassias, home de Moss. Bernard de Laffont, cavoy, » avec l'assentiment de son mari, pour le cinquième d'un « estatge, terra, cortiu, casau, cauler », etc., « ab totz sons appertenementz entegramentz de paduentz e d'autras causas, » « plus tot lo desfrach » appartenant à lad. Jeanne sur les biens de Guillaume de Lalande, prêtre, son oncle, moyennant 25 d., dont 2 et demi « per rason deud. desfrach »; témoin : Gaucem, curé de Cameyrac (29 janvier 1376, n. s.). — 12. Reconnaissance par Olivier Maubrun et Henri, son fils, maçons, de la paroisse S¹-Michel, pour partie d'une

maison dans la grand'rue S¹⁰-Croix (copie authentique; 29 mai 1528).

H. 369. (Liasse.) — 2 cahiers de 61 feuillets papier, 12 pièces parchemin, 4 pièces papier. (Armoire A, layette 20, liasses 7-10 de l'ancien classement.)

1296-1619. — Droits dans Bordeaux. — 3. Reconnaissance en présence de Gérard de Poudenx, prieur de S¹-Loubès (3 août 1425). — 6. Procès-verbal d'enquête; déposition de Pierre Morpain, qui a travaillé sur les lieux contentieux, « il y peust avoyr heu trente-sept ans ou environ et avant la grand contagion » (1616). — 7. Déguerpissement de maisons sises près du cimetière de S¹⁰-Croix (13 janvier 1296, n. s.). — 9. Bail à fief d'un emplacement sis dans la sauveté de S¹⁰-Croix, « de la grant arua deu Port davant entro au ssou de las gualeas detras » (25 septembre 1307).

H. 370. (Liasse.) — 2 cahiers de 28 feuillets papier, 4 pièces parchemin, 15 pièces papier. (Armoire A, layette 20, liasse 11 de l'ancien classement.)

1566-1607. — Droits dans Bordeaux, rue du Port. — 9. Descente sur les lieux : mention d'une grande pierre plantée dans le cimetière, « que ledict Pinet a dit estre appellée la sauvetat » (18 juin 1601).

H. 371. (Liasse.) — 4 pièces parchemin, 17 pièces papier. (Armoire A, layette 21, liasses 1-2 de l'ancien classement.)

1584-1667. — Titres pour le chantre. — 7. Arrêt du Parlement maintenant Jean Darnal en la possession de la chantrerie (4 juillet 1607). — 9. Arrêt du Parlement ordonnant que Jean Darnal jouira de la prébende simple dont il a été pourvu à S¹⁰-Croix (17 juin 1595).

H. 372. (Liasse.) — 6 pièces parchemin, 24 pièces papier. (Armoire A, layette 21, liasses 4-5 de l'ancien classement.)

1292-1723. — Droits en divers lieux. — 23. Requête pour le monastère contre les bénéficiers de S¹-Michel, lesquels ont « battu et excédé deux religieux » : « Le vicaire perpétuel dudict Sainct-Michel, accompaigné de plusieurs desd. bénefficiers et de deux cens séditieux pour le moins, de la lye du peuple..., sont venus dans l'église dud. Saincte-Croix et crié publiquement dans icelle qu'il falloit exterminer tous ces religieux et que c'estoient des Judas et des juifz » (7 septembre 1646). — 25. Requête présentée au nom des habitants de Lamarque par Fr.-Étienne de Brassier, conseiller au Parlement, seigneur de Saussac, Puyos,

Beychevelle et Lamarque, tendant à utiliser les ruines de l'ancienne église de Lamarque pour agrandir la nouvelle (5 juillet 1723). — 29. Vente par Raimond Arnal, de Carignan, « ab autrey de na Marian, sa molher, » d'un cens sur une terre sise à Lignan, contenant « 1 sadon de doas verssànas »; « e l'avant deita na Maria... a combent e promes, » etc. (10 février 1292, n. s.).

H. 373. (Liasse.) — 2 cahiers de 28 feuillets, 7 pièces parchemin, 18 pièces papier. (Armoire A, layette 21, liasse 7 de l'ancien classement.)

1321-1751. — Droits à Lamarque. — 1. Bail à ferme du prieuré de Lamarque par l'abbé de Ste-Croix et par Bernard Guasc, prieur du prieuré susdit, « Petro Trobati, canonico Engolismensi et advocàto in curia venerabilis officialis Burdegalensis » (11 juin 1321). — 2. Bail à cens en présence de Raimond Maurin, vicaire de Lamarque (copie authentique; 18 janvier 1377, n. s.). — 7. Convention avec le chapitre de St-André de Bordeaux et le curé de Lamarque pour la levée de la dîme dans cette dernière paroisse (29 mars 1639).

H. 374. (Cahier.) — 0^m25 × 0^m19, 26 feuillets papier. (Armoire A, layette 21, liasse 7, pièce 11 de l'ancien classement.)

1746-1747. — Terrier pour Lamarque. — Reconnaissance par Pierre-François de Bergeron, chevalier de St Louis, « capitainne commandant des troupes garde-côte de la capitainerie de Lamarque » (1er septembre 1747; fol. 10 v°).

H. 375. (Liasse.) — 6 pièces parchemin, 5 pièces papier. (Armoire A, layette 21, liasse 10 — sauf la pièce 2 — de l'ancien classement.)

1312-1693. — Droits à Lamarque. — 6. Vente à l'abbaye de la seigneurie foncière sur un immeuble sis dans la paroisse de Quinsac, *au Clausel de Laboubena,* confrontant à un bien d'Élie de Laboubène, damoiseau, et à un fief de Gérard de Lamothe, également damoiseau (29 août 1312). — 7. Reconnaissance pour un pré sis dans la paroisse de Lamarque et confrontant au « prat de la confrayria d'Arsins » (21 février 1455, n. s.).

H. 376. (Registre.) — 0^m30 × 0^m20, 23 feuillets papier. (Armoire A, layette 21, liasse 10, pièce 2 de l'ancien classement.)

1639. — Lyève pour le prieuré de Lamarque. «Extraict par moy, soub-prieur et syndic du monastère Ste-Croix de Bourdeaux, à la requeste de Mr Lanne, curé dud. lieu....; F. Ange Compain, soub-prieur et syndic susd. » (fol. 1). — Table des lieux dits: *Aux Perssins* ou *Prat Negre, Au Prat Negre* ou *Langlet, à La Hourcade, à La Curade, Fereyras, Forcade, Meyra,* etc. (fol. 23).

H. 377. (Liasse.) — 1 cahier de 20 feuillets papier, 6 pièces parchemin, 14 pièces papier. (Armoire A, layette 21, liasses 12-14 de l'ancien classement.)

1235-1690. — Droits en divers lieux. — 1. Charte du prince de Galles: on a mis en sa main les biens de feu Arnaud de Camparrian, « par deffaute de hoir »; « ja soit que de raison et coustume de païs de Bourdelois chescun seigneur de fieux doit avoir ce qui moet de li »; le prince enjoint de rendre à l'abbaye les biens dud. Arnaud qui relevaient d'elle (Angoulême, 15 janvier 1370, n. s.). — 2. Reconnaissance par Gaillard Rey, prieur de l'hôpital de Camparrian (14 février 1388, n. s.). — 8. Rétrocession à dame Cécile de Pontac, prieure perpétuelle des Bénédictines, d'un bien concédé à vie, le 12 août 1647, par la précédente prieure, Françoise de Pichon (7 août 1662). — 20 et 21. Vente par divers à Guillaume Seguy, hôtelier de Ste-Croix, de terres sises à Lignan, que l'acquéreur remet au vendeur « fevaumens » et à charge de paiement de cens (4 mai 1235).

H. 378. (Liasse.) — 1 cahier de 47 feuillets papier, 3 pièces parchemin, 8 pièces papier (Armoire A, layette 22, liasse 1 de l'ancien classement.)

XIIe siècle-1670. — Titres pour l'infirmier. — 10. Lyève pour l'infirmier: analyse d'une reconnaissance du 5 juin 1595 par Anne de Gay, dame d'Eyran, Nexon et Crochac, veuve de Joseph Deymar, président au Parlement (fol. 21 v°); etc. (XVIIe siècle). — 11. Procuration *ad resignandum* l'office d'infirmier, établie au profit de Jean Roux de Campaignac, prieur de Ste-Croix, et installation du nouveau titulaire par le même (copie authentique; 2 février 1563, n. s. et 9 avril 1564).

H. 379. (Liasse.) — 2 cahiers de 31 feuillets, 7 pièces parchemin, 22 pièces papier. (Armoire A, layette 22, liasses 3-4 de l'ancien classement.)

1319-1677. — Droits à Bègles. — 14. Vente par les « commissaires subdellégués et depputés pour procéder à la vente et alliénation de partie du temporel et revenu des ecclésiasticques du diocèze de Bourdeaulx » (10 avril 1587).

H. 380. (Liasse.) — 4 pièces parchemin, 55 pièces papier. (Armoire A, layette 22, liasses 5-6 de l'ancien classement.)

1311-1694. — Droits à Bègles. — 47. Bail à cens d'une terre dans la paroisse de Bègles, lieu dit *à La Falha*, confrontant à « la tornadora deus homes de Becla » (15 mai 1369). — 58. Décision du bureau du Domaine, visant une concession de la terre de Bègles faite par Jean d'Angleterre à Élie Vigier, citoyen de Bordeaux, en date du 20 juin, an 5ᵉ du règne dud. roi Jean ; un hommage rendu le 26 juin 1509 pour la maison noble de Colomb par noble Louis de Macanan, marié à Pélegrine de Garos, etc. (4 septembre 1665).

H. 381. (Cahier.) — 0ᵐ44 × 0ᵐ29, 27 feuillets papier. (Armoire A, layette 22, liasse 7, pièce 2 de l'ancien classement.)

1661-1662. — Droits à Bègles. Fragments d'un terrier.

H. 382. (Liasse.) — 1 cahier de 12 feuillets, 31 pièces papier. (Armoire A, layette 22, liasses 8-9 de l'ancien classement.)

1602-1724. — Droits à Bègles et à Sᵗ-Médard d'Eyrans. — 13. Arrêt du Conseil : les positions visent une requête de Nicolas de Ségur, seigneur de Bègles, Francs, La Tour et autres lieux, président à mortier au parlement de Bordeaux, et « un titre de l'année 1205, par lequel Jean, roy d'Angleterre, duc de Guyenne, avoit donné et concédé à Élie Vigier, auteur du suppliant, la terre de Bègle » (imprimé : 25 avril 1724). — 31. Bail à cens d'un « trens de terre labourable, aubarède et boys *seu* sègue, contenant douze journaulx de beufz ou envyron » (7 juillet 1522).

H. 383. (Liasse.) — 19 pièces parchemin, 2 pièces papier. (Armoire A, layette 23, liasses 1-3 de l'ancien classement.)

1328-1652. — Droits dans les graves de Bordeaux et dans la paroisse Sᵗ-Michel. — 4. Ensaisinement d'une vigne sise dans les Graves, *au Branar*, confrontant à « la tua cominau apperada de la Postis, qui va vert lo bordiu de Arnaud Arrostanh » et au « camin cominau romiu de Sent-Jacme » (23 février 1426, n. s.). — 5. Procédure pour André Judè, écuyer, sʳ de Rocheran (28 septembre 1652).

H. 384. (Liasse.) — 26 pièces papier. (Armoire A, layette 23, liasse 4, pièces 2-3 de l'ancien classement.)

1609-1642. — Procès contre les bénéficiers de Sᵗᵉ-Eulalie, au sujet d'une vigne sise dans les graves de Bordeaux, *au Sendey*.

H. 385. (Liasse.) — 4 pièces parchemin, 33 pièces papier. (Armoire A, layette 23, liasses 5-7 de l'ancien classement.)

1492-1741. — Droits dans les graves de Bordeaux.

H. 386. (Liasse.) — 1 cahier de 13 feuilles, 15 pièces parchemin, 2 pièces papier. (Armoire A, layette 23, liasses 8-10 de l'ancien classement.)

1301-1520. — Droits en divers lieux. — 16. Bail à cens d'une vigne sise dans la paroisse de Floirac, *au Puchs de Messan*, confrontant à un fief de « la confrairia preveiriu de Lormont ». (10 février 1308, n. s.).

H. 387. (Liasse.) — 1 cahier de 23 feuillets, 16 pièces parchemin, 11 pièces papier. (Armoire A, layette 24, liasse 1 de l'ancien classement.)

1289-1655. — Titres pour le pitancier. — 18. Certificat du sous-prieur concernant la non-résidence de Michel Margon et Guillaume Carros, « prétandus titulaires de la pitancerie » ; frère Arnaud Paty, religieux profés, pourvu canoniquement, a résidé, « sauf depuys le seiziesme novembre 1607, que frère Jehan Darnal, lors provincial, collaudant et favorisant led. Carros, son nepveu, prétandu pitancier, l'auroit mis dehors, jusques au 14ᵐᵉ d'avril 1608, que led. Darnal a permis le retour aud. de Paty », après avoir fait renoncer led. Paty à ce bénéfice (22 juin 1609). — 19. Arrêt du Parlement entre Arnaud Paty, l'abbé Pierre d'Ornano, Jean Darnal, Michel Margeon et Guillaume Carros, maintenant led. Paty en la possession de l'office de pitancier (25 juin 1610).

H. 388. (Liasse.) — 11 pièces parchemin. (Armoire A, layette 24, liasse 2 de l'ancien classement.)

1296-1416. — Titres pour le pitancier. — 8. Reconnaissance par la femme de Géraud Jordan, parcheminier (22 février 1366, n. s.).

H. 389. (Liasse.) — 14 pièces parchemin. (Armoire A,
layette 24, liasses 4 et 6 de l'ancien classement.)

1318-1584. — Droits en divers lieux. — 7. Reconnaissance pour des biens à Soussan, dont une vigne confrontant à celle d'Eyquem Berlan (¹) et « au bessaniu comunau » (1ᵉʳ juin 1398, n. s.). — 8. Reconnaissance pour des biens sis dans la paroisse de Soussan, dont un *a la Galiana* (janvier 1415, n. s.).

H. 390. (Liasse.) — 11 pièces parchemin, 4 pièces papier.
(Armoire A, layette 24, liasses 9-10 de l'ancien classement.)

1293-1737. — Droits en divers lieux. — 8. Investiture par Doynot Du Salhant, sous-prieur (26 mars 1504). — 15. Ordonnance de l'official pour la recherche des héritiers d'un tenancier décédé (4 novembre 1293).

H. 391. (Liasse.) — 15 pièces parchemin. (Armoire A,
layette 24, liasses 11-13 de l'ancien classement.)

1310-1482. — Droits à Bordeaux et dans la banlieue. — 3. Diminution de cens pour un emplacement à *Audeyola* ou *Cantarana* : « Lod. feu era anat a ruyna de tot en tot et a desert, et es en loc estremey et quays campestre » (1ᵉʳ avril 1443). — 8. Conflit avec la tenancière d'une maison de la rue Androne, qui n'acquitte pas les cens depuis plus de quatre ans, « tant que losdeytz cens eus gatges degutz per arradon deusdeytz cens no pagatz a jorns certans, so es assaber v s. de cascun jorn, montessan plus que la deyta maysons no vale ». : la tenancière déguerpit (10 avril 1310). — 15. Reconnaissance pour un bien sis *au Putz d'Alhan*, confrontant à des propriétés de deux *dauradeys* (25 mai 1413).

H. 392. (Liasse.) — 14 pièces parchemin. (Armoire A,
layette 25, liasse 1 de l'ancien classement.)

1329-1441. — Droits dans la rue d'Arnaud Ayon, *alias* des Bouviers.

H. 393. (Liasse.) — 26 pièces parchemin. (Armoire A,
layette 25, liasse 2 de l'ancien classement.)

1337-1482. — Droits dans la rue des Bouviers. — 2-3. Reconnaissance par « Guilhem Nota, angles, demorant... pres deu portau de la Grava » (1ᵉʳ février

---

(¹) Il existe tout un groupe de reconnaissances qui mentionnent parmi les confronts des biens de la famille Berian et qui portent au dos deux cotes : celle de Sᵗᵉ-Croix et celle de l'Archevêché.

1437, n. s.). — 6. Reconnaissance par Florence Faure, veuve de Guil. Nota, anglais, « hereteira universau deud. son marit qui fo, meyansan la personá de Gautey Nota, son filh et filh qui fo et heretey deud. Gᵐ Nota » (19 août 1443). — 11. Reconnaissance en présence de « los nobles homes Ayquard de Las Cortz, borgues de la vila de Sent-Mélion, et Johan de la Mota de Cambas, donzetz » (4 octobre 1446). — 21. Reconnaissance en présence de Pierre de Mazères, curé de N.-D. de Fargues, au diocèse de Bazas (29 août 1404). — 25. Déguerpissement d'un emplacement et d'un appentis par les tenanciers, parce que led. appentis est en partie tombé, en partie sur le point de tomber et les tenanciers sont trop pauvres pour le réparer (7 février 1428, n. s.)

H. 394. (Liasse.) — 11 pièces parchemin. (Armoire A, layette 25,
liasses 3-4 de l'ancien classement.)

1337-1503 — Droits dans la rue des Bouviers.

H. 395. (Liasse.) — 4 cahiers de 58 feuillets papier, 6 pièces parchemin, 18 pièces papier. (Armoire A, layette 25, liasse 5 de
l'ancien classement.)

1311-1785. — Droits en divers lieux. — 10. Enquête concernant la possession d'un terrain ; déposition d'un témoin : « Peult avoyr vingt-trois ou vingt-quatre ans et deulx ans avant la contagion de l'an mil cinq cens quatre-vingtz cinq... » (juillet 1606). — 16. Reconnaissance pour une maison confrontant à celle de « Guilhem Nota, angles, apperat Manssuart » ; témoins : Antoine Canis, Barthelémy Centot, damoiseaux (18 octobre 1435). — 17. Reconnaissance pour un emplacement confrontant à « l'ostau de Bern. de Las Comas, arrosiney » (28 mai 1414).

H. 396. (Cahier.) — 0ᵐ29 × 0ᵐ22, 22 feuillets papier. (Armoire A,
layette 25, liasse 6, pièce 1 de l'ancien classement.)

XVIIIᵉ siècle. — « Notice, plan et explication de tous les fiefs de M. l'Abbé et religieux de l'abbaye Sᵗᵉ-Croix en rue des Boyers et des Vignes ». — « Plan des rues des Vignes et des Boyers, levé par D. A. M., en 1735 ». — Notice sur le percement de la rue des Bouviers par Arnaud Ayon, en 1250 (fol. 3).

H. 397. (Liasse.) — 26 pièces parchemin, 3 pièces papier.
(Armoire A, layette 25, liasse 6 de l'ancien classement.)

1283-XVIIIᵉ siècle. — Droits à Bordeaux et dans la banlieue. — 8. Assignation de cens ; témoin : « 'n

Arnaut Guilhem, monges Senta-Croys, prier de la Ysla en Guarner » (4 septembre 1300). — 14. Reconnaissance passée en présence de « Bernardo de Ramata, perssona seu rectore ecclesie de Lengonio » (24 janvier 1399, n. s.). — 16. Cession par Raimond de Puch-Mouton au pitancier des droits de seigneurie foncière sur un bien que lui-même tenait dud. pitancier; celui-ci percevra dorénavant les redevances qui appartenaient à Raimond de Puch-Mouton (7 novembre 1290). — 22. Vente à « Arnaud Bardenac, arrossiney, demorant en l'arrua Paymentada » (30 juin 1372). — 27. Reconnaissance par Jean de Lombardie, fournier, pour une terre et une aubarède sises au pont de Lados (2 août 1395).

H. 398. (Liasse.) — 20 pièces parchemin. (Armoire A, layette 25, liasse 7 de l'ancien classement.)

1323-1487. — Droits dans les Graves, à St-Vincent. — 4. Ensaisinement de l'acquéreur d'une aubarède confrontant à celle qui a appartenu à « Johan de Lombardia, forney » (30 mars 1417). — 16. Reconnaissance pour une aubarède confrontant « a l'estey de l'aubareda deu mestre de l'obra de Sant-Miqueu » (17 janvier 1487, n. s.). — 18. Vente d'une aunaie sise à St-Vincent-de-Lados, confrontant « a l'estey naturau qui ben de la front de Sent-Vinceniz » (15 février 1350, n. s.).

H. 399. (Liasse.) — 1 cahier de 36 feuillets, 15 pièces parchemin, 3 pièces papier. (Armoire A, layette 25, liasse 8 de l'ancien classement.)

1285-XVIIe siècle. — Droits en divers lieux. — 1. Reconnaissance pour un « bordiu ab la mola, ab los jardins, » sis à Lodors, paroisse de Bègles, près du ruisseau qui vient du moulin d'Ars (4 mars 1289, n. s.). — 13. Bail a fief d'une terre sise sous l'église St-Vincent de Lados, près de « la rueta cominau per hon hom ba aus jardrins que li home deu Miralh tenen » (7 octobre 1342).

H. 400. (Liasse.) — 12 pièces parchemin, 3 pièces papier. (Armoire A, layette 25, liasses 9-10 de l'ancien classement.)

1293-XVIIIe siècle. — Droits au marché et en divers lieux. — 2. Reconnaissance pour un bien qui touche à « la terra de la dona n'Alemana, molher qui fo'n Arostanh Deu Soler » (13 avril 1293). — 3. Reconnaissance en présence d'Hugues Dante, prieur de St-Macaire, et de Michel de St-Jean, bayle de Macau

(7 décembre 1338). — 4. « Fondation d'une capperanie jointe et unie à l'office de pitancier de Ste-Croix, par Guillem de St-Peyre, laquelle il avoit auparavant fondée à St-Michel, à laquelle il donne huit bans au marquat où se vend les harens et les herbages » (document à peu près effacé; 5 avril 1347). — 6. Reconnaissance pour des bancs au Marché, sur lesquels le tenancier est tenu de « metre capetz sobre colomas de fusta e tener capperat dessus de post o de teula » (4 avril 1386). — 8. Bail à fief de 8 emplacements, mesurant trois pieds et demi sur six, pour construire huit « bancs o tauleys », « en lo morquat de Bordeu, en la breutaria velha, a l'entrant (?) de la rua de las Eyras, so es assaber aqui ont se vent lo harenc vermelh » (21 juillet 1398). — 10. Bail à fief d'un emplacement « per metre e paussar oyt bancs... au marquat de Bordeu, aqui on se ben lo farench bermelh » (19 mars 1373, n. s.). — 12. Vente de « dos bancs peyssoners... qui son en la mayson de la breutaria on hom ven lo farenc au marquat » (3 septembre 1334).

H. 401. (Liasse.) — 21 pièces parchemin, 1 pièce papier. (Armoire A, layette 26, liasse 1 de l'ancien classement.)

1277-1700. — Droits dans les Graves, au Pont Du Guit. — 1. Vente d'une coupe de bois par Bernard-Joseph de Mulet, seigneur de Caizac, capitaine de cavalerie, à Jean Barthélemy, maître constructeur de navires (1er août 1700). — 7. Bail à fief en présence de « P. de La Boyseda, prestre, P. de Sescars, donzet, demorantz eudeit moster Santa-Crotz » (15 mars 1358, n. s.). — 20. Reconnaissance par Marie Ayquem, veuve de Richard de Fenhas (16 mars 1456, n. s.).

H. 402. (Liasse.) — 8 pièces parchemin, 1 pièce papier. (Armoire A, layette 26, liasse 2 de l'ancien classement.)

1301-1689. — Droits dans les Graves. — 2. Ensaisinement par Pierre Defferalahes, prieur claustral (5 mai 1483). — 9. Accord avec Marguerite de Chaillon, prieure, et les autres religieuses Bénédictines de Bordeaux (27 avril 1689).

H. 403. (Liasse.) — 33 pièces parchemin, 3 pièces papier. (Armoire A, layette 26, liasse 3 de l'ancien classement.)

1288-1761. — Droits dans les Graves. — 7. Conversion de deux alleux en censives grevées de 10 s. de cens au profit du pitancier, moyennant 12 l. par lui données; témoin : « P. de Las Acguas, prier de l'espi-

tau de Bardenac » (19 juin 1288). — 9. Reconnaissance
à Henri, évêque de Bazas, administrateur de l'abbaye,
en présence de Gaillard Roux, prieur claustral (13 juillet 1436). — 12. Reconnaissance en présence de Vital
Arnal, prieur claustral (8 mars 1413, n. s.). — 19. Reconnaissance en présence de « Johanne Darroquey,
scissore pannorum » (6 décembre 1396). — 24. Reconnaissance en présence de « Gassias de Labia, prestre,
rector de las gleysas de Lengon et de Castet en Dorta »
(16 mars 1446, n. s.). — 32. Ensaisinement par Pierre
de Feranhes, prieur claustral, vicaire général de l'abbé
Pierre, cardinal de Foix (7 août 1483). — 34. Vente
par Guillaume de Saubinhan, curé de Croignon (12 janvier 1344, n. s.).

H. 404. (Liasse.) — 27 pièces parchemin.
(Armoire A, layette 26, liasses 4-5 de l'ancien classement.)

1277-1680. — Droits dans les Graves. — 3. Ensaisinement par Bernard Delataste, prieur claustral
(13 décembre 1344). — 13. Bail « ad fazanduram »
pour neuf ans d'une vigne sise à Ayguedrom (31 décembre 1389). — 16. Ensaisinement par « Galhard
Ros, monge et prior de claustra et vicari generau a
causa de la seya abbaciau vacant » (18 mai 1448).

H. 405. (Liasse.) — 2 cahiers de 24 feuillets papier, 16 pièces par-
chemin, 9 pièces papier. (Armoire A, layette 26, liasses 6-7 de
l'ancien classement.)

1241-1752. — Droits en divers lieux. — 13. Reconnaissance par André Depaty, écuyer, seigneur de
Mainevieil, domicilié à Bordeaux, rue de Lalande
(25 octobre 1734). — 26. Constitution d'un cens de
6 s. au profit du sous-prieur, moyennant une somme
une fois donnée de 105 s. (novembre 1241).

H. 406. (Liasse.) — 18 pièces parchemin.
(Armoire A, layette 27, liasses 1-3 de l'ancien classement.)

1235-1484. — Droits en divers lieux. — 2. Reconnaissance pour un bien confrontant à celui de « Pey de
Fausacama, parropiant de Sent-Martin de Cadilhac »
(15 octobre 1483). — 7. Vente de « l'agreiza » per-
çue sur une terre « entreu corssur e la tasta » (6 février
1235, n. s.). — 11-13. Reconnaissances pour *Carbonius*, dans la paroisse de Villenave (18 avril 1358-juillet
1479). — 14-15. Bail à fief à Amanieu de Budos,
damoiseau, d'un bien sis dans la paroisse de Villenave, confrontant à « l'estey deu molin de Correyan »

(3 avril 1422). — 17. Reconnaissance pour une terre
sise dans la paroisse de Villenave, « au cornau de
Vilanava, au casau d'Arruan » (8 janvier 1400, n. s.).

H. 407. (Liasse.) — 6 pièces parchemin, 1 pièce papier.
(Armoire A, layette 27, liasse 4 de l'ancien classement.)

1282-1711. — Droits en divers lieux. — 3. Vente
d'une seigneurie foncière : à la suite est une ordonnance de l'official excommuniant le vendeur pour le
cas où il ne garantirait pas la possession à l'acquéreur
(27 mars 1370). — 5. Vente de terres sises à Villeneuve,
contenant l'une « XII arregas... de doas bessanas de
lonc », l'autre « XII arregas... de III bessanas de lonc »
(1er janvier 1345, n. s.).

H. 408. (Liasse.) — 10 pièces parchemin.
(Armoire A, layette 28 de l'ancien classement.)

1292-1543. — Droits en divers lieux. — 2. Reconnaissance en présence de Nicolas de Frenoys, paroissien de Tabanac (30 novembre 1396). — 3. Nomination
d'un curateur par l'official (15 juillet 1356). — 8. Reconnaissance que passent « Fortz Pepin », de Soussan,
et Mayensse, femme de P. Boges, pour des tenures
importantes à Soussan (1er juin 1292).

H. 409. (Liasse.) — 18 pièces parchemin.
(Armoire B, layette 1 de l'ancien classement.)

1245-1443. — Droits en divers lieux. — 9. Reconnaissance pour une « estatga » sise dans la paroisse de
Floirac, a *Martoret*, et mesurant 16 pas sur 44 (6 avril
1294). — 13. Bail à cens par P. Guiscart de Ste-Croix
d'un bois et de trois terres sises à Sadirac ; clauses en
vue du déguerpissement : si le tenancier abandonne
l'une des quatre censives, il devra 10 livres et les
autres censives tomberont en commise ; le preneur
devra, de la tuile qui sera faite dans l'une des terres,
« l'onzen dener, totz costz treitz, deu loguer deus omes
qui faren la teula e de busca, si la comprava » (24 juin
1245). — 14. Acte reçu par l'official contenant l'engagement pris par Bernard Seguy, curé de Sadirac,
envers le pitancier de Ste-Croix de lui céder sept sous de
cens annuels indiqués dans la charte (27 février 1282,
n. s.). — 15. Echange par le cellerier de Ste-Croix avec
« la confrairia preveirau de Carinhan e de Linhan » ; le
cellerier met en possession de droits de seigneurie foncière « en P. de Terme, prestre, adoncs comps de
ladeita confrairia preveirau, en P. Sans, caperans de

Linhan, en W. Deu Puchs, preveire, en Ramon de La Palu, prestre, en Aramon-W. de Senac, cavoir, en Gaucem de Lopa, en P. Gaphilh, clerc, en Ayquem de Labat, adoncs cofraires de ladeita cofraira preveirau eus cofraires de la medissa confrairia » (23 août 1272).

H. 410. (Liasse.) — 11 pièces parchemin, 3 pièces papier.
(Armoire B, layette 2, liasse 1 de l'ancien classement.)

1248-1574. — Droits en divers lieux. — 2. Accord avec Raimond de La Ferreira, chevalier (14 avril 1248). — 6. Vente d'une vigne sise à Nayrac; le vendeur renonce, entre autres, « a tota excepcion de una causa feita e autra escriuta » (6 mai 1312). — 7. Accord conclu en présence de Jean de La Cau, prieur (3 mars 1284, n. s.).

H. 411. (Liasse.) — 13 pièces parchemin.
(Armoire B, layette 2, liasse 2 de l'ancien classement.)

1281-1487. — Droits en divers lieux. — 2. Brouillon d'un vidimus au dos d'une charte de 1291 (22 janvier 1298, n. s.). — 11. Lettre de l'official au prévôt de la banlieue de Bordeaux : à la suite de monitoires invitant les emphytéotes d'un manse sis à Tresses à se faire connaître, aucune déclaration n'ayant été faite, l'official a prononcé le commise au profit du pitancier de Ste-Croix; il prie le prévôt d'envoyer led. pitancier en possession (18 juillet 1437).

H. 412. (Liasse.) — 10 pièces parchemin.
(Armoire B, liasse 3 de l'ancien classement.)

1288-1461. — Droits à Tresses. — 1. Accord entre le pitancier, d'une part, Guil. de Lamothe, de Tresses, et ses neveux, de l'autre : le monastère prétendait à la seigneurie foncière de trois terres, « e lodeitz W. de Lamota dide que lodeitz Aramon Costantin e lodeitz sos fraire lo deven de guarir deus avant deitz abat, convent e pitanser los avantdeitz tres trens de terra » (20 novembre 1290). — 6. Reconnaissance pour une vigne sise dans la paroisse de Tresses, a la Motha (18 mai 1452). — 8. Reconnaissance en présence de Raimon Garmon, prieur de Cambes (13 janvier 1309, n. s.). — 9. Acquisition par le pitancier d'un cens de 5 s. sur un bien sis à Tresses: « Ave feit aquesta compra deus deners que la dona na Peirona d'Arroquer, maire ' n Arostanh d'Arroquer, sor menoreta, ave dat e leyssat audeit moster Senta-Crois ops de comprar v sols d'arrenda per far cascun an son anniversari »

(17 avril 1288). — 10. Ensaisinement de « Johan Beulaygua, angles, draper, bordes de Bordeu, » pour un bien à lui vendu et confrontant « lo ffeu de Betalha » (25 août 1325).

H. 413. (Liasse.) — 15 pièces parchemin, 3 pièces papier.
(Armoire B, layette 2, liasses 4-7 de l'ancien classement.

1307-1670. — Droits en divers lieux.

H. 414. (Liasse.) — 3 pièces parchemin, 8 pièces papier.
(Armoire B, layette 3, liasse 1; pièces 1-5 de l'ancien classement.)

1382-1651. — Titres pour le poissonnier. — 8. Don par l'abbé à Guillaume de Queyron, poissonnier, d'un cens de 30 livres; fragment du sceau de l'abbaye (17 juin 1382).

H. 415. (Registre.) — 0^m27 × 0^m18, 56 feuillets parchemin.
(Armoire B, layette 3, liasse 1, pièce 6 de l'ancien classement.)

1407. — « Asso es lo rolle que jo, Helyas Jordan, monge e sotz-priu deu monestey de Sancta-Crotz de Bordeu, ey feyt treyre deus ffebateys noetz que tenen de la peyssonaria. » — Dû pour un manse à Baurech, « dos deneys d'esporle e dos soudz de cens e 1 humanatge » (fol. 2); — par « Isabe de Sent-Santforin, dona de Landiras » (fol. 4); — par « Johana Deu Bosc, molher de mestre Pey Deu Puyau, aboquat, procurayre de la vila » (fol. 10); — pour une maison « au Putz de Sancta-Gema » (fol. 11); — par « Mestre Johan Macip, aboquat, demoran en la carreyra Sent-Pey, cum qui ba vert porta Deus Paus » (fol. 16); — par Bernard Andrieu, neveu de Pierre Andrieu, prieur de Soulac (fol. 28); — par « Johana de La Palu,... sor... de l'espitau Sent-Andriu » (fol. 32 v°); — pour des immeubles sis « a rua de Pomeys aperada deus Truans (fol. 34); — par Bernart de Seyssan « paubre de Diu », pour une maison sise « costat de la torrata qui es en ladeyta rua » (fol. 34 v°); — pour un immeuble sis rue Ste-Catherine, lequel « fo deu mestre de la corona » (fol. 35 v°); — pour la moitié d'un manse: 1 d. d'esporle, 3 d. de cens « e plus la maylat de 1 homenatge » (fol. 40); — pour une vigne « a La Barranquina, au loc aperat a la palu de Ludedon, au poder de Aguassac » (fol. 44 v°); — par « Olquot Broera, angles, capitayne de La Trau » (fol. 46). — « Asso son los decs deu deymar de Carinhan, que es de la peyssonaria » (fol. 54).

H. 416. (Liasse.) — 2 pièces parchemin, 13 pièces papier, 1 cahier de 14 feuillets. (Armoire B, layette 3, liasse 1, pièces 7-12 de l'ancien classement.)

XV

XV°-XVIII° siècles. — Droits divers. — 1. Transaction entre le procureur de l'abbé et les religieux et ratification par led. abbé, François de Molé, « demeurant en l'hostel de Monseigneur le Garde des sceaux, son père » (15 février-25 septembre 1655). — 9. Vente d'un revenu de 30 boisseaux de blé sur le moulin de Peyrelongue par les délégués du S'-Siège commis à l'aliénation de partie du temporel des églises, au profit de Richard de Pichon, conseiller du Roi et receveur général du taillon en Guienne (juillet 1578), — 13. Mémoire signé Giraud, ingénieur géographe, « sur le partage des eaux qui viennent du moulin de Peyrelongue », dont le quart doit se rendre au moulin de Francs et dont les trois quarts doivent passer d'abord au moulin de Pigueyrau (sic) et de là au moulin de S'°-Croix; avec dessin (2 septembre 1767).

H. 417. (Liasse.) — 9 pièces papier, 1 pièce parchemin, 1 cahier de 12 feuillets parchemin, 1 cahier de 12 feuillets, papier. (Armoire B, layette 3, liasse 2 de l'ancien classement.)

1544-1681. — Procès contre la famille Destignols au sujet des tènements de Colignan et Labenar. — 1. Arrêt du Présidial contre Marguerite de Pontac, veuve de J.-J. Destignols, conseiller au Parlement et seigneur de la maison noble Du Tilhic (sic), au sujet des tenanciers de Colignan et de Labenar, visant un acte d'affranchissement de questalité, de janvier 1423 (copie; 31 août 1635). — 2. Arrêt du Parlement confirmant la sentence du Présidial, nommant parmi les parties Isaac Dupoy, écuyer, sieur de La Lucque, tuteur des enfants de J.-J. Destignols, et visant le « contract d'afranchissemant de questallité pour le tènemant de Lavenar, du huictiesme janvier mil quatre cens vingt-trois » (copie; 6 janvier 1638). — 3. Accord avec la veuve de J.-J. Destignols : on lui reconnaît la seigneurie foncière des tènements contestés; elle s'engage à racheter au profit de l'abbaye divers droits aliénés en 1578 (4 avril 1640), — 12. Vente par l'abbé à Georges Bouhart, bourgeois et marchand de Bordeaux, de moitié de la maison noble et du moulin Du Tilh, paroisse de S'-Médard-en-Jales (30 octobre 1544).

H. 418. (Liasse.) — 14 pièces parchemin, 1 pièce papier. (Armoire B, layette 3, liasse 3 de l'ancien classement.)

1337-1417. — Droits dans Bordeaux, rue Permentade et du Port. — 8. Reconnaissance par Arnaud de Beautiran, clerc, fils de feu Vidal de Beautiran, clerc (5 octobre 1341).

H. 419. (Liasse.) — 12 pièces parchemin, 8 pièces papier. (Armoire B, layette 3, liasse 4 de l'ancien classement.)

1330-1675. — Droits à Bordeaux et dans les environs. — 14. Reconnaissance en présence de Pierre de Mazères, curé de N.-D. de Fargues, au diocèse de Bazas (26 octobre 1402). — 16. Bail à fief d'une maison : les précédents tenanciers la laissant tomber, sans en payer le cens, l'abbaye les ayait cités devant le sous-maire (21 janvier 1414, n. s.). — 19. Ensaisinement de l'acquéreur d'un emplacement sis « davant l'obra neva de la... gleysa Sent-Miqueu » (27 décembre 1357). — 20. Reconnaissance pour une maison sise « davant l'obra nebade... Sent-Miqueu » et confrontant du midi à la rue Carpenteyre (2 avril 1425).

H. 420. (Liasse.) — 12 pièces parchemin, 2 pièces papier. (Armoire B, layette 3, liasse 5 de l'ancien classement.)

1418-XVIII° siècle. — Droits dans Bordeaux. — 4. Reconnaissance pour une maison sise rue du Mirail : dans une reconnaissance passée le 16 février 1386, n. s., le tenancier « no fos punt estrent que no poscos acasar ni sotz acasar » et il a, depuis « mes et assignat en sotz-acasament en et sobre lodeyt hostau et yssida au prior et frayres deus Carmes » 40 s. de rente; S'°-Croix proteste contre cette cession à un établissement de main-morte; il fait « levar los tiules et las portas, ayssi cum es acostumat en tau cas »; on s'accorde : S'°-Croix rachète la rente moyennant 45 l. et rend la maison aux premiers tenanciers moyennant lesd. 2 s. de cens et 40 s. de rente (3 mars 1418, n. s.).

H. 421. (Liasse.) — 16 pièces parchemin. (Armoire B, layette 3, liasses 7-10 de l'ancien classement.)

1297-1482. — Droits à Bordeaux et en divers lieux. — 14. Sommation à l'usufruitière des biens d'un notaire décédé de payer le cens dû pour un manse et une vigne sis à S'-Caprais; elle répond qu'elle n'a rien tiré de ces immeubles « per causa de la guerra e [esterili-]tat deu temps » et elle déguerpit (16 mai 1385). — 16. Acte concernant le sous-acensement d'un manse, consenti par Pierre de Tastes à Bernard de La Tresne, poissonnier de l'abbaye, moyennant 100 s., les devoirs dont ce manse est grevé envers le ou les seigneurs fonciers, « ab i den. de creysenssa d'esporle e ab i den. de creisenssá de cens » (4 février 1297, n. s.).

H. 422. (Liasse.) — 11 pièces parchemin, 1 pièce papier. (Armoire B, layette 4, liasses 1-3 de l'ancien classement.)

1290-1420. — Droits dans Bordeaux et la banlieue. — 2. Échange de divers droits notamment sur des vignes sises « en las... gravas de la gleyza de Lodors,... au planter de Carbonius »; énumération des officiers de l'abbaye (2 avril 1292). — 3. Bail à fief par les officiers et les moines de l'abbaye, lesquels sont nommés dans l'acte (15 avril 1368). — 8. Mention de deux services dont un doit être célébré le jour de « la festa sent Fort de may » (1378).

H. 423. (Liasse.) — 10 pièces parchemin, 6 pièces papier. (Armoire B, layette 4, liasse 4 de l'ancien classement.)

1353-1738. — Droits à Bordeaux et en divers lieux. — 4. Reconnaissance pour une maison et chai achetés de Raimond de Cassanet, damoiseau, fils d'autre Raimond de Cassanet, damoiseau (14 juin 1399). — 12. Ensaisinement à la suite d'échange consenti par Pierre de St-Symphorien, dit de Landiras, chevalier, seigneur pour partie de L'Isle-St-Georges (copie; 12 juin 1371).

H. 424. (Liasse.) — 11 pièces parchemin, 8 pièces papier. (Armoire B, layette 4, liasses 5-7 de l'ancien classement.)

1331-1693. — Droits dans Bordeaux. — 9. Bail à fief d'une maison: partie du cens servira « a ops e per ops de tenir una lampe que arga de nuytz e de jorns davant lo cors de Jesu-Crist, darrey lo gran autar » (16 décembre 1331).

H. 425. (Liasse.) — 12 pièces parchemin, 3 pièces papier. (Armoire B, layette 4, liasses 8-9 de l'ancien classement.)

1376-1667. — Droits à Bordeaux et dans la banlieue. — 9. Vente en présence de P. Andrieu, prieur de Soulac (16 novembre 1404).

H. 426. (Liasse.) — 5 pièces parchemin. (Armoire B, layette 4, liasse 10 de l'ancien classement.)

1337-1480. — Droits à Bordeaux et dans la banlieue. — 3. Retrait lignager (18 septembre 1480).

H. 427. (Liasse.) — 24 pièces parchemin. (Armoire B, layette 4, liasse 11 de l'ancien classement.)

1294-1487. — Droits à Bordeaux et dans la banlieue. — 1. Reconnaissance visant une procuration de l'abbé de Ste-Croix, donnée « Londonis, die secunda menssis maii anno Domini millesimo ccc°lxxx° primo » (4 juillet 1381). — 2. Reconnaissance par « Helias Bogre, mestre d'escola de enfans, parropiant de Sent-Miqueu » (21 octobre 1418). — 15. Reconnaissance en présence de Pierre de Montausier, prieur de Soulac, et Arnaud Thomas, prieur de Sadirac (5 juin 1388).

H. 428. (Liasse.) — 23 pièces parchemin, 4 pièces papier. (Armoire B, layette 5, liasses 1-2 de l'ancien classement.)

1376-1694. — Droits dans les Graves de Bordeaux. — 18. Bail à cens, après déguerpissement, de deux vignes sises « au loc apperat a la Boau, davant lo grant portau Senta-Crotz » (9 mars 1376, n. s.). — 27. Reconnaissance en présence de Bertrand de La Sale, prieur de Cayac (copie; 27 novembre 1483).

H. 429. (Liasse.) — 5 pièces parchemin, 7 pièces papier. (Armoire B, layette 5, liasse 3 de l'ancien classement.)

1369-XVIIe siècle. — Droits dans les Graves de Bordeaux.

H. 430. (Liasse.) — 20 pièces parchemin, 6 pièces papier. (Armoire B, layette 5, liasse 4 de l'ancien classement.)

1291-XVIIe siècle. — Droits dans les Graves de Bordeaux. — 1. Reconnaissance pour une vigne confrontant à un fief de Gaillard Colom; mention de P. Delmas, garde et gouverneur de la ville de Bordeaux (21 juin 1291). — 12. Reconnaissance, étant témoin « Guilhermo Liardi, lathomo, parrochiano Sancte-Eulalie Burdegalensis » (25 juillet 1431). — 21. Reconnaissance au profit de demoiselle Françoise de Roustaing, veuve de Millan Thion, écuyer, sieur Du Bousquet en Périgord, dame de la maison noble d'Esquivans, en Graves de Bordeaux, et fille de Louis de Roustaing (2 octobre 1613). — 26. Reconnaissance au profit de noble Louis de Thion, seigneur de la maison noble de la tour de Rostaing, paroisse de Talence (14 juin 1644).

H. 431. (Liasse.) — 3 pièces parchemin, 3 pièces papier. (Armoire B, layette 5, liasse 6 de l'ancien classement.)

1397-XVIIe siècle. — Droits à Léognan, en Terre Gasque. — 3. Bail à fief d'une lande et bois « ont sole aver estatge et mayne antigament » (2 novembre 1431).

H. 432. (Liasse.) — 2 cahiers de 38 feuillets parchemin, 1 cahier de 10 feuillets papier, 28 pièces papier. (Armoire B, layette 6, liasse 1 de l'ancien classement.)

1534-1695. — Droits dans les paroisses Ste-Croix et de Bègles et dans la palu des Chartrons. — 21. Aliénation de rentes en vertu de l'édit de mai 1563 (11 décembre 1565). — 25. Arrêt contre Marie de Faure, veuve de noble Jean de Ségur, seigneur de Francs (1er avril 1662).

H. 433. (Liasse.) — 19 pièces parchemin, 5 pièces papier. (Armoire B, layette 6, liasses 2-3 de l'ancien classement.)

1354-1611. — Droits dans la paroisse de Bègles. — 3. Reconnaissance pour une terre contiguë « a l'Aygua Borda », en présence de Guillaume Ays, damoiseau de Fronsac, et d'Amauvin d'Artiguemale, damoiseau (17 février 1372, n. s.). — 6. Reconnaissance entre les mains d'un vicaire général de l'abbaye, *sede vacante*, pour un bien dans la paroisse de Bègles, près du ruisseau du moulin d'Ars (25 juillet 1384). — 22. Ensaisinement par Clément Molle, curé de Caudrot, procureur général de l'abbé de Ste-Croix (copie authentique; 7 novembre 1534).

H. 434. (Liasse.) — 24 pièces parchemin, 30 pièces papier. (Armoire B, layette 6, liasses 4-5 de l'ancien classement.)

1293-1552. — Droits dans les paroisses de Bègles et Du Taillan. — 4. Reconnaissance pour un jardin sis dans la paroisse Du Taillan, près du Moulin de Mouguey et de « l'aygua apperada la Jala » (30 avril 1366). — 23. Reconnaissance pour une vigne sise dans la paroisse Du Taillan, « au loc apperat a la cappera de St-Martin » (4 décembre 1451).

H. 435. (Liasse.) — 24 pièces parchemin, 6 pièces papier. (Armoire B, layette 6, liasses 6 et 8 de l'ancien classement.)

1292-1765. — Droits en divers lieux. — 8. Reconnaissance par un paroissien de Bruges, en présence de Bernard de La Taste, prieur claustral; le tenancier se reconnaît, pour les biens énoncés dans l'acte, « homo questau, tant en cors quant en bens, deudeyt mostier » (13 janvier 1337, n. s.). — 13. Reconnaissance pour un bien dans la paroisse de Bègles, a Benauyas (30 novembre 1451). — 14. Procuration par Amanieu, abbé de Ste-Croix, à Pierre de Montausier, prieur de Soulac (20 mars 1385, n. s.).

H. 436. (Liasse.) — 1 cahier de 10 feuillets papier, 18 pièces parchemin, 10 pièces papier. (Armoire B, layette 7, liasses 1-2 de l'ancien classement.)

1337-1649. — Droits à Ludon, à Macau et dans Bordeaux. — 2. Reçu par Guaray de Montrigaud, archidiacre de St-André et receveur des décimes du diocèse (novembre 1577). — 10. Adjudication à Sébastien Villateau, apothicaire, de seigneuries directes appartenant à l'abbaye dans la paroisse de Ludon (8 novembre 1577). — 14. Investiture par Vital Arnal, prieur claustral, fondé de pouvoir de l'abbé Pierre Andrieu (28 décembre 1414). — 28. Reconnaissance pour des biens sis « en la parropia de Sent-Martin de Ludadon, en lo poder et senhoria d'Agassas, au loc apperat a La Barrequina » (18 janvier 1396, n. s.).

H. 437. (Liasse.) — 8 pièces parchemin, 4 pièces papier. (Armoire B, layette 7, liasses 3-10, moins la liasse 6, de l'ancien classement.)

1414-XVIIIe siècle. — Droits à Ludon et à Mérignac.

H. 438. (Liasse.) — 3 cahiers de 75 feuillets papier, 1 pièce parchemin, 70 pièces papier. (Armoire B, layette 7, liasse 6 de l'ancien classement.)

XVIIe-XVIIIe siècles. — Droits à Ludon : lièves et notes. — 2. « Extraict d'exporles pour Ludon en faveur du poissonnier » : mention de noble Menjon de Gannavere, bayle d'Agassac, à la date du 13 janvier 1495, n. s. (fol. 3); de Menjon de Ganavurra, bayle de Ludon, le 13 novembre 1502 (fol. 5); d'une terre sise au lieu dit *a la Via Pelouza* (fol. 23) (XVIIe siècle).

H. 439. (Liasse.) — 18 pièces parchemin, 1 pièce papier. (Armoire B, layette 8, liasse 1 de l'ancien classement.)

1293-XVIIe siècle. — Droits à Cenon. — 7. Bail à cens en présence de Gérard d'Origne, poissonnier, Bernard de La Taste, prieur claustral, G. de Laporte, chambrier (1er mars 1339, n. s.). — 10. Reconnaissance en présence d'Amanieu de Duox, damoiseau (1er juillet 1442). — 12. Bail à cens d'une vigne, en présence d'Arnaud de La Tresne, damoiseau (27 février 1306, n. s.). — 17. Vente au poissonnier de Ste-Croix de la huitième partie indivise d'un manse (6 janvier 1296, n. s.).

H. 440. (Liasse.) — 16 pièces parchemin. (Armoire B, layette 6, liasse 2 de l'ancien classement.)

1273-1517. — Droits à St-Loubès et à Cenon. — 1. Mention du règne de Richard, « Anglie rege, herede et gubernatore regni Francie dominoque Aquitanie et Hibernie » (6 avril 1421). — 6. Reconnaissance pour une vigne sise dans la paroisse de Cenon *a Cabirac*, confrontant « lo feu de Mon^r lo Captau » et un ruisseau (24 août 1430). — 8. Reconnaissance par « Pey Macanam », marchand et bourgeois de Bordeaux, étant présent « Arnaldo Maçanam, presbytero, rectore ecclesie de Brugiis » (21 janvier 1435, n. s.). — 11. Reconnaissance pour une « estatge, ab las vinhas qui son dedens, ab lo fossat qui es tot a l'entorn » (15 avril 1420). — 15. Reconnaissance pour un manse sis à Cenon, *a Nigravar*, confrontant au fief de noble Bertrand de Noaillan, chevalier (19 octobre 1365).

H. 441. (Liasse.) — 17 pièces parchemin. (Armoire B, layette 6, liasses 3-4 de l'ancien classement.)

1295-1451. — Droits à Cenon et en divers autres lieux. — 1. Bail à fief par « Nobles de Puhs-W., daudetz », du consentement de Bertrand, son neveu, de droits indivis sur des vignes abandonnées sises dans la paroisse de Cenon, dont l'une au lieu dit « au feu de la Tor » ; mention de Guillaume-Raimond de Gensac, damoiseau (14 avril 1304). — 9-11. Baux « ad fazenduras » de vignes sises à Cenon, moyennant le quart des fruits (février 1373, n. s.). — 14. Reconnaissance pour divers biens dans la paroisse de Martillac, notamment une maison, « ab lo cortiu qui es davant e ab lo forn qui es de part detras » (22 mai 1393). — 15. Reconnaissance par Catherine Seguin, veuve d'Arnaud Du Puch, damoiseau, laquelle doit, entre autres, « dos homenatges que lad. Katarina Seguin... deu far cascun an aud. peyssoncy deud. mostey » (1er décembre 1425).

H. 442. (Liasse.) — 15 pièces parchemin, 2 pièces papier. (Armoire B, layette 6, liasses 5-6 de l'ancien classement.)

1294-1644. — Droits à Floirac, à Cadillac et en divers lieux. — 2 et 4. Monitoires des officiaux de Bordeaux et de Bazas contre les personnes qui ont pris des titres ou des biens de Sainte-Croix (1644).

H. 443. (Liasse.) — 3 cahiers de 66 feuillets papier, 1 pièce parchemin, 11 pièces papier. (Armoire B, layette 9, liasse 2 de l'ancien classement.)

1597-1692. — Droits de dîme dans la banlieue de Bordeaux.

H. 444. (Liasse.) — 1 pièce parchemin, 11 pièces papier. (Armoire B, layette 9, liasses 6-10 de l'ancien classement.)

1584-XVIIIe siècle. — Droits de dîme à Gaillan et dans la banlieue de Bordeaux. — 6. Bail à ferme de droits de dîme à Gaillan au profit de Jeandet Lalanne, maître peintre à Bordeaux (15 mai 1646).

H. 445. (Liasse.) — 10 pièces parchemin, 13 pièces papier. (Armoire B, layette 10, liasses 1-3 de l'ancien classement.)

1315 (?)-1661. — Droits dans Bordeaux. — 13. Reconnaissance par noble Bertrand de St-Cric, écuyer, domicilié à Podensac en Terre-Gasque (8 juin 1508).

H. 446. (Liasse.) — 1 cahier de 21 feuillets papier, 10 pièces parchemin, 4 pièces papier. (Armoire B, layette 10, liasses 4-7 de l'ancien classement.)

1298-1734. — Droits en divers lieux. — 8. Reconnaissance par « Jean de Lacourt, bourgeois et marchand libraire » de Bordeaux (31 août 1734). — 9. Difficulté avec Arnaud de Castanhs, prieur, et les religieux de Camparian touchant le moulin *deu Vai* (2 mars 1298, n. s. ; vidimus).

H. 447. (Liasse.) — 15 pièces parchemin. (Armoire B, layette 11, liasse 1 de l'ancien classement.)

1292-1437. — Droits dans Bordeaux, *au Peyrat*. — 6. Reconnaissance par « Helias Deu Boscatge, paubre de Diu », pour une demi-maison qui lui a coûté 10 guiennois d'or (17 février 1422, n. s.). — 9. Reconnaissance en présence de « mestre Johan Bresquot, guanter » (30 janvier 1380, n. s.). — 10. Cession par le cellerier d'un cens à lui payable « en la festa de la Usana » ; énumération des religieux de l'abbaye (2 avril 1292). — 11. Bail à cens en présence de Jean Deyde, curé de Cussac en Médoc (7 octobre 1355). — 14. Bail à cens par les religieux de Ste-Croix, énumérés dans l'acte (27 février 1427, n. s.).

H. 448. (Liasse.) — 20 pièces parchemin, 7 pièces papier.
(Armoire B, layette 11, liasse 2 de l'ancien classement.)

1297-1668. — Droits dans la banlieue de Bordeaux, en Paludate. — 2. Ensaisinement de l'acquéreur d'une vigne en présence de P. de Casaubon et Amauvin d'Artiguemale, damoiseaux (15 septembre 1364). — 19. Bail à ferme par l'abbé, comme jouissant de la poissonnerie, au réfectorier et au sous-prieur, d'agrières de vin appartenant à lad. poissonnerie dans les Graves (11 août 1407). — 22. Reconnaissance par « Arn. Santz Boey, demorant en la rua Arn. Ayon, autrament apperada deus Boeys » ; présent « Johanne Oliverii, latomo » (25 janvier 1412, n. s.).

H. 449. (Liasse.) — 19 pièces parchemin. (Armoire B, layette 11, liasse 3 de l'ancien classement.)

1354-1530. — Droits dans la banlieue de Bordeaux, en Paludate. — 1. Bail à fief, étant présent « Bernardo de Ramata, perssona seu rectore ecclesie de Linguonio » (20 mars 1402, n. s.). — 2. Réduction au quint du quart dû pour les vignes de Paludate (13 décembre 1530). — 4. Reconnaissance pour une terre sise en Paludate, confrontant a « la vinha de Helies de Lapeyreyra, furbidor » (16 septembre 1381). — 8. Bail *a fazendura*, pour une durée de 9 ans, d'une vigne sise en Paludate (9 novembre 1365). — 19. Accord avec le tenancier de deux terres sises en Paludate, *à Pont Ayquard :* la stérilité du sol et les eaux empêchant les récoltes de blé, le tenancier demande et obtient l'autorisation de complanter ces biens en vigne ; l'agrière, nulle pendant les six premières années, sera d'un septième pendant les six années suivantes et ensuite d'un cinquième (8 février 1390, n. s.).

H. 450. (Liasse.) — 36 pièces parchemin. (Armoire B, layette 11, liasse 4 de l'ancien classement.)

1284-1444. — Droits dans la paroisse de Floirac et dans la banlieue de Bordeaux, en Paludate. — 2. Reconnaissance en présence de Jean Dupuch, curé de Mazères, diocèse de Bazas (13 mars 1401, n. s.). — 3. Vente par Gaucelme Cavoyr et sa femme, « e entramps ensemps lideyt marit e molher ab voluntat e ab autrey deudeyt Ramon Cavoyr, payre deudeyt Gaucem » (20 février 1370, n. s.). — 4. Acte incomplet renfermant la nomination, en date du 20 mars 1385, n. s., de Pierre de Montausier, prieur de Soulac, et

Pierre Fray, réfectorier de Sainte-Croix, en qualité de vicaires de l'abbé, au spirituel et au temporel ; la nomination en date du 18 avril 1385, d'Élie de Théobon, comme lieutenant de l'official ; le compte rendu d'une enquête sur le point de savoir s'il est avantageux à l'abbaye d'autoriser la plantation de vignes, moyennant le septième, dans trois terres à blé sises en Paludate et grevées d'une agrière au cinquième « la ont las deitas terras sian complentadas en vinha, lodeit septen deus fruitz barra ben cascun an, 1 an comptat per autre, ausdeitz senhors de feu [lo vin de 1 tonet o environ e au jorn d'uy lodeit quint deus fruytz deu blat no vau pas passat 1 boysset de blat, comptat 1 an per autre, per lasdeitas inundacions de las aygas pluvials e de las subernas de la mar ;..... attendut ayssi medis que la vinha se deffende melh a lasdeitas aygas que no fade lo blat » (xiv° siècle). — 6. Déguerpissement par un tuteur, d'une vigne tenue au tiers, après enquête judiciaire sur le point de savoir si led. déguerpissement était avantageux aux pupilles tenanciers ; les témoins ont déclaré que mieux valait abandonner (1er juillet 1407). — 24. Enquête par l'officialité sur le testament oral d'un individu, décédé six à sept années auparavant : les témoins font connaître les dernières volontés que le *de cujus* a exprimées devant plusieurs personnes, notamment Pierre Linhou (?), curé de Floirac (10 juin 1285). — 30. Ensaisinement par Gombaud Forney, sous-prieur claustral (31 octobre 1412). — 35. Reconnaissance en présence de Pierre de Montausier, prieur de Soulac, et de Guillaume-Arnaud de Caberns, prieur claustral (14 avril 1386).

H. 451. (Liasse.) — 13 pièces parchemin, 1 pièce papier.
(Armoire B, layette 11, liasses 5-6 de l'ancien classement.)

1286-1619. — Droits dans la paroisse de Floirac et dans la banlieue de Bordeaux, *a Gratacap.* — 1. Reconnaissance en présence de Thomas d'Albret, chevalier (25 mars 1354). — 8. Reconnaissance par Arnaud de Pomeys, de la paroisse de Floirac, pour « aquera mayson de peyra, cuberta de teule, ab la estatge, vinhas, casau e terra laborada, sou e eyra e fructeys qui son aqui medis pres ladeita mayson e estatge e per l'un costat, laquau estatge ten xLviii pas de lonc o plus e xxiii pas d'ample », au lieu dit *a Pomeys*, confrontant à « la mayson e estatge, vinhas e casau, vergey e fructeys » de Pierre de Pomeys (février 1399, n. s.). — 11. Reconnaissance pour un bois sis paroisse de Floirac, *à la Lande*, confrontant au bois des héritiers de feu Pierre Lambert, chevalier (février 1382, n. s.).

— 13. Reconnaissance pour un bois sis dans la paroisse de Floirac, à *la Landa en Saugeys*, près du bois des héritiers de Guillaume-Raimond Monedey, lui-même héritier de Pierre Lambert, chevalier (30 juin 1399).

H. 452. (Liasse.) — 4 pièces parchemin, 26 pièces papier. (Armoire B, layette 12, liasse 1 de l'ancien classement.)

1549-1646. — Titres relatifs à l'office de sacristain. — 5. Inventaire des reliquaires et ornements : « La grande croix processionnalle, avec le baston garny d'argent » ; « une boîte de léton dorée où est escript : *Reliquiæ lapidis ubi Dominus Jhesus tenebat pedes quando accendit* (sic) *ad celum* » ; reliques de s' Julien, de s'* Catherine, de s' Éxupère, « de s'* Quitayre, de s' Vidault, de s' Main, de la terre et tumbe beate Catherine », « ung os de s' Maurice », « ung petit coffre de boys où est escript dessus : *De pillis beati Pauli appostoli et de pillis barbe sancti Petri appostoli* et aussi ung agnus d'argent… et une grousse pierre ronde de cristalin *alias* berelh, blanc, » etc. (janvier 1549, n. s.). — 6. Inventaire de la sacristie : « Dans une armoire de lad. esglise dans laquelle on a acoustumé tenir les reliquaires, une châsse d'argent du bras de saint Maumolin surdoré » ; « le grand reliquaire de la joue de saint Blaize, enchâssée en argent » ; « un petit coffre de cuyvre esmaillé où sont les reliquaires de mons' sainct Pierre » ; « un autre coffre ne ferment en clef, en forme d'une bougette dans lequel s'est treuvé une boyte d'ivoire dans laquelle sont les pierres où Nostre-Seigneur fit la Cène, suyvant l'escripteau y attaché » ; « deux escripteaux, l'un de sainct Jehan-Baptiste et l'autre de sainct Men, sans aucuns reliquaires » ; « une petite boête de boys, avec son escripteau escript : *Reliquiæ sancti Lazari, quem Dominus resuscitavit* » ; etc. (novembre 1606). — 7. Inventaire de la sacristie : deux encensoirs d'argent, donnés par le maréchal d'Ornano, « une croix et deux chandelliers de verre vert, les boutons argentés, donnés par led. feu sieur mareschal » ; un reliquaire « en forme de chappelle, doré et esmaillé par tous coustés », etc. (21 juin 1610). — 9. Inventaire de la sacristie : « Deux ciboires d'argent doré, l'un pour porter le Très-S'-Sacrement en procession, l'autre pour le réserver dans le tabernacle » ; « un bras d'argent, dans lequel est un ossement du bras s' Mommolin, un petit reliquaire d'argent avec un cristal dans lequel est unne petite relique de s'* Magdelaine et aultres » ; « une croix d'argent doré rompue en quelques endroictz, dans laquelle sont des particules de la Vraye Croix » ; « une petite boette de cuyvre doré à porter le Très-S'-Sacrement aux malades qui demeurent aux extrémités de la paroisse », etc. (26 octobre 1627). — 10. « Nombre des saincts reliquaires qui sont en les 4 châsses dorées receues de M. Rabar (?) après la mort de feu Mons. l'archevesque de Sourdis » ; 54 indications, dont : « 30, sanctus Emilianus, martyr » (sans date). — 13. Obligagâtions du sacristain : entretenir des lampes devant le grand autel et les autels de N.-D., s' Jacques, s' Mommolin, s'* Catherine, s' Pierre ; « tenir le cœur hauld et bas bien garny de paille deux foys l'an, assavoir l'une à la feste de Toussainctz et l'aultre à la Noël » ; « estre tousjours prest à faire le sainct hommaige avec les religieux de sainct Mamolin », etc. (sans date). — 19. Contredits pour l'abbé : l'abbé a fait faire deux réfectoires, un dortoir, une cuisine, fait mettre l'église en bon état et dépensé plus de 6,000 écus, sans compter ce qu'il a fait à son logis ([1596]). — 23. Mémoire contre le sacristain, au sujet des obligations de sa charge en matière de réparation : au temps de l'abbé Daux, « il estoit question de rabastir et radiffier entièrement lad. esglise, laquelle avoit esté auparavant du tout ruynée et desmolie par l'injure des guerres passées » ; une sacristie serait inutile : « les archives qui sont destinées à sarrer toutes les relicques et ornemens, estoyent suffizans, lesquelz… sont dans le cuœur » ; si l'abbé était tenu de faire une sacristie, les religieux l'exigeraient, « et feroient d'aultruy cuyr large corroye » (sans date). — 24. Traité avec des recouvreurs pour recouvrir l'église, « y comprins le grand et petict clouchier » (18 septembre 1596). — 30. Signature en Cour de Rome conférant à Jean de Foissac, prieur claustral, la sacristie vacante par la résignation *causa permutationis* de Jean Ponchie (copie authentique ; 11 janvier 1580).

H. 453. (Liasse.) — 2 cahiers de 26 feuillets papier, 2 pièces parchemin, 16 pièces papier. (Armoire B, layette 12, liasse 2 de l'ancien classement.)

1584-1751. — Droits de dîme dans la paroisse d'Ayguemorte et droits sur une maison dans la paroisse de S'*-Croix. — 9. Transaction entre frère Yves de Caux, sacristain de S'*-Croix, et Bernard de Lahontan, chanoine d'Aire et curé de Beauliran et d'Ayguemorte, son annexe (14 avril 1605).

H. 454. (Liasse.) — 5 pièces parchemin, 27 pièces papier. (Armoire B, layette 12, liasse 3 de l'ancien classement.)

1461-1759. — Droits en divers lieux. — 2. Délimitation d'un dixmaire d'Eysines : mention du chemin qui passe par le milieu de la Lande Blanque, « tirant à la croix qui est au coing du bois des hoirs de feu Fran. de Girard, escuyer, s' Du Haillan » ; partage entre le chapitre métropolitain et « Gratien de Mulet, escuier, sieur de La Plane et de ladicte maison noble Du Luc, et gentilhomme ordinaire de la Chambre du Roy » (2 août 1602). — 3. Lotissement et partage de la dîme d'Eysines, avec Étienne Mondom, vicaire perpétuel (18 mai-13 juin 1624). — 20. Collation d'un acte de 1633 transcrit sur un registre couvert de basane, « intitulé *Livre violet, Livre 2, Arrêts contre les curés de Bordeaux*, l'autre contre le *curé S'-Michel* » (3 juillet 1759).

H. 455. (Liasse.) — 5 pièces parchemin, 31 pièces papier.
(Armoire B, layette 12, liasse 4 de l'ancien classement.)

1288-1718. — Droits dans la paroisse de Sadirac, dans Bordeaux et dans la banlieue. — 12. Reconnaissance pour une maison rue du Port : le tenancier doit, entre autres, « la terssa part de 1 bian..., so es assaber que deu balbar 1 home bon e sufficient, quant hesqueyra, a las obras deudeit monestey » (26 juillet 1398). — 13. Bail à fief d'un emplacement sis près des moulins de S'-Croix à Guillaume de Codonb, lequel doit « far los autres dreitz que li autre home de la saubetat deuen far » et construire, dans un délai de 2 ans, « una mayson bona e bera, enjusca a la valua de x libras,..... e si foit no ag ave, deu se guatiar e estar a la merse deu senhor » (1" janvier 1288; n. s.). — 15. Accord avec Françoise de Pichon, prieure des Bénédictines, au sujet d'immeubles acquis par ces religieuses : les Bénédictins, qui voulaient leur demander ou de déguerpir ou de fournir un homme vivant, mourant et confisquant, consentent à recevoir de vingt en vingt ans une indemnité égale au tiers des lods dus pour la récente acquisition (14 août 1639).

H. 456. (Liasse.) — 19 pièces parchemin, 8 pièces papier.
(Armoire B, layette 12, liasse 5 de l'ancien classement.)

1302-1668. — Droits dans la ville de Bordeaux. — 15. Bail à fief à Amanieu de Mazères, damoiseau, d'une maison, que « aven retengut cum senhor de feu, cincq soudz menchs, ab los deners deudeit Amaniu de Maseres » ; le cens de 20 s. sera payé moitié à la s' Vincent de septembre et moitié « lo jorn deu dicmenge cavoy » (15 mai 1412). — 18. Échange entre Jean Persecq et Nyothon Chernynade, maçon, l'un et l'autre

paroissiens de S'-Croix : le premier établit qu'il est majeur de 25 ans, par son propre serment et par le serment de deux prêtres de Sainte-Croix et reçoit une demi-maison confrontant à la maison d'un conseiller au Parlement (25 octobre 1553).

H. 457. (Liasse.) — 10 pièces parchemin, 3 pièces papier.
(Armoire B, layette 12, liasses 6-7 de l'ancien classement.)

1359-1726. — Droits dans Bordeaux. — 6. Reconnaissance au profit de Louis Chauvinet, abbé de La Tenaille, au diocèse de Saintes, et sacristain de S'-Croix (25 septembre 1490). — 11. Reconnaissance passée étant présent « Bernardo de Ramata, persona seu rectore de Lingonio » (26 juillet 1398).

H. 458. (Liasse.) — 8 pièces parchemin, 33 pièces papier.
(Armoire B, layette 12, liasse 8 de l'ancien classement.)

1347-1669. — Droits dans Bordeaux. — 2. Bail à cens d'une maison, moyennant un cens et un « mech bian que deu far cascun an, so es assaber que deu balhar 1 home bon e sufficient tot 1 mech jorn a las obras deudeyt moster, totas horas que per lodeyt senhor abat o per son certan mandament ne sera requerida » (24 juin 1378). — 3. Bail à cens d'un emplacement et jardin sis rue Sanguinengue et confrontant par derrière au jardin de noble Jean de Ségur, seigneur de Pardaillan (22 juin 1485). — 4. Ensaisinement par frère Doynot Du Saillant, prieur et vicaire général de l'abbé (21 juillet 1506). — 5. Envoi en possession d'une maison achetée moyennant « trenta deners d'aur de l'escut,..., deu cunh de Fransa » (24 février 1347, n. s.).

H. 459. (Liasse.) — 12 pièces parchemin, 3 pièces papier.
(Armoire B, layette 13, liasse 1 de l'ancien classement.)

1321-1669. — Droits dans Bordeaux.

H. 460. (Liasse.) — 7 pièces parchemin.
(Armoire B, layette 13, liasses 2-3 de l'ancien classement.)

1296-1512. — Droits dans Bordeaux. — 3. Reconnaissance pour une maison acquise de la confrérie de N.-D. des Montuzets (10 septembre 1512). — 7. Reconnaissance par Gérard de La Mothe, damoiseau, au nom de son père Jean, seigneur de la Mothe de Cambes, pour une terre dans la paroisse de Fargues-Entre-deux=Mers, « a Masquilhan, costa la capera. » (27 avril 1428).

H. 461. (Liasse.) — 2 cahiers de 85 feuillets papier, 6 pièces parchemin, 29 pièces papier. (Armoire B, layette 13, liasse 4 de l'ancien classement.)

1342-XVIIIe siècle. — Droits dans Bordeaux, rue Bordelaise. — 8. « Pour la généalogie de la maison noble de La Lande depuis 1309 »; mention de Rose, femme de P. Dusolier, fils de Rostaing Dusolier (1309); de Rose et Gaillarde, filles de Guillaume de S¹-Seurin (1310); de Jeanne Dusolier, femme de noble Élie de S¹-Symphorien, seigneur de L'Ile (1334 et 1336); de Pierre de S¹-Symphorien, seigneur de L'Ile-S¹-Georges (1365); de Nubile de Colon, veuve de noble Pierre de St-Symphorien, dit de Landiras, agissant pour Marie, sa fille (1386), etc. (xviie siècle). — 20. Arrêt mentionnant une pièce qui « se brulla lors de l'incendie arrivé au Palais en 1597 » (17 décembre 1667). — 23. Dire du syndic de S¹ᵉ-Croix « contre Magdelaine de Durfort, dame de Civrac et de Lalande, femme séparée de biens d'avec le s^r de Courtenay » (1641). — 24. Procuration donnée par Jacques Durfort, « dans le château du compte de Blaignac, séneschaucée de Libourne » (12 janvier 1669). — 30. Mention de noble Jeanne de Durfort, fille de noble Indie de Lalande (14 janvier 1430; n. s.). — 33. Reconnaissance à Jean de Lalande, damoiseau, seigneur de Labrède (copie; 3 mai 1412). — 37. Inventaire des pièces produites par le syndic de S¹ᵉ-Croix contre Paul Lestrilles, bourgeois et marchand de Bordeaux (xviie siècle).

H. 462. (Liasse.) — 1 cahier de 11 feuillets papier, 3 pièces parchemin, 14 pièces papier. (Armoire B, layette 13, liasse 5 de l'ancien classement.)

1379-1635. — Droits dans Bordeaux, rue Bordelaise. — 12. Mention de Jean, seigneur de Lalande, Pierre et Indie de Lalande, frères et sœur (11 février 1416, n. s.; copie). — 17. Vente à Arnaud Baille, bourgeois et marchand de Bordeaux, « compteur de poisson » (8 février 1584).

H. 463. (Liasse.) — 10 pièces parchemin, 11 pièces papier. (Armoire B, layette 14, liasse 1 de l'ancien classement.)

1294-1703. — Droits dans Bordeaux. — 16. Procédure devant le sous-maire: Guillaume de Lanabardin, « hobrey » de S¹ᵉ-Croix, demande que l'on refasse, d'après le « pappey » du notaire, un acte de vente de 1309 qu'il jure avoir perdu et qu'il promet de rappor-

ter s'il le retrouve; le sous-maire, « ab cosselh deus promes, savis e costumers, » ordonne qu'il soit ainsi fait. Récrit de l'acte en question par le notaire désigné (3 juin 1368).

H. 464. (Liasse.) — 16 pièces parchemin, 8 pièces papier. (Armoire B, layette 14, liasses 2-3 de l'ancien classement.)

1360-1709. — Droits dans Bordeaux. — 6. Accord au sujet d'un sous-cens racheté par le tenancier: l'abbé, de qui dépendait le bien, avait déclaré vouloir retraire (12 novembre 1415). — 11. Reconnaissance en présence de Gaillard Roux, prieur (11 juin 1455). — 18. Ensaisinement par frère Guillaume Lhome, « vicari deu convent » (copie; 28 février 1500). — 19. Bail à fief par Bertrand de Coste, prieur (1er août 1513).

H. 465. (Liasse.) — 8 pièces parchemin, 5 pièces papier. (Armoire B, layette 4, liasse 1 de l'ancien classement.)

1308-XVIIIe siècle. — Droits dans la paroisse de S¹ᵉ-Croix. — 1. Affranchissement d'une maison précédemment baillée à cens au sous-prieur: le 17 novembre 1396, l'abbé, Pierre Brun, prieur claustral, et dix autres religieux, nommés dans l'acte, ont baillé une maison au sous-prieur Pierre Eyraud, moyennant 2 deniers d'esporle et 20 sous de cens, avec cette clause que led. sous-prieur pourra, dans les deux ans, asseoir le cens sur un autre immeuble ou se libérer moyennant 20 guiennois d'or du coin de Bordeaux; il paie lesdits 20 guiennois et on affranchit la maison (26 octobre 1398). — 4. Vente avec garantie par le vendeur au profit de l'acquéreur, de sa descendance ou de « lo portador d'aquesta carta »; mention d'un cens dû pour tenir une lampe allumée nuit et jour « davant le cors de Jhesu-Crist, darrey lo gran autar » (18 décembre 1374). — 5. Envoi en possession par Guil. Guasc, paroissien de Tresses, de Jean Dubenquar, prêtre, auquel le premier a donné un emplacement et demi: le donataire entre avec des amis dans l'emplacement, tandis que le donateur en sort; celui-là invite celui-ci à manger et à boire et, après qu'ils ont fini, le donateur s'en va et le donataire reste, comme chez lui (25 novembre 1383).

H. 466. (Liasse.) — 18 pièces parchemin, 7 pièces papier. (Armoire B, layette 14, liasses 5-7 de l'ancien classement.)

1355-XVIIIe siècle. — Droits dans Bordeaux et la banlieue. — 1. Reconnaissance pour une maison sise dans la paroisse St-Éloi, « en la rua per laquau hom va deu putz Deu Miral entro au putz deus Agostins » (9 janvier 1458, n. s.). — 17. Ensaisinement par Arn. de Maderan, abbé de Bournet, constitué procureur de l'abbé de Ste-Croix par acte daté de Londres, le 2 mai 1381 (11 juillet 1381). — 18. Cession par Thomas de Ram, lieutenant général en la sénéchaussée de Guienne et commissaire en cette partie, à Jean de Bordes, avocat au Parlement, de droits appartenant au temporel de Ste-Croix (29 décembre 1563). — 28. Reconnaissance par Pierre Duc de Bordes, écuyer, sieur de Cazenave en Albret (copie ; 14 mars 1663).

H. 467. (Liasse.) — 5 pièces parchemin, 33 pièces papier.
(Armoire B, layette 14, liasse 7, pièce 11 de l'ancien classement.)

1634-1642. — Procédure contre Isabeau de Fortages et Pierre de Duc de Bordes, son fils, pour le rachat de biens acquis par leurs auteurs dans l'aliénation du temporel en 1563.

H. 468. (Liasse.) — 13 pièces parchemin, 7 pièces papier.
(Armoire B, layette 14, liasse 8 de l'ancien classement.)

1325-1641. — Droits dans la banlieue de Bordeaux et dans la paroisse de Lignan. — 7. Échange entre Florimond de Raymond et l'abbaye (8 mai 1592). 8. Transport des charges annuelles d'une vigne sur une autre, et reconnaissance pour cette dernière par François de Raymond, fils de Florimond; Florimond de Raymond, qui avait acquis la première vigne, avait voulu « rendre ladite pièce noble, à cause de ce qu'elle est joignant sa maison » (28 avril 1606).

H. 469. (Liasse.) — 19 pièces parchemin, 2 pièces papier.
(Armoire B, layette 14, liasses 9-10 de l'ancien classement.)

1346-1612. — Droits dans la banlieue de Bordeaux, lieux dits à *La Bombe* et à *Terrenègre.* — 15. Reconnaissance pour divers biens, dont une maison sise rue Androne, « confrontant d'un côté à la maison de l'œuvre et fabrique de l'église St-George » (11 octobre 1568; copie authentique).

H. 470. (Liasse.) — 1 cahier de 22 feuillets parchemin, 14 pièces parchemin, 7 pièces papier. (Armoire B, layette 14, liasses 11-12 de l'ancien classement.)

1277-1749. — Droits à Bordeaux et dans la banlieue. — 8. Cession des charges annuelles dont est grevé un fief sis « foras la porta del enginh Deu Miralh », près « lo fossat de la bila » (19 juillet 1277). — 12. Ensaisinement de « W. Batman, l'angles, forner, » et de Blanche Brun, sa femme, acquéreurs d'un emplacement « foras deu portau neu deu Miralh, ... entreu fossat neu de la vila, d'una part, e lo ssou Arn. Seguin Deu Miralh, d'autra part. » (28 mai 1313). — 17. Mention de « John de Lestason, clercs, audidre e executre deputatz de totz los testamentz de las ciptatz e de la dyocesi de Bordeu e Bordales por lo Reverent Payre en Crist Bertran, arcibesque de Bordeu »; répudiation d'hérédité par-devant led. clerc, etc. (24 mars 1302, n. s.-19 mai 1303). — 22. Arrêt entre l'abbé et Pierre Duc de Bordes, sieur de Cazenobe (30 août 1668).

H. 471. (Registre.) — 0^m 27 × 0^m 20, 80 feuillets parchemin.
(Armoire B, layette 15, liasse 1 de l'ancien classement.)

1741. — Terrier de « Saint-Marien en Bourgès, d'Aubie et Saint-Laurens en Cubzaguès », formé en grande partie de reconnaissances collectives pour des maines. — Reconnaissance par Noël Baudet, seigneur de La Vallade, St-Mariens et autres lieux; Léon de Castets, écuyer; Pierre Bacon, sieur de Gourdet, etc. (fol. 8); — pour « le mayne de la Fon des Pages, autrement Menotton, consistant en un village et plusieurs maisons, granges, eyzines, moulin à vent nouvellement construit et un treuil à faire huille, appellé le vilage des Pages, terres labourables, jardins, preds, vignes, avecq une fontenne et lavoir en icelluy » (fol. 15 v°); — par Louis Delaborde, seigneur de Lurbe, conseiller à la Cour des Aides de Guienne, pour lui et pour Guillaume de La Chassaigne, seigneur Du Cailhon (fol. 26 v°.)

H. 472. (Cahiers.) — 0^m 25 × 0^m 17, 38 feuillets papier.
(Armoire B, layette 15, liasse 1, pièce 8 de l'ancien classement.)

XVIIe-XVIIIe siècles. — Lièves pour le Cubzagais. — Analyse d'une reconnaissance passée en 1682 par Jacques de Colomb, écuyer, sieur Desmarais, Bernard Reynier, sieur de Donnezac, exempt en la compagnie du prévôt de Libourne, domicilié à La Ruscade, et autres (fol. 32); — d'une autre reconnaissance, de la même année, par « Pierre Dulorens, sieur de La Rivière, demeurant à présent au lieu noble de Labellue, parroisse de Cubnezai » (fol. 32 v°).

H. 473. (Liasse.) — 13 pièces parchemin, 18 pièces papier. (Armoire B, layette 15, liasse 1 (moins la pièce 5) de l'ancien classement.)

1310-1763. — Droits dans le Cubzagais et le Bourgès. — 2. Reconnaissance collective pour le maine des Andrieux, paroisse de St-Laurent-d'Arce, confrontant à un « fief du s^r de la Mothe Sainct-Andrieu » (8 juin 1580). — 15. Bail à fief à des paroissiens de « Sent-Marian en Bordes » de parties de landes, parmi lesquelles des « carteys » de 90 pas sur 90 (16 novembre 1310). — 23. Bail à ferme de revenus dans les paroisses de St-Mariens et St-Antoine à Sébastien Bernard, curé de Civrac (10 décembre 1655).

H. 474. (Liasse.) — 1 cahier de 36 feuillets papier, 2 pièces parchemin, 18 pièces papier. (Armoire B, layette 15, liasse 1, pièce 5 de l'ancien classement.)

1635-1636. — Procès pour le rachat de rentes sur les maines des Constantins et de Récapé, sis en la paroisse de St-Mariens, lesd. rentes présentement possédées par Charles de Lauberterie, écuyer, sieur de La Chapelle, comme tuteur des héritiers de l'acquéreur, noble Raphaël Fournel.

H. 475. (Liasse.) — 10 pièces parchemin, 20 pièces papier. (Armoire B, layette 15, liasses 2-3 de l'ancien classement.)

1347-1702. — Droits dans les paroisses de Pompignac et de Langoiran. — 17. Reconnaissance pour une terre grevée d'une rente de 12 s. et demi de Bordeaux, « qui est sept [sols] quatre deniers tournois » (26 février 1540, n. s). — 18. Reconnaissance pour des biens sis dans la paroisse de Langoiran, *a Pubarrens*, autrement *a Tramasset*, et relevant de « Guy de Luxe, escuyer, seignur de la maizon noble de Lataste » (11 février 1596). — 19. Échange par Josué de Luxe, baron de Capian, agissant au nom de Guy, son père, seigneur et baron de Capian et Lataste (26 mars 1624). — 23. Assignation en présence de Guillaume Chasènes (?), brodeur à Bordeaux (25 octobre 1637). — 30. Bail à fief par l'abbé P. de Sermet, en présence de Vidal Costau, curé de Barsac, et de P. Dat, curé de Cestas (30 juin 1348).

H. 476. (Liasse.) — 10 pièces parchemin, 1 pièce papier. (Armoire B, layette 15, liasses 4 et 6.)

1343-1602. — Droits en divers lieux. — 7. Ensaisinement en présence de Jean Boquey et de Guil-

laume de Larsan, vicaires de St-Remy et de Ste-Croix (31 juillet 1398). — 9. Reconnaissance aux mains de Bernard de Lataste, prieur claustral de Ste-Croix (4 juin 1343).

H. 477. (Liasse.) — 6 pièces parchemin, 12 pièces papier. (Armoire B, layette 16 de l'ancien classement.)

1246-1724. — Droits divers. — 4-9. Dossier relatif à la réfection de l'infirmerie et des hôtelleries et à l'acceptation du legs fait à cette intention par Jeanne de Seguy, dame de Lavison (1670). — 10. Requête du syndic de l'abbaye au Parlement, exposant que, par testament du 19 février précédent, feu Pierre-Paul de Prugue, prêtre, a laissé sa bibliothèque de 200 in-f^{os} et de 300 in-4os et formats inférieurs à M. de Fontenel, vicaire général, pour servir à la communauté des prêtres que M. de Fontenel voulait établir; par codicille, le testateur a substitué le suppliant aud. Fontenel pour le cas où la communauté ne serait pas fondée: l'abbaye demande à être envoyée en possession de la bibliothèque (1664). — 11. Inventaire de la bibliothèque de M. de Prugues, prieur de N.-D. de Lisle et de Mont-de-Marsan (18 juillet 1679). — 12. Vente par Élie, fils de feu Arnaud de Sadirac, à Bern., fils de Robert de Floirac « lo cavor », de la quatorzième partie d'un manse et de diverses terres à Sadirac (19 juin 1246). — 15. Bail à fief d'un emplacement dépendant des anciens moulins de Ste-Croix, avec des indications sur l'état des lieux (17 juillet 1724). — 18. Bail à fief par le fondé de pouvoir de l'abbé, « de présent en cette ville, logé dans l'hostelerie où pend pour enseigne *le Feyzan*, rue des Combes, parroisse St-Siméon »; d'un emplacement contigu à « une vieille mazure où estoient antiènement bâtis les moulins dud. Sainte-Croix, quy estoient hors les murs » (7 septembre 1675).

H. 478. (Liasse.) — 1 cahier de 17 feuillets papier, 3 pièces parchemin, 27 pièces papier. (Armoire B, layette 17, liasses 1-4 de l'ancien classement.)

XIIe-XVIIIe siècles. — Droits dans Bordeaux et les environs. — 8. Dénombrement des habitants de la paroisse Ste-Croix (23 mai 1687).

H. 479. (Liasse.) — 1 cahier de 17 feuillets papier, 5 pièces parchemin, 36 pièces papier. (Armoire B, layette 17, liasse 5 de l'ancien classement.)

1589-1780. — Droits dans la banlieue de Bordeaux. — 14. Bail à loyer d'une corderie, avec logement, « trois cheminées, avec une plaque d'Almaigne à chacune » (16 novembre 1750). — 19. Vente d'une terre sise à Gratecap, confrontant vers l'est « au chemyn qui va et vient du balluard de Saincte-Croix à la croix de Barreires » (18 juillet 1589). — 20. Vente par Charles de La Rivière, écuyer, s' de La Grave de Razens, paroissien de Puypaulin, à François Penissault, maître apothicaire de Bordeaux (17 juin 1599).

H. 480. (Liasse.) — 2 pièces parchemin, 10 pièces papier.
(Armoire B, layette 17, liasse 6 de l'ancien classement.)

1759-1787. — Droits dans la banlieue : corderies de Penissaut. — 2. Copies, signées Masse, de deux lettres du duc de Choiseul relatives à des maisons dont la construction est projetée près du fort S'°-Croix (10 août-30 octobre 1769). — 5-12. Dossier concernant l'aliénation de terrains pour des corderies (1782-1787).

H. 481. (Liasse.) — 1 cahier de 46 feuillets papier, 17 pièces
parchemin, 12 pièces papier. (Armoire B, layette 17, liasse 7 de
l'ancien classement.)

1306-1671. — Droits à Bordeaux et dans la banlieue, à *Penissaut*, à *Larivet*. — 15. Décision confirmant au profit d'un particulier l'attribution d'un bien, sauf délaissement aux jurats de 3 journaux, « vis-à-vis le boulevard et murailles de la ville..., et ce pour servir à l'hospital de la Peste » (18 septembre 1663). — 17. Reconnaissance pour une pièce de terre labourable sise au plantier des Illets et confrontant « d'un costé, aux fossés de la ville, qui est entre le boluart et l'estey du moulin de lad. abbaye, le chemin entre deux,... d'autre bout, qui est une forme d'aguillier, à l'estey dud. moulin » (10 avril 1640).

H. 482. (Liasse.) — 1 cahier de 10 feuillets parchemin, 11 pièces
parchemin, 46 pièces papier. (Armoire B, layette 17, liasses
8-11 de l'ancien classement.)

1279-1785. — Droits à Bordeaux, à Cadaujac et à Quinsac. — 1. Extrait de la vente de l'hôpital de l'Enquesteur, *alias* de Lismes, par les Jurats à l'hôpital de la Manufacture (11 juillet 1665). — 9. « Du 10° mars 1586, devant Richard Destivaiz, notaire, ...M" les Jurats ont acquis de Pierre et Michel Besse, héritiers de M° Jean de Lismes, un bourdieu... sis au Prat, derrière le moullin appellé de Lismes, pour y faire l'hospital de la Peste » (sans date). — 18. Vente au profit du Roi de revenus de l'abbaye à Quinsac (13 novembre 1565). —

21. Reconnaissance pour un pré confrontant « lo fossat de la palu de Quinssac »; « Henrico Dei gratia Anglie et Francie rege » (24 janvier 1453, n. s.). — 25. Bail à cens par l'abbé Pierre Andrieu, avec l'assentiment de Jean de Laroque, prieur claustral, et des autres religieux, d'une terre déserte confrontant aux « pratz deus homes de Quinssac, » à charge de la défricher et d'y semer du blé (14 janvier 1430, n. s.). — 54. Échange avec Henri-Victor de Chavaille, chevalier, seigneur-baron de Fougeras et des maisons nobles de Lestange, Peyzard, Laboubène et autres lieux, conseiller en la Grand'Chambre, domicilié paroisse Saint-Christoly (25 août 1734).

H. 483. (Registre dérelié et incomplet.) — 0™ 33 × 0™ 22, 55 feuillets papier. (Armoire B, layette 17, liasse 12 de l'ancien classement.)

1735-1742. — Baux à ferme et à loyer au profit de l'abbaye, reçus par Delmet, notaire.

H. 484. (Liasse.) — 2 pièces parchemin, 6 pièces papier.
(Armoire B, layette 18, liasse 2 de l'ancien classement.)

1661-1691. — Droits dans la paroisse de Tresses. — 1. Reconnaissance au président Le Comte pour divers biens, dont un confronte au chemin qui conduit « à la chapelle de Batbeau, autrement Sainte-Raphine » (24 novembre 1667; copie authentique). — 6. Ordonnance d'Antoine Denort, avocat général au Bureau des finances, pour la recherche des biens et droits démembrés du Domaine (imprimé; 19 novembre 1666). — 7. Déclaration de M. Lacoste, reconnaissant, contrairement aux termes de l'esporle par lui passée le jour même, qu'il n'a pas payé les lods et ventes et les arrérages des cens pour les biens mentionnés en ladite esporle (18 juin 1667). — 8. Requête du syndic de S'°-Croix à l'intendant de Faucon contre Cléophas de Jarcy, fermier des Domaines, qui soutenait que le Roi était seigneur foncier de toute la paroisse de Tresses, « suivant une recognoissence de 1273 consentie par les consuls de Tresses et de Mélac en faveur d'Édouard, roy d'Angleterre » (s. d.).

H. 485. (Liasse.) — 11 pièces parchemin, 11 pièces papier.
(Armoire B, layette 19, liasse 1 de l'ancien classement.)

1096-1638. — Prieuré de L'Ile-S'-Georges. — 2. Collation par l'abbé à Pierre Cayrac, moine de S'°-Croix, du prieuré de L'Ile-S'-Georges, vacant par la mort d'Ar. Constantin (14 octobre 1415). — 5-6. Collation par Jean Dufaur, prieur claustral, à David Bufeau, chantre de St-Croix, du prieuré de L'Ile St-Georges, vacant par le décès de Guillaume Vaysson, et installation du nouveau titulaire par Antoine Delrieu, vicaire perpétuel (11-20 août 1616). — 9. Mise en possession de Jean Darnald, pourvu du prieuré de L'Ile-St-Georges (23 mai 1599). — 12. Prise de possession par le procureur d'André Cardin, pourvu du prieuré de L'Ile-St-Georges (24 novembre 1616). — 13. Prise de possession du prieuré de L'Ile-St-Georges par Antoine Chadirac, notaire, agissant au nom de son fils Bertrand, avocat au Parlement, pourvu dud. prieuré (21 mai 1617). — 15. Collation du prieuré de L'Ile St-Georges à Gérald Lafon (sceau de l'Archevêque; 3 juillet 1619). — 17. Résignation du prieuré de L'Ile-St-Georges par David Buffeau (12 août 1617). — 19. Collation à frère François Tucquoy du prieuré de L'Ile-St-Georges, vacant par la résignation de frère David Buffeau (cachet de l'abbé; 13 août 1617). — 21. Prise de possession par frère François Tucquoy (14 août 1617). — 22. Collation à D. Placide de Montorcier du prieuré de L'Ile-St-Georges, vacant par le décès de D. Tuquoy (20 février 1638).

H. 486. (Liasse.) — 5 pièces parchemin, 17 pièces papier.
(Armoire B, layette 19, liasse 2 de l'ancien classement.)

1624-1714. — Prieuré de L'Ile St-Georges. — 3. Collation par l'évêque de Périgueux à frère Joseph Laroque (15 février 1645). — 11. Prise de possession par le procureur de frère Mathieu Brugier (25 mai 1644). — 13. Collation par l'évêque de Périgueux à frère Mathieu Brugier (15 février 1645). — 14. Installation de Mathieu Brugier (17 mars 1645). — 16. Procuration, *ad resignandum* de D. Joseph de Sabatier (20 janvier 1714).

H. 487. (Liasse.) — 3 pièces parchemin, 32 pièces papier.
(Armoire B, layette 19, liasses 3-4 de l'ancien classement.)

1495-1705. — Droits à L'Ile-St-Georges. — 1. Collation à Gérald de Lafon (28 mars 1618). — 3. Prise de possession par Gérald de Lafon (6 avril 1618). — 4. Résignation par Pierre Loiseau en faveur d'Antoine Marsan (24 mai 1645). — 5. Collation à Pierre Oriol, religieux Augustin, après le décès de Bisson (12 août 1616). — 9. Collation à Jacques Dusault de la vicairie perpétuelle de L'Ile-St-Georges, vacante par le décès de Guillaume Blanc (8 mai 1495). — 10. Arrêt entre

Étienne Clergault, vicaire perpétuel, et Jean Maisonade, prieur (30 mai 1581).

H. 488. (Liasse.) — 1 pièce parchemin, 46 pièces papier.
(Armoire B, layette 19, liasse 5 de l'ancien classement.)

1557-1743. — Droits à L'Ile-St-Georges. — 12. Énumération de lieux dits où le précédent curé levait la dîme (17 mars 1658).

H. 489. (Recueil factice.) — 3 pièces parchemin, 12 pièces papier.
(Armoire B, layette 19, liasse 6 de l'ancien classement.)

1416-1634. — Droits à L'Ile-St-Georges. — 3. Décision du Parlement autorisant le vicaire perpétuel à jouir « de toute icelle place de terre puis le coing de la veirine de la chapelle St-Jehan » (30 mai 1585). — 7. Reconnaissance reçue par Pierre Boisseau, notaire, « l'ung des trois ordonné en la prévosté royale d'Entre-deulx-Mers, au bailhiage de Cambes, » au profit de Louis Darrech, protonotaire apostolique, prieur de L'Ile-St-Georges (26 juillet 1552). — 14. Réduction d'agrière pour des vignes sises dans l'enclos *de Beautricq*, autrement *de Gaxion*; mention des dégâts causés par la guerre dans la maison et enclos *de Beautricq*, « n'ayant laissé aucuns meubles, cuves, pressoir, portes ny fenêtres, ny pau aux vignes » (25 mars 1655; copie authentique).

H. 490. (Liasse.) — 1 cahier de 14 feuillets papier, 6 pièces parchemin, 14 pièces papier. (Armoire B, layette 19, liasses 6-10 de l'ancien classement.)

XIVe siècle-1724. — Droits à L'Ile-St-Georges. — 1. Bail à cens (?); témoin : « Bernardus de Rupe Amatoria, phisicus » (effacé; XIVe siècle). — 19. Bail à fief d'un manse, avec maison et vigne « en La Yla en Arruan », tombés en deshérence et que l'on ne trouve pas à bailler à des questaux; les preneurs font « homenatge franc », c'est-à-dire qu'agenouillés devant le seigneur, les mains jointes, ils promettent d'éviter tout dommage au seigneur, d'entretenir feu vif dans le manse, d'y héberger les moines et procureurs de l'abbaye (6 novembre 1351).

H. 491. (Liasse.) — 1 cahier de 20 feuillets papier, 4 pièces parchemin, 27 pièces papier. (Armoire B, layette 20, liasses 1-2 de l'ancien classement.)

1630-1746. — Prieurés de Flaujagues et de Sainte-Colombe. — 3. Dénombrement au profit du duc de

Bouillon par Léon-Lancelot de Lalanne, « grand prézident en la Grand Chambre du parlement de Bordeaux, prieur des prieurés de Monneur, Bellin, Belliet, Montravel, Saint-Martin de Flaujagues et son anexe de Claribès » (20 juillet 1708). — 4. Résignation du prieuré de S¹ᵉ-Colombe par D. Jean de Cantilhacq, « pourveu par M. l'abé de Saint-Ferme du prieuré claustral de ladite abaye Saint-Ferme én espérance que ledit prieuré de Sainte-Colombe s'uniroit avecq ledit prieuré claustral » (19 février 1648). — 5. Collation par le vicaire général de Bazas à frère Archambaud Christud, prieur claustral de S¹ᵉ-Croix, du prieuré de S¹ᵉ-Colombe, dépendant de l'abbaye de S¹-Ferme (avril 1648).

H. 492. (Registre.) — 0ᵐ38 × 0ᵐ25, 24 feuillets papier.
(Armoire B, layette 20, liasse 2, pièce 5 de l'ancien classement.)

1708-1712. — Terrier, sur formules imprimées, pour Léon-Lancelot de Lalanne, « grand président au mortier en la Grand Chambre du parlement de Bordeaux, prieur des prieurés de Monneur, Bellin, Belliet, Montravel, Saint-Martin de Flaujagues, son anexe, et autres. »

H. 493. (Liasse.) — 3 pièces parchemin; 82 pièces papier.
(Armoire B, layette 20, liasse 3 de l'ancien classement.)

1640-1727. — Prieuré S¹-Nicolas Du Fieu. — 21. Procès-verbal concernant une tentative d'habitants Du Fieu pour reprendre leur cloche, qui a été descendue du clocher par ordre du lieutenant du Roi (4 mars 1659).

H. 494. (Liasse.) — 12 pièces parchemin, 89 pièces papier.
(Armoire B, layette 20, liasses 4-10 de l'ancien classement.)

1235-1738. — Droits en divers lieux. — 6. Reconnaissance pour un manse dans la paroisse de Camayrac, « ab totz sons apartenamentz de paduentz et d'autras causas ». (25 mai 1428). — 8. Bulle d'Innocent IV autorisant le prieur de Sadirac, de l'ordre de s¹ Benôit, à racheter les dîmes engagées, après avoir fourni caution de les rendre moyennant paiement aux curés des paroisses où se trouvent ces dîmes (Lyon, 27 juin 1248). — 9. Obligation par Arnaud-Guillaume Brojon, chevalier, à P. de Lignan, abbé de S¹-Sauveur de Blaye, chargé du prieuré de Sadirac, de rentes en grain « quas ipse habebat annúas pro decima molendini dicti prioratus » et du droit de paduentage « in omnibus nemoribus et saltibus et sostrariis », et ce pour 10 livres tournois valant 11 livres et demie bordelaises (sceau de l'abbé de S¹ᵉ-Croix; janvier 1235, n. s.). — 10. Collation par l'abbé Pierre à Guillaume Peyron, religieux de S¹ᵉ-Croix, des prieurés Du Tourne et de Sadirac, vacants par suite de la résignation de frère Guillaume Arnal de Lagraulet; témoins : frères Pierre Bergonh, prieur claustral; Pierre de Cayrac, prieur de L'Ile-S¹-Georges, etc. (20 mai 1422). — 12. Résignation des prieurés de Sadirac et Du Tourne, par frère Pierre Lafargue, religieux à S¹-Ferme, « esloigné de nous d'environ quarante pas, à cause qu'il croist estre inffect de la malladie contagieuse » (30 avril 1631). — 15. Procuration par Claude Noyer, nommé à la cure Du Tourne (13 octobre 1646). — 42. Requête de Michel Jouyneau, pourvu en cour de Rome de la cure Du Tourne, laquelle vaquait par suite de la résignation d'Eymeri Des Roziers (juin 1498). — 43. Procuration de Clément Molle à l'effet de résigner devant le légat la cure Du Tourne (4 juin 1534). — 44. Présentation par l'abbé de S¹ᵉ-Croix de Clément Molle à la cure Du Tourne, vacante par le décès de Claude Marrellier (4 mai 1532). — 45. Collation de lad. cure à Raimond Jammet (11 février 1535, n. s.). — 46. Collation de la même cure à Raimond Jacmet, sur résignation de Guillaume Bezinhon (2 juin 1535). — 51. Requête de Philippe Minvielle, docteur en théologie, official, curé de Sadirac (1677).

H. 495. (Liasse.) — 20 pièces parchemin, 12 pièces papier.
(Armoire B, layette 20, liasses 11 et 15 de l'ancien classement.)

1303-1772. — Prieurés Du Tourne et de Sadirac. — 1. Reconnaissance au profit de Pierre Laubespin, prieur de Sadirac et Du Tourne (14 novembre 1540). — 8. Reconnaissance en présence de P. Faure, curé Du Taillan (27 avril 1346). — 11. Reconnaissance au profit de Simon Prieur, curé de S¹-Pierre de Bordeaux et prieur de Sadirac et Du Tourne (26 août 1620). — 12. Reconnaissance pour une terre sise près de l'église Du Tourne, qui avait été baillée, le 22 avril 1550, par Jean de Geneste, prieur de Sadirac et Du Tourne, à charge d'y construire une maison; mais « sur ce, les mouvementz et rebélions de guerre de ceulx de la Prétandue Réformée Religion, estant survenus, la pierre quy estoict en ladite piesce de terre pour faire partie dudict bâtiment seroict esté prinse et emploïée pour fortifier l'esglise de ladite parroisse de Sadirac, fermer et clore le semcintière d'icelle » (16 avril 1622). — 16. Reconnaissance au profit de François Chapelas, chanoine de S¹-André, prieur de Sadirac et Du Tourne, son aunexe

(31 janvier 1679). — 3o. Assignation en paiement de dîme au treizième sur une vigne dans la paroisse Du Tourne (7 décembre 1771).

H. 496. (Liasse.) — 3 pièces parchemin, 4 pièces papier. (Armoire B, layette 21, liasses 1 et 2 de l'ancien classement.)

1037-1745. — Droits à Soulac. — 1. Bulle de Benoît [IX] confirmant les privilèges de l'abbaye (octobre 1037 (?), indiction 5; copie notariée). — 2. Charte d'Élie, archevêque de Bordeaux, et Geoffroy de Celle, sénéchal de Poitou et de Gascogne, enregistrant l'accord intervenu entre Ste-Croix et le seigneur « de La Esparra » (« Apud Montem-Marciani, in camera Regis », 1195). — 3. Concession d'indulgence aux fidèles qui visiteront l'église de Soulac le jour de l'Assomption (14 septembre 1643). — 4. Ordonnance pour la publication du bref du 14 septembre précédent, qui accorde des indulgences (22 mars 1644).

H. 497. (Liasse.) — 1 cahier de 14 feuillets parchemin, 3 cahiers de 61 feuillets papier, 13 pièces parchemin, 14 pièces papier. (Armoire B, layette 21, liasse 4 de l'ancien classement.)

1413-1716. — Droits à Soulac. — 3. Installation du fondé de pouvoir de Guyot Delage, pourvu du prieuré de Soulac, « per inspectionem seu aspectum ecclesie et pinaculi ejusdem ecclesie prefati loci de Soulaço, quia ad dictum locum de Soulaco tutus michi non patebat accessus, ex eo quia in dicto loco de Soulaco et precipue in domibus prioratus ejusdem loci erant et existebant plures armigeri » (21 juin 1523).

H. 498. (Liasse.) — 3 pièces parchemin, 12 pièces papier. (Armoire B, layette 21, liasse 5 de l'ancien classement.)

1645-1753. — Droits à Soulac. — 14. Lettre du baron d'Arès, sollicitant l'autorisation de placer une girouette sur une maison qu'il vient de bâtir dans le fief de l'abbaye, « quoyque l'emplacement de cette maison ne soit pas noble...; les sables voisins ne me permèteront point de la lèsser subsister longtemps dans le même lieu » (2 juin 1753). — 15. Lettre de remercîment du même (20 juin 1753).

H. 499. (Liasse.) — 1 cahier de 10 feuillets parchemin, 5 pièces parchemin, 9 pièces papier. (Armoire B, layette 21, liasse 6 de l'ancien classement.)

1645-1781. — Droits à Soulac. — 8. État des novales de la paroisse de Soulac: § 6, un pacage à Lilhan; § 11, une terre labourable, couverte de sables, *au Pigneau,* etc. (27 août 1776).

H. 500. (Liasse.) — 5 pièces parchemin, 35 pièces papier. (Armoire B, layette 21, liasse 7 du classement ancien.)

1298-1697. — Droits à Soulac. — 2. Collation de l'église de Soulac à Arnaud Dubosc par Renaud, archidiacre de Blaye, vicaire général de Bozon, « electi concorditer in archiepiscopum Burdegalensem » (juin ou juillet 1298). — 20 à 36. Pièces du procès entre Joseph Savagner et Bernard Mondelet au sujet de la vicairie perpétuelle de Soulac (1696-1697).

H. 501. (Liasse.) — 1 pièce parchemin, 5o pièces papier. (Armoire B, layette 21, liasse 8 de l'ancien classement.)

1604-1758. — Droits à Soulac. — 22. Transaction entre Léon de Mauriac, prieur de Soulac, et Jean Vayssière, vicaire perpétuel dud. lieu (22 octobre 1608). — 23. Transaction entre D. Athanase Poncet, prieur de Soulac, et François Daunefort, vicaire perpétuel dud. lieu, qui prétendait lever la dîme sur une métairie, comme faisant partie de la paroisse de « Lillang »; le prieur répondait « que la prétandeue cure de Lillang, s'il en y a jamais heu, estoit absorbée par les innondations de la mer et couverte par ses sables » (20 août 1666). — 25. Accord entre le prieur de Soulac et François Daunefort, vicaire perpétuel : « Il est de notorietté publicque qu'il s'est habitué plusieures nouvelles familles dans la parroisse, ez endroits d'où la mer s'est retirée et a laissé à découvert des terres mises depuis peu en culture » (copie authentique; 4 juillet 1670). — 48. Commission de fournier des fours banaux de Soulac (3 février 1648).

H. 502. (Liasse.) — 1 cahier de 16 feuillets papier, 3 pièces parchemin, 32 pièces papier. (Armoire B, layette 21, liasse 9 et liasse 10, sauf la pièce 5, de l'ancien classement.)

1647-1777. — Droits à Soulac. — 25. Prise de possession de la cure de Lillan par François Daunefort, curé de Soulac, pourvu de lad. cure en cour de Rome : il s'agenouille et prie « au lieu où estoict l'esglise dud. Lillan, maintenant et despuis quelques années couverte par les sables » (10 mars 1664). — 26. Résignation de la cure de Lillan par Fr. Daunefort (19 janvier 1666). — 3o. Prise de possession analogue à la précédente par Jean Delpech, vicaire de St-Vivien, pourvu de lad. cure de Lillan (23 janvier 1666).

H. 503. (Cahier.) — 0ᵐ20 × 0ᵐ18, 44 feuillets papier.
(Armoire B, layette 21, liasse 10, pièce 5 de l'ancien classement.)

XVII° siècle. — « Liève des rentes de Soulac, tirée sur les reconnoissances faictes en l'année 1648 par Monsieur Ladie(?), notaire royal ». — Mention d'une maison servant d'hôpital, dans le bourg de Soulac, rue d'Espagne (fol. 9 v°); — d'une terre « dans laquelle estoit autrefois basty led. hospital, lequel feut ruyné par les hérétiques, siz et scittué proche led. prieuré et en la rue appellée des Gahets et au-devant la grand porte de l'église dud. Soulac, vers le couchant » (fol. 9 v°); — de Pasquet Bouges et Arnaud Dejan (?), « sindicqs de l'hospital du bourg N.-D. de Soulac » (fol. 11); — d'une maison faisant le coin des rues du Prat et Montauban (fol. 11 v°); — d'« une place dans laquelle il y a un moulin à cheval » (fol. 21); — d'une « maison, place au dernier, vers le couchant, où il y souloit avoir un moulin à cheval et estable..., en la grande rue des Bancqs » (fol. 26 v°); — de biens « en la rue du Prat, autremant de Maumusson, appellée antiennemant la rue d'Andraud » (fol. 27 v°); — de « masures... en la rue de Castilhon » (fol. 32 v°); — d'un bois « près led. bourg de Soulac, au lieu appellé à Lassalle, à les Peyres et à Lambert » (fol. 41 v°.)

H. 504. (Liasse.) — 2 cahiers de 58 feuillets papier, 6 pièces parchemin, 14 pièces papier. (Armoire B, layette 22, liasse 1, sauf l'une des pièces cotées 2, de l'ancien classement.)

1027-1700. — Droits à Soulac. — 1. Minute de requête au duc d'Épernon contre les empiètements de ses officiers sur les droits de justice de l'abbaye: le prieur de Soulac a la haute, moyenne et basse justice « depuis la rivière de Gironde, tout le long de la coste de la mer, jusques au lieu appellé le Pinada et dud. lieu du Pinada en allant par terre jusques au lieu appellé le Bredesion, et dudit Bredesion, qui est aujourd'huy le pont de Talais, en venant à lad. mer de Gironde, jusques au lieu appellé le pas de Grava » (s. d.). — 5. Procuration donnée par l'abbé Pierre Andrieu, Vital Arnal, prieur claustral, Gombaud Fournier, sous-prieur, et autres religieux de Ste-Croix aux habitants de Soulac à l'effet de plaider contre le seigneur de Lesparre (20 février 1415, n. s.). — 7. Assignation à Jean Burlin, procureur général du seigneur de Lesparre, au bayle et au capitaine dud. Lesparre, « à estre et comparoir... sur la grand couste de la mer, près le lieu appellé du Pinedar » (copie; 26 mai 1467). — 8. Lettres pour l'abbé à l'occasion de son procès avec le seigneur de Lesparre touchant la justice à Soulac, « lequel territoire s'extend... du lieu appelé le Pineda jusques au bié de Syon et dudit bié de Syon jusques au pas de Graves »; les officiers de Lesparre ont renversé les fourches patibulaires, où était pendu un meurtrier; au cours du procès, le capitaine de Lesparre a jeté sur Soulac une bande de 200 hommes, « tellement que fust force ausd. habitans de eulx retraire dedans l'église » (14 août 1467). — 10. Lettre de dom Nibes (?): « Il fait un si grand froid en ce païs que l'ancre ne peut couler » (Paris, 6 février 1679). — 13. Commission de juge de Soulac au nom de Jean de Cournut (29 juillet 1656). — 14. Refus du substitut du procureur d'office « de se transporter au lieu de la Cotte, proche la Poincte, pour, là estant, faire procez-verbal d'ung naufragé quy a esté faict puis peu de jours » (11 avril 1657). — 17. Interrogatoire de Gilles Bourgoin, de Soulac, qui a saisi un individu auquel il reprochait de lui avoir dérobé un cheval et l'a tenu pendant deux jours « enfergé aux pieds et atché à la quenouille de son lict » (6 juin 1651). — 18. Ordonnance dans un procès avec Charles de Matignon, sr de Lesparre, au sujet de certaines barriques de vin provenant d'un naufrage (5 mars 1605).

H. 505. (Registre.) — 0ᵐ29 × 0ᵐ21, 98 feuillets papier, plus 2 pièces parchemin. (Armoire B, layette 22, liasse 1, pièce 2 de l'ancien classement.)

1027-1467. — « Enquête des limites de la juridiction de Solac et réparation du trouble fait par les officiers de Lesparre. » — Commission par Silvet Oriol, conseiller aux sénéchaussées de Guienne et de Bazas, à Étienne Basset, procureur au Parlement, exposant les faits: malgré les droits de l'abbé sur la grande côte, le sr de Lesparre a fait saisir au lieu dit *lo Pinedar* un filet appelé *magrem* (26 mai 1467; fol. 2 v°). — Commission du même au même, à l'effet d'informer sur le fait des gens qui ont enlevé le corps d'un supplicié des fourches patibulaires (30 mai; fol. 9 v°). — Transcription d'un vidimus de la charte de donation de Guillaume (1027; fol. 23 v°). — Mention de Jeanne d'Armagnac, dame de Lesparre (13 mai 1415; fol. 34). — Transport d'un bayle « sobre lo prenador de l'aygua de la salina aperada la Grahasa » (27 octobre 1463; fol. 39 v°). — Rétablissement du gibet, « et près desd. fourches avons fait planter ung pal, où ont esté atachez les armes et penunceaulx royaulx, et ce en signe de ressaisissement » (3 juin 1467; fol. 46 v°). — Enquête sur les limites du territoire de Soulac : un témoin « a veu bruller certaines sorcières audit lieu de Soulac » et a vu plaider devant le bayle au sujet de la prise d'un « veyseau appellé anguille... gecté par fortune de mer sur la coste de Gironde» (fol. 61) ; déposition du même touchant la saisie d' « ung filé appellé megreau » (fol. 61 v°). — Déposition de Jean de Bourg, écuyer (fol. 62 v°). — Déposition d'un autre: « Il a veu bruller des femmes, lesquelles avoient esté condempnées par le bayle dudit impétrant à prandre justice comme sorcières » (fol. 66 v°). — Autre déposition : les seigneurs de fief mettent « le ban ouvert » dans la terre de Soulac et requièrent le bayle « pour y mettre les bans clos comme souverain » (fol. 73). — Autre déposition : « Quant aucun officier de Lesparre mettoit aucun ban ouvert et que aucun brisoit ledit ban ouvert, il n'y avoit point d'amende ; mais se aucun levoit ou brisoit ledit ban clos sans licence, il payoit soixante-cinq sols bourdeloiz d'amende audit impétrant ou à sond. bayle, pource qu'il est seigneur souverain» (fol. 75 r° et v°). — Déposition d'un autre témoin, qui a vu brûler trois sorcières (fol. 94 v°) et qui parle de bans posés sur des bateaux échoués (fol. 95-96 v°).

H. 506. (Liasse.) — 2 cahiers papier de 21 feuillets, 10 pièces parchemin, 2 pièces papier. (Armoire B, layette 22, liasses 2-4 de l'ancien classement.)

1396-1648. — Droits à Soulac. — 2. Opposition au nom de D. Ange Compaing, prieur de Soulac, « seigneur temporel et spirituel dans toutte l'estendue de la parroisse dud. lieu », à ce que les juge, procureur d'office et greffier de Lesparre, tiennent leurs assises à Soulac avant d'avoir justifié de leur droit (12 juillet 1643). — 7. Bail à fief d'un « trens de terra e de leda » à Solac (23 mai 1396). — 11. Reconnaissance au profit de Pierre de Lansac, abbé de St-Vincent de Bourg (12 septembre 1518). — 12. Reconnaissance pour divers immeubles sis notamment dans les rues de Castillon et de Châtellerault (2 juin 1548).

H. 507. (Liasse.) — 1 pièce parchemin, 13 pièces papier. (Armoire B, layette 23, liasse 1 de l'ancien classement.)

XVIIe siècle. — Droits à Soulac. — 1. Inventaire de reliques : « De la chandelle qui fut pourtée par l'ange à la Nativité Jhésu-Crist » ; « huyt grains de froument qui furent semés et creuz tout en une heure quant Nostre-Dame s'enfuyoit en Egipte » ; « trois feuilles de palme qui furent gectés davant Jhésu-Crist à l'entrée de Jhérusalem » ; etc. (s. d.). — 2. Inven-

taire de reliquaires (9 avril 1601). — 5. Ordonnance du cardinal de Sourdis touchant les reliquaires de Soulac : des divers reliquaires on en fera deux « décentz et honnestes » ; des cinq calices on en fera deux « sellon les règlemens du diocèse », etc. (29 mars 1612). — 11. Inventaire de reliques et de reliquaires gardés dans l'église de Soulac : une grande custode accostée de deux anges, le tout d'argent doré; une image de N.-D., avec son petit Jésus, tenant à la main droite une rose, le tout d'argent doré ; un coffre d'argent sur le couvercle duquel sont quatre fleurs de lys ; un petit coffre d'argent portant l'inscription *Lac beatæ Virginis Mariæ*; une croix d'argent « faicte en double croix.», renfermant du bois de la Vraie Croix; du foin de la Crèche; une image de saint-Jean, en argent; une main d'argent, etc. (9 juillet 1628). — 14. Monitoire sur ce que « puis trante ans en ça ou environ, feuz maistre Pierre Ramond, quand vivoict juge dud. Soulac, et maistre Pierre Delaplace, procureur d'office aussy quand vivoict dud. lieu, bailhèrent en garde secrètement à deux hommes dud. lieu de Soulac le trésort de lad. églize parroissielle, coume rellicques, custode, callices, croix, platines, encençoirs et autres telles choses d'or, d'argent et cristal », et les détenteurs gardent ces objets (27 février 1601).

H. 508. (Liasse.) — 2 cahiers de 46 feuillets papier, 4 pièces parchemin, 4 pièces papier. (Armoire B, layette 23, liasse 2 de l'ancien classement.)

1556-1661. — Droits à Soulac. — 2. Testament de Catherine Cainguart (?), laquelle lègue pour les réparations de l'église une vache et sa suite (5 avril 1556). — 3. Testament de Jean Rouys, marchand à Soulac: il demande que les « pactes et acordz de mariaige » intervenus entre lui et sa femme soient observés, « nonobstant qu'ilz ayent esté reddigés par escript longtemps après la consommation de leurdict mariaige » (14 novembre 1591). — 9. Enquête et dispositions relatives à un testament portant des legs en faveur de l'église et reçu par le vicaire perpétuel, devant sept ou huit témoins, « atandu... que le plus proche notaire dudict Soulac en est esloigné de troys grandes lieues ou environ » (janvier 1606).

H. 509. (Liasse.) — 3 cahiers de 38 feuillets papier, 1 pièce parchemin, 14 pièces papier. (Armoire B, layette 23, liasse 3 de l'ancien classement.)

1602-1697. — Droits à Soulac. — 2. Élection de divers officiers par les habitants ; remplacement de

« Arnault Hostenc, hospitalier » (24 juin 1628). —
6. Comptes du syndic de Soulac pour la période. 1637-
1642 : en septembre 1639, « faict marché avecq Jaques Besson,... pour réédiffier la grand croix appellée
la Croix de la Pierre, destruite par les Huguenotz au
désordre de l'année mil six cens vingt-deux »; plus,
3 boisseaux de chaux, 3 l.; plus 30 s., pour « bailher à
disner à ceux qui charitablement ont contribué leur
labeur à dresser et lever lad. croix »; le 24 juin 1642,
« veu l'esfroy des Espaignols, il feust arresté en l'assemblée des habitans qu'il fairoict porter certaine quantité
de poudre pour garder l'esglise et la deffendre de la
surprinse et incursion de l'ennemi », 50 l. (27 septembre 1643). — 15. Compte rendu par le syndic de la
fabrique : dépenses à l'hôpital (fol. 4 v°); « pour trente
brasses de levée faicte au marés salant de l'église,
pour l'empêcher de l'eau douce », 8 l. (fol. 8 v°); à un
maçon, « pour avoir réparé la fortification qui est
au-devant la petite porte de l'église », 4 l. (fol. 10);
« pour fère les vitres de toute l'église à plomb neuf,
en 8bre 1660 », 100 l., et « à ceux qui tenoint la cage
pour monter et descendre le vitrier lorsqu'il attachoit
les vitres », 5 l. (fol. 11 v°); à Renard, orfèvre, rue des
Argentiers, à Bordeaux, pour mise en état d'un grand
reliquaire et « pour la façon d'un grand soleil auquel
led. reliquaire sert de pied », 60 l. (fol. 11 v°); « à
Dinot, masson, pour démolir les cinq autels et une
muraille qui joignoit un pillier de l'église et jetter
le débris dehors », 7 l. (fol. 12 v°) (1er septembre 1662).
— 18. Comptes du syndic de l'œuvre : il déclare que
l'on avait à faire « des réparations très pressantes
aux toids, couvertures et voûtes de l'église » et avoir
payé « une grande armoire acheptée pour fermer les
reliques et ornemans » (1693-1697).

H. 510. (Liasse.) — 9 pièces parchemin, 6 pièces papier. (Armoire B,
layette 23, liasse 4 de l'ancien classement.)

1480-1643. — Droits à Soulac. — 5. Reconnaissance au profit « deu noble home Gaston de La Landa,
donzet, senhor deu loc noble de Tastas » (12 janvier
1480, n. s.). — 8. Collation à Jean (?) Gua du prieuré
de Soulac, vacant par le décès de Bernard Lafargue
(21 avril 1536). — 11. Terrier pour Grimon de Lalande,
écuyer, seigneur de Tastas et de Grayan, auquel la
fabrique a succédé : reconnaissances pour des biens
sis à Soulac (1556-1557). — 12. Collation par François
de Nort, prieur de Virazel, vicaire général de l'abbé
de Ste-Croix, à Yves de Caulx, du prieuré de Soulac,
vacant par le décès de Florentin (Baurech, dans la

maison de feu le conseiller de Nort, 12 septembre
1585).

H. 511. (Liasse.) — 1 cahier de 12 feuillets papier, 4 pièces parchemin, 29 pièces papier. (Armoire B, layette 23, liasses 5 et 6
de l'ancien classement.)

1341-1724. — Droits à Soulac. — 2. Reconnaissance
au profit de Pierre de Mouriac, avocat au Parlement,
prieur et seigneur de Soulac, pour divers biens, notamment pour une maison, avec écurie, chai, moulin à
cheval, etc. (22 mai 1615). — 6-8. Protestation au nom
de dom Pierre Brun, « prieur, seigneur tamporel et spirituel du bourg et parroisse de Soulacq, » contre Fernando
Gomès, receveur général de la terre de Lesparre, lequel
a violé « un uuzage fort entien dans laditte parroisse de
Soulacq, que, lorsqu'on y fait l'antouin et estimation
du sel des marais de lad. parroisse, les seigneurs de
Lesparre et seigneurs et prieur de Soullacq proceddent
conjointement ». Réponse de Fernando Gomès : les
prieurs ne sont pas seigneurs en dehors « du bourg,
qui est limitté par quatre croix » (11 novembre 1693-
14 juin 1694). — 11. Reconnaissances pour divers
pâturages, bois, salines, etc. : bois, taillis et de haute
futaie à La Salle, « confrontant du costé du midy les
sables et vacans dud. priuré », un moulin à vent
« basty de pierre, sur le puy du Guet » (18-19 décembre
1690). — 12. Réduction par le prieur claustral, le siège
abbatial étant vacant, du cens dû de « tot aquet jarle
et salina, ab totz sons aparelhs, qui es en lad. parropia
de Solac, au loc aperat a l'Enfermey, ayssi cum es
entre l'ausat de las quatre liuras bassas deu priorat
deud. Solac, d'una part, et la jala deu molin deu prior
deud. Solac et de sons parsoneys, d'autra part » (5 décembre 1446). — 18. Inventaire de titres de la fabrique,
mentionnant une requête du 17 mai 1601, « pour inhi-
ber et deffendre de ne tirer aucuns coups d'arquebuze
ne d'arbaleste contre les murailhes de lad. esglise »
(25 août 1602). — 27. Reddition des comptes de divers
fabriqueurs, notamment de celui de l'hôpital, devant
les bourgeois et manants de Soulac (24 juin 1633).

H. 512. (Liasse.) — 1 cahier de 21 feuillets parchemin, 2 pièces
parchemin, 16 pièces papier. (Armoire B, layette 24, liasse 1 de
l'ancien classement.)

1164-1711. — Prieuré de Saint-Aubin-de-Blaignac.
— 1-2. Provision, en faveur de Pierre de Cologne, du
prieuré de St-Aubin, vacant par le décès de Jean Joubert de Barrault (4 août 1643). — 3. Collation par

l'abbé à Dom Barthélemy Delaprade du prieuré de S‑Aubin, vacant par le décès de M. Brache (4 février 1709). — 6. Procuration donnée par « frère Pierre de Colonia » à l'effet de prendre possession du prieuré de S‑Aubin (« Saint-Macaire, maison de noble Jean de La Rocque, escuyer, sieur de Meyroux, capitaine au régiment de S. A. M⁼ le comte d'Alcourt » (?) (20 août 1643).

H. 513. (Liasse.) — 1 cahier de 10 feuillets papier, 6 pièces parchemin, 31 pièces papier. (Armoire B, layette 24, liasse 2 de l'ancien classement.)

1440-1709. — Prieuré de S‑Aubin. — 1-2. Procès-verbal de la plantation des croix de la sauveté, à S‑Aubin-de-Blaignac, par frère Jean Guillem, prieur, et Pierre Johan, prévôt pour le seigneur de Gramont, de Blaye et de Blanhadès (4 février 1440, n. s.). — 3. Accord entre Jean de Souvielle, prieur de S‑Aubin, et Jean Leynaud, vicaire perpétuel, touchant les novales (15 novembre 1486). — 15. Requête de « Pierre de Calonia », mis en possession du prieuré de S‑Aubin le 20 août 1643 (11 février 1644). — 28. Reconnaissance à Eymeri Jaubert de Barraud, ambassadeur près le roi d'Espagne, vice-amiral en Guienne, sénéchal et gouverneur de Bazas, baron de Blaignac, seigneur des maisons nobles de Barraud, Lugaignac, etc. (30 janvier 1605). — 33. Prise de possession du prieuré de S‑Aubin, comté de Blaignac, par le fondé de pouvoir de dom Barthélemy Delaprade, résidant à l'abbaye de S‑Germain-des-Prés, titulaire dud. prieuré (16 février 1709). — 34. État des lieux de la maison prieurale (29 avril 1709).

H. 514. (Liasse.) — 1 cahier de 23 feuillets papier, 7 pièces papier, 2 pièces parchemin. (Armoire B, layette 24, liasses 3-5 de l'ancien classement.)

1338-1715. — Prieurés de S‑Aubin-de-Blaignac, d'Allemans, de Soulac et de Montauriol. — 1. Prise de possession de la cure de S‑Aubin-de-Blaignac par Jean Alaux, curé de S‑Léon : l'église étant fermée, le curé, agenouillé devant la porte, a « examiné le grand autel d'icelle par un trou qui est audit portal », etc. (10 juin 1707). — 2. Mémoire de Cambous (?) sur le droit de présentation à la cure de S‑Aubin (20 mars 1707). — 6. Collation à Pierre de Villars du prieuré d'Allemans, vacant par le décès d'Antoine de Nort (13 août 1604). — 7. Compte rendu à l'abbé de S‑Croix par « Bertrandus de Lesergus, prior prioratus de Ala-mancio » (1365). — 8. Liève pour Soulac : mention d'immeubles sis rue Fort, rue de *Las Peyres*, à Biganeu, à Châteleraut, rue de Castillon, à Savettat, rue d'Espaigne, « la Vidau, près la foun de Courales », au Cagouliey, au puis du Gay, au puis de la Pillane, à Sallefranc, rue de Montauban, au Guahet, au puis Galin y, au Safraney, au puy du Guet, près l'hôpital, a las Homenades *alias* à Sarrasin, « a Lestabery, près le simentière », etc. (xviiᵉ siècle).

H. 515. (Liasse.) — 9 pièces parchemin, 14 pièces papier. (Armoire B, layette 25, liasses 2, 3 et 5 de l'ancien classement.)

1195-1721. — Prieurés de Soulac et de Montauriol. — 1. Accord avec le seigneur de Lesparre (copie; 1195). — 4. Collation du prieuré de Montauriol par Blaise de Madronnet, doyen d'Uzeste, chanoine de S‑Seurin, vicaire général d'Ogier Hunaud de Lanta, abbé de S‑Croix (19 janvier 1535, n. s.). — 5. Accord entre Foulques « de Mastacio », chevalier, et Eustache de La Lande, sa femme, d'une part, et S‑Croix, de l'autre, touchant des acquisitions faites par led. couvent dans des fiefs et arrière-fiefs desd. Foulques et Eustache, « infra castellaniam Montis-Andronis » (27 août 1304). — 13. Hommage par Pierre de Beaufort, *alias* du Poget, prieur de Montauriol, au Sénéchal, pour la temporalité de son bénéfice (8 décembre 1464). — 15. Pariage entre Jean de Grailly, sénéchal d'Agenais pour le roi d'Angleterre, et l'abbé de S‑Croix, portant règlement de la justice haute et basse de Montauriol (15 juin 1286). — 19. Accord relatif aux dîmes et autres droitz, entre André Daunay, prieur de Montauriol, et P. Gaufre, curé de S‑Maurice : « Entre la terra del predich senhor en P. Gaufre que ha e te permaio e per casal, e la terra del predich senhor priuol metran bolas de peira perdurabblas » (29 février 1284, n. s.). — 20. Compromis entre Pierre de Belfort, prieur de Montauriol, et le curé de S‑Maurice touchant les dîmes de cette paroisse (29 août 1480).

H. 516. (Liasse.) — 6 pièces parchemin, 3 pièces papier. (Armoire B, layette 27 de l'ancien classement.)

XIIᵉ siècle-1590. — Prieuré de Saint-Macaire. — 1. Début d'une bulle d'Innocent [IV] « qui soumet les religieux et prieuré de S‑Machaire à S‑Croix » (« 2 idés janvier 1246 »). — 2-6. Fragments d'un rouleau renfermant des titres de S‑Croix sur S‑Machaire : bulle d'Alexandre [III], prescrivant à l'archevêque B[ertrand] d'assurer l'exécution des décisions qui soumettent

S‘-Macaire à S‘‘-Croix (Sens, 19 décembre [1164]);
requête de l'abbé B[ertrand], exposant au Pape que
l'Archevêque ne s'est pas conformé à ses instructions
(s. d.); autre bulle d'Alexandre prescrivant à l'Archevêque d'obliger dans les quinze jours les moines de
S‘-Macaire à se soumettre (Sens, 15 mars [1165]); lettres
au roi d'Angleterre, l'invitant à faire respecter les décisions du S‘-Siège (s. d.); bulle d'Honorius [II] à l'archevêque A[rnaud], soumettant S‘-Macaire à S‘‘-Croix
(Latran, 26 novembre [1125-1129]); autre bulle adressée
aux moines de S‘-Macaire (même date); bulle d'Alexandre [III] sur le même conflit (Bourges, 12 septembre
[1165]); bulle du même à Guillaume, évêque de Bazas
(Bourges, 12 décembre (sic); lettre dud. évêque à
B[ertrand], abbé de S‘‘-Croix; commission du Pape aux
abbés de La Couronne et « de Cella » à l'effet de recevoir les dépositions des témoins âgés ou malades
(Bourges, 12 septembre); lettre de l'archevêque B[er-
trand], au pape A[lexandre]: l'Archevêque a confirmé
l'excommunication prononcée par l'abbé contre les
moines de S‘-Macaire, « et si forte litteras ex parte
nostrâ et sigillo nostro sigillatas vobis ostenderint,
noverit discretio vestra eas falsas esse » (s. d.); lettre
au Pape par l'abbé: les moines de S‘-Macaire, « ad
ecclesiam Clusinam divertentes, eam mendaciis et
falsitatibus suis circumvenire et, ut dicitur, contra
nos ipsam movere laborant »; bulle du pape A[lexan-
dre] à l'archevêque B[ertrand], afin d'empêcher que les
moines de S‘-Macaire ne soient reçus dans l'église de
Pian et autres voisines (Sens, 8 juillet [1164]); du
même au même, pour lui enjoindre d'excommunier
les moines rebelles, « accensis candelis » (Sens, 4 février
[1164-1165]); charte de l'archevêque Arnaud, sur le
conflit avec les religieux de S‘-Macaire, qui refusaient
de se rendre à S‘‘-Croix, « quoniam Sanctus-Macha-
rius non cella Sancte-Crucis, sed per se monasterium
erat » (1120); charte de l'évêque d'Angoulême G[érard],
sur la même affaire (1121). — 7. Ordre d'assigner
Guillaume Cartardy, prieur de S‘-Macaire (vidimé;
4 avril 1506). — 9. Bail à ferme de droits à S‘‘-Croix-
du-Mont par le fondé de pouvoir du P. François de
Bord, recteur de la Madeleine (26 janvier 1590).

H. 517. (Liasse.) — 9 pièces parchemin. (Armoire C, layette 1,
liasses 1-2, de l'ancien classement.)

1412-1566. — Collations, etc. — 1. Bulle de
Jean XXIII, autorisant l'abbé Pierre à prêter serment
entre les mains d'un prêtre catholique quelconque
(29 novembre 1412). — 2. Lettre de l'amiral d'Angleterre, gouverneur de Guienne, retirant la décision par
laquelle il avait nommé abbé de S‘‘-Croix Paschasie
Guilhot, moine du diocèse de Londres, et reconnaissant
les droits de l'évêque de Bazas, abbé commendataire;
vidimus et confirmation par le Roi (24 août 1439 et
5 juillet 1443). — 3-4. Bulle portant provision de
l'abbaye S‘‘-Croix en faveur de Bernard, cardinal de
Salviatis, et lettres d'attache du Roi (17 janvier 1565-
26 juin 1566). — 5. Procuration par le cardinal Bernard
de Salviatis à l'effet de prendre possession de S‘‘-Croix
(20 mars 1566). — 6. Installation du procureur dud.
cardinal, mentionnant les bulles de provision en date
du 17 janvier 1565 (2 octobre 1566). — 7. Bulle
conférant à Jules de Salviatis l'abbaye de S‘‘-Croix,
résignée le jour même par Bernard; formule du serment à prêter par l'impétrant (14 août 1566).

H. 518. (Liasse.) — 1 cahier de 13 feuillets papier, 2 pièces
parchemin, 15 pièces papier. (Armoire C, layette 1, liasse 3 de
l'ancien classement.)

1631-1761. — Collations, etc. — 1. Cession par
Pierre d'Ornano, « seigneur de S‘‘-Croix » résidant en
sa maison noble de Sénéjac, paroisse Du Pian en Médoc,
à Jean Desaigues, écuyer, sieur de Chesnevert, habitant
de Bordeaux, d'une rente viagère de 2,000 l. payable
par Jacques Desaigues, abbé de S‘‘-Croix (25 octobre
1631). — 5-6. Procuration d'Henri d'Escoubleau de
Sourdis et Jacques Desaigues pour résigner au profit
l'un de l'autre, le premier l'abbaye de Cadouin et le
second l'abbaye de S‘‘-Croix (27 mai 1640). — 12. Supplique et signature en cour de Rome pour Henri d'Escoubleau de Sourdis, possesseur de six monastères,
savoir: Sablonceaux, Le Jard, Mauléon au diocèse de
Maillezay, Airvault, S‘-Jouin-des-Marnes et Royaumont,
doyen de S‘-Émilion, nommé par le Roi à l'abbaye
de La Sauve; il lui est accordé la commende de
S‘‘-Croix, à lui cédée par Jacques Desaigues en échange
de Cadouin (24 décembre 1643 et 23 avril 1644; copie
authentique). — 13. Procès-verbal des opérations de
Jean Duduc, conseiller à la Cour, commis à l'inventaire des titres de S‘‘-Croix; mention d'un « livre couvert de bois et de bazane verte biffée, de la grosseur
d'un pouce, contenant pour la première pièce unne
coppie de la dotation faicte par le duc Guillaume en
fabveur de l'abbé et religieux »; mention de la confirmation par Henri d'Angleterre des privilèges accordés en
1027 par le duc Guillaume, etc. (juillet 1644). — 16. Procès-verbal constatant qu'Henri de Sourdis a été mis en

possession de partie de l'abbaye; mention « d'une caige de boix fort haute à faire suer, environnée d'un linseul. » (septembre 1644). — 17-18. Bulle conférant à Louis Baillon de Beautteville, évêque d'Alais, l'abbaye de Ste-Croix vacante par le décès de Louis-Charles-Vincent de Salaberri (30 mars 1761).

H. 519. (Liasse.) — 4 pièces parchemin, 20 pièces papier. (Armoire C, layette 1, liasses 4-5 de l'ancien classement.)

1175 (?)-1689. — Collations, etc. — 1. Bulle d'Alexandre [III] confirmant à Rufat, clerc, « capellaniam Sancti-Macharii », à lui concédée par l'archevêque (Ferentino, 24 juin [1175?]). — 2. Collation par Clément Molle, chanoine de St-Seurin, vicaire général de Jean Du Bellay, à Raimond de Méricam, de la vicairie perpétuelle de St-Macaire, vacante par le décès de Guillaume Tuelle (25 avril 1546). — 4. Collation à Guillaume Fata-Dulong, prêtre du diocèse de Tarbes, de la vicairie perpétuelle de St-Martin dans l'église St-Sauveur de St-Macaire, à la suite du décès de Bernard Puet (7 décembre 1689). — 16. Collation d'une chapellenie à Benoît Arnal, curé de Soulac (22 mars 1502, n. s.). — 19. Collation de la chapellenie de La Crote; sceau de l'abbé de Ste-Croix (24 décembre 1423). — 20. Collation de la chapelle de La Crote aussitôt après le coup de midi (extrait du livre de Mathurin Pitaud, notaire de l'Archevêché; 7 avril 1509).

H. 520. (Liasse.) — 19 pièces papier. (Armoire C, layette 2, liasse 1 et liasse 4, pièces 2 et 3, de l'ancien classement.)

1650-1710. — Rapports avec l'abbé. — 9. Procuration par Antoine Robert, prêtre, « logé dans l'hostellerie où pend pour enseigne *le Feisan*, rue des Combes, parroisse St-Siméon » (11 septembre 1675). — 14. Procès-verbal de l'état des lieux de l'abbaye : on « a faict redresser et reffaire le petit clocher qui est sur le cœur de lad. esglize, lequel est couvert d'ardoize » (4 mars 1664).

H. 521. (Liasse.) — 6 cahiers de 152 feuillets papier, 12 pièces papier. (Armoire C, layette 2, liasse 4 de l'ancien classement.)

1715-1770. — Rapports avec l'abbé : réparations aux immeubles appartenant au monastère. — 2. Devis par experts de réparations à exécuter à des bâtiments dépendant de Ste-Croix (1715-1716). — 4. Expertise en vue de reconnaître les réparations nécessaires à l'abbaye et à l'église (janvier-février 1753). — 5. « Copie des articles du verbal des experts ecclésiastiques », concernant la lingerie, l'orfèvrerie, etc. (2 mars-14 avril 1753). — 6. Attestation de l'évêque de Montauban, déclarant qu'il a acheté l'ancien orgue de Ste-Croix (cachet armorié; 13 novembre 1755). — 7. Procès-verbal d'expertise par J.-B. Bordonneau, ancien organiste de St-André, et deux autres experts, contenant la description de l'orgue ancien et du nouveau (29 juin 1756). — 11. Rapport d'expertise de Jacques Turmeau, Jacques Oudry et Jean Poulange, fondeurs; mention d'une cloche donnée en 1655 par Thomas Poncet, bourgeois (6 juillet 1756). — 13. Procès-verbal de réception des travaux effectués à la suite de l'expertise de 1753 (septembre 1757-28 juin 1758).

H. 522. (Liasse.) — 2 pièces parchemin, 16 pièces papier. (Armoire C, layette 2, liasses 6-11 de l'ancien classement.)

1589-1752. — Rapports avec l'abbé. — 3. Saisie des biens nobles de l'abbé, faute par lui d'avoir rendu hommage (22 avril 1679). — 13. « Mémoire du contenu dans un livre en parchemin couvert de bois que l'abbé de Ste-Croix m'a presté » : mention d'une sentence arbitrale du 14 mars 1255 (n. s.), entre l'abbé et les habitants de Macau, interdisant à ces derniers de se fortifier sans la permission de l'abbé, etc.; mention de l'achat, en juin 1235, à Valence de Ludon, du *castera* de Macau, du pont de Cantemerle à la mer et de la sauveté aud. pont; mention de l'achat fait, le même jour, à Amanieu d'Escures, « du fief et jurisdiction dud. casterat »; mention d'une sentence arbitrale fixant les obligations des paroissiens Du Taillan envers Ste-Croix et les limites du fief, etc. (s. d.). — 14. Ordre à l'archevêque d'Auch, aux évêques de Bazas, Lectoure, Tarbes, Dax, Bayonne, etc., de lever les deniers nécessaires pour payer à leurs députés aux États de Blois la taxe à eux allouée, savoir : à l'évêque de Bazas, 1,206 écus deux tiers, à 6 écus deux tiers par jour, et à l'abbé de Ste-Croix 281 écus, à 4 écus un tiers par jour (31 janvier 1589). — 16. Inventaire de titres remis par l'abbé Desaigues (14 décembre 1644).

H. 523. (Liasse.) — 13 pièces parchemin, 1 pièce papier. (Armoire C, layette 3, liasse 1 de l'ancien classement.)

1301-1435. — Propriétés et seigneuries foncières dans la paroisse Ste-Croix, *au Peyrat*. — 3-4. Ensaisinement par l'abbé P. de Sermet de l'acquéreur d'une rente tenue en fief de l'abbé et que l'abbesse de Ste-Claire, sœur

Agnès de Lilhan, a dû vendre, le monastère n'ayant pas voulu que ce fief tombât en mainmorte (26 janvier 1341, n. s.). — 14. Ensaisinement par Henri, évêque de Bazas, administrateur de l'abbaye, en présence de Gaillard Ros, prieur claustral (25 novembre 1435).

H. 524. (Liasse.) — 1 cahier de 22 feuillets papier, 2 pièces parchemin, 4 pièces papier. (Armoire C, layette 3, liasses 4-5 de l'ancien classement.)

1340-XVIIIe siècle. — Droits dans la paroisse de Ste-Croix. — 1. Procès-verbal de la visite des bâtiments de l'abbaye (19-23 juillet 1708). — 3. Bail à cens d'un emplacement «joignant le chai de lad. abbaïe et proche la fenestre par laquelle on a acoustumé (?) de descharger les agrières de lad. abbaïe » (3 février 1657). — 4. Bail à cens d'une maison sise « davant lo pus deu peyrat Santa-Croys »; témoin : Bernard de La Taste, prieur de Ste-Croix (29 novembre 1340). — 6. Transaction avec les Jésuites du noviciat : « Le Roy ayant fait bâtir un fort appellé le fort Louis joignant lesd. possessions du noviciat, il lui auroit été nécessaire de prendre pour la construction de cette place une partie du jardin et terrain dud. noviciat, ce qui s'est fait en différents temps, savoir ès années 1676 et 1691 » (11 mai 1711). — 7. Requête à l'Intendant, exposant que l'abbaye n'a pas été indemnisée pour les terrains pris, en 1676, en vue de l'agrandissement du fort Louis et, deux ans avant la requête, en vue de l'extension des glacis. Au dos : « M^r l'Intendant n'a vouleu la répondre » (xviiie siècle).

H. 525. (Liasse.) — 7 pièces parchemin, 17 pièces papier. (Armoire C, layette 4, liasse 1 de l'ancien classement.)

1181-1786. — Moulins de Ste-Croix. — 7. Arrérages de la rente de 48 boisseaux de froment due par l'abbé à Mme de Civrac pour le moulin de Ste-Croix, d'après les prix communs suivants : 1652, 15 l. 3 s. 1 d.; 1653, 13 l. 10 d.; 1654, 9 l. 15 s. 3 d.; 1655, 5 l. 15 s. 5 d.; 1656, 5 l. 12 s.; 1657, 4 l. 12 s. 10 d.; 1658, 5 l. 1 s. 4 d.; 1659, 7 l. 9 d.; 1660, 7 l. 8 s. 4 d.; 1661, 7 l. 4 d.; etc. (1696 ?). — 3-9. Extraits de fourleaux (1645-1712). — 15. Mémoire pour établir le droit exclusif de l'abbaye sur les eaux de l'*estey* du moulin, le fond dud. ruisseau et le chemin de service; mention d'un acte de 1303, duquel il résulte que les murs de ville ont été construits sur le fonds du monastère; etc. (1786?). — 16. Charte de Richard confirmant les droits de l'abbaye (1181; vidimus du xive siècle). — 18. Transaction avec Comtor,

fille d'Étienne de Latour, au sujet du moulin de La Grave, sur le ruisseau de Peyrelongue; ladite transaction préparée par Bernard, trésorier de St-André, Arnaud de Ramafort, archidiacre d'Agen, Geoffroy de Donzac et Gaillard de Bordeaux, chevaliers, et confirmée en présence de l'archevêque Élie, dans sa cathédrale, devant l'autel de s^t Macaire (19 avril 1192). — 19. Transaction avec Baudouin de Centujan et Pierre, son frère, portant abandon par ces derniers de droits sur les eaux du moulin de Ste-Croix, sur le padouen de Prat-Pudent, etc. (1217). — Donation par P. d'Arsac, seigneur d'Arsac, avec le consentement de ses fils Pierre, G.-Gérard et Gérard, de la dîme du moulin de Peyrelongue, plus « decimam de ludeia que est in parrochia Sancte-Helene »; témoins : Bernard de Blanquefort, G.-Ern. d'Ornon, chevaliers, et autres (janvier 1234, n. s.). — 23. Bail du moulin de Peyrelongue : les preneurs le rendront « molent e apparelhat de molas ab 11 pes e demech d'espes e no dampnadgat ni affolat »; ils seront responsables des dommages résultant de la non-exécution des conventions, « no contrastan la costuma de Bordales per que hom se pot defendre que no sia tengutz de pagar costz ni messions, destardis ni dampnadges que sian feitz en fauta de paga »; ils renoncent à « la costuma de Bordales que vou que per lo judge per devant cui es feita la fermadura sia feita la constrensa » et à cette autre « per laquau hom se pot defendre que no sia constrent en cors tant cum aya bens de que pusca pagar »; témoin : Pierre de La Porte, curé de Saucats (28 mai 1347). — 24. Reconnaissance par Jean Faure, seigneur de La Tour, domicilié dans la rue Neuve, paroisse St-Michel, pour la moitié du moulin de Peyrelongue, acquise, le 11 juin 1518, de noble Henri de Laurensanes, l'autre moitié appartenant aux héritiers de noble Guy Eyquem, seigneur de Montaigne (copie authentique; 28 février 1519, n. s.).

H. 526. (Liasse.) — 1 cahier de 72 feuillets, 8 pièces parchemin, 5 pièces papier. (Armoire C, layette 4, liasse 2 de l'ancien classement.)

1364-1586. — Moulin de Peyrelongue. — 2. Acte mettant fin à un procès au sujet du moulin de Peyrelongue entre l'abbaye, Bertrand de Francs, chevalier, et Jeanne de Majensan, sa femme; présent : Bernard d'Origne, prieur de Soulac (copie; 10 mars 1364, n. s.). — 4. Accord avec Jeanne de Mayensan, femme de noble Bertrand de Ségur, dit de Francs, prorogeant un compromis relatif au moulin de Peyrelongue, et acte des maire et jurats de Bordeaux donnant pouvoir à des notaires de délivrer des expéditions de contrats reçus par d'autres notaires (septembre 1367 et 14 décembre 1377). — 6. Documents incomplets relatifs à l'eau du moulin de Peyrelongue : procuration, par Bertrand de Ségur, *alias* de Francs, chevalier (3 février 1368, n. s.); acte en présence de Jean Libet et de Bernard de St-George, maçons (16 décembre 1368) (copie authentique de 1593). — 7. Vente par Amanieu Colom, chevalier, bourgeois de Bordeaux, paroissien de Ste-Colombe, à l'abbé Pierre de Camiade de la huitième partie du moulin de Peyrelongue, moyennant 62 livres et demie (11 août 1364). — 11. Reconnaissance pour le moulin de Peyrelongue, sur l'Eau-Bourde, près des padouens des hommes de Bègles (28 mars 1480). — 12. Bail à fief du moulin de Peyrelongue, détruit par l'armée du Roi (copie authentique; décembre 1454). — 13. Arrêt condamnant Pierre de Montaigne, chanoine de St-André, à reconnaître pour le moulin de Peyrelongue (décembre 1573).

H. 527. (Liasse.) — 3 pièces parchemin, 16 pièces papier.
(Armoire C, layette 4, liasse 3 de l'ancien classement.)

1569-1706. — Procès relatifs aux moulins. — 16. Arrêt intéressant le fermier du moulin de Peyrelongue, lequel appartient à Michel de Montaigne, chevalier de l'ordre du Roi (3 mai 1577).

C. 528. (Liasse.) — 17 pièces parchemin, 41 pièces papier.
(Armoire C, layette 4, liasse 4 de l'ancien classement.)

1522-1723. — Droits sur les moulins. — 2. Propositions à mettre à l'enquête concernant la prise d'eau qui a été faite à l'Eau Bourde au profit de l'hôpital que les Jurats font construire pour les pestiférés, *aux Illets* (11 avril 1522).

H. 529. (Liasse.) — 2 pièces parchemin, 22 pièces papier.
(Armoire C, layette 4, liasse 5 de l'ancien classement).

1514-1766. — Moulins de Ste-Croix. — 2. Réquisitoire du Procureur général, intervenant dans un procès afin de faire interdire « d'emparoler ou de pactizer les moudures des bleds avec les boulangers ou autres particulliers pour establir une espèce de bannalité et détourner la moudure des moulins voisins, contre la liberté publique » ([1684]). — 3. Mémoire sur les raisons qui ont fait interdire aux boulangers d'affermer les moulins (s. d.). — 9. Bail à ferme des trois moulins de l'abbaye par frère Jean Du Sailhant, prieur, au nom de Christophe de Brilhac, abbé (7 novembre 1514). — 13. Plainte de l'abbé de Ste-Croix sur les déprédations commises par les hommes qui, toutes les nuits, montent la garde au moulin de l'abbaye (24 septembre 1574). — 16. Sommation aux maire et jurats, au sujet de l'état des murs de la ville, dont la ruine menace le moulin de Ste-Croix (7 novembre 1634).

H. 530. (Liasse.) — 1 cahier 22 feuillets papier, 4 pièces parchemin, 25 pièces papier. (Armoire C, layette 4, liasses 6 et 8 de l'ancien classement.)

1527-1699. — Moulin de Ste-Croix et moulins voisins. — 1. Bail à ferme des moulins et four de l'abbaye par l'abbé Augier Hunauld de Lanta : l'abbé fournira 10 charretées de foin pour les ânes du moulin, 12 barriques de pinpin et autant de breuvage, etc. ([1554]). — 5. Acte par l'intendant de Mme de Civrac, « de présant en cette ville, logé dans led. hostel et baronnie de Lalande, scis rue Neuve, parroisse St-Michel » (26 mai 1699). — 15. « Sommaire de ce que résulte des productions de la damoiselle de La Rivière » : « Les notaires inculquent bien souvent hors la substance du contract de beaulcoup de motz pour remplir davantage le pappier et qu'ilz n'entendent pas » (sans date). — 16. Dénombrement par Louis de Beaumont, sénéchal du Poitou, des biens à lui attribués après confiscation sur « Jean de Lalande, chevallier du pays de Bourdellois, » qui a été rebelle envers le Roi « en la compagnie de feu messire de Tallebot et d'autres anglois » (copie ; xve siècle). — 19. Sentence dans un procès avec « Bonne-Adventure de Leur, dame daurière des seignuries et baronies de La Brède, de La Rivière et de la maison noble de Lalande, scize en ruhe Neufve », agissant au nom de Louis de Lisle, son fils et de feu Gaston de Lisle, au sujet de « trois molins moulans à eau, scitués en lad. ville de Bourdeaux et dans les meurs d'icelle, confrontant..... à la tour dudict meur de lad. ville comunément appellé la tour de Saincte-Croix » (30 octobre 1576). — 24. Arrêt du parlement de Paris visant un incident de faux, expertise en écriture, etc. (30 juin 1695). — 29. Procuration donnée par Angelique-Avarie (?) Dubourdet, veuve de Charles de Durfort, marquis de Civrac, comte de Blaignac, baron de Lalande, captal de Buch, seigneur de Certes, sénéchal et gouverneur de Bazas et du Bazadais (« chatteau de Blaignac, parroisse de Cabera », 2 octobre 1696).

H. 531. (Liasse.) — 1 cahier 11 feuillets papier, 4 pièces parchemin, 80 pièces papier. (Armoire C, layette 4, liasses 9-11 de l'ancien classement.)

1576-1710. — Droits sur des moulins. — 12. Accord entre Angélique-Acarie Dubourdet, veuve de Charles de Durfort, domiciliée en son château de Blaignac, et Eymeric de Durfort, capitaine de carabiniers du Roi, « estant de présent en cette ville logé au logis où pend pour enseigne *le Manteau royal*, rue du Loup, paroisse S'-Siméon » (20 février 1696). — 14. Requête au nom de Jean Dubois, écuyer, seigneur de Laclotte, marié à Jeanne de Ségur (21 février 1577). — 21. Bail à ferme par Jean Ridder, banquier, demeurant rue Neuve, au prieuré de S'-Croix, du moulin de Peyguiraud, paroisse de Bègles (17 novembre 1659). — 35. Reconnaissance par Alexandre de Ségur, « grand président au parlement de Bordeaux », à l'abbé de S'-Croix pour le « moulin qui est sur l'estey, paroisse de Bègle, appellé le moulin de Peyguiraud » (27 mai 1707).

H. 532. (Liasse.) — 4 pièces parchemin, 11 pièces papier. (Armoire C, layette 5 de l'ancien classement.)

1286-1693. — Droits et seigneuries foncières dans la paroisse S'-Croix. — 6. Transaction avec Raimond de Noyret, « chanoine et sous-chantre de l'église métropolitaine S'-André dud. Bordeaux et en cette qualité curé primitif de la paroisse de Lignan Entre-deux-Mers » (11 mai 1713). — 7. « Mémoire du temporel des dames religieuses de S'-Benoist » (s. d.). — 10. « Tiltres... contenant plusieurs octrois de sauvetat donnés par les religieux de S'-Croix » (copie authentique ; 1455-1465).

H. 533. (Liasse.) — 2 pièces parchemin, 2 pièces papier. (Armoire C, layette 6, de l'ancien classement.)

1353-1540. — Droits de propriété et de seigneurie foncières dans la paroisse de S'-Croix. — 1. Reconnaissance mentionnant une chapellenie fondée à S'-Croix par feu Pierre Colom (25 novembre 1441). — 2. Ensaisinement à la suite d'une vente consentie par « Ramonda de Terrafort, en nome e en loc'e en perssona e cum tutayritz » de ses enfants, moyennant 33 écus et demi d'or de l'ancien coin de France, et 9 écus d'or clinquarts du second coin de France (10 janvier 1353, n. s.).

H. 534. (Liasse.) — 11 pièces parchemin, 6 pièces papier. (Armoire C, layette 7, liasse 1 de l'ancien classement.)

1337-1652. — Droits de propriété et de seigneurie foncières dans la paroisse S'-Croix. — 13. Procuration donnée par l'abbé Amanieu de Lamothe à Pierre de Montausier, prieur de Soulac, moine de S'-Croix, et à Pierre Fray, réfectorier, et réconnaissance reçue par ce dernier (juillet 1386 et 21 décembre 1395).

H. 535. (Liasse.) — 5 pièces parchemin, 9 pièces papier. (Armoire C, layette 7, liasses 2-5 de l'ancien classement.)

1416-1690. — Droits et seigneuries foncières dans les paroisses S'-Croix et S'-Michel. — 5. Reconnaissance par « Berard de Latasta, donzet, demorant en lo poder de Lagoyran Entre-dos-Mars » (15 mars 1416, n. s.). — 11. Reconnaissance par Jean Boursac, écuyer, s' de Larue, domicilié en sa maison noble de Lesfonts, en Périgord, diocèse de Sarlat (23 décembre 1689).

H. 536. (Liasse.) — 1 cahier de 16 feuillets papier, 13 pièces parchemin, 9 pièces papier (Armoire C, layette 8 de l'ancien classement.)

1337-XVIII* siècle. — Droits dans la rue des Vignes et autres rues de Bordeaux. — 11. Reconnaissance pour un « hostau en que a dos sous de terra, ab los murs et maderas entegras et ab los mechs pes de fforas que s'i appartenen » (5 juin 1460). — 18. Renonciation par Élie Lo Tolh, entre les-mains de l'abbé de S'-Croix, à ses droits sur un immeuble donné à son père et baillé à fief par led. Élie : l'immeuble étant dans la directe de l'abbaye, le bail à fief est nul de droit et le tenancier paye 20 l. à Élie Lo Tolh pour que celui-ci s'efface (copie ; 5 janvier 1431, n. s.).

H. 537. (Liasse.) — 16 pièces parchemin, 8 pièces papier. (Armoire C, layette 9 de l'ancien classement.)

1373-1671. — Droits dans la rue des Bouviers et autres rues de Bordeaux. — 5. Reconnaissance pour une maison sise « en la... rua deus Boeys, autrament aperada Bern.-Ayon » (6 juin 1424). — 12. Reconnaissance en présence de Bertrand de Lasale, prieur de Cayac (25 novembre 1450).

H. 538. (Liasse.) — 18 pièces parchemin. (Armoire C, layette 10, liasse 1 de l'ancien classement.)

1381-1455. — Droits dans la rue Planterose.

H. 539. (Liasse.) — 11 pièces parchemin, 1 pièce papier. (Armoire C, layette 10, liasse 2 de l'ancien classement.)

1397-1644. — Droits dans les rues Planterose et Ducasse.

H. 540. (Liasse.) — 7 pièces parchemin, 10 pièces papier.
(Armoire C, layette 11, liasse 1, de l'ancien classement.)

1408-1724. — Droits dans la rue Ducasse, *alias* Maucaillou. — 4. Ensaisinement de l'acquéreur d'une maison vendue par Jean d'Arroquers, damoiseau, et Jeanne de La Mote, sa femme (5 novembre 1408). — 11. Requête de l'abbé touchant « partye d'une maison et tour... appartennante à Jean Dubosc, escuyer, sieur de Canteloup, baron de Villefranche » (août 1620).

H. 541. (Liasse.) — 12 pièces parchemin, 18 pièces papier.
(Armoire C, layette 11, liasse 2 de l'ancien classement.)

1437-1745. — Droits dans la rue Ducasse, *alias* Maucaillou. — 1. Reconnaissance pour une maison sise « en la rua aperada Deu Casse, qui s'en poya deu putz de Sent-Miquéu enbert lo putz de Maucalhau » (24 juillet 1437). — 11. Promesse de servir une rente de 150 livres, payable en « barriques neufves, gauge de la présant ville, bonnes et marchands et conditionné[e]s suyvant le statut, au pris de vingt-quatre livres la douzaine » (9 mars 1624). — 26. Reconnaissance par Henri Demons, marchand, paroissien de St-Michel (6 octobre 1483).

H. 542. (Liasse.) — 11 pièces parchemin, 13 pièces papier.
(Armoire C, layette 11, liasses 3-5 de l'ancien classement.)

1336-1694. — Droits dans la rue Permentade de Maucaillou et dans d'autres rues.

H. 543. (Liasse.) — 7 pièces parchemin, 5 pièces papier.
(Armoire C, layette 12, liasses 1 et 2 de l'ancien classement.)

1274-1670. — Droits dans les rues Leyteyre et du Mirail. — 11. Vente en présence de Rostaing Dusoler, prieur de St-Macaire, et Raimond de Lataste, « caperan Senta-Crois » (27 février 1274, n. s.).

H. 544. (Liasse.) — 17 pièces parchemin.
(Armoire C, layette 12, liasse 4 de l'ancien classement.)

1292-1450. — Droits dans la rue du Mirail. — 1. Vente d'un bien pour payer à une veuve « son maridatge » (18 décembre 1292). — 7. Retrait féodal (31 juillet 1388). — 10. Reconnaissance pour une maison avec jardin sis devant le puits du Mirail, confrontant « l'ostau de moss. Henrric Woet, archibesque d'Iork » (16 novembre 1413). — 11. Reconnaissance pour une maison avec jardin, devant le puits du Mirail, confrontant « l'ostau

et yssida de mossen Nicholau Boed, cabaley angles » (25 novembre 1435). — 14. Reconnaissance par Thomas Woed, écuyer, domicilié en Angleterre, et un autre, procureurs de Thomas Woed, chevalier, pour une maison achetée, en 1396, en même temps qu'une autre maison, par Henri Woed, archevêque d'York (16 décembre 1430). — 15. Reconnaissance pour une maison donnée entre vifs par Nicolas Boed, chevalier anglais (30 janvier 1444, n. s.).

H. 545. (Liasse.) — 12 pièces parchemin, 4 pièces papier.
(Armoire C, layette 12, liasses 5-7 de l'ancien classement.)

1386-1629. — Droits dans les rues du Mirail et de Maucaillou et à Longueborne.

H. 546. (Liasse.) — 10 pièces parchemin.
(Armoire C, layette 13, liasse 1 de l'ancien classement.)

1316-1435. — Droits dans la rue Bernard-Pincera. — 1. Don d'une seigneurie directe par Bertrand de Lafont, clerc de la paroisse de St-Projet, notaire apostolique (7 avril 1316). — 5. Lettres de Jean Tiptost, sénéchal, accordant « de abisamento consilii regii Burdegalensis », à Jean Molinier, notaire, fondé de pouvoir de Philippe Caxtone, garde général des papiers des notaires morts du duché d'Aquitaine, le droit d'en délivrer des expéditions (copie notariée, 30 novembre 1419).

H. 547. (Liasse.) — 1 cahier 14 feuillets parchemin, 5 pièces parchemin, 62 pièces papier. (Armoire C, layette 13, liasse 2 de l'ancien classement.)

1435-XVIIIᵉ siècle. — Droits dans la rue Stᵉ-Catherine. — 37. Déclaration au procureur de Robert Bordeyron, prieur des séminaires (2 mars 1671). — 59. Signification au nom de Marie-Anne Demons, supérieure de la Visitation (9 avril 1724). — 61. Sentence du Sénéchal, sur demande de Marie-Justine de Chapolay, supérieure de la Visitation (20 mai 1730).

H. 548. (Liasse.) — 6 pièces parchemin, 10 pièces papier.
(Armoire C, layette 14, liasse 2 de l'ancien classement.)

1435-1671. — Droits dans la rue Stᵉ-Catherine.

H. 549. (Liasse.) — 3 pièces parchemin, 16 pièces papier.
(Armoire C, layette 13, liasse 4 de l'ancien classement.)

1427-1750. — Droits dans les rues St-Remy, Bedillon, des Pinhadours ou du Loup et Stᵉ-Colombe. —

2. Reconnaissance par Toussaint Dalesme, sieur Du Pin, conseiller au parlement de Rennes, à Finette Dumantet, mère ancelle des religieuses de l'Annonciade (13 mars 1621). — 8. Reconnaissance pour une maison dans la rue *des Pinhadors*, paroisse S¹-Siméon, sise entre la maison de Jean de La Peyrère, fourbisseur, et la rue de Porte-Begueyre (15 février 1427, n. s.).

H. 550. (Liasse.) — 1 cahier de 12 feuillets parchemin, 7 pièces parchemin, 11 pièces papier. (Armoire C, layette 13, liasses 7 et 9 de l'ancien classement.)

1427-1774. — Droits dans les rues Bedillon, S¹-Remy, Macau, Royale, etc. — 3. Reconnaissance par Jean de La Chassaigne, procureur général au Parlement (31 mars 1512). — 4. Reconnaissance par Pèlegrin et Archambaud de Puch, damoiseaux, fils de feu Jean, damoiseau, de la paroisse de Sauveterre en Bazadais (22 mars 1442, n. s.). — 8. Reconnaissance pour une maison avec four, « en la rue des Caperans, autrement appelé de Pey Macau » (copie authentique; 14 février 1611). — 10. Accord avec le P. Du Carroy, recteur du noviciat des Jésuites (14 juin 1736). — 11. Adjudication d'une maison rue Royale à Jean Laclotte, au compte d'un tiers, dans la chambre du Conseil de l'Hôtel-de-Ville, en présence de l'Intendant (17 juillet 1758).

H. 551. (Liasse.) — 25 pièces parchemin, 2 pièces papier. (Armoire C, layette 14, liasses 1-3 de l'ancien classement.)

1300-1569. — Droits dans la paroisse S¹ᵉ-Croix, à Larrivet et à Gratecap.

H. 552. (Liasse.) — 1 cahier de 22 feuillets papier, 7 pièces parchemin, 16 pièces papier. (Armoire C, layette 14, liasses 4-6 de l'ancien classement.)

1356-XVIIIᵉ siècle. — Droits dans la paroisse S¹ᵉ-Croix, à Gratecap.

H. 553. (Liasse.) — 26 pièces parchemin, 3 pièces papier. (Armoire C, layette 14, liasses 8-9 de l'ancien classement.)

1289-1766. — Droits dans la banlieue, au Pont Du Guit, à S¹-Vincent, au Pont de Lados. — 2. Reconnaissance pour une terre confrontant à « l'acgua aperada la Borda » (1ᵉʳ avril 1289). — 8. Reconnaissance par un travailleur de vigne pour 55 règes de terre vide sises *aus Camps de Jales*, près de la vigne de Jean Salesbery, anglais, bourgeois de Bordeaux (8 décembre 1399). — Bail à fief d'une vigne dans les graves de Bordeaux, « sotz la porta Sent-Vincentz » (30 août 1356). — 29. Reconnaissance par « Guilhem lo Bodolh, talhander de draps » (29 novembre 1374).

H. 554. (Liasse.) — 2 cahiers de 26 feuillets papier, 4 pièces parchemin, 42 pièces papier. (Armoire D, layette 1, liasses 1-6 de l'ancien classement.)

1455-1725. — Droits en Paludate. — 1. Mention d'un concordat intervenu entre Augier Hunault de Lanta et le cardinal Salviati, portant résignation de l'abbaye, pour valoir à dater du 24 juin 1565, et de la mort du prieur Jean Roux dit de Campaignac, survenue en septembre de la même année (1566).

H. 555. (Liasse.) — 6 pièces parchemin, 3 pièces papier. (Armoire D, layette 1, liasses 9-11 de l'ancien classement.)

1306-1701. — Droits en Paludate. — 9. Reconnaissance pour une terre qui s'étend « deu camin comunau per ont hom intra a las aubaredas de Prat Pudent, de l'un cap, entro a la frema de l'estey deus molins deudeit mostey » (24 janvier 1405, n. s.).

H. 556. (Liasse.) — 2 cahiers de 39 feuillets papier, 1 pièce parchemin, 8 pièces papier. (Armoire D, layette 1, liasse 11 de l'ancien classement.)

1665-1668. — Droits en Paludate. Procès contre Simon Miramont, bourgeois, relativement à un bourdieu sis à *Maucor*. — 7. Pièces de procédure et ordonnances relatives à la nomination de Lapierre, peintre, domicilié rue de la Fusterie, pour faire la figure des lieux contentieux (29 novembre-12 décembre 1668).

H. 557. (Liasse.) — 1 cahier de 10 feuillets papier, 1 pièce parchemin, 11 pièces papier. (Armoire D, layette 1, liasse 12 de l'ancien classement.)

1540-1692. — Droits en Paludate. — 11. Reconnaissance par Élie Amon, avocat au Parlement, à la suite d'une vente à lui faite par son frère Jean, « bourgeois et maistre d'armes de la présente ville » (10 novembre 1614). — 13. Sommation par Joseph Sage, pour lui et son frère Arnaud, l'un et l'autre joueurs d'instruments, d'avoir à leur donner garde pour vendanger leurs vignes de Prat-Pudent, attendu que l'on finit les vendanges de ce quartier (12 octobre 1605).

H. 558. (Liasse.) — 1 pièce parchemin, 18 pièces papier.
(Armoire D, layette 1, liasse 13 de l'ancien classement.)

XVIIᵉ siècle. — Droits en Paludate. Procès contre Pierre Lanavère, avocat, au sujet d'un bien sis à *Prat Pudent.*

H. 559. (Liasse.) — 19 pièces parchemin, 5 pièces papier.
(Armoire D, layette 3, liasse 1 de l'ancien classement.)

1358-1726. — Droits dans les Graves : *au Serporar.* — 9. Reconnaissance en présence de Bertrand de La Sale, prieur de Cayac ; Amanieu de Duex, damoiseau, et autres (8 décembre 1450). — 22. Arrêt contre « Maurice Durand, sieur de Naujacq » (12 décembre 1693).

H. 560. (Liasse.) — 11 pièces parchemin, 4 pièces papier.
(Armoire D, layette 3, liasse 2 de l'ancien classement.)

1350-1636. — Droits dans les Graves : *au Serporar* et *à la Poissonnerie.* — 2. Reconnaissance par Raimond Gombaud, paroissien de Sᵗ-Michel, « carpenter de bayssetz de mar » (9 septembre 1364).

H. 561. (Liasse.) — 3 pièces parchemin, 16 pièces papier.
(Armoire D, layette 3, liasses 5-10 de l'ancien classement.)

1303-1693. — Droits dans les Graves : *au Serporar,* à *Peypinet,* etc. — 29. Bail à cens d'une vigne moyennant le cinquième des fruits pendant 4 ans, puis le quart des fruits, plus, après les deux premières années, un cens en argent (18 août 1352).

H. 562. (Liasse.) — 3 pièces parchemin, 16 pièces papier.
(Armoire D, layette 4, liasses 1 et 2 de l'ancien classement.)

1435-1672. — Droits dans les Graves : *à la Bombe.*

H. 563. (Liasse.) — 9 pièces parchemin, 36 pièces papier.
(Armoire D, layette 4, liasses 4-8 de l'ancien classement.)

1386-XVIIIᵉ siècle. — Droits dans les Graves : *à la Boup,* à *las Menudas,* etc.

H. 564. (Liasse.) — 18 pièces parchemin. (Armoire D, layette 5, liasses 1-2 de l'ancien classement.)

1284-1452. — Droits dans les Graves : *à Fiu Blauet.* — 1. Reconnaissance par Jean Aymeric Du Mirail

pour un bien sis au lieu dit « aus Camps de Lodors, en Feu en Blauet » (1ᵉʳ janvier 1284, n. s.). — 3. Investiture à la suite d'un achat fait par « Ramon Bonon, carpenter de bayssetz de mar » (15 janvier 1367, n. s.).

H. 565. (Liasse.) — 17 pièces parchemin, 21 pièces papier.
(Armoire D, layette 5, liasses 3-5 de l'ancien classement.)

1321-1702. — Propriétés et seigneuries foncières en graves de Bordeaux, à *Fiulabet,* à *Font-Tidon,* etc. — 8. Vente par la femme de « sire Anthoyne de Villeboys, maistre tondeur de ladicte ville » (8 août 1547). — 9-20. Procès intenté par le Domaine pour obliger l'abbé à produire les titres en vertu desquels il est seigneur de biens appartenant au sⁱ de Gasc, écuyer (1700-1702). — 30. Acquisition par le monastère de la propriété foncière d'une vigne sise à *Font - Tidon* (1ᵉʳ avril 1334).

H. 566. (Liasse.) — 1 pièce parchemin, 18 pièces papier.
(Armoire D, layette 5, liasse 6 de l'ancien classement.)

1483-1662. — Propriétés et seigneuries foncières en graves de Bordeaux : à *Fiulabet.*

H. 567. (Liasse.) — 21 pièces parchemin, 4 pièces papier.
(Armoire D, layette 6 de l'ancien classement.)

1351-1692. — Propriétés et seigneuries foncières en graves de Bordeaux, à *Terrenègre.* — 7. Retrait féodal, à la demande et au profit d'un nouveau tenancier, d'un immeuble vendu par des exécuteurs testamentaires, parmi lesquels figure « Ramon de La Tor, arrumado de naus » (2 mars 1447, n. s.). — 10. Reconnaissance pour une vigne sise « au loc apperat a Terra Negra, autrement au Bequet » (27 juin 1424). — 12. Reconnaissance pour une vigne confrontant « au camin comunau de Lengon » (2 mars 1437, n. s.). — 14. Reconnaissance par « Gassiot Chivau, poralhey » (18 avril 1435). — 17. Reconnaissance par « Guilhem Reynon, esclaponey » (17 novembre 1441).

H. 568. (Liasse.) — 2 pièces parchemin, 16 pièces papier.
(Armoire D, layette 7, liasses 1-4 de l'ancien classement.)

1381-1662. — Propriétés et seigneuries foncières en graves de Bordeaux, au *Sablonar.* — 1. Reconnaissance pour deux vignes confrontant, l'une à des fiefs de l'hôpital Sᵗ-Julien et des hoirs d'Amanieu Colom, chevalier, l'autre à une tenure de Pierre Delpont

« guantey » (5 juillet 1381). — 17. Picquettement de terres au Sablona : « Et au milieu desdictes terres en friche il y avoit originairement une tour appellée du Sablonar » (20 mars 1662).

H. 569. (Liasse.) — 1 pièce parchemin, 9 pièces papier. (Armoire D, layette 7, liasse 5 de l'ancien classement.)

1627-1633. — Propriétés et seigneuries foncières en graves de Bordeaux, *au Sablonar*. Procès contre Pierre Sigalas, bourgeois de Bordeaux.

H. 570. (Liasse.) — 22 pièces papier. (Armoire D, layette 7, liasse 5 de l'ancien classement.)

1586-1664. — Propriétés et seigneuries foncières en graves de Bordeaux, *au Sablonar*. Procès contre Mathelin Lalanne, dit Pinote.

H. 571. (Liasse.) — 24 pièces papier. (Armoire D, layette 7, liasse 5 de l'ancien classement.)

1585-1693. — Propriétés et seigneuries foncières en graves de Bordeaux, *au Sablonar*. Procès contre Pierre de Poumiers, conseiller au Parlement (1575) et pièces diverses. — 5-6. Plans du plantier du Sablonar (1634 ?)

H. 572. (Liasse.) — 3 cahiers de 58 feuillets papier, 14 pièces parchemin, 18 pièces papier. (Armoire D, layette 8, liasses 1-4 de l'ancien classement.)

1291-1681. — Propriétés et seigneuries foncières dans la paroisse de St-Seurin. — 5. Sentence entre Bertrand Calhau, seigneur Du Tilh, et divers habitants de Colignan, qu'il prétendait soumettre à la taille à merci comme hommes questaux (copie ; janvier 1424, n. s.). — 8. Reconnaissance par « Vidau de Martres, masson », pour une aubarède par lui achetée ; présent : « Galhard de Nincort, latonio *(sic)*, magistro operis seu fabrice ecclesie Sancti-Andree Burdegalensis » (11 septembre 1403). — 9. Reconnaissance par Marie et Mate de Martres, filles et héritières de Vidal, maçon, pour l'aubarède susdite et jardin « en que a seys lers » (8 mars 1417, n. s.).

H. 573. (Liasse.) — 11 pièces parchemin, 59 pièces papier. (Armoire D, layette 8, liasses 6-8 de l'ancien classement.)

1336-1690. — Propriétés et seigneuries foncières dans la paroisse de Bruges et les paroisses avoisinantes.

H. 574. (Liasse.) — 6 pièces parchemin, 54 pièces papier. (Armoire D, layette 8-10, liasses 9 de l'ancien classement.)

1445-1750. — Propriétés et seigneuries foncières dans la paroisse de Bruges et la palu de Bordeaux. — 17. Bail à fief d'une palu et pré sis dans la palu de Bordeaux, devant l'ermitage Ste-Catherine de Lormont, lieu dit *au Perey* (22 février 1445, n. s.). — 26. Transaction avec Antoine de Bordes, écuyer, sieur de Coupet, héritier de la maison noble de Treulon (14 mars 1611). — 27. Supplique de Jean Huguerie, ancien capitaine au régiment de Picardie, à qui le Domaine réclame 5,500 l. pour droit de franc-fief de la maison noble de Lauzun, près Bacalan (1736).

H. 575. (Liasse.) — 2 pièces parchemin, 30 pièces papier. (Armoire D, layette 9, liasse 1, pièces 1-2 de l'ancien classement.)

1594-1766. — Seigneurie politique de Macau. Personnel judiciaire. — 22. Arrêt du Parlement interdisant au juge ordinaire de Macau et à son lieutenant de s'absenter et aux praticiens postulants de « s'entremettre au jugement d'aucun procès », sauf le cas d'absence légitime du juge et de son lieutenant (7 septembre 1594). — 23. Provisions de juge de Macau pour Jean Cousseau, procureur au Parlement (12 mars 1631). — 24. Acte du juge cassant le prévôt, qu'il a fait emprisonner et qui s'est évadé (6 mars 1634). — 26. Provisions de juge de Macau au nom de Pierre Bareau, notaire royal dud. Macau (17 décembre 1694). — 28-30. Conflit de juridiction avec le juge de Macau-dehors (1747). — 32. Démission, à cause de son grand âge et de ses infirmités, de Pierre Coulau, juge de Macau (2 février 1766).

H. 576. (Liasse.) — 2 cahiers de 61 feuillets papier, 2 pièces parchemin, 16 pièces papier. (Armoire D, layette 9, liasse 1, pièces 3-10 de l'ancien classement.)

1258-1707. — Seigneurie politique de Macau. — 5. Session tenue dans les îles devant Macau (13 juin 1667). — 6. Cahier d'audiences de la juridiction de Macau (1667). — 13. Enquête sur les dégâts commis par la gelée le 9 et le 10 du même mois (14-15 mai 1648). — 14. Serments réciproques de l'abbé aux chefs de maison de Macau et de ceux-ci à celui-là : les gens de Macau, invités par l'abbé à lui prêter serment et hommage, répondent qu'ils y sont prêts pourvu que l'abbé leur fasse ce qu'il doit leur faire (18 septembre 1428). — 17. Procès-verbal contre le cellerier des

Feuillants, qui a enlevé une procédure : « Aurions suivi led. P. cellerier, qui estoict desjà bien loin, son capuchon abattu sur le dos, pieds nuds, sans souliers ny sandalles, qui courroict de toute sa force; aurions crié : « Force au Roi et à la Justice »; les voisins arrêtent le Feuillant, qui rend le dossier (22 juillet 1656).

H. 577. (Liasse.) — 1 cahier de 80 feuillets papiers, 11 pièces parchemin, 17 pièces papier: (Armoire D, layette 9, liasse 2 de l'ancien classement.)

1630-1722. — Droits divers à Macau.

H. 578. (Liasse.) — 1 cahier de 18 feuillets parchemin, 10 pièces parchemin, 4 pièces papier. (Armoire D, layette 9, liasse 3 de l'ancien classement.)

XIIe siècle-1697. — Droits à Macau. — 1. Charte de l'archevêque Guillaume réglant le différend entre l'abbé de Ste-Croix et Maurin de Blanquefort, lequel exigeait sur les hommes de Macau « avenam, et panem ad canes, et gallinam ad accipitrem et colacum in singulis retibus » (XIIe siècle). — 2. Sentence du lieutenant général de la sénéchaussée de Guienne, relative à des lettres royaux qui autorisent la création à Macau de marchés hebdomadaires et de deux foires, les 16 août et 16 septembre (5 février 1536, n. s.). — 4. Règlements pour la juridiction de Macau, de 1336 (incomplets du commencement) à 1562 : défense de chasser le faisan dans l'île (§ 12); d'acheter avant 10 heures des vivres pour les revendre (§ 15) et avant midi du blé pour en faire commerce (§ 18); d'acheter du vin de haut pays ou de Chalosse (§ 21); de donner du vin aux bourgeois dans les hôtelleries, « synom qu'ilz allassent pour familliarité qu'ilz eussent avecques les passans » (§ 26); de vendre « le pau et œuvre pour mectre aux vignes » qu'il n'ait au moins 8 pieds et demi et de vendre, sans prévenir l'acheteur « les autres biballotz et paux nom marchans » (§ 31); de tenir aux fenêtres sur la rue « aucungs jardrins ne potz de giroflées ne autre chose plain de terre » (§ 33); maintien des usages pour l'élection annuelle d'un prévôt et de quatre jurats, par dix bourgeois, eux-mêmes désignés par les prévôt et jurats de l'année (§ 35); ordre aux bourgeois de se réunir à la maison du seigneur quand la cloche les convoquera à délibérer (§ 38); de suivre les funérailles des autres bourgeois (§ 39) et les processions accoutumées (§ 40). Additions de 1567 : les aunes seront réglées sur l'aune de Paris (§ 2); les mesures à blé seront portées à la maison du seigneur, « gaugées aux vrayes mesures accoustumées

en [la] présent jurisdiction » et marquées de la marque du seigneur (§ 12) (1336-1567). — 6. Arrêt du Parlement enjoignant aux habitants de Macau, sur demande de l'abbé, de « faire la garde au fort dud. Macau » (28 février 1589). — 8. Commandement à Joseph Groignard d'avoir à payer une amende de 40 s. pour avoir manqué quatre fois à la garde: il répond qu'il est gentilhomme, sujet au ban et à l'arrière-ban, et, de plus, « qu'il n'y a aulcune place forte ny chasteau dans le présent bourg qui soit digne de faire guarde » (4 juin 1591). — 12. Lettre du maréchal de Matignon baillant à Jean de Saugues, capitaine, et Jean Hillaret, lieutenant, « la charge de l'églize, fort, salle de Macau » (7 février 1591). — 14. Ordonnance du duc de Roquelaure, sur requête de l'abbé, nommant un garde à Macau pour empêcher la chasse et l'autorisant à porter des armes (cachet; 16 octobre 1680).

H. 579. (Liasse.) — 6 pièces parchemin, 35 pièces papier. (Armoire D, layette 9, liasse 5, pièces 1-13 de l'ancien classement.)

1535-1771. — Dîmes à Macau. — 1. Acceptation de la vicairie perpétuelle de Macau par Jacques Lize (17 avril 1598).

H. 580. (Liasse.) — 1 cahier de 12 feuillets parchemin, 6 cahiers de 98 feuillets papier, 8 pièces papier. (Armoire D, layette 9, liasse 5, pièces 14 bis-22 de l'ancien classement.)

1762-1766. — Dîmes de Macau : procès contre Joseph de Bonié de Pomarède, écuyer, docteur en théologie, vicaire perpétuel. Mémoires contenant des renseignements sur la formation des îles devant Macau. — 3. Extrait de l'état des novales arrêté entre le syndic de Ste-Croix et le curé de Macau : l'île des Vaches, contenant 1200 journaux, dont 225 « étoint en aubarède défriché depuis 1742 » (10 mai 1762).

H. 581. (Liasse.) — 1 cahier de 28 feuillets papier, 2 pièces parchemin, 8 pièces papier. (Armoire D, layette 9, liasses 8 et 11 de l'ancien classement.)

1522-1675. — Droits divers à Macau. — 1. Requête relative au procès que soutient l'abbaye contre les habitants au sujet du droit de fromentade et gallinade (13 mai 1632). — 4-11. Baux à ferme d'agrières et de dîmes à Macau et Au Taillan (1571-1675).

H. 582. (Liasse.) — 1 cahier de 12 feuillets papier, 16 pièces papier: (Armoire D, layette 9, liasse 12 de l'ancien classement.)

1626-1750. — Droits divers dans la paroisse de Macau : île de Cazaux. — 1. Lettre d'assignation, à la requête de l'abbé, contre Denis de Casaux, lequel s'est emparé de l'île sise entre l'île de Casaux et l'île de Macau (29 août 1626). — 6. Sommation aux collecteurs de Labarde d'avoir à rayer du rôle d'imposition deux valets « habitans de l'isle de Peychebernard, dicte de Macau et des Vaches » (23 décembre 1688). — 7. Sommation auxd. collecteurs d'avoir à rendre son nom à l'île de Macau et des Vaches, qu'ils ont appelée île de La Bastide (28 décembre 1688). — 8. Réponse de l'un des collecteurs : M. de Casaus tient entre l'île qui est devant Labarde et le port de La Bastide un pont en bois « sur trois poutres »; avant la formation de lad. île, on communiquait avec le fleuve (5 janvier 1689). — 15. Intervention de l'abbé, au sujet de l'inscription sur le rôle de Labarde des « habitans de l'ille ditte de Macau et des Vaches, autrement de Cazaux » (13 mars [1689]).

H. 583. (Cahier.) — 0^m26 × 0.17, 48 feuillets papier. (Armoire D, layette 9, liasse 12, pièce 1 de l'ancien classement.)

1545. — Enquête conduite par Jean Bariteau, conseiller en la sénéchaussée de Guienne. — Les témoins distinguent : l'île [de Macau], le tayet, enfin Pissebernard et Bayardeau. — Déposition de Raimond Martin de Picon, laboureur, âgé de 90 ans, domicilié à Macau (fol. 1 v°) : dans son jeune âge, les vases disparaissaient sous l'eau à marée haute; puis elles ont augmenté et ont porté des aubiers et des arbres : « Quant les gabarres s'en alloient de Bourdeaux à Macau, ... elles passoient tousjours le long de lad. ysle, tayet et vaze devers la mer, et quant estoient au bout de lad. vaze appellé Pissebernard, s'en retournoient au port de Macau ». — Déposition de Pierre de Navaille, laboureur, de Macau (fol. 7 v°) : il existait dans l'île et le tayet plusieurs petits ruisseaux; l'un coulait entre l'île et tayet et la vase, et on le franchissait à pied sec, à basse mer. — Déposition d'Arnaud Martin de Picon, de Macau (fol. 12 v°) : l'île et le tayet ont été réduits par les eaux. — Déposition de Pierre Du Prat, laboureur et gabarier (fol. 17) : depuis 25 à 30 ans, Pissebernard et Bayardeau ont été séparés de l'île et tayet, en sorte que « à présent ung grant navire y peult passer de plaine mer ». — Déposition de Nicolas Baudroux, marchand de Bordeaux, âgé de 95 ans (fol. 22 v°) : il y a 60 ans et plus, « quant les gabarres vouloient aller de Bourdeaux à Macau, estoient contrainctes de passer au long de lad. ysle, tayet et vaze et s'en aller tout droit, au long de lad. ysle et vaze, jusques à l'endroit de Vitescalle et de là s'en retournoient tout court, devers la coste du

Médoc, droit à La Bastide ». — Déposition de Jean Guirauld, savetier, âgé de 88 ans (fol. 27 v°) : quand il était jeune, « dans lad. grand ysle du tayet y avoit deux ou troys ruysseaulx, par où passoient les gabarres, quant alloient et venoient de Macau à Bourdeaux, lesquelz se sont depuys fermés...; aussi, puys led. temps se commença à faire ung petit ruysseau, entre lad. ysle, tayet et lesd. lieux de Pissebernard et Bayardeau »; les vases furent diminuées par le fleuve et étaient submergées à marée basse; l'île fut également entamée du côté d'Ambès; il a vu se former entre l'île et les vases le petit ruisseau, qui s'est creusé, au point qu'il y peut passer « ung grand navire ». — Déposition de Jean Guitard, âgé de 60 ans et plus (fol. 30 v°) : il a vu, dans son jeune âge, qu'il n'y avait pas de ruisseau entre l'île et Pissebernard et Bayardeau; le ruisseau s'est fait et s'est agrandi, au point que « les grandz gabarres y peuvent passer de plaine mer »; deux autres ruisseaux coulaient à travers l'île, « esquelz il qui deppose a passé plusieurs fois avecques sa gabarre, l'un desquelz estoit à l'endroit de Macau et l'autre plus hault..., lesquelz despuys se sont comblés et remplys »; pour aller de Bordeaux à Macau, les gabariers, ne pouvant pas utiliser le ruisseau entre l'île et Pissebernard, descendaient jusqu'au droit de Margaux et remontaient à Macau, en longeant la côte du Médoc. — Déposition de Martin de Batac, couturier à Macau, âgé de 80 ans environ (fol. 35) : il y a soixante ans, il existait un « chanau » « au tayet appelé de Sainct-Michel, qui est devers le plus hault bout devers la ville de Bourdeaulx », un autre à la place qu'occupe une aubarède, un troisième un peu plus bas que le bourg de Macau « et le quart entre lad. ysle, tayet et led. lieu de Pissebernard et Bayardeau »; la grande île et tayet était plus large « d'ung grand traict d'arbaleste ». — Déposition de Pierre Arnaud, laboureur à Labarde, âgé de 90 ans (fol. 41 v°) : quand il était jeune, « lad. ysle, tayet et vaze estoit au mytan de la mer ou ryvière et plus près de la terre d'Ambès ou, queque soit, plus long que n'estoit à présent de deux grandz gectz d'arbaleste ».

H. 584. (Liasse.) — 1 cahier de 19 feuillets papier, 1 pièce parchemin, 24 pièces papier. (Armoire D, layette 9, liasse 12, pièces 2-7 de l'ancien classement.)

1027-1694. — Droits dans la paroisse de Macau : îles devant Macau. — 1. Délibération des religieux sur le fait à eux signalé par l'abbé, « qu'il y a des sables assemblés en la rivière de Gironde, le long de Macau

et plus bas, que les vents et orages ont là jettés, lesquels prennent dès et puis l'estey de-........ et vont le
long de lad. rivière vers le bas et par-dessus Blaye,
lesquels en quelques endroictz font monstre de s'arrester et où il pourroit à l'advenir estre fait des bonnes
isles, si l'on y mettoit prompte diligence » ; « il convient exposer gran[dz] fraiz... pour raport qu'il fauldra
faire de pierre et lest pour arrester et enfermer la terre
et sables » : on autorise l'abbé à bailler ces îles à fief
(26 mars 1596). — 2. Ratification par les religieux du
bail à fief consenti par l'abbé à Malevergne, procureur
au Parlement, de « moityé de l'isle nouvelle et qui est
plus basse que les autres isles de lad. abbaye en la
jurisdiction de la baronnye de Macau » ; les religieux
entendent que ce bail soit fait aux conditions insérées
dans le bail fait à feu Dubreuilh, avocat, de l'île qui
est entre l'île occupée par Cazau et l'île dont il s'agit
(24 février 1601). — 3. Délibération des religieux : le
26 mars 1596, un acte capitulaire a autorisé l'abbé à
bailler à fief « les isles qui estoient nées et formées
dans la rivière près de Macau et sorties de la ruine
de l'isle de Macau et de l'isle de Casaux » et l'abbé a
concédé ces îles ; Jacques François Lazare, s' de Poyane,
s'en est emparé, d'où procès, auquel est intervenu
Jacques de Carmeil, conseiller au Parlement, « comme
ayant achepté les droictz prétendus dudict Poyanne »
(29 mars 1610). — 4. Analyse de la ratification, en
date du 11 mai 1596, du bail à fief consenti par
l'abbé, le 3 du mois précédent, devant Henri Gonderat,
notaire, « des deux nouveaux amas de sable, terre et
isle, dans la rivière de Gironde, vis-à-vis Roque-de-
Teau, vers la coste de Médoc » (s. d.). — 7. Reprise
par l'abbé d'« une nouvelle isles, vases et sables,
puis naguières formée entre ladicte isle de Casaux et
le lieu appellé le Tayet dudict Macau, » laquelle avait
été baillée à fief à François Fournier et à Pierre
Lamezas, par-devant Pierre Isaudon, notaire, le
13 janvier 1620 (1ᵉʳ avril 1623). — 8, Paiement par
l'abbé Pierre d'Ornano à la veuve d'Isaac Duvergier de
888 l., « de pareilhe somme baillée par ladicte damoiselle... audict sieur abbé pour les droictz d'entrée d'une
petite isle qui est entre celle de Macau et Casaulx »,
baillée à fief nouveau à lad. demoiselle, et 362 l. pour
dommages, à cause de l'éviction et troubles (22 décembre 1627). — 9. Arrêt du Conseil, visant toute une
série de pièces relatives aux îles de Macau, de Cazau et
autres : bail à rente, du 5 juin 1545, par le monastère
à Pierre de Cazau des vases et sables appelés Pissebernard et Bayardeau, « prochaine de l'isle de Macau,
vers le boult du tayet, séparée d'icelluy il y avet lors

fort peu de temps » ; quittances de 1570-1573, « par
lesquelles appert que lad. isle de Pissebernard et Bayardeau... c'est despuis peu sépparée en deux et trois
isles » ; acte du 2 juin 1545 (sic), « par lequel il se
voict que l'isle dud. Casau est diminuée d'ung tiers » ;
procès-verbal du 14 mars 1626, au sujet d'une
île qui ne s'est pas encore affermie ni desséchée,
« distante de l'isle de Macau de trois cens pas et de
celle de Cazau de cinq à six cens pas » ; etc. (25 septembre 1629). — 18. Arrêt du Conseil, visant une
requête du 13 novembre 1638, concluant à « la vente
d'une ille nouvellement née en la rivière de Bordeaux,
au-devant du ruisseau de la Macqueline, à huit cens
pas au-dessus de l'ille de Casau » (2 mai 1642).

H. 585. (Liasse.) — 3 pièces parchemin, 18 pièces papier. (Armoire D, layette 9, liasse 12, pièces 8-12 et liasses 13-14 de
l'ancien classement.)

1483-1690. — Droits divers dans la paroisse de
Macau : îles devant Macau. — 7. Conversion de la
redevance due par Pierre de Cazaux pour « la terre
lutueuse, vaze et sables appellez Pissebernard et Bayardeau, environnez d'eau..., adjacens à l'isle dud. Macau
vers le bout du Tayet et puys naguères séparez d'icelluy, confrontant l'yme de la mer vers Médoc, d'une
part, l'yme de la chanaulx et rivière de Gironde et
Garonne vers Bourg, d'aultre part, et de l'ung bout à
la terre et aubarède de Laurens Perrotheau scize au bout
du Tayet, avec lequel se soulloyent cy-devant tenir lesd.
lieux, le pertuys appellé le Passot, nouvellement faict
par l'impétuosité de la mer, par lequel l'on va de présent de la mer d'Embez au lieu de La Bastide, d'ung
bout, et la passe de Margaulx, d'aultre bout » (mai-
juin 1545). — 12. Acte reçu par Jeandon, notaire :
l'abbé de Salviaty a inféodé à feu Jean Dubreuilh les
deux îles « qui sont joignant et au-desoubz l'isle
appellée de Casau » ; la grande île de Macau a été en
grande partie enlevée par les courants, mais « les-
dictes ruines ont quelque aparance de ce vouloir
remettre » et réparer, s'il en est pris soin ; l'abbé d'Ornano, en considération des services rendus au maréchal, son père, baille à fief à Fournier et Lamezas
les vases et sables sis en Garonne, vers le Médoc, entre
le port d'Issan et le Tayet de Macau (13 mai 1620).

H. 586. (Liasse.) — 21 pièces parchemin, 4 pièces papier. (Armoire D, layette 10 et layette 11, liasses 1-2 de l'ancien classement.)

1403-1749. — Droits à Macau. — 24. Engagement
d'une vigne (15 février 1492, n. s.).

H. 587. (Liasse.) — 11 pièces parchemin, 2 pièces papier.
(Armoire D, layette 11, liasses 5-8 de l'ancien classement.)

1317-1704. — Droits dans la paroisse de Macau. — 9. Reconnaissance pour un « pas per plantar compnes per pescar peys en la chanau de Maquau » (20 janvier 1456, n. s.). — 12. Bail à fief par l'abbé à divers habitants de Macau de « un loc [de] mar a toner compnas é metre maugas, liquau son en la chanau de Maubrac, a Maqúau » (29 décembre 1317).

H. 588. (Liasse.) — 16 pièces parchemin. (Armoire D, layette 12, liasses 1-2 de l'ancien classement.)

1386-1431. — Droits dans la paroisse de Macau. — 2. Reconnaissance pour une vigne « en la gran yla de Maquau, en la part devert Jalet, au loc apperat Artiga Velha » (22 janvier 1402, n. s.). — 7. Reconnaissance pour divers biens sis dans l'île de Macau, notamment une vigne « au Bec, vert lo Calhau » (20 juin 1419).

H. 589. (Liasse.) — 13 pièces parchemin, 2 pièces papier. (Armoire D, layette 12, liasse 3 de l'ancien classement.)

1430-1586. — Droits dans la paroisse de Macau. — 3. Reconnaissance pour des biens sis dans l'île de Macau, notamment une vigne « devert l'Ambes » (15 mars 1435, n. s.). — 6. Reconnaissance pour un « plantey de vinha blanqua et roya » sis dans l'île de Macau, confrontant à l'aubarède de Pierre de Lafite, « magendome de Puypaulin » (21 septembre 1456). — 7. Reconnaissance pour une aubarède sise « en la petita yla davant Maquau, laquau es au cap de la granda yla devert Maquau, ayssi cum es entre la yma de la mar devert la grant yla, d'una part, et la yma de la mar devert La Vastida, d'autra part, et dura et ten en lonc de la yma de la mar devert Jalet, de l'un cap, entro a la yma de la mar devert Ambes, de l'autre cap » (28 décembre 1456). — 13. Reconnaissance pour une vigne sise dans l'île de Macau, près l'aubarède et landé de noble « Esteve Deu Cos, senhor de Pès » (22 mai 1516).

H. 590. (Liasse.) — 3 cahiers de 158 feuillets papier, 5 pièces parchemin, 3 pièces papier. (Armoire D, layette 12, liasse 5 de l'ancien classement.)

1521-1549. — Droits sur l'île de Macau. — 7-8. Enquête concernant le droit de cinquain dû à l'abbaye sur les *œuvres* de l'île de Macau : divers témoins déposent que les vignes de l'île ne sont pas garnies de latte ni de carrasson, mais seulement de pau, vimellot et gahet (1575).

H. 591. (Liasse.) — 1 cahier de 38 feuillets papier, 3 pièces parchemin, 7 pièces papier. (Armoire D, layette 12, liasse 6 de l'ancien classement.)

1582-1600. — Droits sur l'île de Macau. Procès au sujet du droit d'agrière.

H. 592. (Liasse.) — 1 cahier de 26 feuillets papier, 13 pièces papier. (Armoire D, layette 12, liasse 7 de l'ancien classement.)

1635-1770. — Droits sur l'île de Macau. — 2. Arrêt du parlement de Rennes condamnant les tenanciers de l'île de Cazaux à payer l'agrière sur tous les fruits des vergers et leur interdisant de construire sans l'autorisation de l'abbé (26 juillet 1635). — 4. Requête civile contre l'arrêt du parlement de Rennes ; dans le ressort du parlement de Bordeaux, il n'y a maison qui n'ait son jardin, « que le vulgaire appelle *cazau*, comme inséparable d'avecq la *caze* » (12 janvier 1636). — 10. Requête de l'abbé à l'Intendant, lui demandant d'exonérer l'abbaye des sommes qui lui sont réclamées pour l'île de Macau en vertu de l'édit de février 1710 : les donations faites par les Rois pour la fondation des monastères sont exemptes de ce droit ; or, l'île de Macau a été donnée par un duc d'Aquitaine pour la fondation de l'abbaye. Ordonnance conforme de l'Intendant (mai 1715).

H. 593. (Liasse.) — 1 pièce parchemin, 29 pièces papier. (Armoire D, layette 12, liasses 8-9 de l'ancien classement.)

1586-1692 — Droits sur l'île de Macau et sur la Maqueline ; récurement dud. canal, etc.

H. 594. (Liasse.) — 1 cahier de 13 feuillets papier, 13 pièces papier. (Armoire D, layette 12, liasse 10 de l'ancien classement.)

1575-1701. — Droits sur l'île et la palu de Macau : agrière du vin *treuillis*, etc. — 2. Requête exposant que les tenanciers de l'île de Macau portaient leurs redevances à la ville par eau ; mais un pont construit sur la Maqueline a obstrué ce canal (1594). — 22. « Mémoire instructif concernant l'agrière de l'île et palu de Macau » : « Il a été introduit dans les principaux bourdieux des pressoirs apelez *trulhs*, au moïen desquels, la vendange étant pressée, il ne demeure que le marc tout sec; il y eut plusieurs contestations au sujet du vin de pressurage apelé vin trulhis, à cauze qu'on le tire du marc qui a été mis sous le pressoir ou trulh » (1701).

H. 595. (Registre.) — 0^m27 × 0^m10, 51 feuillets papier.
(Armoire D, layette 12, liasse 10, pièce 10 de l'ancien classement.)

1606-1613. — États indiquant, par année, les barriques envoyées pour recueillir l'agrière des vins de l'île de Macau et les vins *agreyrés*.

H. 596. (Liasse.) — 4 pièces parchemin, 11 pièces papier.
(Armoire D, layette 13, liasse 1 de l'ancien classement.)

1674-1683. — Droits sur l'île de Macau. Procès contre Jacques de Calvimont, baron de Montaignac, « au sujet de son bourdieu de Sauterèdes, dont il fut enfin condamné à payer le droit d'agrière du vin au prorata de ce que les vignes auroient produit si elles avoient été bien cultivées ».

H. 597. (Liasse.) — 1 pièce parchemin, 39 pièces papier.
(Armoire D, layette 13, liasse 2 de l'ancien classement.)

1475-1644. — Droits sur l'île de Macau : levée de l'agrière du vin treuillis.

H. 598. (Liasse.) — 9 pièces parchemin, 7 pièces papier.
(Armoire D, layette 13, liasses 3-6 de l'ancien classement.)

1572-1691. — Droits sur l'île de Macau : agrière des *œuvres*, etc. — 13. Arrêt des Requêtes du Palais condamnant par défaut une tenancière à « façonner et cultiver les fonds, terres et vignes à elle appartenans scitués dans lad. isle de Macau... dans les temps et saisons accoutumez » (18 décembre 1690).

H. 599. (Liasse.) — 1 cahier de 10 feuillets papier, 1 pièce parchemin, 24 pièces papier. (Armoire D, layette 13, liasse 7 de l'ancien classement.)

1634-1643. — Droits sur l'île de Macau.

H. 600. (Cahier.) — 0^m26 × 0^m19, 33 feuillets papier.
(Armoire D, layette 13, liasse 8 de l'ancien classement.)

1538-1567. — Droits dans la paroisse de Macau; terrier pour l'île et le Tayet.

H. 601. (Liasse.) — 2 pièces parchemin, 15 pièces papier.
(Armoire D, layette 13, liasse 9 de l'ancien classement.)

1566(?)-XVIIe siècle. — Droits sur l'île de Macau. — 5-17. Procès contre Louis Dupuy, bourgeois de Bordeaux.

H. 602. (Liasse.) — 1 cahier de 10 feuillets papier, 12 pièces papier.
(Armoire D, layette 13, liasse 9 de l'ancien classement.)

1594-1600. — Droits sur l'île de Macau : procès contre Pierre Barthélemy, bourgeois et marchand de Bordeaux.

H. 603. (Liasse.) — 1 cahier de 16 feuillets papier, 4 pièces parchemin, 57 pièces papier. (Armoire D, layette 13, liasses 10-19 de l'ancien classement.)

1437-XVIIIe siècle. — Droits dans la paroisse de Macau. — 15. Mémoire sur la chapelle domestique de l'île de Cazaux (s. d.).

H. 604. (Liasse.) — 1 cahier de 15 feuillets papier, 2 pièces parchemin, 11 pièces papier. (Armoire D, layette 14, liasse 2 de l'ancien classement.)

XVe siècle-1693. — Droits dans la paroisse Du Taillan. — 4. Requête pour l'abbé : il énumère ses charges et il expose que les gens Du Taillan ne payent pas 1 panier de vendange sur 45 (11 août 1592).

H. 605. (Liasse.) — 1 cahier de 15 feuillets papier, 1 pièce parchemin, 6 pièces papier. (Armoire D, layette 14, liasses 4 et 6 de l'ancien classement.)

1337-1634. — Droits dans la paroisse Du Taillan.

H. 606. (Liasse.) — 1 cahier de 10 feuillets papier, 5 pièces papier.
(Armoire D, layette 14, liasse 7 de l'ancien classement.)

1552-1625. — Droits dans la paroisse Du Taillan.

H. 607. (Cahier.) — 0^m32 × 0^m20, 21 feuillets papier.
(Armoire D, layette 14, liasse 7, pièce 1 de l'ancien classement.)

1632. — Liève pour Le Taillan, d'après des reconnaissances de 1459 et autres dates. — Mention d'une maison sise à *La Caussade* (fol. 8); — de Jean Forthon, vicaire Du Taillan en juin 1537 (fol. 12 v°).

H. 608. (Cahier.) — 0ᵐ39 × 0ᵐ20, 19 feuillets papier.
(Armoire D, layette 14, liasse 7, pièce 2 de l'ancien classement.)

1572-1574. — Terrier pour Le Taillan et Bruges.

H. 609. (Liasse.) — 3 cahiers de 47 feuillets papier, 2 pièces parchemin, 40 pièces papier. (Armoire D, layette 14, liasse 8 de l'ancien classement.)

1305-1766. — Procès contre les vicaires perpétuels Du Taillan, au sujet des dîmes et novales. — 1. Bulle de Clément V unissant à Sᵗᵉ-Croix la vicairie Du Taillan (copie; Lyon, 22 novembre 1305). — 15. État fourni par le vicaire perpétuel des défrichements opérés depuis 1608 (1698?).

H. 610. (Liasse.) — 1 cahier de 11 feuillets papier, 6 pièces parchemin, 19 pièces papier. (Armoire E, layette 1, liasses 1-4 de l'ancien classement.)

XIIᵉ siècle-1765. — Droits dans les paroisses d'Arsac, de Blanquefort, etc. — 7. Reconnaissance pour le quart indivis d'un bois dans la paroisse de Blanquefort, confrontant à « l'acgua por on hom entra deu port d'en Fouquer en la palu » (21 octobre 1310). — 11. Reconnaissance pour un bois sis à Blanquefort confrontant à la terre de « mossen Tristan de Lila, cavaley » (25 décembre (?) 1441). — 12. Analyse d'un acte notarié du 18 novembre 1547, par lequel Gratien Despondé, chanoine de Sᵗ-André, déclare que Bertrand de Garay l'a institué héritier, et que le déclarant a acquis, le 10 septembre 1537, de Gaston Delisle, baron de Labrède et de Bautiran, la moitié de la dîme de Caizac, en la terre de Blanquefort (s. d.).

H. 611. (Liasse.) — 15 pièces parchemin. (Armoire E, layette 1, liasses 6-7 de l'ancien classement.)

1371-1425. — Droits dans les paroisses d'Avensan et de Mérignac. — 2. Accord entre l'abbaye et Armand de Roquefort, d'Avensan: celui-ci ayant perdu sa femme, qui avait la moitié indivise d'un bien et qui ne laissa pas d'héritier, la moitié du bien passe à l'abbaye, qui en a la seigneurie foncière ; elle le cède à Armand, moyennant 12 l. et demie (8 juin 1417). — 3. Reconnaissance pour une maison sise à Avensan et touchant « au gran camin cominau de Bordales » (25 juillet 1412). — 4. Reconnaissance pour une terre dans la paroisse d'Avensan, près « l'ariu qui descen deu molin de Ramafort vert lo molin de La Tasta »

(29 avril 1417). — 10. Reconnaissance à la suite d'une vente consentie par « mossen Ayquem Blanc, prestre, curador dat per l'ondrable senhor officiau de Bordeu en ffauta de hereteys no appareyssentz aus bens e causas qui fforen de Ramon de Laubareda », lad. reconnaissance passée en présence d'Amanieu Colom, chevalier, citoyen de Bordeaux (4 novembre 1371).

H. 612. (Liasse.) — 10 pièces parchemin, 3 pièces papier. (Armoire E, layette 1, liasses 9-13 de l'ancien classement.)

XIVᵉ siècle-1633. — Droits dans les paroisses de Parempuyre, Margaux, Cambes et Soussans. — 4. Reconnaissance pour une terre touchant « a las terras franquas deus homes de Parrampuyra » (11 juin 1412). — 6. Ensaisinement par Vidal Arnaud, prieur claustral, nommé procureur de l'abbé Pierre Andrieu le 26 décembre 1416 (17 mai 1418). — 9. Assignation de cens et rentes sur de nombreux fonds à Margaux : mention de vignes avec l'indication des lieux dits (xivᵉ siècle).

H. 613. (Liasse.) — 10 pièces parchemin, 13 pièces papier. (Armoire E, layette 2, liasses 1-2 de l'ancien classement.)

1350-1573. — Droits dans la paroisse de Cadaujac. — 1. Hommage par Raimond « de Lavolvena », damoiseau, pour le moulin de Bardin sis à Cadaujac, en présence de Raimond de Landiras, archidiacre de Médoc (26 janvier 1350, n. s.). — 2. Reconnaissance pour le moulin de Bardin, paroisse de Cadaujac, sur l'Eau Blanche, entre le Moulin Neuf, en amont, et le moulin de Maucaillau(?), en aval (13 octobre 1431). — 3. Bail à fief du moulin de Bardin par Henri, administrateur de l'abbaye, Gaillard Ros, prieur claustral, et autres religieux assemblés dans le cloître (15 novembre 1441). — 4. Reconnaissance par Bérard Colom, jurat de Bordeaux, pour le moulin de Bardin, sur l'Eau Blanche, paroisse de Cadaujac (21 février 1510, n. s.). — 5-14. Procès contre Jean d'Ibarolla, écuyer, au sujet du moulin de Bardin (1571-1573). — 19. Reconnaissance pour partie indivise du bois de Mons, paroisse de Cadaujac, et délimitation dud. bois (5 mai 1438). — 20. Délimitation du bois de l'abbé, à Cadaujac (xivᵉ siècle).

H. 614. (Liasse.) — 7 pièces parchemin, 20 pièces papier. (Armoire E, layette 2, liasses 4 et 8 de l'ancien classement.)

1507-1724. — Droits dans les paroisses de Martillac et de Saint-Laurent-d'Arce. — 2. Sentence condamnant Jean Banc, écuyer, s^r de Labatut, à reconnaître au profit de l'abbaye pour le bourdieu de Labatut, sis dans la paroisse de Martillac, à *Maujan* (13 mars 1551, n. s.). — 22. Reconnaissance pour un domaine sis dans la paroisse de Martillac, « au cournau ou village de Maugean, et anciennement à Dubosq », confrontant aux vignes et bois de Joseph de Bourran, écuyer, seigneur de Pudet (9 avril 1698).

H. 615. (Liasse.) — 10 pièces parchemin, 23 pièces papier.
(Armoire E, layette 3 de l'ancien classement.)

1303-1728. — Droits dans les paroisses de Barsac, St-Médard-d'Eyrans, L'Isle-St-Georges, etc. — 4. Dénonciation du bail à ferme de la dîme de Barsac, « à cause que les gens de guerre quy ont passé et logé aud. lieu de Barsac ont coupé tous les bledz de lad. parroisse, mis les chevaux dans les vignes », et constatation de l'impossibilité où on est d'aller vérifier les dégâts, « attendu que le pays est plain de gens de guerre » (25 et 26 juin 1653). — 18. Bail à cens d'une vigne « ab totz sos apertenementz de bordiu, d'aubaredas e d'autras causas », d'une aubarède sise *a Balachs*, « sobre la bota de l'ester » (4 mars 1303, n. s.). — 19. Reconnaissance pour des biens dans la paroisse de St-Médard-d'Eyrans, tenus moyennant une redevance d'un quart, à livrer « a la capéra de Balagh o au cap deudeyt feu, sobre lo port » (9 octobre 1340).

H. 616. (Liasse.) — 15 pièces parchemin.
(Armoire E, layette 4, liasse 1 de l'ancien classement.)

1251-1439. — Droits dans la paroisse de La Tresne. — 1. Bail à fief, incomplètement daté, par l'abbé Pierre de Lignan à Eyquem de La Roque, de La Tresne, de deux terres dans la paroisse de La Tresne, au lieu dit à *Saint-Pantaléon*, « en tau maneira que l'avandetz Ayquem de La Roqua et soi her qui tornau seran d'aquest feu los i deuen tener maison estatglament ben binent, en lacau maison l'abas et li monge... poden aubergar de nutz et de [jour], quant a lor plaira et so que mester los sera deu... a lor cost, saub palha et fen » ; le monastère pourra faire une maison « prob l'avandeita capera de Sent-Pantaleon, qui es eu feu desus mentagutz (?) » et près de la maison « far casau dins clausura » (28 février [1251, n. s.?]). — 2. Bail à fief d'une vigne sise dans la paroisse de La Tresne, « per lo quart deu fruit... e per la meytat de la deyma talhada a paners mesuratz » ; pendant 4 ans lad. vigne sera exempte de redevances, à cause des travaux

qu'elle nécessite; elle fera ensuite retour au seigneur foncier, si elle n'est pas bien entretenue (30 août 1338). — 3. Reconnaissance en présence d'Amanieu Darrier (?), prieur de Soulac (9 octobre 1342). — 6. Reconnaissance par Pierre Doat, paroissien de La Tresne, « ab autrey de Johan de Canhac, tutor testamentari, si cum disso, de la persona, bens e causas de Amaneu de Canhac..., deuquau Amaneu lodeyt Pey Doat disso e reconoguo que es e deu estre home questau » (25 juillet 1386). — 14. Reconnaissance reçue par le chambrier de Ste-Croix, nommé le 28 décembre 1436 procureur d'Henri, évêque de Bazas et administrateur de Ste-Croix (5 mars 1437, n. s.).

H. 617. (Liasse.) — 8 pièces parchemin, 5 pièces papier.
(Armoire E, layette 4, liasses 4-5 de l'ancien classement.)

1238-1640. — Droits dans les paroisses de Loupiac et de Sadirac. — 6. Vente par Guillaume-Arnaud de Benauges à Pons de Blanquefort, abbé de Ste-Croix, moyennant 7 livres de poitevins et de bordelais, d'un manse dans la paroisse de Sadirac, et de diverses terres notamment 7 « sadons... de doas bersanas » ; le vendeur reçoit lesd. biens à titre de censive et fournit des cautions, « cada uns per lo tot » (31 décembre 1238). — 7. Reconnaissance pour 6 sadons de terre dans la paroisse de Sadirac, « a Laurian, au loc aperat a Sivrac » ; témoin : Bertrand de Pomiers, damoiseau (6 mars 1348, n. s.). — 11. Reconnaissance pour un « mayne, teuleyra et forn », dans la paroisse de Sadirac, *a la Teuleyra* (17 mai 1445).

H. 618. (Liasse.) — 19 pièces parchemin, 4 pièces papier.
(Armoire E, layette 4, liasses 6-10 de l'ancien classement.)

1260-1693. — Droits dans les paroisses de Sadirac, Carignan et Canéjan. — 1. Reconnaissance par divers « parsoners » pour un « trens de terra e de jaugar ab las teuleyras qui son dedintz », dans la paroisse de Sadirac, « a las teuleyras de La Barreira » (9 juillet 1348). — 2. Vente d'un bien sis dans la paroisse de Sadirac, entre les terres d'Arnaud-Guillaume Bravion et de P.-Arn. Davedac, chevaliers (18 juin 1285). — 4. Vente d'une terre sise dans la paroisse de Sadirac, « au pas de l'ariu qui s' porta vert lo molin de Latauleira » (13 juillet 1282). — 6. Vente d'une vigne sise dans la paroisse de Sadirac, « au puchs de Monquc » (27 février 1286, n. s.). — 11. Vente par [Jean] de Roqueys, damoiseau de la paroisse de Carignan, pour doter une fondation d'anniversaires, d'un cens de 50 s. sur un

bien sis dans lad. paroisse, « au plantey de la Mota »
(3 mai 1426). — 12. Arrêt entre l'abbé et Barthélemy
Minvielle, en faveur duquel son oncle Philippe Minvielle a résigné la cure de Sadirac, le 9 novembre 1678
(26 mai 1693). — 21. Ensaisinement par l'abbé Amanieu de La Mothe en présence de Pierre Andrieu, prieur
claustral (21 septembre 1392). — 23. Reconnaissance
en présence de Guillaume Artos, prieur de Camparrian (3 mars 1466, n. s.).

H. 619. (Liasse.) — 14 pièces parchemin, 31 pièces papier.
(Armoire E, layette 5 de l'ancien classement.)

1270-1708. — Droits dans les paroisses de Sadirac
et de Lignan. — 1. Convention entre Gaillard de
Lignan, chevalier, et Pélegrine, sa femme : Pélegrine
a porté en dot, par contrat du 19 novembre 1261,
100 l., plus « leitz e araubas e palafre ab son arnes »,
le tout estimé 50 l. ; elle a dû aliéner pour les
besoins de la communauté une partie de sa dot :
son mari a engagé ses dîmes de Portets, Castres et
Arbanats et n'a pas de quoi les dégager ; en vue d'y
parvenir, ils ont donné à fief la moitié appartenant
à Pélegrine du moulin de Lubert, paroisse de
St-Genès-de-Lombaut ; pour garantir sa femme de
tout dommage, Gaillard lui baille à fief lesd. dîmes,
moyennant les charges auxquelles il est tenu pour
ces dîmes, « ab 1 diner de creyssensa d'esporle » ; la
femme payera après la mort du mari, 70 l. pour ses
obsèques ou ses legs ; il retient l'usufruit viager des
dîmes (5 avril 1280). — 2. Testament de Gaillard de
Lignan, chevalier, léguant ses biens à St-Croix
(3 avril 1290). — 3. Approbation par Élie Gombaut et
par Comtor, sa femme, de la donation faite, le 3 avril,
par Gaillard de Lignan, chevalier (2 juin 1290). —
4. Obligation par Gaillard de Lignan, chevalier, pour
12,000 s. bordelais, par lui empruntés à l'église
St-Croix afin de payer ses dettes « e de absoubre lo
medis en Gualhart de diverssas e plusors sentencias de
excoimunges en que lo medis en Gualhártz era tengutz
e ligatz a las instancias de diverssas e de plusors personas, de la auctoritat de divers e de plusors judges » ;
présent : « 'n Arn. de Camp-Arnou, caperans de
Senta-Croys » (3 avril 1290). — 5. Reconnaissance par
Guirande de Lignan, fille de feu Robert et veuve de
Gombaut Gentot, chevalier, de ce que les religieux
« an e deuen aver camin public reyau, am bros o ses
bros, en anar e en tornar, ayssi cum a lor plaira, en
aquet camin qui es en la paropia de Lenhan, au loc
aperat au camin deu Pontat » (6 juin 1291). — 7. Acte

passé en présence de Raimond-G. de Senac, chevalier :
Eyquem Sans a baillé à cens à P. Guerhil un pré,
moyennant 3 d. d'esporle à muance de seigneur et
5 s. 1 d. de cens, dont 1 d. de croît d'esporle et 1 d. de
croît de cens, plus 6 l. payées par P. Guerhil à Eyquem
Sans ; P. Guerhil reconnaît avoir reçu ces 6 l. du
cellerier de St-Croix et lui remet tous droits sur
l'immeuble (7 avril 1293). — 8. Testament de P. Guerhil, de Lignan (vidimus, 26 avril 1293). — 9. Don à
l'abbaye par P. Sans, curé de Lignan, d'un manse qu'il
tient à cens du monastère (2 décembre 1270) — 45. « Il
numeró degl' officii et benefitii, tanto regulari quanto
seculari, et cappelle che l'abbate di Sta-Croce di Bor-
deaulx conferisce *pleno jure* o presenta » (s. d.).

H. 620. (Liasse.) — 10 pièces parchemin, 5 pièces papier.
(Armoire E, layette 6, liasses 2-3 de l'ancien classement.)

1282-1601. — Droits dans la paroisse de Baurech.
— 4. Ensaisinement à la suite de la vente de diverses
terres, dont une sise dans la paroisse de Baurech, *a la
Caussada* (27 décembre 1325).

H. 621. (Liasse.) — 3 pièces parchemin, 34 pièces papier.
(Armoire E, layette 6, liasse 5 de l'ancien classement.)

1508-1770. — Droits dans la paroisse de Tabanac.
— 24. Conflit avec le curé de Tabanac au sujet de la
dîme de certains fonds que tiennent le s^r de Mons,
sieur de Caussade, la dem^le de Tharague et autres
(1er-13 juillet 1665).

H. 622. (Liasse.) — 2 cahiers de 22 feuillets papier, 2 pièces
parchemin, 24 pièces papier. (Armoire E, layette 6, liasse 7 de
l'ancien classement.)

1670-1672. — Droits dans la paroisse de Tabanac.
Procès contre Arnaud Vabre, curé, au sujet de la dîme.

H. 623. (Liasse.) — 9 pièces parchemin, 3 pièces papier.
(Armoire E, layette 6, liasse 8 de l'ancien classement.)

1288-1648. — Droits dans la paroisse de Tabanac.
— 6. Reconnaissance pour une vigne dans la paroisse
de Tabanac, « au loc apperat au Perey de la Caussada »
(28 mars 1443).

H. 624. (Liasse.) — 10 pièces parchemin, 3 pièces papier.
(Armoire E, layette 7, liasses 1-2 de l'ancien classement.)

1274-1648. — Droits dans les paroisses de Bouliac
et de Camblanes. — 2-3. Reconnaissance pour des

biens sis *a Fossa Maurin*, paroisse de Bouliac, confrontant au fief « de la confrayria preveyriu », tenus « en feus fevaument ab homenatge franc » ; les tenanciers font « homenatge e segrament de fieutat, ... so es assaber estant a genols per davant lod. senhor abat, mans juntas, promeloren e jureren sobre los sans Evangelis Deu corporaument toquatz que edz seran bons e fideus affevatz aud. moster », etc. ; l'abbé les ensaisine, moyennant 2 d. d'exporle et 4 d. de cens ; témoin : Bernard de Lataste, prieur (30 novembre 1342). — 4. Bail, moyennant un cens, d'une terre en friche, précédemment tenue au tiers des fruits, sise à Bouliac, « au loc apperat a la terssaria de Sancta-Crotz » (7 juin 1412). — 8. Bail à fief par Amanieu de Lamothe, damoiseau, seigneur de Beautiran, en présence de Guy Joffre, curé de Camblanes (14 mars 1395, n. s.).

H. 625. (Liasse.) — 2 pièces parchemin, 17 pièces papier. (Armoire E, layette 7, liasse 4 et liasse 5, sauf la pièce 17 de l'ancien classement.)

1230-1763. — Droits dans la paroisse de Ste-Croix-Du-Mont. — 1. Envoi en possession par Albier, curé de Mourens, de François Lespinasse, pourvu de la cure de Ste-Croix-Du-Mont (24 août 1652). — 2. Prise de possession de la paroisse de Ste-Croix-Du-Mont par le même François Lespinasse, nommé à lad. cure par l'abbé de Ste-Croix, à Pontoise, le 13 août (14 septembre 1652). — 6. Commandement à Jean de Joye, curé de Ste-Croix-Du-Mont (6 septembre 1647). — 15. Arrêt du Parlement entre Jean Rousseau, curé de Ste-Croix et Aubiac, et frère Jean de Civrac, prieur de St-Macaire, fixant les limites des dîmaires d'Aubiac et de St-Mexant, savoir : du maine de Laurencier, suivant le ruisseau du moulin de Villars, jusqu'au dit moulin, au moulin de La Moullate, au moulin du Prieur, au moulin Du Bernet, « et dud. moulin Du Bernet jusques à la mer, par un foussé et rouille appellé de la Garounelle et de lad. mer et Garounelle jusques au ruisseau d'Aubiac » (31 mai 1553).

H. 626 (Registre). — 0^m 29 × 0^m 11, 8 feuillets papier. (Armoire E, layette 7, liasse 5, pièce 2 de l'ancien classement.)

XVe siècle. — Droits dans la paroisse de Ste-Croix-Du-Mont. — « Liber redituum ecclesie Sancte-Crucis de Monte ». — La couverture en parchemin est une procuration donnée à Tours, le 4 novembre 1445, par Jean Lermite, « barbier du commun du Roy ». — Tarif des droits à percevoir par le curé sur les fidèles : moitié de la dîme, de la prémice et du « boicellage », qui est demi-boisseau de froment payable par ceux qui ont des bœufs de labour et un quart de boisseau par les autres ; à Noël, 7 liards par feu, « pour les mynjars » ; à Pâques, 1 liard par chef de maison, pour lui et sa femme, « pour le droit des confessions », sur les autres personnes, 2 deniers, et les étrangers, 1 d. ; droits de funérailles, de relevailles, de baptême, de mariage (fol. 1 v°). — Etats de cens et d'agrières : mention d'une vigne « au lieu de Verdelic » (fol. 2 v°) ; — de deux vignes sises « a Puya castet » et « dejus lo castet » (fol. 3) ; — d'une terre « au Gaffet » (fol. 3 v°) ; — d'une vigne « a Verdelic » (fol. 8).

H. 627. (Liasse.) — 1 cahier de 24 feuillets papier, 24 pièces papier (Armoire E, layette 7, liasses 6 et 8 de l'ancien classement.)

1550-1726. — Droits dans la paroisse de Ste-Croix-Du-Mont. — 1. Vente par « Marguerite de Lisserague, dame de Chasteau-Ferme, baronesse de Cordes-Tholosanes, en la séneschaulcée de Thoulouse, vefve de feu noble Jehan Roulet, baron de Salenque, et dame de la maison noble de Tastes, scituée en la paroisse de Ste-Croix-Du-Mont », à André de Laroque, bourgeois de St-Macaire, de lad. maison de Tastes (26 août 1550 ; copie authentique). — 4. Pièces relatives au piquetement de dixmaires, entre Guillaume Hodebourg, curé de Ste-Croix-Du-Mont, et Jeanne Fleuriel, aïeule et tutrice des enfants de feu André de La Roque, écuyer, sieur de Tastes (2-5 juillet 1617). — 12. Sentences des Requêtes du Palais contre François-Raimond de Laroque, s^r de Tastes (19 septembre 1648). — 19. Transaction entre François Lefebvre, curé de Ste-Croix-Du-Mont, et les Célestins de Verdelais, représentés par Pierre Palotte, prieur (29 janvier 1661). — 25. Lettre de fr. Abel Legros, prieur de Verdelais (6 janvier 1695).

H. 628. (Liasse.) — 17 pièces parchemin, 3 pièces papier. (Armoire E, layette 8, liasse 1 de l'ancien classement.)

1263-1574. — Droits dans les paroisses de Cenon et de Floirac. — 15. Procédure par-devant l'officialité au sujet d'un testament dont les exécuteurs se récusent ; acte auquel assiste « P. Iter, prestre, rectre de la gleisa de Flloyrac » (1301-1er avril 1302).

H. 629. (Liasse.) — 14 pièces parchemin. (Armoire E, layette 8, liasse 2 de l'ancien classement.)

1300-1444. — Droits dans la paroisse de Floirac. — 1. Déguerpissement de biens tenus à cens pour l'abbaye, laissés sans culture et dont les cens sont impayés depuis neuf ans (25 septembre 1300). — 7. Ensaisinement en présence de Raimond de Camiade, curé de Floirac (7 décembre 1337). — 9. Rappel des conditions d'un bail à cens entraînant des obligations personnelles : prévenir le seigneur foncier des dommages dont il est menacé, etc. (1er juin 1344). — 12. Bail à cens d'un manse « a P. de Sinssetz, de la honor d'Albaterra, demorant en la parropia de Tressas » (9 mai 1355). — 13. Bail à cens de terres incultes déguerpies en 1366 (25 novembre 1388).

H. 630. (Liasse.) — 17 pièces parchemin, 1 pièce papier.
(Armoire E, layette 8, liasse 3 de l'ancien classement.)

1349-1621. — Droits dans la paroisse de Floirac. — 7. Reconnaissance, étant présent « Bernardo de Ramata, presbytero, perssona seu rectore ecclesie de Linguonio » (2 novembre 1400).

H. 631. (Liasse.) — 9 pièces parchemin.
(Armoire E, layette 8, liasses 4-5 de l'ancien classement.)

1339-1445. — Droits dans les paroisses de Floirac et d'Artigues. — 1. Reconnaissance en présence de Bertrand de Jonqueyres, prieur de Sadirac (27 février 1339, n. s.). — 8. Reconnaissance par Brunet Du Rival, damoiseau, de la paroisse de Teuillac, en Bourgès, pour une vigne et un pré à Artigues (2 janvier 1344, n. s.).

H. 632. (Liasse.) — 15 pièces parchemin.
(Armoire E, layette 8, liasses 6 et 8 de l'ancien classement.)

1303-1454. — Droits dans les paroisses de Tresses et de Montussan. — 4. Ensaisinement en présence de « Beriran d'Arrossilhon, prior deu Castelet » (1346). — 14. Ensaisinement, par l'abbé, de l'acquéreur d'une tenure, lequel « estant davant lodeit abat a mas juntas mandet e prometo en bona fe en las mans deudeit abat e l'en baiset en la boqua que ed bons, leyaus e fideus sere », etc. (3 octobre 1310).

H. 633. (Liasse.) — 8 pièces parchemin, 29 pièces papier.
(Armoire E, layette 9, liasses 1-2 de l'ancien classement.)

1293-1724. — Droits dans les paroisses de Ste-Eulalie et d'Ambarès. — 36. Décision du bureau des trésoriers de France condamnant Jacob Ratier, marchand, possesseur de la maison noble de Matelloi-

Sabarias, en la juridiction de Montferrand, à reconnaître au profit de l'abbé de Ste-Croix (23 août 1694).

H. 634. (Liasse.) — 22 pièces parchemin.
(Armoire E, layette 9, liasses 3-7 de l'ancien classement.)

1308-1492. — Droits dans les paroisses d'Ambarès, Sallebœuf, Fargues et St-Loubès. — 2. Vente d'un domaine [sis à Sallebeuf], confrontant au fief de Guillaume-Arnaud de Lamothe, seigneur de Roquetaillade (25 juillet 1403). — 9. Reconnaissance pour une terre dans la commune de St-Loubès, a la Caussada où à la Batut Pauca (1er août 1426). — 10. Reconnaissance pour un immeuble dans la paroisse de St-Loubès, « au parssan de Caseras, pres la falha deu Vergey » (3 mai 1398).

H. 635. (Liasse.) — 6 pièces parchemin, 3 pièces papier.
(Armoire E, layette 10 de l'ancien classement.)

1312-XVIIe siècle. — Droits dans les paroisses de Langoiran, « St-Augustin, chastellanye de Royan » et Cenon. — 5. Analyse d'une reconnaissance passée le 15 avril 1630, par Esther Mathieu, damoiselle, veuve de François Laboulhe, écuyer, sr du Bruilh, pour « une pièce de terre, rivière et désert... en la parroisse St-Augustin, châtellenie de Royan » (s. d.).

H. 636. (Liasse.) — 7 pièces parchemin, 19 pièces papier.
(Armoire E, layette 11, liasses 2-10 de l'ancien classement.)

1350-XVIIe siècle. — Droits en divers lieux. — 5. Reconnaissance par Lancelot Dufau, président des Enquêtes au parlement de Bordeaux (5 août 1513). — 25. Sentence au sujet d'une terre dans Artigues, à Fousse Crue ou à Bohecre, attenant à un fief que possède Georges Vellin, curé de La Sauve (4 mars 1553, n. s.).

H. 637. (Liasse.) — 17 pièces parchemin. (Armoire E, layette 11,
liasse 12, pièces 1-16 de l'ancien classement.)

1350-1586. — Droits en divers lieux. — 6. Reconnaissance par Jacques Thoulouze, maître libraire, domicilié rue St-James (20 août 1586). — 7. Reconnaissance pour un immeuble sis dans la paroisse de Quinsac, a Romanhac, confrontant au fief de la Mothe de Cénac (9 mai 1449).

H. 638. (Liasse.) — 17 pièces parchemin. (Armoire E, layette 17, liasse 12, pièces 17-33 de l'ancien classement.)

1341-1451. — Droits en divers lieux. — 1. Reconnaissance pour une terre dans la paroisse de Bègles, confrontant « aus padens deus prodomes de Beccla » ; présent: P. Du Puch, curé de Carcans (8 juin 1365). — 11. Vente de terres sises à Bègles ; renonciation « a la costuma de Bordales qui no vou ni sofre que costz ni messions, destardis ni dampnatges sian pagat, restituit ni esmendat » (12 décembre 1344). — 12. Ensaisinement de Guillaume de La Rivière, doreur, paroissien de S¹-Pierre de Bordeaux (9 mars 1374, n. s.). — 17. Reconnaissance pour un bien sis dans la paroisse de Tabanac, *au Percy de la Caussada*, confrontant « a la vinha de la confrayria de Nostra-Dona de Tavenac, » et pour une vigne confrontant à celle de noble Bernard de Garos, chevalier ; témoin : Robert Mercer, curé de Tabanac (1ᵉʳ juin 1450).

H. 639. (Registre.) — 0ᵐ33 × 0ᵐ24, 58 feuillets parchemin, plus 8 feuillets et 1 feuille détachée de tables.

1233-1283. — Cartulaire de S¹ᵉ-Croix [1]. — Vente d'un manse dans la paroisse de Lignan, près de « la via brossau » (27 janvier 1244, n. s. ; fol. 1 v°). — Vente d'une terre à un tiers, « en las mans e en la presensa d'un P. de Terme lo prebstre, comte de la cofrairia preveirau de Lenhan e de Carinhan » (6 février 1272, n. s. ; fol. 2 v°). — Reconnaissance de dette par B. de Syugan, damoiseau, qui donne en gage le huitième du bois de Taudinar, à Lignan, pour trois ans : « Si ad aquet terme sout no ac ave », le créancier « ac deu tener martinaument, segont los fors e las costumas de Bordeu » (13 mars 1238, n. s. ; fol. 4 v°). — Échange avec la confrérie presbytérale de Carignan et de Lignan : P. de Terme, syndic ; P. Sans, curé de Lignan ; Guil. Dupuch, prêtre ; Raimond de Lapalu, prêtre ; Raimond-Guillaume de Cénac, chevalier, etc. (23 août 1272 ; fol. 5). — Vente en présence de R. de Francs, prieur de S¹-Julien, Raimond de Lacoste, curé de S¹ᵉ-Croix, P. de Mélac, sous-prieur de la même église (18 (?) décembre 1264 ; fol. 8 v°). — Échange par Bertrand de Laroque, prieur de Sadirac (2 juillet 1260 ; fol. 9 v°). — Autre échange par le même avec Gaillarde de Lignan, femme de Guillaume-R. de Noaillan, chevalier (28 juin 1252 ; fol. 10). — Vente au même par un individu qui « ave malevat de judeus e d'autras gentz xv libras de bordales valentz » (15 novembre 1260 ;

fol. 10). — Transaction au sujet d'un manse sis dans la paroisse de Cambes, « entre la via per on hom ba de La Boisseda a la gleisa Sent-Nicholau de Cambas, d'une part, eu sender... qui arriba a la gran bia per hon hom ba a la gleisa Sent-Martin de Cambas » (3 juin 1244 ; fol. 12 v°). — Donation en présence de « Bertran de Laballia », prieur de Boisset (27 janvier 1259, n. s. ; fol. 13 v°). — Bail d'un manse « ab xnx den. de cens » (6 janvier 1265, n. s. ; fol. 14). — Contrat de mariage de Blanche, sœur d'Amanieu d'Escures, damoiseau, avec P. Étienne de Lesparre, de la paroisse de Puy-Paulin, en présence de B.-Raimond de Veyrines, chevalier (30 juin 1266 ; fol. 14) ; le cellerier de Sainte-Croix veut saisir, pour non-paiement de redevances, un cens que P.-Étienne tenait de lui « ab xnx d. de sens » ; Blanche s'y oppose en vertu de son hypothèque dotale et elle vend au cellerier lad. redevance (11 novembre 1283 ; fol. 14). — Reconnaissance de tenanciers qui déclarent devoir « homenesc plan » (1ᵉʳ mai 1267 ; fol. 14 v°). — Concession par P. de Lignan, abbé, Guillaume de Coms, prieur, Guil.-Arnaud de Lugagnac, sous-prieur, P. Austen, prieur de Soulac, etc., à Arnaud Ayon du droit de faire une voie sur un terrain qu'il tient de S¹ᵉ-Croix, aboutissant à la rue de S¹ᵉ-Croix à S¹-Michel, et ce moyennant 12 l. une fois données et un cens de 2 sous (mi-juillet 1250 ; fol. 14 v°). — Concession analogue par les mêmes aux exécuteurs testamentaires d'Amanieu de S¹-André (même date ; fol. 15). — Ensaisinement par Guil. de Coms, prieur de S¹ᵉ-Croix, en présence de B. de Lagardère, prieur de S¹-Macaire, et de Guilhaume de Montignac, prieur de Soulac (12 mars 1254, n. s. ; fol. 16). — Échange avec P..., captal de La Tresne, et G. de La Mothe, son tuteur (1ᵉʳ juillet 1245 ; fol. 16 v°). — Vente d'une vigne confrontant « au caireforc deu molin d'Arxs » (7 février 1274 [1], n. s. ; fol. 17). — Bail à cens pour l'abbaye, Vidal de Lasportes, prieur de Cambes, P. de Bilars, prieur de L'Isle, etc. (25 mai 1279 ; fol. 18). — Engagement par Arnaud-Guillaume Bramon de Sadirac, chevalier ; témoin : Gaillard Du Tourne, damoiseau (28 avril 1266 ; fol. 19). — Promesse par Raimond de Francs, prieur de S¹-Julien de Bordeaux (6 juillet 1272 ; fol. 19 v°). — Bail à cens d'une terre près du pont Du Gui et du ruisseau de Laborde ; le monastère se réserve de la reprendre en vue de faire un étang pour ses moulins, en indemnisant le concessionnaire de son travail à dire d'experts (29 janvier 1269, n. s. ; fol. 20). — Bail viager par l'abbaye, P. Austen, prieur

---

[1] Ce registre a été imprimé dans le t. XXVII des *Archives historiques de la Gironde*, pages 159 et suivantes.

[1] Le cartulaire porte par erreur 1263, anc. st.

de Soulac, et B. de Lagardère, prieur de S\\\\. -Macaire, à Guil. de Beneilhan, clerc de S\\\\. -Aubin-en-Jalles, d'une terre « qui es entorn la sala de la medissa abadia qui es Au Teilhan » (2 juillet 1250; fol. 20 v°). — Réduction de cens sur une maison ruinée, accordée par l'abbé, par Jean de La Réole, prieur, Rostaing Du Soler, prieur de S\\\\. -Macaire, Raimond Sans, sous-prieur, etc. (28 novembre 1271; fol. 21). — Bail à fief d'une terre sise à Tabanac, lieu dit *a la Costa Santa-Crotz*, et d'une carrière voisine; le concessionnaire ne pourra vendre de la pierre en dehors de sa famille, sans quoi l'abbaye aura la moitié du prix (2 novembre 1269; fol. 22). — Autorisation d'extraire du sable d'une vigne tenue du cellerier « au pont Deu Gui », à condition de remettre aud. cellerier le tiers du prix; le tenancier « pot vendre de lad. arena tro v cens per si medis »; au-dessus, l'assentiment du cellerier sera nécessaire; témoin : « maestre Gui lo fisician » (15 janvier 1270, n. s.; fol. 22). — Abandon par P... de Bordeaux, chévalier, seigneur de L'Isle, de ses prétentions sur une terre sise à Balache, « apud Balagium, ... in decimario de Insula »; témoins : Guil.-Raimond de Faurguères et Amanieu de Besson, chevaliers (juin (?), « mense major », 1233; fol. 22 v°). — Reconnaissance d'une dette de 20 l. et engagement en mort-gage d'une terre sise près de l'estey de Balache, led. gage étant garanti par une hypothèque sur une vigne (4 mai 1248; fol. 22 v°). — Bail à façon d'une vigne pour six ans (24 janvier 1283, n. s.; fol. 24). — Reconnaissance de dette et livraison en mort-gage de deux vignes « a tener martinaument d'una sent Martin ad autra », led. gage étant garanti par une hypothèque générale sur les biens du débiteur; approbation par l'abbé, de qui viennent les vignes (27 mars 1262; fol. 24). — Cession par Gaillard de Cursan, de nombreux droits énumérés dans l'acte; annonce des sceaux de l'official, d'Ayquem de Cambes, prieur de S\\\\. -Croix, de Rostaing Du Soler, prieur de S\\\\. -Macaire, etc.; témoins : P. de Mélac, sous-prieur, Raimond de Francs, prieur de S\\\\. -Julien, Raimond de Lataste, curé de S\\\\. -Croix (24 mai 1263; vidimus du 9 juin 1275; fol. 25). — Remise de droits par Guillaume de Comps, prieur de S\\\\. -Croix, le cellerier, Raimond de Francs, prieur de l'hôpital S\\\\. -Julien, et Raimond Macanh, citoyen de Bordeaux, « procuradors e gardadors de l'abaia Santa-Crotz », commis par l'Archevêque (21 mai 1252; fol. 27 v°). — Bail à fief par l'abbé Guillaume de Comps à Élie Carpentier, changeur, des biens précédemment tenus à Floirac par led. Élie de Gaillard de Cursan : mention d'un chemin « qui ben de La Sois e poja bert la capera

Sent-Hilari » ; témoins : Rostaing Du Soler et Géraud de Vilars, prieur et *ouvrier* de S\\\\. -Macaire, etc. (10 juillet 1264; fol. 28 v°). — Acte enregistrant l'ordre donné par Gailhard de Cursan à Élie Carpentier de rendre à l'abbé les devoirs féodaux (13 juin 1263; fol. 30 v°). — Monitoire donné à la demande d'Élie Carpentier et invitant à déclarer les prétentions sur les biens ayant appartenu à Robert et Gaillard de Cursan, suivi de la déclaration faite par le cellerier de S\\\\. -Croix que lesd. biens appartiennent au monastère, au profit duquel ils sont grevés d'une hypothèque de 1000 livres (30 mars et 13 avril 1280; fol. 31). — Bail à fief par Élie de Lagrave, cellerier, Ayquem de Tabas, prieur, et P. de Mélac, sous-prieur (12 septembre 1264; fol. 34). — Ensaisinement par Jean de Lacanau, prieur (9 mars 1277, n. s; fol. 34 v°). — Bail à cens de deux maisons « que sun en la poblacion noera deu Freisser Santa-Crois, ab los chais e ab la baza que es davant », entre la rue *Bensibenga* et la rue Franque (20 février 1257, n. s.; fol. 41). — Compromis entre S\\\\. -Croix et les gens de Macau, lesquels désignent dix d'entre eux pour les représenter; mention de Guillaume de Comps, prieur de S\\\\. -Croix, B. de Lagardère, prieur de S\\\\. -Macaire, Guil. de Montignac, prieur de Soulac (24 février 1255, n. s.; fol. 44). — Arbitrage de P. Cailhau, cinquième arbitre, avec l'assentiment des autres arbitres: les gens de Macau « tengan estatgau en lurs proprias perssonas », sans pouvoir résider ailleurs; ils ne pourront pas se fortifier sans l'autorisation de l'abbaye; ils doivent annuellement de « formentada » autant de boisseaux qu'il y aura de feux vifs, de la mesure actuellement usitée à Bordeaux, dont un étalon sera gardé en l'église de Macau, le répartement devant être fait par le cellerier assisté de deux prud'hommes par lui choisis; l'abbaye a droit de justice haute et basse, « e fidanssas per totz mantz », des poules, les poitrines des bœufs; les gens de Macau ne pourront conspirer en s'aidant des confréries ou autrement, etc. (14 mars 1255, n. s.; fol. 45). — Renonciation par Raimond Macanh à toute réclamation contre l'abbaye, sauf le bail à ferme, consenti en sa faveur moyennant 54,000 sous, des 4 d. de péage qui appartiennent à S\\\\. -Croix sur chaque tonneau de vin passant devant S\\\\. -Macaire et sauf le don de la prévôté de Macau (12 décembre 1260; fol. 48 v°). — Transaction entre l'abbé de S\\\\. -Croix, Raimond Santz, sous-prieur, Rostaing Du Soler, prieur de L'Isle, etc., avec Arnaud-Guillaume Polau, de Macau : celui-ci prête hommage, promet de payer pour chaque maison sise dans la sauveté en l'île de Macau « 1 carton de forment, a la mesura que li autre home de

Maquau l'arrendon », de s'acquitter d'autres obligations « per arradon que li autre cofrayre de la cofrayria de Maquau » (10 janvier 1259, n. s.; fol. 48 v°). — Charte analogue, pour d'autres habitants (2 octobre 1258; fol. 49, et fol. 50). — Testament d'un paroissien de S⁺ᵉ-Croix : il déclare devoir 7 s. à R. de Lataste, curé de S⁺ᵉ-Croix, et nomme exécuteurs testamentaires, le sacriste, le pitancier et « maestre Gui, fisician, e per lor concelhador e gardador e defendedor l'abas Santa-Crotz » (11 mai 1270; fol. 51). — Compromis de l'abbé, de Jean de La Réole, prieur, Raimond Sans, sous-prieur, et autres religieux, d'une part, et Alpayde, veuve de Pierre Colomb, fils de feu Guillaume-Raimond Colomb, chevalier, nommant Raimond de Francs, prieur de S⁺-Julien, et deux autres arbitres à l'effet de régler les difficultés relatives au moulin de La Lagune, paroisse de Bègles, sur l'Eau-Bourde, et au petit ruisseau dit *lo Graneyros*, formé par une dérivation de l'Eau-Bourde, « post et juxta molendinum. Bernardi Dalhan, vulgariter appellatum molendinum de Petra Longa » (4 août 1274; fol. 53 v°). — Charte constatant que Guillaume-Raimond, citoyen de Bordeaux, excommunié par l'Archevêque, a été relevé de cette peine après avoir permis que l'on démolît à ses frais les travaux exécutés au moulin de Peyrelongue, qui avaient entraîné son excommunication (mi-août 1255 (?); fol. 54 v°). — Début d'un acte relatif aux démarches faites par Alpayde, veuve de Pierre Colomb, pour faire absoudre led. Pierre de l'excommunication prononcée contre lui pour travaux au moulin de La Lagune, sur l'Eau-Bourde; led. arrêt contient un *memoriale* de l'officialité, du 22 juin 1268, par lequel Pierre Colomb a conféré à sad. femme la tutelle de leurs enfants (s. d.; fol. 54 v°). — Cession de seigneuries foncières et autres droits « en tot Melac, ni a Floirac, ni a Tresces, ni à Lenhan, ni alhors per tot Entre-dos-Mars » (30 mai 1257; fol. 56 v°).

H. 640. (Registre.) — 0ᵐ 31 × 0ᵐ 20, 100 feuillets papier.

Xᵉ (?)-XIIIᵉ siècles. — « Extrait des cartulaires », fait au xviiᵉ siècle (¹). — Notice (²) de la destruction du monastère et de sa restauration par le comte Guillaume le Bon, fils de Raimond et d'Entregod et mari d'Arembourge, lequel fait don de l'église Du Taillan et du village de Soulac, avec l'oratoire dédié à Notre-Dame.

(¹) Les documents de ce registre ont été imprimés en tête du t. XXVII des *Archives historiques de la Gironde*.
(²) Ces premières pièces soulèvent de nombreuses difficultés relatives à leur date, sinon à leur authenticité.

« Signum Aldeberti, archiepiscopi » (fol. 1). — Don par Guillaume, comte d'Aquitaine, et Remberge, sa femme, du droit de sauveté et alleu à S⁺ᵉ-Croix, de la *cella* de S⁺-Laurent, où est gardé le corps de S⁺ Macaire, de la *cella* de N.-D. de Macau, « cum salvitate et cum adjacente insula » et de [la *cella* Du Taillan (1027; fol. 1 v°). — Ratification par Guillaume d'Aquitaine de l'acte par lequel son père Guillaume ou Geoffroy a cédé à Arnaud, abbé de S⁺ᵉ-Croix, l'église de Soulac, dans un concile tenu à Bordeaux et sur sentence des légats Amat et Hugues, évêques d'Oloron et de Die; il prend sous sa protection S⁺ᵉ-Croix avec S⁺-Macaire et ses autres possessions (25 mars 1096; fol. 2 v°). — Confirmation par Richard, fils du roi d'Angleterre et duc d'Aquitaine, des concessions faites par ses prédécesseurs à l'église de S⁺ᵉ-Croix (1174; fol. 3 v°). — Confirmation analogue par la reine Éléonore (4 juillet 1199; fol. 4). — Vidimus et confirmation par Henri III de la charte de Richard ci-dessus analysée (25 février 1233; fol. 5). — Charte de Guillaume d'Aquitaine donnant à S⁺ᵉ-Croix « omnes consuetudines trium modiorum salis quæ michi contingunt, scilicet *la poiada* et *formentada* et omnes reliquas consuetudines » (s. d.; fol. 6). — Charte d'Amanieu de Centujan, qui, pour terminer le différend entre l'abbaye et lui relativement à l'eau qui passe au lieu dit Arcs, cède à l'abbé Foulque lad. eau, plus la fontaine de Centujan (s. d.; fol. 6 v°). — Règlement entre Baudouin et l'abbé Seguin d'un différend relatif à un bien donné à S⁺ᵉ-Croix par Guillaume de Bègles (s. d.; fol. 7). — Accord entre l'abbé Guillaume Gombaud, d'une part, Baudouin de Centujan et Pierre, son frère, qui voulaient faire un moulin sur l'Estey Major, de l'autre; l'abbaye soutient que les eaux, depuis le moulin de Peyrelongue jusqu'aux moulins de S⁺ᵉ-Croix, ont été cédées par Baudouin, père des adversaires; témoin : B. Du Maurin, prieur de S⁺-Macaire (1217; fol. 7 v°). — Accord entre Garsie, évêque de Bazas, et Gérard, abbé de S⁺ᵉ-Croix, « super oratorio Sancti-Remigii, quod ecclesia Sancti-Macharii per longa tempora litis tamen interpositione possederat »; témoin, Arnaud de Veyrines (?), prieur de S⁺-Macaire (1174; fol. 9). — Confirmation de l'accord précédent par Gaillard, évêque de Bazas, à la requête de R., abbé de S⁺ᵉ-Croix; témoin, Ayquem, prieur dud. monastère (s. d.; fol. 9 v°). — Partage de Soulac entre Bertrand, archevêque de Bordeaux, et Bertrand, abbé de S⁺ᵉ-Croix; témoins : Bertrand, prieur de Soulac; Guillaume-Amanieu, *ouvrier* de S⁺ᵉ-Croix, etc. (1166; fol. 10). — Charte de l'archevêque Gérard, légat, donnant à S⁺ᵉ-Croix « ecclesiam Sancti-Petri de Bentiaco », avec l'agrément du chapitre, «cujus est eadem ecclesia censualis»; si quelque chanoine âgé, malade ou pauvre désire se retirer dans cette église, il le pourra; annonce du sceau de l'église d'Angoulême, «quia nundum in Burdegalensi ecclesia sigillum feceramus»; témoin: Gilles, évêque de Tusculum; Grégoire et Romain, cardinaux (s. d.; fol. 11 v°). — Accord avec Comtor, fille d'Étienne de Latour, qui avait intenté un procès à l'abbaye relativement au moulin de La Grave, sur le ruisseau de Peyrelongue; témoins: Pierre Giraudong, mari de Comtor; Ayquem, prieur; Raimond Berard, ouvrier; Gérard Marty, prieur de L'Isle, etc. (19 avril 1192; fol. 12 v°). — Cession par Bertrand Du Mont et P. de la Ferreire, chevalier, à l'abbé Pons, moyennant 34 livres, de deux tiers de la dîme Du Puch, dans la paroisse de [Ste-Croix-]Du-Mont, tenus à fief de Gérard de Monprimblanc, chevalier, et par ce dernier de P. de Gavarret; témoins: Bertrand, prieur de St-Macaire; Beraud de Monprimblanc, frère de Gérard, etc. (St-Macaire, 16 février 1230, (n. s.; fol. 13 v°). — Attestation par Fouques de Mastac, sénéchal de Poitou et de Gascogne, concernant la confirmation accordée par Richard et ci-dessus analysée (s. d.; fol. 14 v°). — Diplôme de Louis VII pour l'établissement religieux fondé «in terra de Lainan», portant donation de terre, de bois, etc. (Paris, 1147, «regni vero nostri undecimo»; fol. 15). — Bulle du pape Alexandre III portant confirmation des possessions de Ste-Croix: les églises de St-Macaire, St-Michel, Sadirac, Macau, Le Taillan, «Sancti-Georgii de Insula» (L'Isle-St-Georges), «Sancti-Stephani de Vulturna» (Le Tourne), Cambes, Loupiac, Lamarque, Blanquefort, St-Aubin-de-Blaignac, Cameyrac, et d'autres en Agenais; de la sentence attribuant Soulac à Ste-Croix contre St-Sever (12 février 1165, n. st.; fol. 15 v°). — Confirmation analogue par Célestin III; il ajoute: Ste-Croix-Du-Mont, St-Maurice d'Aubiac, etc. (16 avril 1193; fol. 17). — Bulle de Célestin [III] autorisant les moines de Ste-Croix à célébrer l'office dans l'église de Lamarque en cas d'interdit (Latran, 11 novembre [1191]; fol. 19 v°). — Sentence d'Amat, légat du Pape et évêque d'Oloron, attribuant Soulac à l'abbé Arnaud Trencard, de Ste-Croix, contre Arnaud, abbé de St-Sever (12 octobre 1079; fol. 20). — Sentence d'Henri, évêque d'Albano, légat du St-Siège, exposant longuement la procédure entre Ste-Croix et St-Sever au sujet de Soulac et donnant gain de cause à Ste-Croix (1er avril 1182; folio 21). — Bulle de Lucius III reproduisant et confirmant la sentence précédente (Velletri, 25 mars [1183]; fol. 24 v°). — Bulle de Calixte condamnant les moines de St-Macaire, lesquels ont subrepticement obtenu du légat Gérald, évêque d'Angoulême, «virgam quandam pastoralem dictam»; ce bâton sera remis à Andron, abbé de Ste-Croix, et brisé (30 mars 1123; fol. 28 v°). — Sentence du légat Amat, entre Fouques, abbé de Ste-Croix, et le doyen Pierre, attribuant au premier l'église St-Michel (1099; fol. 29 v°). — Accord entre Guillaume Gombaud, abbé de Ste-Croix, et Gérard, neveu de l'archevêque et curé de Ste-Croix, touchant les dépouilles, les legs, les offrandes des matelots en partance, etc.; témoins: P., abbé de Clairac; A., prieur de La Sauve; G., prieur de St-Loubès; A., «procurator piscium Sanctæ-Crucis», etc. (21 septembre 1225; fol. 30). — Bail à fief du manse de Foartiga à Comtor, première hospitalière de Camparian; témoins: Bertrand de Pessac, prieur de Ste-Croix; Raimond de Carbonieux, sous-prieur; Bertrand Du Maurin, prieur de St-Macaire, etc. («In parvo claustro ante cameram abbatis», mars 1217-1218; fol. 31). — Charte d'Élie, archevêque de Bordeaux, et Geoffroy de Celles, sénéchal, enregistrant un accord entre l'archevêque et A. de Veyrines, abbé de Ste-Croix, d'une part, Ayquem-Guillaume, seigneur de Lesparre, et Sénebrun, son frère, de l'autre: les deux frères concèdent entre autres que dans la sauveté de Soulac l'église seule pourra avoir des fours pour le pain, et qu'elle les chauffera avec le bois des forêts du seigneur de Lesparre; serment sur les reliques de St-Mommole; témoins: Ayquem, prieur; Guillaume de Casser, prieur de St-James (1195; fol. 32). — Cession par A[rnaud], doyen de St-Seurin, d'une vigne sise à Gratacap; témoins: Bertrand de Pessac, Ayquem de Cambes, prieurs, Raimond «de Carbonnis», sous-prieur, etc. (2 avril 1223 (?); fol. 33 v°). — Bail à fief par Gaillard «de Autorna», chevalier, aux hommes de Macau de sa terre dans les marais de Ludon, «quantum acceptaverunt de me et imposterum acceptabunt a domino de Gassac»; concession aux mêmes du droit de «paduentum» et «exitus» sur ses terres; annonce des sceaux de l'abbé de Ste-Croix et du conseil commun de Bordeaux (1215; fol. 34). — Charte de G[arsie], évêque de Bazas, et R[aimond] Bernard, abbé de Clairac, affirmant le droit de l'abbaye sur l'église de Blanquefort et sur ses revenus: «oblationes, obolia cum fraternitatibus tracti, ordinationes mortuorum, fetæ, sponsæ, convivia nuptiarum, ea etiam in quibus solent per domos parrochiæ vesci sacerdotes, candelæ, questæ, sanctuaria, confessiones, processiones et omnia alia» (fol. 35). — Sentence de G[ombaud?], abbé de La Sauve, B[ernard?], abbé de St-Émilion, et H., bibliothécaire de La Sauve, renfermant le texte de la bulle du 13 octobre [1204?], qui les a commis pour juger les différends entre l'abbaye et G., seigneur « de Gasac» (Agassac?) et entre la même abbaye et les potiers relativement à la dîme des tuiles fabriquées près du monastère (s. d.; fol. 36). — Confirmation par Richard, fils du roi d'Angleterre, des possessions de Sᵗᵉ-Croix, notamment Le Taillan et Macau; il donne à l'abbaye « aquam de Petra-Longa defluentem usque ad molendinos Sanctæ-Crucis qui sont *(sic)* prope monasterium » (s. d.; fol. 37). — Cession par un nommé Arnaud, en présence de l'archevêque Geoffroi, à Gombaud, abbé de Sᵗᵉ-Croix, de tous ses droits « in villa Lodoris, de Artubus *(sic)* usque ad mare, ut est cursus ipsius aquæ et de ipsis Artubus per viam vetulam usque ad Sanctum-Genesium, » et de tout ce qu'il possède jusqu'à la porte de la ville (s. d.; fol. 37 v°). — Sentence de Guillaume, archevêque de Bordeaux, entre son chapitre et l'abbé Gérald, fixant notamment les limites de la paroisse de Sᵗᵉ-Croix (s. d.; fol. 38 v°). — Vente par R. de Lignan à l'abbé Foulques et à l'abbaye d'une terre sise à Sadirac, entre l'église « et locum qui ab incolis Mota vocatur » (1111; fol. 39 v°). — Accord par l'abbé Arnaud *(sic)* au sujet de la dîme de Sᵗ-Caprais; témoin: Guillaume, prieur de Sᵗ-James (1124; fol. 40). — Charte de l'Archevêque à l'abbé Pierre réglant le droit de *procuratio* de l'Archevêque dans l'abbaye; témoins : Robert de Floirac, prieur ; Guillaume-Gombaud, prieur de Soulac; Geoffroi, sous-prieur; Arnaud Gombaud, *ouvrier* (1138; fol. 41). — Autre charte de l'archevêque Guillaume sur le même sujet (s. d.; fol. 42). — Charte de l'archevêque Guillaume concernant le droit qu'ont les abbés de Sᵗᵉ-Croix de présenter aux cures de Sᵗᵉ-Croix-Du-Mont et de Sᵗ-Maurice d'Aubiac (s. d.; fol. 43). — Autre charte de l'archevêque Guillaume sur le même objet (1175; fol. 43 v°). — Règlement par Henri, évêque d'Albano et légat, du débat entre l'abbaye et le curé de Sᵗ-Michel touchant les revenus de lad. église (Tours, 3 avril 1182; fol. 44). — Reconnaissance par l'archevêque Guillaume au profit de l'abbé Arnaud du droit de présentation qui appartient à Sᵗᵉ-Croix sur ses églises (1123 *(sic)*; fol. 45). — Sentence de l'archevêque Guillaume entre l'abbé G[érald] et Amanieu de Blanquefort, qui se disputaient le droit de percevoir à Macau l'avoine et le pain pour les chiens, une poule pour l'épervier et une alose par filet (s. d.; fol. 45 v°). — Sentence de l'archevêque G[érald] condamnant par défaut Guillaume, prieur de Sᵗ-Nicolas-de-Graves, au profit d'Andron, abbé de Sᵗᵉ-Croix, et soumettant led. prieuré à Sᵗᵉ-Croix, « salvo tamen

[jure] fundi, si quod jus ibi in fundo Cluniacense monasterium habet» (s. d.; fol. 46 v°). — Bulle de Pascal II, confirmant au profit de l'abbé Foulques les droits de Sᵗᵉ-Croix sur Soulac (Latran, 7 novembre 1104, 5ᵉ année du pontificat; fol. 47). — Bulle d'Alexandre [III] confirmant l'accord intervenu entre B[ertrand], archevêque de Bordeaux et légat, et B[ertrand], abbé de Sᵗᵉ-Croix, relativement à Soulac (s. d.; fol. 47 v°). — Bulle d'Alexandre [III] confirmant au profit de l'abbé Gérald « oratorium Sancti-Remigii » (Anagni, 30 août; fol. 48). — Bulle d'Alexandre [III] à l'abbé Bertrand confirmant les droits de Sᵗᵉ-Croix sur Sᵗ-Macaire (Sens, 23 décembre; fol. 49). — Bulle d'Alexandre [III] accordant sa protection à l'église de Sᵗᵉ-Croix, « cum ecclesia vestra nostra sit censualis », et à ses dépendances: Soulac, Macau, Sᵗ-Macaire, « salvitates tam vestræ quam prædictarum ecclesiarum », le droit de sépulture appartenant à « elemosinaria domus vestra de La Landa de Cornu », etc. (Latran, 31 mai; fol. 50). — Bulle d'Alexandre [III] confirmant au profit de Sᵗᵉ-Croix le droit de baptiser, qui lui était contesté par le chapitre de Sᵗ-André (Latran, 25 mai; fol. 51). — Bulle de Célestin [III] fixant le délai pendant lequel l'Archevêque sera tenu de donner suite aux présentations faites par Sᵗᵉ-Croix pour les cures dépendant de l'abbaye (Latran, 7 avril [1193]; fol. 51 v°). — Bulle de Célestin [III] portant qu'à l'avenir les titulaires des chapellenies de Sᵗ-Macaire et de Sᵗ-Michel de Bordeaux seront tenus de résider (Latran, 17 avril [1193]; fol. 52 v°). — Bulle de Célestin [III] interdisant de recevoir à Sᵗᵉ-Croix des postulants ignorants ou de naissance illégitime (Latran, 12 septembre [1196]; fol. 53). — Bulle de Célestin [III] reproduisant et ratifiant un acte par lequel Arnaud de Veyrines, abbé, dispose, pour donner un repas annuel aux moines le jour anniversaire de sa mort, de dix sous de rente sur le moulin qu'il a fait construire sur la Garonne, au bas du verger des religieux (11 janvier [1194]; fol. 53 v°). — Bulle de Lucius [III] prenant sous sa protection toutes les possessions de Sᵗᵉ-Croix (Vérone, 7 mars; fol. 54 v°). — Bulle de Lucius [III] à l'abbé Arnaud, relative aux oblations de Sᵗ-Michel (Velletri, 28 mars; fol. 55). — Bulle d'Urbain [III] confirmant l'accord intervenu entre les Archevêques et l'abbaye relativement au droit de *procuratio* (Vérone, 14 mars; fol. 55 v°). — Règlement des difficultés entre l'abbé Arnaud et Baudouin de Centujan relativement au ruisseau de Peyrelongue : « De omnibus his quæ pertinent ad aquam sive ad molendinos hujus aquæ dicta ecclesia non debet facere

madum ipsi Baudoino » (11 juin 1187; fol. 56). — Accord par lequel led. Baudouin dispense l'église de construire un pont sur le ruisseau, devant la maison de Centujan ; témoin : Ayquem, prieur (S¹ᵉ-Croix dans le cloître des malades, 6 octobre 1187 ; fol. 57). — Règlement du litige entre l'abbé Arnaud et Guillaume-Élie de L'Isle, chevalier, concernant le ruisseau de Peyrelongue ; mention d'Arnaud Gombert, précédemment abbé (s. d. ; fol. 57, v°). — Charte de P. de Gavarret, vicomte de Bezaume et seigneur de Benauges, relative à la dîme de Lignan, que les seigneurs de Génissac tenaient en fief des ancêtres de P. de Gavarret et qu'ils avaient cédée à l'abbaye sans en avoir le droit (s. d. ; fol. 58 v°). — Règlement du procès entre P. de Gavarret et les bourgeois de S¹-Macaire touchant les chaînes que lesd. bourgeois disaient avoir placées dans les rues par ordre de l'abbé de S¹ᵉ-Croix : il est décidé que les chevaliers de la ville « catenas de carreriis deponerent et in quarta die reponerent » ; annonce du sceau « communitatis Sancti-Macharii » ; témoins : A., abbé de La Sauve ; Guillaume de Buon, prieur dudit monastère ; Bertrand de Petag, prieur de S¹ᵉ-Croix ; Ayquem de Cambes, prieur de Soulac ; Bertrand Du Maurin, prieur de S¹-Macaire ; le vicomte de Castillon ; Guillaume Seguin, seigneur de Rions, etc. (s. d. ; fol. 59). — Accord avec les Frères Mineurs pour sauvegarder les droits de l'église S¹-Michel, sur le territoire de laquelle ils s'installent (octobre 1228 ; fol. 59 v°). — Charte de l'archevêque G[érald] énonçant les conditions auxquelles il a consacré le cimetière des Frères Mineurs à Maucaillou : y seront seuls enterrés les religieux qui auront pris l'habit en état de santé (donné dans la sauveté de Lormont, 28 mai 1228 ; fol. 60). — Accord entre l'abbé Pons et la famille Dacre sur la dîme ou dîmaire de L'Isle, « tam de la illera quæ est in medio maris inter Cambas et Insulam quam de omnibus aliis vineis suis » (1232 ; fol. 61 v°). — Transaction entre l'abbé Arnaud de Veyrines et Guillaume-Raimond, seigneur d'Agassac, « super civadagio in villa de Macau et super insula quæ dicitur Machavina » ; Guillaume-Raimond expose que son aïeul Arnaud de Blanquefort « in præolibata insula quosdam heremitas de Bornet instituerat » ; témoin : A., prieur de S¹-Macaire (s. d. ; fol. 62 v°). — Sentence arbitrale de l'abbé Guillaume relative au droit de gîte et aux gerbes que le curé de Sadirac exigeait des hommes de Madirac : tout chef de maison, même les veuves si elles ne sont pas indigentes, paiera un boisseau de froment par an (1229 ; fol. 64). — Charte de Richard, roi d'Angleterre, priant les prêtres et les hommes de S¹-Macaire de lui prêter

5o l. bordelaises (« apud Chinum », 7 mars ; fol. 64 v°). — Charte modifiant un legs fait par « Galhardus d'Autorna » et mention de son fils Ar. d'Agassac (s. d. ; fol. 65). — Sentence du doyen du chapitre mettant fin au différend entre l'abbaye et Amanieu de Bouliac, chevalier, relativement à la terre de Balijan ou de Moncuc, paroisse de Tresses (s. d. ; fol. 66). — Accord entre l'abbaye et Guillaume de Bussac, chevalier, touchant la dîme du moulin de Bussaguet : Guillaume, qui a été excommunié, cède à l'église l'agrière de Cantenac ; témoin : Guillaume, prieur (1242 ; fol. 67). — Cession par A[rnaud], doyen de S¹-Seurin, à l'abbaye, de ses droits sur la vigne de Gratacap, qu'il tenait en fief de lad. abbaye ; témoins : Bertrand de Pessac, prieur ; R. de Carbonieux, sous-prieur (30 mai 1222 ; fol. 68). — Bulle d'Urbain [II] confirmant les possessions de l'abbaye, notamment Soulac (27 avril 1099 ; fol. 68 v°). — Don par « Ama », comtesse de Bordeaux ou de Périgord, au monastère de N.-D.-de-la-fin-des-Terres d'un domaine dit Medrins (?), qui « est inter Dordonia » (1043 ; fol. 69 v°). — Restitution de la dîme d'un domaine sis « apud Ballagium », laquelle dîme, après avoir été donnée à l'abbaye par Arnaud de Mordan, a été occupée violemment par P. de Bordeaux, chevalier, seigneur de L'Isle (janvier 1233, n. s. ; fol. 70 v°). — Don d'une terre à Tresses ; témoin : Ailherin de S¹-Seurin, prieur (1188 ; fol. 71). — Charte de l'abbé Arnaud de Veyrines relative à la dîme de Lignan, engagée par Gaucelme et Raimond de Génissac à l'abbé Pierre de Buzac et à Arnaud Gombaud, ouvrier, « pro octingentis solidis monetæ tunc existentis quatuor denariorum, tali pacto quod, si mutaverit moneta,... monetam quatuor denariorum aut sexdecim marcas argenti reddant » ; mention de la cession définitive de cette dîme moyennant un cheval de 500 sous et de la possession de la dîme par les abbés successifs, A. Gombaud, Bertrand de Lignan, Gérard de Ramefort et Arnaud de Veyrines ; mention d'Arnaud, abbé *(sic)* de S¹-Seurin ; témoin : Ayquem, prieur (s. d. ; fol. 71 v°). — Don par Fort Gaucelme à l'abbé Foulques de « ecclesiam Carcanno et alias duas ecclesias Sancti-Vincentii de Canali et Sanctæ-Elenæ de Stagno » (1099 ; fol. 73). — Bulle de Benoît [IX] à l'abbé Gombaud, confirmant les droits de l'abbaye et lui accordant l'exemption (octobre, indiction 5 [1037] ; fol. 74). — Donation par Rolland de La Tapie, chevalier, de biens sis à Baurech et Au Tourne, à des religieux de S¹ᵉ-Croix, savoir Raimond de Cambes et Amauvin, prieur Du Tourne ; témoin : Raimond, curé de Baurech (s. d. ; fol. 76). — Notice résumant divers actes consécutifs à un différend survenu entre l'abbé Bertrand et Amanieu de Tauzinars, qui avait tué un sergent de l'abbé (fol. 76 v°). — Don par Guillaume Guiraud d'Arsac à l'abbé Andron de partie de la lande de Corn : « Arnaldus vero, Burdegalensis archiepiscopus, dedit salvitatem in eadem terra et licentiam edificandi ecclesiam et canendi omnia divini officii ; G., Pictaviensis comes, tam pater quam filius, dederunt salvitatem in supradicta terra » (s. d.; fol. 80). — Notice sur une difficulté relative à Macau : Guillaume le Bon ayant donné à S¹ᵉ-Croix l'église de Macau, la dîme, le village et le fleuve à son passage devant le village, les moines pêchaient à l'aide d'engins de bois « quæ rustica lingua *perge* voca[n]tur », lorsqu'Amauvin de Blanquefort s'y est opposé; mais « volens ad Hispaniam iter suum cum cœtero dicti — populo », il a reconnu ses torts devant Andron, abbé, Pierre, prieur, etc. (s. d.; fol. 80 v°). — Don par Amauvin, archidiacre de Saintes, de ses droits sur « ecclesiam Sancti-Nicolai quæ est infra castellum Blancafortis »; témoins : Pierre de Bussac, prieur; Guillaume Gombaud, prieur de Soulac; Jean, *ouvrier*, etc. (s. d.; fol. 81 v°). — Cession de droits « mense et edificio monasterii » (s. d.; fol. 82). — Achat par l'abbé Guillaume Gombaud d'une terre sise à Baurech; le vendeur paiera annuellement pour cette terre « duos solidos et duas salmas vini et unam squartam nucium »; (s. d.; fol. 83). — Notice relative à des actes concernant « ecclesiam Sancti-Joannis de Montaurior, cum medietate decimæ, casale et pratum et unam nummatam vineæ, burgum quoque et boariam unam quæ vocatur Deusovol » s. d.; fol. 83 v°). — Don par Guillaume-Élie, viguier de Bordeaux et seigneur de L'Isle, du ruisseau de Balag pour faire des moulins; présents : Guillaume Gombaud, abbé; Pierre, prieur; Arnaud, *ouvrier* (s. d.; fol. 84 v°). — Don par Guillaume-Élie de moitié de la dîme « ab illo loco qui dicitur Esterius Lim usque ad eum locum qui dividit feudum de Benaujas »; témoin : Pierre, prieur (1138; fol. 85). — Don par Gombaud de Blanquefort de la dîme des moulins construits par les moines de La Sauve sur la Jalle et autres, « a loco qui vocatur *Esteirs claux* usque ad mare » (s. d.; fol. 86).— Don par Raimond Austorg et les siens de l'église S¹-Jean, « in pago Agenense, villa quæ vocatur Montis-Auriol » (s. d.; fol. 86). — Accord fixant les droits de l'abbaye sur la terre de Cauzorn, Bertrand étant abbé (fait « extra muros civitatis Burdegalæ, in oratorio Sancti-Jacobi » (fol. 91 v°). — Donation par une femme nommée Dozolons de « tantum terræ spatii... quantum conventui prædictæ ecclesiæ ad novum opus basilicæ Sancti-Michaelis constituendum recipere libuit «

(1149; fol. 93 v°). — Abandon par Baudouin de Centujan du ruisseau de Peyrelongue et de tous ses fiefs « de Petralongua usque Centujan et usque ad locum ubi aqua' supradicta ungeretur aquæ quæ venit de Artubus » (s. d.; fol. 94 v°). — Notice sur deux accords successifs relatifs au moulin de La Grave, sur le ruisseau de Peyrelongue, l'une avec Étienne de Latour, l'autre avec sa veuve, qui « recepta fuit in sororem » (s. d.; fol. 94 v°). — Don par Boson de Monprimblanc, « cum orationis gratia Jerosolimis pergere vellet », de ses droits sur la nasse d'Aubiac, « dato sibi ab abbate causa remunerationis septimo mulo », Bertrand étant abbé (s. d.; fol. 95). — Donation à l'abbé Bertrand de droits sur les moulins d'Estrabou, de Prat, d'Estey-Cocut et sur le ruisseau de Peyrelongue; témoins : Vidal, prieur; Gérald, prieur de S¹-Macaire; Raimond de Lignan, *ouvrier* (s. d.; fol. 96). — Accord de l'abbé Arnaud et du prieur Ayquem avec Pierre de Bègles, concernant les dégâts causés par le ruisseau de Peyrelongue (11 novembre 1187; fol. 96 v°). — Abandon de droits sur la dîme de L'Isle; témoins : Gérald Marty, prieur de L'Isle, Pons de Beautiran, chevalier, etc. (22 juillet 1185; fol. 98).

H. 641. (Registre.) — 0ᵐ 23 × 0ᵐ 18, 55 feuillets parchemin.

XIVᵉ-XVᵉ siècles. — Obituaire de S¹ᵉ-Croix (¹). — Obits à la charge de l'abbé pour Bernard de La Guardère, abbé, décédé le 12 mai (fol. 3); — pour l'abbé Gaillard de Lignan, assigné « sobre Sala Gualharda, en la parropia de Linhan », et, à la suite d'un échange entre l'abbé Pierre de Camiade et Bâtard de Curton, chevalier, sur le moulin de La Fayeda (une note marginale plus récente porte : « à présent dit du Peyrat »), à Cambes (fol. 3 v°); — pour Guillaume Conge, archidiacre de Cernès, suivant acte du 24 mars 1313, n. s. (fol. 4); — pour l'abbé Gaillard de La Mothe, décédé le 3 janvier (fol. 5); — pour l'abbé Arnaud de Veyrines, décédé le 24 juin (fol. 5). — Obits à la charge du prieur claustral : pour Raimond de La Rame, prieur de Soulac, assigné sur des biens sis « au casau de La Rama, en la parropia Sent-Pey de Colheron, pres de Roqua-Talhada », suivant acte du 4 mars 1331 (n. s.; fol. 6). — Fondation d'un obit par Bernard de Lataste, prieur claustral (18 août 1340; fol. 7 v°). — Obit pour Raimond de Faugueyres, abbé, décédé le 17 juillet (fol. 10 v°). — Obits à la charge du sacristain (fol. 12).

(¹) Les huit premiers feuillets ont fait partie de la collection de sir Thomas Phillipps. Cet obituaire a été publié dans les tomes xxvii et xxxv des *Archives historiques de la Gironde*.

— Obits à la charge de l'infirmier : pour Bernard Du Boterar, moine, suivant testament du 18 mars 1370, n. s., « lo quau testament es aus papes de la tor deu castet » (fol. 13 v°); — assigné sur des biens sis dans la paroisse de La Tresne, « a las Coturas, sobre puch de Fontanera », confrontant « lo feu de Arnaut de Longuenas, cavoy qui fo » (fol. 14 v°). — Obits à la charge du chantre : pour Jean de Camiade de Las Bordas, fils de Bernard, damoiseau, de la paroisse de St-Médard-d'Eyrans, assigné sur des biens sis dans la paroisse de Canéjan, « au bord de Camparrian » ; mention d'un testament du 8 janvier 1362, n. s., « loquau testament es a l'ostau de Pey de Sestas a Roqua-Talhada » (fol. 18). — Obits à la charge du poissonnier : pour Guillaume Descorsa, moine, assigné sur des biens sis « en ladyta parropia de Sent-Non davant Bordeu, Entre-dos-Mars » (fol. 20). — Obits à la charge du pitancier : pour l'abbé Pons de Blanquefort, assigné sur un bien sis entre ime mer et la clôture du petit cimetière de l'abbaye ; décès le 28 janvier (fol. 20); — pour l'abbé Guilhaume de La Loubeyre, « ayssi cum par per carta feyta... sotz tau data : Actum fuit Burdegale, viii die introitus mensis januarii, anno Domini m° ccc viii°; obiit xiii kalendas augusti » (fol. 21 v°); — assigné sur des biens sis à Cambes, près du fief des héritiers de Gombaud de La Roque, chevalier (fol. 22); — pour l'abbé Imbert, suivant acte du 29 mars 1311; décès le 18 juin (fol. 23 v°); — pour Arnaud-Guillaume de Lévinhac, prieur de St-Macaire, suivant acte du 16 avril 1357; décès le 5 février (fol. 25); — pour Rostaing Du Soley, prieur de St-Macaire, décédé le 29 décembre (fol. 25 v°); — pour Bertrand Lana, chanoine de St-Seurin, lequel a laissé dans ce but 200 francs, qui ont servi à acheter une rente de 10 livres de feu Pierre de Roquey, chevalier, frère de feu l'abbé Raimond de Roquey et de Bertuc de Roquey « laquau carta a moss. Amaniu de Lamota, abat deudyt monestey, en la[s] suas huchas » (fol. 29). — Obits à la charge du réfectorier : pour Pierre de Camiade, abbé, suivant acte du 1er février 1364, n. s. (fol. 31 v°); — pour Pierre de Croignon, damoiseau, de la paroisse de Fargues, suivant acte du 10 juin 1385 (fol. 34 v°). — Obits à la charge du sous-prieur : pour l'abbé Pierre de Sermet, suivant acte du 4 juin 1370 (fol. 37); — pour Pierre Dubosc, chanoine de St-Seurin, suivant un acte du 27 août 1392 (fol. 38). — Obits à la charge du sous-sacristain, du sous-poissonnier, de l'aumônier et du chapelain de Raimond Deutrauc (fol. 43). — Obits [1] à la charge du cham-

brier (fol. 48). — Obits à la charge de l'aumônier (fol. 50). — Pénitence imposée par Pierre de Camiade, abbé, à ceux qui ont arraché un homme de la sauveté de Ste-Croix, en 1365 : amende honorable et procession en ordre et au pas, « totz nus e desquaus e caps nurs *(sic)*, ab camissa et braguas tant solament, sentz tota autra vestidura, e cascun portera una torcha de tres liuras ardenta » (fol. 52). — Pénitence imposée en 1396 par l'abbé Amanieu de Lamothe aux gens qui ont arraché Pierre Constans, prêtre et prébendier, « deu porge nostre devert Sancta-Katalina et de tota la saubetat et l'en meneran a Sent-Elegii » (fol. 53).

H. 642. (Registre.) — 0^m24 × 0^m18, 226 feuillets papier.

1627-1702. — « Papier secréterial... ; 1627 ». — Procès-verbal de l'obtention d'une relique de s^t Maur (28 mars 1636; fol. 4). — Délibération pour la remise de droits aux Bénédictines, qui ont fait des acquisitions pour s'établir dans la paroisse de Ste-Croix, visant les services rendus à l'abbaye par M. de Pontac, procureur général au Parlement, leur fondateur (3 septembre 1638; fol. 6); — pour le bail à fief de biens « scitués en la paroisse de Cambes et joignant l'enclos de l'hermitage dud. lieu » (31 décembre 1638; fol. 8); — pour la construction de maisonnettes bâties « au costé de la nef de la parroisse, tant pour empescher les gouttières qui gastent les murailles et arc-boutans dud. costé que pour empescher les ordures » (16 mars 1641; fol. 11). — Institution de Bernard Javardac en qualité de prieur (27 juin 1642; fol. 13 v°). — Permission à Ange Compain, religieux profès, d'aller à Cauterets, « aquarum metallicarum vulgo de Cauterets » (25 juin 1642; fol. 14). — Institution d'Hyacinthe Fradet, prieur (21 juin 1645; fol. 15). — Délibération pour le cautionnement de frère Jean Audigier, en faveur de qui Jean de Larieu, chanoine de St-Blaise de Cadillac, doit résigner le prieuré de St-Hilaire-sur-Augé (15 avril 1647; fol. 17); — pour une protestation contre la nomination d'un député du Clergé aux États, à laquelle les religieux n'ont pas été convoqués (25 février 1649; fol. 23); — sur la nomination de Jacques Hugues à la cure de Cambes, en remplacement de J. Lavialle, « cassé de vieillesse » (7 mai 1649; fol. 24). — Autorisation d'emprunter pour « bastir la maison du prieuré de L'Isle-St-George pour y faire le vin, démolie par les gens de guerre » (Paris, 12 août 1651; fol. 33 v°). — Délibérations relatives à la cure de St-Michel; à la présentation de François Espinasse, curé de Gironde, en remplacement de M. de Laronde,

---

[1] A partir du feuillet 48 inclus, l'écriture est plus récente.

décédé le 19 août; aux difficultés soulevées par Montassier, qui s'est emparé de la cure sous prétexte d'une permutation, etc. (21 août 1652-15 février 1653; fol. 39 v° et 40 v°); — favorable à l'union de la cure d'Aubiac à la chapelle de Verdelais (27 mars 1654; fol. 42). — Institution d'Antoine Espinasse, prieur (15 septembre 1654; fol. 43 v°). —Délibération sur une difficulté relative à la collation de la cure de Cambes à Jacques d'Hugues, en remplacement de M. de La Vialle, démissionnaire (10 avril 1655; fol. 51 v°). — Institution de Claude Boytard, prieur (5 juin 1657; fol. 61 v°). — Délibération en vue d'acquérir la maison de l'abbé, pour «le besoin que nous avons de nous bastir, attendu la décadence et ruyne totale et deffaut des œdifices réguliers» (19 avril 1660; fol. 83); — tendant à demander au chapitre général l'autorisation de reconstruire les lieux réguliers, dont l'insalubrité occasionne des maladies continuelles (mai 1660; fol. 84). — Institution de Pierre Beziat, prieur (3 juin 1660; fol. 37 v°). — Présentation d'Antoine Carros à la cure de S'-Croix, vacante depuis le 6 par la mort de M. Forgès et indûment occupée par Fouques sous prétexte de permutation (8 décembre 1661; fol. 93 v°). — Délibération concernant le retrait proposé d'un pré mis en vente «ensuite du décret qui se poursuit sur les biens de M. Destignoz, sieur de Lancre» (27 mars 1662; fol. 95 v°). — Renouvellement des pouvoirs de Pierre Beziat, prieur (20 mai 1663; fol. 100 v°). — Délibération pour emprunter 10,000 l. afin de construire (16 janvier et 7 avril 1664; fol. 103 r° et v°); — sur le même objet, «le monastère estant en grande nécessité d'argent... pour continuer le bastiment desjà commancé» (17 juillet 1665; fol. 105). — Institution de Placide Du Verger, prieur (25 juin 1666; fol. 109). — Délibération pour cautionner l'abbaye de S'-Sever, qui veut emprunter 6,000 l., dont 4,000 pour construire le dortoir (13 juin 1667; fol. 115 v°); — pour emprunter 7,000 l., attendu «la nécessité évidante qu'il y avoit d'achever le bastiment et de faire le corpz de logis qui doit joindre l'église» (16 août 1667; fol. 117). — Renouvellement des pouvoirs de Placide Du Vergier, prieur (19 juin 1669; fol. 120). — Délibération pour la construction prompte des hôtelleries et infirmeries : «M^le de La Vizon a légué... la somme de 6,000 livres pour employer audict bastiment» (5 février 1670; fol. 124). — Délibération concernant la bibliothèque de Pierre-Paul de Pruges, prêtre, prieur de L'Isle et de Mont-de-Marsan, frère de Jacques, celui-ci trésorier de France : il l'a léguée à M. de Fontenel, vicaire général, pour la communauté des prêtres qu'il voulait

établir et qu'il a établie en effet, avec substitution au profit de l'abbaye (27 mars 1670; fol. 124 v°); — pour un emprunt, les Carmes déchaussés ayant réclamé un remboursement afin «de payer la maison qu'ilz ont achettée pour faire leur convent» (10 janvier 1671; fol. 127). — Institution de Jacques Alboy, prieur (17 juin 1672; fol. 131). — Délibération touchant une demande de M. de Sabourin, conseiller à la Grand'-Chambre, qui désire emprunter 2,000 l. afin de payer en partie une charge de conseiller à son fils, «ne voulant pas paroistre emprunter dans Bourdeaux»; décision favorable, «attandu les obligations que tous les monastères de la province ont aud. s^r de Sabourin» (24 janvier 1674; fol. 134 v°). — Renouvellement des pouvoirs du prieur (11 juin 1675; fol. 137). — Institution de Paul Saporta, prieur (6 juin 1678; fol. 144). —Nomination de Pierre Alboy, «curé de Balissagues», à la cure de S'-Michel (26 mai 1679; fol. 146 v°). — Difficultés à la suite de cette nomination (21 août 1679; fol. 148 v°). — Renouvellement des pouvoirs de Paul Saporta, prieur (28 mai 1681; fol. 153). — Délibération pour la réfection des stalles du chœur (18 juillet 1681; fol. 154). — Institution de Jean Queilhe, prieur (27 mai 1684; fol. 164). — Renouvellement des pouvoirs dud. prieur (24 mai 1687; fol. 170 v°). — Présentation de Dupin à la cure de S'-Croix, en remplacement de Léon de Fénis, décédé le 8 du même mois (20 septembre 1687; fol. 172 v°). — Délibération favorable à la demande formulée par les confrères de saint Mommolin d'être autorisés à acheter un buste en argent dud. saint pour y placer une relique et de partager les oblations avec le sacristain (15 septembre 1688; fol. 174 v°). — Institution de Jacques Hody, prieur (20 mai 1690; fol. 179); — de Gabriel Marchand, prieur, à la place de Jacques Hody, décédé (28 mai 1692; fol. 186). — Délibération touchant un conflit avec Roquette, curé de S'-Caprais (2 octobre 1692; fol. 188). — Renouvellement des pouvoirs du prieur Gabriel Marchand (14 mai 1693 et 15 juin 1696; fol. 190 v° et 194). — Institution de Charles d'Isard, prieur (14 juin 1699; fol. 207). —Délibération au sujet d'une difficulté avec un acquéreur de vins de l'île de Macau : le vin a été vendu 61 l. 10 s. le tonneau, en janvier; mais une gelée a fait monter les prix, et les religieux prétendent «que les vins qui restoint dans les chays, n'étant point encore marqués, ne devoint point être vendus, selon la loy et coutume de Bourdeaux» (21 avril 1702; fol. 213).

H. 643. (Registre.) — o^m18 × o^m25, 33 feuillets papier,

.1655-1788. — Délibérations des sénieurs. — Réclamation par Christut, bourgeois de Bordeaux, des meubles existants dans la maison de feu dom Archambaud Christut, son oncle, « prieur de Messieurs les antiens religieux dud. monastaire », décédé le même mois : décidé « qu'attendu les obligations qu'on avoit aud. Christut, oncle et nepveu, on luy laisseroit tous lesd. meubles » (24 mai 1659: fol. 10 v°). — Délibération pour la construction d'une grille de fer, qui ne doit pas coûter moins de 2,000 l., pour clore « les deux costés du cœur et le presbitère », attendu « que, depuis les nouvelles réparations qu'on a fait dans nostre église, le cœur et presbitère estoint restez entièrement ouverts » : on a volé deux fois les livres du chœur et les religieux n'osent exposer ni reliques ni chandeliers d'argent (4 janvier 1679; fol. 15). — Délibération sur une observation du P. visiteur, lequel « auroit trouvé fort estrange que dans un monastère comme le nostre, on avoit négligé de faire un lavoir commode où les religieux peussent laver leurs sargettes » (9 décembre 1679; fol. 16). — Délibéré de traiter pour la construction des « chaires du chœur », « avec un pulpitre et aigle au milieu du chœur, avec les trois chaires du célébrant, diacre et soub-diacre pour le presbitère », avec « Simon Bouissou, sculpteur, natif de Monpelier, lequel, outre qu'il a faict le dessein de l'ouvrage, l'a desja exécuté une fois pour le monastaire de St-Sever »; le tout sera posé à la Toussaint 1683, moyennant 3,500 l. et quelques avantages (1er juin 1682; fol. 17). — Procès-verbal de la remise aux religieux de St-Benoît-sur-Loire d'une relique de s^t Mommolin, avec l'ordonnance du chapitre général de 1681 prescrivant cette remise (28 août 1682; fol. 19). — Délibéré de traiter pour la construction derrière le maître autel d'une sacristie comprise « dans l'entier dessein des bastimentz du monastère, qui fut aprouvé par le Très R. P. Supérieur général avant qu'on les commençast », « celle dont on se sert à présant et par provision estant destinée pour servir de chapitre » (10 juillet 1683; fol. 20). — Délibération sur ce qui est advenu à la suite de la mesure prescrivant d'envoyer à la Monnaie les objets d'argent de la sacristie réputés inutiles, 2 petits chandeliers, une petite croix, une lampe, une clochette, 2 flambeaux et quelques petits cœurs et têtes d'argent, le tout pesant 17 marcs et 3 onces : des 466 livres en provenant, les orfèvres ont refusé de faire deux chandeliers d'argent pour les céro-

féraires, « attendu les deffences d'employer en meubles l'argent destiné pour battre de la monoye »; on décide d'employer cette somme « à faire blanchir et dorer le restable du grand autel de la mesme manière que les autelz de s^t Maur et s^t Momolin sont dorés » (14 juillet 1691; fol. 21 v°). — Délibération pour la concession perpétuelle du droit de sépulture dans l'église à M. d'Abadie, conseiller à la Cour des Aides, seigneur baron de Cuzacq, et aux siens (29 mai 1700; fol. 22 v°); — pour le changement de blanchisseuses (19 mai 1718; fol. 29); — pour le paiement à M. de Ferron de partie de ce qui lui reste dû sur Carbonieux (17 février 1745; fol. 30).

H. 644. (Registre.) — o^m25 × o^m19, 134 feuillets, plus 8 pièces détachées papier.

1702-1789. — « Livre des délibérations capitulaires ». — Institution de Charles d'Isard, prieur (10 juin 1702; fol. 1); — de Charles-Armand de Lavie, en remplacement du précédent, nommé visiteur de la province (15 juin 1703; fol. 4); — de Charles « Dizard » (1er juin 1708; fol. 13 v°); — de Gilles Choüard (29 mai 1711; fol. 26). — Nomination d'un vicaire général, l'abbé François Molé étant mort (16 mai 1712; fol. 27 v°). — Institution de Jean-Paul Dusault, prieur, à la place de Gilles Choüard, décédé (12 janvier 1713; fol. 28 v°). — Présentation de M. Grimault comme vicaire perpétuel de St-Michel, à la place de Pierre Alboy, décédé la veille (25 mars 1713; fol. 29). — Mention de « M. de Beringhen, à présent abbé de cette abbaye » (20 février 1713; fol. 31). — Institution de Pierre-Paul Fleyres, prieur (24 mai 1714; fol. 36). — Délibération concernant une bibliothèque à vendre à Angoulême (9 juillet 1714; fol. 37). — Renouvellement des pouvoirs du prieur P.-P. de Fleyres (22 mai 1717; fol. 46). — Décision de l'assemblée du P. général et des assistants, destinée à mettre un terme aux agissements des religieux de Ste-Croix, qui louaient le logis abbatial à des gens mal famés (7 août 1719: fol. 51 v°). — Institution d'Étienne Verdelle, prieur, (juillet 1720; fol. 52 v°). — Présentation de Dalon, bénéficier de St-Projet, à la place de Grimaud, curé de St-Michel, « mort il y a plus de trente heures » (20 avril 1722; fol. 54). — Renouvellement des pouvoirs du prieur E. Verdelle (6 juin 1723; fol. 58). — Autorisation aux gens de Lamarque d'employer les matériaux de l'église du prieuré, « depuis long tems abandonnée et quasi détruite entièrement », à « augmenter la nouvelle église qu'on a bâtie » (5 juillet

1723; fol. 59 v°). — Institution de J.-B. Floyrac, prieur (14 juin 1726; fol. 66). — Délibération relative à la cession faite par le s⁺ Gradis à « la nation des Portugais » d'un jardin destiné à servir de cimetière (31 décembre 1728; fol. 70). — Renouvellement des pouvoirs de J.-B. Floyrac, prieur (7 juin 1729; fol. 72 v°). — Nomination de Foret, vicaire perpétuel de S¹-Macaire, à la vicairie perpétuelle de S¹⁰-Croix, à la place de Fénis, décédé le 1⁰⁰ janvier (5 janvier 1731; fol. 74). — Institution de Louis Floyrac, prieur (11 décembre 1732; fol. 78). — Copie de lettres écrites d'ordre du Roi concernant les difficultés survenues à l'occasion de la bulle *Unigenitus* (8 avril 1733; fol. 80). — Renouvellement des pouvoirs de Louis Floyrac, prieur (3 août 1733; fol. 82). — Institution de Claude Brun, prieur (27 mai 1736; fol. 85). — Délibération sur des difficultés avec Bonnet, curé de Macau, à la suite des défrichements faits dans la paroisse (9 mars 1739; fol. 90); — sur un projet de construction de corderies (24 avril 1739; fol. 92). — Institution de César Arribat, prieur (19 mai 1739; fol. 93). — Délibération sur un projet d'achat de la terre de Carbonieux; exposé des revenus : vin, dont le prix minimum est de 300 l. le tonneau et le prix habituel 4 à 500 l., etc. (17 janvier 1740; fol. 94 v°); — sur l'afferme de l'abbaye, proposée par M. de Laval, nommé abbé le 19 du mois courant (28 mars 1743; fol. 98); — sur une proposition analogue faite par Pierre Labbat, prieur, au nom de M. de Sallabéry, abbé (27 octobre 1760; fol. 103); — pour faire réparer l'orgue par un facteur qui connaît l'instrument, « pour y avoir travaillé avec dom Bedos » (8 juillet 1771; fol. 112). — Nomination de Couperie comme curé de Cambes, en remplacement de Feyssoles, démissionnaire (28 février 1772; fol. 112 v°). — Délibération pour la réformation des infirmeries (14 février 1774; fol. 115 v°). — Présentation de M. Montmirel comme curé de S¹-Michel, à la place de Reculé, décédé le même jour (21 mai 1774; fol. 115 v°). — Délibération en vue du transfert du cimetière, conformément à la déclaration du Roi du 19 novembre 1776, enregistrée au parlement de Bordeaux le 13 septembre (?) 1778 (16 août 1783; fol. 122 v°); — favorable à l'établissement d'une halle ou bureau entre les portes de la Grave et de la Monnaie et à l'« enlèvement d'un banc de sable qui existe dans la rivière, au-devant de la Manufacture et se prolonge vers la porte de Bourgogne »; pour traiter en vue de la décoration du sanctuaire avec « un très habile peintre italien » et avec un marbrier de Caunes, qui « devoit arriver sous peu de jours à Bordeaux, où il conduisoit certains ouvrages

pour l'église de Cantenac » (5 septembre 1784; fol. 125). — Mention de l'interdiction de l'ancien cimetière (3 novembre 1785; fol. 127 v°). — Délibération concluant à faire, suivant l'exemple des chapitres de S¹-André et S¹-Seurin, une démarche auprès des maire et jurats « pour les supplier de travailler de toutes leurs forces au rapel du Parlement » (25 janvier 1788; fol. 129 v°); — sur la députation à l'assemblée des trois ordres (5 février 1789; fol. 132).

H. 645. (Registre.) — 0ᵐ 32 × 0ᵐ 20, 95 pages papier.

1742-1789. — « Registre des actes capitulaires... Il ne faut y mètre que les actes et délibérations concernant la police intérieure, qui ne sera point sujet à vérification, selon l'arrest du 3 mars 1739 ». — Institution de César Arribat, prieur (14 mars 1742; p. 1); — de Joseph Goudar, prieur (7 juin 1745; p. 5); — de François Bedos, secrétaire (30 octobre 1745; p. 7). — Présentation de Laurent Boisson à la cure de S¹-Michel, en remplacement de Joseph Dallon, décédé le jour de S¹-André (4 décembre 1747; p. 7). — Renouvellement des pouvoirs de Joseph Goudar, prieur (31 mai 1748; p. 10). — Renouvellement des pouvoirs du même (28 mai 1751; p. 13). — Institution de Pierre Barlange, prieur (31 mai 1754; p. 14); — de Pierre-Joseph Gautier, commissaire, à la place du précédent, qui est mort (5 mars 1756; p. 15). — Présentation desd. lettres d'institution (14 mars; p. 16). — Institution de Pierre Labbat, prieur, à la place de Barlange, décédé (11 juin; p. 17); — de François Gallias, prieur, (4 juin 1763; p. 19); — de Pierre-Joseph Labbat, à la place du précédent (?), démissionnaire (9 juillet 1764; p. 20); — de Jacques Haudiquer, prieur (26 (?) novembre 1766; p. 22). — Nomination de Guillaume Vedrine, sous-prieur, et de trois autres séniers (¹) (11 février 1767; p. 23); — de Blanc, doyen, à la place de Gautier (19 mai 1767; p. 29). — Institution de Roch Lavaissière, prieur (24 juin 1769; p. 46). — Renouvellement des pouvoirs du même (13 juin 1772; p. 48). — Autre renouvellement des pouvoirs du même (10 juin 1775; p. 51). — Institution de François Duthoya, prieur (9 juin 1778; p. 53); — de Pierre Labbat, prieur (8 juin 1781; p. 56). — Élection de six députés de la province (15 juillet 1783; p. 63). — Institution d'Antoine Bonnefoy, prieur (5 octobre 1783; p. 67). —

(¹) Le registre renferme en assez grand nombre des copies d'arrêts du Conseil, circulaires, etc., relatifs aux troubles et à la réforme de la Congrégation.

Nomination de J.-B. Uteza, doyen (2 octobre 1783; p. 69). — Assemblée capitulaire tenue en vertu de l'arrêt du Conseil du 18 avril 1788; étaient présents tous les religieux, sauf Guillaume Védrines, «retenu dans sa chambre par des infirmités habituelles... et dom Jean Bosquet, qui depuis longtems ne se montre dans aucun lieu régulier avec ses confrères et vit en soi-disant reclus»; «dom Jacques-Marie Carrière, retenu par des occupations littéraires», se récuse d'assister à la diète (24 mai 1788; fol. 90 v°). — Institution de J.-B. Boë, prieur (28 août 1788; p. 92).

H. 646. (Liasse.) — 6 pièces parchemin, 15 pièces papier.

XIᵉ siècle-1598. — Privilèges. — 6. Bulle d'Innocent [IV] confirmant les privilèges et droits de l'abbaye (Lyon, 23 juin 1246; copie). — 10. Lettres apostoliques à l'abbé de Sᵗᵉ-Croix, âgé de 55 ans et collecteur de la Chambre dans le diocèse, et à ses religieux, leur accordant l'exemption de l'ordinaire (imprimé; 26 juillet 1419).

H. 647. (Liasse.) — 8 pièces parchemin, 34 pièces papier.

1164-1788. — Privilèges. — 18. Exposé des raisons pour lesquelles on a rejeté la demande formée par les religieux de Sᵗᵉ-Croix à l'effet d'avoir l'un d'entre eux docteur régent et chargé exclusivement de donner des leçons académiques de philosophie et de théologie aux religieux dud. monastère : renseignements sur les chaires de théologie de l'Université (1712?). — 24. Arrêt du Parlement maintenant l'arrêt du 10 février 1637, qui fixe le rang de préséance des religieux de Sᵗᵉ-Croix (14 août 1786). — 27. Arrêt du Parlement autorisant les religieux de Sᵗᵉ-Croix, «en leur qualité de chapitre, à assister par députés à l'ouverture des séances qui se fait tous les ans après la saint Martin et à se placer dans la même enceinte où sont reçus les autres députés et néanmoins après les députés des deux autres chapitres» (12 novembre 1788). — 28. «Mémoire à servir pour faire réformer le mandement du 27ᵉ may 1705»; énumération d'églises régulières dans lesquelles est établie une paroisse : abbatiales de Bourg, Sᵗ-Romain et Sᵗ-Sauveur de Blaye, collégiales de Sᵗ-Émilion, Cadillac, Génissac, Villandraut, priorale de Sᵗ-Macaire (s. d.)

H. 648. (Cahier.) — 0ᵐ 26 × 0ᵐ 18, 30 feuillets papier.

1683 (?). — «Ceremoniale locale monasterii Sanctæ-Crucis Burdigalensis.» — Chap. I. Fêtes mobiles (fol. 1), — Jeudi saint : «Post denudationem altarium fit mandatum pauperum in collaterali ecclesiæ meridionali, seu Beatæ Mariæ, et regione altaris sancti Mommoli» (fol. 2). — Le Vendredi saint, «exponitur crux argentea processionalis in ingressu presbiterii, super gradu inferiori» (fol. 2). — Le mardi de Pâques, «aliqui sacerdotes aut diaconi stola induti in ecclesia remaneant ad Evangelia populo petenti recitanda» (fol. 3). — Pour les Rogations, au retour, «fit statio in navi ecclesiæ, coram altari sancti Mommoli» (fol. 3 v°); si on rencontre les chanoines de Sᵗ-Seurin, «per medium eorum transimus, seminudo capite eos mediocriter salutantes» (fol. 4). — Le jour de l'Ascension, «pervenientes ad plateam Palatii, concioni assistimus» (fol. 7 r° et v°). — Chapitre II. Fêtes fixes (fol. 10). — 20 janvier : «Mane, ob liberatam urbem ab obsidione Anglorum, cantatur majus sacrum in altari parrochiæ» (fol. 10). — 3 février, saint Blaise : «Dicuntur missæ privatæ quantum fieri potest in sacello ejusdem sancti... et exponitur ipsius reliquia» (fol. 11). — 8 août, saint Mommolin : on ferme les portes du chœur à 8 heures, pour qu'il ne soit pas envahi par le peuple qui passe la nuit et on dit une messe à 3 heures, afin que les fidèles qui ont passé la nuit puissent se retirer de bonne heure (fol. 14 r° et v°). — 9 août, sᵗ Cyriaque : le sacriste prépare des sièges dans la nef, comme toutes les fois que l'on célèbre un office à l'autel de sᵗ Mommolin (fol. 15). — Chapitre III. Des autres cérémonies (fol. 18). — Chapitre IV. Des cérémonies de date incertaine (fol. 19 v°). — Cérémonial à la mort du Roi, de la Reine, de l'Archevêque, etc. (fol. 20). — Règles fixant le lieu des sépultures : dans le chœur, les Archevêques et les abbés de Sᵗᵉ-Croix; tous les frères, dans le collatéral de N.-D. (fol. 20 v°-21). — Chapitre V. Du luminaire (fol. 21). — Chapitre VI. De la sonnerie des cloches (fol. 21). — Chapitre VII. Des cérémonies à Sᵗ-Michel (fol. 22). — Cérémonial pour la réception des chanoines de Sᵗ-André (fol. 29). — Visa et signature du visiteur, du prieur, etc. (15 juillet 1683; fol. 30).

H. 649. (Cahiers.) — 0ᵐ 24 × 0ᵐ 17, 37 feuillets papier.

XVIIIᵉ siècle. — Liste des fondations à célébrer à Sᵗᵉ-Croix et cérémonial local. — «Catalogus fondationum» (fol. 2). — «Ceremoniale locale monasterii Sanctæ-Crucis» (fol. 5).

H. 650. (Cahier.) — 0ᵐ 25 × 0ᵐ 17, 19 feuillets papier.

XVIIIᵉ siècle. — Cérémonial particulier de l'abbaye (en très mauvais état).

H. 651. (Liasse.) — 5 pièces parchemin, 24 pièces papier.

XIVe siècle-1598. — Organisation, discipline et personnel. — 1. Bulle [déchirée] pour l'abbé Amanieu de Lamothe (xive s.). — 2. Collation des prieurés Du Tourne et de Sadirac par l'abbé à Guillaume Peyron, moine de Ste-Croix (copie authentique; 20 mai 1422). — 10. Bulle [en très mauvais état] attribuant l'abbaye de Ste-Croix à Jules Salviati (1566). — 19. Séance du chapitre de l'abbaye, sous la présidence de frère Georges de Laduguie, prieur claustral : celui-ci enjoint aux religieux, conformément aux décisions des réformateurs, de porter la couronne monastique et le chaperon, ce qu'ils acceptent, sauf un qui s'y refuse sous prétexte d'état maladif (3 mars 1584). — 29. Procès-verbal de la profession d'un religieux (21 mai 1598).

H. 652. (Cahier.) — 0^m29 × 0^m20, 14 feuillets papier.

1506-1509. — Discipline et personnel. — Autorisation par Philippe Vigier, prieur claustral de Ste-Croix, vicaire général de l'abbé, à Louis de Macanan, religieux de Ste-Croix, de s'absenter pour étudier (29 décembre 1508; fol. 1). — Pouvoirs à Bertrand Du Sailhant, sous-prieur (24 janvier 1507, n. s.; fol. 1 v°). — Décision dud. sous-prieur concernant un religieux de Soulac, qui, « a paucco tempore citra, per deffectum et negligenciam suam, dimiserat cecidere seu cecidere fecerat quamdam ambolam vitrincam in qua erat lac beate Marie et ...fregerat eam, tam cadendo super terram quam ponendo pedes supra, in tantum quod dicta ambola erat partita et dirupta in multis partibus » (même jour; fol. 1 v°). — Ordre à un religieux de Soulac de remettre « quoddam librum vocatum *l'Ordinaire Ste-Croix* » (même jour; fol. 2). — Procédure au sujet du chambrier de St-Macaire, enfermé par les juges du lieu, livré à l'abbaye sur réclamation de celle-ci et jugé par elle (1507; fol. 3 v° et suiv.). — Liste des reliques gardées à St-Macaire, « extractum a quadam papiro in grossa lictera scripta, in ecclesia Sancti-Macarii, ante altare parrochie » (27 février 1507, n. s.; fol. 6). — Condamnation du chambrier de St-Macaire à jeûner deux fois par semaine au pain et à l'eau jusqu'aux Rameaux, à recevoir « disciplinam virgarum » les mêmes jours, pendant le *Miserere*, et à garder la prison jusqu'à la fête susdite (4 mars 1507, n. s.; fol. 12). — Condamnation du sacriste de Soulac, pour bris de l'ampoule ci-dessus désignée (même jour; fol. 13). — Réduction de peine en faveur du chambrier

de St-Macaire (8 mars 1507, n. s.; fol. 13). — Accord avec un prêtre pauvre, qui n'a pas fait à l'abbaye de Ste-Croix, où il a chanté sa première messe, l'offrande en tel cas requise, savoir un « mouton, bon, marchant et sufficiant pour quatre hommes, ledict mouton estant en une cage bien parée » (23 juillet 1509; fol. 14 v°).

H. 653. (Liasse.) — 1 cahier de 32 feuillets papier, 2 pièces parchemin, 24 pièces papier.

1344-1689. — Organisation, personnel et discipline. — 2. Prise de possession de l'office de chambrier par fr. Jean Darnalt, agissant au nom d'autre Jean Darnalt, son frère (18 octobre 1605). — 7. Nominations et installations d'aumôniers du monastère (1344-1613). — 19. Ordre du prieur Archambaud Christut à un religieux de coucher dans le monastère, comme le Parlement vient de le lui prescrire (5 janvier 1634). — 20-21. Ordre du prieur d'enjoindre par voie d'affiche à divers religieux, absents depuis 4 ans et plus sans permission, de rentrer au monastère et ordre analogue contre les mêmes (20 février 1634 et 14 septembre 1636).

H. 654. (Liasse.) — 1 pièce parchemin, 36 pièces papier.

1722-1789. — Organisation, discipline et personnel. — 21. Passeport délivré par le sous-prieur de St-Tibery à dom Bedos, qui se rend à Ste-Croix par ordre du visiteur (28 juillet 1763). — 36. Cahier des actes de vêture et de profession (1783–7 janvier 1789).

H. 655. (Liasse.) — 20 pièces papier.

XVIIe-XVIIIe siècles. — Organisation, discipline et personnel : pièces sans date. — 1. Formules de lettres pour l'envoi des religieux dans une autre province, pour l'envoi des religieux chargés d'affaires, etc. (xviiie s.). — 2-5. Documents relatifs aux troubles de la Congrégation : liste de religieux de St-Germain-des-Prés qui ont signé une requête (xviiie s.). — 6. « État des bénéfices simples et réguliers dont la maison de Ste-Croix de Bordeaux jouit » : prieuré de St-Paixent de Lamothe-Montravel, revenus 2,500 l., charges 995 l. 15 s.; prieurés de Flaujagues et de Gensac, son annexe, revenus 2,000 l., charges 690 l.; prieuré de Soulac, revenus 2,000 l., charges 800 l.; prieuré de L'Isle-St-Georges, revenus 530 l., charges 200 l.; prieuré de Ste-Colombe; prieuré de St-Aubin-de-Blaignac, revenus 4,150 l., charges 1,462 l.; prieurés de Sadirac et Du

Tourne, son annexe, revenus 1,215 l., charges 575 l.; prieuré Du Fieu, revenus 650 l., charges 450 l.; prieuré de Montauriol, revenus 1,550 l., charges 350 l. (XVIII° s.).

H. 656. (Liasse.) — 1 cahier de 10 feuillets papier, 1 pièce parchemin, 10 pièces papier.

1607-1609. — Organisation, discipline et personnel. Procès au sujet du bénéfice de pitancier.

H. 657. (Liasse.) — 21 pièces papier.

1603-1612. — Organisation, discipline et personnel. Pièces imprimées relatives à divers monastères.

H. 658. (Liasse.) — 1 pièce parchemin, 29 pièces papier.

1623-1624. — Organisation, discipline et personnel. Procès au sujet d'une place d'oblat. — 30. « Pièces que font voir comme les moines oblats sont tenus de faire voir leurs lettres aux religieux et comme ils sont tenus d'estre portiers du monastère et qu'à ce deffault, estans mariez, l'on leur a retranché 45 l. de leurs pentions pour les gaiges du portier mis en leur place ».

H. 659. (Liasse.) — 1 cahier de 10 feuillets papier, 14 pièces papier.

1581-1662. — Organisation, discipline et personnel. Pièces relatives à la réforme de divers monastères.

H. 660. (Liasse.) — 2 pièces parchemin, 51 pièces papier.

1522-1597. — Rapports avec l'abbé. — 11. Sommation de la part de l'abbé à Jean de Foissac, prieur, et autres religieux (21 septembre 1575). — 20. Sommation par le fondé de pouvoir de l'abbé à l'infirmier d'avoir à réparer le cloître, « pour évicter la ruyne et notoire démolissement dud. cloistre » (14 janvier 1582). — 22. Doléances des religieux au visiteur : « Ilz ne peuvent directement faire le service en l'esglize, à raison que les vitres sont rompues » ; que l'abbé « fasse faire la cloison du cueur despuis le grand autel jusques à la chère abbatialle, qu'il face réparer la grande croix et reliquières » ; « qu'il mette une cloche au petit clocher pour sonner les heures et deux grandes au grand clocher » ; « qu'il mette sur le dortoir ung arloge garny de réveille-matin pour esveiller les relligieux à minuict pour aller à matines » ; « que led. s' abbé face faire la cloisture de bonne et haulte muralhe tout autour du monastère et cependant l'environer de hault et proffont fossé, affin que les relligieux soinct en assurence et que nul n'entre ou sorte du monastère sans le sceu du supérieur » ; qu'il répare les orgues, etc. (10 mars 1583). — 32. Requête de frère Jean de Lagarde, réclamant 19 écus à lui dus par frère Jean Lusseau, sous-prieur, entre autres 3 écus prêtés « pour donner à ung nommé Paignon, organiste, qui l'enseigno[i]t à jouer de l'espinète » (24 octobre 1594). — 41. Requête exposant qu'au détriment des droits de l'hôtelier, l'abbé, à la mort de frère Jean Gros, prieur claustral, aurait pris tous ses meubles, notamment « une robbe de camellot de soye appartenant aud. feu Gros » (8 novembre 1594).

H. 661. (Liasse.) — 1 cahier de 14 feuillets papier, 1 pièce parchemin, 72 pièces papier.

1605-1649. — Rapports avec l'abbé. — 32. Transaction entre l'abbé et les religieux (3 janvier 1633). — 39. Extrait des statuts de S"-Croix : « Quilibet monachus... recipit in die quadraginta octo uncias marcales Burdegalæ panis bene albi et bene facti...; duæ lagenæ præbendales per unum annum faciunt quatuor pippas præbendarii » (extrait du 1" décembre 1635). — 47. Arrêt du Grand Conseil annulant l'accord du 11 mai 1640 par lequel Henri d'Escoubleau de Sourdis et Jacques Desaigues ont fait échange des abbayes de S"-Croix et de Cadouin (28 septembre 1643). — 51. Longue lettre au supérieur général de S'-Maur touchant les procès des religieux : l'ennemi des hommes « a suscité Monseigneur nostre Archevesque à nous faire nouveaux procez » ; renseignements sur la façon dont étaient servies les pensions des religieux : « Le vin de S"-Croix n'est pas en fonds de terre qui appartiennent en propre à l'abbaye, mais en agrières, dismes et rentes sur les vignes de graves, pallu et Macau, qui sont divers fonds, inesgaux en bonté ; graves est le meilleur, pallu après et puis Macau, duquel Macau s'en recueil de deux sortes ; l'un est de gravète, qui approche fort de graves et pour la garde est meilleur, quoyqu'il ne soit si délicat ; l'autre est de l'isle de Macau, qui ne se peut garder ny vendre qu'aux Bretons à vil prix, parce qu'il y en a tant qu'on a bien de la peine à trouver des marchands » ; l'Archevêque a été à Barbotan en septembre précédent ; il a donné aux religieux pour leurs pensions du rebut du vin de Macau « qui ne vault pas présentement 45 l. » ; malgré les offres de transaction, il « s'est adressé à un conseiller ennemi juré des religieux, lequel, sur simple requeste, luy a donné plus qu'il ne demandoit »; après quoi il a, le 8 décembre, signifié aux religieux une évocation, qu'il a renouvelée le lendemain, craignant qu'à cause de la fête elle ne fût nulle (12 novembre 1644). — 57. Délibération des religieux, notamment Pierre de Colonia, prieur de St-Aubin-de-Blaignac, Benoît Bourboulon, prieur Du Fieu, et Mathieu Brugière, prieur de L'Isle-St-Georges, concernant la vacance de l'abbaye (11 septembre 1645). — 67. Relation des réparations faites dans les dernières années, Au Taillan, à Macau, etc.; à St-Croix, la couverture de l'église était en mauvais état : « le petit clocher estoit prest de renverser sur la couverture et enfoncer les voûtes, qui estoient desja fort lavées (?) et menaçoient ruine »; « il y a quatre ou cinq ans que presque touttes les vitres de l'église estoient rompues » [1648].

H. 662. (Liasse.) — 11 pièces papier.

1632. — Rapports avec l'abbé. Procès contre l'abbé Jacques Desaigues.

H. 663. (Liasse.) — 1 cahier de 89 feuillets papier,
2 pièces parchemin, 37 pièces papier.

1633-1645. — Rapports avec l'abbé. Procès contre l'abbé Henri de Sourdis au sujet de droits sur St-Michel.

H. 664. (Liasse.) — 52 pièces papier.

1642-1645. — Rapports avec l'abbé. Dépenses pour les repas des religieux et des bénéficiers de St-Michel pendant les Rogations de 1645 : œufs à 26 s. le cent; pois verts à 4 l. le demi-boisseau; huile à 7 s. la livre; poivre à 2 s. l'once; « colacz » à 3 l. la douzaine; jambon de Bayonne à 6 s. la livre; 3 douzaines d'œufs « pour les Réformés », 10 s. 5 d. (s. d.). — 25. Frais des vendanges de 1644 : barriques à 30 l. la douzaine (s. d.). — 28. Dépenses pour le jeudi saint 1644 : huile à 8 s. la livre; vinaigre à 5 s. le pot; poivre à 4 s. l'once; faissonnats à 1 l. la douzaine (s. d.). — 29. Frais pour les Rogations de 1644 : « colacz » à 5 l. la douzaine; un saumon frais, 2 l. 10 s.; pois à 4 l. le demi-boisseau; « demi-ca de cherbon », 6 l.; pipe de vin, 54 l.; bouteilles à 30 s. la douzaine; 2 douzaines de faissonnats, 1 l. 8 s. (s. d.). — 41. Vente de vin de 1643, provenant de l'île de Macau, à 117 l., 114 l., 120 l., le

tonneau (s. d.). — 48. Vente de vin en 1642, à 81 l., 96 l., 75 l., 84 l., 78 l., 66 l. et 60 l. le tonneau (s. d.).

H. 665. (Liasse.) — 64 pièces papier.

1580-1641. — Rapports avec l'abbé. Reçus divers.

H. 666. (Liasse.) — 1 cahier de 13 feuillets papier,
3 pièces parchemin, 25 pièces papier.

1651-1660. — Rapports avec l'abbé.

H. 667. (Liasse.) — 1 cahier de 16 feuillets papier,
4 pièces parchemin, 40 pièces papier.

1661-1669. — Rapports avec l'abbé. — 9. Bail à ferme des revenus de l'abbé aux religieux (9 septembre 1663).

H. 668. (Liasse.) — 4 cahiers de 47 feuillets papier,
72 pièces papier, 1 pièce parchemin.

1667-1690. — Rapports avec l'abbé. — 14. Bail à ferme de l'abbaye aux religieux par le fondé de pouvoir de l'abbé François de Mollé, « de présant en cette ville, logé dans l'hostèlerie où pand pour enseigne *le Feizant*, rue des Combes, parroisse Sainct-Siméon » (16 août 1675). — 18. Compte des recettes de l'abbaye pour 1672-1674; mention de l'afferme de la Gravette de Macau moyennant 1,150 l., de la dîme Du Taillan moyennant 1,200 l., des agrières et rentes en vin des Graves, de Paludate et de l'île de Macau moyennant 5,500 l.; mention de froment fourni en argent aux religieux, moyennant 4 l. 8 s. en 1672, 4 l. 13 s. en 1673 et 5 l. en 1674; etc. (8 octobre 1676). — 28. Note touchant une clause secrète de l'afferme des revenus de l'abbé : mention d'un procès intenté en 1679 à Charles de Calvimon, seigneur de Montagnac, et à dame Jacquette de Lalande, sa femme (1682). — 46. Bail à ferme de l'abbaye par l'abbé François Molé aux religieux (31 décembre 1684). — 51. Compte des revenus de l'abbaye pour 1682 : les religieux demandent, pour leurs pensions de 1683, du blé au prix de 6 l. 2 s. le boisseau, « suivant le prix et tarif de l'Hôtel-de-Ville », et du vin à 84 l. le tonneau (1684?).

H. 669. (Liasse.) — 1 cahier de 13 feuillets papier, 75 pièces papier.

1691-1700. — Rapports avec l'abbé. — 12. Lettre signée J. Prou : il a fait prier l'abbé de donner réponse aux religieux : « Je ne sais pas s'il aura le loisir de le faire, parce qu'il se dispose d'aller à la chasse... vers Fontainebleau, où le Roy et les seigneurs vont un peu se délasser » (Paris, 18 septembre 1693). — 25. État de vente de vin : rouge de Macau, à 47 écus le tonneau ; blanc de Sᵗᵉ-Croix-Du-Mont, à 38 écus ; vin rouge de Sᵗᵉ-Croix-Du-Mont et Du Taillan, à 45 écus ; vin rouge Du Taillan, à 50 écus ; de Sᵗ-Ahon, à 100 l. le tonneau ; etc. [1694?]. — 26. Comptes des récoltes de 1693 : « au courrier qui place les marqueurs et porte-bastes », 15 l. ; « à l'amirail intendant du pressoir », 23 journées à 6 s. 6 d. ; pour le pain, 6 sacs froment à 8 l. le boisseau, 48 l. ; etc. [1694]. — 27. Dépenses faites pour les Rameaux, le jeudi saint, et les Rogations : jeudi saint, donné « aux 13 Apostres ou pauvres, 13 s. » ; « aux 13 Apostres, 13 pains de 2 solz » ; « aux femmes qui ont fait cuire les fèves, 1 l. » ; Rameaux, « 13 harans aux Apostres », etc. [1694]. — 68. Compte, arrêté avec le fondé de procuration de l'abbé, de ce qui est dû aux religieux pour 1697-1698 : blé, à 6 l. 5 s. le boisseau ; vin, à 90 l. le tonneau (14 juillet 1699).

H. 670. (Liasse.) — 69 pièces papier.

1701-1710. — Rapports avec l'abbé. — 57. Lettre touchant les comptes avec l'abbé : D. Veyres a écrit « que la récolte de vin de 1708 en valoit trois, des autres années, tant à cause du prix que de la quantité » (17 septembre 1709).

H. 671. (Liasse.) — 1 cahier de 32 feuillets papier,
46 pièces papier.

1711-1740. — Rapports avec l'abbé. — 26. Mémoire pour les religieux contre les héritiers de M. de Molé, leur abbé : « M. Molé a joui pendant 66 ans de l'abbaye de Sainte-Croix de Bourdeaux : il a laissé à son décès, arrivé le 6 may 1712, les bâtiments de ce bénéfice dans un entier dépérissement » (1733). — 39. Lettre de l'évêque Du Puy, abbé de Sᵗᵉ-Croix : joli cachet (31 mars 1738). — 47. Lettre signée : Fʳᵉ Bᵗᵉ Vergely : « Votre abbé est riche, mais toujours sans argent, par son peu d'arrangement » (Lagny, 15 mars 1740).

H. 672. (Liasse.) — 25 pièces papier.

1741-1750. — Rapports avec l'abbé. — 6. Reçu de 3,834 l. « pour le montant de 54 thonneaux de vin provenant de nos pensions de l'année dernière 1742 » et vendus à 24 écus le tonneau *(sic)* (26 mars 1743).

H. 673. (Liasse.) — 1 cahier de 57 feuillets papier,
86 pièces papier.

1694-1711. — Rapports avec l'abbé. Affaire Laurent. — 1. Procuration de l'abbé de Molé à Pierre Laurens, seigneur de La Milleraye, contrôleur des décimes, domicilié à Paris, place de Grève (17 avril 1694). — 3. Révocation par l'abbé Fr. Molé des procurations consenties au profit de Laurens (28 juin 1699). — 37-38. Réplique pour les religieux : « Les archives ont été construites depuis l'année 1700, au bas du pavillon, du côté d'Oriant du dortoir des religieux, les papiers ayant resté dans la tour de l'abbaye jusques environ 1680, qu'ils furent portés dans le monastère à cause de l'humidité d'icelle » (28 avril 1709). — 41. Révocation par l'abbé de son fondé de pouvoir, Laurens (10 octobre 1709). — 43. Compte rendu par Pierre Laurens, seigneur de La Milleraye, à l'abbé, de la régie des revenus de l'abbaye en 1708 : vente de vins à 30 écus le tonneau, 31 écus, 100 l., 108 l., 102 l., 132 l. et 114 l. ([1709?]). — 48. Réclamation des religieux à l'abbé : pour 1709, le Parlement a fixé le prix du boisseau de froment à 13 l. 14 s. ; pour 1708, les religieux demandent 24 tonneaux de vin, à 100 l. ([1710?]).

H. 674. (Liasse.) — 1 cahier de 110 feuillets papier, 23 pièces
papier, 1 pièce parchemin.

1752-1753. — Rapports avec l'abbé. Procès contre l'abbé de Montmorency-Laval. — 24. Long rapport d'experts sur les réparations à faire tant à l'église qu'aux bâtiments réguliers : § 34, réparations à la fontaine ; etc. (mars 1753).

H. 675. (Liasse.) — 4 cahiers de 98 feuillets papier,
19 pièces papier.

1750-1754. — Rapports avec l'abbé. Procès contre l'abbé de Montmorency-Laval.

H. 676. (Liasse.) — 5 cahiers de 57 feuillets papier,
24 pièces papier.

1755 — Rapports avec l'abbé. Procès contre l'abbé de Montmorency-Laval. — 27. Mémoire imprimé pour les religieux, mentionnant un procès-verbal du 11 décembre 1752, qui fixe à 22,307 l. les réparations à faire à l'église (1755).

H. 677. (Liasse.) — 1 pièce parchemin, 33 pièces papier.

1756-1758. — Rapports avec l'abbé. Procès contre l'abbé de Montmorency-Laval.

H. 678. (Liasse.) — 3 cahiers de 52 feuillets papier, 24 pièces papier.

1759. — Rapports avec l'abbé. Procès contre l'abbé de Montmorency-Laval.

H. 679. (Liasse.) — 1 cahier de 28 feuillets papier, 14 pièces papier.

1761-1787. — Rapports avec l'abbé. — 4. Signification à l'évêque de Metz, abbé de S¹ᵉ-Croix, « en son palais épiscopal de Metz, parlant à son suisse » (Metz, 19 décembre 1770). — 13-14. Mémoire pour les religieux, avec un plan de partie des lieux réguliers ([1786?]). — 15. Estimation par experts des biens et revenus de l'abbaye, pour les répartir en trois lots (28 décembre 1787).

H. 680. (Liasse.) — 3 cahiers de 41 feuillets papier, 94 pièces papier.

XVIᵉ-XVIIIᵉ siècles. — Rapports avec l'abbé. Pièces non datées. — 1. État des réparations à la charge de l'abbé : « Aussy, doibt fermer de verrière une grand ouverture qui est sur le milieu du chœur et sur le lutrin, par laquelle ouverture la pluye tombe sur le lutrin ». « Les orgues de son temps se sont ruynées ; n'y a pas de chèze de pierre pour prescher ; le portail de l'église font à terre » (xviiᵉ s.). — 2. Mémoire sur diverses affaires : insuffisance du notaire Bouyé. Lavoirs établis sur le ruisseau du moulin et dont on a fait 36 en 15 ans. Nomination aux bénéfices vacants : à cause de l'éloignement de l'abbé, il est souvent prévenu par le Pape ; le courrier arrive à Bordeaux au commencement de la nuit et « on ne sauroit taxer et distribuer que le lendemain » ; « les banquiers de Bordeaux et autres aspirans aux bénéfices sont si ardans sur cette matière qu'ilz hazardent 900 l. pour faire courir extraordinairement quand les bénéfices sont considérables ». Mainmise par les boulangers sur tous les moulins de la banlieue. Vins de Macau : depuis 1636, on néglige les vignes « à cauze de l'interruption du commerce » ; les trois dernières années, l'abbé n'a eu qu'un cinquième ou un sixième de ses revenus ordinaires ; le grand canal n'étant pas entretenu, les vignes sont envahies par l'eau durant six mois de l'année et les vins n'ont plus la force et « la couleur noire » qui les faisaient rechercher « pour la Bretagne et pour la Marine » (xviiᵉ s.). — 3. « Inventaire des papiers que le prieur de Sᵗᵉ-Croix de Bordeaux a remis à Dom Vernet, concernant le partage de l'abbaye » (xviiiᵉ s.).

H. 681. (Cahier.) — 0ᵐ46 × 0ᵐ30, 363 pages papier (¹).

1758. — Rapports avec l'abbé. « État général des revenus du monastère de l'abbaye Sᵗᵉ-Croix de Bordeaux, justifié par titres et documens sur quoi ils sont fondés, dont le relevé en a été fait à vue des pièces par dom F. Boulins, en 1758 ». — « Observations préliminaires » sur l'histoire de l'abbaye (p. 1). — Mention d'un contrat du 6 janvier 1304, n. s. aux termes duquel les jurats s'engagent à englober l'abbaye, avant vingt ans, dans la nouvelle enceinte fortifiée (p. 7). — Exposé des principes et des règles pour le partage des revenus entre un abbé commendataire et les religieux (p. 11) : de la masse commune on fait trois lots, dont l'abbé choisit l'un, les religieux le second, « l'un et l'autre exempts de toutes charges, et le troisième demeure affecté pour faire toutes lesdites charges par les mains dudit abbé ; mais les difficultés... sont pour savoir les choses qui doivent entrer dans ladite masse commune » (p. 12). — « Réflexions pour prouver que les offices claustraux ne doivent point entrer en partage » (p. 17). — « Instruction pour parvenir à un partage... entre un abbé commandataire et [les] religieux » (p. 22). — « Instruction pour servir à prouver que les religieux qui afferment leurs revenus de leurs abbés ne sont point ténus... de payer la taille » (p. 30). — « Mémoire touchant les offices claustraux en général » (p. 61). — « Offices claustraux de l'abbaye de Sᵗᵉ-Croix de Bordeaux » (p. 64). — Analyse de documents « concernant le terrein qui est compris entre la rue Nacaran et la rue du Moulin où étoient anciennement les maisons et jardins des officiers claustraux, qui sont actuellement occupée[s] par les maisons et chays appartenant auxdits religieux » (p. 80). — Analyse d'un procès verbal de visite de 1582 (p. 94) ; — de divers accords et arrêts fixant les charges de l'abbé et les pensions des religieux (p. 95 et suiv.) ; — d'une transaction de 1707 « portant que l'église Sᵗᵉ-Croix est abbatialle et

---

(¹) Les pages sont numérotées 1-363, mais avec une lacune entre les pages 157 et 177.

pour le service de la parroisse ; le collatéral gauche
et la chapelle S⁺ᵉ-Catherine est· affectée au vicaire »
(p. 119) ; — d'une donation faite par dame Dozelons
d'un emplacement pour agrandir Sᵗ-Michel (p. 130). —
État des pensions aux religieux et au personnel (p. 177).
— Notice sur les droits de l'abbaye à Cambes :
« M. Gabriel Dalhem, sʳ de Sᵗ-Clément, fait deux sacs de
froment... pour le moulin dit de La Fayède » (p. 184) ;
à Sᵗ-Caprais (p. 186) ; à Sᵗ-Michel de Bordeaux (p. 188) ;
à l'église Sᵗᵉ-Croix (p. 191). — « Revenus du petit
couvent » (p. 195). — Description des lieux réguliers :
« Dans le... jardin se trouve une fontaine au bout du
coridor, qui fut bâtie en 1735 » (p. 196). — Note sur
le domaine de Penissau : « M. l'Intendant a fait faire
un nouveau grand chemin qu'il a fait ouvrir de trente
pieds de large, tendant depuis le pont de la Manufacture jusques à un ancien chemin qui conduit à Bègle »
(p. 199). — Note sur la maison noble de Carbonnieux
(p. 218). — État des recettes et dépenses faites à Carbonnieux de 1743 à 1757 inclusivement : recettes,
215,253 l. ; dépenses, 176,378 l. (p. 227) : la moyenne
annuelle de recette nette est de 2,591 l. ; le chapitre a
emprunté pour payer le bien 180,000 l. et paie annuellement d'intérêts 9,000 l. (p. 228). — État de dettes
et des intérêts payés (p. 230). — Office du prieur :
analyse de collations et de titres divers du prieur et de
autres officiers (p. 249 et suiv.).

H. 682. (Registre.) — 0ᵐ 35 × 0ᵐ 23, 418 feuillets papier.

1787-1788. — Rapports avec l'abbé. — Partage
des fiefs entre l'abbé et les religieux. — Prestation de
serment par François-Joachim Allien Declavet, archiviste de la Garde-Note, expert commis par le lieutenant
général en Guienne en exécution de l'arrêt du Conseil
du 30 mars 1787 (17 juillet 1787 ; fol. 1). — Analyse
des titres présentés pour chaque fief des offices claustraux (fol. 3 v°-399). — Observations générales for-
mulées par l'expert : 5° « Que lad. abbaye de Sᵗᵉ-Croix
est en commande depuis environ l'année 1460 »
(fol. 399). — Avis de l'expert sur l'attribution de
chacun des fiefs (fol. 400).

H. 683. (Registre.) — 0ᵐ 45 × 0ᵐ 29, 56 feuillets papier.

1758. — Rapports avec l'abbé. — État des revenus
et charges des religieux. (Ce registre reproduit la dernière partie du registre coté H. 681.)

H. 684. (Registre.) — 0ᵐ38 × 0ᵐ21, 77 feuillets papier.

1786. — Rapports avec l'abbé. Procès contre l'abbé
Larochefoucauld de Magnac. Inventaire des titres des
religieux. — Exposé de l'impossibilité de transporter
ces titres : 114 volumes, la plupart in-folio, 98 « layettes
ou tiroirs » (fol. 1-2).

H. 685. (Liasse.) — 2 pièces parchemin, 28 pièces papier.

1645-1646. — Rapports avec l'ordinaire diocésain.
Procès contre les vicaires généraux, *sede vacante*, qui
voulaient obliger les religieux à une procession.

H. 686. (Liasse.) — 13 pièces papier.

XIIᵉ siècle-1650. — Droits paroissiaux, dîmes, etc. :
paroisse Sᵗᵉ-Croix. — 1. Accord avec l'archevêque
Guilllaume et le chapitre de Sᵗ-André sur le sᵗ chrême,
les limites de la paroisse Sᵗ-Michel, etc. (xɪɪᵉ s. ;
copie).

H. 687. (Liasse.) — 1 petit registre de 11 et 3 feuillets papier
et 84 pièces papier.

1655-1690. — Droits paroissiaux, dîmes, etc. : paroisse de Sᵗᵉ-Croix. — 7. Demande en collation de la
vicairie perpétuelle, vacante par le décès de Fouques,
mort la veille (16 janvier 1685). — 8. Prise de possession de la vicairie perpétuelle par Léon Fénis, en faveur
duquel avait résigné André Fouques, décédé le même
jour *(sic)* (16 janvier 1685).

H. 688. (Liasse.) — 4 pièces parchemin, 2 cahiers de 68 feuillets
papier, 57 pièces papier.

1688-1700. — Droits paroissiaux, dîmes, etc. : paroisse de Sᵗᵉ-Croix. — 49. Difficulté relative au paiement de 18 l. dues à Louis Léger, maître couvreur,
« pour avoir travailler *(sic)* à recouvrir le toit de tout
le collatéral au costé delad. églize abatialle où est
l'ostel de sainte Catherinne, destinée *(sic)* pour le
service de la parroisse » (10 décembre 1696). —
63. « Minute de requête pour le sindic des religieux...
contre Mᵉ Pierre Fenis, vicaire perpétuel... C'est ici
l'ouvrage de Mᵉ Beaune, advocat » (22 novembre 1700).

H. 689. (Liasse.) — 2 pièces parchemin, 41 pièces papier.

1701-1746. — Droits paroissiaux, dîmes, etc. :
paroisse de Sᵗᵉ-Croix.

H. 690 (Liasse.) — 1 pièce parchemin, 5 cahiers de 70 feuillets,
papier, 52 pièces papier.

1754-1787. — Droits paroissiaux, dîmes, etc. : paroisse de S^(te)-Croix. — 9. « Extraits du registre des enterremens des externes faits par le chapitre des religieux de l'abbaye S^(te)-Croix de Bordeaux dans leur église abbatialle » : « Au collatéral de Notre-Dame,... vis-à-vis de la chapelle de s^(te) Magdelaine »; dans le même collatéral, « vis-à-vis du balustre de la chapelle de s^t Mommolin »; de Charles de Lalande, président présidial et lieutenant général de la sénéchaussée de Guyenne et de Bordeaux (31 décembre 1718) : de J.-J.-Alexandre de Villebois, ancien lieutenant-colonel au régiment de Champagne, commandant pour le Roi au château du fort Louis (15 juillet 1766) (1698-1766). — 11. Protestation contre le curé au sujet des obsèques de M. de Villebois, commandant du fort Louis, décédé le 14 juillet (18 juillet 1766). — 22. Ordonnance archiépiscopale prescrivant des prières et processions pour demander la cessation de la pluie (5 juillet 1770). — 40. Mémoire pour le vicaire perpétuel : « L'églize de S^(te)-Croix n'appartient point à la communauté des Bénédictins; elle est abatialle ou appartient à l'abbé... et elle [est] parroissialle, c'est-à-dire appartient à la parroisse pour une partie, qui est son collatéral droit » (19 juin 1772). — 45. Protestation contre les entreprises du curé de S^(te)-Croix tendant à empiéter sur la paroisse S^(te)-Eulalie du côté de la place de Capucins : « Le territoire de la parroisse Sainte-Croix s'étant véritablement au dehors de la ville, depuis le fort Louis vers les Terres de Bordes » (29 mars 1774). — 50. Consultation donnée par le « Conseil de conscience » de la Sorbonne : au verso, une note manuscrite expose que, le curé ayant fait courir le bruit que l'on ne gagnait pas les indulgences à la procession présidée par les religieux, ceux-ci ont soumis le cas à la Sorbonne (3 mai 1776). — 58. Mémoire contre le vicaire perpétuel : l'auteur fait valoir notamment, à propos du bas-côté affecté au service de la paroisse, « les réparations immenses que les religieux viennent de faire par arrêt du Grand Conseil, tant aux murs de ce collatéral qu'à la charpente et à la couverture » (19 octobre 1787).

H. 691. (Liasse.) — 3 cahiers de 43 feuillets papier,
46 pièces papier.

XVIIe-XVIIIe siècles. — Droits paroissiaux, dîmes, etc. : paroisse de S^(te)-Croix. Pièces non datées. — 1-8.

Examen d'un chef de demande du curé : la chapelle S^(te)-Madeleine était anciennement la chapelle de la maison abbatiale; une ordonnance archiépiscopale du 18 octobre 1664 prescrivit que la chapelle fût démolie et la confrérie transférée à un autel de l'église; on la transféra à un autel du collatéral de droite en entrant, et « quelque tems après, à cause des notables réparations que lesd. religieux faisoint à leur église, cette confrérie fut transférée en la chapelle de St-Blaize, située du côté du collatéral qui est à gauche en entrant dans lad. église et au bout duquel est la chapelle de paroisse », puis dans le collatéral droit, derrière le chœur (s. d.).

H. 692. (Liasse.) — 4 cahiers de 100 feuillets papier,
3 pièces parchemin, 51 pièces papier.

1225-1695. — Droits paroissiaux, dîmes, etc. : paroisse de S^(te)-Croix. Procès contre le chapitre de St-André touchant les limites de la paroisse du côté de St-Vincent et la portion congrue du vicaire perpétuel. — 3. Piquettement des limites de la paroisse S^(te)-Croix (26 avril 1635). — 38. Mémoire contre les chanoines de St-André : indication des limites de la paroisse S^(te)-Croix (29 décembre 1691). — 50. Déclaration de Maurice Durand, écuyer, sieur de Naujac, Lavidanne et Beduchon, domicilié en sa maison du Serpora, paroisse S^(te)-Croix (3 juillet 1694).

H. 693. (Liasse.) — 1 cahier de 14 feuillets papier,
2 pièces parchemin, 37 pièces papier.

1688-1704. — Droits paroissiaux, dîmes, etc. : paroisse de S^(te)-Croix. Procès contre le chapitre de St-André touchant les limites de la paroisse du côté de St-Vincent et la portion congrue du vicaire perpétuel.

H. 694. (Liasse.) — 3 cahiers de 42 feuillets papier,
15 pièces papier.

XVIIe-XVIIIe siècles. — *Idem*.

H. 695. (Liasse.) — 1 pièce parchemin, 2 cahiers de 59 feuillets
papier, 13 pièces papier.

1099-1619. — Droits paroissiaux, dîmes, etc. : église St-Michel. — 4. Bulle de Clément V accordant à S^(te)-Croix les revenus de la vicairie perpétuelle de St-Michel, au cas de décès du titulaire (copie; 22 novembre 1305). — 5. Accord avec le vicaire perpétuel de St-Michel, fixant ses droits et revenus (copie; 1316). — 6. Documents relatifs aux rapports avec le vicaire perpétuel de S¹-Michel : le premier est un compromis qui nomme deux arbitres, dont Fouquier Lacombe, vicaire général de l'Archevêque (copie authentique; 2 avril 1367-22 novembre 1387).

H. 696. (Liasse.) — 17 pièces papier.

1646-1661. — Droits paroissiaux, dîmes, etc.: église S¹-Michel. — 12. Défense par les vicaires généraux, le siège vacant, aux religieux de S¹ᵉ-Croix, sous peine d'excommunication, de faire à S¹-Michel l'office qu'ils ont projeté pour le lendemain (22 février 1648).

H. 697. (Liasse.) — 4 cahiers de 103 feuillets papier, 4 pièces parchemin, 48 pièces papier.

1632-1664. — Droits paroissiaux, dîmes, etc.: église S¹-Michel. Procès contre Jean Laronde, vicaire perpétuel.

H. 698. (Liasse.) — 6 pièces parchemin, 39 pièces papier.

1678-1782. — Droits paroissiaux, dîmes, etc.: église S¹-Michel.

H. 699. (Liasse.) — 2 cahiers de 41 feuillets papier, 4 pièces parchemin, 12 pièces papier.

XIᵉ-XVIIIᵉ siècles. — Droits paroissiaux, dîmes, etc.: église S¹-Michel. Procès contre Barril, vicaire perpétuel. — 18. Résumé du procès entre les bénéficiers de S¹-Michel et les religieux de S¹ᵉ-Croix ; texte et discussion des titres, notamment de la charte de Guillaume le Bon (xiᵉ-xviiiᵉ s.).

H. 700. (Cahiers.) — 0ᵐ25 × 0ᵐ20, 29 feuillets papier.

XVIIIᵉ siècle. — Droits paroissiaux, dîmes, etc.: église S¹-Michel. Procès contre Barril, vicaire perpétuel: discussion historique, diplomatique et juridique des titres produits par S¹ᵉ-Croix.

H. 701. (Liasse.) — 40 pièces papier, 1 cahier de 19 feuillets papier.

1515-1766. — Droits paroissiaux, dîmes, etc.: Allemans, Ayguemorte, Barsac. — *Barsac.* 32. Lettre du curé de Barsac: il cède cinq tonneaux de vin blanc moyennant 25 écus l'un, et plus, s'il vend plus cher le reste de sa dîme (14 décembre 1691).

H. 702. (Liasse.) — 1 cahier de 20 feuillets papier, 52 pièces papier, 2 pièces parchemin.

1645-1771. — Droits paroissiaux, dîmes, etc.: Bassens, Baurech.

H. 703. (Liasse.) — 1 cahier de 23 feuillets papier, 8 pièces parchemin, 68 pièces papier.

1540-1761. — Droits paroissiaux, dîmes, etc.: Blanquefort et Buzet. — *Blanquefort.* 7. Enquête : déposition de Pierre Berrauld, laboureur : « Puis quarante ans en ça il a veu traitiner dans lad. parroisse de Blanquefort plus de quatre mil journeaux de terre » (24 août 1604). — 8. Envoi en possession au profit de Jean Darnal, chambrier de S¹ᵉ-Croix et prieur de Blanquefort, et de Jean Soler, vicaire perpétuel de lad. paroisse (22 juin 1612). — 9. Sommation par Jean Darnal, chambrier de S¹ᵉ-Croix, prieur de Blanquefort (15 octobre 1613). 47-50. Difficultés avec les Annonciades : lettre du 26 août 1660 exposant les alliances des Annonciades avec des membres du Parlement (1613-1660). — 56. Bail à ferme de la dîme à lever dans la paroisse de Blanquefort, « à la chapelle de Saint-Aon » (25 juin 1666).

H. 704. (Liasse.) — 85 pièces papier.

1416-1688. — Droits paroissiaux, dîmes, etc.: Cambes. — 1-10. Accord entre le monastère de S¹ᵉ-Croix et les paroissiens de Cambes touchant la levée de la dîme des vins, au dixième (18 juin-9 septembre 1416; imprimé). — 15. Présentation de Jean Lavialle à la cure de Cambes, vacante par le décès de Pierre Laurens (16 juin 1621).

H. 705. (Liasse.) — 89 pièces papier.

XVIIᵉ siècle-1784. — Droits paroissiaux, dîmes, etc. : Cambes. — 15. Consultation, signée Beaune, sur les difficultés éprouvées par l'abbaye pour la levée de la dîme et de l'agrière: les religieux exposent que les tenanciers « commancent à choisir le raisin pourri » et « ramassent de suite tout le reste de la vendange huit jours après » (19 septembre 1728). — 18. État des novales, d'après le curé: vignes, 19 journaux, 2 carreaux ; labours, 8 journaux, 4 règes, 1 carreau (17-19 mai 1744). — 39. Reçu, signé Grimes, de 400 l. pour un autel en marbre fourni à l'église de Cambes (1ᵉʳ janvier 1774). — 41. Lettre du curé de Cambes, qui a des difficultés avec ses paroissiens relativement à l'Ermitage : les paroissiens ont fait blanchir cette chapelle et ils somment le curé d'y célébrer la fête de sᵗᵉ Catherine (15 novembre 1775).

H. 706. (Liasse.) — 5 pièces parchemin, 71 pièces papier.

1689-1693. — Droits paroissiaux, dîmes, etc. : Cambes. Procès concernant la dîme du chanvre. — 73. Notes anonymes : « On commença de semer des grains de lins et chanvres dans la paroisse de Canbes environ l'année 1620 et en grande quantité quelques années après » (s. d.).

H. 707. (Cahier et registre.) — 0ᵐ25 × 0ᵐ18,
12 et 25 feuillets papier.

1686-1722. — Droits paroissiaux, dîmes, etc. : Cambes. Comptes des *ouvriers*. — Paiement de 100 l. au menuisier pour le rétable (1709-1710 ; fol. 1). — Paiement de 72 l. « à Jean Vernet, sculpteur de Bordeaux, pour une figure Notre-Dame, un petit tabernacle et un guedin (?) » (1718 ; fol. 17 vᵒ). — Dépense de 12 s., « pour avoir fait nétoyer le lambris de l'église » (1720 ; fol. 22). — Copie d'une quittance de Gaye, menuisier, pour le paiement de tout l'ouvrage par lui fait à l'église paroissiale de Cambes, « retable, tabernacle, sculpture et dorure » (24 mars 1714 ; fol. 24).

H. 708. (Liasse.) — 1 cahier de 14 feuillets papier,
2 pièces parchemin, 11 pièces papier.

1177-1752. — Droits paroissiaux, dîmes, etc. : Castillon et Cenon. — *Castillon*. 1. Décision de Guillaume, archevêque de Bordeaux, mettant fin à un différend entre le prieur de Sᵗ-Florent de Castillon et le curé de Sᵗ-Symphorien de la même ville (copie d'après l'original ; 1177). — 2. Extrait d'une bulle confirmant les possessions de Sᵗ-Florent de Saumur (d'après le cartulaire de Sᵗ-Florent ; Vérone, 28 décembre 1186). — *Cenon*. 14. Inventaire des pièces d'un procès intenté pour obliger une propriétaire à payer la dîme à raison de treize bastes une pour les biens libres et de seize bastes une pour les biens sujets à l'agrière ; après avoir formé « quinze bastes agreyrives, qui contiennent deux bastes et demye ou trois bastes vollantes,

comme elles viennent de la vigne », elle n'a donné qu'une baste volante (1683 ?).

H. 709. (Liasse.) — 88 pièces papier.

1699-1779. — Droits paroissiaux, dîmes, etc. : Escassefort, Eysines et Flaujagues. — *Flaujagues*. 16. Lettre du curé faisant connaître les revenus depuis 1726 (20 mars 1748). — 27-28. Devis des réparations à effectuer au sanctuaire et de la construction de la sacristie, avec plan (1770).

H. 710. (Liasse.) — 4 pièces parchemin, 71 pièces papier.

1590-1658. — Droits paroissiaux, dîmes, etc. : Gaillan.

H. 711. (Liasse.) — 1 cahier de 12 feuillets papier,
18 pièces papier.

1722-1788. — Droits paroissiaux, dîmes, etc. : Gensac. — 6. Ordre du procureur du Roi de la communauté au fermier des dîmes appartenant à Sᵗᵉ-Croix d'avoir à payer à deux pauvres porteurs du billet 1 livre et demie de pain bis par jour jusqu'au 15 juillet (1ᵉʳ juin 1773). — 14. État des novales de la paroisse : vigne « au lieu appellé *au Ravalin* ou *Barbecane* » (27 juin 1788).

H. 712. (Liasse.) — 1 cahier de 20 feuillets papier,
68 pièces papier.

1649-1785. — Droits paroissiaux, dîmes, etc.: Lamarque, Lamothe [Montravel], Le Fieu. — *Lamarque*. 7. Requête présentée par François-Etienne de Brassier, conseiller au Parlement, baron de Soussac, Lamarque, etc., demandant pour les habitants de cette dernière paroisse l'autorisation d'employer à l'agrandissement de l'église les matériaux d'une église abandonnée, et décision conforme (5 juillet 1723). — 10. Accord avec Jacques de Bergeron, écuyer, capitaine général de la garde-côte du haut Médoc, exemptant de dîme pendant douze ans une prairie appelée *la Ferreyre*, qu'il se propose de convertir en labours (31 août 1758). — *Le Fieu*. 31. Réclamation par Jean Gaultier, concierge du château de Coutras, et autres fermiers de la dîme Du Fieu, au sujet de gelées survenues dans les nuits des 22 au 23 et 24 au 25 (27 avril 1659). — 66. Lettre d'un fabricien portant que « l'église.... est en sy mauvais état que nous en craignons une chute prochaine » (19 août 1760).

H. 713. (Liasse.) — 1 cahier de 12 feuillets papier,
6 pièces papier.

1410-1765. — Droits paroissiaux, dîmes, etc.: Léognan, Le Pian, Lestiac. — *Lestiac.* 7. Titres d'un procès relatif à la collation de la vicairie perpétuelle de Lestiac: bulle de Jean XXIII à l'abbé de S**-Croix pour qu'un bénéfice soit donné à Gaillard Teysseney, clerc, qui est dans sa dix-huitième année (Bologne, 25 mai 1410); acte dud. abbé sur ce que led. Gaillard a été pourvu de la cure de Lestiac, vacante par le décès de Raimond de Gorsemaraude et sur ce que Nicolas de Lome l'empêche de jouir dud. bénéfice (2 mai 1415) (copie; 1410-1450).

H. 714. (Liasse.) — 1 cahier de 12 feuillets papier,
52 pièces papier.

1368-1773. — Droits paroissiaux, dîmes, etc.: Le Taillan. — 3. Enquête: divers témoins déposent qu'il n'y a pas de forme arrêtée pour le paiement de la dîme Du Taillan, laquelle se paye à la discrétion des paroissiens (1569).

H. 715. (Liasse.) — 4 cahiers de 78 feuillets papier,
16 pièces papier.

1762-1765. — Droits paroissiaux, dîmes, etc.: Le Taillan. Procès contre Bernard Dugarry, vicaire perpétuel. — 2. État en 125 articles de novales ouvertes depuis 35 ans dans la paroisse Du Taillan (16 juillet 1762). — 3. État de novales « du côté du bourg, dans la jurisdiction de M. de Cursol » (27 novembre 1762).

H. 716. (Liasse.) — 1 cahier de 10 feuillets papier,
1 pièce parchemin, 25 pièces papier.

1663-1721. — Droits paroissiaux, dîmes, etc.: Le Tourne et Lignan.

H. 717. (Liasse.) — 2 pièces parchemin, 42 pièces papier.

1495-1725. — Droits paroissiaux, dîmes, etc.: L'Isle-Saint-Georges. — 1. Collation à Jacques Dusault de la vicairie perpétuelle de L'Isle, vacante par le décès de Guillaume Blanc (copie authentique; 8 mai 1495). — 7. Sommation aux tenanciers de L'Isle-St-Georges d'avoir à payer la dîme au taux accoutumé,

savoir de treize un (17 octobre 1660). — 40. Projet de transaction sur l'attribution du « restant des grains à nétoyer sur le sol, appellés vulgairement les hautvans et baleys » et autres résidus (s. d.).

H. 718. (Liasse.) — 2 pièces parchemin, 27 pièces papier.

1477-1744. — Droits paroissiaux, dîmes, etc.: Loupiac.

H. 719. (Liasse.) — 2 cahiers de 37 feuillets papiers,
6 pièces parchemin, 89 pièces papier.

1647-1720. — Droits paroissiaux, dîmes, etc.: Macau.

H. 720. (Liasse.) — 1 cahier de 12 feuillets papier,
26 pièces papier.

1760-1775. — Droits paroissiaux, dîmes, etc.: Macau. Différend avec Jean-Joseph Borie de l'omarède, écuyer, vicaire perpétuel.

H. 721. (Liasse.) — 9 pièces parchemin, 116 pièces papier.

1500-1771. — Droits paroissiaux, dîmes, etc.: Montauriol, Montussan et Paillet. — *Montauriol.* 1-8. Règlement des droits dus par les paroissiens: dîme, offrande aux quatre fêtes principales, tarif des communions, des mariages, des funérailles, des relevailles, etc. (30 décembre 1500; imprimé). — 9. Procès-verbal de la visite de l'évêque d'Agen: le vicaire est « fort ignorant, *nesciens formam absolutionis* et, faisant le prône, faire prier pour Dieu, pour le Roy et Saint Père » (14 octobre 1597).

H. 722. (Liasse.) — 1 cahier de 11 feuillets papier,
10 pièces parchemin, 51 pièces papier.

1552-1781. — Droits paroissiaux, dîmes, etc.: Sadirac. — 18. Procuration par Philippe de Minvielle, official, curé de Sadirac, en vue de la résignation de son bénéfice au profit de son neveu Barthélemy de Minvielle (9 novembre 1678). — 27. Lettre du curé de Sadirac: « Moy, qui ne suis en possession du bénéfice que depuis l'année 1679, je ne puis vous payer que depuis se temps-là: mon oncle est seur pied; vous ne devés pas le ménager plus que moy, au contraire...; je trouve aussy que les lettres en Cour de Rome coûtent bien de l'argent » (9 mai 1692).

— 40. Lettre du curé de Sadirac: « Je suis si pauvre que je ne pus peu *(sic)* m'avoir un bidet depuis Pasques, que mon cheval me fut volé et que je suis obligé de servir ma paroisse à pied » (14 octobre 1696). — 41. Exposé par le curé de la difficulté que présente le service de la paroisse, très étendue, contiguë à 9 paroisses, comptant 1000 à 1200 communiants, etc. (25 juin 1701). — 56. Collation à Raimond Beaubens de la cure de Sadirac, vacante par le décès de Jacques Beaudin (9 mai 1765).

H. 723. (Liasse.) — 48 pièces papier.

XIᵉ siècle-1648. — Droits paroissiaux, dîmes, etc.: Soulac.

H. 724. (Liasse.) — 3 pièces parchemin, 60 pièces papier.

1653-1700. — Droits paroissiaux, dîmes, etc.: Soulac. — 2. Comptes du curé pour les revenus de l'année: 20 muids de sel à la Pointe, à 13 l.; « 23 m. de Soulac », à 14 l.; 29 boisseaux 2 quarts de froment, à 7 l.; 31 boisseaux de seigle, à 5 l.; 7 boisseaux 2 quarts de millet, à 4 l.; 23 charges et demie de vendange, à 3 l. 10 s.; 40 livres « de cherbo preste à peigner », à 3 s.; four banal, 144 l.; total brut, 1265 l. 15 s.; frais, 11 l. 17 s. (24 novembre 1660). — 47. « Mémoire pour la levée de la dîme du sel; ... On en prend de treize un; le muids a esté vendu 16 l., argent comptant; pour faire un muids de sel, il faut 24 boisseaux » (1694).

H. 725. (Liasse.) — 42 pièces papier.

1701-1750. — Droits paroissiaux, dîmes, etc.: Soulac. — 38. Lettre du curé: le froment coûte 10 l. 10 s. et 11 l., mesure de Soulac (22 novembre 1727).

H. 726. (Liasse.) — 3 cahiers de 60 feuillets papier, 2 pièces parchemin, 66 pièces papier.]

1752-1780. — Droits paroissiaux, dîmes, etc.: Soulac. — 44. Lettre du curé de Soulac au cellerier l'engageant à venir: « Les chemins sont encore praticables » (29 septembre 1777). — 51. Accord avec Du Rousset, écuyer, domicilié rue Porte-Dijeaux, fixant au trentième le taux des dîmes à percevoir sur les terres nouvellement défrichées (30 juin 1778). — 58. Requête de dom Bernard Lade, prieur de Soulac, contre le curé dud. Soulac au sujet des dîmes: « Les sables de la mer ne s'avancèrent point de beaucoup

autant que le sieur partie adverse le dit; loin de couvrir alors toutes les terres cultivées et qui s'étendoint à bien plus d'une lieue de la mer, ils couvrirent seulement le bourg et quelques terreins voisins, qui formaient le rivage » (14 janvier 1779). — 59. « Lettre du fermier de Soulac à Mᵉ Couchouneau ». Il est impossible de servir la rente de canards sauvages: « Soulac et les parroisses voisinnes sont privés de cette chasse par le dessèchement des eaux » (4 février 1779).

H. 727. (Liasse.) — 29 pièces papier.

XVIIᵉ-XVIIIᵉ siècles. — Droits paroissiaux, dîmes, etc.: Soulac. Pièces non datées. — 1. Mémoire contre l'établissement d'un chapelain au Verdon: la plupart des habitants sont huguenots; les matelots se livrent à des débauches: « Les deux tiers des maisons et terres du bourg de Soulac et tout l'ancien hôpital sont déjà sous le sable; la grande église en est déjà entourée et humide » (s. d.).

H. 728. (Liasse.) — 4 pièces parchemin, 68 pièces papier.

1265-1790. — Droits paroissiaux, dîmes, etc.: Sᵗ-Aubin-de-Blaignac, Sᵗ-Caprais, Sᵗ-Macaire et Sᵗ-Médard-d'Eyrans. — *Sᵗ-Aubin-de-Blaignac.* 1. Reconnaissance d'une dette de 6 livres par R. de Laubesc, damoiseau, fils de feu Guillaume, chevalier, à Bertrand de Laroque, prieur de Sᵗ-Aubin, avec engagement de la dîme appartenant au débiteur dans la paroisse; au bout d'un été, la dîme pourra être dégagée « totas oras que soubre la bulha martinaument » (19 avril 1265). — 3. Collation de la cure de Sᵗ-Aubin par l'abbé à Jean Alaux (cachet de l'évêque de Bazas; 16 février 1707). — 19-27. Requêtes des fermiers des dîmes, qui réclament la dîme des agneaux à raison de treize un: de ces exposés il résulte que le décimateur retenait, pour être comptés l'année suivante, le nombre qui dépasse 13 ou un multiple (21-30 avril 1753).

H. 729. (Liasse.) — 1 pièce parchemin, 60 pièces papier.

1655-1766. — Droits paroissiaux, dîmes, etc.: Sᵗᵉ-Colombe[-de-Duras].

H. 730. (Liasse.) — 8 cahiers de 130 feuillets, 71 pièces papier.

1753-1761. — Droits paroissiaux, dîmes, etc.: Sᵗᵉ-Colombe[-de-Duras] et Auzas, son annexe. Procès au sujet des novales. — 46. Calcul du produit de novales, d'après le tarif du blé : 12 l. le sac en 1753, 9 l. en 1754 et 1755, 12 l. 10 s. en 1756, 15 l. 10 s. en 1757, 21 l. 10. s. en 1758, 17 l. en 1759 (1761 ?).

H. 781. (Liasse.) — 2 cahiers de 65 feuillets papier,
7 pièces parchemin, 47 pièces papier.

1552-1763. — Droits paroissiaux. dîmes, etc.: Sᵗᵉ-Croix-du-Mont, Tabanac et localités diverses. — *Sᵗᵉ-Croix-du-Mont.* 8. Enquête contre François-Raimond de La Rocque, écuyer, sieur de Tastes, pour voies de fait : mention de Collin, peintre de Caudrot (1647). — 9. Piquettement des paroisses de Sᵗᵉ-Croix et d'Aubiac (23 janvier 1657). — 21. Billet déclarant que le prix d'afferme des dîmes est de 610 livres les trois premières années et 600 livres les suivantes, bien que le contrat porte 650 livres (10 septembre 1719).

H. 782. (Registre.) — 0ᵐ42 × 0ᵐ29, 100 feuillets papier,
plus 2 feuillets doubles de tables.

1361-1380 et 1443. — Terrier. — Propriétés et seigneuries foncières. — Reconnaissance pour divers biens sis à Cambes, notamment une vigne *a Castet* (22 février 1376, n. s.; fol. 5 v°). — Bail à fief en présence d'Aymar de Font-Picon, curé de Macau (9 mars 1376, n. s.; fol 8). — Reconnaissance pour un bien à Camayrac, confrontant à un fief de Jean Du Puch, damoiseau (29 janvier 1376, n. s.; fol. 9 v°); — pour partie d'un manse au même lieu : les tenanciers ne pourront le « metre en man morta ni en man d'ome questau, ni que home questau y pusca succedir » (même jour; fol. 10). — Retrait lignager (24 février 1376, n. s.; fol. 12 v°). — Mention du testament par lequel un bourgeois de Bordeaux a laissé à sa femme la moitié des acquêts, et reconnaissance à l'abbé par lad. femme pour moitié d'une maison acquise par le mari au cours du mariage (2 mars 1376, n. s.; fol. 13). — Reconnaissance par « Johan Scot, angles e borgues de Bordeu » (14 mars 1376, n. s.; fol. 14). — Reconnaissance en présence de Gaillard de Mélac, damoiseau (16 mars 1376, n. s.; fol. 15). — Bail à fief d'une vigne confrontant à celle de Raimond Johan, « caperan de Lormont » (même jour; fol. 17 v°). — Reconnaissance en présence de Gérard de Roquers, damoiseau (24 mai 1376; fol. 23); — en présence de Jean de La Caussade, chevalier, Pierre de Roquers, chevalier, et autres (2 juin 1376; fol. 25). — Reconnaissance pour divers biens, dont un cens sur « tres sous e mech de terra en

losquaus tres sous disso que a cinc estages sotz tres cubertz de mayson, lasquaus [son] la una costas l'autra », dans la rue des Vignes (24 mai 1376; fol. 25 v°); — pour un manse dans la paroisse d'Eysines, *a Causorn*, près du moulin de Guausseran, et renfermant « doas borias qui son deu feu d'en Bos de La Trena, donzet » (19 avril 1375; fol. 28); — pour divers cens, dont un grevant une maison « ab las agulhas de peyra que son per entramps caps », dans la rue Bordelaise, et d'autres grevant des maisons avec une « agulha de peyra » à un bout, ces divers immeubles confrontant à un fief tenu par Pierre de Sᵗ-Symphorien dit de Landiras, chevalier (24 mai 1376; fol. 28 v°). — Bail à fief d'une demi-maison « au loc aperat au Peyrat, en la saubetat de Sancta-Crotz » (18 avril 1376; fol. 30 v°). — Vente de terre et vigne « en lo terretori de Maquau, au plantey aperat lo Casterar » (18 avril 1376; fol. 33 v°). — Ensaisinement à la suite d'un échange conclu par Guillaume Maynard, vicaire de Baurech (25 mars 1375; fol. 37). — Hommages des chefs de maison de Macau : l'abbé, « davant lo gran autar de Nostra-Dona », les requiert de lui prêter serment et hommage; ils répondent qu'ils y sont disposés, à condition que l'abbé fasse d'abord ce qu'il doit faire; l'abbé leur promet de leur être bon seigneur, etc.; les habitants lui font « homanatge e segrament de feutat,... davant lodeit gran autar de Nostra-Dona,... a genolhs e mans junctas, sens capayron, sens cotet e sens autra armadura e tenens lasdeitas mans sobre los Sans Evangelis de Diu e sobre la Veraya Crotz, e l'en bayseren en la boqua, en signa de ffeutat e d'amor, cum lur naturau senhor »; « e aqui medis, feit lodeit segrament..., lodeit senhor abat a lor ne totz baysatz en la boca, l'un apres l'autre, per major fidautat de las causas dessus deitas » (11 juin 1376; fol. 39). — Accord avec Pierre Du Carrost, clerc et bourgeois de Bordeaux, que l'abbaye réclamait comme questal, en sa qualité de fils de questal (26 mars 1376; fol. 39 v°). — Bail à fief de « quatre sadons de mardan e de terra... que son en la yla de Maquau petita, dejus la grant yla » (4 avril 1376; fol. 41 v°). — Ensaisinement d'une maison sise dans la rue qui est devant le cimetière de Sᵗᵉ-Croix, entre la maison de Pierre Casaubon, damoiseau, et celle de feu Arnaud Vidal, cuisinier du monastère (26 mars 1376; fol. 42 v°). — Mention du testament de feu « noble home mossen Arnaud Moneder lo velh, cavaler de la parropia de Sent-Simeon, ciptadan de Bordeu, » de l'attribution à son fils Pierre, moine de Sᵗᵉ-Croix, de droits sur une maison, « ab totz sons apertenementz entegrament de murs, de maderas, de carquas, de gitadas (?) e de mech pe », dans la rue d'Enfer, devant la tour de Blaye, qui appartient à noble Gaillard Viguier, chevalier, enfin de la vente de cette maison, qui appartient à Arnaud et Guiraude Capdeporc, frère et sœur, « mayors de sed ans e mendres de xxv ans » (3 juillet 1476; fol. 43). — Reconnaissance par noble Jeanne du Luuh, mère et légataire de Jeanne de Castet, celle-ci fille de feu Pierre de Castet, bourgeois de Bordéaux, et femme de Pierre de Pomarède, damoiseau; fils d'autre Pierre de Pomarède, chevalier (31 mai 1376; fol. 44 v°). — Acquisition de cens pour doter une chapellenie fondée par Pierre de La Crote, damoiseau; témoin: Arnaud de Fontanet, curé de Pauillac (11 juillet 1376; fol. 45). — Reconnaissance par India de Quinsac, de la paroisse de Camblanes, femme de Brunet Arnaud, damoiseau, pour des biens provenant de Thomas de La Mote, chevalier, son précédent mari (7 juillet 1376; fol. 48); — en présence d'Aymar de Font-Picon, rôlier de l'abbaye et vicaire perpétuel de Macau (20 juillet 1376; fol. 49). — Ordonnance de l'official confirmant une tutelle testamentaire (7 janvier 1376, n. s.; fol. 54 v°). — Reconnaissance pour une terre touchant au chemin commun qui va du pont Du Güit au fossé du monastère (25 juillet 1376; fol. 55 v°); — pour une vigne à Soussan, confrontant à celle de P. Berlan, pour un bois indivis avec le même; etc. (20 septembre 1376; fol. 63 v°); — par Raimond Maurin, « carpenter de bayssetz de mar, de la parropia de St-Miqueu », pour des vignes, dont une confrontant à celle d'Élie Jaubert, « arrosiñey » (22 septembre 1376; fol. 67 v°); — pour « dos lers de vinhas », dans la paroisse de Macau, au lieu dit « au Prat de Maquau, sotz lo Casterar » (17 septembre 1376; fol. 72); — pour une vigne à Macau, près de « l'androna e rueta per on hom va au Casterar » (9 décembre 1376; fol. 74); — pour une maison contiguë à celle des hoirs de P. Ayquem de La Rousselle (21 juillet 1376; fol. 79). — Bail à fief au profit de Raimond Maurin, « vicari de la gleysa de La Marqua » (2 janvier 1377, n. s.; fol. 80 v°). — Exposé d'une difficulté entre deux fils de « P. de Manhi, metge e phisician demorant au temps que vive a la Velha Gleysa, en la parropia de St-Simeon de Bordeu », et le monastère, qui réclamait la part d'héritage revenant à leur frère, qui est mort moine de Ste-Croix; les défendeurs soutiennent que les moines n'héritent pas; les arbitres leur donnent tort; néanmoins l'un des fils vend une portion de l'héritage, il meurt à son tour et les moines demandent à l'acquéreur de leur en abandonner leur part; transaction; les seigneurs féodaux des biens en question n'admettent pas qu'ils tombent en main-morte; la coutume autorise à les mettre en vente, mais la guerre, les récentes disettes et mortalité ont déprécié les immeubles (26 janvier 1377, n. s.; fol. 82). — Reconnaissance à la suite de la vente de droits sur la petite île de Macau « entre la grant yla de Maquau, de l'un costat, e la chanau Deu Calhau, de l'autre costat » (2 mars 1377, n. s.; fol. 83 v°). — Bail à fief d'une vigne déserte dans la grande île de Macau, vers l'extrémité aval, « de la yma de la mar devert Ambes, de l'un cap, entro a la yma de la mar devert Jalet, de l'autre cap » (23 février 1377, n. s.; fol. 84). — Ordonnance de l'official qui pourvoit d'un tuteur deux orphelins (1er mars 1374, n. s.; fol. 84). — Serment de l'abbé aux chefs de maison de Soulac et réciproquement; témoins: Simon Seguin, curé d'Avensan, Pierre Du Puch, damoiseau, etc. (24 novembre 1376; fol. 84 v°). — Bail à fief d'une « terra e leda » à Soulac, en présence d'Arnaud de Lumensans, prieur dud. lieu (même jour; fol. 84 v°). — Reconnaissance pour une « artiga... circuida de fossatz », à Soulac (même jour; fol. 85); — pour autre *artigue*, près du chemin de Soulac aux salines (même jour; fol. 85 v°); — par un paroissien de St-Michel domicilié « en rua Clara, pres l'Olme de Papon » (19 avril 1377; fol. 85 v°); — pour le moulin de *la Fageda*, à Cambes (24 mai 1377; fol. 88 v°). — Transaction visant la dépréciation des immeubles résultant des guerres, disette et mortalité (12 mai 1377; fol. 89 v°). — Mention d'un droit de seigneurie foncière à Beautiran cédé par noble Pierre de Pomarède, chevalier (8 décembre 1376; fol. 90 v°). — Reconnaissance à la suite d'une cession de seigneurie foncière par noble Pierre de Pomarède, chevalier (8 décembre 1376; fol. 91 v°). — Vente par Guillaume Ayquem, curé de Beautiran, à Jean son frère, de ses droits à l'héritage paternel et maternel (31 juillet 1377; fol. 92 v°). — Reconnaissance pour une terre « dintz la saubetat de Maquau » (10 mars 1378, n. s.; fol. 95 v°). — Bail à fief par l'abbé, par Guillaume-Arnaud de Caberns, prieur claustral, Gérard de La Tresne, sous-prieur, etc. (23 novembre 1377; fol. 96). — Mention d'une fondation de messes à célébrer « lo jorn de la festa de sent Fort de may e l'autra lo jorn de la festa de sent Fort d'ahost » (26 août 1378; fol. 104 v°). — Bail à fief d'une terre dans la paroisse de Cambes « prop deu mayne de St-Nicholau » (3 novembre 1378; fol. 112 v°); — de l'Estey Major, pour construire un moulin (16 décembre 1378; fol. 120 v°); — par Pierre de Vagueys, chambrier de

S'°-Croix et prieur du prieuré de Blanquefort
(9 mars 1379, n. s.; fol. 122). — Reconnaissance pour
une maison et chai sur le bord du fleuve, paroisse
S'°-Croix, plus la moitié indivise de la sortie sur la rue
« de las Gualeyas » (26 juin 1379; fol. 127 v°); — par
devant Pierre de Montauzier, prieur de Soulac (même
jour; fol. 128); — pour une maison dans la sauveté de
S'°-Croix, « en la rua deu Peyrat, per loquau hom va
de Santa-Crotz vert las Menudas » (3 juillet 1379;
fol. 132 v°); — pour une terre et bois dans la paroisse
de La Tresne, a Miralop, confrontant « au deffes de
la Mota » (30 juin 1379; fol. 133 v°); — par Bernard
Masson, bourgeois, paroissien de S'-Projet, pour des
cens à lui dus annuellement sur des maisons de la rue
Nérigean (6 août 1379; fol. 136). — Bail à fief d'une
vigne sise Au Taillan, confrontant, d'un côté « la gleysa
d'Autelhan e la sala deu priorat » (8 novembre 1379 :
fol. 154 v°). — Reconnaissance à la suite d'une vente
par Guillaume-Raimond Monedey, citoyen de Bordeaux, fils de feu noble Arnaud Monedey, chevalier
(22 décembre 1379; fol. 155 v°). — Testament de
Raimond Faur de Laurian, paroissien de Sadirac
(29 mars 1378; fol. 158 v°). — Baif à fief par Gérard
de Castanède, damoiseau, fils de feu Aymar (14 février 1379, n. s., fol. 159). — Le dernier feuillet
renferme la copie d'actes de 1443.

11. 733. (Registre.) — 0^m28 × 0^m21, 125 feuillets,
plus 6 feuillets de tables, papier.

1424-1435. — Propriétés et seigneuries foncières.
Terrier. — Vente et livraison, « segont lo cos de
merchantz de Bordeu », à Bernard Andrieu, de la
paroisse S'°-Croix, de 30 tonneaux de vins clairs,
arrimés à bord de *la Marie* de Londres, moyennant
600 guiennois d'or, valant 25 sous bordelais l'un
(22 décembre 1424; fol. 2 v°). — Appel de l'abbé au
Pape contre une décision de l'Archevêque prescrivant
de l'arrêter sous prétexte que l'abbé a empiété sur ses
pouvoirs; l'abbé expose que, collecteur apostolique, il
a usé des prérogatives de ses prédécesseurs et qu'il
est exempt de la juridiction de l'ordinaire; témoin,
Pierre Bergonti, prieur claustral (1er janvier 1425,
n. s.; fol. 2 v°). — Ensaisinement au nom de Bernard
de Laplagne, docteur en droit canon, prieur de
Soulac (20 mars; fol. 6 v°). — Absolution d'Aymon
de Treulon, citoyen de Bordeaux, qui a fait enlever de
force Thomas Vidal, dit le Catalan, réfugié dans la
sauveté et dans l'église de S'°-Croix, contenant un
mandement envoyé au nom du Pape à l'abbé (19 juin

1423-7 avril 1425; fol. 11). — Reconnaissance pour
une ferme sise à Floirac, avec son four, « loquau
hostau et bordiu es de doas aygas et cubert de teule et
ab tres forquatz de fusta en lo meyloc », et pour des
biens confrontant à la lande de feu Raimond de
Labatut, damoiseau, d'Artigues, aux fiefs de Giron
de Puch, damoiseau, des hoirs de feu Pierre Lambert,
chevalier (5 juin 1425; fol. 18); — pour une maison
sise *au Miralh*, paroisse S'-Éloi, confrontant à « la
mayson deu Reverent Payre en Diu moss. Harri Boed,
arcivesque d'Iork en Anglaterra » (5 juillet 1425; fol. 21);
— pour un jardin et emplacement sis dans la paroisse
et la sauveté de S'°-Croix, « en la rua et près lo putz
deu Peyrat », confrontant à la maison et au jardin du
sous-prieur (10 juillet 1425; fol. 22 v°). — Procuration
pour l'exécution de lettres apostoliques accordant
l'exemption au monastère (16 juillet 1425; fol. 23). —
Reconnaissance par une veuve domiciliée « au cap de
rua Bernard Piucella, davant la gleysa deus Augustins,
en la parropia de Santa-Euladia » (7 août 1425; fol. 25);
pour une vigne dans les graves, *au Branar*, confrontant au « gran camin romiu de S'-Jacme »
(23 février 1426, n. s.; fol. 31 v°). — Reconnaissance
de dette payable par Arnaud et Guillaume de Lacase,
frères, marchands, demeurant aux Salinières, à l'infirmier de S'°-Croix « o au portador de la present carta »
(8 avril 1426; fol. 32 v°). — Reconnaissance de dette
par Bertrand Dages, damoiseau, de la paroisse de
Cambes, à l'occasion d'un bail à ferme au profit
de Bertrand de Montferrand, chevalier, fils du baron
Bertrand de Montferrand (16 juin 1426; fol. 34); —
par Jean de Sanctamassa, habitant de Norwick, fils
d'autre Jean, marchand de la paroisse Sainte-Colombe
(18 octobre 1426; fol. 36 v°). — Reconnaissance de
dette par Etienne Esporret, anglais, habitant de la
paroisse Saint-Pierre (9 décembre 1426; fol. 37). —
Vente par Pierre Duport, damoiseau et bourgeois de
S'-Macaire (13 février 1427, n. s.; fol. 41). — Reconnaissance pour une maison dans la paroisse S'-Siméon,
rue « deus Pinhadors », confrontant à « l'ostau de
Helias de La Péyreyra, furbidor » (15 février 1427,
n. s.; fol. 41 v°). — Reconnaissance d'une dette de
16 « nobles d'aur deu cunh d'Anglaterra, deu pes neu »
(15 janvier 1427, n. s.; fol. 42 v°); — par « Arnaud
Botaut, sirvent de mager » (9 janvier 1428, n. s.;
fol. 53); — pour une maison achetée à Gaillard de
Laubesc, damoiseau, de la paroisse de S'-Jean-de-Blai-
gnac (22 janvier 1428, n. s.; fol. 54); — pour un
mansé sis à Sallebeuf, entre le fief de B. de Lamothe,
seigneur de Roquetaillade, et « lo feu de la tor de

Salabeu » (1er février 1428, n. s. ; fol. 55) ; — par une veuve pour une maison dont elle a la moitié indivise « per causa et rason de la meytat de las conquestas que era ave en totz los bens et causas » de son mari et l'autre moitié « en rebatament et en deduccion de son maridatge » (25 février 1428, n. s. ; fol. 56). — Bail à fief de moitié d'une maison « a rua Arn. Ayon, autrament aperada deus Boeys » (1er mars 1428, n. s. ; fol. 57). — Reconnaissance pour une terre dans la paroisse de La Tresne, « au loc apperat a Sent-Pantaleon, pres de la capera » (20 août 1428 ; fol. 63). — Bail à fief en présence de Jacques Ramp et de Michel de Tragura, « meiges et licenciatz en medessina » (3 février 1429, n. s. ; fol. 65). — Reconnaissance en présence de Jean Guillem, prieur de St-Aubin et moine de Ste-Croix (13 août 1429 ; fol. 70 v°). — Cession de la seigneurie foncière d'une maison « en la gran carreyra de Sent-Andriu, davant lo putz de Senta-Gema » (31 octobre 1429 ; fol. 72 v°). — Reconnaissance d'une dette de 200 guiennois d'or du coin de Bordeaux, de 25 sous l'un, et mise en gage de « 1 fremalh d'aur, en loquau a en lo mech loc 1 diaman et tres saffirs et tres robius, et xii perlas, loquau fremalh era de la nobla et puyssanta dona madona Johana de Lomanha, vepda » (22 décembre 1429 ; fol. 77). — Ensaisinement au nom de Bernard Gimel, prieur Du Tourne, moine de Ste-Croix (29 décembre 1429 ; fol. 77 v°). — Reconnaissance pour une vigne : l'abbé accorde aux tenanciers droit de passage à travers les immeubles de tiers, « majorment cum per losd. feus... lad. intrada et yssida fossan plus pres deu camin cominau que per dengun autre loc » (22 février 1430, n. s. ; fol. 79 v°) ; — par une veuve pour une maison qui lui appartient « per rason et causa de la meytat de las conquestas que era ave sobre totz los bens et causas, mobles et no mobles », acquis durant le mariage (21 juin 1430 ; fol. 83) ; — en présence de Gaillard Damburès, vicaire de L'Isle-St-Georges (27 juin 1431 ; fol. 92). — Engagement du fermail d'or déjà engagé ci-dessus ; témoins : « los hondrables escudeys Johan de Caupena, castelan de Blanquafort, Johan Degeles, donzetz » (24 mars 1432, n. s. ; fol. 97 v°). — Reconnaissance en présence de Mathieu Despias, sergent royal, domicilié dans la sauveté de Ste-Croix (13 juillet 1432 ; fol. 101) ; — pour le moulin *de la Fageda*, paroisse de Cambes (24 décembre 1433 ; fol. 102) ; — pour une terre en la paroisse de Villenave, près Bordeaux, *a Correyan*, confrontant à l'estey du moulin de ce nom, et pour une terre en friche dans la même paroisse, donnée au tenancier par feu Jean de Lalande, seigneur de La Brède, lequel les

avait « per rason et causa que Guilhem-Arramon de Budos, donzet, au temps que vive ayssi medis s'era dat, sin medis et totz sons bens et causas et heretatges aud. senhor de Lalanda » (25 mai 1433 ; fol. 106 v°) ; — par deux frères, de La Tresne, qui tiennent « en homenesc, a questa et a talha », le tiers d'un manse confrontant au fief de Jeanne de Pardaillan, veuve de Gaillard de Grésignac ; énoncé des devoirs des questaux (23 janvier 1434, n. s. ; fol. 110) ; — pour une vigne dans la paroisse de Villenave, *a Lacanau* (22 février 1434, n. s. ; fol. 111 v°). — Bail à fief d'un « trens de prat et paluda... qui es en la palu de Bordeu, davant l'armitatge de Senta-Katarina de Larmont, au loc aperat au Perey » (24 juillet 1434 ; fol. 115). — Mention du bail à ferme des revenus de Soulac faite par l'abbé à Bernard Fau, prieur dud. lieu (12 juillet 1434 ; fol. 115 v°). — Accord avec Ygonin Dubourg, « peyrey, demorant le jorn d'uy dejus escriut a Roasan », lequel s'est engagé à « treyre molas de molin de la peyreyra de Carcos, qui es en lo poder et senhoria de la vila de La Reula » (17 décembre 1434 ; fol. 116). — Ensaisinement, du consentement de Guillaume-Arnaud de Lagraulet, hôtelier de Ste-Croix, prieur de Lamarque (21 janvier 1435, n. s. ; fol. 117) ; — Reconnaissance pour une terre dans la paroisse de Tabanac, *au Casterar* (15 février 1435, n. s. ; fol. 118 v°). — par Jean Dufour, vicaire de Macau, à Bernard Faure, prieur de Soulac, pour des biens acquis de Pierre Torney, carme, agissant au nom de son frère, damoiseau (15 mars 1435, n. s. ; fol. 119 v°) ; — pour une vigne acquise de Guillaume-Brun de Boysset, damoiseau, domicilié à Blaye (1er avril 1435 ; fol. 120 v°). — Mention de « Galhardus Ruphi », prieur claustral (20 avril 1435 ; fol. 122). — Nomination de deux vicaires par le chapitre conventuel, le monastère étant privé d'abbé (9 mai 1435 ; fol. 123 v°). — Serment prêté par « Johan Ademar, bayle de Maquau,... ayssi cum officiey et bayle ». (10 mai 1435 ; fol. 124). — Ensaisinement par Henri, évêque de Bazas et administrateur de l'abbaye (s. d. ; fol. 125 v°).

H. 734. (Registre.) — 0 m 30 × 0 m 22, 184 feuillets, papier.

1450-1455. — Droits de propriétés à seigneuries foncières. Registre de Beusse, notaire, contenant des actes pour Sainte-Croix. — Testament [incomplet de la fin] de Pierre de La Gorsse, tonnelier : il affirme que Philippe Dubosc lui doit « IX canas d'estaub, so es assaver iiiixx canas de mey pichey et fulheta, tres de mech pichey et iixx de petit chaupmas » (3 février 1454, n. s. ;

fol. 1). — Acte [incomplet du commencement] relatif à un retrait lignager au profit de Marguerite de Montferrand, fille de Bertrand (s. d.; fol. 3). — Mention de Benoît Bonell, vicaire perpétuel « Sancti Jeorgii de Insula in Arruano » (19 février; fol. 7). — Reconnaissance par Galhot Sentot, damoiseau, paroissien de Baurech (3 mars; fol. 8). — Vente d'une maison, avec une tour par derrière, lad. maison sise rue Sanguinengue (2 avril; fol. 16 v°). — Vente d'une agrière par Jeanne Du Puch, veuve de Louis Despuy, chevalier, seigneur de Montcuq (3 avril; fol. 17 v°). — Reconnaissance pour une vigne sise dans les Graves, « pres de la... Reclusa » (12 avril; fol. 18). — Accord pour l'inhumation de Pierre Forment, damoiseau, dans l'église de Sⁱⁿ-Croix : les moines exposent que cette autorisation, surtout quand il s'agit d'un noble, est généralement payée d'un legs de 100 sous (25 avril; fol. 27). — Vente par Jeanne Dupuch, veuve de Louis Despoy, chevalier, dame de Roffiac, dans la paroisse de Lormont, et du bourdieu de Queyrie dit la Tour Blanche, paroisse de Cenon, en face de Bordeaux (2 juin; fol. 31). — Afferme à Jean Forthon, vicaire Du Taillan (26 juin; fol. 33). — Reconnaissance par « Human Alart, agulhetey », paroissien de Sⁱⁿ-Colombe, au profit de Guil.-Arn. de La Borde, curé de Cadillac (1ᵉʳ août; fol. 40). — Compromis avec Pierre Du Bouscat, vicaire de Blanquefort, au sujet d'une afferme prise par led. Pierre et qui lui a été gréveuse « per causa de la grant guerra et seti que eran estatz aud. Blanqueffort »; témoin : Pierre de Grailly, seigneur de Sⁱ-Genès (1ᵉʳ août; fol. 40 v°). — Reconnaissance de dette par Guil. de Lagrange, vicaire de Floirac (12 août; fol. 41). — Vente par Arnaud Marsau, « topiney de la parropia de Sadirac » (2 septembre; fol. 41 v°). — Comparution de Benoît Du Thoron, prieur de Soulac (6 septembre; fol. 42). — Bail à ferme de la dîme de vin Du Taillan moyennant 34 pipes de vin non logées (7 septembre; fol. 42 v°). — Autorisation de vendanger dans une vigne sur laquelle le seigneur foncier a fait « metre lo ban » parce qu'elle était négligée (2 octobre; fol. 45 v°). — Autorisation analogue concernant une vigne que le seigneur foncier voulait reprendre pour le même motif; témoin : Bertrand de Ségur, *alias* de Francs, damoiseau (21 septembre 1454; fol. 47). — Bail à cens d'une « mayson ruynosa ab las terras et jaugars qui son a l'entorns », dans la paroisse d'Arsac, près de la chapelle de Birac (11 janvier 1455, n. s.; fol. 50 v°); — d'une terre abandonnée sise au même endroit, confrontant à la terre de feu Raimond Johan, homme questal du monastère, et de divers autres biens abandonnés, dont les cens n'ont pas été payés depuis environ 50 ans; le monastère se réserve de prendre du bois pour réparer la susd. chapelle (même jour; fol. 52). — Accord mettant fin à un procès matrimonial par devant l'Archevêque entre un garçon originaire de « Piffauyas en Peyto » et une fille de La Boissière, près de Montaigu (1ᵉʳ mars; fol. 57). — Testament de la femme d'un laboureur; elle énumère diverses créances : 4 fr. 20 liards, pour lesquels elle tient en gage « una corda de paternostres de lambre et d'argent et ung culhey d'argent » (4 avril; fol. 60 v°). — Réduction des redevances dues pour des biens acquis par Benoît Bonel, vicaire perpétuel de L'Ile-Sⁱ-Georges, de Pierre de Salies, damoiseau, et « Seguina de Clavey, dona de Mirabau, sa molher » (10 mai; fol. 66). — Vente d'une vigne sise dans la paroisse de Cenon, au port de Mons (29 avril 1455; fol. 71). — Promesse de mariage par une domestique, « speciaument ab voler et consentiment de la... dona sa mestressa » (30 avril; fol. 71). — Reconnaissance par noble demoiselle Hélène de la Ginèbre, femme de noble Jean Brun, seigneur de Boysset (10 septembre; fol. 73 v°). — Reconnaissance en présence de Bertrand Du Puch, chevalier (24 février 1456, n. s.; fol. 76). — Mention de deux maisons de la rue Sanguinengue qui ont été démolies et brûlées par les gens de guerre, au point qu'il y reste seulement les murailles en ruine (8 mai 1455; fol. 77 v°). — Règlement par le vicaire de l'abbé, pour Soulac, où il a trouvé un prieur et deux religieux : « Ob reverenciam gloriose Virginis Marie, affluunt ibi multa et magna miracula » (10 décembre 1455; fol. 79 v°). — Prise de possession de l'abbaye par le fondé de pouvoir du cardinal de Foix, en présence de « A. Capucii », abbé de Verteuil; témoin « Johanne Des Maroys, cliente regio » (5 novembre 1455; fol. 82). — Absolution du réfectorier, qui a commis « levem manuum injeccionem... in et contra aliquas ecclesiasticas personas » (même jour; fol. 85). — Délibération d'un administrateur du temporel de l'abbaye concernant son collègue Jean des Vignes, chargé de construire les châteaux élevés pour le Roi dans la ville (12 novembre 1455; fol. 85 v°). — Reconnaissance pour une vigne sise dans la paroisse de Cambes, lieu dit *a Gironvila* (28 janvier 1451, n. s.; fol. 91 v°); — pour une vigne dans l'île de Macau, « au loc aperat au Bec devert Macau » (8 février; fol. 102); — pour une aubarède dans la même île, « au loc aperat au Bec devert lo Calhau » (même jour; fol. 103). — Mention de biens vendus aux enchères par le « procurayre de las armas, deus paubres de Diu et de las causas pias en la dioces. de Bordeu » (24 février; fol. 128 v°). — Reconnaissance pour une maison « ab la cara de peyra », sise rue Sanguinengue (28 mars; fol. 140 v°); — par Guiraud de Peyroles, vicaire de Carignan (28 avril; fol. 149); — par Bernard Estèbe, vicaire perpétuel de St-Croix (29 avril; fol. 149 v°).

H. 735. (Registre.)— 0^m29 × 0^m21, 141 feuillets papier
et 6 feuillets tables.

1451-1456. — Propriétés et seigneuries foncières. Terrier. — Lettres apostoliques chargeant l'abbé de La Sauve de mettre en possession du prieuré de L'Isle-St-Georges Bernard Gimel, réfectorier de St-Croix, pourvu le jour même dud. bénéfice, vacant par le décès de Bérard de Laville (3 février 1452, n. s.; fol. 1). — Serment de fidélité de Jean Boed, laboureur de St-Vivien, châtellenie de Mornac en Saintonge, à Jean Nicolas, prêtre, « de la companhia de moss. de Chevisben, etc., loquau lo recebo per nome deu rey d'Anglaterra et de Fransa,... sobre lo libre et la crotz estantz sobre l'autar de moss. sant Monmolin » (11 février 1453, n. s.; fol. 3). — Reconnaissance de dette par le même, qui se soumet à la juridiction du juge de Gascogne ét « a la rigor deu petit saget de Montpeyle » et de tous autres juges anglais ou français (même jour; fol. 3 v°). — Obligation à Raimond de Ségur, damoiseau, de la paroisse St-Croix, de 22 francs, prix d'une paire de bœufs (13 avril 1453; fol. 7); — par Robert Mercey, curé de Tabanac (15 mars 1453, n. s.; fol. 7). — Procuration par Pierre de Béarn, protonotaire, administrateur de St-Croix et du prieur de Comprian (Pavie, 27 mars 1453; fol. 8), et certificat du podestat attestant la qualité de notaire du personnage qui reçut l'acte (3 avril; fol. 9). —Obligation au profit de Pierre de Grailly, damoiseau, seigneur de St-Genès en Médoc (7 juin (?) 1458; fol. 10 v°). — Relation concernant « Johanin Finquel, angles, de la companhia de moss. lo bastart », lequel, étant dans la sauveté « per aucun delicte », « de son hon grat... s'en anet en la companhia de moss^r de Kendale et de moss^r de Camoys, senescaut de Guiayna, entau castet reyau de l'Ombreyra » (8 juin (?) 1453; fol. 11). — Procès-verbal constatant que Bernard Estève, vicaire perpétuel de St-Croix, a relevé Jean de Cardon, prêtre, de l'excommunication prononcée contre lui pour dettes, led. procès-verbal renfermant la sentence d'absolution rendue le même jour par l'official (21 juillet 1453; fol. 11). — Révocation par Pierre Delves, nanti d'une procuration générale du protonotaire de Béarn, de Bernard Robbert, vicaire

général de l'abbaye, et ce à la requête de Mgr de Candale, protecteur de l'abbaye, et en présence de Jannicot de Lahet, capitaine de Lamarque, et de Pierre de Grailly, seigneur de St-Genès; constatation par le notaire de la démarche que Mgr de Candale a faite par l'entremise dud. capitaine de Lamarque et seigneur de St-Genès (16 juin 1453; fol. 11 v°). — Nomination successive de deux nouveaux vicaires généraux, la dernière en présence de Guillaume-Arnaud de La Borde, curé de Cadillac (17 et 20 juin 1453; fol. 12 r° et v°). — Obligations de 5 l. pour une pipe de vin non logé (21 juillet 1453; fol. 12 v° et 13). — Acte par lequel un habitant de Macau reconnaît devoir à Robert Genson, marchand anglais, un tonneau de vin de la prochaine récolte, de graves ou de palu, au choix dud. Robert, rendu à bord d'un navire devant Bordeaux ou devant Macau (même jour (?); fol. 13). — Testament d'Arnaud de St-Martin, bourgeois, de la paroisse de St-Croix : il laisse 5 s. à chacun des proches qui ont droit de prendre part à sa succession et institue héritière sa femme (20 août 1453; fol. 13). — Déclaration par led. testateur de coups qu'il a reçus de Gérard, fils de Monot Dubosc, jurat : il proteste que, s'il meurt, led. Gérard sera responsable (même jour; fol. 15). — Relation du meurtre commis par Jean Deboisfremes, héraut du comte de Longueville et de Benauges, captal de Buch, sur la personne de Ferrando de Amadura, sergent de la ville, de sa retraite dans la sauveté et du pardon qui lui est accordé par la veuve (12 avril 1451; fol. 15). — Vente de vin de graves à Jean Suyt, marinier anglais (30 août 1453; fol. 15 v°). — Codicille par lequel Raimond de Ségur, damoiseau, laisse à son dernier fils, Jeannot, « l'ostau deu Vagera, en lo poder de Saubaterra » (s. d.; fol. 16). — Obligation pour une somme d'argent « et I^a bota de cuer tenent tres mechs picheys » (25 septembre [1453]; fol. 16 v°); — de 25 écus neufs du coin de France, « per causa de la finansa de Oliver Podon, de la parroquia de Sent-Pantali » (4 octobre [1453]; fol. 16 v°). — Relation de ce que « Johan Passamer, angles, requerit sauvetat a moss. Galhart Ros, prior de claustra, per aucun delicte que ave feyt, etc.; et lod. prior lo autreyet, etc.; testes : Thomas Arbalestrer, escudey » (10 septembre [1453]; fol. 16 v°). — Procuration de Guillemine Jaglar, veuve, « en totas sas causas, eto., speciaument per perseguir la mort de Arn. de Sent-Martin, son marit, encontra Guiraud Deubosc, filh de Monot Deubosc » (8 septembre [1453]; fol. 17). — Obligation d'un paroissien de St-Michel et d'un Anglais pour 120 fr., prix de 6 tonneaux de vin (17 octobre [1453]; fol. 17 v°). —

Lettre des commissaires du roi de France, exposant que l'abbé de Ste-Croix, après avoir prêté serment de fidélité lors de la première reddition, est retourné au parti anglais et qu'il n'a pas de nouveau prêté serment à la seconde reprise de la province : ils nomment administrateurs de l'abbaye Guillaume Giraud, « procureur de général en l'Université de Poïtiers », et Jean Des Vignes (Bordeaux, 30 septembre 1454; fol. 19 v°). — Bail à cens du moulin de Peyrelongue, qui a été brûlé par l'armée du Roi (8 décembre 1454; fol. 18).— Reconnaissance pour un pré dans la paroisse de Lamarque, a *Ferreyras* (25 février 1455, n. s.; fol. 24). — Levée accordée par l'Archevêque de l'excommunication prononcée pour dettes contre feu Pierre de Ramaffort, sur la promesse faite par sa femme et ses parents de faire inventaire et « de_estar a dreyt envert los credadors » (6 février 1455, n. s.; fol. 24 v°). — Fin d'une délibération par laquelle remise est faite au sous-prieur, pour une durée de trois ans, des anniversaires par lui dus à la communauté (s. d.; fol. 25). — Relation de ce qu'un damoiseau, réfugié dans la sauveté de Macau « per rason de aucun crim », a été mis aux fers par le bayle et a réclamé qu'on le laissât libre dans la sauveté, ce qui lui a été accordé (12 février [1452, n. s.]; fol. 28). — Obligation au profit de Jean de Lapeyre, curé de Beautiran (2 mars 1452, n. s.; fol. 32). — Ensaisinement par Pierre de Loes, prieur d'Izon (2 août 1451; fol. 41).— Réception de « Peys de Loexs » comme religieux et collation du sous-prieuré au même (1er novembre 1451; fol. 43 v°). — Commission à Raimond Carsin, prieur de Sadirac et Du Tourne (20 juin 1452; fol. 44). — Collation de prieuré de Loupiac à Simon de Legi, moine profés (22 décembre 1451; fol. 44 v°). — Abandon par Amanieu de Gradignan, damoiseau, à Pierre Hunaud, curé de Camarsac, de partie de la dîme de Fargues (24 avril 1452; fol. 44 v°). — Procuration de Jean de La Salle, pitancier de Ste-Croix et prieur de St-Aubin[-de-Blaignac], en Bazadais, à Pierre de Dieu, vicaire dud. prieuré (27 novembre 1452; fol. 46 v°). — Collation à Jean Comptet de la chambrerie de St-Macaire, vacante par la collation à Raimond Carsin des prieurés de Sadirac et Du Tourne (17 novembre 1452 : fol. 50 v°). — Bail à façon de vignes que le preneur « deu fudir et magescar martinament aquest an present... et asso per causa car entro au jorn d'uy son estades mau feytes » (21 août 1452; fol. 51). — Reçu par le chambrier de partie de 41 nobles d'Angleterre, du poids nouveau, qu'il avait prêtés « per trayre... Vidau Milon de la preyson ont era en las mans deus Frances » (23 septembre 1452; fol. 53 v°).

— Reconnaissance d'une dette de 30 fr., prix de deux douzaines de pipes neuves (14 septembre; fol. 54). — Engagement de creuser d'une brasse un puits qui est dans la rue Ste-Croix (même jour; fol. 54). — Bail à ferme du moulin sis près du prieuré de Comprian (6 octobre 1452; fol. 54 v°). — Serment d'obéissance des chanoines de Comprian, au nombre de trois, à l'administrateur de Ste-Croix, prieur dud. prieuré (27 avril 1452; fol. 55). — Accord entre Guillaume Arnol, de la paroisse de Lormont, et Pierre Dupuits, de la paroisse St-Remy: une maison d'Arnol ayant été pillée nuitamment par des Anglais logés chez Dupuits, qui y cachèrent leur butin, Dupuits s'est réfugié dans la sauveté de Ste-Croix; des amis s'interposent (3 janvier 1453, n. v.; fol. 55 v°). — Procuration à Pierre Mercey, curé de Tabanac (17 octobre 1452; fol. 57). — Prise de possession par Pierre de St-Martin de la cure de Lignan et de son annexe de Fargues (3 décembre 1452; fol. 57 v°). — Autorisation par l'Archevêque à un notaire de « retreyre et regrossar l^a carta belha »; présent: Benoît Du Thoron, prieur de Soulac (18 décembre 1452; fol. 58 v°). — Règlement de comptes de Bernard Gimel, réfectorier de Ste-Croix et prieur de L'Isle-St-Georges, avec Jean de Cardon, prêtre, « a causa de certan biatge que per nome de luy ave feyt a Roma per aucuna provision de sond. priorat » (27 juillet 1452 (?); fol. 60 v°). — Reconnaissance pour des terres paroisse de Macau, a *la Fossa de Ramaffort* (1452 (?); fol. 69); — pour une manse à Macau, entre les rues *deus Claus* et *deu Casterar* (1452, n. s.; fol. 69 v°); — pour une vigne, paroisse de Ludon, a *la Barranquina* (1er mai 1452; fol. 75); — pour un emplacement, paroisse de Macau, entre « la grant Carreyra » et « la rua aperada deus Arrochs », pour une vigne dans l'Ile de Macau, a *port Maurin* (1er mai 1452; fol. 75 v°). — Vente par Bernard de St-Avit, damoiseau, bourgeois de Bordeaux (février 1452, n. s.; fol. 83). — Reconnaissance en présence de Pierre Martin, curé de Quinsac (7 septembre 1452; fol. 88 v°); — pour une maison entre la rue Sanguinengue et le jardin de Raimond de Ségur, damoiseau (21 août 1452; fol. 89); — pour une maison entre la rue du Marché et l'*estey* du moulin du Marché (avril 1453; fol. 94). — Testament instituant héritiers pour 5 sous, « per portion hereditaria, per dreyt, per falcidia, per trabellioniqua o legitima », les héritiers légaux et instituant héritier universel le mari de la testatrice (1er avril 1453; fol. 94). — Reconnaissance pour une maison, tour et jardin dans la rue Sanguinengue, achetés 220 francs (8 mai 1454; fol. 109 v°).

— Convention intervenue entre Pierre Limouzin, marchand, de la paroisse St-Michel, et Pierre Delort, marchand de Lesparre, à l'occasion du mariage de ce dernier avec Marguerite Duhart, veuve, demeurant chez Pierre Limouzin : Marguerite apportera 200 l.; le mari « doblera a lad. Margarida lasd. dos centz liuras deud. maridatge », l' « aculhira... en la meytat de las conquèstas », la « vestira... d'una gona, de ung gonet et ung capayron »; Pierre Limouzin baillera à Pierre Delort 1,000 francs « de cabau en marcaderia » pour 10 ans et ils partageront les bénéfices; ils exploiteront en commun les vignes de Pierre Limouzin et de Marguerite; durant les dix ans, Delort « amera, servira et ondrara lod. Pey Lemosin... ayssi cum si erà son pay » (17 décembre 1454; fol. 110 v°). — Contrat dud. mariage : Marguerite apporte 100 l.; Delort lui en donne autant et veut que, lui mort, Marguerite ait la jouissance de ses biens jusqu'au paiement de la dette et de la donation; etc. (même jour; fol. 112 v°). — Reçu par une femme « parrochie Sancti-Martini de Ternes, in Fronsadesio » (23 décembre 1454; fol. 114 v°). — Accord de l'abbaye avec Jean Borssier, écuyer, procureur de Louis de Beaumont, chevalier, sénéchal de Poitou, et à qui le Roy a donné les revenus du seigneur de Lalande en Bordelais (18 décembre 1454; fol. 115). — Reconnaissance pour une moitié de maison acquise de feu Pierre Martin, curé de Quinsac (24 décembre 1454; fol. 117). — Bail à fief d'un manse dans la paroisse de Cestas, près de « la canau deus Gartz », et divers autres immeubles, le tout délaissé par l'hôpital de Camparian à cause de la « grant ruynetat » de ces fonds et de la misère du prieuré (24 décembre 1454; fol. 117 v°). — Reconnaissance pour un pré à Lamarque, confrontant « lo prat de la confrayria d'Arssins » (20 février 1455; n. s.; fol. 134 v°). — Recette contre la peste (fol. 139). — Inventaire des biens remis à Bern. de Rival par Guillaume Giraud, « comissari de par lo Rey en lo monestey de Sancta-Crotz »: indication de livres (12-13 novembre 1455; fol. 140).

H. 736. (Registre.) — 0ᵐ29 × 0ᵐ20, 149 feuillets papier, plus 8 feuillets de tables.

1455-1459. — Propriétés de seigneuries foncières. Terrier. — Reconnaissance par un « carpentey de rodas » (10 février 1456, n. s.; fol. 46 v°); — pour la moitié indivise d'un maine à Colignan (3 février 1456, n. s.; fol. 63 v°). — Bail à cens « a Pey de Lafita, magerdome de la mayson de Puypaulin per lo tres puyssant sr Mossr lo comte de Foix », d'une vigne dans

l'île de Macau, qui n'a pas reçu depuis six ans « cop de sarpa ni de marre » (13 avril; fol. 65 v°). — Reconnaissance pour une vigne sise dans la paroisse de La Tresne, au lieu dit a Picarét, près de la mothe de Picaret (18 juin; fol. 66). — Mention de la vente d'une maison moyennant 3 pipes de vin, « lasquam furen estimades entre lod. senhor de ffeu et lod. affevat a xxx libras de la moneda corssabla a Bordeu » (13 septembre 1457; fol. 89 v°). — Inventaire après décès des biens d'un tavernier de St-Michel : une ceinture de cuir, avec une bourse de cuir contenant 1 gros de France et un couteau; « 1ª selada d'armas »; vin vendu à un marchand anglais; « 1ª espada de duas manxs »; « marras de palu » et « marras de gravas »; « I pilon per pilar deu milh » (14 novembre 1458; fol. 95 v°). — Reconnaissance par Huguet Biau, sous-maire de Bordeaux (2 octobre 1458; fol. 98). — Bail de la maison du prieuré Du Taillan à Jean Forthon, vicaire perpétuel de lad. paroisse (5 octobre 1457; fol. 101 v°). — Reconnaissance par Guillaume Delaunay, sergent royal (12 mars 1459, n. s.; fol. 113 v°). — Bail à ferme par le vicaire général de l'abbé et Pierre de Salefranque, curé d'Igos, diocèse de Dax, au nom dud. abbé, à Bern. de Rival, curé de Blanquefort, Pierre de Lafite, majordome de Puypaulin, et autres, des revenus de Ste-Croix et du prieuré de Comprian, moyennant le paiement annuel de 1,125 écus d'or, du coin de France, 2 charges de merlus d'Angleterre, etc.; témoin : Arnaud-Guillaume, seigneur de « Giera », maître d'hôtel du comte de Foix (6 avril 1459; fol. 115). — Déguerpissement d'une vigne sise dans les graves de Bordeaux (25 mars 1457; fol. 129). — Bail à cens à la femme de Jacques Daunay, archer de la compagnie du sénéchal d'Aquitaine (9 mars 1458, n. s.; fol. 143). — Bail à cens de « dos pas per plantar compnas per pescar peys en la chanau de Maquau » (20 janvier 1456, n. s.; fol. 144). — Bail à ferme des revenus de l'abbaye St-Croix et du prieuré Comprian, moyennant 1,150 écus d'or de France (21 juin 1457; fol. 145). — Bail à cens d'une maison dans la paroisse de St-Siméon, rue de la Vieille-Église (s. d.; fol. 148).

H. 737. (Registre.) — 0ᵐ40 × 0ᵐ30, 45 feuillets papier.

1451-1461. — Propriétés et seigneuries foncières. Terrier. — Vers français sur le comput (fol. 1). — Hommage des gens de Soulac; présent : Benoît Du Thoron, prieur de Soulac; (9 décembre 1455, fol. 2). — Échange d'un jardin sis dans la sauveté de St-Croix, confrontant à la maison et au jardin de Berard de

Lamothe, seigneur de Roquetaillade (5 novembre 1457; fol. 3 v°). — Procuration générale donnée à Jean de La Salle, pitancier de S¹ᵉ-Croix, par Mathieu Pécoul, prieur de Montélimar, vicaire général de S¹ᵉ-Croix pour le cardinal de Foix, administrateur et commendataire (7 mars 1456, n. s.; fol. 6). — Commission de « bayle et... prebost en tota la honor, loc, senhoria et sauvetat de Maquau » en faveur de Jean Selart, du diocèse du Mans (12 février 1456, n. s.; fol. 10). — Procédure pour l'exécution d'un testament : un ami du défunt se charge des legs, mais il demande à l'Archevêque que les biens soient estimés et lui soient attribués pour le prix d'évaluation; « car, si eran metutz a la publica, sere grant costatge et se auren a donar per beu cop mench que no valen »; on fait inventaire estimatif des biens : « Duas tassas obradas, lasquaus pesavan x onsas de Colonha et foren estimadas per losd. commissaris a xv libras » (1453; fol. 11 v°). — Mention de la collation du prieuré de S¹ᵉ-Macaire à frère Bernard Joan, chambrier de S¹ᵉ-Croix, à la date du 16 janvier 1458, n. s., en remplacement de frère Jean de La Roque, décédé (fol. 13 v°). — Sentence arbitrale entre deux bourgeois : l'un jurera sur l'autel de s¹ Antoine devant son adversaire, si celui-ci désire assister au serment, que les 200 l. pour lesquelles exécution a été faite « per la Cort de l'executor » lui sont réellement dues (13 octobre 1455; fol. 13 v°). — Réduction de redevances dues pour une terre sise paroisse de Cambes, *au pont de La Roqua*, près de l'estey du moulin de La Roque, confrontant au fief qui a appartenu à feu Gérard de La Mothe, et qui appartient à Jean de La Mothe, damoiseau (juin 1455; fol. 14 v°). — Bail à fief d'une vigne sise en Paludate, qui n'a pas été travaillée depuis sept à huit ans (4 juillet 1459; fol. 19 v°). — Nomination de Raimond Decleu, *ouvrier* de Montmajour, comme vicaire général de S¹ᵉ-Croix (27 mai 1458; fol. 21). — Collation de la porterie et de la cuisine de S¹ᵉ-Croix (26 juin 1458; fol. 22 v° et 23). — Installation de Bernard de Rival, nommé vicaire perpétuel de Blanquefort à la place de Pierre Du Bouscat, décédé, en présence de Jean de Gibry(?), damoiseau, capitaine du château de Blanquefort, Raulet Jaquid, tailleur de pierres, etc. (20 février 1459, n. s.; fol. 25). — Échange d'immeubles sis à Camparian, près du « grant camin romíu » (11 juillet 1459; fol. 25 v°). — Accord au sujet d'une créance de « xxxvi escutz velhs o reyaus d'aur »; antichrèse de « casaus » qui produisent du vin (17 avril 1458; fol. 29 v°). — Nomination de Pierre de Lafite comme bayle de Macau (12 novembre 1459; fol. 30).

— Autorisation à un moine d'aller étudier (14 mai 1461; fol. 31). — Lettres apostoliques notifiant la résignation de la commende de S¹ᵉ-Croix par l'évêque d'Albano et la nomination de Pierre de Foix, clerc du diocèse de Lescar, notaire pontifical (?) (Rome, 12 juin 1461; fol. 31). — Transaction de « Mathelina de Belenguey », abbesse de S¹ᵉ-Claire de Bordeaux, et Guillaume Thibaud, notaire (1456; fol. 34 v°). — Testament de Raimond Dicon, de Portets, « volent anar en romeuatge a monss' S¹-Estropi de Sentes » : il a prêté deux écus, dont l'un, suivant le débiteur « perde vi ardits; il a aussi prêté un noble et un royal d'or pour acheter une paire de bœufs (18 mai 1458; fol. 39 v°). — Commission donnée par le vicaire général de S¹ᵉ-Croix à l'effet d'absoudre frère Benoît Du Thoron, prieur de Soulac, qui a violé ses vœux d'obéissance, de pauvreté et de chasteté, « cum mulieribus uxoratis vel non uxoratis,... et hoc ut si fuisset laycus » (s. d.; fol. 40). — Autorisation au même prieur d'affecter moitié des biens qu'il a retenus en violation de la règle aux monastères de S¹ᵉ-Croix et de Soulac, « in reparacionibus aut aliis piis operibus » (s. d.; fol. 40 v°). — Procuration du cardinal de Foix à Mathieu Pecoul, prieur de Montélimar, qu'il nomme son vicaire à S¹ᵉ-Croix (24 juillet 1455; fol. 42). — Bulle accordant au cardinal de Foix la commende de S¹ᵉ-Croix (26 avril 1455); autre bulle assurant l'exécution de la précédente (même jour) et procédure qui a suivi (23 août 1455; fol. 43). — Lettres du cardinal de Foix nommant Bernard de Rival son vicaire général pour l'abbaye de S¹ᵉ-Croix et le prieuré de Comprian (8 décembre 1456; fol. 44 v°). — Nomination par Mathieu Pecoul d'un coadjuteur de Simon de Legi, sous-prieur de S¹ᵉ-Croix, octogénaire et malade (s. d.; fol. 45 v°).

H. 738. (Registre.) — 0ᵐ50 × 0ᵐ22, 252 feuillets, plus 9 feuillets de tables, papier.

1456-1470. — Propriétés et seigneuries foncières. Terrier renfermant des actes étrangers à l'abbaye. — Bail à fief par Matheline de Bélenguer, abbesse de S¹ᵉ-Claire de Bordeaux ([juin 1459]; fol. 3). — Contrat d'apprentissage de tonnelier ([1459]; fol. 6). — Reconnaissance par « Lo Bascolat Deus Castanhs, donzet, de la parropia de Baurech », à l'abbé, représenté par Bernard de Rival, curé de Blanquefort, pour un « hostau, thor et issida », dans la rue Ducasse, paroisse S¹-Michel (8 juin 1459; fol. 6 v°). — Bail à fief à Jean Selart, bayle de Macau, de vignes sises aud. lieu (7 avril 1457; fol. 7); — de trois sadons de terre « eu la yla noera de Maquau, au cap de la grant yla, devert dejus » (même jour; fol. 8 v°). — Reconnaissance pour un emplacement sis « davant la sala de Maquau » (20 janvier 1457, n. s.; fol. 10 v°); — par Jean de Montbelhen (?), notaire de la paroisse de Macau (même jour; fol. 13); — pour une vigne dans la paroisse de Ludon, lieu dit *a La Barrenquina* (même jour; fol. 15 v°). — Bail à fief par le représentant de Bernard d'Ambille, archidiacre de Blaye, à Bernard Eyraud, vicaire perpétuel de S¹-Gervais en Bourgès (23 juin 1459; fol. 17 v°) — par Guillaume Reynaud, prieur de La Marque (30 avril 1459; fol. 18 v°). — Envoi en possession d'un « les de vinha » sis dans la paroisse de Macau, qui a coûté 12 liards (18 novembre 1459; fol. 30 v°). — Reconnaissance par Élie Béquet, « lanterney », de la paroisse S¹-Michel (11 janvier 1459, n. s.; fol. 31 v°). — Reconnaissance: « Presentibus... Ramondo Carssini, priore claustrali,... Guillermo Caparon, latomo » (12 décembre 1459; fol. 34); — pour une maison sise dans la paroisse S¹-Michel, acquise de frère Pierre Bibian, moine, prieur de S¹⁴-Catherine-du-Désert, paroisse de S¹-Hilaire (Paillet), dans la seigneurie de Rions (1460(?); fol. 37 v°); — au profit de l'infirmier, pour une terre dans la paroisse de S¹-Médard-d'Eyrans, *a Balach*, « darrey la mota deud. enfermey » (4 mai 1458; fol. 37 v°); — par « Thomas Dusse, franc-archey de la companhia de Coulas Grimeuff » (7 décembre 1457; fol. 41). — Témoignage de Pierre Adhémar, moine, prieur de Sadirac (16 avril 1459; fol, 42 v°). — Testament d'Élie Blanc, laboureur, de la paroisse S¹⁴-Croix : il prescrit de vendre « la vinha que ed a en Queyria de la mar, au loc aperat a Borbonet » (27 avril 1458; fol. 46 v°). — Inventaire des biens dud. testateur : « I leyt garnit, so es assaver una coste, I capsey et una cuberta », « IIII¹ᵉⁿ marras, las tres de palu et l'autra de gravas » (2 mai 1458; fol. 47 v°). — Envoi en possession d'un pré acquis de Pierre Delmas, doyen de Villandraut (4 septembre 1457; fol. 48 v°). — Rétrocession d'immeubles par Court Huytin, armurier, de la paroisse S¹-Projet, qui n'a pas de quoi les payer (26 octobre 1459; fol. 50). — Reconnaissance par Jean de Pis, damoiseau, paroissien de Cambes, pour un maine dans lad. paroisse, confrontant « lo feu de Beriran de Roqua, aperat Deu Ga, donzet » (20 juillet 1460; fol. 57 v°); — par Bernard Estremey, laboureur, de la paroisse de Soussan, au nom de Gaillarde Berlan, sa femme, et par Raimond Berlan, pour lui et pour Raimonde, sa sœur (8 juin 1460; fol. 60); — pour une aubarède « en la yla de... Maquau, au loc aperat au

Bec devert Maquau, » confrontant à « l'aubareda de Madona Johana de Gornay, qui ffo » (26 avril 1461; fol. 83). — Bail à fief, présent « Pedro Dediu, presbytero et vicario perpetuo ecclesie Sancti-Albini, Vasatensis diocesis » (25 avril 1461; fol. 89); — par Pierre Adhemar, prieur de Sadirac et Du Tourne (19 mai 1461; fol. 95). — Bail à ferme au nom de divers et de « noble home Frances de Leon, donset, parropiant de La Tréna, Entre-dos-Mars,... cum arrendador[s de la] abadia et deu prioriat de Sent-Pey de Comprian [en] Buch » (12 juin 1461; fol. 95 v°); — de dîmes de S¹⁴-Croix-Du-Mont à Menauton de La Sale, capitaine de Cadillac (14 juin 1461; fol. 99); — à « Johan d'Escossia, archey soubz la retenue de moss' le comte Dampmartin, etc., demorant à Blanquefort, » de « las deymas et agreyras de Sancta-Lena et de Puyaus, en Medoc » (16 juin 1461; fol. 99). — Reconnaissance pour une demi-maison dans la paroisse S¹-Michel, rue Du Casse, confrontant « l'ostau qui ffo de moss. P. de Rataboup, prestre, qui ffo, deffunt, et aras es deu noble home Poton de Sanctaralba, mareschal de France » (21 août 1461; fol. 108). — Accord au sujet d'une vigne vendue par noble dame Trenque de Bourbon, paroissienne de S¹⁴-Eulalie et bourgeoise de Bordeaux (8 juin 1461; fol. 109). — Reconnaissance pour une vigne dans la paroisse de Tresses, *a la Mota* (13 décembre 1461; fol. 118). — Témoignage d'Arnaud-Guillaume de Lussinhet, damoiseau, bayle de L'Isle-S¹-Georges (3 juillet 1464; fol. 128). — Mention d'Élie Du Castanhar, vicaire perpétuel de Sadirac en 1431-1432, et de Fort de Médoc, son successeur actuel (1464 (?); fol. 134 v°-135). — Donation, visant plusieurs coutumes (22 juillet 1466; fol. 142 v°). — Fiançailles de Pélegrine Ligey et de Jean de Florence, brodeur, de la paroisse S¹-Michel de Bordeaux, et conventions arrêtant les conditions du contrat: la famille de la mariée l'habillera « de una rauba, de I gonet et de ung capayron »; le mari lui donnera des vêtements analogues : une ceinture d'argent, etc. (12 octobre 1466; fol. 147). — Approbation de l'accord par le mari, « solempnisat lod. matrimoni » (25 novembre 1466; fol. 147 v°). — Autres fiançailles et contrat (21 février 1467, n. s.; fol. 148). — Demande du fondé de pouvoir de Pierre de Foix *junior* d'être mis en possession de l'abbaye, lad. demande adressée aux religieux « ante fores sive januam magnam et antiquam dicti monasterii » (16 décembre 1461; fol. 149, v°); provision donnée par le Pape aud. Pierre, qui est dans sa treizième année, sur la résignation d'autre Pierre de Foix (11 juin 1461; fol. 150 v°); ordre du Pape aux religieux de Sᵗᵉ-Croix de reconnaître led. Pierre *junior* (même jour; fol. 151 v°); serment du représentant du nouvel abbé (fol. 152 v°); installation (fol. 153). — Promesse d'un prêtre et d'Arnaud de Lamarzelle « de se balhar et restituir las cartas que an l'un de l'autre » (22 janvier 1467, n. s.; fol. 155). — Procuration par Pierre de Béarn, protonotaire apostolique, « administratorque abbacie de Luco in Bearnio et prioratus de Compriano in Bugio, etc. » (même jour; fol. 155). — Transaction entre le portier du château de l'Ombrière et Yvonet de Granadez, natif de Brest, lequel, détenu à l'Ombrière pour non-paiement de dépens et autres dettes, en est sorti sans s'acquitter et sans prendre l'autorisation du portier et s'est retiré dans la sauveté de Sᵗᵉ-Croix (3 juin 1463; fol. 155). — Procuration par Arnaud de La Cassagne, écuyer (16 avril 1466; fol. 155 v°). — Installation de Raimond Decleu comme prieur de L'Isle-Sᵗ-Georges (23 avril 1467; fol. 156). — Inventaire du mobilier existant dans la maison abbatiale (1ᵉʳ mai 1467; fol. 156 v°). — Installation par « Pey Vayard, prestre, rector de Sent-Pey d'Arssac, Entre-Dordonha » (16 juillet 1467; fol. 158 v°). — Bail à ferme à Bernard de Valiros, damoiseau, demeurant à Agassac, en Médoc (18 juin 1467; fol. 159 v°); — à Jean de Corn, curé de Baurech (19 juin 1467; fol. 160); — à Élie de La Grave, *alias* de Rostaing, damoiseau, paroissien de Cambes (20 juin; fol. 160); — par Bernard de Rival, curé de Blanquefort, à Pierre de Coyrac, prêtre, de sad. église de Blanquefort, moyennant 47 écus d'or (26 juin 1467; fol. 163). — Reconnaissance d'une dette de 7 francs bordelais pour une pipe de vin non logée (1ᵉʳ juin 1467; fol. 169). — Caution (?) par noble Jean Gassies, sous-maire de Bordeaux (4 septembre 1467; fol. 169 v°). — Bail à cens par Pierre Du Jart, prieur de Sᵗ-Germain de Langoiran, dépendant de l'abbaye Sᵗ-Étienne de Vaux, en Saintonge, en présence de Pierre Bivian, prieur de N.-D. Du Désert, Étienne Dumoulin, curé de Lestiac, etc. (13 mai 1467; fol. 169 v°). — Vente de 12 douzaines de pipes neuves à 10 fr. la douzaine (4 août 1467; fol. 179 v°). — Procuration donnée par « Jehan Des Vingnes, contrerolleur de la recepte générale de Guienne, » de faire en son nom des recouvrements, « tant à cause des édiffices des chasteaux naguères encommancez à faire en lad. ville de Bourdeaulx que autrement »; témoin : Jean de La Mote, écuyer (4 octobre 1463; fol. 180); lettre missive du même Jean Des Vignes à son procureur, le priant de percevoir le reliquat du prix de son moulin et bourdieu, vendus à Jean Colom, bourgeois de Bordeaux (22 décembre 1467; fol. 182); vente dud. moulin

de La Fagède, paroisse de Cambes, confrontant au jardin des hoirs de Gaillard de L'Ile, damoiseau, et de lad. ferme (fol. 180); pouvoir donné à noble Étienne Terrière, sous la retenue de noble Étienne Makanan, capitaine pour le Roi, d'envoyer l'acquéreur en possession; témoin noble Guillaume Canteron, archer de la même compagnie (9 janvier 1468, n. s.; fol. 188). — Vente de terre et d'aubarède dans l'île de Macau, *au Tayet* (16 janvier 1468, n. s.; fol. 190 v°). — Contrat d'apprentissage de charpentier (21 décembre 1468; fol. 198). — Confrontations d'aubarède dans l'île de Macau (fol. 214 v°). — Mention de ce que le vicaire de l'abbé « autrey et sauvetat » à un individu qui a blessé un boucher (26 juillet 1468; fol. 217 v°); — à un autre « pour I cop de daga que ave ferit a Charlot lo seryant » (23 septembre 1468; fol. 219 v°). — Levée du « ban » que l'on avait mis sur une vigne parce que le tenancier avait cessé de la cultiver (2 octobre 1468; fol. 220). — Transaction au sujet d'une somme de 3 écus due « a causa de certan joc » (10 décembre 1466; fol. 222 v°). — Levée d'une saisie mise sur du vin dû au sacristain, qui ne fournissait pas les aubes par lui dues à l'église (4 octobre 1468; fol. 229 v°). — Vente « au noble home Archambaud Boyen, archier soubz la retenue deu cappitaine Johan Des Vinhas », d'un « rossin vayard escur », moyennant 400 écus d'or (9 août 1466; fol. 230). — Octroi de sauveté à un individu qui a tué un enfant du procureur du Roi (11 mars 1468, n. s.; fol. 231). — Rappel au vicaire de l'abbé de l'obligation qui incombe à ce dernier de fournir une blanchisseuse aux religieux (8 juillet 1467; fol. 232 v°). — Octroi de sauveté à un individu qui « ave dopte deus officieys et costumeys de la villa » (19 avril 1469; fol. 236 v°). — Contrat d'apprentissage d'un pâtissier (17 mai 1469; fol. 237 v°). — Procuration par Gombaud de Castaing, damoiseau, seigneur de Tau, à l'effet de recouvrer le prix de pierres (8 septembre 1469; fol. 239 v°). — Concession de sauveté « à Tilz, aleman, et à Laurens de Brusselez, de la neff aperada *la Carraqua*, pour aucun bruyt que ave agut ab Bern Batsoyn, de la carabela neva de Moss' de Guienne et ab I basco de La Trinitat. » (12 octobre 1469; fol. 240). — Octroi de sauveté à un individu « per causa de aucun bruyt que ave a I marensin per certan joc de carta » et « au noble home Robin Farchar, archer de la garde de Moss', per so que ave donat I cop de daga à I home en I bateau o gabarra » (21 avril et 28 mai 1470; fol. 247 v°); — à un chapelier « per I cop de bola » donné à un autre chapelier (26 juin 1470; fol. 248). — Vêture d'Arnaud-Guillaume de Lataste, clerc du diocèse de Dax, en présence de noble Bernard, seigneur de Molières (25 juin 1470; fol. 248 v°). — Procuration par noble Jean de Fronsac, seigneur d'Uch (2 août 1470; fol. 249 v°). — Levée de la saisie effectuée sur une vendange parce que la vigne était mal soignée (3 octobre 1470; fol. 249 v°). — Quittance par « Pey Obri, carratey et aujord'uy franc-archey de la parropia de S'-Miqueu » (1er mars 1469, n. s.; fol. 250 v°). — Vente d'une vigne à Bouliac, mouvant de Catherine Du Puch, femme de noble Jean de Gelez (?), damoiseau (6 août 1470; fol. 251 v°).

H. 739. (Registre.) — 0m30 × 0m20, 153 feuillets papier.

1493-1502. — Propriétés et seigneuries foncières. Registre de notaire (1) « Reconnoissances et autres actes pour autruy ». — « Carta de garda et comande » (fol. 18). — Donation par noble Pierre de Lauzeray, domicilié à Bordeaux, d'un domaine dans la paroisse de Donzac, « a la mothe de Crarne » (fol. 18 v°). — « Subscripcion pour tirer une carte d'[un] registre d'un notaire emprès son [décès] » (fol. 19). — Testament d'une paroissienne de S'-Michel, portant un legs de 4 francs bordelais à l'œuvre de lad. paroisse, « per la reparacion de lad. egleysa » (11 septembre 1495; fol. 25). — Bail à loyer d'une maison sise dans la même paroisse, « dejus los envantz » et confrontant d'un bout au mur de la ville (fol. 29). — Autre legs pour la réparation de S'-Michel (1er juillet 1495; fol. 33). — « Carta de crompe ab pocession narrative » (31 décembre 1494; fol. 37 v°). — Autre testament: la veuve aura par an un boisseau de froment, un de seigle, une barrique de vin et elle recevra des vêtements, tous les deux ans un gonnet de 2 fr. et demi bordelais, tous les trois ans une robe de 5 fr. et un chaperon de 80 liards (17 janvier 1495, n. s.; fol. 40 v°). — Testament d'Alain Linhau, barbier; legs de « ung rasuys de Catelloinhe » à un apprenti barbier; indication de créances du défunt: un écu, « per rason de pensament, ... marcat feyt » (9 août 1495; fol. 44 v°). — « Carte de retencion feite per lo senhor de feu » (fol. 48). — « Actum pro aperiendo testamentum solane coram judice » et texte de ce testament (1495; fol. 52 v°). — « Procuracion en françoys » (fol. 56 v°). — « Vandicion ab recours » (à réméré) (fol. 57). — Accord entre les paroissiens de Lamarque et Maître Michel Lemasson, « composidor de cloches, demoran[t]

<hr>

(1) Ce registre paraît avoir été composé pour servir de formulaire et certains actes au moins sont vraisemblablement fictifs.

lo jorn d'uy en la parropia Sent-Miqueu de Bordeu » (fol. 63). — « Carta de recors narrative de la crompe » (fol. 77). — Contrat d'apprentissage (22 avril 1497; (fol. 78). — Testament d'un paroissien de S'-Michel; le testateur élit sépulture dans le tombeau de sa famille, au cimetière de sa paroisse, « prop lo carney deud. porge », et il laisse moitié de ses biens à l'œuvre de l'église (1er septembre 1498; fol. 80). — Accord entre un prêtre et une jeune fille qu'il a connue, avant son ordination, en lui promettant le mariage (11 septembre 1498; fol. 87 v°). — Fiançailles et contrat de mariage (18 août 1495; fol. 91). — Acte analogue (29 mai 1499; fol. 93). — Inventaire des biens de Cécile de La Costurière: « Ung livre imprimé en molle, intitullé: *Des quatre chouses;* .... ung autre papey appellé *les Ordonnances royaux;* ung autre livre *de la Passion,* le tout en papey » (22 octobre 1499; fol. 98 v°). — Vente d'une seigneurie directe « a Nycolau Baluteau, compte, et Hélies Pinhon, borssey de la conffrayria... de la Sancta-Trinitat, dintz la gleysa Senct-Miqueu » (27 avril 1496; fol. 110). — « Escamby ab meys valenssa » (25 mai 1496; fol. 141 v°). — « Obligacion de dos obligatz l'un per l'autre » (juin 1496; fol. 150 v°).

H. 740. (Registre.) — 0m37 × 0m29, 48 pages, plus 1 feuillet de table, parchemin.

1503-1504. — Propriétés et seigneuries foncières. « Terrier pour le prieuré de Nostre-Dame de Soulac, receu par Me Jaques Peyroux, notaire, le vingtiesme novembre mil cinq cens. trois ». — Reconnaissance pour des biens sis à Soulac, sur le « camyn public et processionau », *a la Sala,* etc. (20 novembre 1503; p. 1); — pour une vigne, « pres les Chrestianx » (27 janvier 1504, n. s.; p. 8); — pour une terre et vigne confrontant au « camyn de la Saubetat » (17 novembre 1503; p. 18); — pour une terre, vigne et bois *au Guahet* (26 janvier 1504, n. s.; p. 22).

H. 741. (Registre.) — 0m36 × 0m29, 11 feuillets parchemin.

1513-1515. — Propriétés et seigneuries foncières. Terrier.

H. 742. (Registre.) — 0m28 × 0m20, 32 feuillets papier.

1492-1517. — Propriétés et seigneuries foncières. Terrier. — Nomination par le cardinal André [d'Épinay] de Pierre de Ferranhas, prieur claustral de S'-Croix, et Robert Bouchier, chanoine, comme ses vicaires généraux pour l'abbaye de S‑Croix (26 mars 1492), insérée dans la concession accordée à Jean de Gazen, Pierre Garric et Élisabeth de Monségue, après enquête de Bertrand Champdavoine et de Raimond Macip, maîtres maçons, du droit de construire un moulin dans la paroisse de Bègles, *au Troc de l'estey*, près du ruisseau qui conduit l'eau aux moulins de S‑Croix (29 mai 1497); procuration du cardinal Charles de Caretto à Guillaume Leyga, qu'il nomme son vicaire général en l'abbaye S‑Croix (18 mars 1508, n. s.); confirmation de lad. concession par Bertrand Dussailhant, prieur, et les autres religieux au profit de l'ayant-droit des concessionnaires primitifs (21 mars 1512, n. s.; fol. 1). — Testament de Mathurin Pitault, notaire et praticien en cour d'église, domicilié dans la paroisse S‑Michel (18 janvier 1514, n. s.; fol. 20). — Reconnaissance à Jean de Chaumont, prieur du prieuré de Sadirac et Du Tourne, son annexe (26 juin 1515; fol. 25 v°). — Contrat d'apprentissage d'un charpentier « de grosse fuste » : à la fin des trois ans d'apprentissage, les patrons donneront à l'apprenti « six francs bourdelois en argent et deux couygnées bonnes et souffizantes » (s. d.; fol. 26 v°). — Contrat du mariage « ja longtemps a faict et solempnisé » entre Jean Thibault et Finon, fille d'Yvonet Chabrou, chirurgien : dot de 100 fr., douaire égal (30 mars 1515; folio 27 v°).

H. 743. (Registre.) — 0^m28 × 0^m20, 6 feuillets tables
et 71 feuillets papier.

1505-1518. — Propriétés et seigneuries foncières. Registre des actes reçus par Mathurin Pitaud, notaire. — Bail à loyer d' « une gabarre apellée filhadeyre » (21 février 1506, n. s.; fol. 4). — Contrat d'apprentissage : l'apprenti devra rester en Angleterre (9 mars; fol. 4 v°). — Testament de Peyrone de Lascours, veuve : elle demande à être inhumée à S‑Michel, dans la chapelle S‑Marguerite; mention du moulin de Milon, dans la paroisse de Saint-Christophe, juridiction de S‑Émilion (23 mars; fol. 5). — Contrat de mariage : la femme apporte 45 fr. bordelais et le mari 22 fr. et demi (17 avril; fol. 7 v°). — Reconnaissance d'une dette de 18 francs, pour composition à la suite de violence (3 juillet; fol. 11 v°). — Échange d'une maison sise dans la rue de la Fusterie, près de celle de noble Bertrand de S‑Cric (7 juillet; fol. 12). — Promesse de mariage d'un serviteur autorisé par son maître (15 août; fol. 13). — Mention d'une vigne de René (?) de Rostanh, seigneur de Ferrade (21 octobre; fol. 14 v°). — Bail d'une maison dans l'île de Lalande, « davant la

Begueresse » (13 janvier 1507, n. s.; fol. 16 v°). — Contrat de mariage : les époux déclarent s'être « affrayrez et associez en tous et chascuns leurs biens » (1er juin; fol. 17 v°). — Vente à un habitant d'Anglade, d'une terre confrontant à la palu du Roi (même jour; fol. 17 v°). — Contrat avec un domestique, qui promet de servir son maître pendant trois ans moyennant le prix total de 40 fr. (30 juin; fol. 21). — Reconnaissance d'une dette de 6 fr. bordelais et demi, prix d'un cheval (24 juillet; fol. 22); — de 4 fr., prix « d'un baleste et de quatre polions » (28 juillet; fol. 22 v°). — Bail à façon par Jacques Du Sault, vicaire perpétuel de L'Isle-S‑Georges (25 août; fol. 23 v°). — Reconnaissance par noble Pierre de Dux, domicilié dans la paroisse de Cénac (5 mai 1508; fol. 34 v°). — Procuration par René Lebreton, vicaire perpétuel de L'Isle-S‑Georges (12 septembre; fol. 37). — Reconnaissance d'une dette de 12 fr. bord., pour raison de la vente de deux barriques de vin (28 mars 1508; fol. 39). — Reconnaissance au profit de sœur Gaillarde de Marssac, dite de Monthel, abbesse des sœurs Menues (18 mai; fol. 41). — Reconnaissance d'une dette de 5 fr. bord., prix d'une douzaine de barriques neuves (5 août; fol. 40). — Vente d'une vigne dans la paroisse de Cenon, *a Trigeyt* (18 octobre; fol. 43), par Jeanne de Moncuc, femme de noble Paulin de Belcoyran, écuyer, s' de La Prisse (?) (20 novembre; fol. 43 v°). — Reconnaissance au profit de Gaillarde de Marsan, dite de Monthel, abbesse des sœurs Menues (30 novembre; fol. 44). — Vente d'une vigne, prise de possession, octroi d'un délai d'environ 18 mois pour racheter et bail à façon pour ce temps-là par l'acquéreur au vendeur (23 février-3 mars 1509, n. s.; fol. 47 v°-48). — Vente moyennant 4 fr. bord. d'une douzaine de barriques neuves, « à la gauge de Bord., couvertes d'au lan » (5 avril; fol. 53). — Contrat d'apprentissage d'un chirurgien (20 janvier 1510, n. s.; fol. 59 v°).

H. 744. (Registre.) — 0^m37 × 0^m30, 4 feuillets tables
et 32 feuillets parchemin.

1491-1519. — Propriétés et seigneuries foncières. Terrier. — Reconnaissance par Guillemin Gauteyron, maçon, pour deux vignes en Paludate (25 octobre 1492; fol. 7 v°); — pour une terre dans la paroisse de Baurech *a la grand Augeyre*, près du « cendey communau qui va a la tour de Gamanda » (2 juillet 1492; fol. 19).

H. 745. (Registre.) — 0ᵐ27 × 0ᵐ20, 138 feuillets,
plus 5 feuillets de tables, papier.

1524-1531. — Propriétés et seigneuries foncières.
Terrier. — Reconnaissance pour un pré sis dans la
palu de Bordeaux, a la Ferrade (1ᵉʳ août 1525; fol.
11 v°); — pour deux vignes en Graves, a Longue-
Bournhe (26 octobre 1526; fol. 23 v°); — par Étienne
Baudouyn, maître maçon, de la paroisse Stᵉ-Eulalie
de Bordeaux (2 octobre 1527; fol. 36 v°); — par
Olivier Maubrun et Henri, son fils, maçons de la
paroisse Sᵗ-Michel, pour le tiers d'une maison et d'un
jardin dans la rue Stᵉ-Croix (25 mai 1528; fol. 51 v°).

H. 746. (Registre.) — 0ᵐ37 × 0ᵐ30, 46 feuillets parchemin.

1492-1535. — Propriétés et seigneuries foncières.
Terrier. — Reconnaissance pour une terre dans l'île de
Macau, confrontant à « l'aubareda et desert de —
de Valeres, seigneur de Boy-Buliant, et de dona
Alemane de Lorenssanas, dona de Sent-Genes »
(7 février 1493, n. s.; fol. 5); — pour une terre dans la
paroisse de Ludon, a la Vie Velhe (2 février 1495,
n. s.; fol. 20); — pour une vigne dans la paroisse de
Tresses, a la Motha (17 janvier 1495, n. s.; fol. 20 v°).
— en présence de Clément Molle, curé de Caudrot
(25 avril 1532; fol. 32); — par « Guillaume Bordes,
maistre canonyer de la ville de Bourdeaulx » (19 octobre 1532; fol. 40 v°); — pour une maison acquise, le
19 août 1531, de Jean de Gère, seigneur de Camarsac
(6 février 1533, n. s.; fol. 41); — aux mains de Clément Molle, « recteur de Codrot en Bazadoys et de
Saincte-Croix dud. Bourdeaulx » (9 février 1535, n. s.;
fol. 44 v°).

H. 747. (Registre.) — 0ᵐ37 × 0ᵐ26, 130 feuillets,
plus 4 feuillets de tables.

1482-1542. — Propriétés et seigneuries foncières.
Terrier. — Reconnaissance pour une maison sise dans
la paroisse Stᵉ-Croix et acquise « de Johan Joffre,
libraire » (26 octobre 1507; fol. 7); — en présence de
Jean de Lescours, notaire royal à Cambes (23 février
1527, n. s.; fol. 64); — par le fondé de pouvoir de
Françoise de Lanne (?), dame de Beautiran (5 mai
1541; fol. 101 v°).

H. 748. (Registre.) — 0ᵐ28 × 0ᵐ20, 107 feuillets papier.

1494-1547. — Propriétés et seigneuries foncières.
Terrier. — Reconnaissance par « Eustache Barbide,

esperonnyer » (2 janvier 1533, n. s.; fol. 6 v°). —
Achat de 15 douzaines de barriques neuves couvertes
d'aulan, moyennant 75 fr. bordelais (9 avril 1532;
fol. 15). — Prix faits avec deux charpentiers (même
jour; fol. 15 v°). — Mention de la vente d'une pipe de
vin pour 19 fr. bord. (13 avril; fol. 15 v°). —
Reconnaissance par noble Berard Colon, jurat de Bordeaux, pour le moulin de Bardin, sur l'Eau-Blanche,
paroisse de Cadaujac (11 février 1510, n. s.; fol. 17 v°).
— Annulation d'un bail à cens fait par l'ouvrier
de Saint-Macaire sans l'autorisation de l'abbaye
(6 juin 1532; fol. 24). — Reconnaissance par Guillaume
Bordes, « maistre canonyer » de Bordeaux (19 octobre 1532; fol. 33). — Installation de Fr. Antoine
Guéryn, hôtelier de Stᵉ-Croix, dans la cure de Labarde
en Médoc (2 juillet 1536; fol. 53 v°). — Reconnaissance d'une dette de 20 fr. à la suite de l'achat de
deux douzaines de barriques neuves (4 août 1536;
fol. 74 v°). — Présentation, par l'abbé, de Clément
Molle comme vicaire perpétuel Du Tourne et procuration dud. Clément Molle pour la prise de possession
et pour la résignation (4 et 17 mai 1532; fol. 78 v°,
79 et 79 v°). — Mention de la mort de l'abbé François
Daux, le 17 août 1533, vers 3 heures de l'après-midi,
et de son inhumation devant l'autel de Sᵗ-Pierre
(fol. 82). — Installation par Bernard de Lafargue,
prieur claustral, et le chapitre, du fondé de pouvoir de
l'abbé Augier Hunault (12 janvier 1534, n. s.;
fol. 86 v°). — Prestation de serment par le nouvel
abbé commendataire (1ᵉʳ février 1534, n. s.; fol. 87 v°).
— Permission d'aller étudier accordée à un moine par
Clément Molle, prieur de Soulac, chanoine de Sᵗ-Seurin et vicaire général de l'abbé (9 novembre 1547;
fol. 93). — Tables (fol. 101-103 et 109).

H. 749. (Registre.) — 0ᵐ43 × 0ᵐ33, 28 feuillets parchemin,
plus 4 feuillets de tables papier.

1491-1556. — Propriétés et seigneuries foncières.
Terrier. « Resepte des espouilles de l'aufice de Monsʳ le
soub-prieur de Sante-Croyx ». — Reconnaissance pour
une maison sise dans la paroisse Sᵗ-Michel de Bordeaux, « devant lo porge de lad. egleysa », confrontant à « l'ostau de l'obre de lad. egleysa » (26 août 1513;
fol. 8); — pour une maison dans la paroisse Sᵗ-Remy,
rue des Faussetz, alias la Petite Corderie, « prop deu
portau des Paux » (16 janvier 1514, n. s.; fol. 8 v°). —
Accord avec les maire, sous-maire et jurats touchant
« certaines chambres des maisons scitué[e]s et assisses
en la parroisse Sainct-Éloy de Bourdeaux, ès quelles,

à présent pour le bien et utilité de la chouse publicque, ont construict et basty ou faict bastir ung bourdeau appellé communément le Chasteau Galbard », près de la rue Permentade de Maucalhau et près des sœurs Augustines : les jurats transférèrent sur un autre immeuble les droits seigneuriaux qui grèvent lesd. « chambres » (20 juillet 1514 ; fol. 9).

H. 750. (Registre.) — 0^m35 × 0^m20, 49 feuillets,
dont 4 de tables, parchemin.

1536-1556. — Propriétés et seigneuries foncières. « Petit terrier de Gilbert, signé et extraict par Soteau » : extrait par René Soteau des registres de feu Jean Gilbert, notaire royal et greffier de l'abbaye. — Bail à fief de « certaine quantité de terre luctueuse et tayet incertain par l'impétuosité et fluissement du fleuve de la Gironde, puys aucuns jours en sa séparée de lad. ysle dudict Macault, envyronnée d'eau, au lieu appellé au Bayardeau et à Pissebernard » ; nécessité de « faire plusieurs foussés pour hausser les terres et complantier aubiers et aultres arbres et deffenses pour la conservation de l'inundation dudict fleuve, quy de chescun flot et marée la couvre et inunde » ; le bail est contracté au profit de Pierre de Cazau, commis greffier criminel de la maison commune de Bordeaux et greffier de la juridiction de Macau ; confrontations : « De l'ung bout à la terre et aubarède de Laurens Prouteau, scize au bout du tayet, avec lequel lieu se souloyt cy-davant tenir ledict bayardeau de Pissebernard, le pertuis nouvellement faict par l'impétuosité de la mer par laquelle l'on va à présent de la mer d'Ambès au lieu de La Bastide, appellé le Passot, de l'ung bout, et la plasse *(sic)* de Margaulx, d'aultre bout » ; témoin, Louis de Rostaing, écuyer, seigneur de la tour d'Esquiban (18 novembre 1542 ; fol. 32). — Réduction à une rente fixe du cens dû pour lad. île, qu'il faut défendre par des *peyrats*, et ensaisinement de Pierre de Cazaulx par l'abbé, « par son annuel abbatial, que luy a mis au doygt » (5 juin 1545 ; fol. 42).

H. 751. (Registre.) — 0^m36 × 0^m26, 174 feuillets papier,
plus 5 feuillets de tables.

1492-1570. — Propriétés et seigneuries foncières. Terrier. — Reconnaissance de « Mondon Bairlet, baille de Soulac », pour une saline dans le marais de Soulac (2 décembre 1504 ; fol. 115 v°) ; — par Jean de Montaigne, domicilié rue Ste-Colombe (17 mai 1512 ;

fol. 145) ; — par Jean de Bordes, licencié ès droits, avocat au Parlement et référendaire en la chancellerie de Bordeaux (18 décembre 1542 ; fol. 161).

H. 752. (Registre.) — 0^m28 × 0^m20, 48 feuillets papier.

1576. — Propriétés et seigneuries foncières. Registre d'un notaire de Macau. — Reconnaissance de dette de 40 francs bordelais, prix de « ung anoul de trois ans » (6 février 1576 ; fol. 3). — Reconnaissances de dettes de 16 et 24 francs, pour deux et trois boisseaux de blé (19 février ; fol. 6 v° et 7). — Reconnaissance de dette de 40 francs, prix « d'ung beuf aratoyre » (4 mars ; fol. 12 v°). — Contrat de mariage (4 mars ; fol. 13 v°). — Nantissement d'une terre dans la paroisse de Vertheuil (?), lieu dit à Peyrefourade (4 mars ; fol. 15). — Reçu par François de Francon, écuyer, seigneur Du Vergier (18 mars ; fol. 20). — Reconnaissance de dette de 8 francs bordelais, prix d'un boisseau de seigle (18 mars ; fol. 23) ; — de 14 francs, prix de 2 boisseaux de froment (20 avril ; fol. 37 v°). — Bail « à l'agrière » d'une paire de bœufs de labour (23 avril ; fol. 38). — Contrat de mariage (29 janvier (?) 1576 ; fol. 39 v°). — Bail à cheptel de deux vaches et deux veaux (30 avril ; fol. 40 v°). — Reconnaissance d'une dette de 180 francs bordelais, prix de « trois pères d'anoilhs » (10 mai ; fol. 43 v°). — Accord conclu avec son beau-frère par une femme veuve qui s'est engagée, par contrat de mariage, à nourrir son enfant jusqu'à l'âge de 13 mois ; elle revient dans la maison de son mari et son beau-frère lui promet une pension jusqu'à ce que l'enfant ait atteint les treize mois (20 mai ; fol. 44 v°).

H. 753. (Registre.) — 0^m25 × 0^m29, 36 feuillets parchemin,
plus 2 feuillets papier.

1564-1578. — Propriétés et seigneuries foncières. Ventes à la suite des décisions accordant au Roi un don gratuit et fixant à 2,600 l. tournois la taxe de l'abbé de Ste-Croix.

H. 754. (Recueil factice.) — 60 feuillets papier.

1536-1588. — Propriétés et seigneuries foncières. Terrier composé d'expéditions originales et de copies. — Reconnaissance par Gaulcemot de Boignères (?), « bourgeois et marchant pour le Roi à Bourdeaux » (15 novembre 1561 ; fol. 1) ; — pour moitié d'une terre dans les Graves, au Sablonar, « avec la moitié de la place où soulloit avoir tour » (22 novembre 1588 ;

fol. 6); — par Jean Pontes, « maistre gallefecteur de gabarres » (25 novembre 1551; fol. 13).

H. 755. (Registre.) — 0ᵐ24 × 0ᵐ18, 75 feuillets papier, dont 7 feuillets de tables.

XVᵉ-XVIᵉ siècles. — Propriétés et seigneuries foncières. Terrier. Extraits, faits au xviiᵉ siècle, de divers registres.

H. 756. (Registre.) — 0ᵐ27 × 0ᵐ20, 1 feuillet de tables et 21 feuillets papier.

1508-1601. — Propriétés et seigneuries foncières. Terrier. — Reconnaissance pour une vigne dans la paroisse de La Tresne, confrontant de l'est au chemin qui va de La Sallargue à La Bastide, de l'ouest à la vigne de M. Dupérier, seigneur de la Sallargue, du nord à la chapelle de Sᵗ-Pantaléon (24 juillet 1601; fol. 21).

H. 757. (Recueil factice.) — 33 feuillets papier.

1491-1602. — Propriétés et seigneuries foncières. Terrier formé d'expéditions originales et de copies. — Reconnaissance pour une aubarède sise dans la paroisse Sᵗᵉ-Croix, a Prat Pudent, près une aubarède de Lespine, maître brodeur (17 septembre 1596; fol. 30).

H. 758. (Registre.) — 0ᵐ43 × 0ᵐ30, 66 feuillets papier, plus 4 feuillets de tables.

1496-1605. — Propriétés et seigneuries foncières. Terrier. — Reconnaissance en présence de Pierre Castanh, prieur de Belin (26 mars 1496; fol. 1); — en présence de Jean Rogier, tailleur de pierres demeurant à Bordeaux (16 novembre 1507; fol. 20).

H. 759. (Registre.) — 0ᵐ42 × 0ᵐ27, 292 feuillets papier, plus 10 feuillets de tables.

1572-1607. — Propriétés et seigneuries foncières. Terrier transcrit en 1662. — Reconnaissance pour une maison sise rue Du Casse, confrontant « à la tour et place vuide du sieur de Canteloup » (6 septembre 1572; fol. 1); — par Jean de Rubran, écuyer, au nom de Flory de Rubran, son père (1ᵉʳ juillet 1573; fol. 23); — pour un bien en la paroisse de Floirac, a Casau, confrontant « au grand chemin royal par lequel l'on va et vient de la présente ville à la chapelle de Nostre-Dame de la Croix » (2 juin 1574; fol. 25 vᵒ). — Modération de rente par Jean Forssac, prieur, et autres religieux (19 mars 1575; fol. 30 vᵒ). — Reconnaissance par « Pierre Texier, prestre, recteur de Sᵗ-Martin-de-Cadournes et Sᵗ-Surin-en-Médoc » (16 novembre 1577; fol. 54 vᵒ). — Bail à fief par Jean Gros, prieur claustral, et autres religieux (28 octobre 1580; fol. 68 vᵒ); — par George de Laduguye, prieur, et autres (24 juillet 1584; fol. 73 vᵒ). — Conversion d'agrière par Jean Gros, prieur claustral (1ᵉʳ février 1590; fol. 77 vᵒ). — Reconnaissance à Georges de Ladugye, prieur claustral (26 novembre 1584; fol. 145); — pour une terre confrontant à une vigne de feu Cathelin Guigue, « bateur de monnoie » (18 février 1589; fol. 159 vᵒ). — Conversion de l'agrière due pour une vigne sise *au Serporar*, laquelle est « environnée de certaines piesses de vigne[s] franches, lesquelles on a acoustumé vandanger chaqun an cinq ou six jours auparavant qu'il puisse avoir guarde pour vandanger la sienne, de façon qu'elle demeure seulle à vandanger, qu'est la cause que le bestail des habitans de Bègle et autres circonvoisins sont de nuit et de jour continuellement dedans » (20 février 1580; fol. 193). — Délibération concernant une vigne sise *aux Menudes Vieilles* et qui a été arrachée « par les forsaires des gallaires et autres pauvres gens », en exécution de l'ordonnance du Roi prescrivant « de coupper les vignes à trois cens pas près des bords de fosés de lad. ville » et à la suite d'un arpentement fait par les commissaires; un second arpentement a établi l'inexactitude du premier (6 septembre 1587; fol. 197). — Décision par Jean Dufaur, prieur claustral, et autres, touchant une autre vigne arrachée « suivant l'édit du Roi et arrest de la Cour » (15 mai 1593; fol. 200). — Délibération pour le bail à fief d'îles récemment formées dans le fleuve : « Il y a des sables assanblés en la rivière de Gironde, le long de Macau et plus bas, que les ventz et orages ont là gettés, lesquels prènent dès et puis l'estey de ——— et vont le long de lad. rivière vers le bas et par-dessus Blaye, lesquels, en quelques endroitz, font montre de s'arrester et où il y pourroit à l'advenir estre fait de bonnes isles si l'ong y métoit prompte diligence et qu'il y eust bonne mesnagerie; au contraire et où l'on laissera lesd. sables en l'estat qu'ilz sont, il est aussy danger qu'ils s'en retourneront comme ils sont venus « (26 mars 1596; fol. 203 vᵒ). — Ratification par les religieux du bail à fief consenti par l'abbé à Jean Dubreuilh, avocat au Parlement, de « l'une des deux nouvelles îles de Macau », en face de Roque-de-Thau, vers la côte de Médoc, « laquelle est la plus proche de celle que M° Jean de Casau, esleu pour le Roi en Guienne, tient et occuppe, et plus haut que l'autre nouvelle », confrontant en aval « à l'autre nouveau amas de sable et forme d'isle aud. sieur appartenante, et par lui réservé un grand passage et travers d'eau, courant de mer entre deux » (11 mai 1596; fol. 204 v°). — Conversion de l'agrière qui charge une vigne sise hors des murs, *au Portau du Mirailh*, « près les térasses de la porte S¹-Jullien » (20 octobre 1598; fol. 208). — Ensaisinement par Antoine Journet, juge de Macau (23 mars 1587; fol. 226). — Reconnaissance pour une maison sise rue des Fours et ayant appartenu à feu Bertrand de Sentucq, écuyer (3 mars 1593; fol. 230). — Reconnaissance au nom de deux filles de feu Guillaume Berard, libraire à Bordeaux (28 janvier 1602; fol. 273); — par Gratien Demullet, sieur de La Plane, gentilhomme ordinaire de la Chambre du Roi (26 août 1605; fol. 277 v°).

H. 760. (Registre.) — 0^m30 × 0^m21, 206 pages,
plus 5 feuillets de tables.

1494-1609. — Propriétés et seigneuries foncières. Terrier pour l'infirmier.

H. 761. (Recueil factice.) — 27 feuillets papier.

1357-1613. — Propriétés et seigneuries foncières. Terrier composé d'expéditions originales et de copies. — Reconnaissance pour un emplacement qui est « davant l'obra neva de la… gleysa Sent-Miqueu », vendu le 27 janvier 1355, n. s., moyennant 20 florins, valant chacun 30 sterlings du coin vieux d'Angleterre (27 décembre 1357; fol. 1); — par Pierre Brier, maître maçon, domicilié paroisse S¹-Projet, en présence de Joseph Marquet, dit Jean Chon, charpentier « de grosse fuste » (décembre 1504; fol. 6); — par Aymeric de Lagarde, « bourgeois et à présent juge de la cour de la Bource commune de la présent ville, » à Jean Thion, avocat, représentant sa mère, Françoise de Roustaing, dame de la maison noble d'Esquivans, veuve de Millan Thion, écuyer, sieur Du Bousquet, en Périgord (2 octobre 1613, fol. 19); — au profit de demoiselle Marguerite de La Rochechaudry, agissant pour ses fils « Louis et Jean de Roustain, seigneur du Branar, de la Mothe de Gaïac, maistre d'hostel ordinaire du Roy » (29 janvier 1533, n. s.; fol. 23).

H. 762. (Registre.) — 0^m30 × 0^m19, 5 feuillets de tables
et 81 feuillets papier,

1602-1617. — Propriétés et seigneuries foncières. Terrier composé d'extraits des registres d'Isandon, notaire, concernant les droits appartenant à l'abbé.

H. 763. (Registre.) — 0^m34 × 0^m28, 173 pages,
plus 5 pages de tables, parchemin.

1615-1616. — Propriétés et seigneuries foncières. « Terrier des exporles et recongnoissances du prieuré et seigneurie de Soulac, faictes en faveur de messire Pierre de Mauriac, advocat en la Cour de Parlement de Bourdeaulx, prieur et seigneur justicier dudict Soulac, receues et passées par moy, Guilhaume Ychon, notaire royal en Guyenne, soubzsigné, en l'année mil six cens quinze. » — Reconnaissance pour une maison sise « au lieu appellé Estuberry, audict bourg de Soullac et audebvant le cimetière », pour une terre sur « le chemin processional du jour sainct Marc », etc. (22 mai 1615; p. 4); — par Raimond Fatin, « notaire royal et procureur d'office de la jurisdiction de Lamarque » (28 mai 1615; p. 129); — par Jean Olley, sieur de Cantegric, domicilié au bourg de Soulac (3 juin 1615; p. 132); — pour une maison dans la rue de Jau, renfermant un « moulin à cheval » (même jour; p. 143).

H. 764. (Recueil factice de copies et d'originaux.) — 20 feuillets
parchemin, plus 4 feuillets de tables papier.

1508-1619. — Propriétés et seigneuries foncières. Terrier. — Reconnaissance par « maistre Jacques Sanschausses, procureur en Parlement » (26 décembre 1519; fol. 5); — par Sarran Le Comte, écuyer, seigneur de Saujan, pour un domaine sis dans la paroisse de La Tresne, à Vernichou (18 juin 1599; fol. 8 v°); — pour une terre dans la même paroisse, près du cimetière de la chapelle de S¹-Pantaléon, en présence de Bertrand Rolland, maître fourbisseur de Bordeaux (19 juin 1606; fol. 13).

H. 765. (Recueil factice.) — 151 feuillets papier.

1304-1620. — Propriétés et seigneuries foncières. Terrier composé d'expéditions et de copies. — Bail à fief de divers terrains pour lesquels l'abbaye a été en contestation avec la Ville: une pièce de terre, *au Prat*, près de l'*estey* des moulins, « au milieu d'icelle lesd. soubz-maire [et juratz] auroient cy-devant et longtemps a comencé à édiffier ung hospital de peste »; une autre terre près de la précédente *aux Isletz* ou *a La Rivet*, confrontant à l'*estey* du moulin de Sᵗᵉ-Croix et « au chemin par lequel l'on va du portal Saincte-Croix, où l'on a édiffié de nouveau ung ballevard, vers le pont de Guict »; une autre terre près du même chemin, auquel chemin « a esté faict et agrandy le foussé de la Ville » (13 décembre 1537; fol. 15). — Requête par le preneur desd. biens aux religieux et à Clément Molle, curé de Puisseguin, vicaire général de l'abbé, exposant que le roi de Navarre a ordonné de construire sur l'*estey* qui est devant le moulin « deux pontz pour passer et repasser à pied, à cheval et à charrette pour faire la ronde autourn de lad. ville »; enquête, etc. (14 mars 1560, n. s.-29 mars 1560; fol. 31). — Bail à fief par Ogier de Gourgues, président des trésoriers de France, « sieur-baron de Bayres, Liège, Lamotte, Chaudry et autres lieux » (11 mai 1590; fol. 63). — Procuration de Pierre de Béarn, administrateur perpétuel de Sᵗᵉ-Croix, à Jean de La Sale, qu'il nomme son vicaire général (Lescar, 19 juillet 1454; fol. 67) et acte des commissaires royaux commettant Guillaume Girard, procureur général en l'Université de Poitiers, et Jean Des Vignes à la régie de l'abbaye (30 septembre 1454; fol. 72); dans un bail à fief du moulin de Peyrelongue (8 décembre 1454; fol. 67). — Bail à fief d'une île par l'abbé, « seigneur justicier, foncier et direct de la baronnie de Macau et isles dud. Macau et autres isles nés et à naistre sur la rivière de Gironde dès et puis l'estey de la Jalle jusques à Soulac »: « Puis quelque temps quelques sables ont esté portés par les vents et impétuosités de lad. rivière du costé de Médoc, à l'endroit et au devant led. lieu de Macau et despuis led. estey de la Jalle jusques à l'estey de Meyre et en la jurisdiction d'icelluy sieur, lequel amaz a esté faict et s'est arresté vys à vys de Rocque-de-Tau et à l'opposite d'icelle et plus bas que l'isle que Mᵉ Hélies Cazau, fils à feu Mᵉ Jehan Cazau, quand vivoit esleu en Guienne, tient et occupe, lequel amaz est divisé en deuz et fait la forme de deuz isles, qui sont séparées l'une de l'autre et de celle que led. Cazau occuppe et détient, y ayant entre lad. isle que led. Cazau occuppe et les premiers desd. deuz amaz de sable un grand passaige et entre lesd. deuz amaz de sables et nouvelles isles ung autre grand passaige »; on concède à Jean de Malevergne, procureur en la Cour, moitié de l'une des deux îles, « laquelle est plus proche de celle que led. Cazau tient et plus haut que l'autre nouvelle de feu Mᵉ Jehan Du Bruilh, quand vivoit

advocat en la Cour », « laquelle seconde nouvelle isle se confronte de l'un bout à lad. isle ou amaz de terre et sable dud. Du Bruilh, un passaige et grand courant d'eau de mer entre deuz, d'autre bout à l'une moitié de la susd. isle, d'un costé de la chenault qui descent de lad. ville de Bourdeaux et va passer au-devant la ville de Blaye et de l'autre costé, vers Médoc, à la chenau qui descent dud. Bourdeaux et va vers Pauliac »; l'abbé rattache cette île à la juridiction de Macau (16 février 1601; fol. 100). — Bail à fief de l'autre moitié de l'île à Pierre Issandon, notaire royal, de la paroisse de Sᵗᵉ-Croix (23 avril 1607; fol. 104). — Ratification par Jean Dufour, prieur, et les religieux dud. bail à fief, conformément aux décisions qui ont ratifié les baux consentis à Jean Du Breuilh et à Jean de Malavergne (2 juin 1607; fol. 113). — Bail à fief par Raimond de Las Cazes, prieur, et les religieux de l'hôpital de Camparrian à Gérard Bernat, prieur de Bardenac, du moulin *deu Bay*, sur l'Eau-Bourde, paroisse de Cestas, ruiné par les guerres depuis plus de 30 ans (1ᵉʳ avril 1427; fol. 125).

H. 766. (Recueil factice.) — 90 feuillets papier.

1433-1625. — Propriétés et seigneuries foncières. Terrier composé d'expéditions et de copies. — Reconnaissance par « noble homme Jean de Las Vignas, escudey et capitaine de gens d'armes per lo Rey, démurant... au castet dau Far », pour le moulin de la Fagède, à Cambes (29 septembre 1464; fol. 3); — pour une vigne dans la paroisse de Cambes, *à Gironville* autrement *à Castet* (18 octobre 1547; fol. 10 vᵒ); — pour divers biens, dont une terre dans la paroisse de Cambes, confrontant au chemin du moulin de Montet (12 décembre 1513; fol. 22); — pour une terre dans la même paroisse, *a Ferrat*, confrontant au chemin qui va du port de Cambes à Sᵗ-Caprais, et pour une « vigne estant illec de près, au lieu appellé *a Perrat*, aultrement *lo Pey Seren* » (19 avril 1532; fol. 30); — pour un maine dans la paroisse de Tabanac, *à Palais* (6 juin 1572; fol. 58).

H. 767. (Registre dérelié.) — 0ᵐ30 × 0ᵐ20, 15 feuillets, dont 8 feuillets de tables.

1535-1627. — Propriétés et seigneuries foncières. Terrier pour le réfectorier. — Mention de Bernard de Lafargue, prieur claustral (11 juin 1535; fol. 3).

H. 708. (Registre.) — 0ᵐ 41 × 0ᵐ 28, 203 feuillets,
plus 9 feuillets de tables.

1609-1627. — Propriétés et seigneuries foncières.
« Quatriesme terrier de l'abbaïe Saincte-Croix de
Bourdeaux faict au nom de M. Dornano, abbé, par feu
Mᵉ Gracien Souteau ». — Reconnaissance pour une
vigne confrontant « aux murailhes et jardrin du couvent des Capucins que sy-devant estoit l'hospital de la
Contagion » (3 juillet 1609 ; fol. 4 vᵒ) ; — par « Anthoine
Orgier, conseiller magestrat présidial en Guienne »
(3 février 1611 ; fol. 124) ; — par Pierre Castaigna,
maître orfèvre, de la paroisse Sᵗ-Pierre (1ᵉʳ février 1612 ;
fol. 147) ; — par la veuve de Gaston Delalanne, maître
poudrier (11 juillet 1613 ; fol. 155) ; — par Louis
Materre, « garde des saqs civils en la Cour de Parlement » (1ᵉʳ octobre 1613 ; fol. 159) ; — par François
Boullayre, curé de Quinsac (30 octobre 1613 ;
fol. 161 vᵒ) ; — pour une maison contiguë à autre
maison, acquise de Jean Debertrand, « racomodeur
de bas d'estames » (18 mars 1615 ; fol. 173 vᵒ). —
Mention de la copie des pièces précédentes par Hosten,
notaire royal (septembre 1661 ; fol. 181 vᵒ). — Vente aux
enfants de feu Simon Bouyer, « jardrinier », de la sépulture où il est inhumé, dans la chapelle Sᵗ-Blaise de
l'église Sᵗᵉ-Croix (11 décembre 1612 ; fol. 185). —
Reconnaissance par Jean de Malevergne, procureur au
Parlement, et Pierre Issandon, notaire, pour une île en
Gironde, « tirant vers Blaye, proche et au-dessoubs
une autre petite isle appartenante aux héritiers de feu
Mᵉ Jan Dubreuilh » ; les tenanciers déclarent avoir
reçu en fief cette île, savoir Malevergne, une moitié, le
16 février 1601, devant Issandon, et celui-ci l'autre
moitié, le 23 avril 1607, devant Chadirac ; lad. île
confronte vers l'est au chenal de Bourg à Blaye, vers
l'ouest « aux sables et rivière non navigable », vers
le midi à la petite île des héritiers Dubreuilh, vers le
nord au chenal (26 avril 1613 ; fol. 193 vᵒ). — Début
d'un accord avec Antoine de Bordes, écuyer, sieur de
Coupet, héritier sous bénéfice d'inventaire de la maison
noble de Treulon, énumérant des seigneurs de lad.
maison (s. d. ; fol. 198).

H. 709. (Registre.) — 0ᵐ 42 × 0ᵐ 29, 161 feuillets,
plus 10 feuillets de tables et une pièce.

1615-1629. — Propriétés et seigneuries foncières.
« Premier terrier faict par M. Grenier, notaire
royal, pour l'abbaïe Sᵗᵉ-Croix ». — Reconnaissance

pour le maine des Andrieus, paroisse de Sᵗ-Laurent-
d'Arce, confrontant à un fief de la maison noble
d'Escouges et à un fief de la mothe de Marcamps
(30 juin 1615 ; fol. 19) ; — par François d'Arthois, curé
de Sᵗ-Germain-Du-Puch (26 mars 1619 ; fol. 52 vᵒ) ;
— pour une maison entre la rue Carpenteyre et
« la vieilhe et entienne murailhe de ladicte ville »
(3 avril 1620 ; fol. 66) ; — pour une maison vendue, le
22 août 1622, par François Boulaire, curé de Quinsac
(1ᵉʳ janvier 1623 ; fol. 71 vᵒ) ; — par François Simon,
« tenant l'hostellerie du *Petit More*, demeurant en la
paroisse Sainct-Siméon » (10 janvier 1623 ; fol. 74 vᵒ) ;
— pour un domaine sis « en l'isle et parroisse de
Macau, en Médoc, au lieu apellé *à la Chapelle* »
(10 juin 1622 ; fol. 88 vᵒ) ; — par « Catherine de Gaste-
bois, dame de Crin, vefve de feu Richard de Lestonnar,
vivant escuyer, sieur Du Puch, habitante de la présent
ville, parroisse Sᵗᵉ-Eulaïe » (3 septembre 1621 ; fol. 93 vᵒ) ;
— pour la moitié d'une maison rue du Mirail, confrontant à la maison du sʳ Sᵗ-Martin, vicomte de
Biscarosse (25 septembre 1621 ; fol. 95). — Bail à fief
d'une terre et lande près de la chapelle de Birac,
paroisse d'Arsac, au profit de François de La Cournière,
écuyer, habitant de Macau (13 juin 1626 ; fol. 121).
— Reconnaissance par Durand Lespine, maître brodeur, paroissien de Sᵗ-Projet (4 février 1627 ; fol. 132).
— Accord de l'abbé avec les Jésuites au sujet de l'amortissement des fiefs occupés par le noviciat (15 mars 1620 ;
fol. 150 vᵒ). — Délibération sur une demande formulée
par Denis Cazau, avocat au Parlement : le 18 novembre 1542, par devant Gelibert, notaire, l'abbé a baillé
à fief à Pierre Cazau, « greffier de Guyenne », des îles,
« terres lutheueuses » depuis peu séparées de l'île de
Macau et « appellées Pissebernard et Bayardeau »,
entre le *Passot* et la passe de Margaux ; le 5 juin 1545,
on lui a accordé une modération de redevances ; après
Denis Cazau, l'île a appartenu à feu Jean Cazau,
premier élu en Guienne, puis à feu Élie (?), avocat en
la Cour, père de Denis ; malgré les *peyrats* et les levées
de terre, le courant a coupé l'île, dont une partie a été
récemment concédée par l'abbé : on confirme le requérant en la possession des « terres, vazes lutheueuses et
tayet, enciennement appellée Pissebernard et Bayardeau, maintenant l'isle de Cazau », divisée depuis peu
par les eaux, « confrontant du bout de hault au bout du
tay[e]t près le peyrat de Macau, le Passot faict par la
mer entre deux, et du bout de bas à la passe de Margaux » (8 mars 1623 ; pièce détachée, à la fin du
volume).

H. 770. (Registre.) — 0ᵐ 43 × 0ᵐ 29, 224 feuillets papier.

1345-1639. — Propriétés et seigneuries foncières. Terrier.— Chapitre tenu par l'abbé Pierre Serviet *(sic)*, le prieur claustral, Bernard de La Taste, etc., et fondation et dotation de l'aumônerie (8 novembre 1345; fol. 10). — Ensaisinement en présence de « Bertran d'Arrossilhon, monge de La Souba Major et prior Deu Castelet, de la dioceza de Bordatz » *(sic)* (27 octobre 1345; fol. 12). — Reconnaissance en présence de « Arnaud de La Meussans, prior de Solac » (25 septembre 1376; fol. 21 v°); — en présence de Pierre de Cayrac, prieur de L'Isle-Sᵗ-Georges (7 février 1417, n. s.; fol. 27); — pour une aubarède dans la paroisse de Macau, *a la Landa deu Gaffet* (3 avril 1436; fol. 33 v°). — Bail à fief par Gaillard Ros, prieur claustral (28 décembre 1447; fol. 46 v°). — Bail à fief à Pierre de Merdanas, qui s'engage à bâtir dans les quatre ans, à peine de « un marc d'argent de Tria » (19 avril 1453; fol. 73). — Reconnaissance par noble Thomas d'Arsac, fils d'Amanieu, chevalier, seigneur dud. lieu (25 juillet 1462; fol. 89 v°). — Investiture par Pierre de Ferranhas, prieur claustral (5 avril 1480; fol. 103). — Bail à fief à « Arnaud Deufaget, rodey » confrontant aux maison, issue et jardin de Pierre Robert, « plastrey » (9 avril 1482; fol. 108 v°). — Reconnaissance pour une vigne confrontant « la vinha de noble home Jean d'Arsac, confrayre de Santa-Aquitayre, fundada dints ladeyta gleysa de Macau, d'une part, et la vinhe de ladeyte confrairie, d'autra part » (8 mars 1508, n. s.; fol. 122 v°). — Ensaisinement par frère Bernard de Lafargue, prieur claustral (2 décembre 1533; fol. 147). — Reconnaissance pour une moitié d'aubarède sise dans l'île de Macau, *au Tayet Vieil* (28 mai 1534; fol. 149); — pour une autre aubarède dans la même île, *au Grand Tayel* (29 mai 1534; fol. 150 v°). — Ensaisinement par Clément Molle, prieur de Soulac (23 août 1543; fol. 159). — Reconnaissance en présence de Jean Ponpignac, curé de Macau, et Mathieu Le Breton, capitaine du guet de la ville de Bordeaux (25 février 1554, n. s.; fol. 164); — pour une terre confrontant « aux bourriés et murs » de la ville (19 juillet 1614; fol. 199 v°). — Transaction avec les Jésuites, au sujet d'immeubles par eux acquis pour la construction du Noviciat : ils devront tous les 15 ans « un marc d'argent apprétié à la somme de douse livres, pour tenir lieu de vente » (15 février 1620; fol. 208 v°); — avec Françoise de Pichon, prieure des Bénédictines (14 août 1639; fol. 219).

H. 771. (Recueil factice.) — 57 feuillets parchemin et papier, plus 4 feuillets papier de tables.

1482-1640. — Propriétés et seigneuries foncières. Terrier. — Reconnaissance par Arnaud de Gousson, receveur du taillon et des parties casuelles de Guienne et Bordelais (3 mars 1593; fol. 14). — Bail à fief à Antoine Romanet, curé de Gaillan, en Médoc (15 novembre 1612; fol. 23 v°). — Reconnaissance par noble Bertrand de Sᵗ-Cric, écuyer, demeurant à Podensac (8 juin 1506; fol. 25 v°).

H. 772. (Registre.) — 0ᵐ 43 × 0ᵐ 29, 332 pages, plus 8 feuillets papier.

1211.-1640. — Propriétés et seigneuries foncières. Terrier. — Bail à fief du manse de Foartiga à Comtor, hospitalière de Camparian; « extraict d'un cartulaire escrit en septante-six fuillets de parchemin, ex folio vigesimo septimo verso » (7 mars 1211 *(sic)*, n. s.; p. 1). — Reconnaissance par Gaillard Rey, prieur de l'hôpital de Camparian (14 février 1389, n. s.; p. 15); — pour une terre contiguë à une autre terre, de feu Pierre de Mayt, vicaire de Lamarque (19 janvier 1455, n. s.; p. 57). — Bail à fief en présence de Pierre de Diu, vicaire perpétuel de Sᵗ-Aubin, au diocèse de Bazas (25 avril 1461; p. 94). — Reconnaissance par Étienne Baudouyn, maître maçon, de la paroisse Sᵗ-Eulalie de Bordeaux (2 octobre 1527; p. 121); — pour une terre confrontant à une palu de Pierre de Chaussade, curé de Lamarque (10 janvier 1598; p. 174); — pour le village de Galan, paroisse de Cestas, confrontant « à la lande, padouen et terre de la maison commune de la présent ville de Bourdeaux » (26 mars 1619; p. 285); — aux mains de Guillaume Bardin, curé de Lamarque (7 novembre 1610; p. 306).

H. 773. (Registre.) — 0ᵐ 37 × 0ᵐ 24, 47 feuillets, plus 2 feuillets de tables.

1537-1640. — Propriétés et seigneuries foncières. Terrier. — Reconnaissance par messire Antoine Decausse, président au Bureau des finances (31 juillet 1619; fol. 3 v°); — par le syndic du noviciat des Jésuites, pour une maison, tour, jardin et vigne, rue du Peyrat, acquis de Jean Gros, praticien, le 18 septembre 1611, par-devant Pierre Bouhet, notaire, en vue de « la construction et nouveau bastiment de la maison religieuse dud. novitiat » (3 juin 1620; fol. 5 v°). — Commutation de redevance au profit de Geoffroy Dubernard, avocat du Parlement et « baillif » de la terre et juridiction de Blanquefort (2 juin 1622; fol. 42).

H. 774. (Recueil factice.) — 28 feuillets parchemin, plus 3 feuillets papier de tables.

1533-1642. — Propriétés et seigneuries foncières. Terrier.

H. 775. (Recueil factice.) — 190 feuillets parchemin et papier, dont 6 feuillets de tables.

1552-1642. — Propriétés et seigneuries foncières. Terrier. — Reconnaissance pour une maison de la rue de l'Allemandier, « acquise de Jehanne de Cadoyn, demoiselle, femme de Jehan de Sainct-Malle, escuyer, sieur de Lignerottes, près Labardac » (23 juillet 1590; fol. 35); — par Jean Deamon, maître armurier, domicilié en la paroisse St-Pierre (5 janvier 1587; fol. 107); — au nom de Gui de Luxe, écuyer, sieur de Lataste (31 août 1598; fol. 115 v°); — par Jean Roux, maître monnayeur pour le Roi (31 août 1610; fol. 125); — par « Jean Hillaire, hoste de Ponpignaq » (13 septembre 1612; fol. 129).

H. 776. (Registre.) — 0^m 43 × 0^m 28, 340 pages papier.

1532-1645. — Propriétés et seigneuries foncières. Terrier formé de requêtes diverses. — Requête de l'abbé sur ce que la garde de nuit placée au moulin de Ste-Croix prend de la farine pour faire des tourteaux et enlève jusqu'au bois de la charpente pour les faire cuire; ordre d'informer et notification à trois capitaines, dont Jean Cazau, élu pour le Roi en Guienne (septembre 1574; p. 7). — Requête des religieux sur ce que l'abbé et ses commis « ont commencé à rompre et deffaire la chapelle appellée le chapitre,... où sont les tombeaux et sépultures desd. religieux, et prennent les tombeaux pour les mettre en ouvrage » (juillet 1582; p. 14); — de Pierre de Camp, écuyer, « maistre des chemins, ports, ponts et passaiges des séneschaucées de Guienne, les Lannes, Armaignac et Albret » (p. 21); — de Florimond de Raimond, conseiller au Parlement, en vue de faire commencer une route (février 1590; p. 23); — du syndic des religieux, exposant qu'ils ont dû emprunter à 12 °/₀ pour assurer leur nourriture (octobre 1594; p. 28); — de l'abbé, qui prétend avoir à ses frais « faict rebastir à neuf toute lad. abbaye, et mesmes les dortoir, réfectoir et cloistre, église et

tout autre bastiment du couvent » (novembre 1594; p. 32). — Requête exposant que les tenanciers de l'île de Macau avaient l'habitude de porter leurs redevances par eau, grâce à la Maqueline, jusque tout près de la salle de Macau, mais que, les abbés ayant fait un pont sur la Maqueline, au bout de l'île en aval, ce bras s'est envasé (1594; p. 33); — contre les tenanciers de l'île de Macau, lesquels pressent leur vendange et refusent ensuite la dîme de leur vin, sous prétexte que c'est du vin *trouillis* (juillet 1599; p. 44); — pour le rétablissement des marchés de Macau, concédés en 1536 et supprimés par suite des guerres civiles (décembre 1600; p. 46); — de l'abbé, contre une femme de Macau qui a vendu du vin pendant le mois de *debet* (banvin) (septembre 1601; p. 48); — de frère Arnaud Paty, fils de Jean de Paty, ci-devant juge d'Entre-deux-Mers, contre son père et son frère, qui l'ont fait entrer au monastère, à cause de sa santé, et qui ne lui servent pas la pension par eux promise : le frère aîné a l'administration des biens de la famille, produisant de 4 à 500 écus de revenu, plus 19,000 livres, prix de l'office de juge, et 15,000 livres, dot de Marie de Laroque, mère du requérant (décembre 1617; p. 110). — Requête contre les curés de Bourg, Sauriac *(sic)* et Villeneuve, qui se sont entendus pour le partage des dîmes des îles sises aux environs de Macau : Guillaume a donné à l'abbaye, en 1027, Macau, avec « les padoüens ou pastis en la terre et en la mer, depuis la mer salée jusques à la rivière de Gironde »; en vertu de ce titre, l'abbaye est restée « en possession de disposer de toutes les isles qui sont et proviennent en la mer ez environs dud. Macau, mesmes depuis la Jalle jusques à l'estey du Meyre » (janvier 1625; p. 138). — Requête de Catherine de Mallet, dame de La Taule Du Lac d'Eysines, concernant les padoüens Du Sesqua (avril 1626; p. 139); — des religieux réformés contre les anciens religieux, qui s'efforcent de battre en brèche le concordat intervenu entre eux (avril 1628; p. 144); — tendant à obliger l'abbé à fournir une chapelle, à rétablir certains offices, à réparer le monastère et l'église, qui sont en mauvais état, « jusques là que la voûte et le devant de la maistresse porte de l'église s'en va par terre », à construire une infirmerie, une hôtellerie, une bibliothèque, etc. (avril 1630; p. 157); — de l'abbé, exposant que l'abbaye renferme onze officiers, un *mongeat*, un oblat, le vicaire perpétuel et quatre prébendiers (juillet 1632; p. 176); — de l'abbé contre un prêtre qui a chanté solennellement sa première messe à St-Michel et qui refuse d'amener à l'abbaye « un mouton vif, bon et raisonnable » (janvier 1635; p. 201); — contre un tenancier de l'abbaye, qui a reconnu de « Magdelaine de Durfort, dame de la baronnie de Lalande » (février 1635; p. 204); — en forclusion contre « Magdelaine de Durfort de Civrac, dame de La Mothe » (mars 1635; p. 208); — contre la même, qui a produit des pièces inauthentiques (mai 1635; p. 210); — contre la même, qui a fait assigner le syndic des religieux, pour voir faire des vidimus de titres latins, par-devant un sergent royal qui n'entend pas le latin (mai 1635; p. 212); — contre la même, femme séparée de biens du seigneur de Courtenay (janvier 1637; p. 251).

H. 777. (Recueil factice.) — 102 feuillets parchemin et papier, plus 6 feuillets de table papier.

1508-1644. — Propriétés et seigneuries foncières. « Terrier d'exporles pour Monsieur l'aumosnier ». — Reconnaissance pour une vigne confrontant à « la vinha de la confrayrie de sainte Aquiteira, fundade en lad. gleysa de Nostre-Dame de Macquau » (8 mars 1508, n. s.; fol. 4); — pour une vigne à Macau, « entre la vinha de noble home Johan d'Arsac, confraire de santa Aquitayre..., et la vinhe de lad. confrayrie » (8 mars 1508, n. s.; fol. 5).

H. 778. (Recueil factice.) — 156 feuillets parchemin et papier, dont 4 feuillets papier de tables.

1603-1645. — Propriétés et seigneuries foncières. Terrier pour l'infirmier. — Reconnaissance par Raimond Martin, « recepveur général provincial héréditaire des décimes en Guienne » (21 juin 1607; fol. 8 v°); — par Jean de St-Gaudens, chirurgien, habitant de Floirac (24 mai 1630; fol. 91); — par J.-J. de Pichon, « conseiller du Roy et contrerolleur de son domaine en Guienne » (27 avril 1632; fol. 94 v°); — par Jeanne de Gascq, veuve de noble Jean de Ségur (8 février 1633; fol. 97).

H. 779. (Registre.) — 0ᵐ38 × 0ᵐ25, 241 pages papier, plus 8 feuillets de tables.

1615-1645. — Propriétés et seigneuries foncières. Terrier. « Registre d'exporles et plusieurs actes ». — Concession de sépulture devant l'autel St-Catherine, moyennant 16 livres, nonobstant l'usage qui fixe l'indemnité à 100 livres en capital ou 5 livres de rentes (26 août 1644; p. 1). — Autre concession de sépulture « au-devant dudict autel de sainct Mommolin, près le pillier où est le benestier » (28 janvier 1645; p. 7). —

Procuration de l'abbé à Charles Du Casse, avocat, à l'effet de recevoir les reconnaissances et « en faire faire ung terrier en parchemin à bonne et deue forme » (7 août 1620; p. 117). — Traité pour des réparations importantes à l'église de Cambes (mars 1623; p. 148). — Déclaration de Jean de La Vialle, curé de Cambes (20 novembre 1622; p. 150). — Reprise par l'abbé d'une île par lui concédée à François Fournier et Pierre de Lamezas et « puis naguère formée entre lad. isle de Casaux et lieu appellé le Tayet dud. Macau » (1ᵉʳ avril 1623; p. 154). — Traité avec Bernard de La Farque, menuisier, pour démolir l'orgue de Sᵗᵉ-Croix, faire à la place où est led. orgue une tribune de 21 pieds de large sur 25 de long, « laquelle sera suportée par les deux pilliers qui soustiennent à présent ladicte orges et par les murailles qui sont aux boutz de lad. tribune; lesd. deux pilliers seront remués du lieu où ilz sont et mis au lieu où sera posée la poutière qui portera lad. tribune » (22 octobre 1627; p. 171). — Bail à fief par Jean Lauvergnac, vicaire perpétuel de Macau (9 mai 1629; p. 183). — Difficulté relative aux dîmes dans l'île de Casaux (15 juillet 1629; p. 187). — Prise de possession de l'abbaye par Jacques Desaigues (6 décembre 1629; p. 189). — Acte visant le don fait par Guillaume, duc d'Aquitaine, fondateur de Sᵗᵉ-Croix, de la petite coutume, « ensemble toutes les isles despuis la mer de Gironde jusques à la mer sallée » et donnant procuration pour revendiquer lad. coutume (30 mars 1633; p. 199). — Procuration pour plaider contre toutes personnes prétendant droit sur les îles « proche le taïet et isle de Macau, en la parroisse de Margaux » (27 mai 1634; p. 211). — Procès en matière de préséance à l'occasion des processions (26 avril 1635; p. 216). — Procuration dans un procès au sujet de l'île de Casaux (25 octobre 1636; p. 221). — Vente à Françoise de Pichon, prieure de Sᵗ-Benoît de Bordeaux (5 mars 1638; p. 232). — Transaction au sujet « du droit d'artit *(sic)* et pesche... sur le passage de Bardilles » (4 mai 1638; p. 237).

H. 780. (Registre.) — 0ᵐ36 × 0ᵐ25, 263 et 3 feuillets papier.

XIᵉ siècle-1646. — Propriétés et seigneuries foncières. Terrier. — Accord intervenu en présence et par les soins du cardinal de Sourdis entre dom Placide de Vaulx, religieux de Sᵗ-Augustin-lès-Limoges, d'une part, et Archambaud Christud, prieur claustral, et les autres religieux, d'autre part, pour l'introduction de la réforme de Sᵗ-Maur à Sᵗᵉ-Croix (2 juillet 1627; fol. 13). — Ratification par l'abbé P. d'Ornano (9 octobre 1627;

fol. 15). — Résignation du poissonnier, auquel, sa vie durant, le cardinal de Sourdis assigne l'ermitage de Cambes (8 novembre 1627; fol. 17). — Cession par l'hôtelier de ses revenus, moyennant une pension viagère de 380 livres (14 janvier 1628, fol. 18). — Inventaire de la sacristie : « Une grande croix couverte d'argent fort vieille, avec le baston ; ... deux encensoirs d'argent vieilhs ; un bras de s' Mommolin couvert d'argent ; ... une croix d'argent doré où il y a des particules de la Vraye Croix », etc. (26 août 1627; fol. 21 v°). — Procès-verbal de l'ouverture d'un grand coffre d'archives, posé sur le pavé du réfectoire et fermé à trois clefs, dont une est passée aux mains du prieur Christut après le décès de son prédécesseur Jean Dufaux : on y trouve, dans dix-huit caisses, un grand nombre de titres et une mitre d'abbé, « lesquelz titres, quoyque ce soit la plus grand part d'iceux, ensemble lad. mittre se sont treuvées tellement pourries, rongées de souris et petits vers que, lorsqu'ilz ont est[é] mis au vent, lad. mittre s'en est allée en poussière et la plus grand part desd. tiltres » (26 janvier 1628; fol. 22). — Transaction entre l'abbé et les religieux, fixant les obligations de l'abbé relatives au rétablissement des anciens offices, à la conservation des archives, etc. (3 janvier 1633 ; fol. 31). — Transaction avec une propriétaire de Cambes, à laquelle on demandait la dîme au douzième (23 mars 1635; fol. 43). — Opposition de l'abbé à la démolition et translation de l'église de Lamarque (3 juin 1635; fol. 45). — Mention de l'afferme, le 30 avril 1639, du dîmon de Longue-Borne, près de l'hôpital de la Peste, « à l'onzain des fruictz » (fol. 49). — Bail à ferme de la dîme de Cambes et de S'-Caprais, au treizième (21 avril 1637; fol. 38); — à Jean de Lannes, vicaire perpétuel de Lamarque (9 juin 1637; fol. 51 v°). — Traité avec Pierre Aubert, fondeur de cloches à Bordeaux, « rue des Espignadours, parroisse S'-Siméon » (24 mai 1641; fol. 58 v°). — Ensaisinement par Clément Molle, prieur de Soulac (10 juillet 1547; fol. 78 v°). — Délimitation de la paroisse S"-Croix, à la suite d'un long procès contre Saint-André (xii° siècle; fol. 120). — « Vérification des limites de S"-Croix » (avril 1635; fol. 120 v°). — Vente aux jurats d'un bourdieu pour y établir l'hôpital de la Peste (9 octobre 1586; fol. 122 v°). — Promesse à Michelet, maître maçon entré au monastère pour y être oblat et envoyé à La Réole pour y travailler, de le recevoir comme oblat (2 janvier 1631; fol. 147 v°). — Sommation à un propriétaire de Cambes qui paye la dîme à discrétion d'avoir à la payer au taux de la paroisse, savoir de douze barriques une (23 novembre 1634;

fol. 153 v°). — Inventaire après décès des meubles de l'infirmier (12 septembre 1635; fol. 158). — Rétrocession d'un droit annuel qui appartenait aux religieux et qui avait été cédé par eux, en 1560, « sur unne chapelle joignant les murs de la ville de Bourdeaux, dans le bolevart du pont S'-Jean » (5 juin 1641; fol. 171 v°). — Acte par lequel Jean David, religieux de La Réole « et missier de la misserie du Mirail, » se démet de lad. misserie (13 avril 1635; fol. 182 v°). — Charte de fondation et confirmations successives (xi° siècle-1615; fol. 185-188 v°). — Signification à Pierre de Mons, écuyer, sieur et baron de La Tour (3 novembre 1640; fol. 207 v°). — Cession de revenus à Tabanac à Pierre de Courillaud, sieur de Beauroche, conseiller au Parlement (1" mars 1621; fol. 209). — Opposition des Bénédictins, des Jésuites et des Capucins au déplacement des moulins à poudre ; on a décidé, le matin même, de les transférer dans le quartier de S"-Croix (11 août 1621; fol. 209 v°). — Sommation à des locataires de reconnaître les droits de l'abbaye, à la suite du décès de Jean Darnal, chambrier de l'abbaye (23 novembre 1621; fol. 210 v°). — Reçu à Louis Tabart, procureur de Charles de Sourdis, héritier d'Henri de Sourdis, archevêque de Bordeaux et abbé de S"-Croix, de la chapelle due par led. abbé (22 mars 1646; fol. 227 v°). — Sommation au sujet d'une dérivation de l'eau du ruisseau de S"-Croix dans la paroisse de Bègles (9 juin 1646; fol. 237). — Contrat avec Raimond Caussade, maître menuisier de Bordeaux, pour la façon des rétables des deux autels de saint Maur et saint Mommolin, « lesd. autelz joignans l'un à l'autre, sauf la porte et entrée du cœur, qui faict sepparation d'iceux autelz » (13 juillet 1646; fol. 241 v°). — Mention d'excès commis par les bénéficiers de S'-Michel, « qui ont battu et blessé les religieux, rompu sur eux la croix et le crucifix » (1" septembre 1646; fol. 247). — Arrêt du Parlement maintenant en faveur des religieux de S"-Croix la préséance sur le clergé séculier de Bordeaux, les chapitres de S'-André et de S'-Seurin exceptés (10 février 1637; fol. 1). — Arrêt du Parlement pour les mêmes religieux contre S'-Michel (8 mai 1637; fol. 2).

H. 781. (Registre.) — 0^m41 × 0^m28, 187 feuillets,
plus 6 feuillets papier.

1630-1646. — Propriétés et seigneuries foncières. Terrier. — Reconnaissance par « François Benescher, architecte du Roy et maistre des fortifications de Guienne, habitant aux faux-bourgs de Royan », agissant au nom d'Esther Mathieu, veuve de François La Louhe, écuyer, sieur Du Bruilh (15 avril 1630; fol. 13); — par Catherine Quentin, veuve de Pierre Pardiac, écuyer (28 avril 1633; fol. 33 v°). — Mention d'une vigne perdue en 1624, « par le moyen de la gelée quy arriva sur les vignes » (22 août 1634; fol. 62). — Reconnaissance par Gabriel Dalesme, procureur général au Bureau des Finances (16 avril 1636; fol. 75 v°); — par Jeanne de Mailhard, veuve de noble Louis-René de Montis, écuyer, sieur de Lisle (18 mai 1636; fol. 78); — par François Lalo, écuyer, sieur de La Fontaine, domicilié à Esconac, paroisse de Quinsac (12 juillet 1636; fol. 83 v°); — pour une maison, tour et jardin dans la grand'rue S‑Croix (16 janvier 1637; fol. 95 v°); — par noble François de La Cournière, écuyer, pour des biens sis paroisse de Macau, lieu dit a Gironville (28 octobre 1639, fol. 112). — Accord touchant des dîmes avec Dutemps, curé de Loupiac, archiprêtre de Benauge (18 avril 1640; fol. 118). — Protestation à l'occasion du recurement de *l'estey* du moulin de S‑Croix (6 août 1641; fol. 124 v°).

H. 782. (Registre.) — 0ᵐ39 × 0ᵐ28, 110 feuillets papier.

1079-1647. — Propriétés et seigneuries foncières. Terrier principalement relatif à Soulac. — Assiette de cens sur divers vignobles de Margaux dénommés dans l'acte (xiv° siècle; fol. 1). — Serment de l'abbé Raimond de Roqueys aux chefs de maison de Soulac et de ceux-ci à celui-là (24 novembre 1376; fol. 7). — Bail à cens par le même d'une « plassa de terra et leda » sise dans la paroisse de Soulac (même jour; fol. 9 v°). — Arrêt du Parlement commettant le premier notaire sur ce requis à transcrire les titres du monastère (14 novembre 1647; fol. 35). (Cet arrêt est suivi d'analyses signées du notaire Grenier.) — « Extraict des rentes que j'ay accoustumé de lever sur les tenanciers de M. le prieur [de] Nostre-Dame de Soulac », (s. d.; fol. 74 v°-86 v°). — Charte d'Amat, attribuant Soulac à S‑Croix (12 octobre 1079; fol. 93); — du même, concernant S‑Michel (1099; fol. 93 v°); — de l'archevêque Arnaud, soumettant les moines de S‑Macaire à S‑Croix (1120; fol. 94 v°); — de l'évêque d'Angoulême, sur le même conflit (1121; fol. 95 v°); — d'Henri, évêque d'Albano, touchant le différend de S‑Croix et de S‑Sever relatif à Soulac (1ᵉʳ avril 1182; fol. 97). — Procédure et sentence entre S‑Croix et l'abbaye S‑Michel de Cluses (?), attribuant à S‑Croix le prieuré de S‑Macaire (1245-3 mars 1246; fol. 102). — Compromis et sentence arbitrale entre l'abbaye et les

hommes de Macau, lesquels sont condamnés à la résidence personnelle, etc. (24 février-14 mars 1255, n. s.; fol. 105).

H. 783. (Registre.) — 0ᵐ41 × 0ᵐ28, 107 feuillets papier.

1617-1648. — Propriétés et seigneuries foncières. Terrier pour le prieur de Lamarque. — Arrêt du Parlement commettant le premier notaire royal pour vidimer les titres de l'abbaye (14 novembre 1647; fol. 5). — Procuration à Guillaume Bardin, curé de Lamarque, en présence de Pierre Foulhioux, curé de Cussac, et de Barthélemy Sallomon, curé d'Arsins (5 avril 1617; fol. 7). — Sommation à esporler, en présence de Jean de Lannes, curé de Lamarque (10 novembre 1647; fol. 52).

H. 784. (Registre.) — 0ᵐ43 × 0ᵐ29, 369 pages papier, plus 9 feuillets de tables.

1260-1652. — Propriétés et seigneuries foncières. Terrier. — Renonciation par Raimond Macanh à toute réclamation contre l'abbaye, excepté du fait du bail à ferme à lui consenti, le jour même, du péage de 4 deniers par tonneau de vin passant devant S‑Macaire (12 décembre 1260; p. 1). — Acte de l'Archevêque pour le rachat de Richard Cradot, écuyer, à la demande de David Cradot, chevalier, père de Richard, « vacante abbatia monasterii Sanctæ-Crucis Burdegalensis per privationem per nos seu officialem nostrum factam in personam Bernardi Salomonis » (26 mai 1384; p. 7). — Bail à ferme à Arnaud Desans, prêtre, paroissien « de Sent-Estephe-de-Talonès *(sic)* en Médoc » (9 mai 1397; p. 8); — de partie de la dîme à Jean Forthon, « vicari dau Tailhan, en Medoc » (7 février 1458, n. s.; p. 25); — des dîmes de S‑Croix-Du-Mont et Loupiac à Menauton de La Salle, capitaine de Cadillac en Benauge (14 juin 1460; p. 39); — à « Joan Descossia, archey soubz la retenue de Monsenhor lo comte Dampmartin, etc., demorant à Blanquefort » (16 juin 1461; p. 40); — à « Bernard de Talaros, donzet, demorant [a] Agassac en Medoc » (18 juin 1467; p. 46); — à Jean de Corn, curé de Baurech (19 juin 1467; p. 47); — à Élie de La Grave, *alias* de Roustaing, damoiseau, paroissien de Cambes (20 juin 1467; p. 48); — « au noble home Arnaud-Guilhem de Lussinhet, donset, bayle de L'Isla-Sent-George en Arruan » (20 juin 1467; p. 51); — par Bernard de Rival, curé de Blanquefort, à Ramonet Eyquem, marchand, de la paroisse de S‑Michel (6 avril 1468; p. 54); — par Pierre de La Seyra, poissonnier du monastère, « prior de la gleysa parropiau de Santa-Crots », avec l'assentiment d'Arnaud Pros, « segrestan et obrey » (23 octobre 1480; p. 60); — à Pierre de Lasbordas, curé de St-Eulalie et de Camblanes (13 juin 1483; p. 66); — « a noble home Joan Andron, seigneur de Maurian, et mossen Guilhem Pelens, regent de Lissac » (12 juin 1493; p. 75); — par « noble home Pey-Berthomiu de Diuzeide, seigneur d'Agulles », pour lui et pour Jean Dubosc, archidiacre de Blaye (11 juin 1494; p. 80). — État de baux à ferme de 1501 (p. 89); — de 1508 (p. 95); — de 1509 (p. 99). — Bail à ferme au nom de René Le Breton, vicaire perpétuel de L'Isle-St-Georges (21 août 1509; p. 102); — par Bertrand Dusailhant, prieur de St-Croix (7 novembre 1514; p. 114); — de moulins et four appartenant au monastère : l'abbé fournira 10 charretées de foin « pour la norriture de ses asnes dudict moulin », « vingt-quattre barriques de brevage, les douze de pinpin et les autres de brevage »; clauses relatives au four (17 novembre 1514; p. 115). — « S'ensuict ce que vault ordinairement l'abbaye Saincte-Croix de Bourdeaux, outre ce qu'est contenu par les rolles des affermes » : menus cens, 100 l. tourn.; [lods et] ventes correspondant auxd. cens, 100 l. tourn.; « membre de Macau », 1,000 l. tourn.; pré à Lormont, 20 charretées de foin (p. 120). — Bail à ferme à Pierre Duvergier, monnayeur à Bordeaux (12 juin 1571; p. 125); — avec le consentement de frère Georges de Laduguie, prieur (16 mai 1584; p. 137); — par Antoine Journet, juge de la seigneurie et baronnie de Macau (14 juin 1586; p. 142); — du moulin de Peyrelongue, avec ses ustensiles : « trois piqs, un grand marteau, une sarre, une balance de boys avecques le bras de fer, sept poids de pierre, une barre de fer, cinq anneaux de fer, un pau de fer virant, une nadeilhe neufve, » un grand cercle pour une meule, un petit pour le rouet de bois (13 novembre 1589; p. 149). — Enchères du récurement de la Maqueline, en la juridiction de Macau, conformément à deux arrêts des 16 mars et 15 avril (mai-juin 1592; p. 156). — Bail à ferme à Pierre Delabat, écuyer, habitant à Tropian, paroisse de St-Seurin-de-Cadourne (12 juin 1596; p. 159); — par Jean Dufaur, prieur claustral, et autres religieux (13 mai 1598; p. 162); — du grand jardin de l'abbaye, à charge de « pouder, ouvrer, plier et lier, et garnir d'œuvre et laton toutes les treilhes et tonnelles qui sont dans led. jardin » (4 décembre 1600; p. 166). — Bail à ferme sur enchères par François Fournier, économe de l'abbaye (19 juin 1608; p. 170). — Bail à ferme avec l'assentiment de Louis de Borie, prieur de Rauzan (24 septembre 1673; p. 185); — à

Jacques de Limoges, sieur de Laforest, paroissien de St-Michel (3 mars 1618; p. 193); — par Marguerite Dunoyer, veuve d'Élie de Mauriac, avocat, au nom de Pierre de Mauriac, prieur de Soulac, des revenus dud. prieuré, moyennant 360 l. tourn. (1er août 1622; p. 199); — des mêmes revenus moyennant 500 l., plus 30 l. à lad. demoiselle, pour « luy avoir un cotilhon » (4 mai 1623; p. 202); — des revenus de l'abbaye, à la réserve de quelques-uns, moyennant 5,000 l. (23 décembre 1623; p. 206); — en présence de Vincent Lalanne, curé de Gaillan, par-devant Chaigneau, notaire royal « du nombre des quattre ordonnés par le Roy en la terre et sirie de Lesparre » (4 juin 1626; p. 220); — par Guillaume Mosnier, hôtelier de Ste-Croix, prieur de Lamarque, à Jean Madey, archiprêtre de Moulis (18 décembre 1626; p. 221); — par Archambaud Christut, prieur de St-Croix, à Bernard Chevreuilh, vicaire de Loupiac-de-Cadillac (27 février 1627; p. 223); — par Jean Lauvergnac, vicaire perpétuel de Macau (9 mai 1629; p. 230); — concédé au nom de François Tucquoy, religieux de St-Sever, prieur de L'Isle-St-Georges (2 juillet 1631; p. 241); — de dîmes à Cambes et St-Caprais, levables « au trézain » (11 avril 1637; p. 257); — à Jean de Lannes, vicaire perpétuel de Lamarque (9 juin 1637; p. 262); — d'un dixmon dans la paroisse de Sadirac, près de la maison noble du Grand Verdus (20 juin 1640; p. 279); — des dîmes de la paroisse de Macau et de l'île de Cazaux (27 juin 1642; p. 295); — à Pantaléon Coudret, curé de Barsac (3 juillet 1642; p. 297); — par le représentant de frère Mathieu Brugier, religieux de Ste-Croix, prieur de L'Isle-St-Georges (9 juin 1644; p. 313); — par Pierre Caron, archidiacre en l'église St-André, à Arthus Dorneau, « greffier de la juridiction d'Eyran », du « dixmon de Rouzey, en la parroisse Sainct-Médart-en-Arruan » (11 juin 1645; p. 317); — d'un dixmon « au lieu de Saincte-Hélaine de Pujaulx et de la chapelle de Birac », en Médoc (11 juin 1645; p. 325). — Vente au « facteur du cabal du sieur Philip Castaing, bourgeois et marchand », du sel des dîmes et agrières de Soulac, moyennant 15 l. 15 s. le muid; le sel des dîmes doit être « prins sur la besse » (6 février 1646; p. 329). — Bail à ferme des « jardin et treilhes de musquats » de l'abbaye (19 mai 1646; p. 335).

H. 785. (Registre.) — 0m42 × 0m28, 155 feuillets,
plus 7 feuillets de tables.

1646-1662. — Propriétés et seigneuries foncières. Terrier. — Sommation au meunier du moulin de Peyguiraut, sis au-dessus du moulin de l'abbaye, de « lascher la palle de l'eschac dud. moulin, lors et au temps qu'ilz n'ont de bled pour moudre, affin que les eaux puissent couler dans la jalle dud. moulin de l'abbaïe » (12 octobre 1648; fol. 1). — Accord avec Bernard Allerot, vicaire perpétuel Du Taillan (19 août 1649; fol. 2 v°). — Reconnaissance par Jean Turquois, maître brodeur (16 septembre 1649; fol. 5); — par Christophe Commes, maître graveur en taille-douce, domicilié rue de la Coquille (24 novembre 1649; fol. 19). — Ratification par François Molle, abbé de Sᵗᵉ-Croix, « demeurant à Paris, dans l'enclos du Pallais, parroisse de la basse Sᵗᵉ-Chapelle » (5 avril 1650; fol. 31 v°). — Reconnaissance par Odet Commes, marchand, au nom de ses neveux Pierre et Michel, fils des feus Jean-Étienne Lanne, graveur en taille-douce, et Peyrome Commes (15 juillet 1650; fol 39 v°). — Hommage par Pierre de La Cournière, écuyer, pour sa maison noble de Gironvile, paroisse de Macau, « au devoir d'un livre missel d'hommage, beau et honneste » (3 mars 1651; fol. 51 v°). — Conversion de la redevance du cinquain, terrage et garderie en un cens d'un quart de barrique pour une vigne de neuf hommes sise dans les Graves de Bordeaux et ruinée par les gens de guerre à l'époque du siège de la ville (15 janvier 1655; fol. 52 v°). — Reconnaissance pour une maison sise place de Canteloup, confrontant à la maison de Jean Dubosc, écuyer, sieur de Canteloup (13 novembre 1655; fol. 81); — par François Bernard, avocat à la Cour, sieur de la maison noble de Bernoues (?), en Médoc (20 octobre 1656; fol. 110 v°): — par Arnaud de Comps, « juge de Gassac », pour la maison noble de Gironville (11 avril 1658; fol. 131). — Accord avec Philippe Minvielle, curé de Sadirac (9 février 1657; fol. 140). — Reconnaissance par le P. Arsène Bontemps, prieur de l'hôpital de la Charité de Cadillac, procureur du P. Dauphin Ville, provincial des religieux du bienheureux Jean de la Croix (26 avril 1662; fol. 148).

H. 786. (Registre.) — 0ᵐ34 × 0ᵐ28, 31 feuillets (¹) papier, plus deux feuillets de table.

1640-1662. — Propriétés et seigneuries foncières. Terrier. « Livre de l'office de sous-prieur, par Grenier, notaire royal. » — Reconnaissance pour une échoppe sise « dans le bolvart du pont Sᵗ-Jean,... joignant les murs de la ville », confrontant « aux choppes et

(¹) Le registre est incomplet du commencement.

plasses de David Dierquens et Jean de Ridder, marchands flamans » (2 mars 1649; fol. 11); — pour une maison confrontant du midi à la rue Poitevine et du nord aux vieilles murailles de la ville (18 février 1662; fol. 23 v°); — pour une maison rue de La Sau, *alias* rue Désirade, confrontant à la maison de Jean de Salomon, sieur de Virelade, lieutenant général de Guienne (28 février 1662; fol. 25 v°).

H. 787. (Recueil factice.) — 42 feuillets, dont 4 en parchemin.

1385-1662. — Propriétés et seigneuries foncières. Terrier formé d'expéditions originales et de copies. — Reconnaissance par Jean Coulon, fils de feu Jean Coulon, de la rue Sᵗ-James, et de Jeanne Monadey, héritier pour partie de feu noble Jean Monadey, chevalier et citoyen de Bordeaux, autorisé par Thomas de Althon, prêtre, son curateur, renfermant un acte par lequel Amanieu, abbé de Sᵗᵉ-Croix, nomme son vicaire général Pierre de Montausier, moine dud. couvent et prieur de Soulac, en date du 20 mars 1385, n. s. (2 septembre 1385; copie; fol. 5); — pour une vigne confrontant à celle d'Eustache Barbide, « esperonyer, demeurant en rue Sainct-Jammes » (10 mars 1538, n. s.; fol. 29).

H. 788. (Registre.) — 0ᵐ26 × 0ᵐ18, 106 feuillets, plus 5 feuillets de tables, papier.

1618-1668. — Propriétés et seigneuries foncières. Terrier. — Reconnaissance par la veuve d'Etienne Forcan, maître fondeur (12 février 1619; fol. 2); — par « Simon Belloguet, bourgeois et monnoyer pour le Roy à Bordeaux, habitant de la parroisse de Vaurech » (7 mars 1621; fol. 43); — pour un bois et lande dans la paroisse d'Arsac, *à Birac*, confrontant à « une levée de chemin quy estoit anciennement le chemin de Soullac à Bourdeaux » (17 novembre 1665; fol. 68); — par Marie de Forcade, veuve en secondes noces de Thomas de Gombaud, écuyer, sʳ de Sᵗ-Martin et de Barès, et en premières noces de Jacques-Gaston de Rubran, écuyer, sʳ dud. lieu (9 mai 1666; fol. 85 v°).

H. 789. (Registre.) — 0ᵐ41 × 0ᵐ28, 204 feuillets papier.

1627-1668. — Propriétés et seigneuries foncières. Terrier principalement composé de baux à ferme pour l'abbé. — Contrat avec Jean Haon, anglais, qui s'engage à faire « une orgue dans le vieux buffet... résonnante de huict piedz » (3 janvier 1661; fol. 66 v°).

— Bail à sous-ferme d'un dîmon à Étienne Fournier, docteur en théologie, curé de Barsac (23 septembre 1659; fol. 80). — Appel d'une sentence des jurats, qui ont reconnu la juridiction des maîtres taverniers dans la paroisse S¹ᵉ-Croix (29 janvier 1651; fol. 105 v°). — Dénombrement des revenus de l'abbé (9 mars 1651; fol. 112 v°). — Bail à ferme par le prieur de L'Isle-S¹-Georges de « tout le bas de la maison que led. R. P., aud. nom, faict bastir » pour y faire le vin (28 mars 1661; fol. 168); — par l'abbé, moyennant 15 l. tourn. et 30 langues de bœufs, des « droitz des langues de bœufz et filletz de pourceaux » que led. abbé lève à Macau (25 novembre 1665; fol. 199 v°). — Mention de Paul de Lestrilles, écuyer, sieur de Mallerbe, jurat de Bordeaux (5 juillet 1660; fol. 201 v°).

H. 790. (Registre.) — 0ᵐ47 × 0ᵐ30, 49 feuillets,
plus 2 feuillets papier.

1662-1674. — Propriétés et seigneuries foncières. Terrier. — Reconnaissance pour une maison dans la rue du Miral, *alias* des Augustins, confrontant à la maison « quy feust de Louis de Sainct-Martin, viscomte de Viscarrosse » (6 juillet 1662; fol. 1); — pour moitié d'une maison dont l'autre moitié relève d'une chapellenie possédée par Pierre Monmord, curé de S¹-Médard-en-Jalles (24 septembre 1665; fol. 6); — par Jeanne de S¹-Sever, femme séparée de biens d'Eymond Bequel, contrôleur général des Finances en Guienne (17 août 1670; fol. 26); — par Anne Dumantet, veuve de Jean de Léger, conseiller à la Cour des Aides (18 juillet 1671; fol. 29); — par Louis de Vallier, écuyer, paroissien de S¹ᵉ-Eulalie (5 février 1669; fol. 32); — par Armand Decoud, procureur au Présidial, « juge de la soldanie de Pressac et capitaine en chef de la présante ville » (7 février 1674; fol. 40); — par Jean Gaudet, maître arquebusier, de la paroisse S¹-Nicolas-de-Graves, pour une vigne confrontant à Blaise de Gascq, seigneur baron de Portets (4 janvier 1663; fol. 43).

H. 791. (Registre.) — 0ᵐ30 × 0ᵐ20, 339 feuillets papier.

1606-1677. — Propriétés et seigneuries foncières. Terrier. — Reconnaissance pour une maison confrontant à une propriété de Pierre Sadrault, curé de S¹ᵉ-Terre (10 juillet 1634; fol. 52 v°). — Accord au sujet de propriétés à Cambes, sur lesquelles l'abbaye réclamait la dîme au douzième (23 mars 1635; fol. 86). — Opposition à la reconstruction, projetée par le curé et les paroissiens, de l'église de Lamarque (3 juin 1635;

fol. 92 v°). — Reconnaissance par « noble Bernard de Sainct-Martin, seigneur dud. lieu, baron de Cauberthon, vicomte de Biscarrousse et autres lieux, demeurant en sa maison de Sainct-Martin, diocèze d'Acz » (17 décembre 1638; fol. 129). — Accord avec Françoise de Pichon, prieure, et les religieuses du couvent Notre-Dame, ordre de s¹ Benoît, au sujet de maisons sises rues S¹ᵉ-Croix et du Port et acquises pour y établir un couvent (14 août 1639; fol. 133 v°). — Reconnaissance par Pascal Poignon, « vissénéchal de Guyenne et Basadois » (20 septembre 1640; fol. 157). — Délibération relative aux frais d'un procès plaidé entre le monastère, Denis Cazau, trésorier général de France, le maréchal de Schomberg et Henri Bonnenfan, au sujet d'une île « size au-devant de la Maquelène » (12 novembre 1640; fol. 164). — Reçu d'arrérages de cens payés par Florimond de Raymond, conseiller au Parlement (26 septembre 1641; fol. 174 v°). — Reconnaissance au nom de Prion (?) — Pierre Du Chalart, « commissaire ordinaire en la province de Guienne et gouverneur de Cordouan », pour une maison à lui appartenant dans la rue Bordelaise, paroisse S¹-Michel (4 novembre 1641; fol. 177). — Conversion des redevances dues pour un enclos sis à L'Isle-S¹-Georges : mention d'un contrat conclu le 16 février 1618 par frère François Tuquoy, prieur de L'Isle-S¹-Georges; mention des ruines causées par les guerres dans cette localité (23 mars 1655; fol. 232). — Reconnaissance par François Bernard, avocat en la Cour, sieur de la maison noble de Bernonnes, en Médoc (15 février 1660; fol. 256); — par François Lalo, écuyer, sieur de La Fontaine, demeurant à Esconac, paroisse de Quinsac (12 juillet 1636; fol. 285 v°); — par « André Anglade, m° charpentier de barriques et gaugeur » (28 septembre 1649; fol. 287 v°); — en présence de Pierre Bouscarrut, curé de Soulac, pour une « salline et pasturage » dans lad. paroisse (9 mars 1648; fol. 308 v°); — en présence de Jean Lortie, arpenteur juré de Cambes (7 novembre 1635; fol. 317); — par Simon Bellouguet, monnayeur pour le Roi à Bordeaux, domicilié à Baurech (14 novembre 1635; fol. 323). — Accord avec les Jésuites au sujet des maisons acquises par eux pour le Noviciat (3 juin 1620; fol. 325).

H. 792. (Registre.) — 0ᵐ42 × 0ᵐ32, 66 feuillets parchemin,
plus 2 feuillets de tables papier.

1662-1678. — Propriétés et seigneuries foncières. Terrier. — Accord avec les religieux de la Charité de Cadillac au sujet d'une vigne tombée en mainmorte pour avoir été acquise par eux (26 avril 1662; fol. 7). — Reconnaissance par Isaac Duvergier, écuyer, s' de Beauclos, domicilié à Bordeaux, paroisse S'-Christoly (14 août 1664; fol. 65 v°).

H. 793. (Registre.) — 0ᵐ42 × 0ᵐ29, 408 feuillets papier.

1500-1691. — Propriétés et seigneuries foncières. Recueil d'arrêts. — Table dans l'ordre des matières. — Arrêt provisoire condamnant les gens de S'-Genès et de Talence à payer la dîme au onzième (14 août 1500; fol. 10). — Arrêt condamnant l'abbé, conformément à un arrêt précédent, à réparer l'abbaye : « Sera premièr[em]ent repparée et faicte la couverture de lad. esglise, bien et duement, tant de bois, tuilles, que autres matières nécessaires » (5 mai 1520; fol. 10 v°). — Expertise par Nicolas Turault, maître charpentier, et Mathurin Gallopin, maçon, maître de l'œuvre de S'-André, sur les réparations à faire à S'-Croix : aux réfectoire et dortoir, 2,500 l. de charpenterie et maçonnerie; sur les voûtes de l'église, 3,000 l. et plus, en charpenterie, maçonnerie et couverture (24 avril 1526; fol. 14 v°). — Arrêt pour Pierre Dunoyer, prieur et curé de Cars, le maintenant en la jouissance de la dîme au onzième (23 décembre 1541; fol. 21). — Arrêt entre les chanoines et les prébendiers de S'-André (13 décembre 1543; fol. 22). — Arrêt rendu par « les commissaires ordonnés par le Roy pour tenir la justice establie en dernier ressort pendant la surcéance du parlement de Bordeaux » (2 janvier 1550, n. s.; fol. 24). — Procès relatif aux distributions de vivres dus par l'abbé aux religieux; différend avec l'abbé François Daux; avec Augier Hunaud de Lanta, lequel a laissé les moines « en telle nécessité qu'ils feussent mortz de fain, n'eussent esté aulcuns personnaiges honnestes qui leur avoient presté argent » (fol. 24 v°) : affirmation par le syndic de l'abbaye que les religieux, « au plus grand nombre qu'ils puissent estre à présent, ne sont que six ou sept » ; l'abbé « voudroit avoir des religieux qui véquiscent de vent et ne prinsent rien de leurs pensions »; sans le secours de leurs amis, les religieux « feusent péris et mortz de fain, attendeu que leurd. abbé prent tout le revenu de lad. abbaye » (8 septembre 1562; fol. 39); certificat du cours des blés d'avril 1557 à septembre 1562 (fol. 41); affirmation du syndic, que le monastère comprend d'ordinaire « unze religieux officiers et un simple claustral nommé le mongeat, ensemble quatre prébendiers séculiers et un portier, les tous prestres,... plus un notaire pour recepvoir les actes capitulaires, un barbier pour faire les

tonseures ausdicts relligieux et au jardinier » (22 septembre 1562; fol. 43); énoncé des pensions monacales, arrêté entre parties et homologué par le Parlement (1563; fol. 45 v°). — Affirmation par le « cardinal Salviaty » qu'il a fait pour plus de 2,000 l. de réparations à l'abbaye (14 juin 1567; fol. 55 v°). — Arrêt du Parlement pour le dégorgement des esteys et contre l'admission des pourceaux au pacage pendant certaines saisons (13 juillet 1570; fol. 60 v°); — pour la réfection du poids en plomb avec lequel on pèse la pâte du pain des religieux (27 juillet 1575; fol. 63 v°). — Difficulté entre l'abbé et les religieux touchant la qualité du pain fourni par celui-là à ceux-ci : exposé pour l'abbé : « Sans la dernière flotte l'on estoit sans bled en la present ville et... de quarante-cinq mil boisseaux que la rivière en avoit charoyé, il ne s'en estoit treuvé qui ne sentist peu ou prou » (1575; fol. 69). — Procès entre religieux : les demandeurs accusent les défendeurs de guet-apens et tentative d'assassinat; les défendeurs répliquent que l'un des demandeurs est un personnage mal famé, « ne menant autre vie ne façon que un bordel en sa maison » (10 décembre 1580; fol. 107 v°). — Arrêt du Parlement, sur requête du Procureur général tendant à ce qu'il soit enjoint aux religieux de condamner des portes et des fenêtres du côté des murs, de ne plus « se servir d'aucunes femmes, tant jeunes que vieilles », enfin de réparer l'église, laquelle « tombe en ruyne à faute d'estre tenue couverte et est jà fendue en plusieurs endroicts par l'injure du temps » (19 décembre 1580; fol. 111). — Procès intéressant Guillaume Gouffreteau, curé de Bellebat (4 août 1583; fol. 116 v°). — Ordonnance pour la réformation de l'abbaye : offices, réintégration d'objets volés à la sacristie, de titres sortis des archives, construction d'une muraille extérieure partant du « plus haut pilier de la rondeur de la chapelle Saincte-Catherine ou parroisse », etc. (10 septembre 1583; fol. 117). — Procès au sujet de la réunion du prieuré de S'-Macaire au collège de la Madeleine : critique des procédés employés par les Jésuites pour accroître leurs biens; exposé des services par eux rendus, des charges du collège, etc. (1584; fol. 135 v°). — Arrêt au sujet du moulin de S'-Croix, où l'eau n'arrive plus parce que les possesseurs du moulin de Bardenac la retiennent (20 août 1586; fol. 147); — pour le récurement de la Maqueline et des *esteys* dans la palu et l'île de Macau (31 mai 1591; fol. 149 v°); — pour « Bonnaventure de Lur, dàme douairière et usufructueresse des baronies de La Rivière, de La Brède, et maison noble de La Lande, en Bourdellois » : mention de seigneurs successifs de La Brède (7 septembre 1591; fol. 150). — Arrêt pour le récurement de la Maqueline et des *esteys* (16 mars 1592; fol. 152 v°). — Arrêt entre l'abbé et Bonaventure de Lur, faisant connaître le cours moyen des blés pour les années ci-après : 1585, un écu 29 s. 9 d. tournois le boisseau: 1586, un écu 51 s. 6 d.; 1587, deux écus 20 s.; 1588, un écu 35 s. 7 d. ob.; 1589, un écu 23 s. 9 d.; 1590, un écu 40 s.; 1591, un écu 31 s. (29 mai 1592; fol. 153 v°). — Arrêt entre l'abbaye et Le Taillan, au sujet des dîmes : exposé des fraudes auxquelles les habitants ont recours dans le paiement de la dîme des vendanges; pour les blés, ils payent la dîme au treizième et la doivent au dixième (11 août 1592; fol. 155 v°). — Arrêt provisoire condamnant les gens Du Taillan à payer les dîmes au treizième (5 septembre 1592; fol. 158). — Procès au sujet de l'agrière de l'île de Macau : « Ceste année a esté plus tarde et reculée pour les vendanges qu'elle n'a esté de mémoire d'homme, estant véritable... qu'en ladicte isle de Macau on n'avoict achevé de vendanger la veille de la feste de Toussainctz dernièrement passée et qu'à la sainct Martin en icelle isle on n'avoict coulé ny mis ledict vin en barriques » (janvier-août 1595; fol. 161 v°). — Arrêt rendu sur requête du Procureur général, interdisant aux habitants du Médoc de vendanger « jusques à ce que par les officiers des lieux, visite préalablement faicte par quattre des principaux des parroisses, leur aye esté permis de ce faire » (20 septembre 1604; fol. 181 v°). — Arrêt sur requête de l'abbé, prescrivant d'enregistrer ès registres de la Cour la donation faite par le duc Guillaume (31 mars 1609; fol. 186 v°). — Procès pour le paiement des honoraires de Jean Pouleau, organiste de Ste-Croix (1612; fol. 193). — Arrêt ordonnant que l'abbé de Blasimon réparera l'église et les lieux réguliers; en attendant, les religieux se retireront à Sauveterre, conformément à la décision du chapitre général (6 septembre 1621; fol. 219 v°). — Procès entre les chanoines de St-André et les bénéficiers de St-Pierre, au sujet des places au sermon (21 avril 1622; fol. 220 v°). — Homologation par le Parlement du contrat pour la réforme de Ste-Croix (3 juillet 1627; fol. 244 v°). — Arrêt préparatoire touchant l'observation dud. concordat (15 avril 1628; fol. 251). — Ordonnance de Pierre de Goufreteau, prieur claustral de La Sauve, visiteur général des Bénédictins exempts, touchant le service à Ste-Croix (5 juillet 1628; fol 251 v°). — Arrêt de renvoi touchant l'île qui commence à se former « au-devant du ruisseau de la Maqueline et parroisse de Margaus..., proche les isles de Macau et Cazaux »

(22 août 1628; fol. 253 v°). — Donation de l'ermitage de Cambes, par l'abbé, aux religieux (1er juin 1629; fol. 257 v°). — Procès entre Ste-Croix et les vicaires perpétuels de Bordeaux au sujet de la préséance dans les processions; mémoires développant longuement les raisons mystiques et autres pour et contre : Dieu dit à Moïse de faire un chandelier d'argent et des mouchettes d'or; le chandelier représente les moines, « les mouchettes sont les magistralz séculiers de l'Église, qui retranchent leurs superfluités qui naissent tous les jours dans les cloistres »; aperçus historiques sur les églises St-André, St-Seurin, Ste-Croix (1637; fol. 309). — Accord entre l'abbaye de Guîtres et Jean Bernard, vicaire perpétuel (31 août 1642; fol. 343). — Arrêt sur les archives de Ste-Croix, précédemment gardées « dans le sanctuaire et sacristie », dans des coffres fermant à trois clefs, puis enlevées par l'abbé Salviaty, qui en a « dissipé la meilleure et plus grande partie avec ses domestiques »; les archives n'ont pas été remises par les abbés; le Parlement autorise les religieux à faire prendre des copies (21 mars 1644; fol. 350 v°); présentation, aux fins de vidimation, des copies de terriers et titres dont il a été fait des extraits pour lesd. religieux (6 avril-20 juin 1644; fol. 351 v°). — Arrêt du Conseil, à la requête des religieux de Bordeaux, qui se plaignent que l'Archevêque les trouble en la jouissance de leurs droits d'inhumation et autres (14 octobre 1644; fol. 370 v°). — Arrêt renvoyant au Parlement de Rennes un procès relatif au titre du prieuré de Soulac (24 décembre 1644; fol. 373). — Arrêt contre les collecteurs de la paroisse de Labarde pour l'abbé de Ste-Croix, qui revendique la seigneurie des « terres appelées de Peyche-Bernard et Bajardeau, et à présent les isles de Casaux, de Macaud et des Vaches » (20 juin 1690; fol. 387); — contre Pierre Cocard, vicaire perpétuel de Macau (4 août 1690; fol. 388). — Fixation de la pension de Jacques Lizé, vicaire perpétuel de Macau (24 janvier 1603; fol. 394). — Hommage par François de La Cornière, écuyer, demeurant à Gironville, paroisse de Macau, en présence de Jean de Lauvergnac, curé de lad. paroisse (28 octobre 1639; fol. 396),

H. 794. (Registre.) — 0^m41 × 0^m28, 319 pages,
plus 5 feuillets papier.

1665-1691. — Propriétés et seigneuries foncières. « Contracts d'afferme du revenu de l'abbaye ». — Bail à ferme moyennant 15 livres du « droict de langues de bœufz et filletz de pourceaux que M. l'abbé... a acoustumé de prandre et lever en ladicte parroisse de Macau en quallité de seigneur » (25 novembre 1665; p. 4). — Caution de Pierre Degeneste, notaire royal, juge d'Agassac (1er juin 1666; p. 8). — Bail à ferme d'un dixmon dans la paroisse de Blanquefort, lieu dit *à la Chapelle de St-Aon* (25 juin 1666; p. 25); — à Jean Allien, maître chirurgien de Baurech (26 juillet 1670; p. 70); — au nom de Dom Mathieu Brugière, prieur de L'Isle-St-Georges (4 juillet 1674; p. 123); — à Fortis Dubeau, curé de Blanquefort (22 juin 1675; p. 132); — par le fondé de pouvoir de l'abbé, « logé dans l'hostellerie où pend pour enseigne *le Faisan*, rue de Combes, parroisse St-Siméon » (18 juillet 1675; p. 149). — Location d'un logement à Antoine Leblont de La Tour, « peintre ordinaire de l'hostel commun de la présent ville », à charge par lui de faire trois tableaux destinés au réfectoire et à la grande salle des religieux (18 novembre 1677; p. 165). — Bail à ferme à Pierre Despujos, archer du vice-sénéchal, domicilié dans la paroisse de St-Siméon (2 juillet 1678; p. 171). — Traité avec Jean Savoye, dit La Croix, « maistre masson et architecte », domicilié paroisse Ste-Croix, pour la construction de la sacristie (14 juillet 1683; p. 207). — Bail à ferme à « George Godart, hoste où pand pour enseigne *le Bon Enfent* » (26 août 1683; p. 211); — au nom de Dom Arnaud Coudroy, « prieur titulaire ou régulier de Sainct-Nicolas Du Fieux, diocèse de Bordeaux » (6 mai 1685; p. 246). — Acte à Cécile de Pontac, supérieure des Bénédictines (1er août 1686; p. 268). — Achat de 8 douzaines de barriques, « moitié de bourdillon et l'autre moitié de bois de pays, couvertes de châtanier, barrées de barres fortte », livrables à la st Jean au prix de 34 l. 10 s. la douzaine (14 janvier 1687; p. 277); — de 10 douzaines, au même prix (3 décembre 1687; p. 292). — Sommation à Lauvergnac, curé de St-Éloi, au sujet de la préséance dans les processions (25 mai 1688; p. 297). — Bail à ferme des revenus de l'abbaye, « non compris les droits de lots et venthes quy pourroint estre deubz pour rayson du décret encommancer, longtemps y a, de l'isle de Cazau » (31 décembre 1684; p. 306).

H. 795. (Registre.) — 0m42 × 0m29, 294 feuillets papier et 16 feuillets de table.

1290-1696. — Propriétés et seigneuries foncières. Terrier de l'infirmier. — Arrêt commettant, sur la demande du syndic de Ste-Croix, le premier notaire sur ce requis, pour faire vidimus de titres transcrits dans des registres (14 novembre 1647; fol. 1). — Bail d'une vigne sise à Gratacap, pour 10 ans, moyennant le tiers de la récolte (25 janvier 1290, n. s.; fol. 2). — Ensaisinement par Bernard de Lataste, prieur claustral (8 mars 1345, n. s.; fol. 13). — Acte de 1377, « extraict d'un protocolle d'originaux de Me Guilhem de Lavau, notaire public » (fol. 26 v°). — Ensaisinement à la suite d'une vente publique, « ab degudas subastations feitas publicas per ladeita garda et exequtor, ab las trompas per los quatre cayrefors de Bordeu, si cum es accostumat » (2 février 1379, n. s.; fol. 28). — Reconnaissance, en présence de Bernard de Ramade, curé de Langon; Jean Dupuch, curé de Mazères; Pierre de Mazères, curé de Fargues, etc. (26 décembre 1402; fol. 52); — en présence de Gombaud Forner, prieur claustral (1er août 1404; fol. 57 v°); — en présence de Jean Aner, vicaire perpétuel de Ste-Croix-Du-Mont (30 juin 1429; fol. 70). — Bail à fief par Bernard Fau, nommé lieutenant d'Henri, évêque de Bazas et administrateur de Ste-Croix, par lettre du 28 décembre 1435 (29 décembre 1440; fol. 76 v°). — Reconnaissance par « Johan de Cabernas, pelhey, demorant sobre lo fossal, en la parropia de Sent-Aloy » (15 juin 1447; fol. 82 v°). — Bail à fief par Gaillard Ros, « prior de claustra... et vicari generau elegit per tot lo combent deudeit monestey, l'abbadia vaccant » (5 décembre 1446; fol. 83 v°). — Reconnaissance pour un immeuble qui « se ten sobre lo mur de la capera de Balach », dans la paroisse St-Médard-d'Eyran, pour une terre « qui es darrey la mota deudeit enfermey », etc. (4 mai 1458; fol. 97). — Bail à fief, à la suite de déguerpissement, de « tot aguet jarle et salina, ab tots sons aparelhs », sis à Soulac, *a l'Enfermey*, « entre lausat de las quatre liuras bassas deu priorat deudeit Solac, d'una part, et la jala deu molin deudeit prior deudeit Solac et de sons parsoneys, d'autra part, et dura, etc. de la salina et aparelhs deudeit prior de Solac, de l'un cap. entro audeit lausat de lasdeitas quatre liuras bassas deudeit prior, de l'autre cap », en présence de Benoît Du Thoron, prieur de Soulac (5 janvier 1462, n. s.; fol. 98 v°). — Bail à fief par Pierre de Ferranhes, prieur claustral, et autres religieux à demoiselle Élisabeth de Montagud (26 février 1494, n. s.; fol. 127). — Reconnaissance pour un emplacement sis à La Souys, confrontant « lo sou commun apperat lo sou deu Rey » (26 juin 1494; fol. 131); — par Jeanne Bernard, femme d'Yvonnet Chabrou, chirurgien, de la paroisse St-Michel (1er juillet 1497; fol. 135); — « presentibus... Anthonio Prudomic, cirurgiano, et Joanne Rogier, lathomo » (16 novembre 1507; fol. 140). — Ensaisinement par Bertrand

Du Sailbant, prieur (19 décembre 1514; fol. 180). — Reconnaissance pour « une saline avec ses jars, couches, appareilhs, viviers », dans la paroisse de Soulac, à *l'Infirmier* (3 février 1534, n. s.; fol. 196 v°); — pour une maison « en la parroisse S*-Médart-en-Arruan, juridiction de L'Isle-S*-George, au lieu appellé à la Chapelle de S*-Marc » (14 juillet 1586; fol. 251 v°); — par « Anne de Gay, dame d'Eyran, Nexon et Crochac, veuve de feu messire Joseph Deymar, en son vivant conseiller du Roy et présidant en la Cour de parlement de Bourdéaux », pour une vigne à Bègles (5 juin 1595; fol. 258 v°). — Conversion d'agrière par Pierre Dufaur, prieur claustral, et autres religieux (28 octobre 1595; fol. 259 v°).

H. 796. (Cahier.) — 0ᵐ27 × 0ᵐ19, 31 feuillets papier.

1290-XVIIᵉ siècle. — Propriétés et seigneuries foncières. Registre partie terrier, partie lième, pour les droits du sacristain dans les graves de Bordeaux et à Paludate. — Bail à cens d'une vigne que retenait Bernard de La Planche, prieur de Soulac (31 décembre 1418; fol. 23).

H. 797. (Registre). — 0ᵐ33 × 0ᵐ21, 7 feuillets papier.

XVIIᵉ siècle. — Propriétés et seigneuries foncières. « Table du présent terrier, cotté Infirmier 2ᵉ et Sacristain 2ᵉ ».

H. 798. (Registre.) — 0ᵐ24 × 0ᵐ19, 31 feuillets papier.

1702-1703. — Propriétés et seigneuries foncières. Terrier pour Tresses, Cambes et S*-Caprais.

H. 799. (Cahier.) — 0ᵐ33 × 0ᵐ22, 31 feuillets papier.

1258-1708. — Propriétés et seigneuries foncières. « Vidimés en forme de quelques reconnoissances qui portent une confrontation à la rivière ». — Reconnaissance par Guillaume Roborel, pour lui et pour Jean, son frère, procureur du Roi en la prévôté de Barsac (11 avril 1626; fol. 9); — par Pierre de S*-Symphorien, dit de Landiras, seigneur pour partie de L'Isle-S*-Georges (12 juin 1371; fol. 14 v°).

H. 800. (Registre.) — 0ᵐ43 × 0ᵐ32, 46 feuillets parchemin, plus 2 feuillets de tables papier.

1702-1717. — Propriétés et seigneuries foncières. Terrier. — Reconnaissance par Catherine Billy, veuve

de Jean Beaudues, régent de l'Université de Bordeaux, pour une maison sise place de Canteloup, confrontant à celle du sʳ de Capblane, écuyer, sieur de Canteloup, et à autre maison acquise du président Despagnet (25 juin 1709; fol. 15); — par le fondé de pouvoir d'Henri de Caplanne, baron de Mondebat, pour partie d'une maison sise place Canteloup, devant le puits Mouton (29 juillet 1709; fol. 16 v°); — visant une précédente reconnaissance consentie par Gratien Mullet, écuyer, sieur de La Plane, le 26 août 1605 (20 décembre 1710; fol. 22).

H. 801. (Recueil factice.) — 200 feuillets parchemin et papier.

1658-1725. — Propriétés et seigneuries foncières. Terrier. — Reconnaissance par les frères Jean et Élie de Suau, ce dernier capitaine au régiment du Dauphin (12 mars 1681; fol. 67); — aux mains de Gilbert Seguin, curé de Civrac en Bourgès, représentant l'abbaye, par Pierre Dulaurens, sieur de La Rivière, habitant de la paroisse de Cézac, et autres, pour le maine de S*-Croix, paroisse de S*-Mariens (26 avril 1682; fol. 71); — par Jacques de Coulomb, sieur Des Marais Bernard Reynier, sieur de Donnezac, et autres pour le maine Du Tailhier, *alias* de S*-Croix, sis près du bourg de S*-Mariens (27 avril 1682; fol. 72); — par Pierre Dulaurens, sieur de La Rivière, « demeurant... au lieu noble de La Bellue, paroisse de Cubnezai », et autres co-tenanciers pour le maine de Bois-Vache, sis paroisse de S*-Mariens, près du maine de Pred-Vache, *alias* de La Rivière, en présence de Guillaume Page, notaire et arpenteur, habitant de la paroisse de Cézac (28 avril 1682; fol. 73); — par divers, pour d'autres maines indivis (1682; fol. 74-87); — par Jacques de Coulomb, écuyer, sieur Des Marais, Du Rivollet, La Valle, de La Vieille-Court et autres lieux, habitant en sa maison du Haut-Marais, paroisse d'Orignolles en Saintonge, agissant pour Jeanne Bernard, son épouse (14 mai 1682; fol. 82). — Cession par les jurats de Bordeaux, lesquels sont énumérés dans l'acte (28 mai 1691; fol. 89). — Reconnaissance par François de Malet, écuyer, conseiller en la Cour des Aides (10 avril 1693; fol. 114); — par Jacquette Dorlie, veuve de Joseph de Mullet, seigneur de Cayzac (14 août 1719; fol. 153); — par Marguerite Moufflart, épouse de Jean Joret, cartier, domiciliée à La Rochelle, pour une maison provenant de feu Jeanne Delanoue, mère de lad. Marguerite, veuve de François Moufflart, sculpteur, et femme en secondes noces de Jean Charra, aussi sculpteur (10 septembre 1721; fol. 159); — par

Vital Vallet, marchand cartier, domicilié à Bordeaux, rue St-Catherine (15 mars 1723; fol. 177); — par Marguerite de Borderie, épouse de Jean de Loubes, trésorier général au Bureau des Finances (6 janvier 1725; fol. 199).

H. 802. (Registre.) — 0^m27 × 0^m21, 30 feuillets parchemin et 2 feuillets de tables papier.

1693-1737. — Propriétés et seigneuries foncières. Terrier incomplet et formé, pour partie, d'actes originaux.

H. 803. (Registre.) — 0^m48 × 0^m31, 283 pages, plus 2 feuillets de tables.

1723-1739. — Propriétés et seigneuries foncières. Terrier. — Reconnaissance par Pierre Malet, fourreur, de Bordeaux, pour une maison acquise, le 3 octobre 1718, de Catherine de Lamothe, veuve d'Aymon de Billy, avocat général en la Cour des Aides (23 décembre 1727; p. 95). — Accord concernant un bien sis dans la paroisse de St-Médard, près du « ruisseau qui dessent au château d'Eyran » (11 avril 1729; p. 118); — avec Pierre de Reynier, écuyer, seigneur de Barré, domicilié paroisse St-Projet, co-héritier de son grand oncle Jean de Reynier, marquis de La Ferrade (16 mars 1730; p. 134). — Reconnaissance pour une maison confrontant « aux apans de M. Bondouère, juge de la comté d'Ornon » (7 juin 1731; p. 151). — Procuration à l'effet de suivre un procès contre François-Raimond de Guichanère, écuyer, seigneur d'Armageant, et Gabriel Roulleau, curé de Ste-Croix-Du-Mont (14 juin 1784; fol. 188). — Reconnaissance par Valentin Merlet aîné, « capitaine intendant d'artillerie de cette d. ville de Bordeaux... comme administrateur des fonds et revenus destinés à l'établissement et entretien de la communauté des Filles de la Charité » (28 juin 1737; p. 231); — par Raimond Liraudin, monnayeur (15 septembre 1737; p. 243).

H. 804. (Registre.) — 0^m51 × 0^m35, 47 feuillets papier et 4 feuillets de tables.

1731-1746. — Propriétés et seigneuries foncières. Terrier principalement relatif à l'Entre-deux-Mers. — Reconnaissance par Gabriel Dalesme, s^r de St-Clément, pour le moulin de La Fagède, visant de très anciennes reconnaissances (27 avril 1732; fol. 12 v°); — par Renaud de Montigny, écuyer, lieutenant général

d'artillerie, domicilié à Bordeaux, agissant pour ses enfants, héritiers de leur mère Marguerite de Coulains (17 septembre 1735; fol. 22 v°); — pour un bien dans la paroisse de Cambes, « lieu entiennement appellé à Gironville, au-delà de l'estey et sur le bord d'icelluy » (8 décembre 1735; fol. 30 v°); — pour un bien dans la paroisse Du Tourne, « au Prieuré, proche le Baille ou Fontvielhe » (15 décembre 1732; fol. 37 v°); — par Pierre Seguin, avocat au Parlement, docteur agrégé en l'Université (22 mai 1736; fol. 42 v°).

H. 805. (Registre.) — 0^m45 × 0^m33, 182 feuillets, plus 4 feuillets de tables et 2 pièces.

1635-1636 et 1724-1751. — Propriétés et seigneuries foncières. Terrier. — Reconnaissance par Jacques Rigaut, porteur de morues (15 août 1751; fol. 71); — par Raimond Labottière, libraire, mari de Marie Audat (7 juin 1751; fol. 74 v°).

H. 806. (Registre.) — 0^m45 × 0^m32, 202 feuillets, plus 12 feuillets de tables.

1762-1773. — Propriétés et seigneuries foncières. Terrier de l'abbé. — Reconnaissance par Guillaume-Joseph Saige, seigneur de Laprade, baron de Beautiran, domicilié rue St-Catherine, paroisse St-Projet (23 juillet 1762; fol. 3); — par Gratien Merlet Du Grava, ancien mousquetaire du Roi (14 septembre 1762; fol. 12 v°); — par J.-B. Augé, seigneur de Guilleragues, Monségur et autres places (28 août 1765; fol. 19); — par Pierre-Charles Dubos, prieur de Gillet (22 décembre 1766; fol. 88); — par Jean Molinier, graveur à la Monnaie de Bordeaux, pour une maison nouvellement bâtie en Paludate, « sur la nouvelle rue de Terre de Bordes » (22 décembre 1766; fol. 90 v°); — par Géraud Audebert, sculpteur, domicilié hors des murs de la ville, sur la rivière, entre les portes de la Grave et des Salinières (22 décembre 1766; fol. 95 v°); — par Joseph Brulle, libraire, rue St-James (1er janvier 1767; fol. 107); — par Thibaud-Simon Miramond, monnayeur en la Monnaie de Bordeaux, demeurant rue des Argentiers (30 juin 1767; fol. 113 v°); — pour une maison dans la rue des Petits-Carmes, confrontant à celle de Joseph-François de Rolland, président à la Cour des Aides (22 août 1763; fol. 131); — pour une maison sise rue du Pontet des Salinières, y compris une « voûte anciennement apelée de Tandon, servant de cave, sur l'extrémité de laquelle voûte il y a un passage commun ou ruette » (19 janvier 1764; fol. 135 v°); — par

Alexis de Jegun, ancien capitaine d'infanterie au régiment de Bourbon, seigneur de la maison noble de Cajus (12 mai 1764; fol. 141); — par Pierre de Papin, seigneur de la maison noble de La Gaucherie, ancien capitaine au régiment de Chartres-Infanterie, habitant de Plassac (13 juillet 1765; fol. 150 v°); — par Louis Dumantet, écuyer, seigneur en franc-alleu noble de la salle de Livrac, domicilié rue Capeyron (27 septembre 1765; fol. 153 v°); — par Jacques Vincendon, maître-architecte (16 octobre 1765; fol. 154 v°); — par Etienne Grenier, prieur et syndic de l'hôpital Ste-Marguerite de la Charité, de Cadillac (22 août 1766; fol. 169); — par Thérèse de Lalanne, veuve de François de Coëffard, écuyer, et Marie Bonneau, veuve de Jean Laterrade, « seigneuresses par indivis de la maison noble de Castaing », pour un pré sis à Baurech, confrontant à la terre de Jean-Louis de Lasalle, seigneur et baron de Castandet (fait dans la maison noble de Castaing, paroisse de Baurech, 26 novembre 1771; fol. 197).

H. 807. (Registre.) — o^m44 × o^m82, 215 feuillets papier.

1760-1773. — Propriétés et seigneuries foncières. « IXe terrier des religieux, depuis 1762 jusqu'à 1767 ». — Reconnaissance par Bartholomée Rulleau, veuve de Pierre Duplessy, conseiller au Présidial (23 juillet 1762; fol. 25); — pour des immeubles sis « dans le tènement du Pred de Bordes, anciennement à la Gravette du pont Du Guit » (même jour; fol. 25 v°); — par « Mathieu Reynier de Donezac, capitaine de garde-coste » (7 septembre 1762; fol. 48 v°); — par « Jean Darmagnac, me en fait d'armes, habitant de Bordeaux, rue St-James, parroisse St-Eloy », pour une vigne (3 décembre 1765; fol. 53); — par Joseph Feger, conseiller clerc au Parlement, pour une « échope voûtée et puis, le dessus de laquelle échope sert de plateforme, située au boulevard du pont St-Jean » (16 août 1763; fol. 88 v°); — au nom de Jean Barberin, curé de St-Germain-Du-Puch (22 août 1763; fol. 92); — par « Charles-Claude de Joigny de Bellebrune, marquis de Joigny, seigneur de la maison noble de La Bellue, commendant le bataillon des milices gardes-côtes de Moron », mari d'Anne de Romat (17 avril 1761; fol. 95 v°); — par Thérèse Crozillac, veuve de Jacques Doazan, « docteur aggrégé en l'Université de médecine » (30 mai 1761; fol. 99); — par « Etienne Laclotte aîné, maître architecte, habitant du faux bourg St-Seurin, rue Notre-Dame, faisant tant pour lui que pour ses frères, iceux héritiers de feu

sr Jean Laclotte, leur père, et celui-cy d'autre sr Jean Laclotte, son oncle, aussi maître architecte » (17 décembre 1761; fol. 105 v°); — par Marie de Voisin, femme de Léonce-Brice d'Allenet, pour une maison dans la rue des Petits Carmes, anciennement de St-Christoly (10 août 1763; fol. 125); — par Jean Mathereau, agrégé à la Faculté de médecine (1763; fol. 128); — par Joseph Morin, « maître boulanger en pain bény » (19 janvier 1764; fol. 128 v°); — par Gabriel-Barthélemy de La Vaissière, chevalier, seigneur de Verduzan et de la maison noble de La Bassecour, comme mari de Madeleine de Briet, « co-héritière pour les biens maternels de feu M. Raymond de Ferron » (20 mai 1764; fol. 135); — par Marthe-Madeleine Larroque, supérieure de la Visitation (7 septembre 1764; fol. 141 v°); — par Anne-Jeanne Claverie, veuve de Moïse Garnung de Voisin, monnayeur pour le Roi en sa Monnaie de Bordeaux (9 mai 1765; fol. 146 v°); — pour « icellui bourdieu anciennement appellé le mayne de feu Pierre Muley, ensuite de Frangeaut et du depuis d'Eyma et de Gaufreteau et à présent de Pissabœuf, situé dans la parroisse de Bègle et dans le bourg de St-Ujean » (1er septembre 1765; fol. 152); — par Pierre Terrasson, professeur à la Faculté de droit (7 janvier 1766; fol. 177 v°); — par Marie Brascassat (17 février 1766; fol. 178 v°); — pour un domaine confrontant « au grand chemin royal conduisant de la porte d'Acquitaine, anciennement appellée de Saint-Julien, à Bayonne, passant par les Gahets, pont de Talence et au petit Bordeaux, vulgairement appellé le chemin de Saint-Jacques » (30 octobre 1766; fol. 185 v°); — par Pierre Nicolas Mel de Saint-Ceran, écuyer, contrôleur ez chancelleries près le Parlement, receveur alternatif des tailles en l'élection de Bordeaux, etc. (23 septembre 1767; fol. 187); — par Barthélemy Rivière, chargé du contrôle général des domaines, bois et finances de la Généralité de Bordeaux (22 octobre 1767; fol. 187 v°); — par Jean Deniau, curé de St-Martin de Neuffons (29 mars 1772; fol. 212).

H. 808. (Registre.) — o^m45 × o^m81, 257 feuillets,
plus 13 feuillets de tables.

1699-1780. — Propriétés et seigneuries foncières. Terrier des religieux. — Reconnaissance pour une maison dans la paroisse de Cambes, lieu dit anciennement à *Gironville*, au delà et sur le bord de l'estey (19 novembre 1766; fol. 1); — pour une vigne dans la même paroisse, « lieu anciennement appellé à *Giron-*

ville, à la petite Borie et à présent *à Deyren* » (26 décembre 1766; fol. 1 v°); — par Pierre-Joseph Courtin, organiste (14 février 1771; fol. 63); — pour deux maisons qui « font partie de l'ancien tennement appellé *Du Prat* et à présant rue Peyronnet » (17 juillet 1771; fol. 74 v°); — par J.-J. Froger de La Rigaudière, lieutenant des vaisseaux du Roy, domicilié à Bordeaux, rue Margaux, acquéreur d'Augustin Desaigues de Salles, aîné, écuyer, seigneur de Salles, Laubardemont et Tayac, pour une terre dans la paroisse de Villenave, *à La Porte*, près du moulin de Carbonnieux, anciennement de Veyres (12 mai 1774; fol. 90 v°); — par la veuve de Martial Despin, tonnelier, pour une maison « faisant canton de la grande rue Des Bordes et de rue Despin » (21 janvier 1776; fol. 101); — pour un bien dont il a été passé reconnaissance, le 20 janvier 1685, par Pierre Duduc de Bordes, écuyer, sieur de Casenave, en Albret (24 janvier 1776; fol. 105 v°); — par Jean Laclotte, maître architecte, domicilié rue Judaïque, pour lui et pour Étienne, son frère (30 juillet 1780; fol. 161); — par Daniel Cremié, « vigneron pris-faiteur chez M. de Faugeras » (10 février 1768; fol. 186 v°); — par Peyronne de Talazac, épouse de François-Guillaume de Caplane, chevalier, seigneur baron de Mondebat, Garlède et autres lieux, domiciliée au château de Caplane, paroisse de Poulliac, en Chalosse (Bordeaux, « dans l'hôtel ou pent pour enseigne *Au Vicomte de Noé*, sur les fossés du Chapau Rouge », 15 janvier 1776; fol. 187 v°); — par François Escot, maître en chirurgie, domicilié à Soulac (7 février 1776; fol. 191 v°); — par François-René-Joseph de Barret, écuyer, seigneur de la tour de Serran, domicilié rue de l'Observance (12 avril 1777; fol. 210 v°); — par Marc de Chaperon, premier président honoraire au Bureau du domaine et des finances de Guienne, domicilié place St-Projet (25 mai 1778; fol. 239 v°); — par J.-B. de Basterot, président honoraire de la Cour des Aides, domicilié rue du Mirail (8 janvier 1779; fol. 246 v°); — pour une vigne dans la paroisse de St-Caprais, confrontant à un fief de la maison noble de Gassies, située à La Tresne (2 juin 1779; fol. 248 v°); — pour une vigne dont il a été reconnu les 25 août 1519, 29 septembre 1606 et 8 mai 1661, en faveur de Guy Pyraty, Claude Maillard et Jacques Hugues, curés de Cambes (25 juin 1779; fol. 249 v°). — Accord avec Jean-Pierre Lafite, seigneur de la maison noble du pont de Langon (27 juin 1779; fol. 250 v°).

H. 809. (Registre.) — 0ᵐ43 × 0ᵐ37, 301 feuillets, plus 6 feuillets de tables.

1781-1783. — Propriétés et seigneuries foncières. Terrier. — Reconnaissance par Marc-Antoine-Chrysostome Brousse, supérieur de la Mission à Bordeaux (8 juin 1781; fol. 3 v°); — par Bernard Maneq, chirurgien à Macau, pour une vigne confrontant à autre vigne, « qu'on dit être fief de la maison noble de Maucamp » (20 décembre 1781; fol. 63 v°); — par Antoine Martin, chirurgien à Macau (21 décembre 1781; fol. 66); — par Gervais Athier, tonnelier, domicilié à la maison noble de Maucamp, paroisse de Macau (même jour; fol. 69 v°); — par Jacques de Bergeron, écuyer, seigneur des maisons nobles de Lamothe-Cussac, Lesersins, Vanse et autres lieux (21 février 1783; fol. 184); — en présence de « Jean Rolin, capitaine de la sous-brigade de Lamarque » (4 mai 1783; fol. 211 v°); — pour une terre labourable, « vigne haute et vigne basse » (8 mai 1783; fol. 219); — mentionnant Jean Lannes, curé de Lamarque, le 15 décembre 1647 (25 mai 1783; fol. 286); — par Jean de Bergeron, curé de Lamarque, pour divers biens, dont « un barrail de pré situé dans lad. paroisse de Lamarque, lieu appellé *Au Prad Negre*, près de La Ferreyre », confrontant vers le sud « au chemin qui conduit de l'églize vieille à la rivière appellé la carrière d'Estey Moulin » (28 mai 1783; fol. 294 v°).

H. 810. (Cahier.) — 0ᵐ45 × 0ᵐ29, 10 feuillets papier.

1781-1783. — Propriétés et seigneuries foncières. Terrier. — Reconnaissance pour une échoppe « au-dessus de laquelle il y a une rochelle ou décharge » (24 février 1782; fol. 1 v°); — par un scieur de long « habitant du lieu enciennement appellé Penissaut et actuellement grande rue St-Jean » (9 mars 1783; fol. 5).

H. 811. (Registre.) — 0ᵐ48 × 0ᵐ31, 106 feuillets papier.

1737 et **1782-1789.** — Propriétés et seigneuries foncières. Terrier. — Reconnaissance pour une maison en construction, à l'angle de la rue de la place de la Monnaie, vers Ste-Croix (26 avril 1784; fol. 11 v°); — par « Jean Moulinier, plus jeune, graveur en titre de la Monnoye de Bordeaux, y demeurant, dans l'hôtel de la Monnoye » (12 mai 1784; fol. 12 v°); — par Jean Moulinier, maître architecte (18 mai 1784; fol. 14 v°);

— pour un « grand magazin partagé en deux dans toute sa longueur par une muraille qui va du levant au couchant, servant autrefois d'églize ou de chapelle au noviciat des Jézuites, faisant le canton des rues du Fort-Louis et du Noviciat, ayant sur la rue du Fort-Louis, où est la principale porte d'entrée, ainsi que du couchant trente-huit pieds » (20 mai 1784; fol. 15); — — Bail d'un magasin « à titre de loccatairie perpétuelle et de bail à rente foncière », moyennant 561 l. 6 s. par an: tous les 20 ans, on fixera le chiffre de la rente suivant la valeur des monnaies, déduite du cours des blés, la valeur actuelle étant calculée à raison de 12 livres tournois pour un boisseau de première qualité, pesant 120 livres poids de marc, le marc d'argent valant 48 livres tournois (10 juin 1784; fol. 17). — Reconnaissance pour une raffinerie qui vient d'être construite à l'angle des rues S¹ᵉ-Croix et Nérigean (3 juillet 1784; fol. 20); — par Bernard Duboscq, « marchand avironnier » (17 août 1784; fol. 42 v°); — par Jean Bernard, « pompier de la Ville » (18 septembre 1784; fol. 47 v°); — par Pierre Deconget, cavalier du guet, et vingt autres (28 novembre 1785; fol. 55); — par « Jean Boutin père, homme d'affaires de la maison noble de Carbonnieux » (27 novembre 1785; fol. 60); — pour un immeuble acquis, le 25 février 1763, de Jean Barre, curé de Villenave (14 décembre 1785; fol. 64); — par « Joseph Mazères, fermier du pilory de la présente ville » (13 février 1787; fol. 74 v°); — au profit de Bernard Lade, prieur de Soulac (15 mai 1787; fol. 95 v°); — pour une maison dans la rue des Bordes, confrontant d'un bout à la verrerie du s¹ Meynard (15 mai 1787; fol. 96 v°); — pour une maison sise à Terres de Bordes, acquise, le 14 avril 1742, de Pierre Duduc de Bordes, écuyer (9 juillet 1787; fol. 99); — par François Laclausure, monnayeur pour le Roi (15 juin 1737; fol. 100); — par Jean Dissac, « portier de la porte Bourgogne » (10 juillet 1787; fol. 102); — pour une maison récemment acquise de la famille de Lur de Saluces, avec indication des auteurs qui ont possédé lad. maison (17 août 1787; fol. 102 v°).

H. 812. (Cahier.) — 0ᵐ25 × 0ᵐ19, 9 et 10 feuillets.

1265-XVIII° siècle. — Propriétés et seigneuries foncières. Terrier et liève. — Mention d'une maison dans la rue de la Fusterie, confrontant à celle des héritiers de Bertrand Prochel (s. d.; fol. 4); — de « Pierre Du Chalard, arracheur de dens » (10 décembre 1543; fol. 4 v°). — « S'ensuit la déclaration de la maison commune de la ville de Bourdeaulx, faicte en l'an mil cinq cens cinquante, après l'entrée du sieur Connétable, suyvant la volonté du Roy, avec la nomination des tenantiers et emphitéotes icy soubz-nommés » (fol. 1).

H. 813. (Registre.) — 0ᵐ43 × 0ᵐ29, 275 feuillets.

XVII°-XVIII° siècles. — Propriétés et seigneuries foncières. « Transactions, concordactz, autres actes considérables » (¹). — Analyse d'une transaction de 1707, « portant que l'église S¹ᵉ-Croix est abbatiale et pour le service de la parroisse le collatéral gauche et la chapelle S¹ᵉ-Catherine est affectée au vicaire » (fol. 30 v°); — d'une transaction du 3 janvier 1633, entre l'abbé et les religieux (fol. 33 v°); — d'actes conclus par Jacques Hugués, vicaire perpétuel de Cambes, les 12 mars 1686 et 8 octobre 1690 (fol. 43); par Raimond Garmond, prieur, et Guillaume Panis, curé de Cambes, en juillet 1313 (fol. 43); par Géraud Dorigne, prieur, le 2 mars 1332, n. s. (fol. 43 v°); par Pierre Reynaud, vicaire perpétuel de Cambes, le 27 mars 1433 (fol. 44); pour Blaise Jarrige et Jean Roquette, curés de S¹-Caprais, les 3 avril 1658 et 3 octobre 1692 (fol. 44 v°); par Jean Gros, prieur claustral, le 13 novembre 1586 (fol. 46); par Jean Philip, vicaire perpétuel de Blanquefort, le 21 janvier 1652 (fol. 48); par Jean Lannes, curé de Lamarque, les 29 mars 1639 et 7 mars 1655 (fol. 48 v° et 49); par Arnaud de Castanhs, prieur [de Camparrian], et Pierre Du Cerey, prieur du même lieu de Camparrian, les 2 mars 1298, n. s., et en 1416, pour la dîme du moulin Du Bay (fol. 52); par Bernard de Lahontan, chanoine d'Aire et curé de Beautiran et Ayguemorte, le 14 avril 1605 (fol. 52 v°); par Françoise de Pichon, « prieure du couvent de Notre-Dame, ordre de S¹-Benoît, fondé depuis peu en la parroisse S¹ᵉ-Croix et rue du Parc », en date du 14 août 1639 (fol. 53); d'une transaction intervenue en 1195 entre l'abbaye et « Aquilin de Guillaume, seigneur de Lesparre, et Sénebrun, son frère, par la médiation de Geoffroi de Cellés, sénéchal de Poitou et Gascogne », relativement à Soulac (fol. 55); d'une transaction relative au moulin de Madères, sur l'Eau-Bourde, légué aux Frères Mineurs par Arnaud Mondedier, écuyer, par son testament du 14 décembre 1373 (fol. 57). — Note relative à une acquisition faite par les Jésuites, qui, pour éviter de payer le droit d'amortissement, ont demandé que l'acte ne fût point passé par-devant notaire (fol. 59). —

(¹) Ce registre est en mauvais état; partie des documents sont incomplets.

Analyse d'une transaction du 14 mars 1611 avec Antoine de Bordes, écuyer, sʳ de la maison noble de Treulon à Bruges (fol. 62); — d'une transaction du 25 décembre 1520 « entre Mᵉ Anthoine Bergeault, recteur de Sᵗᵉ-Croix-Du-Mont et de Sᵗ-Maurice d'Aubiac, son annexe, et ses parroissiens, qui règle le casuel dudit recteur, du jour de Pâques et la confession à un ardit » (fol. 63); — d'une sentence arbitrale de juin 1317, concernant Garcie d'Angladeu, vicaire perpétuel de Blanquefort (fol. 64). — « État général des revenus du monastère de l'abbaye Sᵗᵉ-Croix de Bordeaux, justifié par titres et documens sur quoi ils sont fondés, dont le relevé en a été fait à vue des pièces par Dom F. Boulin, en 1758 » (fol. 101). — Analyse de la collation d'une prébende à Fort de Médoc, curé de Sadirac, en date du 12 octobre 1466 (fol. 205); — d'une autre collation, du 25 octobre 1467, à la suite de la mort dud. Fort (fol. 205 vᵒ). — « Récapitulation du compte général des revenus de l'abbaye Sᵗᵉ-Croix, comme ils se sont trouvés en l'année 1757 » : mense conventuelle, 12,232 l.; petit couvent, 25,670 l.; etc. (fol. 207). — Récapitulation des revenus des prieurés possédés à titre : Sᵗ-Aubin-de Blaignac, 2,600 l.; Sᵗ-Paxans de Lamothe, 2,000 l.; Sᵗ-Martin de Flaujagues et Gensac, son annexe, 1,550 l.; Sadirac, 550 l.; Le Fieu, 500 l.; Montauriol, 720 l.; Sᵗᵉ-Colombe et Sᵗ-Jean d'Ansas (?), son annexe, 820 l.; L'Isle-Sᵗ-Georges, 330 l.; Soulac, 400 l.; Le Tourne, 410 l. (fol. 231 vᵒ). — Tableau des charges (fol. 234). — Décimes : mense conventuelle, 1,390 l. 5 s. 7 d.; offices claustraux, 524 l. 17 s. 5 d.; prieuré de L'Isle-Sᵗ-Georges, 150 l.; Le Tourne, 116 l. (fol. 235). — Table alphabétique (fol. 254 et suiv.).

H. 814. (Registre.) — 0ᵐ29 × 0ᵐ11, 267 feuillets papier.

1423-1449. — Propriétés et seigneuries foncières. Lièves (¹). — « Passey compte, jo, avant d. Johan de Salves », pour les cens perçus, spécialement du 17 mars 1439, n. s., au 19 décembre 1449 (fol. 17 vᵒ). — Paiement par « Hel. Jordau, prestre, vicari de Senac » (janvier 1439, n. s.; fol. 31 vᵒ). — Règlement de compte par Jean de Salves avec l'abbé, lequel « prometo en Diu et en sa arma de despuntar totz los avantd. affevatz et affevades en lo son gran rolle ». (28 mars 1434; fol. 67). — Autre règlement avec des religieux, « estantz dintz la gleysa Santa-Crotz, davant Nostra-Dona et sobre la tomba de Mossʳ l'abat qui

(¹) Ce volume a été formé très anciennement de plusieurs lièves, que l'on a reliées ensemble dans un ordre fautif.

ffo » (10 août 1435; fol. 86). — Mention de la livraison du rôle de la mense commune, faite au comptable, le 27 septembre 1435, par Henri, abbé de Sᵗᵉ-Croix et évêque de Bazas (fol. 86 vᵒ). — Paiement par Jean Guitard, curé de Baurech (novembre 1435; fol. 87 vᵒ); — par Isabelle de La Trau, fille de feu Marguerite d'Astractone (fol. 124 vᵒ); — par « Madona Margarida d'Astractona, dona de Landiras » (juillet 1431; fol. 138 vᵒ); — pour une vigne sise dans la paroisse de Cambes, lieu dit a Carnac (mai 1432; fol. 155); — par « Guilhem Chivaley, prestre, rector de... La Trena » (décembre 1432; fol. 165 vᵒ); — par « Pey Burreu, prestre, rector... Deu Torne » (mars 1426, n. s.; fol. 226); — par Isabelle de Sᵗ-Symphorien, dame de Landiras (décembre 1426; fol. 240); — par Guillaume-Raimond de Ségur, damoiseau, domicilié à Rauzan (janvier 1427, n. s.; fol. 240 vᵒ).

H. 815. (Registre sans couverture.) — 0ᵐ26 × 0ᵐ16, 41 feuillets parchemin.

XVᵉ siècle. — Propriétés et seigneuries foncières. Lième. — Mention de « Isabe de Sen-Santforin, dona de Landiras » (fol. 11); — de « Guilhem Sentongey, fogassey » (fol. 16 vᵒ); — de manses ou portions de manses sis dans la paroisse de Martillac, pour lesquels il est dû l'exporle, le cens et un « homenatge » ou une fraction d'« homenatge » proportionnée à la fraction de manse qui compose la tenure (fol. 19 vᵒ et s.); — d'un versement fait, sur les recettes du présent rôle, le 26 décembre 1418 (fol. 30). — Liste de cens « qui son estatz compratz a optz de la peyssonaria » (fol. 30 vᵒ). — État de redevances dans l'ordre des termes de paiement (fol. 32 et s.). — « Andreas Nadau, lathomus, n s. pro vinea de Ladors » (fol. 41).

H. 816. (Registre.) — 0ᵐ30 × 0ᵐ10, 166 feuillets papier.

XVᵉ siècle. — Propriétés et seigneuries foncières. Lième. — Mention d'une maison et d'une tour tenues par noble Gaillard Du Boys, seigneur de Canteloup (fol. 9); — de « Gabriel Terrague, docteur en médecine » (fol. 11 vᵒ); — de Jacques de Haulterue, fondeur de cloches (fol. 20 vᵒ); — d'une maison sise « à la bastide de Cambes » (fol. 32 vᵒ); — de noble Jean de Makanan (fol. 59); — de « Micqueu Maritan, libraire, demourant à l'Ombrière » (fol. 89); — de François de La Mothe et de Thomas de La Mothe, sʳ de Fargues (fol. 102); — de « maistre Nogey Candeley, conseiller en la Court » (fol. 106); — d'Arnaud Bonneau, sʳ du

Verduz (fol. 115); — d'une terre sise paroisse de Tresses, « à la Mothe, au Puit S'-Martin » (fol. 118).

H. 817. (Registre.) — o" 28 × o" 10, 134 feuillets papier.

XV⁰ siècle. — Propriétés et seigneuries foncières. Liève. — Mention d'une maison acquise par Henri de Mons, marchand, dans la grand'rue S'⁰-Croix (fol. 2); — de la maison où demeure « Olivier Maubrun, masson », dans la même rue (fol. 3); — de Gabriel Terrague, médecin (fol. 11); — de Jacques Tastet, conseiller au Parlement, et de « Forthenay Dupuy », marchand, domicilié rue des Faures (fol. 15 v°); — d'Yves Roux, curé de Portets (fol. 22 v°); — du Moulin Neuf, paroisse de Bègles (fol. 26 v°); — d'une vigne sise « à la bastide de Cambes » (fol. 27 v° et 43); — des « héritiers de Guillem Bossan, parchemenëur, demorant près la Magesté de rue des Ayres » (fol. 30); — du château du Ha (fol. 31 v°); — de « Colin de Ferranbes, demorant avecques Mons' de Montaigne » (fol. 36); — d'une maison rue S'-Catherine, tenue par Pierre Brier, maçon (fol. 46); — de « Nicolas Normant, arbalestier et archier du Chásteau-Trompète » (fol. 47 v°); — de Jean de La Chassaigne, procureur général (fol. 49); — de noble Isabeau de Ferranbes, dame d'Anglade (fol. 51 v°); — du moulin de Bardin, paroisse de Cadaujaç (fol. 57 v°); — de Jeanne de Bonheure (fol. 60 v°); — de lieux dits *au Casterar* et *au Palaix*, paroisse de Tabanac (fol. 85 v° et 86).

H. 818. (Registre.) — o"28 × o"11, 116 feuillets papier.

XV⁰-XVI⁰ siècles. — Propriétés et seigneuries foncières. Liève. — *Registre commencé en 1497 par Mathurin Picaudaye, receveur.* Cens dû par les héritiers de Pierre Du Casterar, chevalier, pour le moulin de Blanquefort, à « la Molandina du Tribailh, sus la Jala » (fol. 4); — par Jaubert de Chicque, maître de la Monnaie (fol. 25 v° et fol. 31); — par « Johan de Campet, pinhador de S'-Eloy » (fol. 41); — par Pierre Martin, curé de Quinsac (fol. 41); — pour une « tour et voûte... en la parropia S'-Miqueu, en rua Planterosa » (fol. 53). — *Autre registre.* Cens de « una comporta de bin ab lo hust » (fol. 65); — par « Pierres de Beluron, cambiador, demorant sus lo pont de Porta Bocqueyra » (fol. 73 v°); — par Jean de Lamote, seigneur de Fargues (fol. 75); — par « moss. Peys Deu Grava..., per l'ostau grant de rua Deu Casse de S'-Miqueu » (fol. 77). — *Autre registre.* Cens dû par « Ysave de Ferranbes,

molher de mossenhor de Angladas, et Grimon Ayquem, son filh » (fol. 104).

H. 819. (Registre.) — o"3o × o"10, 117 feuillets papier.

1518 (?). — Propriétés et seigneuries foncières. Liève. — Cens dû par Olivier Maubrun, maçon, pour la maison où il demeure, grand rue S'⁰-Croix (fol. 3). — Cens dû pour une maison appelée *là Voûte de Tandon,* aux Salinières (fol. 6 v°); — par Gaillard Du Boys, s' de Canteloup, pour une maison et tour devant le cimetière de S'-Michel (fol. 8); — par Gabriel Terrague, docteur en médecine (fol. 10); — par Jacques de Haulte-Rive, fondeur de cloches (fol. 17 v°); — pour le Moulin neuf, paroisse de Bègles (fol. 26); — par « Guiraud Pommier, masson » (fol. 32 v°); — par Michel Maritan, libraire, demeurant à l'Ombrière (fol. 47 v°); — pour des biens sis à « Neyrac, près Beguey » (fol. 66); — par Thomas de La Mothe, s' de Fargues (fol. 82).

H. 820. (Registre.) — o"27 × o"19, 5 feuillets tables et 115 feuillets papier.

1536-1559. — Propriétés et seigneuries foncières. Liève. — Contre-lettre attestant qu'une quittance de cens et de lods et ventes délivrée par l'abbé est un acte de complaisance, « pour... servir à certain procès » (12 novembre 1549; fol. 1). — Enregistrement d'une déclaration à la suite d'un monitoire (fol. 1). — « Papier des cens et rantes apartenant à Monsieur l'abbé de Saincte-Croix, faict en l'an 1536 par M° Clémens Molle, pour lors recepveur desd. cens » (fol. 2); — Mention de noble Gaillard Duboys, s' de Canteloup (fol. 10 v°); — de Jean de Bordes, référendaire à la Chancellerie (fol. 28 v° et 29 v°); — de Jean Chauvin, « hoste *des Troys Connilhs* » (fol. 31 v°); — de « Madame la quarte présidante Carle » (fol. 55); — de Jean de La Cassaigne, conseiller du Roi à Bordeaux (fol. 58); — d'Isabeau Bretault, « dicte la Librairesse » (fol. 65 v°); — de noble Arnaud Bonneau, s' Du Verdux, demeurant à Sadirac (fol. 70); — de « M. de Maisonnefvé, juge de la rigueur » (fol. 70 v°); — de François de La Mothe, seigneur de Cambés, et Thomas de La Mothe, seigneur de Fargues (fol. 78); — de Julien Rochereau, « ymageur » (fol. 82); — d'Arnaud Gassien, « à cause d'une teuleyre qu'il tient à *Pey Bonneau,* en la... parroisse de Sadirac » (fol. 87 v°).

H. 821. (Registre.) — 0^m26 × 0^m16, 61 feuillets papier, plus 6 feuillets de tables.

1557 (?). — Propriétés et seigneuries foncières. Liève. — Mention d'une maison tenue par la veuve de Jean de Lafontaine, maître de la Monnaie (fol. 2); — d'une « mouline », tenue à Fargues par Jean de La Mothe, seigneur dud. lieu (fol. 3 v°); — d'une vigne « à La Bastide de Cambes » (fol. 5 v°); — du « moulin de Latour, au-dessoubz le moulin de Peyrelongue », tenu par « Thommas Duboys, escuier, et sa femme, fille de feu Monsieur de Latour » (fol. 6); — d'un mansè « acquis de Micqueau Maritan, libraire » (fol. 9); — de moitié du moulin de Peyrelongue, à « noble Monsieur de Montaigne » (fol. 10); — d'une maison à Pierre Du Chalard, « arracheur de dans » (fol. 26); — d'une maison à noble Gaillard Du Boys, sr de Canteloup (fol. 26 v°); — d'une terre à « Anne Panier (?), dem[eurant] à l'ostellerie du Daulfin » (fol. 28); — du moulin de Bardin, paroisse de Cadaujac, à noble Jean de Coulomb, sr dud. lieu de Coulomb (fol. 31 v°); — d'un bien de « Jehan Ch…, houste des Trois Counilhs » (fol. 36); — d'un bien « joinhant le riou du moulin d'Ars, contre le pont de Ladoz » (fol. 37); — d'une maison à Pierre de More, monnayeur (fol. 39 v°); — du moulin de La Fayède, dans la paroisse de Cambes (fol. 40 v°); — d'une terre à Pierre de Lana, vicaire de Bègles (fol. 42 v°); — d'une vigne à Guillaume de Lyme, « enquesteur en Guyenne » (fol. 47 v°); — d'une vigne à Jean Hosten, vicaire de Pessac (fol. 48); — d'un bien tenu par « les héritiers de Me Guillaume Chastelain, me des enfans S'-André » (fol. 50); — d'une maison à « Peyrothon Sanctebouc, majirau de Camblans » (fol. 53 v°).

H. 822. (Registre.) — 0^m29 × 0^m10, 17 feuillets papier.

1555 et 1564. — Propriétés et seigneuries foncières. « Manuel des cens, rentes de la chapellenie fondée à Saincte-Croix de Bourdeaux par feuz Guilhaume de Belac et Marie de Laubesse ». — Cens dû par Henri Maubrun, maître maçon, pour une maison rue Androne (fol. 10).

H. 823. (Registre.) — 0^m36 × 0^m14, 22 et 35 feuillets papier.

1550-1579. — Propriétés et seigneuries foncières. Liève pour S'°-Croix et compte personnel [du receveur?] pour une exploitation rurale en Médoc. — Évaluation de vaches à 10 francs bordelais l'une (fol. 8 v°). —

Achat de bestiaux divers (fol. 11 v°-12 v°). — Achat de pierres à 2 s. le doubleron, d'arbres, de planches, de chaux à 25 s. la pipe, de grain moitié froment, moitié seigle, à 50 s. le boisseau, d'un pourceau pour 6 fr. bordelais, de 6 barriques de vin logé à 30 francs le tonneau, etc. (fol. 18). — Paiement de salaires (fol. 6). — Frais des vendanges de 1558 : barriques à 1 fr. (fol. 7 v°). — Paiement d'une paire de souliers, 9 s. t. (fol. 8 v°); — de 23 livres d'huile, à 2 carolus la livre, 38 s. 4 d. (fol. 9); — de 6 journées à 2 grands blancs, 10 s. (fol. 9). — Obligation de 60 francs pour 2 tonneaux de vin vieux (25 septembre 1559; fol. 10 v°). — « Pour faire mesture ay bailhé sept mesures fourment rouget et ung boisseau seigle » (1560; fol. 11). — Gages des serviteurs et chambrières (fol. 14). — Achat de barriques neuves, à 25 fr. la douzaine (1575; fol. 34).

H. 824. (Registre.) — 0^m30 × 0^m20, 104 feuillets papier.

XVI° siècle. — Propriétés et seigneuries foncières. Liève. — Mention d'une maison à M. de Galoche, sr de La Loubière (fol. 20); — d'une maison à « Jehan de Lachassangne, président en la Court » (fol. 30); — d'une vimenière à Michel (?) Dupin, procureur en la Cour, « demeurant davant la Magesté de rue des Hayres, aux Pellecans (?) » (fol. 31 v°); — de divers biens à « Jehan Chauvin, houste des Troys Conilz » (fol. 32 v°); — d'une vigne à « maistre Harry, masson de l'evre de S'-Michel » (fol. 50 v°); — de terres sises à Sadirac, appartenant à « noble Arnaut Bruneau (?), sr Du Verdux » (fol. 59); — d'une terre à Jean de Lamothe, sr de Fargues (fol. 59 v°); — d'une moitié de maison à Guillaume Chastellain, « maistre des enfans S'-André » (fol. 65 v°); — de biens à François de Lamothé, seigneur de Cambes, et Thomas de Lamothe, seigneur de Fargues (fol. 82); — d'une vigne à « Serène de Verthulh, vefve de… Jehan de Ferron » (fol. 83 v°); — d'une terre à Arnaud Gaucem, « faseur de monnoye » (fol. 84 v°); — de biens à « Julien Rochereau, ymageur » (fol. 85); — de biens sis à « Neyrac près Beguei » (fol. 86 v°); — du moulin de Bardin, paroisse de Cadaujac (fol. 89 v°); — d'un moulin remis à Thomas Dubois, écuyer, pour la dot de sa femme, fille du sr de La Tour (fol. 94).

H. 825. (Registre.) — 0^m30 × 0^m10, 18 feuillets papier.

XVI° siècle. — Propriétés et seigneuries foncières dans l'Entre-Deux-Mers. — Memento des recherches à

faire au sujet de diverses censives y énumérées. (fol. 2).
— Mention d'une maison et d'une terre « qui furent à
Micqueu Maritan, librayre » (fol. 13).

H. 826. (Registre.) — 0^m38 × 0^m14, 94 feuillets papier.

XVIe siècle (1). — Propriétés et seigneuries foncières. Lièvc. — « Noble home Monsr de Montaigne,
à cause de la moictié du moulin de Peirelongue »,
et M. de Pichon, pour l'autre moitié dud. moulin
(fol. 1). — « Damoiselle Françoise de Lane, dame de
Bautiran », pour une maison « appellé vulgairement
l'ostau de Lesparre », rue Ste-Croix (fol. 5). — « Maistre
Olivier Menbrun et Henry, son filz, maistres massons »
(fol. 6 v°). — « Noble home Pierre Galoche, seigneur
de Laloubière, demeurant au Petit Judas » (fol. 14 v°).
— « Madame la quarte présidente Carle » (fol. 17). —
« Nicolas Normant, arbalestier et archier du Chasteau
Trompecte » (fol. 18). — « Noble home Gallard Dubóis,
seigneur de Canteloup » (fol. 20 v°). — « Gabriel Tar-
rague, docteur en médecine » (fol. 23). — « Antoine
Durc,... à cause d'une vigne qu'estoit de Jacques de
Haulte-Rue, fondeur de cloches » (fol. 38 v°). —
« Maistre Pierre Casaux, organiste » (fol. 39). —
Arnaud de Labeirie et sa femme, « demeurans soubz
les embans, parroisse St-Michel » (fol. 46 v°). —
« Noble home Jehan de La Mothe, sieur de Fargues »
(fol. 48 v°). — « Dona Ysabeau Bretaut, dicte la
Librairesse » (fol. 53). — « Jehan de Vertueil, conseil-
lier au Seneschal » (fol. 53). — Mention de prés vendus
« au mestre des enfans St-André » (fol. 55 v°) ; — d'une
vigne dans la paroisse de Tresses, *à la Mothe* (fol. 55 v°).
— « Noble home Arnault Bruneau, s^r Du Verdux,
demeurant à Sadirac » (fol. 61 v°). — « Noble home
François de La Mothe, seigneur de Cambes, à cause de
la moictié des maisons, vignez et teuleire qu'il tient sur
l'estey [de Cambes], près la rivière, au lieu appelé
Gyronvile » (fol. 69). — « Noble homme Thomas de
La Mothe, seigneur de Fargues, demeurant aud. lieu,
à cause de l'autre moitié desd. maisons, vignes et teuleire » (fol. 69 v°). — Mentions de biens « à La Bastide
de Cambes » et « au-dessoubz la chappelle St-Nicolas »
(fol. 70 v°). — « Julien Rochereau, ymageur, demeurant à St-Syméon » (fol. 72). — Mention de terres et
bois dans la paroisse de Tabanac, lieu dit *au Castera*
(fol. 72 v°). — Noble Jean de Coulomb, fils d'Alain,
pour le moulin de Bardin, paroisse de Cadaujac
(fol. 77 v°).

---

(1) Les feuillets 93 et 94, qui proviennent d'une autre lièvc,
sont du xve siècle.

H. 827. (Registre.) — 0^m26 × 0^m20, 32 feuillets papier.

1606. — Propriétés et seigneuries foncières. Liève
des agrières pour les Graves et la Palu : « Ont com-
mansé à vandanger le vingt-troisiesme d'octobre »
(fol. 1). — Cens dû par « Augier de Lis, esperonnier »
(fol. 25 v°).

H. 828. (Registre.) — 0^m27 × 0^m20, 37 feuillets papier.

1609-1610. — Propriétés et seigneuries foncières.
Liève. « Pappier des agrières..., tant du fief de Graves
que de la Pallu, dont les paiementz sont cottez au pied
de chescun article par le greffier de lad. abbaye, et ce
pour l'année mil six cens neuf. Et ont commencé à
vendenger le dernier de septembre. »

H. 829. (Registre.) — 0^m26 × 0^m20, 29 feuillets papier.

1626. — Propriétés et seigneuries foncières. Liève.
« Papier des agrières dhues à l'abbaïe Saincte-Croix
de Bourdeaux, tant en Graves que Palludatte jusques
à l'Estey Majour... pour l'année mil six cens vingt-six,
le treuilh aïant esté ouvert le dix-septiesme octobre de
lad. année. » — Mention de Pierre de Lamisse, libraire
fol. 3 v°) ; — de « Madamoiselle de Boyvin, bateur de
monnoie » (fol. 4).

H. 830. (Registre.) — 0^m29 × 0^m20, 1,046 feuillets papier.

1500-1632. — Propriétés et seigneuries foncières.
Recueil factice de lièves.

H. 831. (Registre.) — 0^m18 × 0^m13, 45 feuillets papier.

1670. — Propriétés et seigneuries foncières. « Liève
pour les agrières de Macau ».

H. 832. (Cahiers.) — 0^m25 × 0^m18, 66 et 62 pages papier.

1681-1682. — Propriétés et seigneuries foncières.
« Papier censifs des agrières » pour les Graves et
Paludate jusqu'à l'Estey Majour.

H. 833. (Registre.) — 0^m25 × 0^m19, 1,009 feuillets parchemin
et papier.

1651-1688. — Propriétés et seigneuries foncières.
Recueil factice de lièves, classées dans l'ordre inverse
des dates.

H. 834. (Registre.) — 0ᵐ30 × 0ᵐ21, 477 feuillets papier.

XVᵉ-XVIIᵉ siècles. — Propriétés et seigneuries foncières. Liève. — Mention d'un jardin dans la paroisse Du Taillan, « au casau dou Mauguey, pres lo molin de Mauguey », près de la Jalle (xvᵉ siècle, fol. 20); — d'une maison à « Jehan Gaultier, faiseur de gabarres » (xvıᵉ s.; fol. 63 vᵒ); — d'une vigne à « maistre Gabriel Terragne, médecin » (xvıᵉ siècle; fol. 64); — d'une vigne à Étienne Baudouyn, maçon, de la paroisse Sᵗᵉ-Eulalie (xvıᵉ siècle; fol. 87); — d'une maison à Olivier Maubrun, maçon, de la paroisse Sᵗ-Michel (xvıᵉ siècle; fol. 88); — d'une vigne à Thomas d'Arsac, écuyer, seigneur dud. lieu (xvıᵉ s.; fol. 108 vᵒ); — d'une maison pour laquelle un cens est dû « au jour de dimenche cavoy » (xvıᵉ s.; fol. 123); — d'une maison à Henri Maubrun, maître maçon (1550; fol. 167 vᵒ). — Reconnaissance d'une dette de 62 francs bordelais, prix de quatre poulains (4 août 1557; fol. 168 vᵒ). — Paiement en nobles à la rose pour 6 l. 10 s. pièce, en angelots pour 4 l. 5 s. pièce, etc. (25 mars 1560; fol. 224 vᵒ). — Compte pour 1581-1583 : 2 moutons, 6 fr.; barriques à 35 fr. la douzaine; blé à 4 l. et 4 l. 3 s. le boisseau; seigle à 4 l. 6 s.; méture à 4 l. 6 s.; vin à 9 écus et demi le tonneau, rendu à bord, etc. (fol. 254-255). — « Quitances des rentes dues au seigneur de Lesparre » (fol. 263). — Quitances de rentes payées à Trenquine d'Arsac, dame de Tastes (1553; fol. 266). — Analyse d'une reconnaissance du 5 mai 1541, au nom de Françoise de Lane, dame de Beautiran (fol. 279 vᵒ); — du 6 janvier 1537, n. s., pour un moulin dans la paroisse de Soulac, « entre le grand chemin qui va au port de La Croix, d'une part, et à (sic) la rouillic du moulin, d'autre part » (fol. 310); — du 18 janvier 1614, par Henri Maubrun, avocat en la Cour, docteur régent de l'Université (fol. 321 vᵒ); — du 3 novembre 1556, par Pierre de Thoulouze, maître libraire à Bordeaux (fol. 342 vᵒ); — du 8 juillet 1602, par noble Robert de Fronsac, seigneur de la maison noble d'Uch, demeurant en la paroisse de Sᵗ-Laurent-de-Cubzagais (fol. 344 vᵒ); — du 8 mars 1508, n. s., pour une vigne dans la paroisse de Macau, à *La Coste*, confrontant à « la vigna de noble homme Johan Darsac, confrayre de Saincte-Aquitayre, fundada dintz lad. gleysa » (fol. 371).

H. 835. (Registre.) — 0ᵐ25 × 0ᵐ18, 8 feuillets papier.

XVIIᵉ siècle. — Propriétés et seigneuries foncières. « Liève des quintains que les religieux de l'abbaye Sᵗᵉ-Croix ont en la parroisse de Bègle. » — Compte de travaux à la journée exécutés en 1621 : jardinier à 12 s., sans nourriture; aide-jardinier, 6 s.; aide-maçon, 9 s. (fol. 8 vᵒ). — La couverture est une charte rognée du xvᵉ siècle par laquelle Bertrand de Montferrand autorise Isabelle de La Trau, sa femme, fille du soudic de La Trau, à gérer les biens de lad. Isabelle, les bailler à fief ou à ferme, les vendre, etc.

H. 836. (Registres réunis.) — 0ᵐ25 × 0ᵐ19, 1 feuillet de table et 223 feuillets papier.

XVIIᵉ siècle. — Propriétés et seigneuries foncières. Lièves. « Extraictz des recognoissances quy sont aux terriers faictz par Gilbert, notaire ». — *Extraits du troisième terrier de Gilbert.* Analyse d'une reconnaissance du 14 mai 1544, pour une maison et tour dans la grand'rue Sᵗ-Christoly (fol. 6); — d'une reconnaissance du 5 mai 1541, au nom de Françoise de Lalane, dame de Beautiran (fol. 19); — d'une reconnaissance de 1545, pour une « chambre de maison et arnoult (?) *sive trilhe* » (fol. 73). — *Extrait du second terrier de Gilbert.* — *Extraits du premier terrier de Gilbert.* Analyse d'une reconnaissance du 8 mai 1535 par Jean de Colon, écuyer, pour le moulin de Bardin, sis à Cadaujac, entre le Moulin neuf, en amont, et le moulin de Maucaillau, en aval (fol. 82).

H. 837. (Registre.) — 0ᵐ26 × 0ᵐ19, 53 et 7 feuillets papier.

XVIIᵉ siècle. — Liève. Propriétés et seigneuries foncières. « Journal pour les vignes... 1649 ». — Analyse d'une reconnaissance du 9 octobre 1586, par les Jurats pour des terres et prés ayant appartenu à Arnaud Guiraud et par eux acquis pour bâtir l'hôpital de la Peste (fol. 11 vᵒ). — Mai 1646 : « Le 27, j'ay escrit... au R. P. prieur de Sᵗ-Sever, touchant la dentelle d'argent; led. jour au P. D. Bruno Claimondez, estant à Solac, auquel on a envoyé l'escusson » (fol. 1). — Juillet 1646 « Faut faire faire la tombe de M. d'Artigue, procureur du Roy à Sᵗ-Sever en cette façon : *Cy gist noble Antoine d'Artigue, en son vivant procureur du Roy à Sᵗ-Sever, qui décéda le XIᵉ avril 1646* » (fol. 1). — Du 29 octobre 1647 : mention de vin Du Taillan, au prix de 26 écus le tonneau (fol. 6 vᵒ).

H. 838. (Cahier.) — 0ᵐ27 × 0ᵐ19, 16 feuillets papier.

XVIIᵉ siècle. — Liève. Propriétés et seigneuries foncières. « Extraictz d'[?]exporles du troisiesmé terrier

de Gilbert cothé J, pour les fief qui sont hors la ville
de Bourdeaux et dans la banliefve d'icelle. »

H. 839. (Registre sans couverture.) — 0^m24 × 0^m18,
74 pages papier.

XVIIe siècle. — Propriétés et seigneuries foncières.
Lièvre pour le prieuré de Lamarque.

H. 840. (Registre.) — 0^m24 × 0^m18, 20 feuillets papier.

XVIIe siècle. — Propriétés et seigneuries foncières.
Lièvre du prieuré de Lamarque, dépendant de l'hôtelier. — Analyse d'une reconnaissance passée, le 17 janvier 1648, par Pierre Bergeyron, juge de Castelnau
(fol. 6 v°); — d'une reconnaissance du 10 décembre
1647, pour un pré confrontant au bois de feu Jean
Quentin, maître orfèvre de Bordeaux (fol. 17 v°).

H. 841. (Registre.) — 0^m43 × 0^m29, 206 feuillets.

XVIIe siècle. — Propriétés et seigneuries foncières.
Lièvre. — Mention de l'autorisation donnée à Arnaud
de St-Ajon de percer une rue, par l'abbé Pierre de
Lignan, Guillaume de Cours, prieur, P. Austen, prieur
de Souillac, etc., « M^{rs} les maire et juratz... ayant convenu de bâtir des maisons hors les murs de la ville et
de faire des fausbourgs » (fol. 3). — Pensions dues par
l'abbé aux religieux : 473 l. 14 s., 330 boisseaux 1/2
de blé, 44 tonneaux 1 barrique de vin, 18 l. pour les
anniversaires, 12 l. pour le gâteau des Rois, 500 l. de
réparations, etc. (fol. 18). — Cambes : dîme au treizième (fol. 23). — Ayguemorte : mention de « un cer-
tein de Lahontan, curé de Beautiran » en 1605 (fol. 27).
— Mention d'une maison dans la rue Désirade, appartenant à Jean de Salomon, s^r de Virelade, lieutenant-
général en Guienne (fol. 72 v°); — de feu M. de
Gaufreteau, seigneur de Puynormand (fol. 103); —
de Jean-Lucas de La Chause, écuyer, s^r de Labatut, de
la paroisse de Cambes (fol. 156 v°); — d'un bien tenu
par Philibert Dalesme, écuyeur, s^r de St-Clément, Jean
Allien, chirurgien à Baurech, etc. (fol. 161); — de
biens donnés par Élie de La Grave, prieur de Loupiac,
au sacristain de Ste-Croix, « affin d'entretenir une
lampe devant le Crucifix et devant s^t Mommolin »,
(fol. 165 v°); — de M. de Luxe, seigneur de la maison
noble de Lataste en 1623 (fol. 193); — de dame Esther
de Tustal, dame de Cazalet (fol. 198 v°).

H. 842. (Registre.) — 0^m44 × 0^m29, 522 pages papier.

XVIIe siècle. — Propriétés et seigneuries foncières.
Lièvre. — « Pentions que M. l'abbé de Ste-Croix est
obligé de faire tant en bled, vin et en argent aux religieux » (p. 1). — Tableau du revenu des bénéfices
unis à la mense conventuelle et aux offices claustraux
(p. 11 et suiv.). — Mention d'une délimitation consentie par « un certain de Lahontan, curé de Beautiran », le 14 avril 1605 (p. 19). — Tableau des revenus
incorporés à la mense conventuelle (pp. 35 et suiv.). —
Mention d'une maison à Pierre Renon, chirurgien de
La Brède (p. 64); — d'une autre maison à Pierre de
Cruzeau, s^r de Lamothe (p. 85); — d'autre maison à
Thomas Salignac, chirurgien de Cambes (p. 119); —
d'une échoppe à Martin, s^r de Rochemont (p. 142); —
d'un domaine à « Barthélemy Perrouilh, hoste de *l'Es-
toille* » (p. 201); — d'un corps de logis possédé par « les
héritiers de Mr de Goufreteau, sieur de Puynorman »
(p. 225); — d'une vigne à Charles Fau, maître graveur,
« demurant proche Saint-Pierre » (p. 259). — Lièvre
générale des droits seigneuriaux du prieuré St Martin
de Cambes (p. 345 et suiv.). — Mention d'une terre
à Bernard Rondeau, chirurgien de Portets (p. 355); —
d'une maison à Jean Harpin, chirurgien de Cambes
(p. 362); — d'une terre à « Jean-Lucas Delachause,
escuyer, s^r de Labatut, de la parroisse de Cambes »
(p. 384); — d'un domaine à Philibert Dalesme, écuyer,
s^r de St-Clément, Jean Allien, chirurgien à Baurech, et
autres (p. 405); — d'une terre à Jean Delimes, s^r de
Terréfort, demeurant à Lignan (p. 452); — de partie
d'une maison à Etienne Discuit, « tireur de sie », et
autres (p. 457). — Mention d'un accord conclu, le
2 décembre 1623, par Mr de Hure, seigneur de la
maison noble de Lataste (p. 491); — d'une terre à
Esther de Tustal, dame de Cazelles (p. 509).

H. 843. (Registre.) — 0^m25 × 0^m19, 218 feuillets.

XVIIe siècle. — Propriétés et seigneuries foncières.
Lièvre. — Mention d'un chai tenu par Isaac Du Vergier,
s^r de Beauclos (fol. 29); — d'un chai acquis des héritiers de feu François Lallo, s^r de la Fontayne (fol. 29
v°); — d'une échoppe à Martin, sieur de Rochemont
(fol. 31); — d'une vigne « de deux journaux à bœuf
vallants dix-huict hommes » (fol. 64 v°); — d'un
domaine à Jacques de Gaufreteau, seigneur-baron de
Puynormand (fol. 85); — d'un jardin à Gabriel Desar-
nault, s^r de Verdus (fol. 85 v°); — d'un domaine sis

dans la paroisse de Bègles, « au cornau de Caverns, anciennement au Casau d'Ollivet et à présent à St-Sever » (fol. 91); — d'un domaine à Sarran Le Conte, écuyer, sr de Saujan (fol. 126 v°); — de biens sis à Cambes, appartenant à Jacques de Durfort, marquis de Civrac, « à cause de la damme de Barraut, sa famme » (fol. 144 v°); — d'un « mayne, village et hérittage », dans la paroisse de St-Mariens, « contenant deux journaux trente-deux règues, les septante-deux faisant le journal » (fol. 158 v°); — d'un autre « maine, village et hérittage », dans la même paroisse, mesurant « 81 journal 40 carreaux au cordeau du Roy » (fol. 162); — d'un domaine à Aubie, « contenant 55 journaux, les 72 carreaux faisant le journal, de 20 piedz au carré pour chacun carreau » (fol. 166).

H. 844. (Registre.) — 0m26 × 0m19, 46 et 64 feuillets papier.

XVIIe siècle. — Propriétés et seigneuries foncières. Lièves extraites des premier et deuxième terriers de Soteau. — *Extraits du deuxième terrier de Soteau.* — *Extraits du premier terrier de Soteau.* Analyse d'une reconnaissance du 12 mars 1562, n. s., par Pierre de Joyeuse, abbé de Tasque, en Armagnac (fol. 2 v°); — d'une reconnaissance du 5 juin 1554, pour une maison, tour et jardin en la rue de St-Christoly, près d'autre maison possédée par Jean de Calvimond, sr Du Cros (fol. 5 v°); — d'une reconnaissance du 10 mai 1561, par Jean Dibarola, écuyer, pour le moulin de Bardin, sur l'Eau-Blanche, à Cadaujac, « entre le moulin de Arnauld Estève, esculer, appellé de Boudeaux, lequel s'appelloit le moulin Neuf, à présent de Langon, devers dessus, le chemin par lequel l'on va et vient de Bourdeaux à Langon, le tout d'une part, et le moulin appellé de Maucailhau..., que tient à présent Mr Me Bernard de Lahet, advocat général, devers dessoubz, d'autre part » (fol. 43); — d'une reconnaissance du 25 avril 1553, par Pierre de Cazau, pour des bois sis dans l'île de Macau (fol. 43 v°); — d'une reconnaissance du 24 avril 1553, par Pierre Casau, greffier, pour « toute la terre creuse, vase et sable appellez Pissebernard et Bajardeau, entre deulx eaulx prochains et jacentz l'isle dudict Maçau, confrontant... d'un bout à la terre et aubarède de Laurens Peroteau; size au lieu du Tayct, avecq laquelle se soulloient cy-devant tenir lesd. lieux, le partuys, appellé le Passot, nouvellement faict par l'impétuosité de la mer, par lequel l'on va de présent de la mer d'Ambès à La Bastide, de l'un bout, et la passe de Margaulx, d'autre bout » (fol. 47 v°).

H. 845. (Cahier.) — 0m25 × 0m19, 38 feuillets papier.

XVIIe siècle. — Propriétés et seigneuries foncières. Liève.

H. 846. (Registre.) — 0m27 × 0m20, 53 feuillets.

XVIIe siècle. — Propriétés et seigneuries foncières. Liève. « Extraict du terrier intitulé *tiers de Beausse,* tant des fiefz de la ville, Graves, Palludates que paroisses circonvoisines, ensemble de celles d'Entre-deulx-Mers ». Analyses d'actes de 1451-1454.

H. 847. (Registre.) — 0m25 × 0m18, 2; feuillets papier.

XVIIe siècle. — Propriétés et seigneuries foncières. Lième pour la chapellenie de Guillaume-de-Bellac et Marie Laubelhe.

H. 848. (Registre.) — 0m25 × 0m17, 330 feuillets papier.

XVIIe siècle. — Propriétés et seigneuries foncières. Lièves. Extraits des terriers de Lortie. — *Extraits du second terrier.* Analyse d'une reconnaissance passée par noble Jean de Macanan, le 3 février 1525, n. s. (fol. 16). — *Extraits du premier terrier.*

H. 849. (Registre.) — 0m25 × 0m17, 261 feuillets papier.

XVIIe siècle. — Propriétés et seigneuries foncières. Lièves. — Analyse d'une reconnaissance passée par André Delbreil, étudiant en rhétorique, le 19 décembre 1690 (fol. 13); — par noble Pierre de Cruzeau, seigneur de La Mothe, le 12 octobre 1689 (fol. 17 v°); — par Angélique Chambon, supérieure de la Visitation, le 29 juillet 1692 (fol. 21 v°); — d'une transaction passée, le 15 mars 1693, avec Pierre Lantilhac, écuyer, au sujet du ruisseau de Ste-Croix (fol. 40 v°); — d'une reconnaissance passée, le 8 juillet 1516, par Henri Demons (fol. 214); — d'une reconnaissance passée, le 7 avril 1629, par « François Simon, hoste *du Petit Môre* (fol. 245 v°).

H. 850. — 0m33 × 0m21, 100 pages papier.

1702. — Propriétés et seigneuries foncières. « Liève sommaire des menus cens deubs à M. l'abbé de Ste-Croix. »

H. 851. (Cahier.) — 0™25 × 0™17, 67 pages papier.

1705. — Propriétés et seigneuries foncières. « Papier censif des agrières » pour les Graves et Paludate jusqu'à l'Estey Majour.

H. 852. (Registre.) — 0™44 × 0™29, 115 feuillets papier.

1784 environ. — Propriétés et seigneuries foncières. Liève pour les offices claustraux de l'abbaye. — Analyse de lettres royaux obtenues, le 2 novembre 1534, par Bernard de Lafargue, prieur (fol. 4); — d'une reconnaissance du 28 juillet 1433, en faveur de Guillaume Roux, prieur (fol. 4); — des 4 juin 1515 et 11 octobre 1517, pour Jean de Sailhant, prieur (fol. 4); — du 9 septembre 1414 au profit de Vidal Arnaud, prieur (fol. 4 v°); — du 29 juillet 1562, au profit de Jean Roux de Campagnac, prieur (fol. 4 v°); — du 29 octobre 1544, au profit de François de Montagnac, prieur (fol. 5); — du 12 février 1391, n. s., au profit de Pierre Boyn, prieur (fol. 5); — des reconnaissances au profit du sous-prieur (fol. 6 et ss.); — d'une reconnaissance du 13 octobre 1741, par Noël Bodet, seigneur de La Valade (fol. 17); — d'une reconnaissance du 7 février 1776, par Christophe de Barbaut, écuyer, seigneur de Taupignac (fol. 76 v°); — d'une reconnaissance du 12 avril 1777, par François-René-Joseph de Barret, écuyer, seigneur de la tour de Ferran, pour un pré de 24 journaux dans la paroisse de St-Médard-d'Eyrans, à *Ballach* (fol. 77 v°); — d'un bail à fief du 26 février 1494, n. s., par Pierre de Ferranhes, prieur claustral, et autres (fol. 91). — Mention de M. de Brassier, seigneur de La Marque (fol. 93); — d'une fondation du 16 avril 1356 par Arnaud-Guillaume « de Leubinhac », prieur de St-Macaire (fol. 97); — d'autre fondation, du 16 novembre 1000 *(sic)*, par Roustaing de Soley, prieur de St-Macaire (fol. 97). — Analyse d'une reconnaissance du 18 janvier 1463, n. s., au profit de Raimond Carrein, prieur claustral (fol. 114).

H. 853. (Registre.) — 0™44 × 0™29, 104 feuillets papier.

1786 environ (¹). — Propriétés et seigneuries foncières. Liève. — Mention d'une maison à Jean Moulinier jeune, graveur en titre de la Monnaie de Bordeaux (fol. 5); — d'une maison dont la directité est reven-

---

(¹) Ce registre renferme la transcription de quelques actes anciens, dont le premier en date remonte à 1376, n. s.

diquée par « Mlle de Pastourat, seigneuresse de la Tour de Fargues » (fol. 39 v°). — « Tout le monde sait que l'emplacement occupé jusqu'à présent par les RR. PP. Capucins étoit autrefois un hôpital destiné pour les pestiférés : le 7 mars 1531, Mrs les maire et jurats achettèrent de Sanson Coutenceau et de Marguerite Faur, sa femme, devant Conral, notaire, une maison et jardin, situés en rue Nérigean... et qui devoit servir pour ledit hôpital » (fol. 99).

H. 854. (Registre.) — 0™48 × 0™29, 10-271 feuillets papier.

1682-XVIIIe siècle. — Propriétés et seigneuries foncières. « Liève de touts les revenus des religieux de l'abbaye de Ste-Croix ». — Note sur une créance des abbayes de St-Augustin de Limoges et de Solignac, créance dont les intérêts sont affectés à payer pour partie l'entretien du syndic de province près le parlement de Bordeaux (fol. 8). — Note sur un prêt consenti, le 14 juillet 1677, par Chabrignac, curé de Bègles (fol. 3 v°). — Liève des revenus (fol. 1 et suiv.). — Mention d'une somme de 500 l. dues annuellement par l'abbé pour l'entretien de l'église et des lieux réguliers, suivant arrêts en date du 23 mars 1501 et du 9 août 1525 (fol. 8). — « Chopes et maisons près l'église, que la communauté a faict bastir : il y a trois chopes appuyées contre la muraille du costé de septentrion... et trois chopes joignantz la sacristie » (fol. 50). — Mention d'une échoppe dont la locataire est tenue d'aller chercher de l'eau à la Font de l'Or, pour la communauté (fol. 50 v°). — Autre échoppe, dont le locataire fait la cuisine et le pain pour le monastère (fol. 52). — Mention du bail perpétuel du prieuré de Loupiac à l'archiprêtré de cette paroisse, moyennant 100 l. par an, à la date du 18 mai 1629 (fol. 69). — Mention de l'afferme du prieuré de Blanquefort à Jacques Fortier Dulau, curé dud. lieu, en 1679 (fol. 185). — Article relatif à « trois chopes neufves basties l'an 1683 derrière la sacristie » (fol. 270).

H. 855. (Registre.) — 0™44 × 0™30, 81 et 123 feuillets papier.

XVIIIe siècle. — Propriétés et seigneuries foncières. « Extraits d'une grande partie des fiefs de Mrs du chapitre de Ste-Croix de Bordeaux ». — Analyse d'une reconnaissance du 20 septembre 1483 pour une maison rue du Mirail, touchant par un bout « à la maison appelée *la Cossina de Castel-Gaillard* » (fol. 18); — d'une reconnaissance du 25 mai 1764, pour une maison sise rue Leyteire et confrontant à des jardins qui « étoient cy-devant le cimetière du prieuré de Saint-Jacmes » (fol. 19); — d'une reconnaissance du 13 mai 1700 pour une maison achetée de Jacques de Raguaneau, seigneur de La Batut (fol. 22 v°); — d'une reconnaissance du 22 août 1763, par Jean Barbarin, curé de St-Germain-Du-Puch (fol. 23 v°); — d'une reconnaissance du 5 juin 1544, pour une maison rue St-Christoly, confrontant à celle de Jean de Calinau, seigneur de Crosse (fol. 24); — d'une reconnaissance du 16 janvier 1766 pour la maison dite de Canteloup, sise sur la place de ce nom, « au-devant du puid appelé cy-devant Puid-Mouton » (fol. 30). — « Rue Carpenteyre... Extraits des titres féodaux non appliqués pour les maisons de lad. rue, les applications ayant été faites dans le présent registre dans la partie opposée » (fol. 10). — Analyse d'une reconnaissance du 23 février 1463, n. s., par Élie Delapeyre, curé de Vérac (fol. 11 v°); — d'une reconnaissance du 1er décembre 1277, au profit de Gaillard de La Mothe, abbé de Ste-Croix (fol. 23). — Arrêt du 17 décembre 1667 intéressant Jacques de Durfort, seigneur-marquis de Civrac, comte de Blaignac, baron de La Lande, seigneur de la maison noble de Cambes, captal de Cestas en Buch, héritier de feu Madeleine de Durfort, princesse de Courtenay et dame de La Lande (fol. 43). — Analyse d'une reconnaissance du 27 avril 1428 par Gérard de Lamothe, damoiseau, fils de noble Jean, seigneur de la Mothe de Cambes (fol. 47 v°); — d'une permission accordée, à la mi-juillet 1250, par Pierre de Lignan, abbé, Guillaume de Corns, prieur, et autres d'ouvrir une rue (fol. 63); — d'un bail à fief du 30 novembre 1377, par Raimond de Roquey, abbé, Arnaud de Caberns, prieur, et autres (fol. 63 v°); — d'une reconnaissance du 27 décembre 1857, pour un emplacement « devant l'œuvre neuve de l'église St-Michel » (fol. 99); — d'une reconnaissance du 7 mai 1376, par « Judie de Quinsac, femme de Brunet Arnaud, donzet, au nom des enfants qu'elle avoit eus de Me Thomas de La Mothe, cavoy, son premier mary » (fol. 103).

H. 856. (Cahiers.) — 0^m53 × 0^m37, 101 feuillets papier.

XVIIIe siècle. — Propriétés et seigneuries foncières. Liève pour Bordeaux. — Plan des terrains sis vers les rues St-Croix et Dissente (fol. 1-3.) — Analyse d'une reconnaissance passée, le 23 décembre 1750, par Ambroise Chassain, écuyer, seigneur de la maison noble de Beauséjour, domicilié rue la Devise St-Pierre (fol. 6 v°). — Plan des immeubles entre les rues Bonnet et du Port, du Cimetière et Carpenteyre (fol. 10); — entre les rues Carpenteyre et St-Croix, du Port et Anglaise (fol. 34); — entre les rues Carpenteyre et St-Croix, Andronne et Bordelaise (fol. 34 v°); — entre les rues Carpenteyre et St-Croix, Bordelaise et des Fours (fol. 37 v°); — entre les rues Carpenteyre et St-Croix, des Fours et des Allemandiers (fol. 39 v°); — Analyse d'une reconnaissance passée par Jean Perroy, notaire royal et juge à Belin, le 1er juin 1764 (folio 76).

H. 857. (Cahiers.) — 0^m53 × 0^m37, 19 et 62 feuillets.

XVIIIe siècle. — Propriétés et seigneuries foncières. Lièves. — *Liève pour le Sablonar.* Analyse d'une reconnaissance de Pierre Terrasson, professeur de droit, marié à Thérèse Michelet, lad. reconnaissance en date du 7 janvier 1766 (fol. 14 v°); — de Marie, Nicolas et Blanche Brascassat pour un ancien jardin entouré de sureaux, du 8 mars 1766 (fol. 16 v°). — *Liève pour Bègles.* — Plan du maine de Guignan, à Tresses (fol. 1). — Mention du « bourdieu anciennement appellé le mayne de feu Pierre Muley, ensuite de Frangeaut et du depuis d'Eyma et de Gauhèteau et à présent de Pissabuf, situé dans la parroisse de Bègle et dens le bourg de St-Ujean » (fol. 3); — d'une vigne « qui fut de M. de Laserre, sieur d'Olivier, et ensuite à M. de Secondat » (fol. 18).

H. 858. (Cahiers.) — 0^m46 × 0^m33, 161 feuillets papier.

XVIIIe siècle. — Propriétés et seigneuries foncières. Liève. — Mention d'Ambroise Chassain, écuyer, seigneur de la maison noble de Beauséjour (fol. 1). — Plan de la rue Planterose (fol. 38 v°). — Plan de l'îlot compris entre les rues de la Monnaie, Ste-Catherine et Guiraude (fol. 72). — Mention de « Louis Dumentet, écuyer, seigneur en franc-alu noble de la salle de Livrac » (fol. 73). — Plans d'immeubles riverains du grand chemin qui conduit de la porte des Capucins au Sablona et à Castres (fol. 82); — d'immeubles compris entre les chemins Du Bouscat à Caudéran et de Bordeaux à Blanquefort (fol. 146); — d'immeubles situés entre les chemins Du Bouscat à Bruges et de Bordeaux à Bruges (fol. 155).

H. 859. (Registre.) — 0^m24 × 0^m18, 288 feuillets, plus 30 feuillets de tables.

XVIIIe siècle. — Propriétés et seigneuries foncières. Liève pour le prieuré de Lamarque. — Mention de

Pierre de Chaussade, curé de Lamarque, le 10 janvier
1598 (fol. 33). — Analyse d'une reconnaissance de
1619, pour une terre dans la paroisse de Lamarque, *à la
Ferreyre*, autrement *au Peyrat* (fol. 114); — d'une
reconnaissance de 1647, pour un bien baillé à fief, le
2 janvier 1377, n. s., à Raimond Maurin, vicaire perpétuel de Lamarque (fol. 133 v°); — d'une reconnaissance du 15 décembre 1647, par Jean de Lannes,
vicaire perpétuel de Lamarque (fol. 154 v°); — d'une
reconnaissance du 17 janvier 1648, par Pierre Bergeron,
juge de la juridiction de Castelnau (fol. 191 v°); —
d'une reconnaissance du 1er septembre 1747, par Pierre-
François de Bergeron, chevalier de St-Louis, commandant des troupes garde-côte de la capitainerie de
Lamarque (fol. 268); — d'une reconnaissance du
20 décembre 1560, par les habitants de Lamarque à
Geoffroi d'Eydie, vicomte de Castillon, seigneur de
Lamarque, pour divers biens; mention d'une zone de
vingt pas réservée au profit du seigneur, « lesquelz
20 pas led. seigneur a fait mercher hors de deux douhes
et deux fossés dud. château » (fol. 280 v°). — Analyse
d'une autre reconnaissance, du 14 août 1754, par les
habitants à François-Étienne de Brassier, seigneur de
Lamarque, pour divers biens, dont un padouen au
lieu dit *au Bois de la Confrérie* ou à *la Font de l'Estat*,
pour la Grand Palu de Lamarque, etc. (fol. 282).

H. 860. (Cahiers.) — 0m30 × 0m21, 24 feuillets papier.

XVIII siècle. — Propriétés et seigneuries foncières.
Analyse de reconnaissances et autres titres.

H. 861. (Cahier.) — 0m33 × 0m21, 22 feuillets papier.

XVIII° siècle. — Propriétés et seigneuries foncières.
Lième pour « les parroisses circonvoisines de Bordeaux ».
— Mention de « Charles Fau, maître graveur » (fol. 5).

H. 862. (Cahier.) — 0m33 × 0m21, 16 feuillets papier.

XVIII° siècle. — Propriétés et seigneuries foncières. « Inventaire des terriers des ci-devant Bénédictins
pour les parroisses circonvoisines, dans lesquels se
trouvent quelques titres pour des lieux aux environs de
la ville de Bordeaux ».

H. 863. (Registre.) — 0m30 × 0m23, 34 feuillets papier.

XVIII° siècle. — Propriétés et seigneuries foncières.
Répertoire. « État des rues et paroisses dans lesquelles

MM. l'abbé et religieux de Sainte-Croix de Bordeaux
ont des fiefs et censives et l'indication des terriers et
chartres justificatifs desdites censives ».

H. 864. (Cahier.) — 0m31 × 0m20, 56 feuillets papier.

XVIII° siècle. — Propriétés et seigneuries foncières. « Lième générale des rantes foncières et directes de
l'abbaye... commencée le 10 novembre 1732 ». — Analyse d'une reconnaissance passée, le 26 mai 1416, par
Pierre Borel, curé Du Tourne (fol. 13 v°).

H. 865. (Cahier.) — 0m24 × 0m17, 28 feuillets papier.

XVIII° siècle. — Propriétés et seigneuries foncières. Lième.

H. 866. (Cahier.) — 0m22 × 0m17, 7 feuillets papier,

XVIII° siècle. — Propriétés et seigneuries foncières. Lième pour la « palu de Bordeaux, parroisse
St-Remy ». Analyses d'actes des xvie et xviiie siècles. —
Analyse d'une reconnaissance, du 15 janvier 1776,
« par dame Peyronne de Talazac, épousée M. Fs Guillaume de Caplanne, chevalier, seigneur baron de Mon-
debats » (fol. 1); — d'une autre reconnaissance, du
6 janvier 1725, par Marguerite de Borderie, femme de
Mr de Loubès, trésorier général au Bureau des Finances (fol. 3 v°).

H. 867. (Registre.) — 0m22 × 0m17, 4 feuillets de tables
et 73 feuillets papier.

XVIII° siècle. — Propriétés et seigneuries foncières.
res. Lième pour le plantier de Terrenègre. Analyse
d'actes des xiiie-xviiie siècles.

H. 868. (Cahier.) — 0m22 × 0m17, 4 feuillets de tables
et 25 feuillets papier.

XVIII° siècle. — Propriétés et seigneuries foncières. Lième pour La Bombe. Analyse d'actes des xive-
xviiie siècles.

H. 869. (Registre.) — 58 feuillets papier et 4 feuillets de tables.

XVIII° siècle. — Propriétés et seigneuries foncières. Lième pour les « plantiers de Fieulabet et Font-
Capeyron ». Analyse d'actes des xiiie-xviiie siècles.

H. 870. (Registre.) — 0ᵐ22 × 0ᵐ17, 59 feuillets papier,
plus une feuille de tables, détachée.

XVIII° siècle. — Propriétés et seigneuries foncières. Lième pour les « plantiers du Cendey, de la Clareyre ou Sablonna d'Ars, Aiguedron ou Sablonna, Marifoys, Lafaurie ». Analyses d'actes des xmᵉ-xviiiᵉ siècles. — Analyse d'une reconnaissance, du 14 juin 1644, en faveur de noble Louis de Thion, seigneur de la maison noble de la tour de Rostaing (fol. 6 v°); — d'une commutation d'agrière du 24 octobre 1598, en faveur de Jean de Gaufreteau, conseiller au Parlement (fol. 37 v°); d'une reconnaissance du 31 décembre 1684 par Pierre Cibot, sʳ de La Peyrade (fol. 57).

H. 871. (Cahier.) — 0ᵐ22 × 0ᵐ17, 2 feuillets de tables
et 28 feuillets papier.

XVIII° siècle. — Propriétés et seigneuries foncières. — Lième pour le « plantier de Laboup ». Analyses d'actes des xivᵉ-xviiiᵉ siècles. — Analyse de l'échange, en date du 26 novembre 1344, d'un cens payable à la sᵗ Fort (fol. 1 v°); — d'un échange conclu, le 8 mai 1592, par Florimond de Raimond, conseiller (fol. 20).

H. 872. (Registre.) — 0ᵐ22 × 0ᵐ17, 3 feuillets de tables
et 54 feuillets papier.

XVIII° siècle. — Propriétés et seigneuries foncières. Lième pour le « plantier de Peypinet ». Analyses d'actes des xivᵉ-xviiiᵉ siècles.

H. 873. (Registre.) — 0ᵐ22 × 0ᵐ17, 4 feuillets de tables
et 63 feuillets papier.

XVIII° siècle. — Propriétés et seigneuries foncières. Lième pour les « plantiers de Barreyres et de la Poissonnerie, Serpora et rue Orbe ». Analyses d'actes des xivᵉ-xviiᵉ siècles. — Analyse d'une reconnaissance du 8 mai 1467, par Jacques Cohen (fol. 31).

[H. 874. (Registre.) — 0ᵐ21 × 0ᵐ16, 60 feuillets papier.

XVIII° siècle. — Propriétés et seigneuries foncières. Lième. « Plantiers de Maucor, Paludatte et Estey Majou ».

H. 875. (Registre.) — 0ᵐ21 × 0ᵐ16, 44 feuillets, plus 3 feuillets
de tables, papier.

XVIII° siècle. — Propriétés et seigneuries foncières. Lième. « Tennement de Prat-Pudent ».

II. 876. (Cahiers.) — 0ᵐ22 × 0ᵐ17, 4 feuillets de tables
et 69 feuillets.

XVIII° siècle. — Propriétés et seigneuries foncières. Lième « pour les plantiers de Longueborne, Gratecap, Moncaillau, portail du Mirail, Menudes vieilles, Labidey, sur le chemin de Bègles, près l'hôpital de Sᵗ-Julien, et devant le grand portail de Sᵗᵉ-Croix ». Analyses d'actes des xmᵉ-xviiiᵉ siècles. — Analyse de la vente, intervenue le 27 mai 1313, « d'une place située hors la porte neuve Du Mirail » (fol. 2).

H. 877. (Registre.) — 0ᵐ21 × 0ᵐ16, 60 feuillets papier.

XVIII° siècle. — Propriétés et seigneuries foncières. Lième. « Tennements de Pont-Aycard, La Guespe et Partances ». — Mention de François de Montarnal, prieur claustral, le 6 novembre 1544 (fol. 42); — de Jean Roux de Campagnac, prieur, le 7 décembre 1562 (fol. 42).

H. 878. (Registre.) — 0ᵐ22 × 0ᵐ17, 2 feuillets de tables
et 21 feuillets papier.

XVIII° siècle. — Propriétés et seigneuries foncières. Lième pour les lieux dits « Illet ou Penissaut, Estey de Sᵗᵉ Croix ou Illets, Illets ou Larrivet et sous la porte près le pont du Guit ». Analyses d'actes des xmᵉ-xviiiᵉ siècles. — Analyse d'un bail à fief, en date du 13 janvier 1430, n. s., « d'une pièce de terre située au-delà de la tour des 5 Cayres, sur l'estey des moulins, au lieu appellé aux Islets » (fol. 7.); — d'une reconnaissance du 9 juin 1525, pour une vigne confrontant « au fossé *sive* padouen de la ville » (fol. 21 v°).

H. 879. (Registre.) — 0ᵐ22 × 0ᵐ17, 3 feuillets de tables
et 34 feuillets papier.

XVIII° siècle. — Propriétés et seigneuries foncières. Lième pour les « plantiers de Sᵗ-Vincent, à la Chapelle et du pont de Ladors ». Analyses d'actes des xmᵉ-xviiiᵉ siècles.

H. 880. (Cahier.) — 0ᵐ22 × 0ᵐ17, 3 feuillets de tables
et 17 feuillets.

XVIII° siècle. — Propriétés et seigneuries foncières. Lième pour « L'Aguilley ou Molher Morte ». Analyses d'actes des xivᵉ - xviiiᵉ siècles.

H. 881. (Cahier.) — 0ᵐ22 × 0ᵐ17, 15 feuillets papier
et 1 feuillet de tables.

XVIII⁴ siècle. — Propriétés et seigneuries foncières. Lièvre pour les lieux dits « Prat de Sᵗᵉ-Croix et
Manufacture ». Analyses d'actes des xivᵉ-xviiiᵉ siècles.
Analyse d'une vente, du 10 mars 1586, « consentie
par Pⁿ et Micheau Bausse, en faveur de Mⁿ les maire
et jurats de Bordeaux, qui se proposoient de construire
sur le terrein à eux vendu un hôpital pour la peste,
d'un bourdieu… appellé communément le bourdieu
de Limes, située près les moulins de Sᵗᵉ-Croix, hors
les murs de ville » (fol. 12).

H. 882. (Cahier.) — 0ᵐ22 × 0ᵐ17, 4 feuillets de tables
et 6g feuillets.

XVIII⁴ siècle. — Propriétés et seigneuries foncières. Lièvre pour « La Gravette du pont Du Guit, à
présent Terres de Bordes, Pont Du Guit ou Marquisat ».
Analyses d'actes des xiiiᵉ-xviiiᵉ siècles.

H. 883. (Liasse.) — 79 pièces papier.

XVIII⁴ siècle. — Propriétés et seigneuries foncières. Lièvre pour l'abbé. Ville de Bordeaux. — *Rue
des Allemandiers.* Analyse d'une reconnaissance du
30 janvier 1723 pour une maison sise « en rue des Allemandiers autrement des Capèrans, … confrontant du
côté du Levant à la maison de Claude Laroque, écuyer,
sʳ de Faugeron ». — *Rue Bedilhon*, « à présent de
Métivier ». — *Place Canteloup.* Analyse d'une reconnaissance du 25 juin 1709, pour une maison confrontant « à la maison du sʳ de Capblane, sʳ de Canteloup,
quy étoit cy-devant au sʳ Duboscq, sʳ de Canteloup ».
— *Rue Planterose.* Analyse d'une reconnaissance du
31 janvier 1688, pour une maison contiguë à M. de
Comen, maître graveur.

H. 884. (Liasse.) — 63 pièces papier.

XVIII⁴ siècle. — Propriétés et seigneuries foncières.
Lièvre pour l'abbé. Banlieue de Bordeaux. — *Plantier
de Fieulobet.* Analyse d'une reconnaissance du 18 mai
1636, par Jeanne de Maillard, veuve de noble Louis-
René de Montis, écuyer, sieur de Lisle ; — d'une reconnaissance du 4 janvier 1663 pour une vigne confrontant au verger de Blaise de Gascq, seigneur-baron de
Portets.

H. 885. (Liasse.) — 28 pièces papier.

XVIII⁴ siècle. — Propriétés et seigneuries foncières.
Lièvre pour l'abbé. Paroisses hors de Bordeaux. —
Cadaujac. Analyse d'une reconnaissance du 30 septembre 1473 par noble Pierre Colom, pour le moulin
de Bardin, sur l'Eau Blanche, entre le Moulin Neuf et
le moulin Maucaillau.

H. 886. (Liasse.) — 66 pièces papier.

XVIII⁴ siècle — Propriétés et seigneuries foncières.
Lièvre pour les religieux. Ville de Bordeaux. — *Rue
Bordelaise.* Analyse d'une reconnaissance du 9 mai
1666 par Marie de Fourcade, veuve en secondes noces
de Thomas de Gombaud, écuyer, sʳ de Sᵗ-Martin, et en
premières noces de Jacques-Gaston de Rubran. — *Rue
Carpenteyre.* Analyse d'une reconnaissance du 12 juillet
1636, par François Lalo, écuyer, sʳ de La Fontaine ; —
du 3 janvier 1690, par Pierre de Marboutin, écuyer,
sʳ de Fabare. — *Rue Ducasse.* Analyse d'une reconnaissance du 5 juin 1668, pour une maison acquise,
le 29 février, de Gaillardine Siméon, femme de Pierre
de Laborie, sʳ de Montaut. — *Rue de la Fusterie.* Analyse d'un bail à fief du 7 juillet 1478 au profit de Jean
Talhet, maçon, et d'une reconnaissance du 24 juin
1481 à Guillaume Dorielh, aussi maçon.

H. 887. (Liasse.) — 26 pièces papier.

XVIII⁴ siècle. — Propriétés et seigneuries foncières.
Lièvre pour les religieux. Banlieue de Bordeaux. —
Fieulabet. Analyse d'une reconnaissance du 31 décembre 1684, par Pierre de Reynier, écuyer, cohéritier
de son grand-oncle, Jean de Reynier, marquis de La
Ferrade ; — d'une reconnaissance du 16 mars 1730,
par Pierre Cibot, sʳ de La-Peyrade.

H. 888. (Liasse.) — 84 pièces papier.

XVIII⁴ siècle. — Propriétés et seigneuries foncières.
Lièvre pour les religieux. Paroisses hors de Bordeaux.
— *Cambes.* Analyse d'une reconnaissance du 29 avril
1664, pour une vigne au lieu dit anciennement *à Gironville*, autrement *à Custes*, ou *à Eyrm* ou *à Greyries* ;
— d'une reconnaissance du 25 janvier 1673, par Jean-
Louis de La Chausse, écuyer, sʳ de La Batut ; — d'une
reconnaissance du 29 janvier 1683, pour une vigne
au lieu dit anciennement *à Greyries*, à présent *à la*

Teuleyre; — d'une reconnaissance du 30 avril 1603, pour un bien qui est sis dans le tènement dit anciennement *à Cazaurode* et à présent *à Lavergne* et qui est fief de la maison noble de La Mothe de Cambes.

H. 889. (Cahier.) — 0ᵐ30 × 0ᵐ22, 8 feuillets papier.

XVIIIᵉ siècle — Propriétés et seigneuries foncières. Lième pour le prieur.

H. 890. (Registre). — 0ᵐ30 × 0ᵐ22, 57 feuillets papier.

XVIIIᵉ siècle. — Propriétés et seigneuries foncières. Lième pour le sous-prieur. Ville de Bordeaux. — Analyse d'une sentence du 1ᵉʳ juillet 1514, obligeant les maire et jurats à reconnaître au profit du sous-prieur pour « des maisons ou chambres situées au Château-Gaillard de Bordeaux » (fol. 1) ; — d'une transaction du 20 du même mois portant échange de ces maisons (fol. 1 v°).

H. 891. (Registre.) — 0ᵐ30 × 0ᵐ22, 66 feuillets papier.

XVIIIᵉ siècle. — Propriétés et seigneuries foncières. Lième pour le sous-prieur. Ville de Bordeaux.

H. 892. (Liasse.) — 1 cahier de 16 feuillets, 4 pièces papier.

XVIIIᵉ siècle. — Propriétés et seigneuries foncières. Lièves pour le sous-prieur.

H. 893. (Liasse.) — 2 cahiers de 14 feuillets papier, 3 pièces papier.

XVIIIᵉ siècle. — Propriétés et seigneuries foncières. Lième pour l'aumônier.

H. 894. (Liasse.) — 1 cahier de 12 feuillets papier, 5 pièces papier.

XVIIIᵉ siècle. — Propriétés et seigneuries foncières. Lième pour le chambrier. — 1. Analyse du bail à fief, en date du 16 juin 1606, d'un emplacement dans la ruette de Nacaran, laquelle ruette le preneur « sera tenu de nétoyer et rendre commode à passer, tant hommes que charrètes..., à même tems qu'il faira la clôture de peaux et barrières ».

H. 895. (Registre.) — 0ᵐ30 × 0ᵐ22, 52 feuillets papier.

XVIIIᵉ siècle. — Propriétés et seigneuries foncières. Lième pour le chambrier à Blanquefort. — Analyses d'actes où sont nommés des curés de Blanquefort ; — d'une reconnaissance du 21 septembre 1485, pour une vigne sise *a la Forca* (fol. 39 v°).

H. 896. (Liasse.) — 4 pièces papier.

XVIIIᵉ siècle. — Propriétés et seigneuries foncières. Lième pour le chantre.

H. 897. (Cahiers.) — 0ᵐ30 × 0ᵐ22, 45 feuillets papier.

XVIIIᵉ siècle. — Propriétés et seigneuries foncières. Lième pour l'infirmier. — Mention, à la date du 11 juillet 1766, de Marie, Nicolas et Blanche Brascassat, frère et sœurs (fol. 44 v°).

H. 898. (Liasse.) — 1 cahier de 12 feuillets papier, 9 pièces papier.

XVIIIᵉ siècle. — Propriétés et seigneuries foncières. Lième pour l'infirmier.

H. 899. (Cahiers.) — 0ᵐ39 × 0ᵐ22, 42 feuillets et 1 pièce papier.

XVIIIᵉ siècle. — Propriétés et seigneuries foncières. Lième pour le pitancier.

H. 900. (Liasse.) — 6 cahiers de 85 feuillets, 3 pièces papier.

XVIIIᵉ siècle — Propriétés et seigneuries foncières. Lième pour l'infirmier.

H. 901. (Registre.) — 0ᵐ33 × 0ᵐ21, 48 feuillets papier.

XVIIIᵉ siècle. — Propriétés et seigneuries foncières. Lième pour l'infirmier. — Analyse d'une reconnaissance du 3 février 1503, n. s., pour des biens dans la paroisse de Tabanac, « au lieu apellé *à Palaïs* » (p. 25) ; — d'autre reconnaissance pour un bien dans la même paroisse, « au lieu apellé *à Palas*, autrement *à la Fontaine de la Peyre* » (p. 28) ; — d'une reconnaissance du 25 mars 1451, pour un bien dans la paroisse de Villenave, « au lieu appelé *à Carbonieux* » (p. 85).

H. 902. (Liasse.) — 7 cahiers de 82 feuillets papier, 1 pièce papier.

XVIIIᵉ siècle. — Propriétés et seigneuries foncières. Lième pour le poissonnier. Ville de Bordeaux. — 1. Analyse d'une reconnaissance du 20 mai 1764 (?), par

Gabriel-Barthélemy de La Vaissière, seigneur de Verduzan. — 5. Analyse d'une reconnaissance du 11 avril 1771 (?), pour un immeuble sis « rue anciennement appellée de la Charpenterie, ensuite de la Fusterie et à présent du Moulin ». — 7. Analyse d'une reconnaissance du 3 juin 1426, au profit de Jean de La Roque, prieur claustral.

H. 903. (Cahier.) — 0^m30 × 0^m22, 12 feuillets papier et 1 pièce papier.

XVIIIe siècle. — Propriétés et seigneuries foncières. Lième pour le poissonnier. Banlieue de Bordeaux.

H. 904. (Registre.) — 0^m30 × 0^m22, 36 feuillets papier.

XVIIIe siècle. — Propriétés et seigneuries foncières. Lième pour le poissonnier. Banlieue de Bordeaux.

H. 905. (Liasse.) — 2 cahiers de 25 feuillets papier, 9 pièces papier.

XVIIIe siècle. — Propriétés et seigneuries foncières. Lième pour le poissonnier. Banlieue de Bordeaux et paroisses hors de la ville. — 3. Analyse d'une reconnaissance du 2 octobre 1613, en faveur de Françoise de Rostaing, veuve de Millan Thion, écuyer, s^r Du Bousquet en Périgord, dame de la maison noble de la Tour d'Esquivaux, sise dans les graves de Bordeaux.

H. 906. (Liasse.) — 3 cahiers de 41 feuillets papier, 8 pièces papier.

XVIIIe siècle. — Propriétés et seigneuries foncières. Lième pour le réfectorier.

H. 907. (Cahiers.) — 0^m30 × 0^m22, 63 feuilleté papier.

XVIIIe siècle. — Propriétés et seigneuries foncières. Lième pour le sacristain. Ville de Bordeaux : « rues de la Fusterie, Carpenteyre et du Moulin » et Nacaran.

H. 908. (Cahiers.) — 0^m30 × 0^m22, 32 feuillets papier.

XVIIIe siècle. — Propriétés et seigneuries foncières. Lième pour le sacristain. Ville de Bordeaux : « rue du Port. »

H. 909. (Liasse.) — 5 cahiers de 63 feuillets papier, 4 pièces papier.

XVIIIe siècle. — Propriétés et seigneuries foncières. Lième pour le sacristain. Ville et banlieue de Bordeaux.

— 6. Analyse d'une sentence du 12 juin 1592 contre Louis de St-Martin, seigneur de Biscarosse.

H. 910. (Liasse.) — 3 cahiers de 42 feuillets papier, 6 pièces papier.

XVIIIe siècle. — Propriétés et seigneuries foncières. Lième pour le sacristain : Saint-Loubès, Tresses et localités diverses.

H. 911. (Liasse.) — 13 cahiers de 86 feuillets papier, 11 pièces papier.

XVIIIe siècle. — Propriétés et seigneuries foncières. Lième. Ville de Bordeaux : rues Bouquière, Désirade, du Pontet, des Salinières et Traversaire; paroisses d'Artigues, Baurech, Cambes, La Tresne, Lignan, L'Ile-St-Georges, Mérignac, Quinsac.

H. 912. (Cahiers.) — 0^m33 × 0^m21, 186 feuillets papier.

XVIIIe siècle. — Propriétés et seigneuries foncières. Lième, ville et banlieue de Bordeaux.

H. 913. (Liasse). — 3 cahiers de 71 feuillets papier, 15 pièces papier.

XVIIIe siècle. — Propriétés et seigneuries foncières. Lième. Cambes, Cameyrac, Carignan, Langoiran et Beautiran, La Tresne et Mérignac, Macau et Margaux, Pompignac, Rions, Sadirac, St-Caprais, St-Loubès, Talence, Tresses.

H. 914. (Liasse.) — 5 cahiers de 95 feuillets papier, 25 pièces papier.

XVIIe-XVIIIe siècles. — Propriétés et seigneuries foncières. Ville de Bordeaux et banlieue : Gratecap, Marifoix, Maucor, Mouiller-Morte, Prat-Pudent, Pré de Ste-Croix, Sablonar.

H. 915. (Registre.) — 0^m25 × 0^m19, 75 feuillets papier.

XVIIIe siècle. — Propriétés et seigneuries foncières. Lième : Paludate, Maucor, Pont-Du-Guit.

H. 916. (Cahier.) — 0^m32 × 0^m21, 46 feuillets papier.

XVIIIe siècle. — Propriétés et seigneuries foncières. Lième pour Bègles : « plantiers du Luc-de-Haut, Des-

Camps, Lasseney, Clauset, villages de S‑Ujean, Des Camps et Du Treuil ».

H. 917. (Liasse.) — 5 cahiers de 105 feuillets, 5 pièces papier.

XVIIᵉ-XVIIIᵉ siècles. — Propriétés et seigneuries foncières. Liève : paroisses diverses.

H. 918. (Registre.) — 0ᵐ31 × 0ᵐ20, 101 feuillets papier.

XVIIIᵉ siècle. — Propriétés et seigneuries foncières. Table alphabétique « pour le livre censif ».

H. 919. (Registre.) — 0ᵐ25 × 0ᵐ17, 129 feuillets papier.

XVIIIᵉ siècle. — Propriétés et seigneuries fon‑ cières. Notes sur des usurpations commises aux dépens de l'abbaye (1). — « Fiefs usurpés par les no‑ taires ou autres agens qui s'étoint rendus fermiers des droits seigneuriaux de Mᵐ les Abbés » (fol. 31 v°). « État de ceux qui doivent tant en rentes qu'autre‑ ment, à répéter sur différents particulier[s] » (fol. 50). — « Obits fondés, dont les actes de fondation sont dans le registre de Levau, notaire » (fol. 120). — Note sur l'office de sous-sacristain (fol. 120 v°). — Note sur les empiétements auxquels a donné lieu le fort de S‑Croix : en 1704-1705, de la part de M. de Melun, commandant ; en 1728, de la part de M. de Nogent commandant (fol. 128).

H. 920. (Liasse.) — 1 cahier de 12 feuillets papier, 26 pièces papier.

1244-1664. — Droits de justice dans la paroisse S‑Croix. Conflits avec les jurats et les corporations. — 2-4. Décisions des abbés contre des gens qui ont violé la sauveté : se rendre à S‑Croix nu-pieds, en chemise et braies, une torche ardente à la main, entendre la messe à genoux et mains jointes, etc. (copies ; 1365 et 1396). — 10. « Extraict des tiltres touchant le droict de sauveté de l'abbaye » ([1635]). — 26. Sentence des jurats contre les écrivains jurés, autorisant des maîtres écrivains à enseigner « à lire et à faire les lettres sim‑ plement, sans estre liées ny assemblées et au long du marge du papier et non à travers » (20 juin 1664).

---

(1) Ces notes occupent partie d'un registre qui avait été pré‑ paré pour recevoir, dans un ordre alphabétique, des extraits de lectures.

H. 921. (Liasse.) — 1 cahier de 35 feuillets papier, 6 pièces parchemin, 77 pièces papier.

1672-1696. — Droits de justice dans la paroisse S‑Croix. Conflits avec les jurats et les corporations. — 1. Notification faite à « Pierre Chassain, hoste, où pand pour enseigne *les Trois chandelliers*, proche la porte S‑Jullien » (11 octobre 1672). — 73. Mémoire instructif pour l'abbé et les religieux, exposant longuement leur thèse ([1675] ; imprimé). — 78. Procédure au sujet d'un bris de porte opéré, d'ordre du receveur des décimes, aux chais de l'abbaye (3 janvier 1696).

H. 922. (Liasse.) — 2 cahiers de 32 feuillets papier, 2 pièces parchemin, 53 pièces papier.

1719-1734. — Droits de justice dans la paroisse S‑Croix. Conflits avec les jurats et les corporations. — 48 et 51. Assignation de prestation de serment à Gromel, ancien secrétaire du maréchal de Montrevel, et à Coiffard, notaire à S‑Sulpice-d'Izon, nommés experts en vue de compulser d'anciens titres (31 mai-13 juillet 1734).

H. 923. (Liasse.) — 15 pièces papier.

XVIIᵉ-XVIIIᵉ siècles. — Droits de justice dans la paroisse S‑Croix. Conflits avec les jurats et les corpo‑ rations. — 1. Énoncé des titres de l'abbaye pour la sauveté et indication des limites de lad. sauveté, lesquelles « se peuvent voir et cognoistre par lesd. pierres portants lesd. armes desdits ducs et princes apposées aux murailles et croix plantées aux lieux susd. » (s. d.).

H. 924. (Liasse.) — 1 cahier de 17 feuillets papier, 3 pièces parchemin, 13 pièces papier.

1254-1620. — Propriétés et seigneuries foncières : paroisse S‑Croix. — 9. Donation conditionnelle d'une maison à l'abbaye par Jean Persecq, lequel a décidé d'« aller en voyage au chef de Monsieur sainc Jacques en Galice » (copie ; 1ᵉʳ mai 1556).

H. 925. (Liasse.) — 1 pièce parchemin, 49 pièces papier.

1647-1789. — Propriétés et seigneuries foncières : paroisse S‑Croix. — 7. Délaissement d'un loyer par « Bernard Godart, hoste, tennant pour enseigne *le Bon*

Enfent » (13 juin 1691). — 30. Arrêt du Conseil qui commet Tourny pour fixer, de concert avec les jurats, les rues à percer entre le pont Ste-Croix et l'Estey Majou (imprimé; 21 juin 1748).

H. 926. (Liasse.) — 32 pièces papier.

XVIIe-XVIIIe siècles. — Propriétés et seigneuries foncières : paroisse Ste-Croix. — 1. Mention d'acquisitions de terrains par les Jésuites, les 18 septembre 1611 et 22 juillet 1615, par devant Bouhet (s. d.). — 2. Plan du moulin de Ste-Croix et des alentours (s. d.).

H. 927. (Liasse.) — 14 pièces papier.

1677-1746. — Propriétés et seigneuries foncières : dossier sur le Fort-Louis.

H. 928. (Liasse.) — 43 pièces papier.

1750-1752. — Propriétés et seigneuries foncières : dépenses pour la construction de corderies.

H. 929. (Liasse.) — 2 cahiers de 39 feuillets papier, 21 pièces papier.

1304-1757. — Propriétés et seigneuries foncières : paroisse Ste-Croix. Procès contre les jurats. — 2. Accord entre la Ville et le monastère : celui-ci cède pour 100 ans la petite coutume, celle-là prend l'engagement « de far fermar de muraille dins vingt ans lod. moustey » (copie authentique, 6 janvier 1304, n. s.). — 12. Consultation d'avocats sur la difficulté survenue avec les maire et jurats, lesquels ont « donné à fief nouveau, le mois de may ou de juin 1708, les places qui sont le long des murs de la Ville, depuis la porte Ste-Croix jusqu'à celle de la Grave » (3 mars 1709).

H. 930. (Liasse.) — 2 cahiers de 39 feuillets, 21 pièces papier.

XVIIe-XVIIIe siècles. — Propriétés et seigneuries foncières : paroisse Ste-Croix. Procès contre les jurats. — 1. « Mémoire instructif et généalogique des fiefs... sur la mer, depuis l'estei ou canal du moulin de l'abbaye jusqu'à la rue du Port » (s. d.). — 2. Mémoire concernant les droits de l'abbaye sur certains terrains : en 1684, les jurats ont permis de construire des maisons en avant des murailles, près de la porte de Ste-Croix, à condition d'élever « une espèce de muraille mince par derrière, pour fermer la brèche par où les troupes du Roy avoient entré en 1675 » (s. d.). — 3. Mémoire contre les Jurats, visant notamment les pièces relatives à l'extension de l'enceinte fortifiée en 1303 (s. d.). — 4. Mémoire contre les jurats, énumérant leurs entreprises contre l'abbaye : ils font porter au bord de la rivière, près de Ste-Croix, les vidanges de la Ville, qui « restent au bord de la Garonne jusqu'au moment que les eaux du flux et marée les entraînent »; ils ont transféré les magasins de résine et de goudron de la rue Leyteire à un endroit voisin de l'abbaye; ils ont fait sortir de Bordeaux et installé dans le quartier Ste-Croix, les marchands de volailles, dès qu'on redouta la contagion de Marseille, etc. (s. d.).

H. 931. (Liasse.) — 1 pièce parchemin, 29 pièces papier.

1181-1646. — Propriétés et seigneuries foncières ; moulin de Ste-Croix. — 2. Levée d'une excommunication encourue par un citoyen de Bordeaux, qui a fait des travaux sur le ruisseau venant de Peyrelongue (13 août 1255 ; copie d'un *vidimus*).

H. 932. (Liasse.) — 1 cahier de 36 feuillets, 58 pièces papier.

1651-1695. — Propriétés et seigneuries foncières : moulin de Ste-Croix. — 3. Notification par le fermier du moulin de Ste-Croix de ce que, « à cause des guerres et troubles présans, on a coupé à l'endroict du bolevart dudict Saincte-Croix, la jale ou estey dudict moulin, pour faire aller l'eau aux fondemens dudict bolevart et détournent ladicte eau du cours ordinaire pour la faire passer à un autre endroict, près la tour carrée qui est proche dudict bolevart, aux fins de faire un retranchement pour la défence de la présant ville » (10 juin 1652). — 8. Compte avec le meunier, à dater du 15 août 1652 : « Faut faire diminution aud. meusnier pour le chômage pendant le temps que les eaux ont esté coupées par les armées du Roy, despuis le 6e juillet jusques au vingtiesme septembre » (18 août 1654).

H. 933. (Liasse.) — 1 cahier de 24 feuillets, 39 pièces papier.

1710-1725. — Propriétés et seigneuries foncières : moulin de Ste-Croix.

H. 934. (Liasse.) — 4 cahiers de 134 feuillets, 38 pièces papier.

1664-1750. — Propriétés et seigneuries foncières : moulin de Ste-Croix. — 1-7. Dossier d'un procès contre la Ville, qui a fait fermer un trou au moulin (1664-1728).

H. 935. (Liasse.) — 1 cahier de 20 feuillets papier, 10 pièces papier.

1755-1787. — Propriétés et seigneuries foncières : moulin de Ste-Croix.

H. 936. (Liasse.) — 16 pièces papier.

XVIIe-XVIIIe siècles. — Propriétés et seigneuries foncières : moulin de Ste-Croix.

H. 937. (Liasse.) — 3 pièces parchemin, 21 pièces papier.

1743-1754. — Propriétés et seigneuries foncières : moulin de Ste-Croix. Procès avec Marie Ficuzal, veuve Monlun, fermière du moulin.

H. 938. (Registre.) — 0^m20 × 0^m14, 23 feuillets papier.

1572-1587. — Propriétés et seigneuries foncières : moulin de Ste-Croix. Rente en froment due au seigneur de la maison de Lalande. — Quittances par Bonaventure de Lur, veuve de Gaston de Lisle, baron de La Rivière et de Labrède et s^r de la maison noble de Lalande, dans la ville de Bordeaux, par Louis de Lisle et par Marguerite de Lisle, son fils et sa fille.

H. 939. (Liasse.) — 1 cahier de 24 feuillets papier, 14 pièces parchemin, 27 pièces papier.

1578-1594. — Propriétés et seigneuries foncières : moulin de Ste-Croix. Rapports avec le seigneur de la maison de Lalande, en rue Neuve. Procès contre Bonaventure de Lur, dame de La Rivière, de La Brède et de la maison noble de Lalande.

H. 940. (Liasse.) — 1 cahier de 17 feuillets papier, 3 pièces parchemin, 122 pièces papier.

1630-1751. — Propriétés et seigneuries foncières : moulin de Ste-Croix. Procès contre le seigneur de la maison de Lalande. — 2-15. Procès relatif à la saisie opérée au détriment de Mlle de Civrac; celle-ci, « à laquelle a esté baillhé huit pauvres pour les norrir, n'a tenu compte de leur faire administrer aulcungs alimans, soubz prétexte qu'elle n'est en ceste ville, quoyqu'elle y aye de grandz biens et revenus » (1631-1637). — 81. États, mois par mois, du prix du boisseau de froment, de 1654 à 1696 (1696). — 111. Compte d'une

pension de 48 boisseaux de froment : 1743, « suivant les fourleaux », 391 l.; 1744, 319 l.; 1745, 315 l. 2 s.; 1746, 391 l. 18 s.; 1747, 599 l. 8 s.; 1748, 634 l. 16 s. (16 août 1749).

H. 941. (Liasse.) — 2 cahiers de 26 feuillets papier, 2 pièces parchemin, 54 pièces papier.

1306-1765. — Propriétés et seigneuries foncières : moulin de Ste-Croix. Procès contre Catherine Duduc de Bordes, mariée à Séverin Desmarets, avocat, et Catherine-Rose Duduc de Bordes, sœurs, au sujet de l'estey de Ste-Croix. — 17. Reconnaissance par Pierre Duduc de Bordes, écuyer, sieur de Cazenave en Albret (23 janvier 1685).

H. 942. (Liasse.) — 11 pièces papier.

1690-1711. — Propriétés et seigneuries foncières : moulin de Ste-Croix. Rente due à l'hôpital St-André. — 10. Réclamation de l'hôpital : pour 1708, 50 boisseaux de froment, à 9 l.; pour 1709, 7 barriques de vin, à 240 l. le tonneau, etc. (20 décembre 1711).

H. 943. (Registre.) — 0^m34 × 0^m21, 78 feuillets papier.

1307-1460. — Propriétés et seigneuries foncières : ville de Bordeaux. Terrier formé au XVIIIe siècle. — Acte pour la dotation de la sous-chantrerie et de la chapellenie fondées par Pierre Viguer, montant à 13,000 s., que le fondateur devait asseoir dans un rayon de deux lieues autour de Bordeaux (15 juin 1341; fol. 59).

H. 944. (Liasse.) — 1 cahier de 12 feuillets parchemin, 1 cahier de 21 feuillets papier, 29 pièces papier.

1250-1774. — Propriétés et seigneuries foncières : ville de Bordeaux. — 9. « Déclarations des fiefs de la ville de Bordeaux faites à la maison de ville par ordre du Roy, suivant son édit du 14 juillet 1553 » (copie; 1553). — 13. Délibération de propriétaires de maisons de Bordeaux décidant d'ajouter 200,000 livres à la somme que la Ville doit offrir au Roi pour la rentrée du Parlement et de la Cour des Aides : « Ayant... reffléchy seur la diminution de leurs maisons et des revenus d'icelles et seur les pertes qu'ilz ont souffert et qu'ilz souffrent depuis l'absence desd. compagnies supérieures » (1er septembre 1690). — 27. Consultation juridique signée Lumière, exposant longuement la doctrine sur les sous-acensements (15 juillet 1766).

H. 945. (Liasse.) — 15 pièces papier.

1758-1761. — Propriétés et seigneuries foncières : ville de Bordeaux. Travaux exécutés à une maison occupée par Paul Nérac.

H. 946. (Liasse.) — 4 cahiers de 54 feuillets, 82 pièces papier.

XVIe-XVIIIe siècles. — Propriétés et seigneuries foncières : ville de Bordeaux.

H. 947. (Cahier.) — 0m32 × 0m20, 16 feuillets papier.

XVIIIe siècle. — Propriétés et seigneuries foncières : ville de Bordeaux. Liève.

H. 948. (Liasse.) — 86 pièces papier.

XVIIIe siècle. — Propriétés et seigneuries foncières : ville de Bordeaux. Fiches en vue d'une liève.

H. 949. (Liasse.) — 2 cahiers de 82 feuillets papier, 2 pièces parchemin, 94 pièces papier.

1348-XVIIIe siècle. — Propriétés et seigneuries foncières : ville de Bordeaux. Paroisses St-Christoly, St-Michel, St-Pierre, St-Remy, St-Seurin, Ste-Colombe et Ste-Eulalie. — *Paroisse St-Michel.* 23. Plans de l'îlot compris entre les rues Fusterie, du Port, du Cimetière et des Galères (s. d.). — *Paroisse St-Seurin.* 72. Bail à fief(?) de terres dont une de 12 règes, confrontant d'un bout « au besanin las VI arreguas e las autras VI arreguas... a l'arriu de Colenhan » (7 avril 1348). — 80. Procès-verbal de saisie de maisons : l'huissier déclare « avoir mis et apozé contre la porte de chescune des susdittes maisons ung penanceau et baston royal au hault duquel estoient paintes trois fleurs-de-lys et au bas une affiche de moy signée, « contenant la susditte saizie » (1er juillet 1651). — *Paroisse Ste-Colombe.* 96. Cession de cens par Bernard de Lesparre, damoiseau, fils de feu Bernard et de Guiraude de Bouglon, celle-ci sœur de Jean de Bouglon, chevalier, seigneur de Monteton (16 février 1335, n. s.; copie).

H. 950. (Liasse.) — 119 pièces papier.

1654-XVIIIe siècle. — Propriétés et seigneuries foncières : ville de Bordeaux. Rues Acan, des Allemandiers, Andronne, des Augustins et de Bédillon.

H. 951. (Liasse.) — 1 cahier de 13 feuillets papier, 5 pièces parchemin, 25 pièces papier.

1379-XVIIIe siècle. — Propriétés et seigneuries foncières : ville de Bordeaux. Rue Bordelaise.

H. 952. (Liasse.) — 1 pièce parchemin, 19 pièces papier.

1639-1642. — Propriétés et seigneuries foncières : ville de Bordeaux. Rue Bordelaise. Procès contre Jean Boyresse, avocat.

H. 953. (Liasse.) — 1 cahier de 24 feuillets papier, 3 pièces parchemin, 24 pièces papier.

1635-1733. — Propriétés et seigneuries foncières : ville de Bordeaux. Rue Bordelaise. Procès contre la famille Durfort de Civrac.

H. 954. (Liasse.) — 154 pièces papier.

XVIIIe siècle. — Propriétés et seigneuries foncières : ville de Bordeaux. Rue Bordelaise. Fiches établies en vue d'une liève.

H. 955. (Liasse.) — 2 pièces parchemin, 64 pièces papier.

1497-1785. — Propriétés et seigneuries foncières : ville de Bordeaux. Rues Bouquière et des Bouviers.

H. 956. (Liasse.) — 2 pièces parchemin, 48 pièces papier.

1568-1772. — Propriétés et seigneuries foncières : ville de Bordeaux. Place Canteloup, rues des Caperans, Carpenteyre, Castillon et Costignan.

H. 957. (Liasse.) — 3 pièces parchemin, 12 pièces papier.

1432-1725. — Propriétés et seigneuries foncières : ville de Bordeaux. Rue Ducasse ou de Maucaillau. — 1. Dires pour l'abbaye contre le syndic de St-Michel et Jeanne Faure, femme de Pierre Ducasse, concernant une maison qui confrontait anciennement à autre maison de Raimond Ducasse (23 janvier 1432, n. s.).

H. 958. (Liasse.) — 1 pièce parchemin, 34 pièces papier.

1262-XVIIIe siècle. — Propriétés et seigneuries foncières : ville de Bordeaux. Rue du Fagna, des

Faures, de la Fontaine, du Fort-Louis, des Fours, de la Fusterie et des Galères et quai de la Grave. — *Rue de la Fusterie.* 23. Reconnaissance par François Lalo, écuyer, sieur de La Fontaine, domicilié à Escaunac, paroisse de Quinsac (12 juillet 1636).

H. 959. (Liasse.) — 6 pièces parchemin, 29 pièces papier.

1322-1776. — Propriétés et seigneuries foncières : ville de Bordeaux. Rues Hostens, Judaïque, Lartigue, Leyteire, de Macau, Maubec, Maucaillau, Maucoudinat, Métivier, du Mirail, du Moulin, Nacaran et de Nérigean. — *Rue Nacaran.* — 33. Note concernant le terrain qui est compris entre les rues Nacaran et du Moulin : § 33, mention d'un acte de Dotteau, notaire, en date du 14 juillet 1683, par lequel un entrepreneur s'engage à démolir un portail et à le refaire pour servir d'entrée à l'enclos et jardin des religieux (s. d.). — 34. Renonciation, moyennant finances, à un droit de retrait lignager (1er avril 1604).

H. 960. (Liasse.) — 5 cahiers de 97 feuillets papier, 32 pièces papier.

1250-1727. — Propriétés et seigneuries foncières : ville de Bordeaux. Rue Nérigean. Dossier d'un procès contre les bénéficiers de S'-Michel. — 19. Mémoire non signé : « Dans les deux terres que Arnaud Ayon et que Arnaud de Saint-André, tuteurs des enfans de La Grave, possédoint en 1250, ont été faites les rues de Nérigean, des Vignes, des Bouviers et Planterose...; la rue de Jean de Ceuta ou rue Traversanne étoit faite auparavant » (s. d.).

H. 961. (Liasse.) — 2 cahiers de 24 feuillets papier, 10 pièces papier.

1750-1756. — Propriétés et seigneuries foncières : Bordeaux, rue du Palais Gallien. Dossier d'une contestation avec l'Archevêché, touchant la seigneurie foncière du Grand Séminaire. — 3. Procuration donnée par l'archevêque d'Audibert de Lussan, « à même de partir comme député du premier ordre pour se rendre à l'assemblée génerale du clergé de France qui doit se tenir à Paris » (29 avril 1750).

H. 962. (Liasse.) — 4 pièces parchemin, 58 pièces papier.

1341-XVIIIe siècle. — Propriétés et seigneuries foncières : ville de Bordeaux. Rues Permentade, du Peyrat, Peyronet, des Pignadours, Planterose, boulevard du Pont-S'-Jean, rues du Porge, du Port et

Poudiot. — *Rue Planterose.* 27-35. Différend avec Marguerite de La Jonie, supérieure de l'Annonciade (1694). — *Boulevard du pont Saint-Jean.* 51. Reconnaissance pour l'emplacement de deux échoppes, « au-dedans du boulevard du pont S'-Jean » (12 avril 1763).

H. 963. (Liasse.) — 7 pièce parchemin, 9 pièces papier.

1764-1773. — Propriétés et seigneuries foncières : ville de Bordeaux. Rue Royale.

H. 964. (Liasse.) — 39 pièces papier.

1435-XVIIIe siècle. — Propriétés et seigneuries foncières : ville de Bordeaux. Rues S'-James, S'-Jean, porte S'-Julien, pont des Salinières, rue S'[e]-Catherine.

H. 965. (Liasse.) 45 pièces papier.

1358-1728. — Propriétés et seigneuries foncières : rue S'[e]-Catherine. Difficulté avec les Visitandines au sujet d'une maison. — 1. Fondation par Bertrand Bonefous, curé de Preignac (copie; 25 juillet 1358). — 9-24. Correspondance de sœur Denise Pichard, procureuse de la Visitation (1725-1728).

H. 966. (Liasse.) — 2 pièces parchemin, 51 pièces papier.

1556-XIIIe siècle. — Propriétés et seigneuries foncières : ville de Bordeaux. Rues S'-Christoly et S'[e]-Croix. — *Rue S'[e]-Croix.* 7. Vente d'immeubles à un jardinier et à sa femme, l'un et l'autre habitant dans l'abbaye (13 octobre 1572). — 27. Devis pour la construction d'une maison, établi par Jean Savoye, dit Lacroix, maître maçon (30 juin 1684). — 36. « Extraits des titres pour justifier la directité de l'abbaye S'[e]-Croix sur les emplacements acquis par Mgr de Tourny, intendant en Guienne, pour la construction du nouvel hôtel de la Monnoye » (xviiie s.).

H. 967. (Liasse.) — 2 pièces parchemin, 14 pièces papier.

1633-1641. — Propriétés et seigneuries foncières : ville de Bordeaux. Rue S'[e]-Croix. Procès contre Luc Pilote, procureur au présidial de Guienne.

H. 968. (Liasse.) — 1 cahier de 11 feuillets et 13 pièces papier.

1650-XVIIIe siècle. — Propriétés et seigneuries foncières : ville de Bordeaux. Rue S'[e]-Croix. Procès avec les prébendiers de S¹-André relativement à des immeubles sis rue S¹ᵉ-Croix et rue des Vignes.

H. 969. (Liasse.) — 1 cahier de 18 feuillets papier,
8 pièces parchemin, 7 pièces papier.

1451-1783. — Propriétés et seigneuries foncières : ville de Bordeaux. Boulevard S¹ᵉ-Croix, rues Sanguinengues, Sous-le-Mur, Sous-les-Aubans, des Terres-de-Bordes, Traversane et des Trois-Canards.

H. 970. (Liasse.) — 4 pièces parchemin, 28 pièces papier.

1368-1774. — Propriétés et seigneuries foncières : ville de Bordeaux. Rues des Vergnes, de la Vieille Corderie et des Vignes. — *Rue des Vergnes.* 1. Acte incomplet concernant les droits de cens dus pour divers immeubles, notamment pour un emplacement que tient P. Jauffre, maçon (1368). — *Rue de la Vieille Corderie.* 2. Vente par Raimond de Luc-Majour, avocat au Parlement, d'une échoppe confrontant vers l'est aux murs de la ville, vers le sud « à la grand maison de dame Marie Dalesme, mère dud. sieur de Luc-Majour, appellée la tour de Luc-Majour, la Divise quy conduict à la rivière et place entre deux » (7 août 1642).

H. 971. (Liasse). — 1 cahier de 12 feuillets papier,
27 pièces papier.

XVIIᵉ-XVIIIᵉ siècles. — Propriétés et seigneuries foncières : banlieue de Bordeaux.

H. 972. (Cahier.) — 0ᵐ24 × 0ᵐ17, 23 feuillets papier.

1722-1723. — Propriétés et seigneuries foncières : banlieue de Bordeaux. « Papier censif des agrières et rentes en vin... qui se lèvent ès graves dudit Bordeaux et Paludate, jusques à l'Estey Majour ». — « S'ensuivent les rentes en vin au lieu d'agrières en Graves et Paludate, avec quelques rentes en argent » (fol. 19).

H. 973. (Liasse.) — 1 cahier de 42 feuillets papier,
1 pièce parchemin, 5 pièces papier.

1663-1668. — Propriétés et seigneuries foncières : banlieue de Bordeaux. Procès contre Pierre Lanavère, avocat en la Cour, au sujet de vignes sises en Paludate, à Pontescart et à la Guespe.

H. 974. (Liasse.) — 54 pièces papier.

1258-1719. — Propriétés et seigneuries foncières : banlieue de Bordeaux. Dossiers de procès avec Marie

de Marin, veuve de François Raymond, Pierre de Raymond, seigneur Des Cheminées, Bernard-Joseph de Mulet, seigneur de Queyzaq, Jacquette Dorlic, sa veuve, touchant divers tènements, le ruisseau du moulin de S¹ᵉ-Croix, etc. — 25. Assignation en paiement de lods et ventes au huitième, à la suite de la vente consentie par Bernard-Joseph de Mulet, écuyer, « de la coupe d'un boys de haute futée situé au lieu appellé du Pon Du Guit » (24 mars 1705).

H. 975. (Liasse.) — 1 cahier de 11 feuillets papier,
1 pièce parchemin, 6 pièces papier.

1296-XVIIIᵉ siècle. — Propriétés et seigneuries foncières : banlieue de Bordeaux. Arcs, Aygats, Ayguedrom et Barreyres. — *Barreyres.* 6. Analyse de la vente reçue le 11 août 1752 par Lavau et consentie par Antoine Lafontaine et Marie Lafontaine d'une vigne au plantier de Barreyres (s. d.).

H. 976. (Liasse.) — 8 cahiers de 64 feuillets papier,
32 pièces papier.

1472-XVIIIᵉ siècle. — Propriétés et seigneuries foncières : banlieue de Bordeaux. La Bombe.

H. 977. (Liasse.) — 1 cahier de 12 feuillets papier,
23 pièces papier.

1607-1728. — Propriétés et seigneuries foncières : banlieue de Bordeaux. La Bombe. Dossier relatif à des immeubles tenus en 1607 par « Raymond Martin, conseiller du Roy et receveur général provincial héréditaire des décimes de Guyenne » et en 1691 par « Jean Reynier de Reyniach, chevalier, baron de Laferrade, Capbreton et de Laluque ».

H. 978. (Liasse.) — 5 pièces parchemin, 33 pièces papier.

1456-1768. — Propriétés et seigneuries foncières : banlieue de Bordeaux. La Boup.

H. 979. (Liasse.) — 8 pièces parchemin, 4 pièces papier.

1714-1738. — Propriétés et seigneuries foncières : banlieue de Bordeaux. La Boup. Procès contre Suzanne Besson, veuve d'Ursin Massé, maître chirurgien juré, Isabeau et Bertrande, leurs filles.

H. 980. (Liasse.) — 1 cahier de 12 feuillets papier, 8 pièces parchemin, 39 pièces papier.

1346-XVIIIᵉ siècle. — Propriétés et seigneuries foncières : banlieue de Bordeaux. Le Bouscat, Cavernes, Le Cendey, Colignon, Crabeyre, La Crompe, Eyquem, Fieulabet et Fontcapeyron. — *Le Bouscat.* 6. Transaction avec Étienne d'Estignols de Lancre, écuyer, seigneur des maisons nobles de Loubans, Picheboup, Le Til, Bussac et autres places (21 mars 1656). — *Colignan* 15. Lettre du duc de Lancastre touchant le conflit entre l'abbaye de Sᵗᵉ-Croix et Bertrand Caillau, chevalier, d'une part, et divers habitants de Colignan, de l'autre, les premiers réclamant les droits de questalité dont les seconds prétendent être exempts (17 août 1389; vidimé le 22 mars 1390, n. s.). — *Fieulabet.* 33-34. Analyse d'une reconnaissance passée le 16 septembre 1649 par Jean Turquois, bourgeois et maître brodeur (s. d.).

H. 981. (Liasse.) — 11 pièces papier.

1616. — Propriétés et seigneuries foncières : banlieue de Bordeaux. Fieulabet. Procès contre « Reymond de Martin, recepv[eu]r général des décimes ».

H. 982. (Liasse.) — 1 pièce parchemin, 44 pièces papier.

1421-XVIIIᵉ siècle. — Propriétés et seigneuries foncières : banlieue de Bordeaux. Gelineau, Gratecap, Graves, Gravette et La Guespe. — *Gratecap.* 8. Extrait de reconnaissances, notamment d'une reconnaissance du 15 août 1640, pour une terre confrontant « à la ruette apellée des Chevaux, autrement Charrognère » (s. d.). — *Graves.* 31. Analyse de reconnaissances, notamment du 9 février 1437, n. s., pour une vigne *au portail Du Mirail*, alias *aux Menudes vieilles*, confrontant à la vigne de « Guilhem Bordes, maître canonier » : « Laditte reconnoissance est certainement applicable sur une partie du terrain où Mᵍʳ l'Intendant fait construire la halle, près la porte des Capucins » (s. d.).

H. 983. (Liasse.) — 1 cahier de 35 feuillets papier, 3 pièces parchemin, 60 pièces papier.

XIIᵉ siècle-1771. — Propriétés et seigneuries foncières : banlieue de Bordeaux. Les Islets, Labat, le Lac, Lados, Larrivet, Lataste, Lauba, Leurat, Longueborne, Manufacture, Marifoix, Maucaillau, Maucor, Menudes Vieilles et Moiller Morte. — *Longueborne.* 20. « Extraits

qui justifient la directe des Bénédictins sur le cimetière des Juifs » (s. d.). — *Manufacture.* 29. Vente par Jean Cal, ancien capitaine au régiment de Condé (1ᵉʳ mai 1720). — 30. Mémoire étendu signé : Descorps jeune, tendant à démontrer le caractère pignoratif d'une vente à réméré (sans date). — 31. Mention de la construction de deux ponts et d'un chemin « pour faire la ronde autour de la... Ville », entre 1537 et 1560, par le roi de Navarre, lieutenant général pour le Roi en Guienne (s. d.). — 32. Analyse de pièces de 1715 et 1716, mentionnant Jean Cal, ancien capitaine au régiment de Condé, feu Simon Cal, son père, capitaine des archers du guet, son aïeul Martial Cal. (s. d.). — *Menudes Vieilles.* 52. Attestation de Baurein, portant que « Marie Barbe, épouze de Reymond Harduras, est réduite à la dernière extrémité et le plus souvent sans pain, elle et sa famille, et ce depuis plusieurs années à raison d'un procès » (29 mai 1767).

H. 984. (Liasse.) — 1 cahier de 10 feuillets papier, 1 pièce parchemin, 39 pièces papier.

1321-1771. — Propriétés et seigneuries foncières : banlieue de Bordeaux. Palu et Paludate.

H. 985. (Liasse.) — 15 pièces papier.

1668-1670. — Propriétés et seigneuries foncières : banlieue de Bordeaux. Paludate. Procès au sujet d'une vigne. — 1. Citation « à Pierre Duduc Debordes, escuyer, en son domicille, rûe des Fossés de rue Bouquière, parlant à son laquay » (7 juin 1669).

H. 986. (Liasse.) — 22 pièces papier.

1666-1792. — Propriétés et seigneuries foncières : banlieue de Bordeaux. Partancès et Penissaut. — *Penissaut.* 4. Traité avec Jean Savoye, dit Lacroix, pour la construction d'une sacristie et le déplacement du portail qui est à l'entrée de la cour, entre l'église et la maison du chambrier (14 juillet 1683).

H. 987. (Liasse.) — 2 cahiers de 29 feuillets papier, 16 pièces papier.

1782-1787. — Propriétés et seigneuries foncières : banlieue de Bordeaux. Penissaut. Procès contre Laclotte, négociant, Ravesies et autres. — 15. Mémoire pour le syndic de Sᵗᵉ-Croix : « La contestation soumise à la décision de la Cour sénéchalle présente deux questions : la première, de savoir si le bail à rente foncière et à locatairie perpétuelle donne au preneur le droit d'expulser le locataire à temps ; la seconde, si ce locataire expulsé peut répéter contre le locateur des dommages-intérêts » (3 mars 1787).

H. 988. (Liasse.) — 2 pièces parchemin, 26 pièces papier.

1462-1777. — Propriétés et seigneuries foncières : banlieue de Bordeaux. Perey, Peypinet, Pissebouc, Pisselèbre et la Poissonnerie.

H. 989. (Liasse.) — 1 pièce parchemin, 65 pièces papier.

1612-1622. — Propriétés et seigneuries foncières : banlieue de Bordeaux. Pisselèbre. Procès contre Peyronne de Lalanne, veuve de Jean Mercadier, et les chanoines de S¹-André.

H. 990. (Liasse.) — 1 cahier de 17 feuillets papier, 1 pièce parchemin, 42 pièces papier.

1350-XVIII⁰ siècle. — Propriétés et seigneuries foncières : banlieue de Bordeaux. Pont de Langon, Pont Du Guit, Pont-Eycard et Prat-Pudent. — *Pont Du Guit.* 10. Reconnaissance par Pierre Duduc de Bordes, écuyer, sʳ de Cazenave en Albret (20 janvier 1685; copie authentique).

H. 991. (Liasse.) — 1 cahier de 22 feuillets papier, 3 pièces parchemin, 36 pièces papier.

1392-XVIII⁰ siècle. — Propriétés et seigneuries foncières : banlieue de Bordeaux. La Recluse, Sabateyre, Sablonar, Serporar, S¹-Julien, S¹-Vincent et Tabernoles.

H. 992. (Liasse.) — 32 pièces papier.

1658-1696. — Propriétés et seigneuries foncières : banlieue de Bordeaux. Talence. Procès contre la Visitation.

H. 993. (Liasse.) — 9 pièces parchemin, 44 pièces papier.

1445-1776. — Propriétés et seigneuries foncières : banlieue de Bordeaux. Tastassa, Terre-de-Bordes et Terrenègre. — *Tastassa.* 3. Reconnaissance pour un pré dans la palu de Bordeaux, a Tastassa, confrontant à « la Jala corrent, de l'un cap, entro au bosc de Begueyraud, de l'autre cap » (4 janvier 1446, n. s.).

H. 994. (Liasse.) — 1 cahier de 19 feuillets papier, 1 pièce parchemin, 55 pièces papier.

1489-1644. — Propriétés et seigneuries foncières : banlieue de Bordeaux. Terrenègre. Procès contre Daniel de Lartigue, huissier, et les bénéficiers de S¹-Projet.

H. 995. (Liasse.) — 5 pièces parchemin, 37 pièces papier.

1365-XVIII⁰ siècle. — Propriétés et seigneuries foncières : Ambarès, Arsac, Aubiac, Aubie, Barsac, Baurech et Beautiran. — *Ambarès.* 2. Reconnaissance au profit d'Étienne de Cazenave, curé de Parempuire (10 janvier 1497, n. s.; copie authentique). — *Aubiac.* 14. Bail à cens par Raimond Bern. de Roquèys, prieur [de S¹-Macaire] (9 décembre 1365). — *Baurech.* 20. Cession de droits par Catherine de Tallerand, veuve de François de Carle, écuyer, seigneur de la maison noble de Rocquette, domiciliée en la paroisse de Baurech (6 novembre 1571). — *Beautiran.* 34. Projet de reconnaissance pour des biens reconnus les 30 juillet 1407 et 26 juin 1419 au profit d'Archambaud de La Roque, seigneur de la maison noble Du Cros, lequel les a affectés à la dotation des chapellenies Du Cros (xviii⁰ s.). — 35. Projet de reconnaissance pour un bien confrontant à l'estey d'Esteylins, qui sépare Beautiran de L'Isle, led. bien reconnu le 17 septembre 1735 par Hénault de Montigni, lieutenant général d'artillerie, au nom de ses enfants, ceux-ci héritiers de leur mère Marguerite de Coulens (xviii⁰ s.).

H. 996. (Liasse.) — 5 pièces parchemin, 45 pièces papier.

1451-XVIII⁰ siècle. — Propriétés et seigneuries foncières : Bègles. — 2. Reconnaissance pour une vigne sise « en la... parropia de Becgla, au loc apperat a rua Streyta » (11 juin 1491). — 18. Requête aux trésoriers de France, exposant qu'une ordonnance du 4 septembre 1665 a interdit aux seigneurs des maisons nobles de Frans et S¹-Ujean de se dire seigneurs de la paroisse de Bègles (13 janvier 1695). — 23. Analyse de titres concernant les eaux des moulins de Peyrelongue et de Sᵗᵉ-Croix (s. d.).

H. 997. (Recueil factice.) — 56 pièces, plus une pièce détachée, papier.

XVII⁰ siècle. — Propriétés et seigneuries foncières : Bègles. Liève.

H. 998. (Liasse.) — 35 pièces papier.

1632-1635. — Propriétés et seigneuries foncières : Bègles. Procès contre Jean-Jacques de Pichon, contrôleur du Roi en Guienne, au sujet du moulin de Peyrelongue.

H. 999. (Liasse.) — 8 pièces parchemin, 21 pièces papier.

1415-XVIIIe siècle. — Propriétés et seigneuries foncières : Blanquefort. — 2. Lettres signées « B. Angevini », au nom de Jean Teptost, sénéchal de Guienne, interdisant, sur requête de l'abbé de St-Croix, à Gaillard de Durfort, seigneur de Duras et de Blanquefort, de dresser des fourches patibulaires sur les terres de l'abbaye (6 mai 1423). — 7. « Extraict du rolle des taillables » : « 1° Au bourg ou confrairie de Blancafort » (1615). — 12-29. Procès contre M. Launay, ingénieur, au sujet d'une terre sise à *Fey Astruc* (1714-1726).

H. 1000. (Cahiers.) — 0m32 X 0m20, 40 feuillets, plus 8 feuillets de tables, papier.

XVIIIe siècle. — Propriétés et seigneuries foncières : Blanquefort. Liève. — Analyse d'une reconnaissance de 1425 pour des immeubles sis *a la Mota*, confrontant à la barbacane et au fossé (fol. 22 v°).

H. 1001. (Liasse.) — 1 pièce parchemin, 25 pièces papier.

1573-1758. — Propriétés et seigneuries foncières : Bouliac, Bruges, Cabara et Cadaujac. — *Cadaujac.* 18. Sentence concernant une rente due par Jean Dibarola, écuyer, sr de Bardin, pour le moulin de Bardin et ses dépendances (3 juin 1573).

H. 1002. (Liasse.) — 1 cahier de 15 feuillets papier, 6 pièces parchemin, 24 pièces papier.

1545-1763. — Propriétés et seigneuries foncières : Bruges. Procès contre Pierre Grinard, vigneron.

H. 1003. (Liasse.) — 1 cahier de 38 feuillets papier, 3 pièces parchemin, 57 pièces papier.

1380-1696. — Propriétés et seigneuries foncières : Cambes. — 4. Reconnaissance par « noble home Jehan de Vinhas, escudey, cappitayne de gens d'armes per lo Rey nostre senyor, demorant... au castet deu Ffar, en la parropía de Sancta-Eulalia » (29 septembre 1464). — 49. Compte avec le fermier de Cambes : vente de vin à 60 l. et à 54 l. le tonneau (28 juin 1684).

H. 1004. (Liasse.) — 2 pièces parchemin. 112 pièces papier.

XVIIe-XVIIIe siècles. — Propriétés et seigneuries foncières : Cambes. — 38. Mention de « la maison, château noble de Lamothe-Barraud, parroisse de Cambes » (9 août 1733). — 51. Analyse d'un acte du 19 août 1660, par lequel Jacques de Durfort de Civrac « a bailhé à treytiner et, ce fait, complanter en vigne et les faire et cultiver à moitié des fruits à tout temps », des terres en chaume « despendans de sa thuiblière » (s. d.). — 54. Cayer important, contenant plusieurs observations laissées par D. Maffre, auxquelles on aura égard si on les trouve justes ; D. Maffre en charge la conscience du sindic » (s. d.).

H. 1005. (Registre.) — 0m25 X 0m18, 185 feuillets (1).

1463-1659. — Propriétés et seigneuries foncières : Cambes. Terrier. — Reconnaissance pour une terre sise *au Puch de la Rode*, autrement *à Bordebrun*, ayant appartenu à Pierre Eyquem, seigneur de Montaigne (25 février 1534, n. s.; fol. 9 v°). — Échange de cens avec les « scindicq, hospitalier et condonnés de l'hospital de St-André » (1er mars 1537, n. s.; fol. 19). — Reconnaissance pour un quart du moulin de La Fayède, confrontant vers l'est « au chemin commun par lequel les processions de laditte parroisse de Cambes et St-Crapasi passent le jour et feste de Mr st Marc » (14 septembre 1568; fol. 30); — pour une terre à *Gironville* autrement *à Castet* (18 octobre 1547; fol. 39); — pour un bien sis à *La Roquau*, au-dessous de l'Ermitage (7 novembre 1635; fol. 58 v°); — « dans le prieuré dudit Cambes, en présence de Mr Jean de Lortie, arpenteur juré dudit lieu » (7 novembre 1635; fol. 59 v°). — Mention d'une rente donnée « par Hélies de La Grave, prieur de Loupiac, aux fins d'entretenir la lampe qui brusle devant le Crucifix et corps sainct de Monsieur st Mommolin, par contract de l'an mil 415 » (13 novembre 1635, fol. 67). — Reconnaissance par « Simon Bellouguet, bourgeois et monnoyeur pour le Roy en les monnoyes de Bourdeaux, demeurant en la parroisse de Baurech » (14 novembre 1635; fol. 72 v°). — Aliénation de rentes sur des immeubles sis à

---

(1) Ce registre est incomplet du commencement; il part de la page 107.

Cambes (1565; fol. 82). — Reconnaissances au profit de l'acquéreur, Matheo Certany, banquier et bourgeois de Bordeaux, en présence de Pierre Bordounave, curé (1572; fol. 92). — Cession desd. rentes par l'acquéreur à Sébastien Villateau, marchand et bourgeois de Bordeaux (10 mai 1578; fol. 117) et rachat par le monastère (23 février 1635; fol. 122). — Acte capitulaire accordant à une tenancière de payer la dîme au treizième, comme les autres paroissiens de Cambes (23 mars 1635; fol. 124 v°).

H. 1006. (Liasse.) — 3 pièces parchemin, 28 pièces papier.

1411-1775. — Propriétés et seigneuries foncières : Camblanes, Cameyrac, Carignan, Castillon, Cenon, Cestas et Eysines. — *Cenon*. 16. Reconnaissance au profit d'Archambaud, comte de Foix, captal de Buch, seigneur de Puypaulin (25 novembre 1411). — *Eysines*. 31. Analyse d'une reconnaissance de 1375 mentionnant la jale Pont et le moulin de Gausseran (s. d.).

H. 1007. (Liasse.) — 1 cahier de 12 feuillets parchemin,
3 pièces parchemin, 66 pièces papier.

1389-XVIII siècle. — Propriétés et seigneuries foncières : Fargues, Flaujagues et Floirac. — 19. *Floirac*. Vente d'une maison et grange, « le tout en barros et fort pauvre estat », sis *à la Belle-Croix* et confrontant à la veuve de M. de Pontcastel, écuyer, sieur de Ste-Barbe (28 août 1634). — 44. Analyse d'une reconnaissance du 24 mai 1630, par Jean Lafargue, curé de St-Aignan en Fronsadais (s. d.).

H. 1008. (Liasse.) — 1 cahier de 15 feuillets papier plus 4 feuillets
de table, 3 pièces parchemin, 60 pièces papier.

1455-1786. — Propriétés et seigneuries foncières : Haux, Izon et Lamarque. — *Lamarque*. 44. Reconnaissance par Jacques de Bergeron, écuyer, seigneur des maisons nobles de La Mothe, Cussac, Vaure, etc. (21 février 1783). — 54. « Mémoire présenté à M. de Brassier, seigneur haut justicier de la parroisse de Lamarque en Médoc, concernant de partage des communeaux » : le seigneur ayant autorisé les habitants à partager les communaux, lesd. habitants veulent comprendre dans ce partage des fonds qui appartiennent à Ste-Croix; exposé des titres de l'abbaye ; les habitants ne peuvent partager que les fonds à eux baillés, le 20 décembre 1560, par-devant de Labegorce, notaire, par Geoffroy Deyrie, vicomte de Castillon,

seigneur de Lamarque (s. d.). — 56. Documents imprimés touchant la perception des droits de fromentage, civadage, etc., dans la sirie de Lesparre (1621-1784).

H. 1009. (Registre.) — 0^m28 × 0^m22, 215 feuillets,
plus 7 feuillets de tables papier.

1597-1648. — Propriétés et seigneuries foncières : Lamarque. Terrier. — Reconnaissance pour des biens acquis de Pierre Sentout, dit le Rousseau de Peyrelevade (17 juin 1610; fol. 6); — par un laboureur de « Bayssebelle parroisse de Sainct-Jullien en Médoc » (28 avril 1599 ; fol. 63 v°).

H. 1010. (Liasse.) — 5 pièces parchemin, 36 pièces papier.

XIVe siècle-1727. — Propriétés et seigneuries foncières : Langoiran, La Tresne, Le Fieu. — *Langoiran*. 9 Liève portant analyse de divers actes : d'un ensaisinement du 4 avril 1339 ayant pour objet un pré « davant lo molin de Labatut »; d'un bail à fief, en date du 30 juin 1348, d'une terre à *Lapeyra*, « costa lo Molin neu »; d'un échange du 26 mars 1624, par Josué de Luxe, fils de Guy de Luxe, écuyer, baron de Capian et de Lalaste, etc. (s. d.). — *Le Fieu*. 25. Dépenses pour les vendanges de 1649 : chandelles de suif, à 9 s. la livre; chandelles de résine; graisse, à 5 s. la livre; moitié d'une vache, 12 l.; avoine, à 3 l. le boisseau; huile d'olive, à 8 s. la livre; huile de noix à 1 l. la pinte; bœuf, à 5 s. la livre; huile de noix, à 5 s. la roquille; froment, à 8 l. le boisseau, etc (6 mai 1650). — 26. Mémoire des frais des vendanges : la moitié d'une vache, 12 l.; sel, à 6 s. le picotin ; graisse, à 6 s. la livre; chandelles de suif, à 9 s. la livre; huile de noix, à 20 s. la pinte ; 4 picotins de fèves, à 45 s. le cent, 1 l. 10 s.; une roquille d'huile de noix, 5 s.; journées des « jocquetiers », des « couperaux », des « truilleurs », des « conteurs » (1650). — 34. Dépenses « pour la ferme de la priauté » : méture, à 7 l. le boisseau; « jocquetiers, conteurs ou corporeau » *(sic)*, à 30 s. par jour ; barriques neuves, à 6 l.; barriques de vidange, à 4 l.; bouviers, à 40 s.; port par bateau jusqu'à Bordeaux, à 40 s. par tonneau. Recettes : froment, à 8 l. 10 s. le boisseau; seigle, à 6 l.; avoine, à 4 l.; chanvre, à 3 s. 6 d. la livre; agneaux, à 20 s. pièce; vin fin, en fûts neufs, à 120 l. le tonneau, en vieilles futailles, à 108 l., rendu à Bordeaux (1727).

H. 1011. (Liasse.) — 2 cahiers de 46 feuillets papier,
6 pièces parchemin, 56 pièces papier.

1418-1769. — Propriétés et seigneuries foncières : Léognan, Le Pian, Lesparre et Le Taillan. — *Le Pian.* 34. Ensaisinement par Vidal Arnaud, prieur de Ste-Croix (25 avril 1418). — *Lesparre.* 36. Vente à Pierre Ramond, greffier de Lesparre, de « huict sadons de terre et boys, estant partie en tailhis et partye à tailhier, ... scitué en la parroisse de Sainct-Germain d'Estuilh, jurisdiction du Castera, et ledict boys en la jurisdiction de Lesparre » (30 décembre 1560).

H. 1012. (Liasse.) — 1 cahier de 13 feuillets papier,
5 pièces parchemin, 17 pièces papier.

1625-1631. — Droits de propriété et de seigneurie foncière : Le Taillan. Procès contre Marguerite de Laumont, veuve.

H. 1013. (Liasse.) — 2 cahiers de 34 feuillets papier,
8 pièces parchemin, 81 pièces papier.

1278-1778. — Propriétés et seigneuries foncières : Le Tourne, Lignan et L'Isle-St-Georges. — *L'Isle St-Georges.* 31. Réduction de redevances dues pour des vignes : « Les accidents de la guerre... auroint ravagé ladite Isle de St-George et particulièrement la maison et enclos de Beautric, n'ayant laissé aucuns mubles, cuvés, pressoir, portes ni fenêtres, ni paus aus vignes » (23 mars 1655).

H. 1014. (Liasse.) — 1 cahier de 11 feuillets papier,
8 pièces parchemin, 53 pièces papier.

1627-1726. — Propriétés et seigneuries foncières : L'Isle-St-Georges. Procès contre Alexandre Journiac, capitaine au régiment de Normandie, au sujet de dégradations causées aux chais de la maison prieurale par les eaux du moulin.

H. 1015. (Liasse.) — 2 cahiers de 29 feuillets papier,
1 pièce parchemin, 39 pièces papier.

1354-XVIIIe siècle. — Propriétés et seigneuries foncières : Lormont, Loupiac et Ludon. — *Ludon.* 5. Reconnaissance au profit de Joseph de Pomiès, conseiller au Parlement, seigneur et baron d'Agassac, des maisons nobles de Peyres, Lamothe, des fiefs d'Uch et de Bessan, sis dans les paroisses de Ludon et de Macau (25 mai 1627).

H. 1016. (Liasse.) — 69 pièces papier.

XVIIIe siècle. — Propriétés et seigneuries foncières : Ludon. « Titres féodaux des R. PP. Bénédictins, relatifs à divers tènements dans la paroisse de Ludon, extraicts du premier paquet des papiers remis par Couchoneau ». — 2. Reconnaissance pour un domaine sis « au lieu anciennement appellé le bourg Du Bernet et à présent bourg de Ludon » (s. d. ; copie).

H. 1017. (Liasse.) — 15 pièces parchemin, 6 pièces papier.

1173-XVe siècle. — Droits de justice, de propriété et de seigneurie foncières : Macau. — 7. Charte suspecte portant investiture de Jean Pissebernat et Pierre Bajardeau, marchands de la paroisse Ste-Colombe de Bordeaux, pour des padouens, sis sur la mer, depuis le Tayet jusqu'à l'estey de Meire et depuis Sainte-Barbe jusque devant Roque-de-Tau (copie; 6 mai 1391). — 8. Bail à fief à Raimond Milon et Laurent Peroteau, de Macau, de « tota la partida de l'isla de Macquau a Pissebernat et Bajardeu, desempuis lou Tayet dinque a Meire, d'una part, et de Sancta-Barba à Roque-de-Tau, d'autre part » (20 janvier 1408, n. s.). — 18. Reconnaissance par Thomas d'Arsac, fils d'Amanieu, chevalier, seigneur d'Arsac (25 juillet 1462).

H. 1018. (Liasse.) — 16 pièces papier.

1374 (?)-1545. — Droits de justice et droits de propriété et de seigneurie foncières : Macau. — 1-10. « Dix vidimus d'exporles par lesquelles apert que les habitans de Macau ont recogneu de la gallinade et fromentade, oultre la rente ordinaire » (1374 (?)-1506). — 16. Réduction du cens dû par Pierre de Casaulx pour Pissebernard et Le Bayardeau (copie; 4 mai-15 juin 1545).

H. 1019. (Liasse.) — 2 cahiers de 27 feuillets papier,
4 pièces parchemin, 28 pièces papier.

1572-1599. — Droits de justice et droits de propriété et de seigneurie foncières : Macau. — 15. Déposition de Guillaume Leroy, écuyer, « sr de la maison noble de Casaulx et bateur de monnoye de la présent ville » (mai 1575). — 17. Reconnaissance pour un bien sis *au Lac*, alias *aux Gahets* (29 avril 1578). — 30. Requête pour l'abbé contre les tenanciers de l'île de Macau :

« Lesd. tennanciers, pour fraulder le suppliant de ses droitcz, se sont advisés puys quelques années faire des treulhz, tellement qu'ilz font passer une grand partie de leurs vins ausd. treulhz et après disent que c'est du vin de treulhys et que le suppliant n'en doibt prendre » (15 avril 1595).

H. 1020. (Liasse.) — 1 cahier de 13 feuillets,
44 pièces papier.

Xᵉ siècle(?)-1648. — Droits de justice et droits de seigneurie et de propriété foncières : Macau. — 1. Bail à emphytéose à Jean de Malevergne, procureur au Parlement, de la moitié de l'île sise en face de Roque-de-Tau, en aval de l'île baillée à fief à Jean Dubreuilh et présentement tenue par Élie Cazau (16 février 1601). — 2. Procès au sujet du monopole de la vente du vin pendant un mois, dit « mois de debet » : l'un des habitants reconnaît avoir vendu une barrique la veille, jour de la Madeleine, « parce que le mois dud. sieur achevoit et que led. sieur n'en vendoit plus » (23 juillet 1601). — 26. Enquête sur les îles, leur formation et leurs changements (24-25 novembre 1634). — 40. Vente par un individu « à présent mineur; mais, ayant attainct l'eage de vingt-cinq ans, a promis allouer, aprouver et ratiffier ces présantes » (20 mars 1645). — 42. Lettre au supérieur général : le président de Gourgues voulait prendre l'île de Cazaux moyennant 10.000 écus de droit d'entrée et le cinquain des fruits; l'île contient 2,000 journaux de terre; on n'en paye la dîme qu'au 20ᵐᵉ, quoique le taux, dans la paroisse soit du 11ᵐᵉ (21 octobre 1647).

H. 1021. (Liasse.) — 1 cahier de 20 feuillets,
60 pièces papier.

1651-1699. — Droits de justice et droits de seigneurie et de propriété foncières : Macau. — 2. Requête relative à un bourdieu confrontant « au grand chemin de la Caussade, par lequel on va du bourg de Macau à la rivière » (septembre 1655). — 5. Sentence arbitrale maintenant la grande île de Casaux en la paroisse de Bayon (29 mai 1658). — 22. Analyse de reçus de la rédevance due pour l'île de Cazaux *alias* de Pissebernard et Bajardeau, « laquelle despuis deux ans en ça c'est faicte en deux isles » (1570), « séparée puis trois ans en trois parties » (1571), etc. (1667). — 23. Requête concernant l' « isle de Poyanne, possédée par Mᵉ Mᵉ Antoine de Nort, procureur du Roy au bureau des trésoriers de France à Bordeaux » (octobre 1667).

— 24. Exposé de divers faits et titres relatifs aux îles de la Garonne : échange du 17 février 1604, par lequel le sʳ de Mesme céda au sʳ de Poyanne les îles de Macau et de Mesme, sises en face de Roque-de-Thau, « tirant en bas de l'isle de Cazaux » ; mention de l'île « jouye par le sʳ de Carmeil, cousin germain dud. sʳ de Nort » (6 mai 1669). — 28. Acte par M. de Cazau, lequel a été assigné à la requête d'un commissaire « pour la recherche et réformation des... illes » : il expose que les îles de Cazaux ont été baillées à fief à un de ses auteurs, par acte du 6 juin 1545, retenu par Gelibert, notaire (14 février 1674). — 32. Reconnaissance par Pétronille Coullounin, veuve de Denis de Cazaux, trésorier général de France, pour « icelles terres, vazes lutheuses et taye, antiennement appellés Pisse-Bernard et Bajardeau, et à présant l'isle de Cazaux, n'estant et ne faisant antiennement qu'un corps et masse dans la mer et du depuis, par l'impétuozitté et orage d'icelle, ayant été disjoincte et séparée » (1ᵉʳ juillet 1679). — 46. Procès-verbal du baptême et de l'enterrement, par le curé de Macau, d'un enfant né dans l'île des Vaches (23-30 janvier 1689). — 50. Lettre au syndic du monastère : les tenanciers, invités à reconnaître, « se mocquent de cela :... il est nécessaire d'en faire assigner quelques uns pour faire pur aux autres » (20 janvier 1693).

H. 1022. (Liasse.) — 91 pièces papier.

1700-1725. — Droits de justice et droits de seigneurie et de propriété foncières : Macau. — 6. « La barrique de vin est composée de cinq bastes et le tonneau est composé de quatre barriques » ; mention des usages pour le prélèvement sur le vin « qui couloit de la cuve avant que de mettre de l'eau dans la cuve pour faire un second vin appellé pimpin » et des modifications apportées à ces usages quand on fit des *trulhs* ou pressoirs servant à faire le vin *trulhis* ([7 mai 1702]). — 67. État de ventes du vin provenant des agrières de l'île de Macau, revendu aux propriétaires (1723?).

H. 1023. (Liasse.) — 2 pièces parchemin, 55 pièces papier.

1726-1777. — Droits de justice et droits de seigneurie et de propriété foncières : Macau. — 1. Main mise sur l'île de Cazaux, pour non-paiement des droits de seigneurie foncière (13 février 1726). — 40. Consultation signée Lalanne, Lagrange et Lumière, concernant les droits de l'abbé sur le vin *trulhis* : « Le vin truilhis ne doit jamais excéder la septième partie du vin net et, s'il y avoit quelque excédant, M. l'abbé de S⁰-Croix pourroit... exiger l'agrière sur cet excédant » (12 avril 1772). — 46. Lettre signée Videau, relative, entre autres, à une agrière de blé due par un s⁰ Barreyre : « Certains de ses voisins... font non seulement du foin dans leurs vignes, mais encore beaucoup d'artichauts;... le grain qu'il a fait semer sur les platains... porte préjudice à sa récolte en vin » (Macau, 6 août 1774).

H. 1024. (Liasse.) — 1 pièce parchemin, 5 cahiers de 69 feuillets papier, 73 pièces papier.

XV⁰-XVIII⁰ siècles. — Droits de justice et droits de propriété et de seigneurie foncières : Macau. — 1. Articulés soumis à l'arbitrage de Nolot de Blaye et de Pey Berland, dans une difficulté survenue entre l'abbé et les gens de Macau, relativement aux padouens, droits de *civadatge*, etc. (XV⁰ s.). — 3. Mémoire contre les agissements d'un nommé Labat, qui a fait faire à sa maison des créneaux et des armoiries parlantes (un abbé mitré) et qui a soutenu qu'une de ses vignes était franche : l'abbé requiert « que lesd. carneaulx soint abbattus, comme marque d'affranchissement » (XVII⁰ s.). — 4. Exposé pour l'abbé de ses droits sur les îles occupées par Lazaro de Poyanne ; détails précis sur la formation desd. îles (XVII⁰ s.). — 5. Factum imprimé pour Henri de Sourdis, abbé de S⁰-Croix, intervenant dans un procès entre les sieurs de Cazau, d'une part, Olive de Lestonnac et le s⁰ de Bessay, de l'autre, relativement à des îles (XVII⁰ s.). — 6. Attestation [délivrée par le curé de Labarde] concernant des baptêmes, enterrements et fiançailles d'habitants de l'île des Vaches (XVII⁰ s.). — 8. Mémoire concernant le droit de l'abbé sur le vin *trulhis* de l'île de Macau : détails sur la fabrication du vin et du *pinpin*, note sur l'équivalence de cinq bastes et d'une barrique, etc. (XVII⁰ s.). — 9. Mémoire concernant les droits appartenant à l'abbaye sur les vins « trulhis » dans l'île de Macau : « On ne faisoit pas pour lors de vin trulhis dans l'isle de Macau ; les trulhs ou pressoirs y étoient inconnus : après qu'on avoit coulé le vin, on jetoit une certaine quantité d'eau sur le marc avant de l'avoir sorti des cuves ; d'où il se formoit un bon breuvage qu'on appelloit pinpin » (XVIII⁰ s.). — 10. Mémoire historique touchant les îles de Pissebernard et Bajardeau : en 1545, offre de déguerpissement par le sieur de Casau et nouveau bail à fief à de meilleures conditions ; en 1570-1573, quittances portant que lesd. lieux « se divisèrent par l'impétuosité de la mer en deux et puis en troits parties » ; divers documents établissant que ces lieux

tenaient jadis au « tayet » de Macau ; procès, soutenus par les s⁰ de Casau contre des donataires, notamment contre le président de Gourgues, ce dernier procès terminé le 27 mars 1643, après 25 ans de procédures, qui ont causé « la ruine totale de la famille » (XVIII⁰ s.). — 11. Notes sur l'île de Cazaux : « La chose est si évidante, que lesd. lieux de Pissebernard et Bayardeau faisoit jadis partie de l'isle de Macau, qui se voit dans les confrontations d'iceux que lesd. lieux confrontoint à l'aubarède de Laurans Peroteau, sise au tayet de l'isle de Macau » (XVIII⁰ s.).

H. 1025. (Rouleau.) — 1ᵐ95 × 0ᵐ37, papier.

1776. — Droits de justice et droits de propriété et de seigneurie foncières : Macau. Plan de la palu de Macau et du Tayet, levé par Lefebvre Darchambeault, ingénieur, et accompagné d'une table des tenures.

H. 1026. (Registre.) — 0ᵐ29 × 0ᵐ22, 51 feuillets papier.

1572-1574. — Droits de propriété et de seigneurie foncières : Macau et Arsac. Terrier.

H. 1027. (Registre.) — 0ᵐ48 × 0ᵐ32, 338 pages, plus 6 feuillets de table.

1736-1739. — Droits de propriété et seigneurie foncières : Macau. Terrier pour l'abbé. — Procès-verbal de plantations de bornes entre les seigneuries des bourg et îles de Macau et Cazaux, appartenant à l'abbé de S⁰-Croix, et de Macau-Ludon-Dehors, appartenant à Pierre de Villeneuve de Durfort, cette dernière seigneurie « s'étandant beaucoup dans la parroisse de Macau » (29 mai 1738; p. 4). — Baux à fief d'emplacements sis *au Castera*, en vue de créer une rue (1736; p. 9 et suiv.). — Reconnaissance en présence de Mathurin Lemer, régent à Macau (22 juin 1738; p. 27); — par Arnaud Bonnet, curé de Macau (1ᵉʳ septembre 1738; p. 49); — pour une maison sise sur « une ruette qui conduit du lieu du Castra à une place qui est au-devant du cimetière de l'église de Macau, sur laquelle on a accoutumé de faire un feu le jour de saint Jean » (28 septembre 1738; p. 62); — par Étienne Lahaye, monnayeur à Bordeaux (7 octobre 1738; p. 91); — par Pierre Geslin, écuyer, seigneur de la maison noble Du Taillan (15 octobre 1738; p. 115); — pour une maison sise au quartier de Pigney, rue de *La Boye*, anciennement *Des Arrouchs* (7 novembre 1738; p. 152); — par François de Peyraux, écuyer, seigneur de la maison noble de Giscours, pour un bien appartenant à sa femme, Pétronille Dugravey (16 novembre 1738; p. 199); — par Pierre Dantomas, « juge de la baronie et jurisdiction de Macau-Ludon-Dehors » (30 octobre 1738; p. 269).

H. 1028. (Registre.) — 0m 27 × 0m 10, 228 feuillets papier.

1596-1605. — Droits de propriété et de seigneurie foncières : Macau. Liève, enregistrant la levée des agrières. — « Avons trouvé à la bessanne vers la Mote six quinteaux et une gerbe et à la bessanne vers la Macqueline onze quinteaux et deux gerbes » (fol. 47 v°).

H. 1029. (Registre.) — 0m27 × 0m20, 65 feuillets papier.

1609 et 1648. — Droits de propriété et de seigneurie foncières : Macau. Liève.

H. 1030. (Registre.) — 0m10 × 0m11, 44 feuillets papier.

1671. — Droits de propriété et de seigneurie foncières : Macau. Liève.

H. 1031. (Registre.) — 0m19 × 0m15, 40 feuillets papier.

1674-1675. — Droits de propriété et de seigneurie foncières : Macau. Liève. — « Métode ou moyen de faire l'agrière en l'isle de Macau » (fol. 1).

H. 1032. (Registre.) — 0m24 × 0m17, 44 feuillets papier.

1686-1693. — Droits de propriété et de seigneurie foncières : Macau. Liève.

H. 1033. (Registre.) — 0m36 × 0m25, 95 feuillets papier.

1739. — Droits de propriété et de seigneurie foncières : Macau. Liève. — Analyse d'une reconnaissance passée le 16 novembre 1738, par « François de Peyraux, escuyer, seigneur de Giscours, comme mary de dame Pétronnille Gravey » (fol. 32 v°); — pour une maison sise près de la place Marchande, « consistant en plusieurs chambres basses et hautes, une des chambres hautes bastie sur des arsaux, au-dessous de laquelle est la banquerie pour la boucherie du présent bourg » (fol. 40 v°); — d'une reconnaissance du 2 novembre 1738, au nom d'Étienne Tibierge, sieur de Bellevue, maître chirurgien (fol. 42); — d'une reconnaissance du 1er septembre 1738, par Arnaud Bonnet, curé de Macau, et mention de Guillaume Glahet, vicaire, à la date du 29 mai 1534 (fol. 59); — d'une reconnaissance du 7 octobre 1738, par Étienne Lahaye, monnayeur à Bordeaux (fol. 75 v°); — d'une reconnaissance du 24 juillet 1739, par Pierre Geslin, écuyer, seigneur de la maison noble Du Taillan (fol. 80).

H. 1034. (Liasse.) — 4 cahiers de 48 feuillets papier, 5 pièces papier.

1703-1717. — Droits de propriété et de seigneurie foncières : Macau. Liève des agrières de l'île.

H. 1035. (Cahier.) — 0m24 × 0m17, 35 feuillets papier.

1722-1726. — Droits de propriété et de seigneurie foncières : Macau. « Liève des agrières de l'isle de Macau ». — (L'agrière est levée au cinquième : une barrique sur cinq et une baste par barrique; la perception se fait par barriques, et on tient compte des bastes en trop ou en moins). « Chez Madame Bareyre, à La Brigaille, trouvé quarante-neuf barriques de vin plein,...; agrière 9 barriques 2 bastes, et m'estant payé d'une baste qui m'estoit deüe, j'ay pris dix barriques et je dois deux bastes » (fol. 1).

H. 1036. (Cahier.) — 0m33 × 0m21, 40 feuillets papier.

XVIIIe siècle. — Droits de propriété et de seigneurie foncières : Macau. — Extraits des registres du centième denier du bureau de Castelnau, de 1720 à 1748, « contenants toutes les mutations faittes dans les fiefs des RR. PP. Bénédictions *(sic)* de Bordeaux, sittués dans les parroisses de Maccau et Lamarque ».

H. 1037. (Liasse.) — 25 pièces papier.

1572-1575. — Droits de propriété et de seigneurie foncières : Macau. Procès contre Pierre Meynard, procureur, puis contre sa veuve, Catherine de Guichemère, relativement à la redevance sur *l'œuvre* croissant dans l'île.

H. 1038. (Liasse.) — 1 cahier de 14 feuillets parchemin, 2 cahiers de 62 feuillets papier, 9 pièces papier.

1673-1685. — Droits de propriété et de seigneurie foncières : Macau. Procès contre Jacquette de Lalanne, épouse de Jacques de Calvimon, seigneur de Montaignac, au sujet du bourdieu de Santadères, dans l'île de Macau, soumis à l'agrière.

H. 1039. (Liasse.) — 7 pièces parchemin, 33 pièces papier.

1530-1714. — Droits de justice et droits de propriété et de seigneurie foncières : Macau. Récurement de la Maqueline. — 19-20. Enquête faite en 1655 : les courants ont causé à l'île de Macau, lieu dit du Tayet, des érosions considérables et ont même emporté un bois de haute futaie; depuis une vingtaine d'années, les courants ont changé et les atterrissements ont remis les choses en l'état (9 novembre 1655-6 juillet 1690).

H. 1040. (Liasse.) — 23 pièces papier.

1645. — Droits de justice et droits de propriété et de seigneurie foncières : Macau. Procès contre les collecteurs qui voulaient comprendre l'abbaye sur le rôle des tailles.

H. 1041. (Liasse.) — 1 cahier de 21 feuillets papier, 59 pièces papier.

1761-1776. — Droits de justice et droits de propriété et de seigneurie foncières : Macau. Nouveau procès contre les collecteurs des tailles.

H. 1042. (Liasse.) — 2 pièces parchemin, 22 pièces papier.

1281-1779. — Droits de propriété et de seigneurie foncières : Martillac, Mérignac, Montauriol, Moulis. — *Martillac.* 1. Sentence entre l'abbé et Jean Blanc, écuyer, seigneur de Labatut, relative au bourdieu de Labatut, sis paroisse de Martillac, à *Maujan* (copie; 16 mars 1551, n. s.). — *Montauriol.* 9. Accord avec Jean de Grailli, sénéchal, au nom du roi d'Angleterre, portant paréage pour l'exercice des justices haute et basse de Montauriol; les habitants jouiront des coutumes et franchises de Monflanquin. Suivi d'une procuration donnée, le 17 avril 1281, par Guillaume, abbé de S¹-Croix (imprimé; 31 août 1286).

H. 1043. (Liasse.) — 1 pièce parchemin, 37 pièces papier.

1440-XVIII⁰ siècle. — Propriétés et seigneuries foncières : Nérigean, Parempuyre, Pessac, Pian, Pompignac et Portets. — *Pian.* 6. Bail à cens par deux exécuteurs testamentaires, dont le « rector de l'autar parropianal de Sent-Martin, instituit en la gleysa de Sent-Machari » d'un bien sis « en lo poder et senhoria de lad. vila de Sent-Macari, au loc apperat a Pian » (20 octobre 1440).

H. 1044. (Liasse.) — 6 pièces parchemin, 21 pièces papier.

1261-XVIII⁰ siècle. — Propriétés et seigneuries foncières : Quinsac, Sadirac, Salignac. — *Quinsac.* 7. Analyse de reconnaissances au profit des seigneurs de la maison noble de Garros, sise à Quinsac : Antoine Dubernet, écuyer, le 9 août 1697; François Dubernet, écuyer, le 30 juin 1662; Salomon Dubernet, avocat, le 22 mai 1619; Étienne Achard, écuyer, le 4 novembre 1590; etc. (sans date). — 8. Analyse d'actes relatifs à des biens relevant de la maison noble de La Bigueyresse, de laquelle sont seigneurs : en 1758, Louis de Verthamon-S¹-Fort, président à mortier au Parlement, comme mari de Marie-Anne Le Comte; en 1696, Jean d'Esenaud, conseiller au Parlement; en 1726, André-Martial de Sabourin, président à mortier, comme mari de Marianne d'Essenault (sans date). — *Sadirac.* 21. Échange par Bertrand de La Roque, prieur de Sadirac (24 avril 1261). — 23. Liève portant analyse de divers actes : d'une reconnaissance du 29 décembre 1508 pour le pré du Pinpin, confrontant « lo riu molinan » et « lo camin qui ven deu molin de la Teulhera a l'église de Sadirac » et pour une terre *au Cornadis* confrontantu « a la deffuyta deu molin deud. Arnaud Boneu »; d'une reconnaissance du 13 juillet 1282, pour une terre *au Pas de la Riu,* « vert lo molin de la Tauleira » (s. d.).

H. 1045. (Registre.) — 0ᵐ26 × 0ᵐ21, 25 feuillets papier.

XVII⁰ siècle. — Propriétés et seigneuries foncières : Soulac. « Liève des rentes de Soulac, tirée sur les recognoissances faictes en l'année 1648 ». — Reconnaissances pour diverses maisons accompagnées d'un moulin à cheval *(passim).*

H. 1046. (Cahiers.) — 0ᵐ32 × 0ᵐ23, 9 feuillets papier.

XVIII⁰ siècle. — Propriétés et seigneuries foncières : Soulac. Liève. — Analyse d'une reconnaissance de 1648 pour une saline grevée d'une rente d'« un boisseau de sel, mesure de Soulac, revenant à cinq quarts de boisseau, mesure de Bordeaux » (fol. 1).

H. 1047. (Liasse.) — 3 pièces parchemin, 7 pièces papier.

1027-1715. — Propriétés et seigneuries foncières : Soulac. — 3. Mandement du lieutenant du roi d'Angleterre en Aquitaine, dans un procès entre les gens de Soulac et la dame de Lesparre, relativement au sel

(3 novembre 1413). — 5. Serment des habitants au procureur de l'abbé et réciproquement (9 décembre 1455; copie). — 6. Serment d'hommage des gens de Soulac au fondé de pouvoir de l'abbé et serment dudit fondé de pouvoir, en présence de Benoît Du Touron, prieur de Soulac (5 janvier 1462, nouv. st.; copie). — 8. Reconnaissance par Pierre Raymond, lieutenant du juge de Soulac, et François de Juillac, écuyer, seigneur de Blans, demeurant à Lesparre (26 janvier 1555, nouv. st.).

H. 1048. (Liasse.) — 4 pièces parchemin, 66 pièces papier.

1625-1779. — Propriétés et seigneuries foncières : Soulac. — 4. Lettre dénonçant le greffier : on l'a menacé d'avertir le prieur, « de quoy il ne faict pas grand estat, parce qu'on luy a dict que vous n'estiés pas encore assuré d'estre seigneur » (1er février 1643). — 5. Reconnaissance au profit de Pierre Guyt, gardien des Frères mineurs de Lesparre (16 février 1644). — 14. Assignation d'un individu sur requête du fondé de pouvoir du prieur : « En ladicte quallité de prieur, il luy appartient entre autres choses un tènement appellé de Sainct-Nicollas, concistant en boys de haulte feuste, pasturages et marais » (2 décembre 1650). — 19. Lettre du curé : les deux sergents de Ste-Croix à Soulac et le greffier « ont receu... la pleinte d'une des p... que j'ay faict chasser » (11 juin 1661). — 23. Inventaire des pièces produites à l'appui d'une requête tendant à distraire Soulac de la sirie de Lesparre, laquelle a été saisie au préjudice du duc de Gramont (1678 environ). — 30. Lettre du juge de Soulac au syndic de l'abbaye : « Je m'en vay à la coste avec un anglois de Bourdeaux, qui a perdu un bâtiment à deux lieux de Soulac » (10 décembre 1684). — 33. Énoncé des titres dont copie a été remise au procureur du maréchal de Gramont (10 mai 1685). — 36. Le signataire n'envoie pas les sentences qu'on lui demande, « attendeu que je ne suis greffier que depuis dix ou douze ans et qu'il ne c'est donné aucune santence que celle du crime de Maioché » (Lesparre, 5 août 1691). — 43. Reçu au profit de Suzanne Cholet, veuve de Pierre Delaville, seigneur baron d'Arès (25 avril 1694). — 49. Enquête sur l'encombrement du canal qui amène les eaux dans les marais salants et sur l'abandon des dits marais (19 août 1699). — 50. « Estimation des sels qui se sont faits la presante année 1699 dans la parroisse de Soullac » (1699). — 53-54. Commission de lieutenant de juge ordinaire de Soulac délivrée par le syndic de Ste-Croix, agissant pour le prieur, en faveur de Bernard, notaire royal de Lesparre, et

commission en blanc de prévôt et sergent dans ladite juridiction (9 août 1700). — 60. « Entoing des sels de 1717. Soulac. Le marais de M. de Rousset de Lacroix, tenu par Jean Beneit, estimé 1 m. 12 b. »; etc. (1717).

H. 1049. (Liasse.) — 47 pièces papier, 1 cahier de 12 pièces papier.

XVIIe-XVIIIe siècles. — Propriétés et seigneuries foncières. Soulac. — 1. Protestation de l'abbaye contre la construction d'une chapelle au Verdon : la majorité des habitants sont huguenots : « Il n'y a que des cabarets, où on fait des grandes débauches » (s. d.). — 2. État des droits et revenus du prieuré de Soulac : description de la seigneurie : « Le droict de pesche... est... considérable, à raison de la pesche des huistres, qui se faict à la pointe de Soulac et dans sa jurisdiction » (s. d.). — 4. Mémoire concernant l'église et le clocher de Soulac, sis à environ 475 toises du bord de la mer : « Les pillotes lameneurs se servent de ladite église par le travers d'une voile et du moulin de M. le baron d'Arez, distant d'icelle d'environ 50 toises, pour être justes dans leur passe,.. et aprez se servent du clocher de Royan pour seconde balise »; mesures à prendre pour conserver l'église, que les habitants veulent transférer ailleurs (s. d.). — 5. Analyse d'une reconnaissance pour « une pièce de terre en lesque » sise à *la Fenestre*, confrontant au chemin « par lequel passe la procession le jour de st Marcq » (s. d.).

H. 1050. (Liasse.) — 16 pièces papier, 1 pièce parchemin.

1681-1684. — Droits de justice à Soulac. Dossier d'un procès criminel. — 14. Lettre signée Poictevin, au sujet d'une sentence : le procureur devra faire appel *a minima* et le procureur général prendra l'affaire; il ne convient pas qu'un seigneur ecclésiastique paraisse dans un appel *in causa sanguinis* (La Réole, 17 mai 1682). — 16. Lettre recommandant un nommé Hoquelet, « qui passe pour brave homme et pour avoir du bien, lequel on a compris dans les informations faites par M. M..., qui en veut tirer parti » (s. d.).

H. 1051. (Liasse.) — 3 pièces papier.

1547. — Propriétés et seigneuries foncières : Soussans.

H. 1052. (Liasse.) — 25 pièces papier.

1605-1764. — Propriétés et seigneuries foncières : St-Aubin-de-Blaignac. — 3. Dépenses pour les vendanges : journées de coupeurs, à 4 s.; de marqueurs, à 7 et 8 s.; de « trouilleurs », à 10 s.; de « cavallier »; à 40 s.; frais de nourriture, etc. (1720).

H. 1053. (Liasse.) — 1 pièce parchemin, 41 pièces papier.

1545-XVIIIe siècle. — Propriétés et seigneuries foncières : Saint-Caprais. — Vente d'un bien moyennant 50 francs, dont 30 sont payés sous forme d'un tonneau de vin blanc (6 novembre 1545).

H. 1054. (Registre.) — 0m 17 × 0m 14, 72 feuillets papier.

XVIe siècle. — Propriétés et seigneuries foncières : Sainte-Croix-Du-Mont. Liève ayant servi à écrire les quittances pour des droits sur diverses tenures.

H. 1055. (Liasse.) — 11 pièces parchemin, 9 pièces papier.

1390-1757. — Propriétés et seigneuries foncières : Ste-Croix-Du-Mont, St-Estèphe et St-Germain-d'Esteuil, St-Laurent-d'Arce et St-Loubès. — *St-Germain-d'Esteuil.* 12. Lettres de la reine de Navarre et de Marie de Clèves, dame de Lesparre, à Gaspard Olivier, seigneur Des Granges, conseiller et secrétaire de feu Jacques de Clèves, et à Gaston Du Clo, également conseiller du même, les priant de continuer leurs services dans la réformation de la terre de Lesparre, et bail à fief par les destinataires de ces lettres à Pierre Raymond, juge de Soulac et greffier de Lesparre, de 60 sadons de terre et de *broustera* dans la paroisse de St-Germain-d'Esteuil (6 octobre-3 décembre 1564).

H. 1056. (Liasse.) — 1 pièce parchemin, 13 pièces papier.

1181-1438. — Propriétés et seigneuries foncières : St-Macaire. — 1. Charte du roi d'Angleterre attribuant à Ste-Croix la justice du sang à St-Macaire, laquelle était disputée aud. abbé par Guillemine, vicomtesse de Benauges, et Bernard de Bouville, son fils (9 septembre 1181 (?); copie authentique). — 2. Mention de Guitard, prieur de St-Macaire (11 mars 1317, n. s.). — 3. Ensaisinement par Guillaume-Arnaud de Fenian, prieur de St-Macaire (25 mars 1326). — 8. Bail à fief par « Menaud de Guantz, rector de la gleysa de Las Clòtas », fondé de pouvoir du prieur de St-Macaire, Gaillard de La Mothe, cardinal, d'une terre sise « entre la terra deudict senhor prior, per entramles costatz, e … deu camin comunau a l'autre, per entrambs caps » (27 février 1356, n. s.). — 10. Donation à l'*obrey*

de St-Macaire d'une rente sur une terre sise dans la paroisse St-André, confrontant à un fief d'Amanieu Daulède, chevalier, et au « camin marcadey »; clause par laquelle la donatrice se soumet à la juridiction du sénéchal de Guienne, du prévôt de l'Ombrière et du châtelain de St-Macaire (2 août 1361). — 11. Vidimus délivré par un notaire sur décision du lieutenant du châtelain de St-Macaire, le 24 août 1486. — 12. Reconnaissance en faveur de Jean de La Palue, prieur de St-Macaire (30 juin 1429).

H. 1057. (Liasse.) — 14 pièces parchemin, 5 pièces papier.

1459-1691. — Propriétés et seigneuries foncières : St-Macaire. — 3. Bail à fief d'un immeuble sis dans la seigneurie de St-Macaire, lieu dit *a la Crotz de Vaches* (27 décembre 1476). — 6. Concession par le moine « obrey » de l'église St-Sauveur, de « dos rebostoris qui son dintz lad. gleysá, davant l'autar de moss*sen* Anthoni », moyennant une rente assise sur un pré « a l'ilet deu Muscular, autrament apperat a Boyracn, confrontant à un autre pré « qui mau de l'autar sent Martin » et au « camin porrutey » (?) (8 juin 1487). — 7. Acte par lequel l'*obrey* de St-Macaire « balha, liura, auctreye et infeude, en feu, fevaument, noerament… a honorable dona Brethomyua de Pis, molher espose de honorable home Menault de La Caussade, donzet, borgues de lad. ville de Sanct-Machary », un tombeau dans l'église St-Sauveur, touchant aux portes du chœur; en paiement de cette concession une rente est constituée sur une terre allodiale sise dans la paroisse de Ste-Croix-Du-Mont, lieu dit *à la Caussade* (1er juin 1493). — 8. Reconnaissance au profit de « Bernard de Borgondio », prieur de St-Macaire (1494). — 12. Dire de l'abbé de Ste-Croix, affirmant contre l'Archevêque son droit de conférer le prieuré de St-Macaire (30 janvier 1521, n. s.).

H. 1058. (Liasse.) — 49 pièces papier.

1601-1759. — Propriétés et seigneuries foncières : St-Mariens. — 4. Procès contre Charles de Lauberderie, écuyer, sieur de La Chapelle, comme tuteur des héritiers du sr de Fournel (1635-1636). — 8-13. Procès contre Jacques de Fournel, baron de Puisseguin, seigneur de Tayac (1645-1650). — 31. Lettre d'un représentant de l'abbaye : quelques personnes se sont présentées pour acquitter les lods : « L'usage de notre endroit est d'en quitter le tiers quand les gens viennent d'eux mesme pour payer » (30 novembre 1752).

H. 1059. (Liasse.) — 2 pièces parchemin, 6 pièces papier.

1361-XVIII⁰ siècle. — Propriétés et seigneuries foncières : S¹-Médard-d'Eyrans, S¹-Pierre-d'Aurillac et S¹-Trélody. — *S¹-Trélody.* 8. Donation par Jean Bernard, seigneur de La Mothe, archer de la garnison de Blaye, à Pierre Raymond, son beau-frère, greffier de Lesparre, et confirmation par le même Jean Bernard, capitaine de Lesparre (La Mothe de Cissac, 9 décembre 1561; Vertheuil, 19 février 1587).

H. 1060. (Liasse.) — 1 cahier de 51 feuillets, 33 pièces papier.

1502-XVIII⁰ siècle. — Propriétés et seigneuries foncières : Tabanac, Talais, Talence et Tresses. — *Tabanac.* 8. Enquête concernant la directité d'une terre sise sur les limites de Haux et de Tabanac, lieu dit *Palais* ou *Fouyard* (3 janvier 1663). — 10. Enquête concernant « le tènement « de Ste-Colombe et de Pallés » (s. d.). — *Talais.* 14. Commandement à J.-B. de La Ville, baron d'Ars, caution du fermier de Talais (28 mai 1725). — *Tresses.* 29. Arpentement des biens appartenant à Joseph Depeleau, « audiancier ez chancèleries de Guyenne » : mention d'un pré confrontant à celui de Jean de Lauvergnac, écuyer, s' de Landerron (19 mai 1681). — 41. Note : « Les fermiers du Domaine ... prétendent depuis trente ans que le Roi est le seul seigneur de tout l'Entre-deux-Mers et à l'heure qu'il est ils font des actes de justice contre les tenenciers de tous costés » (s. d.).

H. 1061. (Liasse.) — 119 pièces papier, 1 cahier de 16 feuillets papier, 1 pièce parchemin.

1740-1787. — Propriétés et seigneuries foncières : Villenave. Domaine de Carbonieux. — 8. Transaction entre Madame de Ferron et son fils : elle déclare le tenir quitte « de toutes les dépances qu'elle peut avoir fait pour la nourriture et entretien de luy et de M. son père, ... des fraix funéraux, habits de deuil et de la valleur et montant de son collier de perles et agraphes » (10 août 1742). — 19. Lettre signée Ferron, datée à bord de *l'Assomption* de S¹-Malo et adressée à un maître perruquier de la rue du Loup : Ferron se rend au Cap : « Des rèsons forte m'on fet disimullé mon départ » (13 avril 1745). — 76. « Ventilation de la maison noble de Mons du pont de Langon, ... située dans les parroisses de Villenave et Cadaujac » et dont partie relève de Carbonieux (26 mars 1759). — 99. Ordonnance archiépiscopale sur la chapelle de Carbonieux (13 août 1772).

H. 1062. (Liasse.) — 19 pièces papier.

1741-1769. — Propriétés et seigneuries foncières : Villenave. Domaine de Carbonieux. 1. Paiement au Domaine royal de l'indemnité de mainmorte. — 4. Lettre d'un agent des Domaines réclamant 30,299 l. 19 s. 3 d., pour 27 années d'arrérages de la « rente d'indemnité » due à raison des biens nobles de Carbonieux (1ᵉʳ décembre 1767).

H. 1063. (Liasse.) — 11 pièces parchemin, 65 pièces papier.

1336-1787. — Propriétés et seigneuries foncières : localités diverses ou indéterminées. — 2. Reconnaissance par noble Géraud de La Mote, damoiseau, fils de Jean, damoiseau et seigneur de La Mothe de Cambes (27 avril 1428, copie). — 22. Reçu du 16 septembre 1649, au nom de Jean Turquois, maître brodeur; d'octobre 1649, au nom de Jean Peberie, maître bahutier; du 24 novembre 1649, au nom de Christophe Commes, maître graveur; du 2 novembre 1650, au nom de Jacques Chenu, écuyer, sieur de Villeneufve et de Brulh, domicilié à S¹-Augustin, marquisat de Royan (1649-1651). — 73. Lettre du président de Gourgue : « J'imaginois, mon Très Révérend Père, que la reprise de mes fonctions m'oroit mis à portée de vous remercier de vos attentions... et de m'acquiter de ce que je vous dois pour les lots et ventes du contract de rente de la veuve Triaut à Coutureau » (29 janvier 1775).

H. 1064. (Liasse.) — 20 pièces papier.

1702-1705. — Propriétés et seigneuries foncières : localités diverses. Difficultés avec un notaire qui avait été chargé de lever les rentes pour l'abbaye dans l'Entre-deux-Mers. — 11. Mémoire concernant la gestion du notaire susdit : Cambes lui a rapporté 28 pistoles et au monastère 7 et demie ; à S¹-Mariens, il a exigé pour lui-même des droits exorbitants : à Macau, il a fait des dettes; à Lamarque, il a perçu 74 l. au lieu de 18 à 20, qu'il a déclarées, etc. (mars 1705).

H. 1065. (Liasse.) — 6 pièces parchemin, 17 pièces papier, 1 cahier de 11 pièces papier.

1635-XVIII⁰. — Propriétés et seigneuries foncières : localités diverses. Lettres *de feodis* et déclarations. — 24. Déclaration des biens et revenus fournie au bureau du diocèse, « pour satisfaire à la délibération de l'assemblée dud. bureau, du 17 février 1756 » (s. d.).

H. 1066. (Liasse.) — 3 cahiers de 41 feuillets papier,
2 pièces parchemin, 29 pièces papier.

XIIIe-XVIIIe siècles. — Propriétés et seigneuries foncières : localités diverses ou indéterminées. — 1. Feuillet d'une liève (xiiie siècle) ; au verso, récit de la prise de Blaye vers la fin de mai 1451. — 2. État des ventes, faites en 1563-1564, du temporel de l'abbaye (s. d.). — 3. Notes sur quelques actes : constitution de rente du 28 juillet 1543, sur la maison noble de S'-Jérôme dans L'Isle-S'-Georges ; constitution de rente, du 21 février 1547, n. s., par Jean de Macanan, s' de la salle de Bruges ; constitution de rente, du 22 septembre 1538, par « Cuisinier, fils de Thomas, premier président en Provence... ; sur sa grand maison noble et jardin située en la parroisse de Puypaulin » ; constitution de rente, du 7 novembre 1536, sur les maisons nobles de Cantemerle, sises rue S'-Christoly et touchant par derrière à la maison du Temple ; etc. (s. d.). — 4. Exposé de la coutume de Bordeaux sur les lods : « Les fiefs nobles... ne doivent point de lots au seigneur suzerain dans la Guienne : c'est un privilège qu'en faveur du Roy, par un arrest du Conseil de 1625 » (s. d.).

H. 1067. (Liasse.) — 61 pièces papier.

XVIIe-XVIIIe siècles. — Propriétés et seigneuries foncières : localités diverses ou indéterminées.

H. 1068. (Liasse.) — 1 cahier de 12 feuillets papier,
35 pièces papier.

XVIIIe siècle. — Propriétés et seigneuries foncières : localités diverses ou indéterminées.

H. 1069. (Liasse.) — 42 pièces papier.

1580-XVIIIe siècle. — Fabrique. — 3. Traité avec Raimond Caussade, menuisier de Bordeaux, pour la confection des retables de S'-Mommolin et de S'-Maur, « avec leurs colomnes et la porte du cœur, le tout de bon bois de noyer » (13 juillet 1646). — 5. Contrat avec Eymond Estaussan, bourgeois de Bordeaux, y domicilié, paroisse S'e-Eulalie, pour la construction du retable du maître-autel, moyennant 3000 l. tourn. (20 avril 1665). — 6. Nouvelle sommation à « M' Eymond, exculteur de la présant ville », d'acliver le retable et tabernacle du maître-autel qu'il a pris, il y

a cinq ans, l'engagement de faire (21 août 1668). — 8. Traité avec Jacques Sabourie, « maistre menuzier et sculteur », domicilié paroisse S'e-Colombe, pour la construction d'un retable à l'autel de la paroisse de S'e-Croix (10 juin 1673). — 9. État du bois employé à la charpente de l'église (15 mars 1680). — 10. « C'est le devis et détail de la menuzerie de bois de noyer à faire pour la sacristie neufve » (21 décembre 1683). — 11. Inventaire des ornements de la sacristie : « Une grande et entienne croix, sur laquelle on a fait mètre une grosse poume d'argent par M' Simillion, orphèvre » « une grande chèse ou fauteuil à bras, achettée depuis peu pour servir à M' le Curé quand il fera le prône » ; etc. (14 juin 1687). — 36. Exposé de la situation financière : la fabrique a dû, pour payer des amortissements, vendre à la Monnaie six chandeliers d'argent (12 février 1700). — 42. Projet du maître autel : élévation par derrière (xviiie siècle).

H. 1070. (Registre.) — 0m25 × 0m17, 14 feuillets.

1682-1687. — Fabrique. Livre pour les ouvriers de Sainte-Croix. — Inventaire : « Une grande et entienne croix, sur laquelle on a fait mettre une grosse poume d'argent » ; « huit tablaux de peissages » (21 mars 1683 ; fol. 4). — Règlements pour le sonneur de cloches et le « chasse-coquin » : celui-ci « prandra garde que, pandant les offices de la semaine sainte, que les enfans ne rompet rien dans l'église et ne fassent ténèbres qu'à la fin de l'office » et « aura soing de garder les bancs qu'on met dans l'esglise le jour qui y a sermon » (3 janvier 1683 ; fol. 13).

H. 1071. (Liasse). — 1 pièce parchemin, 12 pièces papier.

1627-1725. — Confrérie de s' Jean et s' Mommolin. — 9. Requête du syndic de l'abbaye au grand sénéchal, touchant certains abus admis dans cette confrérie, dont les statuts remontent à 1315 (20 juin 1725).

H. 1072. (Liasse.) — 13 pièces papier.

1518-1761. — 1. Confrérie de s' Vincent, fondée dans la chapelle de ce nom, près du pont de Ladors.

H. 1073. (Registre.) — 0m26 × 0m20, 29 feuillets et 11 pièces détachées papier.

1631-1633. — Comptabilité. — Achat de barriques à 36 livres la douzaine (septembre 1631 ; fol. 13). —

Vente de vin de palu « à un brethon, à 66 l. le thonneau » (septembre 1631; fol. 13 v°). — Achat d' « ung gouste-vin d'argent, » 9 l. 10 s. (1631; fol. 15). — Achat de froment à 6 l. 12 s. le boisseau (novembre 1631; fol. 15 v°). — « Pour un mandement à informer contre le juge, à la requeste d'une pauvre femme qui avoict esté exédée, personne n'en faisant de poursuite », 19 s. 4 d. (fol. 18).

H. 1074. (Cahier). — 0ᵐ27 × 0ᵐ21, 11 feuillets papier.

1637-1641. — Comptabilité de la fabrique de l'église Sᵗ-Michel, soumise à Jacques Demons, conseiller au Parlement, Jacques Paty, sieur de Bellegarde, Philippe de Minvielle, premier prévôt de la Monnaie, intendant des rivières, et André Allenet, syndics de lad. église. — Paiement à Antoine Du Rieu, brodeur (fol. 5 v°); — à Dhon, orfèvre, « pour avoir mis de clous d'argent à la grand croix et accommodé et attaché les quatre Évangélistes qui sont attachés et accommodé les figies » (fol. 6); — à deux vignerons, pour journées à 8 s. (fol. 6); — à Turquois, brodeur (fol. 6 v°); — « le 29 septembre, ... pour le louage de neuf pièces de tapicerie, pour tendre à l'esglise » (fol. 9); — « pour avoir faict accommoder le grand banc des bourgeoix » (fol. 9 v°); — « à Anthoine Lagarieux, mᵉ tapissier, pour avoir rapetassé et doublé de toille les quatre pièce[s] de tapisserie de l'esglise » (fol. 10).

H. 1075. (Registre.) — 0ᵐ31 × 0ᵐ20, 146 et 17 feuillets papier.

1640-1647. — Comptabilité. — *Dépenses.* — *Exercice 1640-1641.* Paiement de 1100 œufs, 11 livres (5 mai; fol. 1); — de 2 saumons, 3 l. 15 s. (9 mai; fol. 1); — de journées de tailleur, à 4 s. (9 avril; fol. 1 v°); — de 14 chapeaux neufs, 39 l. (fol. 2); — de 1,500 langues de morues, 5 l. 1 s. (20 juillet; fol. 2 v°); — de « tuile à crochet employé sur les arbotans et pignon », à 10 l. le mille (fol. 4); — de quatre milliers 36 faix de latte-feuille, à 12 l. le millier, 58 l. 4 s. (fol. 4); — de plomb pour des gouttières, à 10 l. 10 s. le cent et d'étain pour les soudures, à 9 s. la livre (fol. 4); — de 4,600 langues de morues, 14 l. (fol. 5); — de 833 l. de beurre de Bretagne, 190 l. 5 s. (fol. 5); — de 58 livres de riz, 10 l. 7 s. (fol. 5 v°); — de poisson, « pour traicter icy M. l'évesque de Bayonne » (décembre; fol. 5 v°); — de deux barriques de vin de Macau pour le médecin, à 120 l. le tonneau (fol. 5 v°); — d'une aune de drap « à faire des semesles aux bas

de chausses », 34 s. (fol. 6); — de 1434 faissonnats, 103 l. 10 s. et de 10 tonneaux de gros bois, 52 l. 12 s. (fol. 6); — de fournitures pour faire un ornement, entre autres 18 onces de camelot gaufré violet, à 2 l. l'aune (fol. 6 v°); — d' 1 livre poivre, 30 s., et de 4 livres de sucre, 4 l. 6 s. (fol. 7); — de 776 livres d'huile de noix de Villeneuve, en deux barriques, 130 l. 18 s. (fol. 7 v°); — de 100 oranges, 12 s. (fol. 7 v°); — de 8 journées d'homme à la treille, 32 s. (fol. 8). — *Exercice 1641-1642.* Paiement d' « un marsoin », 6 l., et d'un autre « marsoin », 9 l. 1 s. (fol. 9); — de « peaus à faire des poches de robes », 20 s. (fol. 11); — de fournitures achetées à Tours pour une garniture d'autel : 38 aunes de tabia, à 13 l. l'aune, passement et frange d'or fin à 4 l. 12 s. 6 d. l'once; au total, 1122 l. 14 s. (fol. 14); — des journées d'un homme occupé à la treille(?), à 5 s. plus la nourriture, et d'un tailleur, à 2 s. plus la nourriture (fol. 16 v°). — *Exercice 1642-1643.* Paiement de 7 douzaines et deux barriques, 205 l. (fol. 20); — de deux barriques de chaux, 5 l. (fol. 22 v°); — d'une paire de souliers, 2 l., et d'une douzaine de barriques, 30 l. (fol. 29 v°); — de « miel de Narbonne pour faire des emplastres » (fol. 30); — de « la relieure de trèze livres hébreux » et de « corde de discipline » (fol. 31); — de journées de recouvreurs, à 8 s. et la nourriture et à 18 s. sans nourriture (fol. 31 v°); — d' « un boisseau de ciment pour les piliers de l'église », 1 l. 16 s. (fol. 33 v°); — de parchemin, colle, plomb, etc., pour les orgues (fol. 33 v°). — Payé « au batelier, pour conduire dix tonneaux de vin du port à bord de navire », 50 s. (fol. 35). — Paiement de 10 douzaines de barriques neuves, 290 l. (fol. 35); — de 11 journées « d'un masson travaillant aux piliers de l'église », à 18 sols, de 5 journées d'un aide, à 12 s., etc. (fol. 35); — d'une once de séné, 4 s. (fol. 35 v°); — d'honoraires « pour lever deux vidimus d'un notaire », 10 s., de « quatre horologes de sable », 24 s., de livres hébreux, 30 l. (fol. 36 v°); — de 92 pieds de vitre « pour les chambres basties à neuf » (fol. 37); — de « corde de discipline et de boyau », 5 s. (fol. 38 v°); — d' « une paire de vieux souliers pour le petit garçon », 14 s. (fol. 43 v°). — *Exercice 1644.* Paiement de parements, galons, aiguillettes, etc., « tant de l'habit neuf de Joseph que de son v[i]eil retourné » (fol. 52); — de poisson, « y compris un marsoin, que nous avons salé » (fol. 53 v°); — d'huile de noix de Villeneuve(?), pesant 313 livres, à 19 l. le quintal, 59 l. 8 s. (fol. 54); — de 312 livres et demie de fromage d'Auvergne à 20 l. le cent (fol. 55 v°); — « au sᵉ Parisien, pour la Bible hébraïque et latine », 10 l.

(fol. 56); — « pour avoir faict faire une chaîne d'argent doré pour le sainct cyboire » (fol. 57 v°); — « pour un peingne d'os à faire les tonsures, de la corde à faire disciplines », etc. (fol. 60 v°); — de « pruneaux secs à cuire », de « drogues contre les vers », etc. (fol. 61 v°); — des frais de voyage du F. Gérard à La Réole, « pour ses bains, par ordonnance du médecin » (fol. 62 v°); — du voyage du P. prieur « aux bains des monts Pyrénées », 69 l. 16 s. 1 d. (fol. 66 v°); — d' « un grand vaisseau de terre à mettre de l'huille », 10 s. (fol. 67). — *Exercice 1645.* Paiement d'un boisseau de châtaignes, 39 s. (fol. 70); — de souliers, à 50 l. la paire (fol. 72); — d'un cilice et de raccommodage d'un vieux, 1 l. 18 s. (fol. 73 v°); — d' « un cadenat pour l'armoire des saintes reliques » (fol. 73 v°); — de trois fers à un cheval, 18 s., d'une paire de bas de toile pour le petit garçon, de 20 sacs de charbon, 5 l. 12 s., d' « une croix d'ébène avec son crucifix, pour le grand autel », 3 l. (fol. 74 v°); — des frais d'un procès à Rennes, notamment « un chapellet et reliquaire baillé à une présidente de Rennes » (fol. 79); — de « corde de boyau pour enfiler des chapeletz » (fol. 80 v°); — au menuisier, pour « faire les aumoires des châsses », 13 journées à 12 s., plus la nourriture (fol. 80 v°); — de pierres « du degré de la table des supérieurs au réfectoir » (fol. 82 v°); — « pour avoir faict faire le devant de l'aumoire de[s] sainctes reliques, en pierres neufves », 3 l. 13 s. (fol. 86); — « à un doreur, pour avoir doré quatre demy-corps », 21 l. ; « au sculpteur, pour avoir travaillé ces quatre demy-corps », 25 l. (fol. 86); — au doreur et au sculpteur pour reliquat, 39 l. et 1 l. 9 s. (fol. 88 v°). — *Exercice 1646.* Paiement d' « eau roze pour faire du parfum », 6 s. (fol. 91 v°); — de « 9 onces d'estain de glace », 1 l. 6 s., et une livre d'étain commun, 12 s. (fol. 92); — de « trois cilices et trois çaintures de poil », 3 l. 15 s. (fol. 93 v°); — de vin, à 10 écus le tonneau (fol. 94 v°); — de pension à Bouscaret, curé de Soulac (fol. 97); — « pour avoir reffaict un tableau de nostre bienheureux père », 5 l. 16 s. (fol. 98); — « pour nettoyer les ruines de S'-Mommolin », 3 l. 6 s. (fol. 99 v°); — de « liens » et pierres de taille « pour le sépulchre de s' Mommolin » (fol. 99 v°); — de « clous pour attacher les piloris de Solac » (fol. 99 v°); — d'une paire de sabots, 3 s. (fol. 101); — « pour la façon des pilliers de S'-Mommolin, les autelz, carrelage et avoir faict la place dans le pillier et pour m'" René, conduisant la besogne », 50 l. 17 s., et « au m'" charpentier, pour avoir aydé à le poser et fourny les outilz et courdages », 5 l. (fol. 101); — d'un poulet pour l'infirmerie, 4 s. (fol. 101 v°); —

de « carreaux pour paver devant les autelz de s' Maur et s' Mommolin » (fol. 104); — d'ails, « tant pour manger que replanter », 3 l. (fol. 105 v°); — de « la façon d'un lot de coiffes de nuict » (fol. 105 v°); — de 9 l., valeur d'une barrique de vin (fol. 106); — du port de vaisselle et couvertures « que noz confrères ont faict pourter à La Réolle, sortantz de Bourdeaux à cause du mal contagieux » (fol. 106 v°); — de 3,000 carreaux pour le carrelage de l'église, 18 l. (fol. 112 v°). — Vente de 20 tonneaux 2 barriques de vin à des prix divers, ayant produit 945 l. (fol. 114); — de 112 boisseaux et demi de froment à 4 l. (fol. 115). — *Exercice 1647.* Paiement d' « un chevalet pour le paintre », 40 s. (fol. 117 v°); — de « la façon d'un tableau de saint Gérard » (fol. 119 v°); — du voyage d'un religieux et d'un maçon « allantz visiter la ruine de l'hermitage de Cambes » (fol. 123); — de « deux journées à un cuisinier et demy-journée à un autre pour apprester le repas qu'on fist à M. le Premier Président », 3 l. (fol. 125); — de 15 tonneaux de bois, à 4 l. 10 s. l'un (fol. 125); — de « deux grands chandeliers de noyer pour l'eslévation du très S' Sacrement » (fol. 125 v°); — de matériaux pour l'ermitage de Cambes (fol. 126); — d'un acompte sur les 135 livres dues à Cureau, peintre, « pour les tableaux de s' Maur et de s' Mommolin » (fol. 132); — d'une barrique de chaux, 2 l. 10 s. (fol. 134); — « à un organiste qui apprend D. Pierre de Colonia à jouer de l'orgue » (fol. 137); — d'une once de safran, 22 s. 6 d.; de 4 livres trois quarts de girofle, 20 l. 17 s.; de 1 livre de « pignons », 8 s.; de 3 livres sept huitièmes de raisins de Corinthe, 30 s. 6 d.; de 245 livres de riz, 51 l. 7 s.; de 18 livres et demie de poivre, 18 l. 14 s.; de 4 livres 11 onces de muscade, 18 l. 11 s.; d' 1 livre et demie de canelle, 6 livres 7 sols; de 276 livres de figues, 37 l. 7 s. 6 d. (fol. 139 v°); — d' « une tablette et vingt-cinq marques pour mettre à la porte, pour marquer ceux qui sortent hors du monastère », 30 s. (fol. 141); — de 2 quintaux de chandelles de suif, 68 l.; de 7 douzaines de bouteilles de verre, 11 l. 4 s. (fol. 141 v°); — de « painture, pour un pourtraict de s' Gérard et des gradins du grand autel », 8 l. 10 s. 6 d. (fol. 143 v°). — *Recettes.* — *Exercice 1643.* Vente de vin de Paludate et de Macau à 24, 27 et 28 écus le tonneau (fol. 1 v°). — « Receu des offrandes du jour de s' Mommolin, cent nonante une livre, sauf le deschet des doubles à la mouche, qui peut estre de six ou sept livres » (fol. 3). — *Exercice 1643-1644.* Vente de vin à 120 et 129 l. le tonneau (fol. 4 v°). — Reçu d'afferme payée par Jean de Lannes, vicaire perpétuel de Lamarque (fol. 5).

— « Receu à la sainct Mommolin pour les Évangiles et oblations », 119 l. 4 s. 6 d. (fol. 7). — *Exercice 1644-1645.* Vente de vin à 21 l. et 29 l. 5 s. la barrique (fol. 8 v°). — Revente d'« un bas et chaussons de laine.... acheptez pour le R. P. Prieur, ayant lors les gouttes » (fol. 11). — Vente d'un cheval, 97 l. (fol. 11 v°); — de 5 canards, 25 s. (fol. 13).

H. 1076. (Cahier.) — o^m3o X o^m19, 21 feuillets papier.

1677. — Comptes de Jean Lataste, syndic de la fabrique, pour 1673-1677. — Compte pour la construction du « clocher de ladite parroisse » : soliveaux, planches, etc. : 143 l. 3 s. 6 d. (fol. 1-2). — « Pour le retable fait à neuf à l'autel de la parroisse » : avance de 45 l. à Jacques Savorie, menuisier, « pour païer les 3 figures à M. Girouuard, esculteur »; « pour avoir porté la figure de Dieu le Père et... les trois principales, qu'est sainte Catherine, saint Roch, saint Sébastien »; port du lambris « du costé saint Sébastien »; port du lambris « du costé de la sacristie »; total : 451 l. 10 s. 6 d. (fol. 3-4 v°). — Construction de la sacristie de la paroisse par Claude Tastevin : 258 l. (fol. 5 v°-6). — Dépenses diverses : « Pour avoir détaché et retaché les tableaux qui fesoint l'autel de lad. parroisse » (fol. 7 v°). — Paiement à « Brunet, bateur d'or, » de « 6 anges chérubins... pour orner l'autel de la parroisse les grans fêtes » et achat de 12 autres petits anges dans le même but (fol. 8); — pour « carreler le bas des vitres où est l'image sainte Catherine » (fol. 8). — Construction d'une porte à l'église « du costé de la parroisse », par Saborie, qui voulut la faire « sur le pris du retable, qu'es la somme de huict cens livres » (fol. 13). — Fonte par Jean Abadie, fondeur, d'une cloche, manquée le 19 décembre 1676, refondue le 18 janvier suivant, pesée le 23, bénite le 28 et montée le 29 (fol. 15).

H. 1077. (Cahier.) — o^m33 X o^m21, 14 feuillets papier.

1681. — Comptes de Jean Lataste, syndic de la fabrique, pour 1675-1681. — Recette à dépenser dans la chapelle St-Blaise, pour « la carreler et mestre à plain-pied, comme l'église a esté eslevée » (fol. 5). — Amende infligée à deux cordiers, surpris au travail le jour de s^{te} Catherine (fol. 5). — Paiement à Girouard, sculpteur, d'une somme à lui due par l'entrepreneur du retable (fol. 6 v°). — Paiement à Jacques Saborie du reliquat des 900 l., prix du retable et des additions apportées au projet (fol. 7). — Note sur ce que, led. Saborie ayant refusé de terminer le petit tabernacle, on a dû confier ce travail à feu Mouflart (fol. 7). — Paiement « pour avoir réduit les 13 degrés de l'esglise du costé de la parroisse à 4 marches » (fol. 8 v°); — pour avoir doré les statues de s^{te} Catherine, de Dieu le Père, des anges, la croix (fol. 9 v°). — Paiement à la veuve de François Moufflard, maître sculpteur, pour travail au tabernacle (fol. 10); — à Guillaume Simillion, orfèvre, pour chandeliers d'argent (fol. 12).

H. 1078. (Cahier.) — o^m26 X o^m17, 34 feuillets papier.

1693-1700. — Comptabilité. Brouillard des comptes de Jean Lataste, syndic de la paroisse. — Reçu d'un legs fait par feu M. de Campagne, commandant au fort Louis (18 mars 1694; fol. 12). — Paiement de 34 s. à un menuisier, « pour avoir accommodé la porte de l'église de la parroisse pour la mettre à niveau, comme les R^s Pères ont fait à la leur » (29 juin 1696; fol. 20); — à un serrurier qui a attaché « les châssis au-devant la petite rose de la chapelle de saint Blaise » (7 septembre; fol. 21); — de 36 s. à Pierre Lamarque, peintre, qui a peint une madone placée dans une niche sous le toit d'une maison (11 octobre; fol. 22); — de 37 l. 7 s. à Jean Saboy, dit Lacroix, architecte et maçon, pour travaux à la muraille du cimetière (5 novembre; fol. 22 v°); — au recouvreur, « pour avoir recouvert la chapelle de sainct Blaise, où l'on baptise, ensemble les 2 arboutans qui sont au côté de laditte chapelle » (8 juillet 1697; fol. 25); — de 9 s. 6 d. « au papier timbré, pour avoir posé la nouvelle marque sur le papier du cayer de la nomination et rédition des comptes des ouvriers » (fol. 25 v°); — de 4 l. 10 s. pour une bourse destinée « à porter le Saint-Sacrement aux malades hors la ville » (10 juillet 1698; fol. 26); — de 9 l. 7 s., pour une nappe d'autel, « le linge estant si cher que j'é cru qu'elle valoit bien cela » (23 octobre; fol. 27); — de fournitures et façon, pour « le poile qu'on porte le Sainct-Sacrement aux malades de la parroisse » (4 avril 1699; fol. 28). — Note sur un missel que le curé a refusé, « parce que les nouveaux sains n'y étoit » (fol. 30, en marge). — Dépenses diverses, guirlandes, jonchée, armoiries, tapisseries, nettoyage, etc., pour la réception de l'Archevêque (février 1700; fol. 32-33).

H. 1079. (Cahier.) — o^m25 X o^m17, 29 feuillets papier.

1693-1700. — Mise au net de l'article précédent.

H. 1080. (Cahier.) — 0ᵐ25 × 0ᵐ17, 42 feuillets papier.

1693-1700. — Copie de l'article précédent.

H. 1081. (Cahier.) — 0ᵐ24 × 0ᵐ18, 12 feuillets papier.

1700-1702. — Comptabilité. Brouillard des comptes de Jean Lataste, syndic de la paroisse. — Mention de deux grands bras que l'on a fait faire « pour servir à tenir les cornaliers pendant l'Élévation » (fol. 6 v°). — Dépense « pour avoir ramassé toutes les pierres du cimetière et celles qui étoint dans la chapelle de saint Blaise », 8 s. (fol. 9); — « pour avoir porté 20 tombereaux des tuilles des débris sortis de dessus la voûte de l'église » (fol. 9 v°). — A Bernard Sarget, vitrier, « pour avoir remonté les 2 vitres à 3 paneaux à plom neuf, qui sont au bas de la grande rose, près de l'autel de la parroisse, que le vent avoit jettés et cassées » (fol. 9 v°).

H. 1082. (Cahier.) — 0ᵐ25 × 0ᵐ18, 12 feuillets papier.

1700-1702. — Copie de l'article précédent.

H. 1083. (Cahier.) — 0ᵐ25 × 0ᵐ17, 12 feuillets papier.

1702-1703. — Comptabilité. Comptes de Jean Lataste, syndic de la paroisse. — Mention de l'élection d'un ouvrier qui a été dispensé de remplir cette charge, « en païant le marc d'argent pour le profit de ladite œuvre » (fol. 1 v°). — Paiement à la veuve de Bernard Dupé, vitrier, « pour avoir fait tout à neuf et à plom neuf tout le vitral de la rose au-dessus de la porte de l'église » (fol. 10 v°).

H. 1084. (Cahier.) — 0ᵐ24 × 0ᵐ19, 16 pages papier.

1703. — Fabrique. Compte que rend pour 1702 la veuve de Jean Lataste, premier syndic. — Recette de 25 l. données par Jean Dorat, marchand teinturier, « pour l'avoir exempté de la charge de premier ouvrier » (p. 7). — Achat de corde, à 7 s. la livre (p. 9). — Perte de 5 l. 1 s. 6 d., à cause de la diminution des espèces à la date du 1ᵉʳ septembre : les louis d'or, de 5 s. ; les écus blancs, de 2 s. ; les quarts d'écu, de 6 d. (p. 9); — Paiement de 16 l. 2 s. 6 d. à la veuve de Bernard Dupé, vitrier, « pour avoir fait tout à neuf tout le vitrage de la rose au-dessus de la porte de l'église » (p. 10); — de 7 l. 8 s., à Pierre Freiche, vitrier, « pour avoir relevé à plomb neuf cinq panneaux de la grande rose du côté

de l'autel de la parroisse » (p. 13). — Diminution sur les espèces (p. 13).

H. 1085. (Registre.) — 0ᵐ32 × 0ᵐ20, 119 feuillets papier.

1735-1751 et **1764-1765.** — Comptabilité. Levée des agrières. — Livraison de vin à des cabaretiers : à 54 écus le tonneau (février 1764; fol. 113); — à charge de vente à 9 s. et 10 s. le pot (janvier-février 1764; fol. 113 v°-118 v°).

H. 1086. (Cahier.) — 0ᵐ21 × 0ᵐ16, 19 et 9 feuillets papier.

1763-1772. — Comptabilité. Reçus donnés à D. Rodier. A l'autre bout, notes : mention d'un paiement de 48 l. à Giraud, ingénieur, « pour trois copies d'un plan du nouvel hôtel de la Monoye », et de 18 l. pour la souscription à *l'Art de vérifier les dates* (fol. 5 v°); — de 7 l. 4 s. « à Madᶫᶫ Brizard, pour 6 bouteilles anisette » (fol. 6).

H. 1087. (Cahier.) — 0ᵐ40 × 0ᵐ24, 26 feuillets papier.

1771-1772. — Comptabilité. « Cayer du dépositaire » pour 1771. — Achat de 12 volumes de *l'Histoire littéraire de la France*, de certains « volumes du grand vocabulaire françois » et autres (fol. 5 v°). — « Eaux de Caransac pour D. Denoguers » ; « eaux de Vals ordonnées à D. Devienne » et « eaux de Coterès ordonnées à D. Védrines » (fol. 9 v°). — « Aux Savoyars, pour le quartier de l'entretien des sales », 12 l. (fol. 15). — « A D. Brial, pour viatique, allant par obédience de Sainte-Croix à l'abbaye de La Grasse », 102 l. (fol. 19 v°). — Étrennes de janvier aux clercs des procureurs, « aux suisses et portiers de divers seigneurs du Parlement », etc. (fol. 23). — Récapitulation : nourriture, 18,021 l.; autres dépenses, 2,312 l.; vestiaire, 2,820 l.; malades, 2,720 l.; frais communs, 476 l.; dépenses pour l'église, 1,158 l.; aumônes, « en argent effectif » 1,168 l.; rentes, charges et gages, 20,812 l.; réparations et constructions, 1,453 l.; dettes des années précédentes, 860 l.; procès, 121 l.; voyages, 524 l.; port de lettres, 629 l.; réparations sur les biens-fonds, 184 l.; avances, 47 l.; cas extraordinaires, 194 l. (fol. 26).

H. 1088. (Cahier.) — 0ᵐ25 × 0ᵐ39, 12 feuillets papier.

1789-1790. — Comptabilité. « Cayer du cellérier pour l'année 1789 ». — Payé, en 1785, 2,174 l. 18 s. au vitrier, pour remplacer les vitres et plombs brisés par la grêle du 2 août (fol. 7 v°); — en 1788, 4,759 l. 5 s. 9 d. à Allien, garde note des notaires et expert feudiste, pour la vérification et application des titres des offices claustraux; 730 l. à Carbonel, qui a écrit le verbal sous la dictée d'Allien; 2,534 l. 1 s. 6 d. au greffier du Sénéchal pour l'expédition dud. verbal. — Payé 15 douzaines de barriques, à 129 l. la douzaine. — Recette de froment, « dont le prix a été cette année à 19 l. 16 s. 10 d. le boisseau » (fol. 8).

H. 1089. (Cahier.) — o^m25 × o^m39, 23 feuillets papier.

1789-1790. — Comptabilité. Cahier de comptes pour 1789. — Dépenses : achat du « Discours de M. Neker au Roy »; de la convocation des Etats généraux, 6 l.; de la liste complète des députés; d'un in-4°, *Jurisprudence du parlement de Bordeaux*, 10 l.; etc. (fol. 5 v°); — de 400 œufs pour fouetter le vin, 18 l. 6 s. (fol. 7). — Pour l'église : « au perruquier, pour la frisure des clercs » (fol. 11 v°). — Aumônes faites le premier de chaque mois, le mardi, etc. (fol. 12 v° - 14); — « à un homme de qualité, 12 l. » (fol. 13 v°); — « pour les pauvres du régiment de Ste-Croix »; « à une persone d'un rang très distingué », 96 l. (fol. 14). — Tableau récapitulatif : nourriture, 17,615 l.; « autres dépenses que pour la bouche », 5,625 l.; vestiaire, 5,133 l.; malades, 2,856 l.; église, 1,281 l.; aumônes, 3,651 l.; « charges », 12,788 l.; réparations, 3,739 l.; procès, 2,180 l.; port des lettres, 570 l.; « cas extraordinaires », 639 l.; voyages, 567 l.; « dettes acquitées », 307 l. (fol. 23 v°).

H. 1090. (Cahier.) — o^m38 × o^m25, 13 feuillets papier.

1790-1791. — Comptabilité. « Cayer du cellérier pour l'année 1790. » — « Reprises pour le revenu de l'année 1790 » (fol. 12).

H. 1091. (Cahier.) — o^m39 × o^m25, 23 feuillets papier.

1790-1791. — Comptabilité. « Cayer du dépositaire pour l'année 1790. » — Abonnement au *Journal de Genève*, 21 l. (fol. 3). — « Abonnement pour le journal *le Bulletin*, » 12 l. (fol. 3 v°). — Réparation de la baignoire (fol. 4). — Port des tapisseries, pour la procéssion du St-Sacrement (fol. 4). — Abonnement de neuf mois au *Moniteur universel*, 63 l. (fol. 4 v°). — Une douzaine et demie de mouchoirs, 90 l. (fol. 7). — Vestiaire d'été aux 22 religieux de la communauté, 1,650 l.

(fol. 7 v°). — « Pour une provision de tabac et pour le salaire du râpeur », 141 l. 7 s. (fol. 9). — « Pour la frisure des clercs », 1 l. 4 s. (fol. 11). — Récapitulation : nourriture, 11,733 l. 2 s. 6 d., plus, pour 1789, 6,559 l. 8 s.; autres dépenses, 1,647 l. 11 s. 1 d.; vestiaire, 5,178 l. 12 s., plus, pour 1789, 629 l. 17 s.; malades, 2,253 l. 13 s.; église, 496 l. 10 s. 6 d.; aumônes, 3,184 l. 5 s.; charges, 7,991 l.; réparations, 2,389 l. 15 s.; procès, 176 l. 8 s. 9 d.; port des lettres, 491 l. 12 s.; voyages, 12 l.; cas extraordinaires, 535 l. 2 s.; acquit de dettes, 17,723 l. 16 s. 1 d.; total : 61,002 l. 12 s. 11 d. (fol. 23).

H. 1092. (Registre.) — o^m32 × o^m20, 44 feuillets papier.

1771-1791. — Fabrique. Comptes du grand ouvrier. — « Payé à Mr Richefort, architecte, pour avoir refait l'escalier d'entrée de l'église », 50 l. 13 s. (1779; fol. 26 v°); — à Moreau, charpentier, pour réparations du clocher, 882 l. 4 s. (1781; fol. 33 v°); — « à Laclotte aîné, architecte, à compte de la chapelle qu'il est en même de construire », 2 fois 3,006 l. 15 s. (1784; fol. 39); — au même, 5,559 l. 10 s. (1785; fol. 40); — à Poulange, fondeur, 379 l. 3 s; (1785; fol. 40); — à sœur Flamant, supérieure des Filles de la Charité (3 août 1787; fol. 41).

H. 1093. (Registre.) — o^m31 × o^m20, 76 et 87 feuillets papier.

1650-XVIIIe siècle. — Valeurs mobilières; comptabilité. = Reconnaissance d'une dette de 1,000 l. à la suite d'un prêt fait au monastère par « Jean Haon, faiseur d'orgues » (11 décembre 1664; fol. 18 v°). — Contrat avec Aymond Estausan, bourgeois de Bordeaux, sculpteur, pour la confection du retable du maître-autel (20 avril 1665; fol. 23 v°). — Constitution au profit de Charlotte Collas, veuve de Pierre Echallart, écuyer, s^r Du Coudre, d'une rente réversible sur la tête de son fils Olivier, prieur-sacristain de l'abbaye de Vaux, « pour en assister la sœur Marie-Marguerite Echallart, ma fille, religieuse de la congrégation de Nostre-Dame, dans la nécessité en laquelle elle est réduite par la ruine du monastère de Joigni, dont elle est professe » (Saintes, 12 mars 1667; fol. 74). — « Livre de recepte des rentes en argent et volaille » (fol. 1). — « Du journal et de la latte bourdeloise » (fol. 4 v°). — Equivalence de diverses monnaies anciennes : livre bordelaise, 12 s. tourn.; franc bordelais, 25 s. « la guiane d'ort ou d'argent, 25 s. »; écu d'or sol, 5 l. 15 s. (fol. 7 v°).

H. 1094. (Liasse.) — 1 pièce parchemin, 8 pièces papier.

1565-1598. — Biens mobiliers et comptabilité. — 1. Reçu de 2,631 l. tourn. payées par l'abbé « pour raison de soun abbéïe, pour le rachapt du temporel des éclésiastiques du diocèse de Bourdeloix » (23 août 1565). — 6. Obligation à Mathieu Certany, bourgeois et banquier de Bordeaux, pour 291 écus deux tiers, à raison de 60 sols par écu, dont partie a été payée par lui pour des barriques neuves, à 11 écus un quart la douzaine (14 août 1578). — 8. Compte fourni par frère Yves de Caulx, sacristain, en présence de commissaires : « Il se seroict engagé envers un marchant flaman pour l'achapt de huict belles pièces de tableaux, quy luy reviènent à 50 escuz » ; si l'abbé ne lui paie pas son dû, le sacristain se réservera de les vendre (XVIᵉ siècle).

H. 1095. (Liasse.) — 1 brochure 44 pages, 15 pièces papier.

1620-1649. — Biens mobiliers et comptabilité. — 9. Recette générale du revenu en 1640 : vente du froment, à 4 l. 6 s. le boisseau ; honoraires de 472 baptêmes, à 20 deniers ; vente de cierges blancs, à 22 s. la livre ; etc. (10 mars 1641). — 10. État des offices de l'ancienne communauté de Sᵗᵉ-Croix, y compris quatre prébendiers, dont les bénéfices furent supprimés par le cardinal de Sourdis en même temps qu'il rétablit la congrégation de Sᵗ-Maur, le 2 juillet 1627 (20 novembre 1642). — 14. Reçu par Raimond Le Mayel et Jean Luganois, maîtres vitriers, de 100 l. 15 s., pour avoir raccommodé les vitraux de l'église et de l'abbaye (6 septembre 1647).

H. 1096. (Liasse.) — 89 pièces papier.

1651-1680. — Biens mobiliers et comptabilité. — 1. Obligation de 150 l. envers Guillaume, menuisier, qui a promis de poser dans les trois jours « l'ancoiffreure du sépultre de sᵗ Maumoulin » et reçu par led. menuisier de partie du prix convenu (10-22 août 1651). — 20. Sommation d'avoir à livrer aux Bénédictins la bibliothèque de feu Pierre-Paul de Prugue, par lui léguée à M. de Fonteneil, archidiacre et vicaire général, ou, si ce dernier ne fonde pas une communauté de prêtres, au monastère de Sᵗᵉ-Croix (24 avril 1664). — 36. Transaction avec la mère d'un religieux, lequel, au moment de faire profession, a légué à l'abbaye 400 livres, « à l'effect de la construction (?) d'un tableau applicquable au retable nouveau qui se faict au maistre hostel de l'esglize dudict monastaire » (16 avril 1666).

H. 1097. (Liasse.) — 1 pièce parchemin, 106 pièces papier.

1681-1690. — Biens mobiliers et comptabilité. — 9. Liste de souscription et état des frais « du feu de joi qu'il a falu faire à l'honneur de la naissance de Mᵍʳ le duc de Bourgoigne, le 25 août 1682 » : barrique de vin donnée par les Bénédictins, « pour faire une fontaine » ; 40 livres de poudre grosse, fusées, 2 hautbois et 1 violon, 5 s. « à un sergent de la guarnison du fort Louis pour prandre guarde à la fontaine », etc. (2 septembre 1682). — 41. Reçu de 1,737 l. 10 s., prix de 50 douzaines de barriques (22 septembre 1687). — 52. Frais de voyage à Toulouse pour la tenue d'une diète, avec le nom des conventuels envoyés par les divers monastères (1687). — 53. Fourni « une serrure pour la porte du bout du degré qui descend à l'église, 3 l. 10 s. » (1687).

H. 1098. (Liasse.) — 1 pièce parchemin, 79 pièces papier.

1686-1700. — Biens mobiliers et comptabilité. — 3. Poids des ornements d'argent : six chandeliers, 15 marcs et demi ; petite croix et aspersoir, 2 marcs et quart ; grande croix, y compris le bois et le cuivre, 11 marcs et demi. « Led. pois fut pezé en présence d'un prestre qui venoit de la part de... l'Archevêque » (21-27 février 1690). — 7. Lettre annonçant l'envoi de beurre qui a été acheté au marché du samedi précédent, à 6 s. la livre (Lesparre, 4 mai 1691). — 8. Autre lettre d'envoi de beurre : ce beurre a été payé 6 s. ; depuis la précédente expédition, les cours ont été de 7 et 8 s. (14 juillet 1691). — 55. Contrat avec Jean Savois dit Lacroix, maître maçon, pour travaux à un moulin (18 juillet 1695).

H. 1099. (Liasse.) — 2 cahiers de 125 feuillets, 134 pièces papier.

1702-1720. — Biens mobiliers et comptabilité. — 28. Compte de Bernard Montaigne, syndic de la fabrique, pour 1703-1708 : mention, au 12 novembre 1705, de Frontemon, maître de l'artillerie au Fort Louis (1708). — 31. Quittance du prix de 6 jambons pesant 71 livres, à 6 s. (9 avril 1709). — 51-59. Reçus par le maître de la barque *Sainte-Anne* du fret de vin de ville, destinés au Mont Sᵗ-Michel, à 20 l. par tonneau et 20 s. pour le chapeau du maître (11 février 1715). — 99. État des emprunts contractés entre 1701 et 1711 environ : emprunt de 309 l., en 1703, dont 250 payées « à M. le curé de Cambes ou à Montpelier, pour la part que nous avons contribué à faire faire le retable neuf de l'autel de la parroisse dud. Cambes » (fol. 6) (1718 environ).

H. 1100. (Liasse.) — 129 pièces papier.

1721-1730. — Biens mobiliers et comptabilité.— 2. Paiement de « 12 bouteilles eau-de-vie d'Andaye » (8 mars 1721). — Facture de vins envoyée au cellérier de l'abbaye de St-Michel-en-Lherme : 4 tonneaux vin gris de graves tiré au fin, à 350 l. le tonneau ; vin rosé et vin rouge, le tout de graves, au même prix (1722). — 23. Décisions du Général et des assistants et des définiteurs : « Veu la cherté des vivres, ... nos confrères qui séjourneront au monastère de Ste-Croix de Bourdeaux paieront par jour 30 sols » (14 août 1721-15 mars 1723); — 39. Facture de vins chargés pour Landevenec : vin blanc de côte, à 50 écus le tonneau ; vin rouge de graves, tiré au fin, à 60 écus (29 mars 1724). — 71. État des vins de la récolte de 1725 envoyés en Bretagne en 1726 : vin blanc de St-Aubin, à 120 l. le tonneau (1726).

H. 1101. (Liasse.) — 89 pièces papier.

1726-1733. — Biens mobiliers et comptabilité. — 12. Lettre d'un correspondant que le P. dépositaire de Ste-Croix avait chargé de chercher une « orgue alemande » (Lyon, 27 novembre 1731). — 24. Reçus de Cardose, médecin du monastère, pour ses honoraires, à 60 l. par an (1726-26 mars 1732). — 70. Reçu du solde du prix de 100 boisseaux de froment à 6 l. 6 s. le boisseau (1er décembre 1732). — 82. Reçu par Gay, de 72 l. en acompte du tabernacle fait pour St-Aubin (11 mai 1733).

H. 1102. (Liasse.) — 47 pièces papier.

1734. — Biens mobiliers et comptabilité. — 6. Reçu de 102 l., signé « Jon (?) Anton Prévot, anglois, pictor Regis Accad. », « pour final payement des tableaux que j'ay fait dans le monastère de Ste-Croix » (7 mai 1734).

H. 1103. (Liasse.) — 2 pièces parchemin, 52 pièces papier.

1735-1740. — Biens mobiliers et comptabilité.

H. 1104. (Liasse.) — 83 pièces papier.

1741-1742. — Biens mobiliers et comptabilité. — 8. Reçu signé Cajetani, de 24 livres, « pour le paiemant de la peinture faite au-dessus de la chère à prêche (?) » (12 mars 1741). — 23. Reçu signé A. Sermensan, de 32 l. pour raccommodage du bâton du chantre et d'un encensoir (10 juillet 1741). — 26. Paiement d'œufs à 6 d. l'un, de pigeons à 18 s. la paire, de bœuf à 9 s. la livre, de mouton à 10 s., de choine à 3 s., etc. (Cambes, 20 octobre 1741). — 28. Reçu de 81 livres, « pour huitante et une bouteille eau de Caransaq » (17 novembre 1741). — 33. Paiement de beurre à 47 l., 58 l. et 54 l. les 100 livres (13 décembre 1741).

H. 1105. (Liasse.) — 114 pièces papier.

1743-1748. — Biens mobiliers et comptabilité. — 33. Compte d'un menuisier : « Plus, pour aboir mis la cloche an plase é aboir fait un charpante pour fère un trape dant le cloché, y compris le joug toût à neuf, 24 l. » (6 janvier 1745). — 55. Lettre signée Lait, au sujet de trois chasubles que Dom Secousse avait commandées : « Je compte qu'il me ferat retutusion à l'article de la mort...; cy non, il l'est danné à tous les diable » (Lyon, 11 octobre 1746). — 65. Reçu signé Jean Roy, de 150 l. pour « à conte de la chère neuve, » et 24 l. pour deux bancs à dossier (8 janvier 1747). — 101. Lettre du P. Joseph Buard, demandant que l'on maintienne D. Goudar en sa fonction de prieur, vu « son accez auprès des grands, sa gestion et sa conduite »; ce qu'on peut raconter contre lui est faux (Bordeaux, 20 mai 1748).

H. 1106. (Liasse.) — 1 pièce parchemin, 102 pièces papier.

1740-1751. — Biens mobiliers et comptabilité.

H. 1107. (Liasse.) — 79 pièces papier.

1752. — Biens mobiliers et comptabilité. — 74. Lettre de M. de Pressigny faisant connaître le montant des droits qui se perçoivent par tonneau de vin de ville expédié de Bordeaux par mer (18 décembre 1752).

H. 1108. (Liasse.) — 112 pièces papier.

1753-1758. — Biens mobiliers et comptabilité.

H. 1109. (Liasse.) — 77 pièces papier.

1759-1761. — Biens mobiliers et comptabilité. — 58. Reçu de 4,000 l. prêtées par le « trésorier de l'œuvre du bouillon des pauvres malades de la paroisse de la Daurade », à Toulouse (4 septembre 1760).

H. 1110. (Liasse.) — 90 pièces papier.

1750-1766. — Biens mobiliers et comptabilité. — 35. Bordereau de la vente de 36 barriques de vin rouge, à 9 s. le pot. Recette : 1,350 l.; dépense : « droits des bureaux », 129 l. 15 s.; commission au vendeur, 90 l.; cri du vin, 9 s. 6 d.. etc.; total : 230 l. 4 s. (27 mars 1764). — 41. Lettre signée : fr. J. Vernet, sur une affaire plaidée pour Ste-Croix : « Il y a longtemps que j'ay pensé que les Parlements ne remédieroient pas à nos maux : il faudra toujours avoir recours à une authorité suprême » (Paris, 31 juillet 1764). — 58. Reçu du prix de bois de chauffage, à 16 l. le tonneau (10 décembre 1765). — 77. Quittance par le fr. François, capucin, pour les remèdes fournis aux Bénédictins (15 mai 1766). — 86. Reçu par Marie Brizard et Roger du prix de liqueurs : anisette, huile de Vénus, etc. (26 septembre 1766).

H. 1111. (Liasse.) — 117 pièces papier.

1768-1770. — Biens mobiliers et comptabilité. — 63. Reçu des frères Labottière pour 96 l., « prix du supplément du glossaire de Ducange, 4 vol. in-f° » (24 janvier 1770). — 66. Reçu de 1,368 l., prix de 15 douzaines de barriques neuves (30 janvier 1770). — 67. Paiement de bouchons à 18 s. le cent (9 février 1770). — 101. Reçu par Vilaris pour le prix de remèdes (24 septembre 1770). — 105. Reçu d'un cordonnier pour souliers, à 4 l. la paire, fournis à D. Devienne, D. Brial, etc. (19 octobre 1770). — 110. Reçu par « les frères Labottière, place du Palais », de 14 l., « pour final payement de l'*Art de vérifier les dattes* » (27 octobre 1770).

H. 1112. (Liasse.) — 116 pièces papier.

1771-1773. — Biens mobiliers et comptabilité.

H. 1113. (Liasse.) — 98 pièces papier.

1774-1777. — Biens mobiliers et comptabilité.

H. 1114. (Liasse.) — 98 pièces papier.

1781-1784. — Biens mobiliers et comptabilité. — 5. Paiement de drap violet pour une robe destinée au sacristain, à 16 l. l'aune (2 mars 1781). — 19. « Mémoire de l'ouvrage que Moreau, m^e charpentier, a fait et fourny... au domme de la paroisse Ste-Croix » : « fait redressé ledit domme dans son aplomd de quinze pouce de calle »; « avoir corrigé le cintre de la callotte, y avoir placé une boulle en pié d'estal, accommodé l'étau qui suporte la croix » (18 octobre 1781). — 74. Devis par Laclotte aîné pour une chapelle « dans un local scitué le long de l'estey du pont du Guit » (2 janvier 1784).

H. 1115. (Liasse.) — 82 pièces papier.

1785-1789. — Biens mobiliers et comptabilité. — 11. Reçu signé Vinquesy, pour 1,000 livres, « à compte des ouvrages que j'ay faits en marbre pour l'église de Ste-Croix de Bordeaux » (Toulouse, 10 septembre 1785). — 34. Reçu par Poulange, fondeur, du prix d'une cloche de 207 l. pesant, à 35 s. la livre (23 juin 1786).

H. 1116. (Liasse.) — 51 pièces papier.

XVIIe-XVIIIe siècles. — Biens mobiliers et comptabilité. Pièces sans date. — 1. Calcul de la moyenne des lods et ventes perçus par l'abbaye de 1750 à 1759 : total de la valeur des biens aliénés dans la ville de Bordeaux, 379,760 l. 6 s. 8 d.; moyenne, 37,976 l. 8 d.; lods au huitième, 4,747 l. 1 d. et, après remise de la moitié, 2,373 l. 10 s. (s. d.).

H. 1117. (Liasse.) — 148 pièces papier.

1736-1759. — Biens mobiliers et comptabilité. Pièces de la comptabilité de la fabrique.

H. 1118. (Liasse.) — 39 pièces papier.

1728-1733. — Biens mobiliers et comptabilité. Comptes avec le boulanger.

H. 1119. (Liasse.) — 2 cahiers de 33 feuillets papier, 2 pièces parchemin, 2 pièces papier.

1564-1570. — Biens mobiliers et comptabilité. Procès avec l'hôpital Saint-André, au sujet d'une rente à lui servir. — 30. « Il fust faict essay avec les trésoriers de l'hospital et par icelluy fust trouvé que ung boysseau de bled randoit cinquante ung pain de deux livres, ensemble trante livres de son et vingt-huict livres de rebelin, lequel son et rebelin est suffizant pour payer le cuisage et fornage » (s. d.).

H. 1120. (Liasse.) — 1 pièce parchemin, 44 pièces papier.

1569-1710. — Biens mobiliers et comptabilité. Rente servie à l'hôpital S¹-André.

H. 1121. (Liasse.) — 95 pièces papier.

1740-1770. — Biens mobiliers et comptabilité. Rentes sur Carbonieux.

H. 1122. (Liasse.) — 12 pièces papier.

1714-1717. — Biens mobiliers et comptabilité. Procès-verbaux d'exercice et constatations de mise en perce des barriques existant dans les chais du monastère.

H. 1123. (Liasse.) — 111 pièces papier.

1648-1717. — Biens mobiliers et comptabilité. États des revenus du monastère. — 1. Lettre du supérieur général de Saint-Maur commettant D. Grégoire de Verthamont pour enquêter sur le temporel de S¹ᵗ-Croix (16 janvier 1648). — 2. Procès-verbal de l'enquête de D. Gr. de Verthamont (février 1648). — 6. Lettre d'envoi du procès-verbal précédent : les conditions de l'afferme ruinent l'abbaye, qui pourrait être l'une des plus prospères de la Congrégation; les Pères ont refusé 49 ou 50 l. de la barrique d'eau-de-vie; le prieur « sert beaucoup la Congrégation par les amys qu'il s'est acquis et à elle dans le parlement de Bordeaux » ; D. Maur Bernard « est, pour le vray, un fort mauvais esprit » ; etc. (S¹-Jean-d'Angély, 2 mars 1648). — 28. État des revenus et des charges du monastère, envoyé à la diète en 1675 : revenus en argent, 6,803 l. 9 s.; froment, 330 boisseaux et demi, pesant 120 livres l'un, « au poix royal », du prix moyen de 4 l. ; vin, 44 tonneaux 1 barrique, valant année commune 48 l. le tonneau (1675). — 106. État des revenus et des charges de l'abbaye, envoyé à la diète : vin, barriques « contenant six vingt pots et le pot trois chopines du réfectoir » (27 mars 1717).

H. 1124. (Liasse.) — 9 pièces parchemin, 16 pièces papier.

1428-1600. — Procès.

H. 1125. (Liasse.) — 1 cahier de 29 feuillets papier, 8 pièces parchemin, 35 pièces papier.

1603-1650. — Procès. — 23. Compte rendu des instances, au nombre de quarante, soutenues par un procureur (?) de Bordeaux au nom de l'abbé. Mention, à la date du 2 octobre 1613, d'un procès « contre Mᵉ Louys Matèrre, garde des sacz civilz de la cour de Parlement » (1611-1613). — 33. « Instances commencées l'an 1629, au mois de décembre, pour Messire Jaques Desaigues, seigneur abbé de Saincte-Croix » (1629-1632).

H. 1126. (Liasse.) — 2 cahiers de 77 feuillets papier, 9 pièces parchemin, 34 pièces papier.

1651-1697. — Procès. — 1. Saisie de divers biens appartenant à Marguerite de Pontac, veuve de J.-J. Destignols, notamment de la maison noble Du Thil, paroisse de S¹-Médard-en-Jallès (1651).

H. 1127. (Liasse.) — 1 cahier de 61 feuillets papier, 8 pièces parchemin, 13 pièces papier.

1704-1749. — Procès. — 16. Accord entre la Ville et S¹ᵗ-Croix, mettant fin à « un grand procès qui duroit depuis près d'un siècle » : les religieux renoncent à leur prétendue sauveté; ils prêtent hommage pour Carbonieux, etc. (29 août 1746).

H. 1128. (Liasse.) — 5 pièces parchemin, 27 pièces papier.

1751-1785. — Procès.

H. 1129. (Liasse.) — 2 cahiers de 30 feuillets papier. 21 pièces papier, 1 sac.

XVᵉ-XVIIIᵉ siècles. — Procès. — 1. Exposé de divers procès, notamment d'un litige concernant l'île de Cazaux : « M. Molé... obtient arrêt au Conseil qui ordonne un surcis à l'exécution de l'arrêt dud. Parlement; l'huissier qui aloit le signiffle[r] au Feuillant qui étoit dans l'ille de Casaus pour prendre la dîme à main armée fit tirer par ses soldats de la garnison de Blaye sur le bateau de l'huissier et de ses assistants » (s. d.).

H. 1130. (Liasse.) — 14 pièces papier.

1685-1687. — Procès. Lettres datées de Paris et signées Montade.

H. 1131. (Liasse.) — 63 pièces papier.

1638-1787. — Procès. Consultations. — 14. Exposé de difficultés diverses et consultation en marge; l'une des difficultés porte sur ce que le curé de Lamarque refuse de laisser le prieur exercer les fonctions de curé primitif dans l'église nouvellement construite (9 février 1691).

H. 1132. (Liasse.) — 2 cahiers de 22 feuillets papier, 10 pièces papier.

XVIIe-XVIIIe siècles. — Archives.

H. 1133. (Registre.) — 0m35 × 0m25, 257 et 14 feuillets papier.

XVIIe siècle. — Archives. Inventaire des armoires C, D et E. — Dans l'autre sens : « Liève générale du revenu du monastère Saincte-Croix de Bourdeaux. 1660 » (fol. 1). — Agenda indiquant les recettes en rang de date (fol. 6). — Notes sur les divers revenus, par chapitres (fol. 10).

H. 1134. (Registre.) — 0m45 × 0m32, x et 791 feuillets papier.

1754-1755. — Archives. Expédition authentique de l'inventaire analysé dans l'article suivant.

H. 1135. (Registre.) — 0m43 × 0m28, xxi-372 feuillets papier.

1754-1755. — Archives. « Expédition du verbal et inventaire des archives de l'abbaïe de Ste-Croix de Bordeaux, ordonné par l'arrêt du Grand Conseil du 30 mars 1754, à la requette de Monseigneur Louis-Jozeph de Montmorency-Laval, premier baron chrétien, évêque d'Orléans, abbé commandataire de.ladite abbaïe, adressé par le Grand Conseil à Messire Jozeph-Sébastien de Laroze, conseiller du Roi en ses Conseils, président présidial, lieutenant général en la sénéchaussée de Guienne, conservateur des privilèges royaux de l'Université de Bordeaux, prévôt de l'Ombrière et commissaire en cette partie. » — Inventaire des armoires C (fol. 3), D (fol. 65), E (fol. 132), A (fol. 166 v°) et B (fol. 262 v°) et de papiers non enliassés (fol. 342). — Tables de l'inventaire : armoire A (fol. III), armoire B (fol. xiv v°), « papiers répandus et dispersés sur des tables et autres lieux de la salle des Archives » (fol. 365 v°), armoire C (fol. 367).

H. 1136. (Registre.) — 0m35 × 0m22, 76 feuillets papier.

1781. — Archives. Procès-verbal du récolement de l'inventaire coté H 1134.

H. 1137. (Registre). — 0m43 × 0m29, x et 50 feuillets papier.

1781. — Archives. Expédition du procès-verbal analysé dans l'article précédent.

H. 1138. (Registre.) — 0m38 × 0m25, vii feuillets et 798 pages, plus une pièce détachée, papier.

1784. — Archives. Inventaire. (En marge, indication de la place que les articles occupent dans les archives du District). A la fin du volume, sur le feuillet volant et sur la garde, inventaire de plans.

H. 1139. (Liasse.) — 13 pièces parchemin, 6 pièces papier.

1353-XVIIIe. — Prieurés : Allemans, Blanquefort.

H. 1140. (Liasse.) — 3 pièces papier.

1641-1744. — Prieurés : Cambes. — 1. Bail à ferme des revenus du prieuré, moyennant 1,300 l. et une pipe de vin Blanc; vente par le fermier aux religieux de 15 douzaines de barriques « neufves, bois de païs, grange et mezure de la présent ville, barrées par les deux boutz et à double berre, sans aucun bois puant, cusonné ny chétif, couvertes de chastaigner », à 39 l. la douzaine (11 juin 1641).

H. 1141. (Liasse.) — 1 pièce parchemin, 16 pièces papier.

XIIe siècle-1752. — Prieurés : Castillon. Titres relatifs au prieuré. — 2. Titre de fondation, portant donation par le vicomte Olivier de la chapelle de St-Symphorien et de divers biens : « Unam petiam terræ a *Peira Cuberta*, in parropia de Tortinac » (xiie siècle; copie authentique d'un vidimus de 1368). — 4. Reçu, signé Durocher, au prieur, de 300 l., « pour contribuer à faire un retable, un tabernacle et autres réparations au sanctuaire de la nouvelle église » (9 juin 1752). — 12-13. Procès entre Pierre de La Tour, prieur de Castillon, et Gaston de Béarn (1493).

H. 1142. (Liasse.) — 3 pièces parchemin, 4 pièces papier.

1496-1743. — Prieurés : Castillon. Personnel du prieuré. — 1. Installation de François Cotel, prieur (6 avril 1496; copie authentique). — 2-6. Dossier de la résignation de Pierre Gaudard, en faveur de D. Antoine Reynaud (13 janvier-24 mai 1743). — 7. Prise de possession du prieuré par D. Antoine Maffre, « logé à l'auberge où pend pour enseigne *les Trois Roys* », au nom de D. Ant. Reynaud, et ce malgré le refus du vicaire perpétuel de confier les clefs de l'église et de se prêter à l'installation (26 mai 1743).

H. 1143. (Registre.) — 0^m24 × 0^m17, 72 feuillets
et une pièce papier.

1744. — Prieurés : Castillon. Droits à Castillon.
« Vérification des fiefs de M^r le prieur de Castillon-sur-
Dordogne, faite en 1744. » — Castillon, rue de La
Vergne, place de Tranchard, rues Bienluvienne, de La
Grave, « dans les fauxbourgs de Castillon, rue Mauret,
autrefois de La Grave, au lieu appellé anciènement
Au Mercadieu et ensuite aux places de La Bastide », etc.
— Mention du bail à fief du moulin de Lafon, paroisse
de Castillon, à la date du 4 avril 1404 (fol. 28 v°).
— Analyse d'une reconnaissance passée, le 4 septembre 1723, par Élie Durocher, sieur de Peyrebrune,
paroissien de St-Étienne de Lisse, et autres en faveur
de J.-J. de Pontac, prieur (fol. 58). — Table des noms
des tènements (fol. 71). — Liste des « pauvres de Castillon », au nombre de 23 (fol. 72).

H. 1144. (Liasse.) — 4 pièces parchemin, 22 pièces papier.

XIIe siècle-1788. — Prieurés : Castillon. Droits à
Castillon. — 4. Bail à cens par Jacques de Vayrac, abbé
de Blasimon et prieur de Castillon, d'une terre abandonnée, à Puyfissart, confrontant « lo fevatge deus
hers de Amaneu de Molon, donzet » (9 janvier 1448,
n. s.). — 11. Reconnaissance pour une terre labourable
« au-devant la croix de Caillau » (16 janvier 1682). —
12-14. Procédure pour la visite des ruines de l'ancienne
chapelle prieurale, la visite de la chapelle bâtie dans les
deux dernières années et la bénédiction d'icelle (1689).
— 21. Requête de D. Antoine Raynaud, prieur, à l'Intendant : on a pris un terrain dans l'enclos du prieuré
pour faire le chemin de Castillon à Bergerac ; le prieur
demande qu'on l'autorise à prendre le vieux chemin.
Ordonnance conforme de Tourny (1er mars 1746). —
24. Lettre d'un s^r Jay, exposant qu'il a réuni des minutes
notariales et en a formé une garde-note, ce qui lui a
permis de constater que des notaires ont aggravé les
charges des tenanciers : « Cella ne m'a pas surpris pendant le règne du gouvernement féodal, parce que la
force et l'artiffice impozoit la loy au foible et s'il y avoit
alors une cauze quy peut faire tollérer cés injustices,
tels que les fraix du service millitaire, quy étoient à la
charge des seigneuries, il faut faire attantion que cette
cauze n'existe plus » (11 décembre 1788).

H. 1145. (Liasse.) — 31 pièces papier.

XVIIIe siècle. — Prieurés : Castillon. Droits à Castillon. Pièces non datées. — 1. Extrait de divers titres,
notamment d'un dénombrement de 1762, qui men-
tionne une vigne, « confrontant d'un cotté du Levant
faisant capmartel aux vignes de lad. veuve Marcon »,
etc. (s. d.). — 2. Analyses d'actes qui mentionnent Michel
de Sommonhac, prieur, en 1324, n. s. ; Jacques de
Voirac, prieur, en 1433 ; Jacques Gaussen, prieur,
en 1457 (s. d.). — 3. Difficulté avec l'abbé de Faize au
sujet de biens sis au lieu de Concoufaud (s. d.).

H. 1146. (Liasse.) — 3 pièces parchemin, 25 pièces papier, 1 sac.

1445-1699. — Prieurés : Castillon. — Droits à Castillon. Procès au sujet d'une maison.

H. 1147. (Liasse.) — 6 pièces parchemin, 24 pièces papier.

1296-XVIIIe siècle. — Prieurés : Castillon. Droits
à Civrac, Coutras, Lamothe, Montravel, Mouliets,
St-Étienne-de-Lisse, St-Magne et Ste-Terre. — Coutras.
2. « Plan des environs et terreins joignant l'ancien
château de Coutras » ; principales indications : « Croix
rouge » ; « grand chemin royal apellé de la Chaussée,
allant de Coutras à Monpon et à Périgueux, fait par
Henri IV » ; « champ où se donna la célèbre bataille
que Henri IV gagna le 28 octobre 1587 » ; « redoute
apellée la Mothe des Loups » ; « partie de l'ancien parc
de Mgr le maréchal duc de Richelieu vulgairement
apellé Garenne,... dans lequel terrain avant le défri-
chement, paroissoint les vestiges des ouvrages faits
par Henri IV, comme lignes de circonvalation, redou-
tes, etc. » ; « vestige de l'ancien château », etc.
(XVIIIe siècle). — Montravel. 5. Reconnaissance au
profit de Pierre de Bonassaveac, prieur (3 janvier 1406,
n. s.). — 6. Bail à cens par Jacques Gaucem, prieur
(1475 ou 1476). — Mouliets. 9. Reconnaissance à
Jacques de Vayrac, prieur (8 septembre 1431). —
10. Désignation par l'hôpital, qui vient d'acquérir un
immeuble relevant du prieuré, d'un homme vivant et
mourant, savoir Élie-Henry de Grailly, écuyer, fils
d'Henri, aussi écuyer, et de Louise Durocher de Peyrebrune (juillet 1741). — St-Étienne-de-Lisse. 15. Reconnaissance par Élie Durocher, sieur de Peyrebrune, et
autres (mai 1744). — 18-20. Requête du fondé de pouvoirs du prieur au Procureur général, exposant que le
notaire Ducarpe, de St-Émilion, a refusé de lui délivrer

copie de l'acte par lequel le président de Lavie a acquis un tènement dans la mouvance du prieuré ; ordre du Procureur général au notaire ; signification dud. ordre par un sergent royal ; expédition de l'acte (octobre 1762). — *S¹-Magne.* 22. Ensaisinement de l'acquéreur d'une vigne par B. Del Carret (?), prieur, Jean de Grailly étant seigneur de Castillon (29 janvier 1296, n. s.). — *Ste-Terre.* 24. Vente par Jean de La Vanhac, damoiseau, paroissien de Ste-Terre, à Jacques de Vayrac, prieur de Castillon, de redevances à percevoir sur une terre sise « en la parropia de Senta-Terra en Condamina, au loc apperat a Prat Vesriu » (24 mars 1442, n. s.). — 25. Enquête sur les droits exercés par le prieur Arnaud de Gaucem, par un autre prieur, Jacques de Vayrac, abbé de Blasimon au moment de l'enquête, et par leurs prédécesseurs (xve s.).

H. 1148. (Liasse.) — 28 pièces papier.

1673-1706. — Prieurés : Castillon. Droits en diverses localités : dîme. Difficultés pour obliger les tenanciers à se conformer aux règlements fixant la date des vendanges. — 1. Requête du prieur exposant que les tenanciers cherchent à le frustrer de la dîme « soubz prétexte que la majeure partye desdictz habittans et de la religion prestanduée et réformez » (1673).

H. 1149. (Cahier.) — 0^m25 × 0^m19, 47 feuillets papier.

1762. — Prieurés : Castillon. Droits en diverses localités. Liève. « Reconnoissances à vériffier ».

H. 1150. (Cahier.) — 0^m24 × 0^m19, 40 feuillets papier.

XVIIIe siècle. — Prieuré : Castillon. Droits en diverses localités. Dénombrement [incomplet] des droits appartenant au prieur et reconnaissances passées à son profit en 1747. — Reconnaissance par Simon Damade, sieur de Savary, habitant de la paroisse de S¹-Magne (septembre 1747 ; fol. 23). — Reconnaissances collectives pour des tènements indivis (1747 ; *passim*). — Accord avec les Carmes de Castillon au sujet de la directité de divers biens (1740 ; fol. 27).

H. 1151. (Cahier.) — 0^m33 × 0^m21, 14 feuillets papier.

XVIIIe siècle. — Prieurés : Castillon. Droits en diverses localités. « Relevé de la liève du prieur S¹-Florent de Castillon ». Castillon, « tènements à la rente seulement » : Du Sablon, de La Touillasse, de Moureiras,
de Sibard, du Pas de La Besse, de Lafaye, de Puypaulin, Des Jouaux, de Tabas, Du Fraische, de Perrinot, de Puyfissard, de Mirelacambe, de Rieuvert, de Foncouffaud, etc. (fol. 3 v°-8). — Castillon, « tènements au quint et sixain » : de devant la Croix Du Cailleau, etc. (fol. 8 v°-9 v°). — Saint-Magne (fol. 10-11 v°). — Ste-Terre (fol. 12). — Gardegan (fol. 12 v°). — S¹-Étienne-de-Lisse (fol. 12 v°). — « Notre-Dame de Colles » (fol. 13-13 v°). — Mouliets (fol. 14).

H. 1152. (Liasse.) — 1 pièce parchemin, 18 pièces papier.

XVIIIe siècle. — Prieurés : Castillon. Droits en diverses localités. — 7. Analyse de reconnaissances, baux à cens, etc. : du 19 décembre 1472, en faveur de Jacques Gaussen, prieur ; du 21 octobre 1506, en faveur de « Guillaume de Veilans, prieur » ; du 6 mai 1353, en faveur de Pierre de Sommonhac, prieur ; du 3 janvier 1405 et du 3 mars 1427, anc. st., en faveur de Pierre de Bonassanenc, prieur ; du 2 février 1432, anc. st., en faveur de Jacques de Veirac ; des 20 juin 1496 et 17 mai 1497, en faveur de Louis Cotel, prieur, etc. (s. d.). — 8. Note sur les mesures agraires de S¹-Émilion (s. d.).

H. 1153. (Liasse.) — 67 pièces papier.

1676-1782. — Prieurés : Castillon. Comptabilité. — 43. Lettre de D. Rodier priant de payer au porteur 120 l. « pour le cancel et pulpitre qu'il a fait dans l'église » et reçu de lad. somme pour « Lafaye, menuzier » (2-3 mai 1770). — 46. Lettre de D. Rodier, recommandant Grimes, marbrier « qui va poser l'autel de marbre dont je faits présent à l'église de Castillon » (16 avril 1771). — 47-49. Dépenses pour la pose de l'autel de marbre ; « avoir ferré le pupitre », 5 l. (13-17 mai 1771).

H. 1154. (Liasse.) — 1 cahier de 18 feuillets papier,
6 pièces papier.

XVIIIe siècle. — Prieurés : Castillon. Archives. — 1. Inventaire des titres du prieuré : terriers en parchemin, de Lafaye (1607-1610), de Brun (1610-1621) (fol. 3) ; terrier en papier et reconnaissances au profit de Robert de Beauvais, prieur (1629-1630) ; terrier en papier en faveur de Pierre Cribier, prieur (1638-1644) ; autre en faveur de François Cribier (1671-1673) (fol. 3 v°) ; terrier en papier en faveur de Robert de Beauvais (1626-1627) (fol. 4) ; terrier en perchemin, pour François Cribier (1690); terrier en papier, pour Jean des Innocens, prieur (1704-1707); autre en faveur de J.-J. de Pontac, prieur (1722-1724) (fol. 4 v°); terrier renfermant une reconnaissance du 27 janvier 1618 (anc. st.) pour Guillaume de Mallesset, prieur (fol. 5); baux à cens par Jacques Gaussen, prieur, des 13 juin 1485 et 11 février 1491 (anc. st.) (fol. 6); bail à ferme par Louis Cotel, prieur, du 15 juin 1497 (fol. 7); reconnaissance à Léon de Calvimon, prieur, du 9 juin 1608 (fol. 8); reconnaissance à Robert de Beauvais, du 27 février 1614 (fol. 8); pour Jean des Innocens, du 26 juillet 1696 (fol. 9); actes relatifs à la maison noble Du Gravoux (fol. 10 v°); visa en faveur de Pierre Cribier, sur provisions du 6 octobre 1629; procuration par Georges-Lazare Berger de Chareney, nommé à l'évêché de Saint-Papoul, prieur de Castillon, à l'effet de résigner ce bénéfice en faveur de Pierre Gaudar, chanoine de Meaux, provision et visa (1735) (fol. 18); procuration dud. Pierre Gaudar pour résigner en faveur de D. Antoine Reynaud (fol. 18 v°) (s. d.). — 2 et 4. Deux inventaires des titres du prieuré (1730-1740).

H. 1155. (Liasse.) — 2 pièces parchemin, 3 pièces papier.

XII° siècle-1754. — Prieurés : Castillon. Procès et divers. — *Divers.* 4. Bulle d'Alexandre III confirmant les droits de l'abbaye S'-Florent de Saumur (xii° siècle ; copie d'un vidimus de 1477). — 5. Appel interjeté par le procureur de l'évêque de Sarlat, seigneur d'Issigeac, Jean La Cropte, seigneur de Lanquais, Jean de Sentos, seigneur de Cugnac, Pierre Descodaca, seigneur de Boisse, Bernard de Velac, chevalier de S'-Jean et précepteur de Saint-Naixent, Jean Vesiat, prieur de S'-Avit-Sénieur, les Carmes de Beaumont, et autres, contre une sentence du lieutenant du sénéchal au bailliage de Beaumont (12 juillet 1452).

H. 1156. (Cahier.) — 0^m31 × 0^m20, 31 feuillets papier.

1625-1629. — Prieurés : Flaujagues. Terrier. — Reconnaissance par « Jacques Gérault de Langualerie, escuïer, seigneur dud. lieu noble de Langalerie », avocat au Parlement (9 octobre 1627; fol. 2 v°); — par Pierre Abre, écuyer, sieur de La Fourtounie (20 mars 1628; fol. 3 v°); — par Isaac Deimier, procureur du Roi à Gensac (5 août 1627; fol. 17); — par Pierre de Flajac, sieur de Vallens, agissant pour Isabeau Reguard, sa femme (12 avril 1627; fol. 18).

H. 1157. (Liasse.) — 27 pièces papier.

1475-1750. — Prieurés : Flaujagues. — 9. Bail à ferme « dans la maison et domicille de Père Frère Jehan Dubuc, prieur clostral de l'abbaye » de S'-Ferme (6 juin 1626). — 27. Déclaration par Dom Joseph Ligarie, prieur : « Le prieuré de S'-Martin de Flaujagues et Genssac, son annexe, dépend de l'abbaye de Nanteuil en Valée, diocèze de Poitiers; on en ignore le collateur et le fondateur, et ressort par apel au sénéschal de Castelmoron et à Bordeaux » (1750?).

H. 1158. (Liasse.) — 2 cahiers de 26 feuillets papier, 7 pièces parchemin, 87 pièces papier.

XVII° siècle-1787. — Prieurés : Flaujagues. — 5. Installation de Dom Gabriel Carrière, « prieur titulaire du prieuré simple et régulier dud. S'-Martin de Flaujagues et Genssac, son annexe » (10 septembre 1757). — 22. Procuration donnée par Dom Michel-Jean-Joseph Brial, demeurant à Paris, aux Blancs-Manteaux, à l'effet de prendre possession du prieuré de Flaujagues (26 octobre 1771). — 33. « États des fiefs et directes qui doivent être cédés en échange à M' de Tauzia, écuyer, capitaine au régiment de Chartres et seigneur de la maison noble de Licterie et autres lieux, par le prieur de Flaujagues » et réciproquement (1" mars 1787).

H. 1159. (Liasse.) — 5 cahiers de 75 feuillets papier, 84 pièces papier.

1706-1746. — Prieurés : Flaujagues. Procès contre le duc de Bouillon, au sujet du dénombrement. — 1-2. Lettre adressée de Castelmoron au curé de S'-Ferme : le lieutenant général « m'a temougné qu'il avoit besoing de quelque argent sur le travailh qu'il a faict et vous lui feriés beaucoupt de plaisir de lui donner jusques-à 50 livres ». Reçu desd. 50 livres, signé : Roboam (17-29 octobre 1706). — 12. Note : « L'abbaye de Saint-Ferme, en la sennéchaussée de Bazas, est de fondation royale et de l'ordre saint Benoist; le prieuré S'-Martin de la parroisse de Flaujagues, jurid. de Gensac en Albret, est un membre dépendant de lad. abbaye » (1731?).

H. 1160. (Liasse.) — 60 pièces papier.

1717-1788. — Prieurés : Flaujagues. Impositions : décimes pour Flaujagues et S'-Aubin.

H. 1161. (Liasse.) — 1 cahier de 10 feuillets papier,
1 pièce parchemin, 25 pièces papier.

1321-1737. — Prieurés : Gaillan, Lamarque, Lamothe, S‹t›-Paixent et Lavergne (en Périgord). — *Gaillan.* 5. Déclaration touchant un conflit avec le curé de Queyrac, lequel, escorté de 30 à 40 personnes armées, a levé par force la dîme au 13‹e› sur une vigne (6 octobre 1646). — *Lamarque.* 7. Bail à ferme des revenus du prieuré par l'abbé de S‹te›-Croix et par Bernard Gascq, moine de lad. abbaye et prieur dud. prieuré (11 juin 1321 ; copie).

H. 1162. (Liasse.) — 28 pièces papier.

1651-1732. — Prieurés : Le Fieu. — 4. Procuration par D. Benoît Jumilhac, prieur Du Fieu, domicilié à S‹t›-Germain-des-Prés (15 novembre 1659). — 13. Signature en cour de Rome accordant le prieuré de Fieu à D. Gabriel Glangler (25 février 1697). — 18. Signature en cour de Rome, concédant le prieuré à D. François Bonnecase (15 octobre 1705). — 19. Pouvoir donné par D. François Bissot, religieux du Bec-Hallouin, prieur Du Fieu, pour résigner led. prieuré en faveur de D. Claude Mathieu (15 avril 1716).

H. 1163. (Liasse.) — 46 pièces papier.

1646-1708. — Prieurés : Le Fieu. Reçu d'impositions.

H. 1164. (Liasse.) — 1 pièce parchemin, 26 pièces papier.

1647-1693. — Prieurés : Le Fieu. Procès contre le curé de Coutras au sujet des dîmes. — 22. Compte des récoltes : vente de seigle à 5 l. le boisseau et de froment à 6 l. ; frais de voyage : « Ay dépensé pour le valet, pour moy et pour le cheval, à la disnée ou passages de trois rivières, 1 l. 15 s. 6 d. » (1691).

H. 1165. (Liasse.) — 1 cahier de 28 feuillets papier,
16 pièces papier, 1 sac.

1723-1733. — Prieurés : Le Fieu. Procès contre le curé de Coutras au sujet des dîmes.

H. 1166. (Liasse.) — 7 pièces papier.

1703-1708. — Prieurés : Le Tourne.

H. 1167. (Liasse.) — 1 cahier de 11 feuillets, 5 pièces parchemin,
50 pièces papier.

1578-1710. — Prieurés : L'Isle-S‹t›-Georges. — 1. Signature en cour de Rome conférant le prieuré à Jean Maysonade, clerc, après résignation de François de Vileschièzes (4 octobre 1578 ; copie). Procuration de Fr. de Vielleschièzes, écuyer, seigneur de Vioreils (?), pour résigner le prieuré de L'Isle en faveur de Jean Meysonade (29 août 1578 ; copie). — 2. Signature en cour de Rome, conférant à Guillaume Vaisson, curé de Mézos, le prieuré, vacant par résignation de François de Chadirac, clerc (10 avril 1591 ; copie). — 2. Installation dud. Guil. Vaysson, « advocat en la Cour » (8 septembre 1591 ; copie). — 3. Signature en cour de Rome conférant à Bertrand de Chadirac, clerc, le prieuré, vacant par résignation de Guil. Vaisson (29 août 1616 ; copie). — 4. Procuration dud. Guil. Vaysson, prêtre, à l'effet de résigner en faveur de Bertrand Chadirac, avocat au parlement (29 juillet 1616). — 6. Collation par le vicaire général de S‹te›-Croix à François Tuquoy, profès de S‹t›-Sever, du prieuré, vacant par résignation de David Buffeau (13 août 1617). — 7-22. Procès entre led. François Tuquoy, Jean Mosnier, chanoine de S‹t›-André de Bordeaux, et Géraud Delafon, étudiant de l'Université de Bordeaux, concernant le prieuré (1618-1619). — 23. Afferme au nom de François Tuquoy, prieur (17 juin 1624). — 34-38. Difficultés avec Antoine Marsan, qui se prétendait pourvu du prieuré (1646). — 51. Visa au profit de D. Joseph Sabatier, pourvu du prieuré sur résignation de D. Mathieu Brugière (4 décembre 1683).

H. 1168. (Liasse.) — 80 pièces papier.

1618-1708. — Prieurés : L'Isle-S‹t›-Georges. Impositions.

H. 1169. (Liasse.) — 1 pièce papier.

1592. — Prieurés : Loupiac.

H. 1170. (Liasse.) — 4 pièces parchemin,
55 pièces papier.

1281-1750. — Prieurés : Montauriol). — 1. Paréage entre Jean de Grailly, sénéchal d'Aquitaine, et S‹te›-Croix au sujet de la justice de Montauriol (15 juin 1286 (?) ; imprimé). — 6. Transaction entre le fondé de pouvoir de

Pierre de Durfort, prieur de Montauriol, et les paroissiens, fixant le taux des diverses dîmes et le casuel pour la paroisse de Montauriol : blé, la dixième gerbe; vendange, la douzième charge; fèves, mil, etc., la onzième pugnière; chanvre mâle, la dixième poignée; chanvre femelle, rien; lin, la dixième poignée; agneaux et chevreaux, une tête sur dix; pour la confession et la communion pascales, 3 d. t. par chef de famille et 2 d. t. pour chacun des autres communiants; aux quatre grandes fêtes, Noël, Pentecôte, Assomption, Nativité de s^t Jean, 1 d. par chef de famille; pour les relevailles, 15 d., etc. (30 décembre 1500; imprimé). — 8. Reconnaissance au profit de Jean Le Bigot de St-Quantin, sieur dud. lieu et de Vallettes, représenté par Jean-François Le Bigot, sieur de Lamothe, son fils (21 juin 1642). — 9. Visas sur signature en cour de Rome, conférant le prieuré à Jean Daurée, sous-diacre, et à Gilbert Delbène, clerc du diocèse de Sens, chevalier de St-Jean (21 septembre 1652 et 4 décembre 1654). — 15-18. Procuration de D. Pierre de Villiers à l'effet de résigner le prieuré en faveur de D. Pierre Alliquot; résignation; installation du fondé de pouvoir de D. Pierre Aliquot (20 juin-23 octobre 1712). — 23. Signature en cour de Rome attribuant le prieuré à François Pomiers (21 juin 1714; copie). — 31. Collation par l'évêque d'Agen à Jean-Pierre de Pomerol, prêtre du diocèse de Rodez, du prieuré de Montauriol, vacant par le décès de François Pomiers (21 octobre 1722; copie). — 56. Hommage rendu au Roi par frère Pierre de Beaufort, *alias* Du Pouget, prieur de Montauriol (8 décembre 1464; traduction imprimée).

H. 1171. (Liasse.) — 7 pièces parchemin,
63 pièces papier.

1751-1789. — Prieurés : Montauriol. — 6-11. Procuration donnée par D. Pierre Aliquot; l'effet de renoncer au prieuré en faveur de D. Jacques Gontier; résignation; lettres patentes, etc. (23 novembre 1756-26 mars 1757).

H. 1172. (Liasse.) — 1 cahier de 10 feuillets papier,
19 pièces papier.

XVIIe-XVIIIe siècles. — Prieurés : Montauriol. Pièces sans date. — 1. Analyse d'une reconnaissance du 5 avril 1600 par Louis de La Mouline, écuyer, à Mérignac, prieur, pour l'un des moulins de Vignarié (s. d.).

H. 1173. (Liasse.) — 2 cahiers de 33 feuillets, 43 pièces papier.

1464-1735. — Prieurés : Montauriol. Procès contre Jammes Chambon, laboureur, pour la directe de certaines terres.

H. 1174. (Liasse.) — 8 cahiers de 58 pages papier.

XVIIe-XVIIIe siècles. — Prieurés : Montauriol. Procès contre M. d'Abzac, relativement à des immeubles.

H. 1175. (Liasse.) — 1 cahier de 10 feuillets papier,
4 pièces parchemin, 27 pièces papier.

1386-1768. — Prieurés : Sadirac. — 4. Résignation du prieuré de Sadirac par frère Pierre La Bargue, « éloigné de nous d'environ quarante pas, à cause qu'il croioit estre infect de la maladie contagieuse » (La Réole, 30 avril 1631). — 17. Lettres d'attache pour Jean-François Andrieu, pourvu du prieuré de Sadirac (22 juin 1737).

H. 1176. (Liasse.) — 2 pièces parchemin, 37 pièces papier.

1632-1720. — Prieurés : Soulac. — 5. Procuration donnée par Pierre-Yves de Laroche, pourvu du prieuré par le Pape, à l'effet d'acquiescer au jugement de recréance dud. prieuré donné le 16 septembre précédent en faveur de Athanase Poncet, jugement dont appel a été interjeté par Pierre de Montassier, se disant aussi pourvu du même prieuré (26 novembre 1643). — 8. Inventaire des pièces produites par le P. Athanase *alias* Noël Poncet, prieur, lequel expose qu'il a dû plaider contre Jean Montassier, chanoine de St-André, qui prétendait avoir été pourvu du prieuré [1646?]. — 12. Visa de l'ordinaire pour fr. Pierre Brun, pourvu du prieuré par signature en cour de Rome (17 juillet 1669). — 18. Procuration par Dom Pierre Brun, prieur de Soulac, aux fins de la gestion du prieuré (20 novembre 1694). — 34. Provision au profit de J.-B. Le Comte ou Lé Cointe, sur résignation de Pierre Brun (17 janvier 1716). — 37. Déclaration par le fondé de pouvoir de D. J.-B. Le Conte, pourvu du prieuré de Soulac, indiquant les revenus dud. prieuré : « Tout le revenu dudit bénéfice, charges déduites, se montent cinq cens deux livres seize sols sept deniers, non déduites, à douze cent livres » (27 avril 1720).

H. 1177. (Liasse.) — 3 pièces parchemin, 21 pièces papier.

1725-1778. — Prieurés : Soulac. — 7. Lettres d'attache pour D. Bernard Lade, pourvu du prieuré de Soulac (22 octobre 1774).

H. 1178. (Liasse.) — 4 pièces parchemin, 54 pièces papier.

1425-1786. — Prieurés : St-Aubin-de-Blaignac. — 1. Cession à Jean Guilhem, moine de Ste-Croix, prieur de St-Aubin (22 octobre 1425; copie). — 7. Recettes et dépenses pour le prieuré de St-Aubin pour la période 1709-1723 : froment évalué à 15 l. le boisseau (1709), à 6 l. (1710), à 10 l. (1711), à 15 l. (1712), à 13 l. 15 s. (1713) (1713?). — 20. Renseignements sur la levée des dîmes : taux au treizième sur tous les grains, sur le lin mâle, à l'exception du lin femelle, sur les agneaux; personnel et salaires : cavaliers, père du sol; novales; description du prieuré; inventaire des meubles et des grains; conditions de l'engagement du maître valet (1730). — 36. Prise de possession du prieuré au nom de Dom Charles-François-Marie Cresson, religieux de St-Denis en France (19 février 1754). — 37. Déclaration de résidence par le fondé de pouvoir dud. D. Cresson, celui-ci pourvu en cour de Rome après le décès de D. Louis-Josué de Fouchois de La Faucherie (23 février 1754). — 39. « Payé à Pierre pour le fer de la croisée de l'églize, 25. l. 5 s. ; à Ricaud, pour le châssis, 3 l. » (1759).

H. 1179. (Liasse.) — 22 pièces papier.

1750-1788. — Prieurés : St-Aubin-de-Blaignac. Paiement des décimes.

H. 1180. (Liasse.) — 2 pièces parchemin, 80 pièces papier.

1657-1781. — Prieuré : Ste-Colombe[-de-Duras]. — 1. Jugement intéressant Archambaud Christut, prieur de Ste-Colombe (14 juillet 1657). — 3. Bail à ferme au nom de D. Gabriel Belourdaux, prieur (29 mai 1665). — 5. Procuration par D. Gabriel Bellordeau, prieur (2 octobre 1667). — 9. Bail à ferme au nom de fr. Antoine Archimbaud, prieur (24 mars 1671). — 62. Lettre du prieur de St-Ferme demandant le prieuré de Ste-Colombe, que l'on dit avoir été jadis uni à son bénéfice, et menaçant d'un procès en cas de refus (22 juillet 1700). — 77. Arrêt ordonnant d'enregistrer les lettres de D. Jacques-Joseph Villevieille, pourvu du prieuré de Ste-Colombe sur la résignation de D. Amand-Fidèle-Constant Caron (13 juin 1781).

H. 1181. (Liasse.) — 75 pièces papier.

1703-1749. — Prieurés : Flaujagues, St-Aubin et Ste-Colombe. Comptabilité, impositions.

H. 1182. (Liasse.) — 2 cahiers de 28 feuillets papier, 5 pièces parchemin, 40 pièces papier.

XIIe siècle-1782. — Prieurés : St-Macaire. — 3. « Unio operariæ Sancti-Macharii factæ a Clemente 5e Sanctæ-Cruci » (à peu près illisible; 1308?). — 8. Procuration donnée par l'abbé de Ste-Croix, à l'effet de consentir à la résignation que se propose de faire Jean Rousseau, prieur de St-Macaire et à l'union dud. prieuré au collège des Jésuites (6 juin 1579). — 9-20. Union du prieuré au collège des Jésuites (1580-1581). — 21. Délibération concernant Jean de Malevergne, que le syndic avait nommé procureur de la communauté et à qui il devait faire une pension d'une pipe de vin de graves (31 décembre 1583). — 23. Arrêt du Parlement contre les religieux de Ste-Croix, qui demandaient que fût annulée la réunion de St-Macaire au collège des Jésuites : critique des Jésuites par les Bénédictins; renseignements sur les établissements des Jésuites, etc. (7 février 1584). — 33. Mémoire d'avocat, signé : Hugon de Planche, sur les moyens de faire annuler l'union de St-Macaire au collège des Jésuites (13 juillet 1716). — 34. Autre mémoire sur le même objet, signé : Beaune (7 novembre 1716).

H. 1183. (Cahiers.) — 0m29 × 0m10, 14 feuillets papier.

1455-1457. — Divers. Registre de notaire. — Contrat d'apprentissage pour 7 ans d'un garçon de 9 ans, placé chez un « candeley »; énumération des outils : « 1 molle, 1a bassina, 1a garnitura de brocas et 1 talhey » (3 février 1455, n. s.; fol. 2). — Quittance de 152 fr., payés à Pierre de Béarn, protonotaire, pour prix de l'afferme du prieuré de Comprian en Buch (28 février 1455, n. s.; fol. 3). — Accord au sujet d'une somme saisie entre les mains de Benoît Du Thoron, prieur de Soulac, et appartenant « a la bona gent e comunitat deud. loc de Solac » (même jour; fol. 3 v°). — Afferme de dîmes à Jean Le Franc, homme d'armes, capitaine de Veyrines (1455-1456(?); fol. 4 v°). — Vente d'une seigneurie foncière par « Johana Deu Puch, vepda, molher qui ffo deu noble home moss.

Loys Despoy, cavaley qui ffo, deffunt, cum dona deu cornau de Rofflac en la parropia de Larmont et deu bordiu de Queyria aperat la Thor Blancha, qui es davant Bordeu, en la parropia de Cenon » (16 mai 1457; fol. 9). — Vente à un marchand de Fontenay-le-Comte d'une pipe et demie de vin clairet de la prochaine récolte, pour le prix de 9 francs (4 juin 1457; fol. 10 v°). — Protestation élevée devant le prévôt royal d'Entre-deux-Mers, à Sadirac, par un avocat dont la cliente a été emprisonnée malgré l'appel par elle interjeté pardevant le juge des appellations de Gascogne ; témoin : « Johanne Deu Fayet, preposito de Trena pro domino Fuxi » (8 juin 1457; fol. 10 v°). — Afferme par « Mathelina de Belenguey, abadessa deu combent de las Sors menudas de Bordeu » (7 juillet 1457; fol. 11 v°). — Bail en gage, pour garantie d'un paiement, de l'acte d'achat d'une propriété (1457 (?); fol. 12). — Reconnaissance d'une dette de cire au profit des « officieys de la confrayria de Nostra-Dona de Montasetz » (sic) (19 juin 1457; fol. 14). — Reconnaissance de dette par noble Menauton Daste, damoiseau, de la paroisse St-Paul, bourgeois de Bordeaux, au nom de sa femme Jeanne de La Tour (18 juin 1457; fol. 14 v°).

H. 1184. (Cahier.) — 0m28 × 0m10, 20 feuillets papier.

1456-1457. — Divers. Registre de notaire. — « Johan de Vilicos requerit franquessa et sauvetat a Moss. lo prior de Senta-Crotz de Bordeu, loquau li autreyet » (12 juillet 1456; fol. 1). — Accord entre Gaillard Ros, prieur claustral, et Gaillard Andrieu, chanoine de La Réole, son filleul, pour confection d'un ornement sacerdotal : « Una casula de damas blanc, garnida de dalmatica, tunica, estolas et manipulons » (5 juillet 1456; fol. 1). — Déclaration par l'infirmier, qui s'est emparé de divers biens « durant lo temps que l'abadia de Senta-Crotz de Bordeu era en debat entre lo Reverent Payre en Diu Moss. P., prothonotari de Bearn, d'una part, et lo vicari et combent deud. monastey, d'autra part » (5 juillet 1456; fol. 2). — Reprise par Fort de Médoc, curé de Sadirac, chapelain de St-Seurin, d'une vigne, « per so que lod. feu anava a l'erm et a desert et era encaras a podar » ; témoin : « Arnalt de Lalanda, vachaley en leys, archiprestre de Lesparres et rector de Sent-Estephe de Calones » (27 avril 1456 (?); fol. 3 v°). — Substitution de procuration par « Johan de Thebenin aperat Petit Johan, servidor et camprey de Moss' Mestre Johan Bureu, mage de Bordeu » (5 août 1456; fol. 4). — Compromis par Pierre Guitard, vicaire de Macau

(7 août 1456; fol. 5 v°). — Vente d'un rucher à Guirand de Cunhac, chanoine et sacristain de Comprian, moyennant 35 fr. (9 novembre 1456; fol. 7). — Octroi par le prieur claustral et le procureur de l'abbé de « sauvetat et franquessa acostumada, etc., a Maurric de Prossida, merchant de la vila de Montpeley, etc., requerent, etc., per so que ave romput l'arrest deu castet de l'Ombreyra » (27 janvier 1457, n. s.; fol. 7 v°). — Bail à ferme de la « segrestania » de Ste-Croix à Pierre Du Gravar, clerc, pour 3 ans, moyennant 40 écus neufs de France; témoin : Raimond de Montastruc, damoiseau (20 janvier 1457, n. s.; fol. 7 v°). — Procuration par « Jaques de La Tocha, home de guerra de la companhia deu cappitayne Joachim Roaud,... a Johan Dorsiera, home d'armes de la companhia de Lespinassa » ; témoins : deux archers de la compagnie dud. Joachim (18 janvier 1457, n. s.; fol. 8). — Promesse de payer « 1 nobile auri » (2 février 1457, n. s.; fol. 10 v°). — Nomination de procureurs par l'Archevêque, au nom du cardinal Pierre de Foix et par les moines de Comprian (25 février 1457, n. s.; fol. 12 v°). — Vente d'un cens dû par noble damoiselle « Elena de La Ginebra, molher... deu noble home Johan de Boysset, demorant en Médoc » (5 avril 1457; fol. 15). — Reconnaissance de dette « Francisco Charreau, franco-archerio societatis Nicholay Guineuff, capitanei francorum-archeriorum » (11 avril 1457; fol. 17). — Octroi de la « franquessa acostumada » à Pierre Le Roy, archer de la compagnie d'Orbal, « per 1 coup de daga que ave donat a ung home de la companhie de Moss' le sen⁻¹ de Guienne, etc., et aqui medis rendo la daga » ; témoins : des francs-archers de la compagnie de Colas Guineuff (4 avril 1457; fol. 18). — Reconnaissance d'une dette de 30 fr., prix d'une paire de bœufs (18 mai 1457; fol. 20).

H. 1185. (Cahier.) — 0m23 × 0m10, 26 feuillets papier.

1455-1458. — Divers. Registre de notaire. — Vente de « xv bros de busca bona et merchanda », moyennant 3 fr. 20 liards (3 octobre 1455; fol. 1). — Envoi en possession du représentant du cardinal de Foix par « Alziar Capus, abat de Vertulh » (5 novembre; fol. 1 v°). — Reconnaissance de dette en faveur de noble Claude Vilalanne, homme d'armes de la compagnie de Joachim Roaud (6 novembre; fol. 2). — Opposition à la démolition d'une maison relevant de Ste-Croix, et autorisation, à charge par le tenancier de reconstruire (17 novembre; fol. 5). — Interdiction par le représentant de l'abbé de Ste-Croix à un moine de Soulac de se rencontrer en lieu suspect avec la femme d'un sergent (9 décembre; fol. 6 v°). — Sentence entre led. moine et Benoît Du Thoron, prieur de Soulac, condamnant le premier à diverses peines, excuses, jeûne au pain et à l'eau pendant 15 jours, etc. (15 janvier 1456, n. s.; fol. 8). — Testament de Jean de Cardon, prêtre, qui désire faire le voyage de Rome; témoin : Arnaud de Laborde, curé de Cadillac (15 janvier; fol. 10 v°). — Sentence rendue par Poton de Xantrailles, « in castro novo domini marechalli Burd. », entre le prieur de Soulac et les habitants du lieu, touchant la réparation d'un pont (23 janvier; fol. 11 v°). — Reconnaissance à Matheline de Belenguer, abbesse de S¹ᵉ-Claire, d'une dette de 15 l. bordelaises, prix d'un bœuf (1ᵉʳ juin; fol. 14). — Procuration par Raymond de Montastruc, homme d'armes de la compagnie de Mᵍʳ Dorbal (21 mai 1457; fol. 18 v°). — Remplacement par le même de son précédent fondé de pouvoir, « Gᵘᵐ de la Sala dit l'Angles, son fray d'armes » (même jour; p. 19). — Remise des clefs de la « segrestania » de S¹ᵉ-Croix par le prévôt du maréchal à l'assesseur du sénéchal de Guienne (13 août; fol. 20). — Libération provisoire, sous caution, d'un clerc qui garde les arrêts à S¹ᵉ-Croix (20 août; fol. 21 v°). — Démarches au sujet de l'enlèvement d'un homme réfugié dans la sauveté de S¹ᵉ-Croix (14 août; fol. 22). — Procuration par frère Bernard Jouan, prieur de S¹-Macaire (19 janvier 1458, n. s.; fol. 26 v°).

H. 1186. (Cahier.) — 0ᵐ30 × 0ᵐ11, 28 feuillets papier.

1459-1461. — Divers. Registre de notaire. — Réconciliation de deux ennemis, lesquels « jureren, etc., sobre l'autar de Moss⁰ sent Mommolin corporaument toquat de lurs manxs dextras » (13 juin 1460; fol. 1). — Reconnaissance à Jean Depes, damoiseau, de Cambes, d'une dette de 14 francs, prix d'un tonneau de vin (2 août 1460; fol. 3 v°). — Inventaire des moulins de S¹ᵉ-Croix (14 juin 1460; fol. 3 v°). — Contrat de mariage (23 juin 1460; fol. 5). — Inventaire de meubles appartenant à l'abbé (17 novembre 1459; fol. 8). — Mention de R. Carssin, prieur claustral (20 septembre 1460; fol. 9 v°). — Reconnaissance d'une dette de 22 francs, à la suite de la vente par le chambrier de l'abbaye à un laboureur « de certan arnes, cum son una coyrassa, uns abambras, uns gardebras, uns ganteletz et 1 gorgeyrin » (28 octobre 1460; fol. 13). — Engagement d'un Allemand comme couturier, à 10 liards par jour (24 octobre 1460; fol. 13 v°). — Engagement pris par un tenancier « de aver fudit la

vinha que ten » avant fin mars et de l'« aver magescat » avant fin mai; s'il ne s'exécute pas, la commise sera prononcée de plein droit et sans intervention judiciaire, faute de quoi le seigneur « relaxet lo ban qui era sobre lad. vinha » (16 septembre 1460; fol. 14). — Procuration par Matheline de Belengey, abbesse, et par les religieuses de S¹ᵉ-Claire, dénommées dans l'acte, aux « curiaus de las cortz deu castet, de Sent-Ylegi, de Sent-Andriu, de Blanquefort » (14 mai 1461; fol. 22 v°). — Vente et tradition d'une vigne : la vendeuse remet un cep, que l'acquéreur « prengo et podet de sas mans, etc. » (27 mai 1461; fol. 23) — Reconnaissance de dette à « Anthoni Columbier, archey sotz la retenua de Moss⁰ de Borbon », vendeur d'une pipe de vin « de grossa color » (11 juin 1461; fol. 24 v°). — Reconnaissance de dette par des Anglais « de la vila de Houl en Anglaterra », à la suite de vente de vin; l'un des acquéreurs promet de ne pas quitter la ville jusqu'à parfait paiement (25 février 1461, n. s.; fol. 25 v°). — Acte analogue pour des Anglais de la même ville : ils se soumettent, entre autres, « a la rigor deu petit saget de Montpeyley » (19 février 1461, n. s.; fol. 26 v°). — Mention de Pierre de Lafite, majordome de Puypaulin pour Monseigneur de Foix (16 mai 1461; fol. 28).

H. 1187. (Registre.) — 0ᵐ30 × 0ᵐ11, 50 feuillets papier.

1455-1466. — Divers. Manuel de Jean de Beusse, notaire. — Procuration par Matheline de Belenguer, abbesse de S¹ᵉ-Claire de Bordeaux (8 décembre 1458; fol. 6 v°). — Reconnaissance par Jean de La Peyre, curé de Beautiran (12 décembre 1458; fol. 7). — Délibération de Raimond Carsin, prieur claustral, et des autres religieux, dénommés dans l'acte, autorisant Ber. Johan, prieur de S¹-Macaire, à se défendre contre Jean Brachet, son compétiteur (même jour; fol. 7 v°). — Dépôt de 4 tonneaux de vin clair pour payer une créance de 36 écus d'or, du vieux poids (11 octobre 1458; fol. 8). — Inventaire de mobilier (s. d.; fol. 9). — Contrat de mariage : la femme apporte en dot 500 l. et le mari, 250 (22 avril 1464; fol. 10). — Procuration par Berard, chevalier, seigneur de La Mothe, Roquetaillade et Langon (9 mars 1464, n. s.; fol. 14 v°). — Reconnaissance d'une dette de 15 francs, valeur d'un tonneau de vin (s. d.; fol. 21); — de 12 fr. 33 liards, prix d'un autre tonneau de vin (25 mai 1466; fol. 21 v°); — de 33 francs, prix de trois tonneaux de vin (29 avril 1466; fol. 22); — de 8 francs et demi de Bordeaux dus à Pierre Prinot, franc-archer de la compagnie de Colas Guineuff, pour deux douzaines de pipes (s. d.; fol. 25).

— Reconnaissance de dette par Pierre de Durfort, vicaire perpétuel de l'église St-Maixent (18 août 1466 ; fol. 27). — Accord en vue d'un contrat de mariage : « Item, que l'espos fara la festa aus amixs de l'esposa entro a xx personas » (s. d. ; fol. 30 v°). — Fiançailles et contrat de mariage : le futur époux donne à sa future femme « totas estrenas d'aur et d'argent monedat o a monedar et totas autras causas qui lo seran donadas per estrenas viii jorns davant sas nossas et huyt jorns empres » ; l'époux, l'épouse et la mère de celle-ci resteront ensemble « cum mayre et filh et filha » (23 mars 1466, n. s. ; fol. 31 v°). — Vente d'une maison sise à La Sauve, confrontant aux hoirs de Pierre Froment, damoiseau, et d'une terre, le tout moyennant 20 francs bordelais (3 août 1465 ; fol. 37 v°) ; — d'une douzaine de pipes neuves, pour 11 francs bordelais (16 juin 1464 ; fol. 39 v°) ; — Reconnaissance à Pierre de La Mothe, seigneur de Noaillan, de La Mothe et de Beautiran (s. d. ; fol. 41 v°). — Compte de J. de Beusse avec son valet (fol. 47 v°-48).

H. 1188. (Cahier.) — 0^m30 × 0^m12, 33 feuillets papier.

1464-1466. — Divers. Manuel de Jean de Beusse, notaire. — Vente d'un jardin par Gilet Le Roy, « archier soubz la retenua de moss' lo mager de Bordeu » (9 avril 1464 ; fol. 1). — Condamnation d'un moine à garder les arrêts, à jeûner au pain et à l'eau (12 mai 1464 ; fol. 3). — Acte par lequel le prieur claustral accorde « franquessa et sauvetat, etc., a Pierres de Viela, de la parropia de Arengossa en las Lanas, per aucun dobte que dise aver » (24 juillet 1464 ; fol. 5). — Reconnaissance d'une dette de 72 francs bordelais, prix de 6 douzaines de pipes (15 août 1464 ; fol. 5 v°). — Reconnaissance de dette par Arnaud-Guillaume de Lussinhet, damoiseau, de la paroisse de L'Ile-St-Georges (10 août 1464 ; fol. 6 v°). — Reconnaissance de dette pour le paiement de 6 douzaines de pipes à 13 francs la douzaine (29 août ; fol. 7 v°). — Reconnaissance de dette pour le prix de 4 douzaines de pipes à 11 francs et demi la douzaine (22 septembre 1464 ; fol. 8 v°). — Accord avec un marchand anglais « detingut en arrest dinz lo castel de l'Ombreyra » pour dette envers un religieux (5 octobre 1464 ; fol. 9 v°). — Prise de possession au nom de l'abbé, de partie « de l'ila de Malhorgas » (24 mars 1464, n. s. ; fol. 10). — Acte en présence de Bernard de Rival, curé de Blanquefort (s. d. ; fol. 12 v°) ; — en présence de nobles Jean et Gaillard de Pis, frères, damoiseaux, paroissiens de Cambes (s. d. ; fol. 12 v°). — Inventaire (incomplet) de mobilier :

« 1 libre aperat *Martilogium* (sic) *Usuardi* ; ... 1 regla de sent Benedeyt, glosada, en papey ; ... 1 libre aperat exorcisme ; ... 1 punta de seda par 1 mocador prelatau ; ... 1 ambola d'ayga ardent, environ de 1 carton ; ... 11 capayrons, l'un bon, l'autre comunau » (s. d. ; fol. 14). — Bail à ferme de dîmes de Bassens « a Johan Gospila, senhor de l'ostau de Caors » (29 juin 1464 ; fol. 18 v°). — Bail à ferme de dîmes à Bernard de Rival, curé de Blanquefort (6 juin 1464 ; fol. 19) ; — à Gaillard de Pis et à Jean de Pis, l'un et l'autre damoiseaux, de St-Caprais (13 et 15 juin 1464 ; fol. 20 v°). — Suite d'un inventaire de mobilier : « 1 escriptori de plom ab 1 talhapluma et certanas plumas ; ... 1 trabuchet de leton ; item, 1 autre trabuchet de fust ; ... 1 libre en papey apperat *Thesaurus pauperum* ; ... en la cambra de haut ont lod. pitancey morit : ... quatre linsous ; item, 1 coyrassa ; item, 1 bassinet ; item, 1 boyrac de balesta, ab viii o ix treytz ; ... ungs garda-bras ; ... item, 1 romans comensant *la Libre de clergie* ; ... 1 petita taula per trobar la Pascha ; ... ung par de esperons dauratz, los quaus foren de Moss' de Basatz et foren balhatz au chantre deud. monastey per metre en los archius » (s. d. ; fol. 21). — Contrat d'apprentissage de charpentier (11 juin [1464?] ; fol. 24). — Sentence arbitrale par nobles Raimond Arnaud, chevalier, seigneur de Roquefort-de-Marsan, Jean Dorssière et Étienne de Besse, damoiseaux, dans une difficulté entre l'abbaye et Bertrand de La Mothe, fils et héritier de Bérard de La Mothe, seigneur de La Mothe, Roquetaillade et Langon ; témoins : « Ector de Peyratalhada, Johan Brandon et Johan de Tilhi, donsetz » (24 janvier 1465, n. s. ; fol. 25 v°). — Actes par lesquels le prieur accorde sauveté à une femme « per so car era se dobtave de la Justicia » et à un individu de Bayonne « per aucun bruyt que ave agut ab autres companhons davant los Augustins » (7 octobre 1465 ; fol. 28 v°). — Obligation de 60 francs, prix de 5 tonneaux de vin (30 avril 1465 ; fol. 29). — Commencement de l'inventaire des biens de Jean de La Sale, pitancier de Ste-Croix, mort le 5 novembre 1465 : deux lanternes, l'une de fer, l'autre de bois ; 2 petites tasses d'argent ; 3 cuillers d'argent ; « 1 tapis de roge velh contra paret » ; 4 gros d'Angleterre, 2 deniers d'Angleterre (s. d. ; fol. 30). — Obligation de 96 francs bordelais, prix de 8 tonneaux de vin (26 mars 1466 ; fol. 32). — Acte en présence de Gaillard de Camplong, prieur de St-Macaire (13 mars 1466, n. s. ; fol. 33). — Reconnaissance par « Galhardet Gibbaud, gayney, de la parropia de Sent-Simeon » (11 mars 1466, n. s. ; fol. 33 v°).

H. 1189. (Cahier.) — 0ᵐ17 × 0ᵐ13, 17 feuillets papier.

1661. — Divers. « Histoire de Sᵗᵉ-Croix » (Ce manuscrit a été publié dans les *Actes de l'Académie de Bordeaux*, 1842, pp. 221 et ss.).

H. 1190. (Cahier.) — 0ᵐ22 × 0ᵐ17, 15 feuillets papier.

1690 (?). — Divers. État financier de divers monastères de l'ordre de Sᵗ-Benoît dans la région : Sᵗᵉ-Croix, La Sauve, La Réole, Sᵗ-Sever-Cap, Sorde, Sᵗ-Savin, Sᵗ-Pé, Sᵗ-Sever-de-Rustan, Sᵗ-Maurin, Sᵗᵉ-Livrade, Eysses, Le Mas, la Daurade, Sorde (?), Montolieu, Caunes, Lagrasse, Lamourguié, Sᵗ-Chinian, Villemagne, Sᵗ-Thibéry, Sᵗ-Guilhem, Aniane, Sᵗ-Bausile de Nîmes, Rochefort, Sᵗ-André, Montmajour.

H. 1191. (Liasse.) — 54 pièces papier.

1625-1728. — Divers. Dossiers relatifs à D. Maur, à D. Bacquier, à D. Gautier et à D. Louis Delhomme. — 50. Billet priant le P. Gautier d'acheter un missel « pour la chapelle du bain de Terziis » (s. d.).

H. 1192. (Liasse.) — 3 cahiers de 55 feuillets papier, 1 pièce papier.

XVIIIᵉ siècle. — Divers. Dossier sur D. Devienne. — 1. Arrêt du parlement de Paris, sur requête du supérieur général de la congrégation de Sᵗ-Maur, ordonnant la suppression d'écrits de dom de Vienne. (imprimé; 6 septembre 1775). — 2-4. « Deuxième cayer », « troisième cayer » et « quatrième et de[r]nier cahier, sur les raisons de plainte contre Dom Devienne, religieux Bénédictin » : long exposé des agissements de D. Devienne dans un ménage dont il avait pris le mari pour secrétaire (s. d.).

H. 1193. (Liasse.) — 5 pièces parchemin, 12 pièces papier.

1220-1649. — Divers. — 1. Petite bulle d'Honorius [III] au doyen (?) de Sᵗ-Émilion, « abbatibus et priori de Frontiaco », les chargeant de faire exécuter la sentence rendue par l'abbé de La Sauve au profit de Sᵗᵉ-Croix contre Guil. d'Acre et ses frères, citoyens de Bordeaux (novembre 1220). — 2. Sentence de l'official donnant défaut au pitancier de Sᵗᵉ-Croix contre les héritiers de feu Vital de Lestiac : le pitancier avait demandé qu'ils fussent invités à lui payer les cens dus par le *de cujus*, faute de quoi il pourrait disposer

du fief (14 novembre 1293). — 3. Exposé par Léonard de Blaignan, curé de Grayan, député des curés du plat pays du diocèse, des *desiderata* de ses commettants : le Roi devrait prendre les rentes, agrières, dîmes, etc., les trésors et cloches, les bois des églises, sauf à laisser aux ecclésiastiques le moyen de subsister, reconnaître le curé comme « général dismeur en sa cure de tous fruictz y naissans », au taux unique de dix un, racheter les dîmes inféodées, « faire esgaler les bénéfices cures », octroyer à Bordeaux des foires générales et franches, faire remettre les *padouens* en état, vu qu'on manque de viande et d'animaux de labour; les curés décident de choisir un délégué mûr, savant, « de bonne et saincte vie et conversation, et à ces fins nomment noble homme maistre Hunault de Lanta, abbé de Saincte-Croix » [1566?]. — 9. Monitoire enjoignant de révéler le nom d'un personnage qui a fait enlever de la tour et maison abbatiale un coffre de titres et qui, sur les réclamations de Jean Darnalt, chantre, a frappé et injurié ce dernier (21 février 1627). — 10. Diplôme sur formule imprimée, accordant à Guillaume de Carros, chambrier de Sᵗᵉ-Croix, participation aux mérites et prières de la congrégation de Sᵗ-Maur (27 septembre 1628). — 13. Liste d'églises qui dépendent de l'abbaye du Mont-Sᵗ-Michel (17 décembre 1644).

H. 1194. (Liasse.) — 2 pièces parchemin, 24 pièces papier.

1655-1700. — Divers. — 10. « Définitions générales faites et arrestées dans l'assemblée des supérieurs de l'Estroite Observance, tenue au collège des Bernardins de Paris » (mai 1684). — 15. Arrêt du Conseil d'État ordonnant la levée d'une contribution pour le rétablissement de l'église Sᵗ-Michel, sur devis de 14.600 l. par Duplessy, architecte des bâtiments du Roi (22 septembre 1693). — 23. Arrêt du Conseil prorogeant le délai pour le paiement des droits d'armoiries. Au bas : « Le bureau pour l'enregistrement desdites armoiries est établi à Bordeaux, rue Sᵗ-Remy, chez Monsieur Fleury, directeur et receveur desdits enregistremens » (imprimé en placard; 22 janvier 1697). — 24-25. Lettres motivées par la résistance des religieux aux décisions concernant l'enregistrement de leurs armoiries (17 avril-23 novembre 1697).

H. 1195. (Liasse.) — 1 cahier de 12 feuillets papier, 1 pièce parchemin, 16 pièces papier.

1708-1744. Divers.

H. 1196. (Liasse. — 2 cahiers de 23 feuillets papier,
37 pièces papier.

1756-1789. — Divers. — 1-10. Arrestation d'un religieux errant, à la requête de son prieur; démarches des religieux de Bordeaux pour qu'on le leur confie et qu'on l'envoie à St⁻-Croix en chaise à porteurs (octobre-novembre 1756). — 22. Lettre accréditant D. Nicolas Affre à la diète de Toulouse (9 avril 1775). — 26-39. Convocations et procurations en vue de l'assemblée des trois États, et nomination de J.-B. Boé, prieur, pour représenter l'abbaye à lad. assemblée (14 février-8 mars 1789).

H. 1197. (Liasse.) — 1 cahier de 11 pièces papier, 45 pièces papier.

XIVᵉ-XVIIIᵉ siècles. — Divers. Pièces sans date. — 1. « Extraict de l'ancien livre de tous les anniversaires fondées en l'abbaye Stᵉ-Croix, pour Mʳ Chistud, prieur dud. Stᵉ-Croix » (s. d.) — 2. Statuts des Pénitents noirs de Toulouse (xviᵉ s.). — 3. Extraits de la chronique de Turpin, édition de 1517 (s. d.). — 4. Requête en paiement de gages présentée par une veuve contre Catherine Delahaye, femme de Latour, conducteur des galériens, demeurant aux Piliers de Tutelle (s. d.). — 5. Brève notice sur le cardinal de Sourdis (s. d.). — 6. « Mémoire pour le rétablissement des études dans la congrégation de Stᵉ-Maur » (s. d.). — 7. Énumération des biens de la mense abbatiale et de la mense capitulaire de Stᵉ-Croix (s. d.).

H. 1198. (Liasse.) — 7 pièces papier.

1604-1739. — Supplément. Organisation, discipline, rapports avec l'ordinaire.

H. 1199. (Liasse.) — 2 registres de 102 feuillets papier,
7 pièces papier.

1752. — Supplément. Rapports avec l'abbé. Procès contre l'abbé Joseph de Montmorency de Laval.

H. 1200. (Liasse.) — 2 cahiers de 54 feuillets papier,
4 pièces papier.

1328-XVIIIᵉ siècle. — Supplément. Différends entre l'abbé et les religieux. Copie et analyse de titres opposés à l'abbé J.-B. de Larochefoucauld. — 1. Inventaire de productions des prieur et religieux, pour satisfaire à l'arrêt qui a prescrit le partage d'avec l'abbé : analyses d'institutions, investitures, résignations, etc., de prieurs claustraux, sous-prieurs, sacristains, chantres, etc. (s. d.).

H. 1201. (Liasse.) — 2 pièces parchemin, 40 pièces papier.

1591-1773. — Supplément. Droits spirituels, droits de dîme, etc., dans diverses paroisses. — Stᵉ-Croix de Bordeaux. 3. Dénombrement des habitants de la paroisse ([1687]). — 9-34. Macau. Procès contre le curé Pierre Cocard (1682-1699).

H. 1202. (Cahier). — 0ᵐ25 × 0ᵐ18, 50 feuillets papier.

1642-1645. — Supplément. Droits divers. Baux à ferme de droits divers, spécialement de dîmes, par l'archevêque Henri de Sourdis et par ses fondés de pouvoir. — Bail à ferme à Pantaléon Coudret, curé de Barsac (3 juillet 1642; fol. 9).

H. 1203. (Cahier.) — 0ᵐ27 × 0ᵐ24, 32 feuillets papier.

1611-1619. — Supplément. Propriétés et seigneuries diverses. Fragment de terrier. — Reconnaissance par « Pierre Castaigna, bourgeois et maistre orfebvre de Bourdeaulx, demeurant en la parroisse Sainct-Pierre » (1ᵉʳ février 1612; fol. 10).

H. 1204. (Registre non relié.) — 0ᵐ39 × 0ᵐ25,
83 feuillets papier.

1761-1763. — Supplément. Propriétés et seigneuries foncières. Terrier. — Reconnaissance par Charles-Claude de Joigny de Bellebrune, marquis de Joigny, seigneur de la maison noble de La Bellue, agissant au nom d'Anne de Romat (17 avril 1761; fol. 5 vᵉ); — par Étienne Laclotte aîné, maître architecte (17 décembre 1761; fol. 25); — par Louis-Guillaume Labotière, marchand libraire (11 septembre 1761; fol. 34).

H. 1205. (Cahier.) — 0ᵐ27 × 0ᵐ20, 41 feuillets papier.

1593. — Supplément. Propriétés et seigneuries foncières. Lième. « Pappier des agrières..., tant du fief de Graves que de la Palu..., et ce pour l'année mil cinq cens quatre ving[t] trèze. Et ont comencé à vendanger le unziesme jour d'octobre » (fol. 2). — État d'ensemble : 22 tonneaux (fol. 39 vᵉ).

H. 1206. (Cahier.) — 0^m31 × 0^m20, 46 feuillets papier, plus 3 feuillets de tables.

1508-1609. — Supplément. Propriétés et seigneuries foncières. Terrier. Extraits, faits au xviie siècle, des registres d'Hilaire Groffer et autres terriers. — Vente d'une maison dans la sauveté de Ste-Croix, devant le puits du Peyrat, confrontant à la maison d'Arnaud de Torrètes, second président au Parlement (21 décembre 1513; fol 2). — Mention d'un envoi en possession par Jacques Brosset, conseiller au Parlement, vicaire général de l'abbé (28 juin 1508; fol. 23).

H. 1207. (Cahier.) — 0^m27 × 0^m20, 37 feuillets papier.

1616. — Supplément. Propriétés et seigneuries foncières. Liève. « Pappier des agrières,... tant du fief de Graves que de la Pallu... Et ont commancé à vendenger le sixiesme octobre. »

H. 1208. (Cahier.) — 0^m27 × 0^m20, 32 feuillets papier.

XVIIe siècle. — Supplément. Propriétés et seigneuries foncières. Liève. « Pappier des agrières..., tant du fief de Graves que de la Pallu. »

H. 1209. (Liasse.) — 1 cahier de 25 feuillets papier, 10 pièces papier.

XVIe-XVIIIe siècles. — Supplément. Propriété et seigneuries foncières. Analyses d'actes.

H. 1210. (Liasse). — 1 pièce parchemin, 24 pièces papier.

1332-1776. — Supplément. Propriétés et seigneuries foncières : Bordeaux et banlieue. — 1. Assignation à Jean Gireau, peintre, à reconnaître pour une échoppe (27 avril 1776).

H. 1211. (Liasse.) — 1 cahier de 13 feuillets papier, 14 pièces papier.

XVIe-XVIIIe siècles. — Supplément. Propriétés et seigneuries foncières : localités diverses.

H. 1212. (Registre.) — 0^m29 × 0^m20, 11 feuillets papier, plus 5 pièces papier.

XVIIe siècle. — Supplément. Propriétés et seigneuries foncières : St-Mariens, Aubie et Saint-Loubès. —

Reconnaissance pour le maine de Ste-Croix, avec prés et vignes, « contenant six journaulx et demy, harpant du Roy, de 20 piedz la corde, 72 quarreaulx pour journailh (?) » (fol. 1).

H. 1213. (Liasse.) — 1 pièce parchemin, 4 pièces papier.

1521-1689. — Supplément. Procès.

H. 1214. (Registre.) — 0^m33 × 0^m21, 98 feuillets papier.

1781. — Supplément. Inventaires des Archives. « Récollement de l'inventaire des titres... par Darrieux, notaire », conformément à l'arrêt du Conseil du 23 juin 1779, entre l'abbé et les religieux.

H. 1215. (Liasse.) — 1 pièce parchemin, 34 pièces papier.

XIIe-XVIIIe siècles. — Supplément. Prieuré de Castillon. Dîmes. — 1. Donations au prieuré St-Florent de Castillon (XIIe siècle; vidimus de 1368). — 2-34. Procès contre le curé de Castillon (1743-1750).

H. 1216. (Liasse.) — 2 pièces parchemin.

1291-1320. — Supplément. Prieuré de Castillon. Droits de propriété et de seigneurie foncières : Belvès.

H. 1217. (Liasse.) — 20 pièces parchemin.

1297-1390. — Supplément. Prieuré de Castillon. Droits de propriété et de seigneurie foncières : Castillon. — 2. Bail à cens par Vidal de Samonhac prieur, d'un bien sis « a La Crosa, pres del molin de Lafont » (14 septembre 1312). — 3. Bail à cens par le prieur Vidal de Samonhac d'une maison sise « fora la bastida de Castelhon » (11 décembre 1321). — 7. Bail à cens d'un jardin confrontant à « la defuya del molin del priorat » (19 juin 1340). — 11. Bail à cens par le prieur Pierre de Somonhac (9 mai 1357). — 12. Reconnaissance : « Johanne de Greylino, capitali de Bogio, vicecomite de Castellione » (16 décembre 1359). — 13. Bail à cens d'une vigne sise « sobre lo riu de Leduyra » (26 mai 1365). — 17. Bail à cens par le fondé de pouvoir de « Pey, per la gracia de Diu cardenal de Vivoys, a cuy lo priorat de Sent-Florens de Castelhon apperten » (10 octobre 1380). — 19. Bail à cens d'une vigne près du moulin de Lafont (1er octobre 1387).

H. 1218. (Liasse). — 26 pièces parchemin, 2 pièces papier.

1401-1497. — Supplément. Prieuré de Castillon. Droits de propriété et de seigneurie foncières : Castillon. — 5. Bail à cens d'une terre sise près du moulin du Pont (3 janvier 1405, n. s.) — 11. Reconnaissance pour un jardin « sus lo camin de Plantaroza... e lo fossat de La Bastida » ([10 juillet 1412]). — 12. Vente de seigneuries foncières par Jean de Naujan, damoiseau (21 janvier 1414, n. s.) — 14. Cession d'un immeuble sis près du moulin de Lafon (5 février 1419, n. s.) — 15. Reconnaissance pour une maison sise en la rue de *Benlivenha*, comportant « ab los fevatges de l'ostal de Monclar » (11 décembre 1425). — 22. Reconnaissance à Jacques de Vayrac, abbé de Blasimon et prieur de Castillon, pour un pré sis *à Pasvelh*, près « lo riu de la Yliduyra » (9 novembre 1446). — 27. Bail à ferme par le prieur Louis Cotet, du moulin de Lafont et du moulin Du Pont (15 juin 1497 ; copie authentique).

H. 1219. (Liasse.) — 1 cahier de 11 feuillets papier, 4 pièces parchemin, 16 pièces papier.

1569-XVIII· siècle. — Supplément. Prieuré de Castillon. Droits de propriété et de seigneurie foncières : Castillon. — 6. Echange avec Philippe Leberton, seigneur d'Aiguille (18 mars 1643). — 8. « Arpantement en 1672 » (1672). — 16. Transaction entre le prieur Cribier et la communauté d'habitants, « led. sieur Cribier, ayant désuny lad. vicairie perpétuelle d'avecq led. prieuré par la résignation qu'il fit d'icelle en cour de Rome, en faveur de Mᵉ René Bouchereau prêtre, le 23 mai 1656, retenu par Dupeyrat, notaire, royal » (6 mai 1698).

H. 1220. (Liasse.) — 1 cahier de 11 feuillets papier, 12 pièces papier.

XVIIᵉ-XVIII· siècles. — Supplément. Prieuré de Castillon. Droits de propriété et seigneurie foncières : Castillon. Pièces sans date. — 1. « Arpantement du tennement et village de Bernadas autrement Labion et à la Tuillière..., dans lequel tennement il y soulloit avoir un chemin quy fut fait lors des guerres, pour faire passer les troupes » (s. d.). — 2. « Extraits des titres de la maison noble de Gabarret, aujourd'huy possédée par M. de Grailly, seigneur des maisons nobles de Castagen et Lavagnac et de Gabarret, venant de Monbadon » : extraits de titres relatifs au lieu dit Rieuvert, au

nord de Castillon et à une terre y située, « partie de laquelle est occupée d'un bastion et fort fait dans icelle » (s. d.).

H. 1221. (Liasse.) — 3 cahiers de 35 pièces papier, 14 pièces papier.

1471-XVIII· siècle. — Supplément. Prieuré de Castillon. Droits de propriété et de seigneurie foncières : Castillon. Conflits avec les Carmes. — 2. Mémoire « délibéré à Castillon..., : Garnier » (20 juillet 1762). — 3. Mémoire pour les Bénédictins, signé « Laporte, féodiste de l'Hôtel-de-Ville » (s. d.)

H. 1222. (Liasse.) — 5 pièces parchemin, 12 pièces papier.

1353-1755. — Supplément. Prieuré de Castillon. Droits de propriété et de seigneurie foncières : Coles, Gardejan, Lamothe et Mouliets. — *Coles*. 1. Bail à cens, « als uzatges de la castelania del castet de Monrevel », d'une terre « en la parrofia de la capera de Colet » (6 mai 1353). — 2. Vente d'un droit d'agrière par Raimond et Pierre de Lavanhac, damoiseaux, fils de Jean, aussi damoiseau (24 mars 1442, n. s.) — 6. Hommage par le prieur J.-J. de Pontac à un représentant de l'Archevêque pour les droits du prieuré à Coles ; il les tient à « fief noble, franc, lige et gentil, au devoir d'un bézer à la joue à muance de seigneur ou de vassal » (22 octobre 1723). — 8. Analyse de reconnaissances de 1744, dont une pour des « terres labourables où sont les masures de la ... chapelle » (s. d.) — *Mouliets*. 13. Bail à cens d'un pré par Jacques de Loyrac, prieur (avril 1430). — 17. Extrait d'une reconnaissance du 23 septembre 1638 au profit de Jean-Blaise de Mons, commandeur de Villemartin (s. d.).

H. 1223. (Liasse.) — 15 pièces parchemin, 8 pièces papier.

1299-XVIII· siècle. — Supplément. Prieuré de Castillon. Droits de propriété et de seigneurie foncières : Sᵗ-Genès, Sᵗ-Magne, Sᵗᵉ-Terre. — *Sᵗ-Magne*. 3. Vente d'une terre qui relève de Bernard Du Carpaet, prieur de Castillon (18 janvier 1299, n. s.) — 4. Reconnaissance pour une vigne au lieu dit « a la Careyra Galharda » (8 septembre 1312). — 10. Vente d'une terre au lieu dit Au Tahut, confrontant « lo camin mey loguan », et ce moyennant « quatre livras de la moneda corssabla en Bordales, guaridas de vendas et de capssoutz de senhor »

(16 mai 1375). — 12. Vente par « Pey de Casaus, donzet, senhor de l'ostau de Montanha » (xv° siècle). — S⁰-Terre. 19. Bail à cens par Pierre de Bonasabent, prieur, d'un bien sis à S⁰-Terre, entre « lo fevatge de Titbaud de Lavanhac, donzet..., et lo fevatge de Johan Iter, donzet » (9 mars 1410, n. s.).

H. 1224. (Liasse.) — 1 cahier de 23 feuillets papier, 1 pièce parchemin, 23 pièces papier.

1382-1789. — Supplément. Prieuré de Castillon. Droits de propriété et de seigneurie foncières : localités diverses ou indéterminées. — 3. Reconnaissance au profit de Jacques-Robert de Liquairat, président au Parlement, prieur de Castillon (16 mai 1569 ; copie). — 9. « Anciènes confrontations des fiefs du prieuré de Castillon avec les fiefs de diférends seigneurs, parroisse par paroisse » (s. d.).

H. 1225. (Liasse.) — 43 pièces papier.

XVIII° siècle. — Supplément. Prieuré de Castillon. Droits de propriété et de seigneurie foncières : localités diverses. — 1. Mémoire sans nom d'auteur sur une difficulté entre le prieur et le fermier du duc de Bouillon, qui a coupé des saules sans prendre l'autorisation du prieur et sans payer le terrage : « Il seroit..., contre la justice et contre la bienséance qu'il exigeât ce droit avec la rigueur ou la dureté dont on peut uzer avec les personnes du bas peuble, qui sont par cette raison suspectes de fraude » (s. d.).

H. 1226. (Liasse.) — 3 pièces parchemin et 40 pièces papier.

1439-XVIII° siècle. — Supplément. Prieuré de Castillon. Comptabilité, procès et divers.

H. 1227 (¹). (Liasse.) — 14 pièces papier.

1177-1757. — Divers. — 1. Accord entre Élie, prieur, et Guil. Mainard, curé, « occasione capellaniæ Sancti-Simphoriani » ; témoins : Guil. Arnal, abbé de S⁰-Emilion ; Pierre, archiprêtre d'Entre-Dordogne ; Guillaume, prieur de Moncaret ; Gaucelin, prieur de S⁰-Emilion (copie d'après un original « scellé en cire d'un sceau représentant un évêque revêtu pontificallement » et d'après le cartulaire rouge de S⁰-Florent,

---

(¹) Les documents classés sous les cotes H. 1227-1230 étaient jusqu'à ces derniers temps dans les archives du Cher.

fol. 42 v° ; 1177). — 1. Prise de possession du prieuré par Louis Cotel (16 avril 1496 ; copie). — 11. Déclaration attestant que D. Antoine-François Reynaud, prieur conventuel de S⁰-Lucien-lès-Beauvais, prieur titulaire de Castillon, fait sa résidence aud. monastère de S⁰-Lucien (28 novembre 1757).

H. 1228. (Liasse.) — 1 cahier de 24 feuillets papier, 2 pièces papier.

XVIII° siècle. — Mémoires au sujet des dîmes.

H. 1229. (Liasse.) — 12 pièces papier.

1740-1743. — Résignation du prieuré par Pierre Gaudar en faveur des Bénédictins. — 3. Résignation en cour de Rome du prieuré de Castillon par Pierre Gaudard au profit d'Antoine Reynaud, religieux de S⁰-Benoît (5 février 1743). — 5. Lettre à D. Besse, procureur à S⁰-Sulpice de Bourges : P. Claude Bourgoin et D. Antoine Rochetal n'étant pas décidés à signer le formulaire, « vous pourrez mettre D. Antoine Reynaud » (8 janvier 1743). — 8. Lettre signée Vincent : le destinataire a causé bien des surprises en résignant un prieuré en faveur d'un Bénédictin : « Je remettray le coffre des archives au R. P. Maffre dès qu'il le jugera à propos » (27 juin 1743). — 9. Inventaire des titres du prieuré (1740-30 juillet 1743). — 11. Attestation du fondé de pouvoir de D. Ant. Reynaud : il a trouvé les bâtiments dépendant du prieuré en bon état, « à l'exception de la chapelle de Colle, qui est en masure de tems immémorial par vétusté » ; il a reçu de M. Gaudar tous les titres énumérés dans l'inventaire du 28 juin 1740 (Bourges, 17 août 1743).

H. 1230. (Liasse.) — 112 pièces papier.

1736-1778. — Pièces comptables. — 102. Reçu par un exécuteur testamentaire de feu Pierre Gaudar, « doyen de la faculté de théologie de Bourges, prieur de S⁰-Florent de Castillon (12 avril 1744).

ABBAYE DE BLASIMON.

H. 1231. (Registre.) — 0⁰34 × 0⁰26, 75 feuillets papier.

1470-1481. — Terrier. — Reconnaissance pour une terre sise dans la paroisse de S⁰-Pey-de-Castets, à l'Olme, près du ruisseau du moulin (février 1471, n. s. ; fol. 1). — Ensaisinement par « Bernard Despramont, doctor en leys et abbat ministrador deud. mostey » (février 1471, n. s.; fol. 1 v°). — Reconnaissance par noble R. Cosso, pour un manse dans la paroisse de Ruch, confrontant à « la causa deu castet de Puyous », près de « la teuleyra »; pour un pré confrontant au « riu de la Gamaga » et pour une vigne au lieu dit « a la cappera de Brunhac » (20 février 1471, n. s.; fol. 2). — Reconnaissance pour une terre dans la paroisse de Mauriac, *a Font-Major*, confrontant à un bien qui relève de Jean de Ségur, damoiseau, et au ruisseau du moulin (22 mars 1473, n. s.; fol. 7). — Bail à cens à un paroissien de S¹-Vincent de terres abandonnées « en la parropia de Mayrinhac », à charge de les défricher et d' y construire une maison (22 mars 1473, n. s.; fol. 7. v°); — mentionnant, dans la paroisse de Mauriac, le moulin du *Moliar* et le ruisseau qui vient du moulin de *Betloc* (s. d.; fol. 8 v°). — Bail à cens par l'abbé; par Guillaume Masoey, prieur de Rauzan et prieur claustral; Jean de Belfort, prieur de « Thodenac »; Bernard Desaut, prieur de Neuffons; Léonard de Fontvassier, prieur de Piis, religieux du monastère, du moulin de Labarte, paroisse de Blasimon (2 octobre 1473; fol. 11); — par les mêmes, de l'emplacement abandonné d'un moulin « en la parropia de Mouriac, au loc apperat au molin de Mouriac » (3 mai 1474; fol. 13). — Bail à cens par Guill. Masoey, prieur claustral, fondé de pouvoir de l'abbé, à des paroissiens de « Mayrinhac, en la senboria de Roasan », de divers biens, dont une terre confrontant à un fief de G. de La Baylie, damoiseau (7 décembre 1475; fol. 16). — Reconnaissance par « Bernad de Coadura, parropiant de Pix, en la senhoria de Blasimon » (26 juin 1476; fol. 18 v°). — Bail à cens d'une terre de 70 journaux dans la paroisse de Piis « a Jehan Boñeu, parropiant de Loyre en Xantonge » (25 janvier 1478, n. s.; fol. 24). — Bail à cens d'un manse et de 5 journaux de pré « per far segaditz » (5 juin 1477; fol. 29 v°). — Reconnaissance pour un pré sis dans la paroisse de Blasimon, près du « ri de Gaumaya » (15 mars 1473, n. s.; fol. 30 v°); — pour une terre dans la paroisse de Ruch, *a la Rausar*, près du ruisseau du moulin de Ruch (28 janvier 1478, n. s.; fol. 31 v°). — Bail à cens de murailles dans le bourg de Blasimon, près de la « causa de moss' de Labric », d'une terre *a Cavet*, « entre le camin public de tres partz et lo fossat deu castet, d'autra part », de deux emplacements « dintz lo castet de Blasimon » (19 janvier 1478, n. s.; fol. 33 v°); — d'une terre dans la paroisse de Pujols, près du ruisseau du moulin d'Estrach (18 janvier 1477, n. s.; fol. 35). — Reconnaissance par Jean Lombard, de la paroisse de

Bussac, diocèse de Périgueux, pour une terre, bois et lande dans la paroisse de Blasimon, près du chemin de Blasimon à Sallebruneau, près de « la rulha qui decent de la Lagua salada et va à la font deus Picons », etc. (16 décembre 1478; fol. 38 v°). — Bail à cens à Mathelin et Jean Garin, frères, natifs du Poitou, du moulin de Labarte, moyennant diverses redevances, dont 12 boisseaux de froment à la mesure de Blasimon (22 août 1478; fol. 43); — d'une terre confrontant à un bien qui relève de Jean de Ségur, seigneur de Pardaillan (28 janvier 1479, n. s.; fol. 44 v°). — Reconnaissance par Jean Moricet, du diocèse de Poitiers, pour un manse dans la paroisse de Blasimon (12 février 1478, n. s.; fol. 46 v°). — Bail à cens à Jean Rey, natif du diocèse de Poitiers, de 30 journaux à défricher dans la paroisse de Blasimon (8 juin 1478; fol. 48 v°). — Reconnaissance par Jean Amer, du diocèse de Poitiers, pour une terre, bois, lande, etc., dans la paroisse de Blasimon, près du chemin qui va de Blasimon à Sallebruneau, près de « la rulha qui descent de la Lagua salada et va à la font deus Picons », etc. (30 mars 1479; fol. 53). — Déguerpissement, suivi d'un bail à de nouveaux tenanciers (12 décembre 1478; fol. 53 v°). — Reconnaissance par noble Guillaume-Amanieu Tortrey, paroissien de S¹-Pey-de-Castets (20 janvier 1478, n. s.; fol. 55 v°); — par Thomas et Jean Botin, père et fils, de Lorge, diocèse de Poitiers (décembre 1478; fol. 56). — Bail à cens à Jean Peyrauld, Radegonde Velinera, sa femme, et Mathelin Peyrauld, frère de Jean, pour la moitié; à Pierre Veliner, à Jean, Plipon et Guillaume, ses frères, de Clusay, du « mayne, maynament », terre, prés, etc., appelés « lo mayne de Amaniu Helies » (10 avril 1480; fol. 58). — Reconnaissance par Naudin Portey, vicaire perpétuel de S¹-Pey-de-Castets, pour une terre et bois dans la paroisse de Mérignac, confrontant à un bien qui est tenu de Gilbert de Madaillan, damoiseau (10 avril 1480; fol. 59 v°). — Déguerpissement et concession à un nouveau tenancier de divers biens, dont un confronte « la causa Ramon de Nauyan, donzet » (5 juillet 1479; fol. 59 v°). — Bail à cens à Jacques Geraudeu, du diocèse de Saintes, de 60 journaux dans la paroisse de Blasimon, plus 4 journaux pour faire un pré, à charge de bâtir une maison et de l'habiter (31 janvier 1478, n. s.; fol. 67). — Bail à cens d'un manse à Jean Joli, domicilié à Thodenac, paroisse de Blasimon (24 février 1481, n. s.; fol. 70 v°). — Reconnaissance pour divers biens, dont une terre près « lo camin public qui ven de la Veyria » et un pré « a la costa de la Causada » (22 mai 1480; fol. 70 v°). — Reconnaissance au profit de La

Sauve et spécialement du prieuré de Guillac, de murailles qui sont « en las barreyras de Brana…, entre lo feu de la mota de Montremblant », etc. (16 mars 1470, n. s.; fol. 74); — pour une pièce de bois *au Casterar*, confrontant « a la mota deu Casterar » (même jour; fol. 74 v°); — pour une terre *au Casterar*, confrontant à « la causa de lad. parrossia », relevant de l'abbaye de La Sauve (s. d.; fol. 74 v°). — Bail à cens par Arnaud de La Caussade, prieur Du Casteret, d'un journal de bois à défricher, dans la paroisse de Lugagnac, près du moulin (4 décembre 1470; fol. 75).

H. 1252. (Liasse.) — 1 pièce parchemin, 2 pièces papier.

1532-1765. — Divers. — 1. Vente d'une terre à Jean de Lacombe, seigneur de Naujan et de Semens, représenté par son frère, Bernard, abbé de Blasimon (février 1532, n. s.). — 2. Lettre de D. Dubuysson, prieur de Blasimon, s'excusant de ne pouvoir pas assister au chapitre général, à Vendôme : depuis un an il a plaidé à Bordeaux pour obtenir son prieuré claustral. « Ceste affaire m'a tellement incoumodé que je n'ay aulcun moyen de faire le voïage » (18 août 1609). — 3. Autorisation par le Roi d'unir au séminaire de Bazas la mense conventuelle de Blasimon; requête de D. Victor Puyade, barnabite, supérieur dud. séminaire; ordonnance de M. de Culture, abbé de Fontguillem, vicaire général de Bazas, etc. (15 janvier-12 décembre 1765: copie).

ABBAYE SAINT-SAUVEUR DE BLAYE.

H. 1253. (Liasse.) — 1 cahier 12 feuillets papier, 4 pièces parchemin, 14 pièces papier.

1501-1752. — Organisation, discipline et personnel. — 1. Procès-verbal détaillé de l'élection d'un abbé : après la mort de l'abbé Jean de Redolet, l'élu du monastère, Jean Arnoul, entra en compétition avec Jean de Chassaignes; Arnoul est mort le 12 novembre et Chassaignes le 28 janvier; le monastère élit par acclamation Jacques de Pons, âgé de neuf ans, fils de François, chevalier, seigneur de Montfort (8 février 1501, n. s.). — 3. Collation par l'abbé Ogier Hunault de Lanta à Maurin Torau, du prieuré d'Espessas, vacant par la résignation de Clément Mole (24 décembre 1566). — 4. Installation de Guillaume Prévost, pourvu de la cure d'Aubie et de l'église d'Espessas, son annexe, après la mort d'Arnaud Lambert (20 mars 1573). —

6. Collation par l'abbé Gaspard Cordier à frère Pierre Baduel, du prieuré d'Espessas, vacant « per incapacitatem ultimi illius possessoris » (19 août 1643). — 11. Collation de l'église de Salignac à Bernard Fauriard (21 novembre 1556). — 12. Collation, par l'abbé Gaspard de Cordier, du prieuré d'Espessas à frère Arnaud Lardin (17 mai 1628). — 13. Collation à Jean Ferrand, prêtre, conseiller au Parlement, de l'église de Salignac, vacante par la résignation de Jean de Ciralh (?) (3 août 1524).

H. 1254. (Liasse.) — 1 cahier de 15 feuillets papier, 1 pièce parchemin, 6 pièces papier.

1773-1775. — Organisation, discipline et personnel. Suppression de l'abbaye. — 2. Nomination par Joseph Lousteau, prieur triennal, Pierre Douilhet, prieur de S¹-Girons, et autres moines de l'abbaye, de délégués pour comparaître dans l'enquête organisée en vue de la suppression de la mense (15 décembre 1773). — 3. Enquête sur la suppression des places monacales : audition de Gabriel-Arnaud de Lamotte, âgé de 46 ans, gouverneur de Blaye; d'Augustin de Valcarcel, curé de S¹-Sauveur, lequel dit que l'on compte au moins 2,500 communiants dans sa paroisse; de Jean-Marie-Zébédée de Gontaut, procureur du Roi au siège royal de Blaye, etc. : les moines de S¹-Sauveur n'ont pas de lieux réguliers (1773-1774). — 4. Sentence de l'official contre Gaspard de Pingon, abbé de S¹-Sauveur, qui s'opposait à la réunion de l'abbaye au séminaire de Bordeaux; lad. sentence prononcée « en l'audiance du prétoire de l'Officialité, scis au palais de l'Ombrière, où, par ordonnance de la Cour de Parlement du 2 avril dernier, le prétoire de l'Officialité a été transféré provisoirement, attendu la démolition du palais archiépiscopal » (8 mars 1774). — 6. Autorisation à Pierre-Joseph Lostau, religieux, de quitter le scapulaire et l'habit et de vivre hors des lieux claustraux sous la juridiction de l'Archevêque (17 septembre). — 7. Mémoire par Pierre-Joseph Lostau, prieur de S¹-Vincent de Villeneuve, Pierre Douilhet, prieur de S¹-Girons-d'Ayguevive, Charles de Valcarcel, Jean Duverger et Marc Dégranges, tous religieux de S¹-Sauveur, tendant à obtenir, vu la ruine de la Congrégation des Exempts, un bref de sécularisation et priant l'abbé de Mondauphin d'intervenir auprès de l'Archevêque (23 juillet 1775).

H. 1255. (Liasse.) — 1 cahier 10 feuillets papier, 4 pièces papier.

1679-1790. — Droits divers.

**H. 1236. (Liasse.) — 1 cahier 12 feuillets papier,
8 pièces parchemin, 19 pièces papier.**

1454-1692. — Droits de propriété et de seigneuries foncières : Blaye, Espessas, Salignac, St-Ciers-de-Canesse, St-Girons, St-Seurin, Villeneuve . et localités diverses. — 19. *Salignac.* Bail à fief par l'abbé Augier Hunauld de Lanta, du consentement de Clément Mola, prieur d'Espessas (28 janvier 1560, n. s.). — 24. *St-Girons.* Bail à fief de friches par Martin Fabre, prieur claustral, agissant au nom de l'abbé Louis Polastron (10 mars 1692). — *Localités diverses.* 27. Reconnaissance à l'abbé Aymeric Constantin (3 juin 1454). — 28. Transaction entre Gaspard Cordié, abbé, et Jean Dubern, prieur d'Espessas, nommant pour arbitres Jean-R. de Genouilhac de Vailhac, abbé de Saint-Romain, et Raimond de Martin, abbé de Faize (24 juillet 1641).

H. 1237. (Liasse.) — 8 pièces papier.

1612-1784. — Comptabilité, procès et divers.

H. 1238. (Liasse.) — 2 pièces parchemin, 9 pièces papier.

1772-1791. — Papier de l'abbé de Ferre. — 4. Collation par l'abbé de St-Sauveur, Gaspard de Pingon, à Süffren de Ferre, prêtre, du prieuré de Teuillac, vacant par la mort d'Antoine Libaros (24 avril 1786). — 6. Installation comme prieur de Teuillac de Siffren Jean de Ferre, aumônier de l'Archevêque (18 mai 1786).

**H. 1239. (Liasse.) — 1 cahier de 22 feuillets papier,
4 pièces parchemin, 25 pièces papier.**

1515-1735. — Prieuré d'Espessas: affaires générales. — 1. Collation à Philippe Delavie, religieux bénédictin, du prieuré, vacant par le décès de frère Jean Leydet (copie; 29 juin 1557). — 3. Accord entre Bertrand de Marcilhac, prieur, et les paroissiens d'Espessas pour le partage des offrandes laissées par les pèlerins à l'autel de saint Loup, dans l'église dud. Espessas (1er août 1523). — 11. Collation par Gaspard Cordier, abbé de St-Sauveur de Blaye, à frère Arnaud Lardin, du prieuré, vacant par décès de M. Daffis, évêque de Lombez (21 janvier 1628). — 14. Commission du Grand Conseil enjoignant d'assigner Jean Dubern, à la requête de Pierre de Lespine, prieur claustral de St-Sauveur, pourvu par le chapitre de lad. abbaye du prieuré

d'Espessas, vacant par la mort de M. Daffis, évêque de Lombez (14 juin 1628). — 19. Sentence maintenant Jean Du Bern, chanoine de St-André, en la possession du prieuré contre Ythier Bordes, religieux de St-Sauveur de Blaye (1634). — 20. Conflit entre Jean Dubuis, prieur claustral de St-Sauveur, pourvu du prieuré d'Espessas, dont il a pris possession en septembre, et Chicquet, soi-disant pourvu du même prieuré (26 juillet 1634). — 23. Prise de possession du prieuré par Barthélemy Mazens, curé d'Aubie, pourvu dud. prieuré sur résignation de Charles Fabre, prieur claustral de St-Sauveur de Blaye (12 novembre 1715). — 24. Procès-verbal de saisie à la requête de D. Antoine-Élie Douilhet, prieur de Blaye et d'Espessas (1735).

H. 1240. (Liasse.) — 3 pièces parchemin, 46 pièces papier.

1529-1751. — Prieuré d'Espessas : églises dépendant du prieuré. — 4. Bail à ferme des revenus décimaux par Pierre Leberthon d'Éguille de Bonnevie, chevalier au nom de Marc-Antoine Leberthon de Bonnevie, son fils, prieur d'Espessas (9 septembre 1666). — 12. Collation à Siméon Maulduyt de la cure d'Aubie, vacante par la résignation de François Paulmier (?) (24 mars 1529, n. s.). — 13. Ordonnance archiépiscopale unissant au prieuré d'Espessas la cure d'Aubie (copie; 11 février 1576). — 21. Collation par le vicaire général de St-Sauveur-de-Blaye à Barthélemy Mazens de la cure d'Aubie, vacante par le décès de Gilles Brisson (22 août 1714). — 32. Bail à ferme de dîmes par D. Louis Fayet, prieur de St-Sauveur de Blaye, ex-pensionnaire des prieurés d'Espessas, Aubie et Salignac et du prieuré de Peujard et Virsac (15 avril 1722).

**H. 1241. (Liasse.) — 3 cahiers de 68 feuillets papier,
3 pièces parchemin, 42 pièces papier.**

1687-1724. — Prieuré d'Espessas : églises dépendant du prieuré. — Procès entre Barthélemy Mazens, prieur, et Pierre Lauzy, vicaire perpétuel d'Aubie.

**H. 1242. (Liasse.) — 3 cahiers de 38 feuillets papier,
3 pièces parchemin, 42 pièces papier.**

1508-1738. — Prieuré d'Espessas : droits de propriété et de seigneurie foncières à Espessas, Salignac et dans des localités diverses. — *Espessas.* 1. Bail à cens par François de Chassaignes, abbé, Raimond Blanc, prieur de Cars, Guillaume Robion, prieur de Lafosse, Geoffroy Garus, prieur de Villeneuve, etc. (26 août

1508). — *Localités diverses.* 24. Lième pour le prieuré d'Espessas : analyse d'une reconnaissance du 13 août 1507 pour un pré dans la paroisse de Lalande en Fronsadais, près du moulin de la Vireneyra (fol. 2 v°), etc. (s. d.).

H. 1243. (Liasse.) — 1 pièce parchemin, 6 pièces papier.

1635-XVIIIe siècle. — Prieuré d'Espessas : divers.

Abbaye de Guîtres.

H. 1244. (Liasse.) — 1 pièce parchemin, 1 cahier de 13 feuillets papier, 8 pièces papier.

1475-1770. — Organisation, personnel et discipline. — 1. Enquête sur l'antiquité de l'abbaye de Guîtres; déposition de frère Jean Pluquan, âgé de 55 ans, prieur de Montguyon : à l'âge de 10 ans, il est venu de Bretagne à Guîtres, où son oncle, frère Guil. Lejeune, était prieur claustral, il a été fait moine 5 ans après (10 novembre 1475; extrait d'un vidimus). — 2. Requête de Peiresc, abbé de Guîtres, demandant une copie de la pancarte des bénéfices du diocèse; copie de lad. pancarte, « attachée au cinquième registre de l'année 1556 du greffe royal des insinuations ecclésiastiques » (13 juillet 1626-25 août 1627) — 4. Plainte de D. Guillaume de Paty, prieur claustral, syndic général des Bénédictins Exempts, contre Charles de Lagoguée, vicaire de St-Sulpice de Paris, nommé par le Roi à l'abbaye de Guîtres les 14 juin et 6 juillet précédents (6 août 1714). — 5. Dépositions diverses : les religieux sont au nombre de quatre; ils ont été chassés du monastère par l'abbé; il y avait un cloître et une porte de l'église est appelée *la porte du cloître*, etc. (10 avril 1722). — 7. Rapport d'expertise d'Étienne Bussière, maître architecte, et Martial Mauvais, maître couvreur : sur le bras sud du transept, la voûte est fendue et en mauvais état; sur le carré, la voûte tombe; « la voûte de l'enceinte du grand autel qui forme le chevet est détruitte »; partie de la charpente est tombée, des pièces maîtresses sont pourries, il faut refaire à neuf lad. charpente; le toit laisse passer l'eau; le mur sud, contre lequel était le cloître, est en danger de tomber; etc. (10 avril 1722). — 8. Dires des parties : la voûte du carré du transept « est entièrement tombée »; l'abbé répond que la chute remonte à plus de 400 ans, immédiatement après le décintrement et parce que la voûte était trop plate, « que cela a été ainsi jugé par des santances du Châtelet de Paris, confirmée[s] par

un arrêt contradictoire du Parlement » (avril 1722). — 9. Convention entre l'abbé Louis de La Roche-Aymon et les religieux, fixant les revenus et les charges des deux parties (2 juin 1770).

H. 1245. (Liasse.) — 7 pièces papier.

1773-1774. — Procédure en vue de la suppression de la mense conventuelle. — 4. Défaut contre les intéressés, qui n'ont consenti ni contredit à la suppression de la mense conventuelle (12 avril 1774). — 5. Requête de J.-B. O' Riordan, curé de Bayas, demandant pour les pauvres de sa paroisse partie des revenus de l'abbaye (s. d.).

H. 1246. (Liasse.) — 4 pièces parchemin, 17 pièces papier.

1614-1667. — Prieurés de Chamadelle, Le Boisset ou Izon et L'Isle-de-Carney. — *Chamadelle.* 2. Installation par procureur « veneu exprès à cheval », de D. Charles Cloche, prieur de Chamadelle, « juridiction de Coutras, en Fronsadois » (15 mars 1666). — 6. Collation à D. Arnaud Coudroy, par Louis de Chabert, prieur claustral de Guîtres, du prieuré de Chamadelle, vacant par la mort de D. Charles Cloche (28 février 1667). — 11. Installation par procureur de frère Maurice Terrin, pourvu en cour de Rome à la date du 1er avril, du prieuré de Chamadelle, vacant par le décès du P. Charles Cloche (6 juin 1667).

H. 1247. (Liasse.) — 5 pièces parchemin, 19 pièces papier.

1461-1683. — Prieuré de St-Michel-de-La-Rivière. — 3-4. Collation par l'abbé Pierre-François Taurel à frère Jean Imbert du prieuré de St-Michel-de-La-Rivière, vacant sur résignation de François de Salinière et prise de possession par le procureur du titulaire (1er-14 juin 1588; copie authentique). — 8. Procuration donnée par Denis Hurault, curé de Vayres et prieur de St-Michel, à l'effet de résigner led. prieuré en faveur des Jésuites (23 avril 1613). — 14. Prise de possession du prieuré par le syndic du noviciat des Jésuites (30 novembre 1616). — 15. Collation par Jean Duval, prieur claustral et vicaire général de Peiresc, à fr. Louis Chabert, du prieuré de St-Michel-de-La-Rivière, vacant par le décès de Denis Hurault (16 février 1628). — 16. Remise de diverses pièces : une signature en cour de Rome du 4 novembre [1606], en faveur d'Arnaud Laurens, prêtre du diocèse de Toulouse, curé de Fronsac; une autre signature, du 25 avril 1608, en faveur de Jean Majour; une autre signature en faveur de Denis Hurault, etc. (27 mars 1628). — 17. Prise de possession du prieuré de S¹-Michel par fr. Louis Chabert (29 mars 1628). — 18. Procuration de fr. Louis Chabert en vue de renoncer au prieuré de S¹-Michel en faveur du noviciat des Jésuites (19 mars 1629). — 19. Délibération entre le vicaire général de Peiresc, Jean Duval, prieur claustral, Raimond Boumard, prieur de Lugon, et autres religieux (14 juillet 1629). — 22. Collation par Melchior Delimon, prieur de S¹-Vincent Des Peintures, etc., et vicaire général de l'abbé de Sequiran, du prieuré de S¹-Michel-de-La-Rivière, vacant par le décès de Louis de Chabert (11 septembre 1683).

H. 1248. (Liasse.) — 1 cahier de 14 feuillets papier,
1 pièce parchemin, 11 pièces papier.

1332-1783. — Droits divers. — 1. Acte (en fort mauvais état) concernant des droits de pacage à L'Ile-de-Carney : « Dictus locus de Insula est locus parvus et super aquas existens » (août 1332). — 2. Arrêt entre Pierre Cadroy, curé de Chamadelle, et Charles Cloche, prieur dud. lieu (12 août 1666). — 3. Requête de Guil. Paty, prieur de Guîtres (26 mars 1718). — 5. Bail à ferme des dîmes de Fronsac, payables au treizième, moyennant 5,000 livres par an (25 juin 1783). — 7. Bail à ferme pour neuf ans du passage de Guîtres, avec le bateau, une maison, etc. (13 décembre 1783). — 8. Liève : analyse d'une reconnaissance du 4 août 1640 pour Marthe Deviaux, dame de La Rivière (fol. 2) ; d'une reconnaissance sans date, pour une vigne confrontant au cimetière de S¹-Michel et à une dépendance « de la maison de Franc-Carnier, *alias* de Montauban » (fol. 8 v°), etc. A la fin, note sur les mesures agraires de Fronsac : « On y mesure à la chaîne » (fol. 14)(s. d.).

ABBAYE DE S¹-FERME.

H. 1249. (Liasse.) — 2 cahiers de 29 feuillets papier,
10 pièces papier.

1606-1786. — Divers. — 1-3. Saisie et mise en vente de la seigneurie de S¹-Sulpice, paroisse de Brannens, de la maison noble de La Bastide, paroisse de Blaignac, et autres biens, à la requête d'Arnaud de Gascq, abbé de S¹-Ferme, au préjudice d'Ogier de Gascq, s⁻ de Razac, trésorier général de France, Jean de Gascq, président de la chambre des requêtes au Parlement, Sibylle, Catherine, Jeanne et Arnaude de Gascq, héritiers *ab intestat* de Blaise de Gascq, seigneur de S¹-Sulpice « et à présent relligieux de l'ordre des Chartreulx » (1606). — 4. Cession par Dom Étienne Labadie, prieur, en présence de Gaspard de Batz, abbé commendataire, de partie des revenus de son bénéfice, que sa santé l'empêche de desservir régulièrement (15 octobre 1752). — 5. Lettre de l'abbé de Batz; il prescrit l'achat de rideaux : « L'autel du curé aura son temps quand il m'aura restitué tout mon gibier — de vous à moi seuls — et qu'il ne sera plus dans le cas réservé, s'il chasse » (Auch, 20 janvier 1763). — 6. Acte de l'abbé de Batz, signifié à Deniaud et Cazemage : le retard apporté à leur vœu devant s'expliquer par l'opinion de leurs supérieurs qui ne les jugent pas aptes à l'état religieux, il ne les considère pas comme religieux et révoque leurs droits à cette qualité (8 février 1766). — 8. Différend entre l'abbé et un moine, qui a chassé sur les terres dépendant de de l'abbaye : le moine soutient qu'il participe aux droits de seigneurie et qu'à ce titre il a droit de chasse (mai 1767). — 10. Signification à la requête de Gaspard de Batz de La Payre, abbé de S¹-Ferme, vicaire général d'Auch, élisant domicile dans son château du Parc, paroisse de S¹-Ferme (27 août 1767). — 12. Inventaire de papiers remis à l'abbé de Vichy : mention d'une reconnaissance du 12 mars 1273 au profit du roi d'Angleterre, extraite du livre du Domaine coté B, f° 26 r° ; inventaire des effets trouvés à S¹-Ferme après le décès de M. de Lalanne (17 août 1700); terrier en faveur de l'abbé de Crécy (1701); apposition des scellés après la mort de M. de Crécy (10 janvier 1746); acte qui « met M. l'abbé de Batz au lieu et place des héritiers de M. de Crécy » (26 janvier 1747); reçus de croix de procession données par l'abbé de Batz à Dieulivol et Au Puy (4 février 1783), etc. ([avril 1786]).

H. 1250. (Liasse.) — 11 pièces papier.

1769-1777. — Projet de suppression de l'abbaye. — 1-2. Requête de François Cazemage, prêtre du diocèse d'Auch, pourvu d'une place monacale à S¹-Ferme ; on a refusé de l'admettre à la profession en 1768, parce qu'il était question de séculariser l'abbaye et de l'unir au chapitre collégial de La Réole ([1769 ?]). — 5. Procédure pour la suppression du monastère : les religieux « n'ont depuis longtems ni lieux communs réguliers, ni cloître fermé, ni maisons habitables » et vivent chacun de leur côté (13 juillet 1769 - 10 février 1770).

PRIEURÉ DE LA RÉOLE (¹).

H. 1251. (Liasse.) — 1 cahier de 22 feuillets papier,
3 pièces papier.

1605-1790. — Discipline, rapports avec le chapitre collégial, déclarations. — *Discipline.* 1. Extrait de règlements émanés « tant du Privé que Grand Conseil du Roi » : les religieux « ne peuvent appeler de la réformation de vie et mœurs que par-devant le Chapitre général ou triennal, ainsi qu'il a esté jugé par le Conseil... contre les religieux, prieur et convent de S¹ᵗ-Croix de Bourdeaux, du 13 août 1602 » (1605; imprimé). — 2. Accord pour l'agrégation du prieuré à la congrégation de S¹-Maur (31 octobre 1626). — *Rapports avec le chapitre.* 3. Mémoire imprimé de Duranteau pour le prieur contre le chapitre collégial de La Réole, qui prétendait exiger des religieux un repas à certains jours (1763). — *Déclarations.* 4. Déclaration des revenus du prieuré appartenant à M. de Lespinasse-Langeac, chevalier non profès de S¹-Jean, prieur commendataire de La Réole (10 novembre 1790).

H. 1252. (Liasse.) — 20 pièces papier.

1557-1752. — Dîme. Procès contre l'évêque de Bazas au sujet des dîmes dans les paroisses d'Andraud et de S¹ᵗ-Gemme.

H. 1253. (Liasse.) — 1 pièce parchemin, 28 pièces papier.

1470-1788. — Droits de propriété et de seigneurie foncières : Bassane, Blaignac, Floudès, La Réole, Loupiac-de-Blaignac et Puybarban. — *Bassane.* 1. Vente d'une rente sur une terre *a la Noguarde*, confrontant à l'est et au nord à « l'eschacq du moullin » (14 avril 1534). — *Loupiac.* 12. Reconnaissance pour un maine confrontant « cum alio itinere vocato Salier » (16 mars 1493, n. s.). — 18. Reconnaissance pour un moulin à blé sis dans la paroisse de Loupiac, confrontant « au grand chemin Saliey par où l'on va de Milhan à Castetz-Endorte, paroisse de Blaignac » (traduction; 25 novembre 1501). — 20. Reconnaissance passée dans la maison noble de La Bastide (16 janvier 1584).

(¹) Les documents les plus intéressants de ce prieuré sont restés à La Réole : on en trouvera l'analyse dans l'inventaire de la série E supplément, art. 2904-2911, t. II, pp. 298-308.

H. 1254. (Liasse.) — 18 pièces papier.

1493-1756. — Droits de propriété et de seigneurie foncières : documents concernant plusieurs localités. — 8. Reconnaissance pour des terres, dont une, dans Blaignac, confronte au « chemin Sallier tandant de Castetz-Andorte à Milhan » (vidimus; 8 avril 1614). — 11. Vente par Jean de Loppes, conseiller au Parlement, au cardinal de Sourdis, d'un moulin sis à Puybarban (?), dit moulin du Milieu, *alias* de Mazères, et d'une terre confrontant « au grand chemin appellé *des Sabliers*, par lequel on va de Castets à Milhian » (24 mars 1620). — 16. Documents fixant les droits respectifs du Domaine et du prieuré (1625-1756).

H. 1255. (Liasse.) — 1 cahier de 18 feuillets papier,
8 pièces papier.

1618-1722. — Divers. — 1. Procès-verbal de l'assemblée générale tenue à La Réole par la Congrégation des Bénédictins Exempts : défense de troubler la discussion par des discours offensants à peine de prison; défense à tous religieux de la Congrégation « de porter habitz descoupés, souliers à pon levis, habitz de soye, grosses saintures de soye, grandz couletz empoisés, petites ny grandes picadilhes, chapeaux hautz eslevés à la mondaine » (septembre 1618).

PRIEURÉ DU CASTERET (¹).

H. 1256. (Liasse.) — 36 pièces papier.

XVIIᵉ-XVIIIᵉ siècles. — Propriétés et seigneuries foncières : liève en feuilles.

H. 1257. (Cahier.) — 26 feuillets papier.

XVIIᵉ siècle. — Liève. — Analyse d'une reconnaissance du 8 mars 1623, par Éliot Videau, apothicaire de Sadirac (fol. 3 v°); — du 9 juillet 1623, par noble Éléazar de Tustal, écuyer, seigneur de Calamiac (fol. 4 v°); — de 1623, par divers potiers de Sadirac (fol. 5-6 v°); — du 7 juillet 1623, par Bérard, vicomte de Cabanac, seigneur Du Grand Puch (fol. 7 v°); — du 22 juillet 1623, par Jean Cajus, curé de Fargues (fol. 9).

(¹) Dans la commune de Beychac-et-Cailleau.

H. 1258. (Liasse.) — 6 pièces papier.

1704-1708. — Propriétés et seigneuries foncières : Camiac et Sadirac.

Prieuré de Neuffons.

H. 1259. (Liasse.) — 16 pièces papier.

1659-1778. — Affaires générales. — 1. Déclaration de Jean Poitevin, profès de Blasimon, lequel expose qu'il a été pourvu du prieuré de Neuffons en 1612 et dépossédé (« dans la parroisse de S¹-Martin de Lorignacq, aultrement de Neuffons », 23 mars 1659). — 3. Installation de J.-B. Barberet, curé de S¹-Christoly de Bordeaux, en qualité de prieur de Neuffons (janvier 1777).

H. 1260. (Recueil factice.) — 1 cahier de 17 feuillets papier, 3 pièces parchemin, 16 pièces papier.

1695-1697. — Dîmes. Procès entre Toussaint de Mérignat, abbé de Trémolac et prieur de Neuffons, et Jean Bignon, vicaire perpétuel de la même paroisse.

H. 1261. (Recueil factice.) — 1 pièce parchemin, 32 pièces papier.

1712-1719. — Dîmes. Procès entre Jean Rousset, vicaire perpétuel de Neuffons, et Pierre Barberet, curé de Rions et prieur dud. Neuffons. — 2. Requête de Jean Rousset, exposant qu'il a été installé le 15 septembre précédent (9 janvier 1713). — 31. Signification à Jean Despilho, vicaire perpétuel (21 juillet 1719).

H. 1262. (Recueil factice.) — 23 pièces papier.

1734-1735. — Dîmes. Correspondance de procureurs à l'occasion du procès de Pierre Barberet, curé de Rions, prieur de Neuffons, contre Bignon, vicaire perpétuel.

H. 1263. (Recueil factice.) — 3 pièces parchemin, 76 pièces papier, 1 cahier de 55 feuillets papier.

1635-1740. — Dîmes. Dossier du procès du prieur Barberet contre Jean Bignon, vicaire perpétuel. — 59. Accord entre Antoine de La Chabane, prieur, et Guillaume Grasignacq, curé (27 juillet 1663). — 60. Installation de Pierre Barberet (15 août 1709). —

62. Résignation pour cause de permutation entre Bernard Laroche, curé de Neuffons, et Jean de Pardiacq, curé de Lévignacq, diocèse de Bazas (3 septembre 1635).

H. 1264. (Recueil factice.) — 26 pièces papier.

1753-1764. — Dîmes. Procès contre le curé de Mesterrieux.

H. 1265. (Liasse.) — 2 cahiers de 29 feuillets papier, 1 pièce papier.

XVIIᵉ siècle. — Droits de propriété et de seigneurie foncières. Lièves.

H. 1266. (Cahier.) — 0ᵐ 21 × 0ᵐ 16, 22 feuillets papier.

1788. — Droits de propriété et de seigneurie foncières. Analyses « des contracts ou polices des ventes faites dans le fief de mon prieuré depuis ma prise de possession, en janvier 1777 ». — Vente d'un labour à 30 l. la latte (fol. 1); — d'une vigne en jouailles à 9 l. la latte (fol. 1 vᵒ); — d'un labour à 26 l. la latte (fol. 1 vᵒ); — d'un labour de 5 lattes 8 escats, moyennant 240 l. (fol. 2); — d' « une pièce de terre labourable en sable », à 36 l. la latte (fol. 6 vᵒ); — de prés à 54 et 21 l. la latte (fol. 7); — d'une terre en chènevière et en pré, à 75 l. la latte (fol. 8); — d'un labour à 38 l. 10 s. la latte (fol. 8 vᵒ); — d'une pièce de terre sable, à 58 l. la latte (fol. 9). — d'un labour et d'une vigne, celui-là à 46 l. et celle-ci à 27 l. la latte (fol. 13 vᵒ); — d'un pré à 50 l. la latte (fol. 14); etc.

H. 1267. (Liasse.) — 38 pièces papier.

XVIIᵉ-XVIIIᵉ siècles. — Droits de propriété et de seigneurie foncières : Bazas (?), Mesterrieux (?), Neuffons, Rimons et localités diverses. — *Mesterrieux* (?). 2. Compte d'une redevance en froment et avoine : 1757, picotin de froment, 7 s. 6 d., d'avoine, 3 s. 9 d.; 1758, froment, 11 s. 3 d., avoine, 5 s.; 1759 et 1760, froment, 10 s., avoine 3 s. 9 d.; 1761, froment 7 s., avoine 3 s. 9 d.; 1762, froment, 8 s. 2 d., avoine, 4 s. 1 d.; 1763 et 1764, froment 9 s. 5 d., avoine, 4 s. 5 d.; 1765, froment, 11 s. 11 d., avoine 5 s. (s. d.). — *Neuffons.* 12. Lettre du métayer : il y a eu un débordement; l'eau est montée jusqu'au ruisseau du jardin; elle est restée 8 jours, au lieu de deux qu'elle reste habituellement : « Le vieux ne l'ont jamais veue tant resté dehors » (Neuffons, 28 déc. 1787). — 13. Mémoire pour le prieur, à qui M. le sénéchal de Nérac, par appointement rendu le 15 juin 1756 à la demande du duc de Bouillon, interdit de procéder à la faction de son terrier (s. d.).

H. 1268. (Liasse.) — 6 cahiers de 89 feuillets papier, 18 pièces papier.

XVIIIᵉ siècle. — Comptabilité.

H. 1269. (Liasse.) — 9 pièces papier.

XVIIIᵉ siècle. — Procès et divers. — 4-9. Dossier d'un nommé Jacques Delage, charpentier, émigré à Sᵗ-Domingue ; copie de lettres de lui, notamment du 30 octobre 1772 : « Je vous fai asavoir que j'ay acheté trois nègres pour m'édé à travailler, pour pouvoir plutôt m'en aller vous voir et vous donné le secours que je doi à un père et à une mère qui m'on élevé à la crainte de Dieu» ; du 11 octobre 1772 : « J'é trois esclaves à moy, à présent, qui me coûte six mille livres » (1728-1787). — 8. Lettre de Denyau, curé de Neuffons, au prieur, lui racontant ce qui se passe pour l'élection d'un député (22 mars 1789). — 9. « Extrait du registre des fourleaux du greffe du siège royal de La Réole » : 23 décembre 1752, poignère froment, 6 l. 10 ; méture, 5 l. 5 s. ; seigle, 4 l. 10 s. ; avoine, 3 l. ; 22 décembre 1753, froment, 5 l. 2 s. 6 d. ; avoine, 3 l. 5 s. ; 21 décembre 1754, froment, 4 l. ; avoine, 2 l. 10 s. ; 20 décembre 1755, froment, 4 l. 5 s. ; 24 décembre 1756, froment, 5 l. 5 s. ; 24 décembre 1757, froment, 5 l. 10 s. (s. d.).

PRIEURÉ DES PEINTURES.

H. 1270. (Liasse.) — 3 pièces parchemin, 39 pièces papier ; 1 sac.

1664-1679. — 1. Collation par l'abbé de Guîtres à Nathaniel Durand, du prieuré Des Peintures, vacant par le décès de Pierre Chabert (18 juin 1664). — 2. Signature en cour de Rome conférant led. prieuré à Melchior Simon (copie ; 16 juillet 1664). — Procuration de Melchior Simon, moine de Guîtres, à l'effet de résigner le prieuré Des Peintures en faveur de Louis de Chabert, prieur claustral dud. prieuré (16 mai 1665). — 12. Signature attribuant le prieuré à Jacques Alboy, sur résignation de Louis Chabert (27 juin 1666). — 16. Prise de possession par le fondé de pouvoir de D. Jacques Alboy (17 décembre 1666). — 19. Signature attribuant le prieuré à Jacques Alboy, sur résignation de Melchior Simon (28 avril 1667). — 31. Arrêt du Parlement entre Melchior Simon et Jacques Alboy (23 avril 1668).

PRIEURÉ DE SAINT-DENIS-DE-PILES.

II. 1271 (¹). (Liasse.) — 12 pièces parchemin, 8 pièces papier.

XIIᵉ siècle-1504. — Affaires diverses. — 1. Donation par Élie, « vice-comes de Infra-Dordoniam », et Rigaud de Puynormand aux moines de Sᵗ-Denis, entre les mains de l'archevêque Arnaud, en présence de Raimond, archidiacre de Cernès, et autres (xiiᵉ siècle (?) ; vidimé le 7 mai 1493). — 2. Collation à Jean Le Barbey, clerc du diocèse de Bayonne, de l'église de Sᵗ-Denis, vacante par la mort de Pierre-Bernard de Guîtres, dernier curé (1328-1329). — 3. Lettre d'Élie, cardinal-prêtre de Sᵗ-Vital, à ses procureurs dans la province de Bordeaux : à la demande de son oncle (?) Raimond, vicomte de Fronsac, et Mathe de La Mothe, femme dud. Raimond, il leur enjoint de laisser installer Pierre Aymeric en qualité de curé de Sᵗ-Denis (18 mai 1344 ; vidimé le 31 mars 1345). — 4. Difficulté concernant la présentation à la cure de Sᵗ-Denis, vacante par le décès de Jean Barbe (1344). — 5. Installation du procureur de frère Jean de Lussemborc, prieur de Sᵗ-Denis (22 février 1472, n. s.). — 6. Procuration donnée par frère Jean de Lucembourc, prieur, à Thomas de Maderic, vicaire perpétuel de Sᵗ-Denis, à l'effet de gérer le temporel du prieuré (11 février 1473, n. s., 1472, « more galicano »). — 8. Ordonnance d'Oddet Daydie, grand sénéchal et amiral de Guienne, à la demande de Thomas de Maderis, curé de Sᵗ-Denis-de-Pile, en la terre et seigneurie de Puynormand (4 juillet 1477). — 10. Lettres pour frère Jean de Messault, prieur, en difficulté avec Thomas de Maderic, vicaire de Sᵗ-Denis (19 novembre 1477). — 13. Sentence arbitrale entre le prieur Jean de Masseut et Michel Chaussade, vicaire perpétuel (9 juin 1478). — 14. Appel du prieur Jean de Massaud contre l'acte par lequel le juge de la châtellenie de Puynormand a mis certaines dîmes sous la main du seigneur d'Albret (5 juillet 1478). — 15. Installation par Itier Fabre, curé de Camps, seigneurie de Puynormand, du procureur de Pierre Beure, curé de Sᵗ-Denis (17 août 1478). — 18. Collation de la cure de Sᵗ-Georges-de-Guestres (Les Billaux) à André Berthet : l'église a été depuis longtemps abandonnée, faute de paroissiens, mais il y a présentement des paroissiens (27 mai 1494). — 19. Accord entre frère Audric de Coutheard, prieur, et Pierre Reydier, curé (Sᵗ-Denis, 25 mars 1503 « ante Pasca », 1504, n. s.).

---

(1) Cette liasse provient des archives d'Indre-et-Loire et du fonds de Marmoutiers ; Saint-Denis dépendait de cette abbaye.

MONASTÈRES DIVERS.

H. 1272. (Liasse.) — 3 cahiers de 39 feuillets papier, 12 pièces papier.

1604-XVIII⁰ siècle. — Abbayes et prieurés de Beaulieu (Corrèze), Bellefontaine (Maine-et-Loire), Clairac (Lot-et-Garonne), Duras (id.), Escassefort (id.), Eysses (id.), Gabarret (Landes). — *Clairac.* 6. « Extrait du testament de M. del Carpo, abbé de Clairac » : legs aux religieuses de la Madeleine de Bordeaux « pour bastir une églize en la manière et forme que jugéra M. son excécutteur testamentaire, en cas qu'elle ne soit bastie avant sa mort » (15 juin 1672). — *Eysses.* 11. « Mémoires pour l'histoire de l'abbaye d'Eysses » (XVII⁰ siècle).

H. 1273. (Liasse.) — 4 cahiers de 79 feuillets papier, 20 pièces papier.

1583-1780. — Abbayes et prieurés de Lagny, La Grasse, La Tenaille, Limoges (Sᵗ-Martial), Marmoutiers, Melun (Sᵗ Pierre), Meymac, Mezin.

H. 1274. (Liasse.) — 185 pièces papier.

1655-1684. — Prieuré de Sᵗ-Martin de Pons. — 2. Lettre écrite par ordre du maréchal d'Albret et apostillée par lui : « Monsieur Havart sçaura que c'est par mon ordre que M. Constart escrit tout ce qu'il trouvera dans cette lettre » (4 décembre 1664).

H. 1275. (Liasse.) — 5 pièces parchemin, 69 pièces papier.

1146-XVIII⁰ siècle. — Abbayes et prieurés de Selles, Solignac, Sordes, Sourzac, Sᵗ-Amand (près Rodez), Sᵗ-Angel, Sᵗ-Germer-de-Fly, Sᵗ-Jean-d'Angély, Sᵗ-Mesmin, Sᵗ-Savin (Hautes-Pyrénées), Tasque, Terrasson, Villefranche (Dordogne) et divers. — *Sordes.* 17. Procès-verbal [apocryphe?] d'un statut pour l'abbaye et lettre [également apocryphe?] approuvant ce statut (1ᵉʳ avril et Rome, 7 juillet 1146; copie). — *Sᵗ-Germer-de-Fly.* 35-57. Dossier d'un religieux qui s'est évadé et a obtenu irrégulièrement sa translation dans un autre monastère; procès-verbal constatant l'évasion du religieux et la disparition d'argenterie et de numéraire; consultation signée Cochin, concluant à la nullité de la translation (1737-1738).

ABBATE CISTERCIENNE DE BONLIEU.

H. 1276. (Liasse.) — 1 pièce parchemin, 20 pièces papier.

1251-1786. — Discipline et personnel. — 1. Bulle d'Innocent [IV] accordant aux abbés de l'ordre de Cîteaux « ut ortas inter personas ipsius ordinis discordias possitis, prout consuevistis hactenus, terminare » (Lyon, 1244-1251). — 2. Bulle portant concession de privilèges pour Cîteaux (9 avril 1489; vidimus du 24 juillet 1651, muni d'un cachet de l'abbé de Cîteaux). — 4. Inventaire par l'abbé des meubles contenus dans les lieux réguliers et dans les cellules; rébellion d'un religieux que l'on enferme et qui s'évade; refus d'un autre religieux d'ouvrir sa cellule. « Nous aurions trouvé soubs la paillasse de son lict une petite hache qu'il avoit prise cejourd'huy à un menuisier qui estoit venu travailler pour la maison et qu'il auroit nié avoir, au commandement que nous luy aurions faict de la rendre » (20-22 septembre 1666). — 5. *Carte de visite* par Pierre de Lassale, abbé de La Colombe: interdiction d'admettre « les personnes de l'autre sexe » dans le chœur ou le chapitre, « où repose le corps de sᵗ Sicaire, premier abbé de cette maison » (13 décembre 1684). — 8. Procès-verbaux de visites faites par l'abbé de La Colombe (13 décembre 1684 et 3 septembre 1695; cachets). — 9. Installation de frère Gervais, envoyé par l'abbé de Pontigny à Bonlieu « pour y gouverner lad. maison » et procès-verbal de l'état du monastère (28 septembre-4 octobre 1709). — 11. *Carte de visite* par Antoine Fondars, abbé de Bonnaigue, réglant le service divin par les deux religieux présents au monastère (9 juillet 1721). — 15. *Carte de visite* laissée par D. Gabriel-Jacques Grillot, abbé de Pontigny : « quelque raison qu'on nous ait donnée de l'impossibilité où l'on est d'empêcher toutes sortes de personnes, même du sexe, d'entrer journellement dans les lieux réguliers..., nous défendons absolument d'y en laisser introduire »; ordre de construire un mur de clôture (15 août 1758; cachet). — 16. Procès-verbal de la visite faite par D. Joseph Bastide, prieur de Faize : exposé des travaux faits aux lieux réguliers par le prieur de Bonlieu, D. Benoist (22 mars 1783; cachet, d'azur au chevron abaissé d'argent accompagné de trois merlettes (?), deux en chef, une en pointe). — 20. Procès-verbal de visite : mésintelligence entre D. Benoît, prieur, et D. Ducoudray, sous-prieur; défense de sortir du monastère sans l'autorisation du prieur et espoir qu'il ne « refusera pas la promenade deux fois la semaine » (26 mars 1786; cachet). — 19. Procès-verbal de visite par D. Guy de Cressac, abbé Du Pin (5-8 juin 1784; cachet).

H. 1277. (Cahier.) — 0^m 28 × 0^m 20, 14 feuillets papier.

1516. — Personnel et discipline. Enquête par... Bernède, abbé de Fontguillem, délégué par l'abbé de Joigny, supérieur immédiat de l'abbaye de Bonlieu, « alias de Goules », pour informer sur la validité de l'élection de frère Sébastien Viret. — Déposition d'un prêtre originaire de Grenoble : interrogé sur le point de savoir si ledit élu « est vir doctus », il répond que « bene scit cantare, legere et construere » (fol. 1 v°). — Attestations analogues (fol. 5 v° et *passim*). — Déposition de frère Jean Dumoulin, prieur (fol. 9).

H. 1278. (Liasse.) — 3 pièces parchemin, 5 pièces papier.

1558-XVIIIe siècle. — Rapports avec l'abbé. — 4. Transaction entre Paul Raget, « abbé du Blin », prieur de Bonlieu, et le fondé de pouvoir de l'abbé : Pierre de Maurice, archidiacre de Saintes, ayant été pourvu, par le Roi, de l'abbaye de Bonlieu, Gaspard Du Buisson a été nommé économe, en attendant que les bulles arrivent et il a transigé (26 décembre 1625). — 6. Procès-verbal de l'état des immeubles et meubles de l'abbaye (12 septembre 1674).

H. 1279. (Liasse.) — 1 cahier de 17 feuillets papier, 1 pièce parchemin, 40 pièces papier

1456-1781. — Dîmes : Bassens, Bouliac, Cénac, La Teste, Ludon, Ste-Eulalie, Vayres, Yvrac. — *Bassens et Bouliac.* 1. Décision de l'Archevêque unissant, sur la demande de l'abbé de La Forestie, la cure de Bouliac à l'abbaye (17 août 1587; copie authentique). — 11. Présentation à la cure de Bassens, par D. Nicolas Gervais, prieur, l'abbaye étant vacante par suite du décès de Bernard Bellet; cachet de l'abbaye : de... à 3 roses de..., 2 en chef, 1 en pointe, à 1 fleur-de-lis posée en abîme (22 août 1724). — *Ludon.* 29. Enquête à l'occasion d'un procès avec l'abbaye de Bournet, relativement à un droit de dîme dû par le prieuré de Gilet (1456; traduction).

H. 1280. (Registre.) — 0^m 55 × 0^m 28, 122 feuillets parchemin.

1516-1579. — Droit de propriété et de seigneurie foncière. Terrier pour l'abbé Sébastien Byret, avec

additions. — Table des noms de tenanciers rangés par localités (fol. 1-4). — « Le présent terrier monte en denyers LVII l., XIIII s. et XXX poulalies » (fol. 4 v°). — Bail à fief par led. abbé, par Jean Du Moulin, prieur claustral et quatre autres religieux (14 décembre 1516; fol 8). — Reconnaissance par « Arnault de Vingt-et-Deux », paroissien de Bassens (18 janvier 1517, n. s.; fol. 11 v°). — Bail à cens d'une terre confrontant à « ung foussé faict à plate rue » (7 mars 1517, n. s.; fol. 16 v°). — Reconnaissance pour « la moytié de toucte icelle place qui est en la [parroisse de] Bassenx, en la franchize de Cherbon-Blanc » (19 avril 1517; fol. 23); — par un prêtre demeurant « en le franchise et bourg de Cherbon-Blanc » (26 avril 1517; fol 26); — pour une « mayson couverte de tieuble plat à la guysse de France » (26 avril 1517; fol. 27); — par Pierre de Fagoulz, écuyer, de la paroisse de Bassens (26 avril 1517; fol. 29); — pour un bien sis dans la paroisse de Bassens, confrontant au bois de François de Colom, écuyer (6 juillet 1517; fol. 36); — pour une maison sise « au lieu appelé aux Relicques, autrement à la grand rue Du Charbon-Blanc (19 mars 1517, n. s.; fol. 42); — par Jean Merianne, curé de Langoiran (14 avril 1517; fol. 49 v°); — pour une vigne dans la paroisse de Ste-Eulalie, *au mayne de Mothe* (15 janvier 1517, n. s.; fol. 61 v°); — pour une terre confrontant « à la terre de la mesterie de ladicte abbaye » (20 janvier 1517, n. s.; fol. 62 v°); — pour une terre dans la paroisse de Ste-Eulalie, a *Font-Guilhem* (8 novembre 1517; fol. 68 v°). — Conversion d'office pour le chapitre conventuel, après déclaration sous serment des voisins, en une rente fixe du cinquain dû pour une terre que le précédent abbé a baillée à cens « de son auttorité privée sans congréger le chappitre ne aussi sans guarder les solempnités en tiel cas requizes » (15 janvier 1517, n. s.; fol. 69 v°). — Réduction au quint panier de la redevance au quart panier due pour une vigne à Lormont, qui reste chargée du vingtième pour la dîme (21 décembre 1516; fol. 87). — Dégrèvements analogues (1516; fol. 88 et ss.). — Reconnaissance pour une terre sise dans la paroisse de Lormont, *au Puch Sainct-Aulbin* (11 janvier 1517, n. s.; fol 95 v°); — pour une vigne sise dans la paroisse de Lormont, « au lieu appellé à la banliefve de Bourdeaulx, près Feulies », confrontant « à la rouilhe qui despart la saulveté de Lormont et la banliefve de Bourdeaulx » et à la terre de noble François de Feulies (5 novembre 1517; fol. 97 v°); — pour des bois sis dans la paroisse de St-Loubès, *au Targon* (1er mars 1517, n. s.; fol. 110); — par un paroissien de « Sainct-Suplice d'Abernac, Entre-deulx-

Mers » (6 novembre 1516; fol. 112 v°); — pour une terre à Ambarès, confrontant au « vacquant de Monseigneur de Montfferrand, que tient à présent le portier de Sainct-Elegi de Bourdeaulx » (26 avril 1517; fol. 116 v°); — en présence de noble Pierre Crouspillaud, seigneur de Cauhors (10 juin 1522; fol. 117 v°); — par Simon Goubé, couturier à Tresses (22 février 1517, n. s.; fol. 120).

H. 1281. (Registre.) — 0^m 32 × 0^m 23, 87 feuillets papier.

1461-1540. — Droits de propriété et de seigneurie foncières. Terrier. — *Bassens* (fol. 9). Reconnaissance pour une terre et pré sis partie dans la paroisse de Bassens et partie dans la paroisse de Ste-Eulalie, à *Cazauverdet* et à *la Moline*, près du ruisseau du moulin (12 février 1517, n. s.; fol. 11 v°); — pour une « maison couverte de tible plat à la guyse de France » (26 avril 1516; fol. 14 v°); — pour une maison sise dans la paroisse de Bassens, « en la franchise de Charbon-Blanc » (26 avril 1517; fol. 15); — pour une maison sise « au lieu appellé *Au Charbon-Blanc*, autrement *aux Relicques* » (6 juillet 1517; fol. 21 v°); — pour une terre sise Au Carbon-Blanc, « près la halle » (9 novembre 1517; fol. 27); — par Jean Mériaume, curé de Langoiran, pour une vigne sise dans la paroisse de Bassens, à *Pilles* (14 avril 1517; fol. 30 v°); — pour une maison dans la paroisse de Bassens, « au lieu appellé à Nostre-Dame de Bonnes Relicques » (6 mars 1523, n. s.; fol. 33). — *Ste-Eulalie* (fol. 37). — *Ambarès et autres paroisses* (fol. 42 v°). — Reconnaissance pour des terres sises dans la paroisse de St-Loubès, *au Targon* (1er mars 1517, n. s.; fol. 42 v°). — *Blanquefort et Le Pian* (fol. 59 v°). — Reconnaissance pour un bois dans la paroisse Du Pian, à *la Caussade* (30 juin 1527; fol. 63). — *Localités diverses* (fol. 82 v°).

H. 1282. (Registre.) — 0^m 28 × 0^m 20, 25 feuillets papier.

1560-1571. — Droits de propriété et de seigneurie foncières. Terrier. — Reconnaissance pour une terre dans la paroisse de Bassens, à Font Jouyn (10 janvier 1571; fol. 21).

H. 1283. (Registre.) — 0^m 36 × 0^m 25, 100 feuillets papier.

1634-1657. — Droits de propriété et de seigneurie foncières. Terrier. — Reconnaissance pour une terre confrontant au chemin qui conduit de l'église de Bassens au port du Roi (30 avril 1634; fol 1); — pour une maison appelée *la Tour*, acquise depuis quelques jours du seigneur de Monferran et sise au bourg Du Carbon-Blanc, près de la chapelle et de la grand'rue (5 septembre 1634; fol. 34); — pour un bien sis paroisse de Bassens, « à Cazau, autrement à Truchart, près le pas du Guahet » (9 juillet 1634; fol. 39); — pour une vigne dans la même paroisse, *au Peyrat*, près du chemin qui conduit du Peyrat à la croix de L'Isle (3 août 1634; fol. 49); — par Colin Pineau, drapier, de Bassens (5 septembre 1634; fol. 51 v°); — par Arnaud Ducoing, drapier, Du Carbon-Blanc (18 janvier 1635; fol. 64 v°); — pour un bien dans la paroisse de Bassens, « aux Andrieux et à présent au mayne d'Achard ou Salezard » (12 février 1635; fol. 66); — au nom de Joseph de Calmeilh, écuyer, sieur de Geneste (29 mars 1635; fol. 81); — par Simon Alleman, couturier, de St-Loubès (29 mai 1635; fol. 84); — pour une terre dans la paroisse de St-Loubès, « à Morlens, autrement à Trèze-Leugues » (29 mai 1636; fol. 96); — pour une terre confrontant « aux terres et pasten de Daniel Dayres (?), escuyer, sieur de Gaujac » (17 juillet 1636; fol. 123); — pour un bien confrontant aux héritiers de Godiffer de Lamollière, maître de la poste Au Carbon-Blanc (1er octobre 1636; fol. 130 v°); — pour une terre dans la paroisse d'Espessas, à *La Mothe*, autrement à *La Tounelle* (28 mars 1637; fol. 147); — par Jean Prat, boucher Au Carbon-Blanc (15 décembre 1656; fol. 160); — par Jean de Montausier, maître de la poste Du Carbon-Blanc (10 mai 1657; fol. 162 v°); — pour l'emplacement d' « une grange servant d'escurie pour les chevaux de la poste Du Carbon-Blanc » (11 novembre 1657; fol. 163 v°).

H. 1284. (Registre sans couverture.) — 0^m 32 × 0^m 21, 91 feuillets papier.

1459-1662. — Droits de propriété et de seigneurie foncières. Terrier, composé au XVIIIe siècle. — Reconnaissance par « Noël de Bonnefon, chevauchur d'escurie tenant la poste pour le Roy à Bois-Martin » (30 avril 1640; fol. 4 v°); — pour une pièce de terre, bois, etc., en la paroisse d'Espessas, à *La Mothe*, autrement à *La Tounnelle* (10 mars 1661; fol. 11); — pour une terre et vigne dans la paroisse de St-André, confrontant à un « fief de la Mothe » (24 mars 1661; fol. 15); — pour une terre confrontant « au tènement de Gabriel de Mérignac, escuyer, s^r de Salles et de la Mothe St-André » (chapelle de Cabarrieu, 1er août 1600; fol. 24 v°); — entre les mains de Pascal Geoffre, lequel a reçu procuration de l'abbé Antoine Duprat le 17 février 1560, n. s. (7 mai

1560; fol. 56); — au profit d'Antoine Duprat, abbé commendataire de Bonlieu « et prieur du prieuré de Cappariou » (23 juillet 1560; fol. 59); — par un « habitant de la parroisse de Saint-André, jurisdiction de Cubsaguès, marquisat de Fronsac », pour un bien dans lad. paroisse, lieu dit à *Cabariou* (27 novembre 1560; fol. 67); — au profit de l'abbé Mathelin (24 août 1465; fol. 69 vº). — Bail à cens d'une lande sise paroisse de Sᵗ-André, *a Gabarieu*, confrontant « lo feu deu senhor de la Mota » (même jour; fol. 71).

H. 1285. (Registre.) — 0ᵐ 33 × 0ᵐ 22, 195 feuillets papier.

1600-1611 et 1667. — Droits de propriété et de seigneurie foncières. Terrier. — Reconnaissance à Raimond de Bouche, prieur (fait dans la chapelle de Cabarieu, 1ᵉʳ août 1600; fol. 1); — pour une propriété sise dans la paroisse de Sᵗ-André-de-Cubzac, à *Cabarieu*, confrontant à la terre de Gabriel de Mérignac, sʳ de Salles et de la Mothe Sᵗ-André (1ᵉʳ août 1606 (?); fol. 1 vº); — par Masse Touluyre, notaire, domicilié à Lalande, juridiction de Cadillac, au marquisat de Fronsac (28 août 1601; fol. 9); — par Jean de Marcillac, procureur d'office en la juridiction de Cubzaguais (18 avril 1601; fol. 13 vº); — pour une terre confrontant à celle de Marie Sabineau, veuve de Bernard Thibault, juge de la juridiction de Cadillac en Fronsadais (2 juin 1601; fol 16 vº); — pour une maison « faicte à tirepoint », sise dans le bourg Du Carbon-Blanc, à *la rue Vieille* (2 juillet 1600; fol. 24); — par « Nicolas Constans, texier de toille, habitant au bourg Du Carbon-Blanc » (29 mars 1601; fol. 41); — par Pierre Gueyrin, chirurgien Au Carbon-Blanc (même jour; fol. 42); — par Baude Pérey, maréchal Au Carbon-Blanc (7 janvier 1604; fol. 59 vº); — par Julien Carré, marchand drapier au même bourg (21 mars 1610; fol. 75); — par Guillaume de Massey, écuyer, sieur des maisons nobles de Molérin et de Lavenne, en la juridiction de Monferran (28 juillet 1601; fol. 81); — entre les mains de Vital Chastens, prieur (21 mars 1610; fol. 108); — en présence de Pierre Desbatz, prieur (27 janvier 1602; fol. 139 vº); — par Éloi Bérard hôte Au Carbon-Blanc (15 juillet 1610; fol. 164); — par Jean Blaudat, cordonnier au même bourg (24 juillet 1610; fol. 186 vº); — par Louis de Martin, conseiller du Roi et ci-devant président de Guienne (16 juillet 1667; fol. 194).

H. 1286. (Registre.) — 0ᵐ 28 × 0ᵐ 20, 14 feuillets parchemin.

1677. — Droits de propriété et de seigneurie foncières. Terrier pour D. Étienne de Ligny, prieur de Bouliac.

H. 1287. (Registre.) — 0ᵐ 28 × 0ᵐ 20, 22 feuillets parchemin.

1712-1713. — Droits de propriété et de seigneurie foncières. Terrier pour Nicolas Gervais, prieur de Bonlieu. (La couverture est un bref d'Alexandre VII accordant à Guillaume de Malartic une dispense d'âge pour recevoir la prêtrise, 9 novembre 1666.)

H. 1288. (Registre.) — 0ᵐ 40 × 0ᵐ 25, 153 feuillets papier.

1710-1716. — Droits de propriété et de seigneurie foncières. Terrier. — Reconnaissance par « François Rey, maître esperonnier, habitant du bourg Du Carbon-Blanc » (15 juin 1712; fol. 9 vº); — par Jean-Pierre de Chauvet, capitaine d'infanterie dans le régiment de la Reine (10 février 1713; fol 57); — par Antoine Feydieu, maître orfèvre de Bordeaux (12 mai 1712; fol. 72 vº); — par Catherine Tibout, veuve de Jean Du Clercq, « bourgeois et peintre de la ville de Bordeaux » (8 juillet 1714; fol. 73 vº); — par Peyronne Roux, supérieure de la Visitation de Bordeaux (22 janvier 1715; fol. 94); — par Henri Farrouilh, sieur de Mahé, monnayeur (28 septembre 1712; fol. 105); — par Jean de Malarticq, capitaine de cavalerie et major du régiment de Ruffec (3 mars 1713; fol. 134 vº); — pour des maisons sises dans la paroisse de Tresses, au lieu dit anciennement *au village de Bribeyre*, à présent à *Sargé* (28 septembre 1712; fol. 143); — par Jeanne Brane, supérieure des Ursulines (7 février 1715; fol. 149).

H. 1289. (Registre.) — 0ᵐ 42 × 0ᵐ 39, 167 feuillets papier.

1743-1781. — Droits de propriété et de seigneurie foncières. Terrier. — Reconnaissance par Élie Mondaut, maître de poste Du Carbon-Blanc (31 décembre 1753; fol. 21 vº); — par Marin Joyeux, « tenant de chevaux à louage » (27 décembre 1753; fol. 26); — par Pierre La Chaise, maître architecte domicilié Au Carbon-Blanc, pour une auberge dans led. bourg, « où pend pour enseigne *La Chaise dorée* » (24 juin 1754; fol. 30 vº); — par François de Montjon, sʳ de Lavergne (5 février 1755; fol. 45); — par Pierre Princeteau, « marchand et maistre de poste Du Carbon-Blanc, habitant de la parroisse d'Ambarès » (6 février 1755; fol. 46); — par Louis-Guillaume de Jehan, écuyer, ancien procureur syndic de la ville de Bordeaux (19 mars 1755; fol. 52 vº); — par Joseph Boyer, cavalier de la Maréchaussée de Bordeaux (1ᵉʳ septembre

1757; fol. 107 v°); — par François Arnaud, postillon, domicilié Au Carbon-Blanc (31 décembre 1758; fol. 111 v°); — par Jean-Antoine-François de Conilhy, conseiller de la Grand'Chambre du Parlement (10 août 1764; fol. 116); — par Jacques-François de Boucaud, écuyer, seigneur Du Bousquet, marié à Thérèse Bel, dame de la maison noble de Péhaut (?) (12 septembre 1764; fol. 117); — par Jacques Aubier, maître architecte, domicilié Au Carbon-Blanc (20 avril 1781; fol. 151); — par René Hurtault, maître architecte, domicilié à Bordeaux (10 juillet 1781; fol. 118 v°); — par François de Montjon, s' de Lavergne, seigneur de la maison noble Du Gravier, habitant de Bordeaux (5 septembre 1781; fol. 159); — par Jean-Jacques-Maurice de Sentout, président au Parlement (9 septembre 1781; fol. 163).

H. 1290. (Registre.) — 0^m44 ✕ 0^m28, 76 feuillets papier, plus un cahier de 7 feuillets de tables.

1780-1781. — Droits de propriété et de seigneurie foncières. Terrier. (Cet article, au moins une grande partie, fait double emploi avec le précédent. La table est une « table alphabétique des tenantiers qui ont reconnu au terrier de Jamain, notaire en l'année 1755 et suivantes ».)

H. 1291. (Registre.) — 0^m45 ✕ 0^m28, 4 feuillets de tables et 144 feuillets de papier, plus trois plans détachés.

1759 (?). — Droits de seigneurie et de propriété foncières. Lième, accompagnée de plans. — Plan de partie Du Carbon-Blanc (fol. 3); — d'autre partie du bourg (fol. 8); — d'autre partie du bourg (fol. 13); — du tènement de *Font-Fougasseire*, paroisse de Bassens (fol. 17); — de partie du bourg Du Carbon-Blanc (fol. 21); — de partie du même bourg (fol. 26); — d'autre partie (fol. 32); — d'autre partie et du tènement du *Bois de Coulomb*, paroisse de Bassens (fol. 38); — des maines de *Salezart* et *Du Sourl*, même paroisse (fol. 44); — des tènements du *Grand Champ* et de *Bareires*, paroisse de Ste-Eulalie (fol. 49); — des *Places de Monferran*, même paroisse (fol. 54); — des *Places de Monferran*, même paroisse (fol. 60); — des *Places de Monferran*, même paroisse (fol. 66); — des tènements de *La Testonne* et de *Fontguilhem* ou de *Laulana*, même paroisse (fol. 72); — des tènements de *La Roque* et des *Petites Places*, même paroisse (fol. 78); — des tènements de *Prat Icard*, de *Cazau Baret*, des *Pendants* et de la *Monge* (fol. 83); — des tènements du *Pas de Gaillac*, du

Treytin et du *Barailh*, près du village de Bergeon paroisse de Ste-Eulalie (fol. 89); — des tènements appelés *au Grand Nouguey*, à *la Loterie*, à *Leslesques* et à *la Gravette*, même paroisse (fol. 95); — des tènements de *Saugá-Marsan*, de *Mottes* et du village de La Brède, même paroisse (fol. 101); — des tènements du *Treytin* et de *la Molière*, même paroisse (fol. 108); — du tènement du *Coulomb*, même paroisse (fol. 111); — des tènements de *Bourgevin*, du *Petit Journau* et de *Langroine*, même paroisse (fol. 115); — du tènement appelé anciennement de *Redoignet*, présentement de *Gaujac*, même paroisse (fol. 119); — du tènement appelé anciennement de *Pineau* et de *Redoignet*, présentement le maine de *la Grave* et à *Bellacize*, même paroisse (fol. 123); — du tènement appelé anciennement à *Redoignet* et présentement à *Bellacize*, même paroisse (fol. 127); — d'autre partie de ce tènement (fol. 129); — du tènement dit les *anciens bois de l'Abbaye* ou *Bellacize*, même paroisse (fol. 133); — du tènement appelé anciennement à *Laulana* ou *Au Frian*, présentement à *Fontaubert*, même paroisse (fol. 135); — des tènements de *la Gravette*, paroisse de Bassens, de *la Marzelle*, près du pont de Goules, de *Bernada*, paroisse de Ste-Eulalie (fol. 139); — des tènements appelés *Au Brethon*, au *Petit Caussourt*, au *Caussourt*, et de partie de tènement de *la Roche*, paroisse de Bassens (fol. 143).

H. 1292. (Registre sans couverture.) — 0^m46 ✕ 0^m29, 34 feuillets papier.

1755-1765. — Droits de propriété et de seigneurie foncières. Lième accompagnée de plans. — Plan du tènement appelé anciennement à *Cazau* ou à *Touchart* et à *Esca* et présentement à *Sanson Moyne* et de partie de celui de *la Roche*, paroisse de Bassens (fol. 3); — du tènement appelé anciennement *au Fourneau*, présentement à *Chaubeyre*, même paroisse (fol. 7); — des tènements appelés *aux Claux* ou à *Guérin*, à *la Borie*, à *Larendan* ou à *la Moynesse*, même paroisse (fol. 11); — des tènements appelés anciennement à *la Grange*, présentement à *la Grangeote* et au *Peyrat*, même paroisse (fol. 15); — des tènements appelés à *Maublanc* et à *Fontjouin*, même paroisse (fol. 19); — de partie du bourg de Bassens (fol. 24); — d'autre partie et du tènement du *Puit de haut* (fol. 29); — du tènement appelé anciennement à *la Grange d'Herbuch*, présentement à *Capblanc*, paroisse d'Ambarès (fol. 32); — du tènement *Du Luc*, du tènement de *Margueirac* ou la *Plante*, paroisse de Bassens (fol. 34).

H. 1293. (Registre.) — 0ᵐ 27 × 0ᵐ 19, 76 feuillets papier.

XVIᵉ siècle. — Droits de propriété et de seigneurie foncières. « Ancienne liève de l'année 1530 » et notes de comptabilité. — « Dreit d'ancratge : totz los navires qui venon au port et habre de La Testa paguen a Nostre-Dona Deus Montz, cascun IIII arditz » (fol. 71). — Dîmes appartenant à la chapelle de N.-D. de Monts dans le pays de Buch (fol. 71 vᵉ): mention de « la riu de la molla de Guyan » (31 mars 1533, a. s., « avant Pasques » ; fol. 72). — Plantation de bornes dans la forêt de la Coutaude, par Jacques Barre, juge de Lormont, au nom de l'Archevêque, et Bernard de Lana, vicaire perpétuel de Bassens, au nom de l'abbé (1532 ; fol. 75 vᵉ). — Estimation d'un tonneau de vin de Jallet à 28 francs bordelais (23 janvier 1528, n. s.; fol. 76).

H. 1294. (Cahier.) — 0ᵐ 26 × 0ᵐ 18, 6 feuillets papier.

1613. — Droits de propriété et de seigneurie foncières. Liève. « Ancienne liève des rentes dhues à la chapelle Nostre-Dame des Mons. » — Mention de terres sises « en la saubetat de Nostra-Dona » (fol. 1). (La couverture est un plan rogné du tènement *des anciens bois de l'Abbaye*, paroisse Sᵗᵉ-Eulalie).

H. 1295. (Cahier.) — 0ᵐ 29 × 0ᵐ 21, 34 feuillets papier.

XVIIᵉ siècle. — Droits de propriété et de seigneurie foncières. Liève. — Mention d'une maison « couverte de tible et fermée de bardis », dans la paroisse de Sᵗᵉ-Eulalie (fol. 17) ; — de terres grevées de redevances au cinquième quand elles seront fumées et au sixième quand elles ne le seront pas *(passim)* ; — d'une vigne dans la paroisse Sᵗᵉ-Eulalie, *au maine de Mothe* (fol. 24).

H. 1296. (Cahier.) — 0ᵐ 27 × 0ᵐ 18, 19 feuillets papier.

XVIIᵉ siècle. — Droits de propriété et de seigneurie foncières. Liève. — Mention de Pierre de Javolz, écuyer (fol. 2) ; — de Jean Menant, prêtre, curé de Langoiran (fol. 2).

H. 1297. (Liasse.) — 2 cahiers de 37 feuillets papier.

XVIIᵉ-XVIIIᵉ siècles. — Droits de propriété et de seigneurie foncières. « Table du tierrié *(sic)* de Filastre pour Mestre Bertrand de Bellecier, abbé commendataire de Nostre-Dame de Bonlieu. » — « Table du terrié retenu [par] Arnaud de La Molière, notaire [roy]al, en faveur de R. P. [en] Dieu Messire Léonard de La Forestie, abbé. » — Analyse d'une reconnaissance de Guillaume de Massey, écuyer, sʳ de la maison noble de Mölerin (fol. 6 vᵉ).

H. 1298. (Cahier.) — 0ᵐ 32 × 0ᵐ 20, 22 feuillets papier.

XVIIIᵉ siècle. — Droits de propriété et de seigneurie foncières. Liève. — Avertissement du compilateur sur les précautions à prendre pour prévenir la perte des titres: que son successeur évite les indiscrétions. « Mais, sur touttes choses, qu'il se défie de ces notaires avides qui courent après les actes et les procès » (fol. 1).

H. 1299. (Registre.) — 0ᵐ 32 × 0ᵐ 20, 39 feuillets papier.

XVIIIᵉ siècle. — Droits de propriété et de seigneurie foncières. Liève. — « Table des fiefs... contenuz au terrier de Fortin, collationné par Maugon, notaire royal. »

H. 1300. (Liasse.) — 9 pièces parchemin, 16 pièces papier.

1342-1690. — Droits de propriété et de seigneurie foncières : Sᵗᵉ-Eulalie-d'Ambarès. — 10. Reçu de 20 l. tourn., prix d'un lopin de terre mesurant environ trois quarts de journal, vendu, « pour lad. somme de vingt livres tourn. estre emploïée à réparer le corps de l'esglize et maison vielhe de lad. abbaïe, que le vent et mau[v]ais temps avoit ronpeu et descouvert le sapmedy ving-uniesme octobre... mil cinq cens soixante-quatre » (16 décembre 1564). — 12. « Despartement de sis (?) solz de rente... sur une pièce de vigne appellé à Mottes » (12 février 1610). — 14. Saisie, à la requête de la veuve de Jean de Martin, pour non-paiement de sa dot, de la maison noble de Belle-Assise, « concistant en une grande mayson couverte d'ardoize..., avecq une grange, chay, cuvier, chapelle, billard, couvertz d'ardoize et de tible creus » (7 janvier 1640; copie). — 16. Reconnaissance par Louis de Martin, « cy-devant prézidant de Guienne, estant de prézant en la maison de Bellasize, parroisse Sᵗ-Ullalie-d'Ambarès » (16 juillet 1667; copie authentique). — 19. Accord avec Marguerite Faure, veuve de Jean de Ciret, écuyer, sʳ de Gaujac, au sujet d'un bois que l'abbaye voulait rachcter ; les religieux s'engagent à faire ratifier la convention par l'abbé de Pontigny, leur supérieur immédiat et approbation par led. abbé, scellée de son sceau (13 juin et 23 décembre 1685).

H. 1301. (Liasse.) — 1 pièce parchemin, 32 pièces papier.

1700-1781. — Droits de propriété et de seigneurie foncières : Ste-Eulalie-d'Ambarès. — **33.** Reconnaissance par Jean-Élie Sans, écuyer, seigneur de la maison noble de Seigneuret, pour une terre sise dans la paroisse de Ste-Eulalie, « à l'extrémité des places de Montferrant, au lieu appellé anciennement *au Pont de Bouquet* et présentement à *Seigneuret* » (17 août 1781).

H. 1302. (Liasse.) — 1 cahier de 12 feuillets papier, 13 pièces papier.

XVIIe-XVIIIe siècles. — Droits de propriété et de seigneurie foncières : Ste-Eulalie-d'Ambarès. — **1.** Analyses de deux reconnaissances des 19 mai 1592 et 14 janvier 1627, au profit, la première, de Jean de Turmet, la seconde, d'Antoine Turmet, l'un et l'autre avocats au Parlement et seigneurs de la maison noble de Cocujac (s. d.). — **2.** Plan de l'abbaye avec légende (s. d.). — **3.** Plan du monastère et des alentours, avec légende (s. d.).

H. 1303. (Liasse.) — 10 pièces papier.

XVIIe-XVIIIe siècles. — Droits de propriété et de seigneurie foncières : Ste-Eulalie-d'Ambarès. Réparations au monastère. — **4.** Projet d'ouvrages à exécuter pour consolider l'église : abaisser la charpente « pour éviter le grand poix que cause un dhomme quy est entièrement détruit, estant avec la charpante, où le tout à portée sur la voûte par la destruction d'icelle charpante ». Traité avec Vial, auteur dud. projet (19 décembre 1732-15 février 1734). — **6.** Projet de réparation par Bellard, architecte au Grand Marché à Bordeaux : refaire le mur qui est derrière le grand autel, refaire la partie de mur comprise entre les piles qui portent la partie de voûte placée sous le dôme, refaire un quartier d'ogive, couvrir le dôme à neuf d'ardoise, etc. (s. d.).

H. 1304. (Liasse.) — 1 cahier de 26 feuillets papier, 1 pièce parchemin, 1 pièce papier.

1352-1547. — Droits de propriété et de seigneurie foncières : Bordeaux. — **3.** Enquête judiciaire : déposition de René de Coustures, écuyer, s^r de Bermisson, maître d'hôtel de François de Laige, premier président au Parlement ; déposition de Jean de St-Astier, chevalier, s^r de St-Martin-de-Lysné (?) ; déposition de Pierre de Saulière, prêtre, avocat à la Cour et archiprêtre de Cuilleron, en Bazadais (1547).

H. 1305. (Liasse.) — 9 pièces parchemin, 17 pièces papier.

1286-XVIIIe siècle. — Droits de propriété et de seigneurie foncières : Ambarès, Artigues, Arveyres. — *Ambarès.* **1.** Echange entre Gelibert, abbé de Bonlieu, et Gaillard de Bladin, prieur de l'hôpital St-James (17 septembre 1286).

H. 1306. (Liasse.) — 8 pièces parchemin, 13 pièces papier.

1268-1584. — Droits de propriété et de seigneurie foncières : Bassens. — **4.** Vente d'une vigne dans la paroisse de Bassens, « au lieu appelé à Noustre-Dame des Relicques, autrement Au Charbon-Blanc » (26 novembre 1512). — **5.** Reconnaissance au profit de l'abbé Jean Descodaca (mai 1515). — **6.** Privilèges accordés par le seigneur de Monferran aux habitants de la localité qui s'est fondée autour de la chapelle du bourg, « auquel lieu... plusieurs gens brigans, guayteurs de chemin, larrons, meurtriers et autres... auroint accoustumé s'y retirer » (30 avril 1528 ; copie).

H. 1307. (Liasse.) — 1 pièce parchemin, 33 pièces papier.

1588-1788. — Droits de propriété et de seigneurie foncières : Bassens. — **2.** Reconnaissance au profit de Jeanne Deschelles, veuve de Guy de Monferran, et constitution de procureur par Guillaume de Blanc, audiencier aux chancelleries de Guienne, pour faire reconnaître « tous ceux qui luy doivent et font rante à cause de la... maison noble de Favoltz », mentionnant « le contract d'achapt de ladite maison noble de Favoltz en faveur de mons^r maître Sauvat de Ferrand par Pierre Grenier, ensemble la cession et déclaration faite en faveur dudit sieur de Blancq par lesditz sieur de Ferron » (11 septembre 1588 et 30 juin 1635). — **3.** Reconnaissance par Jacquet de Bolère, écuyer, sieur de Peyroulau, habitant de la paroisse d'Yvrac, pour un pré confrontant à un autre pré de M. de Pichon, sieur de Peihaut (12 juillet 1657). — **7.** Accord visant le décès de l'abbé de Malartic, « arrivé le sixiesme octobre 1674 » *(sic)* (26 mars 1676).

H. 1308. (Liasse.) — 1 cahier de 16 feuillets papier,
2 pièces parchemin, 36 pièces papier.

1560-XVIIIe siècle. — Droits de propriété et de seigneurie foncières : Cénac, La Teste (chapelle de N.-D. des Monts). — *La Teste.* 18. Bail à ferme par Vital Chastenet, abbé de Fontguillem, au nom de Jacques de Martin, abbé de Bonlieu, des revenus de la chapelle de N.-D. des Monts (22 mars 1620).

H. 1309. (Liasse.) — 27 pièces parchemin, 1 pièce papier.

1352-1576. — Droits de propriété et de seigneurie foncières : Lormont. — 2. Bail à cens par l'abbé Guillaume de Banas d'une vigne confrontant « au fossat de la vila de Larmont » (16 juillet 1367). — 6. Reconnaissance pour une vigne confrontant « au fossat de la baclegua et de la saubetat » (21 juin 1391). — 7. Échange d'une maison sise paroisse de Lormont, *a rua Beyreyra* (6 février 1396, n. s.). — 14. Reconnaissance pour une vigne sise « au Plantey de Colom », confrontant « lo fossat... qui dividis la sauvetat de Larmont e la viñha de Richard Aston » (12 septembre 1428). — 21. Reconnaissance pour une vigne confrontant à « la sauvetat de Lormont » (18 juin 1433). — 24. Reconnaissance à l'abbé Jean de Lernhac pour une vigne sise dans la paroisse de Lormont, « en la baclergua de Bordeu », près « lo fossat de ladeyta ballergua » (13 décembre 1435).

H. 1310. (Liasse.) — 28 pièces papier.

XVIIe siècle. — Droits de propriété et de seigneurie foncières : Ludon, Montussan.

H. 1311. (Liasse.) — 5 pièces parchemin, 35 pièces papier.

1305-1788. — Droits de propriété et de seigneurie foncières : St-Germain-Du-Puch, St-Loubès, Tresses, Vayres et Yvrac. — *St-Loubès.* 2. Bail à fief par « 'n Ebles, abbas » (2 mai 1305). — *Vayres.* 9. Reconnaissance pour des biens sis au lieu dit *à la chapelle de Bilambis,* près d'un chemin commun qui va au moulin de l'abbaye (20 mars 1491, n. s.; copie). — 10. Reconnaissance par Arnaud de Servicera, vicaire de Vayres (11 novembre 1560; copie). — 12. Saisie-arrêt entre les mains du métayer de la métairie de la Caussade (23 novembre 1715). — 13. Difficulté avec Jacques-Armand de Gourgues, marquis de Vayres,

qui a fait saisir les biens de l'abbaye dans la paroisse de Vayres, faute par les religieux « d'avoir rendu certain prétendu homage insolite le jour des Ramaux, en l'église paroisse dud. Vayres, appelé *l'Hosanne* » (29 juillet 1719). — 18. Lettre du prieur de Faize, cachetée d'un cachet de cire noire armorié : *d'azur au chevron abaissé d'argent, accompagné de trois merlettes, deux en chef et une en pointe* (28 mars 1781). — 28. Lettre signée : de Gourgue invitant le prieur de Bonlieu à prêter hommage (s. d.).

H. 1312. (Liasse.) — 2 cahiers de 33 feuillets papier,
33 pièces papier, 1 pièce parchemin.

XVIe-XVIIIe siècles. — Droits de propriété et de seigneurie foncières : localités diverses ou indéterminées. — 16. Fragment de liève : mention d'une vigne sise dans la paroisse de Ste-Eulalie, à *La Mothe,* près du village de La Brède (s. d.).

H. 1313. (Registre.) — 0m29 × 0m18, 22 et 77 feuillets papier.

1667-1672. — Comptabilité. — *Recettes.* Lods et ventes pour un pré vendu à 60 l. le journal (1667; fol. 2). — Ventes de barriques à 15 écus la douzaine (1669; fol. 6 et 6 v°); — d'un petit veau, 18 l. (fol. 7 v°); — de vin à 21 écus le tonneau (fol. 8); — de vin à 20 écus (fol. 9 v°); — de seigle à 55 s. et de froment à 4 l. 8 s. le boisseau, mesure de Bordeaux (1670; fol. 13). — Perception de dîmes, à 50 s. le tonneau *(passim).* — Vente de vin rouge à 24 écus le tonneau et de vin blanc à 21 écus et demi (1671; fol. 17 v° et 18); — de deux veaux, moyennant 12 l. 10 s. l'un (fol. 20). — *Dépenses.* Paiement « à La Vernie, mestre masson,... qui a travaillé à l'église » et à d'autres maçons (1667; fol. 5). — Achat d'un fromage de Roquefort, 1 l. 6 s. (fol. 7); — de huit tonneaux de pierre à 30 s. l'un (fol. 7); — d'« une petite sye pour faire des hantes », 5 s. (1668; fol. 10 v°); — d'un chapeau et d'un étui de toile cirée pour le comptable (fol. 21). — Achat de vin à 14 écus et demi le tonneau (1669; fol. 28). — « A un cavalier que M. l'Abbé congédia pour l'avoir surpris... qu'il faisoit menger la vandenge à son cheval, » 6 l. (29 septembre 1669; fol. 31 v° et 32 v°). — « A M. Ouvraud, maistre arpenteur, pour avoir arpenté le bien de Salezard, » 6 l. (fol. 35). — Achat de barriques à 12 écus la douzaine (fol. 35). — « A Madame Barbe, gouvernente de M. l'abbé de Maures, » 10 l. (1671; fol. 55 v°). — Voyage à La Teste : « Pour le passage à La Motte de deux fois, ». 5 s. (fol. 65). — « Pour deux poids de fer à peiser la viande », 5o s. (fol. 72 v°).

H. 1314. (Registre.) — 0^m3o × 0^m20, 217 et 7 feuillets papier.

1672-1692. — Comptabilité. — Achat de « six couteaux manchés d'yvoire avec leur estuy et six fourchètes, le manche d'os », 4 l. 19 s. (1672 ; fol. 1). — Achat de 3 quintaux et demi de beurre, 100 l. (1673 ; fol. 4). — État de la mense conventuelle (fol. 13). — Achat d'un fromage de Roquefort pesant 5 livres et demie, à 10 s. la livre (1675 ; fol. 16 v°). — Paiement d'un couvreur à 16 s. par jour (fol. 17) ; — de méture pour les pauvres, à 3 l. 16 s. le boisseau (fol. 17 v°) ; — de mouton à 8 s. la livre, de bœuf à 5 s. 6 d., de chapons à 19 s. la paire (1676 ; fol. 21). — Recette « d'argent provenant des messes de s^t Sicaire » (fol. 3o) ; — du prix de vin, à 48 l. le tonneau (fol. 3o v°). — Paiement de porte-bastes et de vendangeurs à 9, 11 et 13 s. (fol. 33 v°). — Achat de fromage d'Auvergne, à 5 s. la livre (fol. 36 v°) ; — d'« une petite cie à faire des antes » (1677 ; fol. 41). — Vente de foin à 3o s. le quintal, de froment à 5 l. 4 s. le boisseau de Monferran, de méture à 4 l. 15 s. le boisseau de Monferran, de vin à 19 écus le tonneau (fol. 42 v°-43). — Achat d'huile à 17 l. le quintal (fol. 43 v°). — Vente de vin à 45 l. le tonneau (fol. 50). — Achat de barriques neuves à 13 écus et demi la douzaine (fol. 51 v°). — Vente de froment à 8 l. le boisseau de Monferran (février 1678 ; fol. 56 v°). — Achat d'1 livre de suif et 2 de résine, « pour faire de cambouix pour les antes » (1678 ; fol. 58 v°) ; — de savon à 6 s. la livre (fol. 58 v°). — Vente de vin « à rendre le fust », à 6 écus le tonneau (fol. 66). — Achat d'une livre de beurre frais, 10 s. (fol. 66). — Viatique à D. Étienne de Ligny, prieur de Bonlieu, « lorsqu'il s'en est allé à Paris, pour se rendre à Haute-Fontaine », 120 l. (fol. 70 v°). — Achat d'une couverture de toile cirée pour le chapeau du comptable, 25 s. (fol. 71). — Vente de froment à 6 l. et à 6 l. 5 s. le boisseau de Monferran (1679 ; fol. 73 v°). — Achat de 2 livres d'étain fin pour faire un crucifix (fol. 85). — Vente de vin rouge à 10 écus le tonneau (1680 ; fol. 87) ; — de froment à 4 l. le boisseau de Bordeaux (fol. 93 v°) ; — de vin à 55 l. 10 d. le tonneau (fol. 97). — Achat de « six cordes de boteau pour raccommoder les montres » (fol. 98). — Achat de fromage de forme à 5 s. la livre (1681 ; fol. 102). — Achat de barriques à 12 écus la douzaine (fol. 108 v°). — Vente de vin blanc à 48 livres le tonneau (fol. 109 v°). — Vente de 3 boisseaux de froment, 2 mesure de Monferran, à 4 l. 14 s., un mesure de Bordeaux, à 4 l. 5 s.

(1682 ; fol. 113). — Vente de froment à 5 l. 18 s. le boisseau de Bordeaux (1683 ; fol. 123 v°). — Achat d'« une douzaine de poiriés du Bon Chrestien d'Auchx », 5 l. 5 s. (fol. 133) ; — de chaux à 4o s. la barrique (1684 ; fol. 138). — « A M. le R^d abbé de La Colombe, nostre visiteur, pour ses droits de visite », 17 l. 10 s. (fol. 143 v°). — Vente de vin blanc à 14 écus le tonneau (1685 ; fol. 147) ; — de vin blanc à 45 l. le tonneau (1686 ; fol. 155 v°) ; — de vin à 42 l. le tonneau (1687 ; fol. 166). — Achat de 5 douzaines de barriques neuves, 150 l. (fol. 170). — « A nostre R^d Père Prieur, pour son viatique, allant à Paris à une assemblée des Pères de la Réforme », 200 l. (fol. 173). — Ventes de vin rouge à 21 l. et 3o l. le tonneau (1688 ; fol. 176 v°) ; — de vin blanc à 45 l. et 3o l. le tonneau (fol. 178 v°) ; — de vin à 28 l. 10 s. le tonneau (1689 ; fol. 186). — Achat de barriques à 36 l. la douzaine (fol. 187 v°). — Vente de vin blanc à 3o l. le tonneau (1690 ; fol. 191 v°) ; — de vin à 33 l. le tonneau (fol. 198). — Achat de barriques à 36 l. la douzaine (fol. 210). — Vente de vin blanc à 48 l. le tonneau (1692 ; fol. 211 v°). — Revenus de l'abbaye en 1672 : vente de vin à 12 écus le tonneau (fol. 2 v°). — Revenus en 1673 : ventes de vin rouge à 11 écus, 16 écus, 13 écus et 52 l. le tonneau, de vin blanc à 10 écus et 8 écus et demi ; d'une paire de bœufs à 116 l. (fol. 3 v°). — Revenus en 1674 : vente de vin à 16 écus, 11 écus et demi et 11 écus (fol. 5).

H. 1315. (Registre.) — 0^m31 × 0^m20, 111 et 7 feuillets papier.

1717-1764. — Comptabilité. — « M. le Très Révérend abbé de La Colombe, estant prest à partir, est tombé malade et a resté un mois au lit et nous avons dépensé en poulets, chappons ou viande de boucherie, 26 l. 12 s. 6 d. » (1717 ; fol. 2). — Achat de barriques à 51 l. la douzaine (fol. 2). — Voyage à Galgon pour faire juger un procès (1719 ; fol. 10). — Achat de barriques et de tierçons à 22 et 24 et à 12 écus la douzaine (fol. 12 v°). — Vente de vin blanc à 6o l. le tonneau et de vin rouge à 72 l. (1725 ; fol. 53 v°). — Gages du cuisinier à 18 écus par an (1726 ; fol. 67 v°). — Paiements de barriques à 25 écus la douzaine (1727 et 1735 ; fol. 71 et 92 v°). — Comptes globaux de réparations : « Pour la salle et pour la chambre qui est à côté », 4,000 l. ; « dans l'église et autre[s] lieux dépendans de lad^{te} abbaye », 1500 l. (1742 ; fol. 104). — Prise de possession du prieuré par D. Nicolas-Bernard Dufour, à la place de D. Tilhot, nommé, après une gestion de quinze ans, prieur de Faize (1er mai 1745 ; fol. 110 v°-111).

H. 1316. (Registre.) — 0^m37 × 0^m24, 76 et 14 feuillets papier.

1748-1757. — Comptabilité. — Notes sur le produit des vendanges, lesquelles ont été commencées : en 1752, le 16 octobre ; en 1753, le 9 octobre ; en 1754, le 29 octobre ; en 1755, le 9 octobre ; en 1756, le 22 octobre (v° de la couverture). — Chapeau pour le comptable, 15 l. 10 s. (1748 ; fol. 1 v°). — Gages d'une servante à 50 l. par an (fol. 2 v°). — Payé au jardinier pour une année et demie, ses gages à 48 l. par an et une paire de souliers (fol. 6). — Achat de tierçons, « à raison de 27 écus la grande douzaine » (1749 ; fol. 19 v°). — Achat d'un cheval, 66 l. (1750 ; fol. 29). — Travaux au chai, construction du portail d'entrée, etc., 1400 l. (fol. 31 v°). — Achat d'un chapeau, 22 l. (1751 ; fol. 32). — Réparations, 1996 l. 8 s. (1752 ; fol. 48). — Voyage à Fontguillem avec le visiteur et retour avec un religieux Du Rivet (fol. 49). — Achat de deux douzaines de serviettes de Flandre et deux nappes formant deux services damassés, 90 l. (1753 ; fol. 54). — « Au nommé Cantillac, pour entier et final payement de toutte la boisure du cœur, pour fourniture, pour sculpture, ferrure, peinture et vernis, le tout suivant le marché fait entre nous », 900 l. (1754 ; fol. 61 v°). — « Au nommé Arnaud, pour avoir retouché le grand tableau de l'autel, pour avoir peint et vernis l'autel », 100 l. (fol. 61 v°). — Gages du cuisinier, à 75 l. par an (fol. 61 v°). — « Dépensé allant à Vaires, à l'Hozanne », 1 l. (23 mars 1755 ; fol. 64 v°). — Paiement de chaux à 3 l. la barrique et de ciment à 4 l. (1756 ; fol. 69) ; — de « deux douzaines barriques, une grande douzaine tierçons et six tierçons à 90 l. la douzaine », 300 l. (fol. 69). — « Voyage Au Rivet, pour la bénédiction à M. l'abbé », 12 l. (fol. 72). — Achat d'une barrique de vin vieux, 24 l. (1757 ; fol. 75 v°). — État des revenus de la mense conventuelle (feuillet de garde). — Vente de vin rouge à 234 l. le tonneau (1750 ; fol. 5 v°) ; — de vin blanc, à 150 l. (fol. 6) ; — de vin rouge à 65 écus et de vin blanc à 46 écus (1752 ; fol. 8 v°) ; — de vin rouge à 39 écus et de vin blanc à 30 écus (1754 ; fol. 11 v°) ; — de vin à 105 l. (1756 ; fol. 13 v°).

H. 1317. (Liasse.) — 3 pièces parchemin, 46 pièces papier.

1348-1783. — Propriétés mobilières et comptabilité. — 23. Saisie de meubles appartenant à un négociant et inventaire de la saisie (7 décembre 1776).

H. 1318. (Registre dérelié.) — 0^m32 × 0^m20, 18 feuillets papier.

1666-1667 et 1710-1712. — Comptes rendus par frère Joseph Poitreau, prieur, et par frère Nicolas Bonnet, sous-prieur (1666) et compte des recettes (1710-1712). — Comptes de 1666-1667. Souliers neufs, à 3 l. la paire (fol. 2 v°). — Dépenses pour les vendanges, qui ont commencé le 24 septembre : coupeurs à 7 d. et 8 s., porte-paniers à 8 d. et 9 s., porteurs de bastes à 14, 15 et 17 s., hommes au pressoir à 14, 15 et 17 s., faiseurs de bastes à 14, 15 et 17 s. (fol. 2 r° et v°). — Achat de tuiles à 40 s. le cent (fol. 8 v°).

H. 1319. (Liasse.) — 3 pièces parchemin, 44 pièces papier.

1515-1782. — Procès et divers. — Divers. 13. Questionnaire en vue de répandre l'ouvrage sur les monastères de Citeaux, « autore Gaspare Jongelino » (1737).

H. 1320. (Liasse.) — 1 pièce papier, 12 pièces parchemin.

1302-1397. — Documents relatifs à l'abbatiat de Ebles, Arnaud, Guillaume de Banas, Pierre Marsest et Géraud d'Aiguillon. — 1. Bail à cens par « fraire 'n Ebles, abbas » (3 juillet 1302). — 6. Vente par André, seigneur de Budos, au chapitre métropolitain, de ses droits de dîmes dans la paroisse de Bouliac, moyennant 600 écus d'or vieux de France (13 novembre 1361 ; copie). — 8. Bail à cens d'un bois confrontant au fief de Géraud Du Puch, chevalier (7 décembre 1371). — 10. Reconnaissance au profit de Géraud Martin, curé de Bassens (12 septembre 1388). — 13. Affranchissement d'Arnaud Denigès, de St-Loubès, serf questal (4 juin 1397).

H. 1321. (Liasse.) — 20 pièces parchemin, 1 pièce papier.

1408-1500. — Documents relatifs à l'abbatiat de Jean de La Come, Raimond Falqueyron, Jean de Lernhac, Etienne Du Mas, Mathelin Esmelin et Godiffer de Monferran. — 1. Présentation par les religieux au Pape de frère Jean de La Come, par eux élu en remplacement de frère Gérard, qui s'est démis, le jour même, de sa charge (30 septembre 1408). — 7. Reconnaissance par des paroissiens de St-Loubès pour des biens contigus à autres biens de Géraud Du Favernet et de Guillot Reynaud, damoiseaux (24 avril 1430). — 13. Reconnaissance pour une terre sise dans la commune de Ste-Eulalie, confrontant au fief de Jean Dupuch, damoiseau (29 août 1433). — 19. Bail à fief à Jean Simon, maçon, de Bassens, d'une maison mesurant 60 pieds de large et confrontant à la tuilière de l'abbé (13 mai 1491). — 20. Accord entre Gaston, seigneur de Monferran, et l'abbé commendataire Godiffer de Monferran: le lieu Du Carbon-Blanc était infesté de brigands, on y a bâti une chapelle et un hôpital, puis des maisons; l'excès des charges imposées aux habitants risquant de les éloigner, le seigneur de Monferran fixe l'étendue de ces charges (25 mars 1500; vidimus).

H. 1322. (Liasse.) — 1 cahier de 28 feuillets papier,
7 pièces parchemin, 8 pièces papier.

1531-1571. — Documents relatifs à l'abbatiat de Bertrand de Belcier et Antoine Duprat.

H. 1323. (Liasse.) — 2 cahiers de 26 feuillets papier,
2 pièces parchemin, 16 pièces papier.

1576-1626. — Documents relatifs à l'abbatiat de Sébastien de La Forestie, Léonard de La Forestie et Jacques Martin. — 5. Bail à ferme par le représentant de Léonard de La Forestie, nommé par le Roi abbé de Bonlieu (16 juin 1595). — 10. Ordonnance de fr. Claude Masson, abbé de Morimond, après sa visite à Bonlieu, concernant le temporel, les pensions, les réparations, etc. (3 avril 1610). — 12. Bail à ferme à Marguerite de Moreau, veuve de Jean de Bavolier, président au Parlement (14 mai 1612).

H. 1324. (Liasse.) — 1 cahier de 12 feuillets papier,
5 pièces parchemin, 27 pièces papier.

1625-1660. — Documents relatifs à l'abbatiat de Pierre de Maurice et Bernard de Pichon. — 1. Accord entre Pierre de Maurice, abbé de Bonlieu, d'une part, fr. Paul Regeant, abbé Du Blin et prieur de Bonlieu, et les religieux, de l'autre (7 juin 1625). — 4. Inventaire des meubles: « Dans la chambre du R. P. Paul, abbé Du Blin…, ung petit coffre de boys fermant à clefz que le P. abbé Paul a dict avoir apporté d'Irlande » (26 juin 1627). — 7. Analyse d'une reconnaissance au profit de noble Jean de Turmet, citoyen de Bordeaux, seigneur de la maison noble de Cocujac (s. d.). — 8. Procès-verbal de visite constatant l'état de ruine de l'abbaye, led. procès-verbal dressé à la requête de l'abbé Bernard de Pichon (28 septembre 1633). — 9. Présentation par l'abbé de Bonlieu de Pierre Straguil de Beaumont à la cure de Bouliac, vacante par démission de frère Jean Chenours, carme (10 juillet 1634). — 21. Ordonnance de l'abbé de Pontigny prescrivant, entre autres, que l'abbé commendataire de Bonlieu « restablira les cloistres » (Le Rivet, 9 octobre 1647). — 22. Exposé pour les religieux, qui, du 23 décembre au 4 janvier, ont logé deux compagnies de cavalerie du régiment de La Valette: celui-ci dit qu'il entendait que la dépense de ses hommes « fût sur la part et portion dud. sʳ abbé, puisqu'il estoit bourgeois dud. Bourdeaux » (10 janvier 1640). — 29. Bail à ferme du revenu de l'abbaye, moyennant 2,000 livres par an, les dîmes, les quartières, etc. (12 juin 1660).

H. 1325. (Liasse.) — 1 cahier de 12 feuillets papier,
6 pièces parchemin, 22 pièces papier.

1664-1671. — Documents relatifs à l'abbatiat de Guillaume Malartic. — 1. Exposé par D. François Laval, prieur, en son nom et comme fondé de procuration de Guillaume de Mallarticq, nommé par le Roi à l'abbaye de Bonlieu (3 juillet 1664). — 4. Note informe: « L'abbaye de Bonlieu fut pillée tant en ses biens qu'en tiltres d'iceux » [1664]. — 6. Visite de D. François Laval, prieur de Bonlieu, à D. François-de-Paule Curelz, abbé de Bouillas, pour lui notifier une commission délivrée par l'abbé de Pontigny et visite de l'abbaye de Bonlieu par led. commissaire (juillet-août 1665). — 7. « Carte de visite » portant règlement et exhortations du visiteur (16 août 1665). — 24. Requête contre Jean Chastain, curé d'Yvrac [28 août 1670].

H. 1326. (Liasse.) — 3 pièces parchemin, 13 pièces papier.

1674-1693. — Documents relatifs à l'abbatiat de Denis Dujac, Joseph Élian et Mathias Charlan. — 1. Ordre de procéder à l'inventaire des biens de l'abbaye, en attendant que Denis Dujac, pourvu par le Roi, ait reçu ses bulles, et inventaire desd. titres, présenté par D. Bernard Larue, prieur (14 février-23 mai 1674). — 4. Lettre de *committimus* au profit de Joseph Élian, nommé par le Roi à l'abbaye de Bonlieu (1ᵉʳ juillet 1676). — 10. Inventaire des archives et description de l'abbaye: le cloître a, au sud, à l'est et au nord, des piliers de bois et à l'ouest des piliers de pierre (février 1681). — 14. Déclaration par fr. E. de Ligny, prieur, et par le syndic, tant pour les religieux que pour l'abbé Mathias Charlan, « en son absence, estant en la ville de Rome » (1689). — 15. États des revenus de la mense conventuelle. Au dos, note portant que, le vendredi 5 juin 1693, il a grêlé dans le fief de la chapelle de Cabarrieux (1689?).

H. 1327. (Liasse.) — 1 cahier de 10 feuillets parchemin, 1 cahier
de 12 feuillets papier, 2 pièces parchemin, 34 pièces papier.

1695-1720. — Documents relatifs à l'abbatiat de Bernard Belot. — 1. Prise de possession par procureur au profit de l'abbé Bernard Belot, nommé par bulle du 13 novembre 1695; mention de D. Étienne de Ligny, prieur (3 février 1696). — 5. Reçu donné par l'abbé Belot, au nom du chapitre de St-André de Bordeaux, de 30,000 l. accordées aud. chapitre en dédommagement du tiers du seigneuriage de la monnaie depuis 1662, qu'il a cessé d'en jouir, jusqu'au jour où a été fait le reçu (16 mars 1701). — 9. États des revenus et des charges de la mense conventuelle (1er juin 1711). — 20. Présentation par l'abbé Belot de Léonard de Lasalle, pour la vicairie perpétuelle de Bouliac, vacante par la démission de Jean Lamolière, qui lui-même avait été présenté le 6 juillet, sur la démission de M. Richard (8 août 1713; cachet). — 21. Lettre de l'archevêque de Bordeaux (26 septembre 1713; cachet). — 25. Présentation de Jean Lamolière à la cure de Bouliac, vacante par la démission de Léonard La Salle (1er octobre 1714; cachets).

H. 1328. (Liasse.) — 1 cahier de 15 feuillets papier,
4 pièces parchemin, 11 pièces papier.

1720-1738. — Documents relatifs à l'abbatiat de Gilles Gouault. — 1. Requête aux fins d'inventaire, l'abbé Belot « estant décédé depuis environ trois semaines »; inventaire des archives (26 octobre 1720-2 juillet 1722). — 4. État des revenus de la mense abbatiale (bruts: 4,341 l.; charges: 1,473 l.) et des revenus de la mense conventuelle (bruts: 1,481 l.; charges: 1,006 l.) (1727?). — 5-6. Installation par D. Joseph Rousseau, prieur de Faize, de D. Bernard Tilhol, comme prieur de Bonlieu à la place de D. Nicolas Gervais et inventaire: l'église est en très mauvais état, les pierres tombent sur l'autel (juin 1730). — 11. Mandement à la requête de D. Bernard Tilhol, prieur (21 janvier 1734).

H. 1329. (Liasse.) — 25 pièces papier.

1247-1755. — Documents concernant l'abbatiat de Joseph de Meyère. — 5. Déclaration des biens et revenus de l'abbaye : revenus bruts, 1658 l.; charges, 211 l. (8 septembre 1743). — 16. Accord avec Jean de Sarrau, écuyer, seigneur de la maison noble de Pichon, y demourant, paroisse de Bassens (30 mai 1737).

H. 1330. (Liasse.) — 33 pièces papier.

1756-1780. — Documents concernant l'abbatiat de Nicolas-Alexis Guérin. — 2. Procès-verbal de la visite de l'abbaye de Pontaut : les religieux connaissent depuis dix jours environ la mort du prieur D. Charles Pierre (20 mai 1756). — 4. Visite de l'abbaye par l'abbé de Pontigny: les lieux réguliers « sont en très bon état »; D. Tilhot a fait des appartements convenables; D. Benoit a orné l'église « d'un chœur et d'une menuiserie simple et propre »; les revenus bruts s'élèvent à 2,400 l. environ et les charges à 450 l.; le monastère peut entretenir quatre religieux (août 1758; cachet). — 6. État des pièces de terre ouvertes depuis quarante ans dans la paroisse de Bassens (21 décembre 1758). — 12. Visite de Louis-Charles Rousseau, abbé Du Pin, délégué de l'abbé de Pontigny (17-20 novembre 1759; cachet). — 13. Procuration de l'abbé Nicolas-Alexis Guérin au prieur D. Pierre Benoit (12 octobre 1760). — 15. Visite de D. L.-Ch. Rousseau, vicaire général de l'ordre (31 octobre-3 novembre 1764; cachet). — 22. Circulaire de l'abbé de Cîteaux convoquant un chapitre général (2 juin 1767; cachet). — 24. Exposé relatif à une difficulté concernant la dîme à Bassens: « Quant aux nouvelles vignes plantées au-dessous de sept ans, il est d'un usage constant, dans la paroisse de Bassens et dans la dixmerie, de ne point payer la dixme de ces nouveaux plans et vigne que la septième année » (27 septembre 1769).

H. 1331. (Liasse.) — 1 cahier de 14 feuillets papier,
3 pièces parchemin, 24 pièces papier.

1781-1791. — Documents relatifs à l'abbatiat de Joseph Bouvet. — 17. État des revenus bruts (2441 l.), des charges (207 l.) et du personnel religieux (3) (23 octobre 1783). — 26. Description et inventaire de l'église (l'église pourrait servir pour une paroisse à créer), des archives, des biens de la mense conventuelle, de l'abbaye, de la bibliothèque; déclaration des religieux concernant leurs intentions; etc. (1er septembre 1790-28 mai 1791).

ABBAYES CISTERCIENNES DIVERSES.

H. 1332. (Liasse.) — 15 pièces papier.

1276-1756. — Abbaye de Faize et prieuré de Coleys, paroisse de St-Estèphe. — 1. Charte de Gaucem, archiprêtre de Lesparre, touchant une donation à l'abbaye de Faize; témoin: Guillaume de Monzerat, prieur de Coleys (Lesparre, 21 novembre 1276; copie). — 2. Transaction entre Ayquem Guilhem, seigneur de Lesparre, damoiseau, et frère Arnaud de Lamote, prieur et grangier de la grange de Coleys, dépendant de Fayze (8 mai 1316; copie). — 8. État du personnel et de la mense conventuelle (21 janvier 1756).

H. 1333. (Liasse.) — 6 pièces parchemin, 8 pièces papier.

1539-1687. — Abbaye de Fontguillem (commune de Masseilles), prieuré de Mortagne, abbaye de Rivet (commune d'Auros). — 1. *Fontguillem.* Sentence arbitrale par noble Gabriel de Lauvergne, écuyer, seigneur de Labescau, entre Ignace Secondat de Montesquieu, abbé de Fontguillem, et Jean de Pons, praticien (avril 1687). — 8. *Rivet.* Bail à ferme des revenus de l'abbé; caution «Jehan Daudaux, seigneur de Breichac, Entre-deux-Mers»; témoin Raimond Maligat, curé de Plassac en Blayais (17 janvier 1539, n. s.). —

9. Achat par frère François Le Roux, prieur (30 octobre 1553). — 13. Achat par fr. François Le Roux, au nom de son frère Alphonse, habitant de la vicomté d'Orbec (23 décembre 1554).

H. 1334. (Liasse.) — 2 cahiers de 25 feuillets papier,
9 pièces parchemin, 38 pièces papier.

1625-1734. — Prieuré de Jallets (paroisse de Ludon). Procès au sujet de ce prieuré, qui avait été conféré simultanément à trois titulaires.

H. 1335. (Liasse.) — 1 pièce parchemin,
5 pièces papier.

XIIIᵉ siècle-1776. — Abbayes diverses: Aubazine, Clairvaux, Fontaines, La Colombe, La Frenade(?) et Paris. — *La Frenade.* 2 Pancarte [ayant servi de couverture à un registre] relatant des acquisitions faites à Châtressac par les religieux de La Frenade(?) (XIIIᵉ siècle).

TABLE DES MATIÈRES

Bordeaux. — Imp. GOUNOUILHOU, rue Guiraude, 9-11.

www.ingramcontent.com/pod-product-compliance
Lightning Source LLC
LaVergne TN
LVHW020624060726
842526LV00003B/858